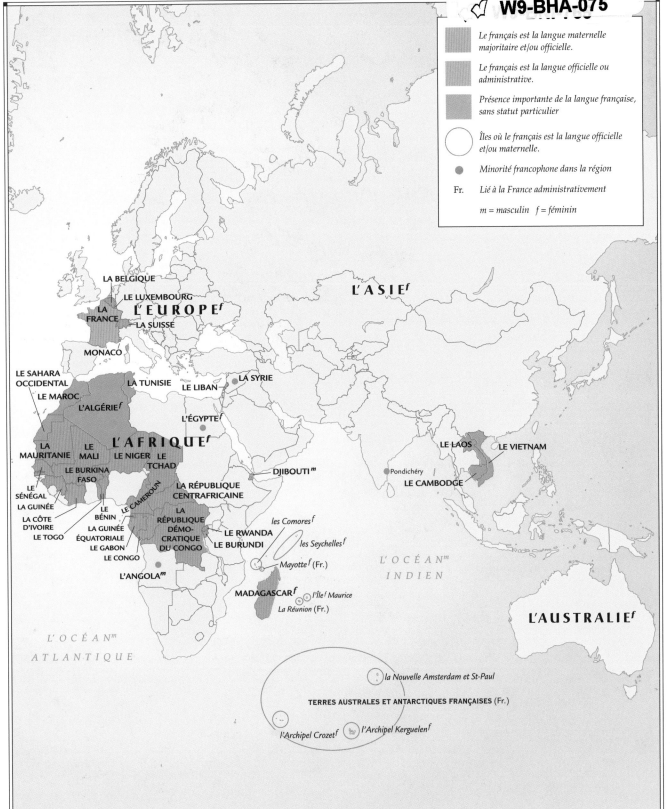

Le français est la langue maternelle majoritaire et/ou officielle.

Le français est la langue officielle ou administrative.

Présence importante de la langue française, sans statut particulier

Îles où le français est la langue officielle et/ou maternelle.

Minorité francophone dans la région

Fr.   *Lié à la France administrativement*

m = masculin   f = féminin

LA BELGIQUE

LE LUXEMBOURG

L'EUROPE*f*

LA FRANCE

LA SUISSE

MONACO

L'ASIE*f*

LE SAHARA OCCIDENTAL

LE MAROC

LA TUNISIE

LE LIBAN

LA SYRIE

L'ALGÉRIE*f*

L'ÉGYPTE*f*

L'AFRIQUE*f*

LA MAURITANIE

LE MALI

LE NIGER

LE TCHAD

LE BURKINA FASO

LE LAOS

LE VIETNAM

Pondichéry

LE CAMBODGE

LE SÉNÉGAL

LA GUINÉE

LA CÔTE D'IVOIRE

LE TOGO

LE CAMEROUN

LE BÉNIN

LA GUINÉE ÉQUATORIALE

LE GABON

LE CONGO

LA RÉPUBLIQUE CENTRAFRICAINE

DJIBOUTI*m*

LA RÉPUBLIQUE DÉMO-CRATIQUE DU CONGO

LE RWANDA

LE BURUNDI

les Comores f

les Seychelles f

L'OCÉAN*m* INDIEN

L'ANGOLA*m*

Mayotte f (Fr.)

L'AUSTRALIE*f*

MADAGASCAR*f*

l'Île f Maurice

La Réunion (Fr.)

L'OCÉAN*m*

ATLANTIQUE

la Nouvelle Amsterdam et St-Paul

TERRES AUSTRALES ET ANTARCTIQUES FRANÇAISES (Fr.)

l'Archipel Crozet f

l'Archipel Kerguelen f

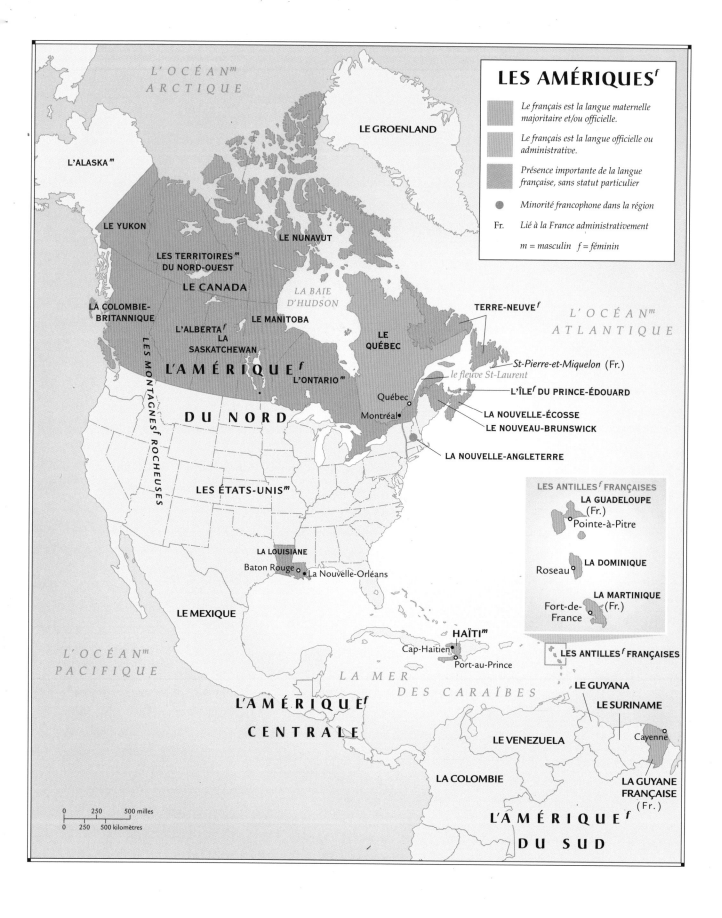

LES AMÉRIQUES^f

L'OCÉAN^m ARCTIQUE

L'ALASKA^m

LE GROENLAND

LE YUKON

LE NUNAVUT

LES TERRITOIRES^m DU NORD-OUEST

LE CANADA

LA BAIE D'HUDSON

LA COLOMBIE-BRITANNIQUE

LE MANITOBA

TERRE-NEUVE^f

L'OCÉAN^m ATLANTIQUE

L'ALBERTA^f
LA SASKATCHEWAN

LE QUÉBEC

L'AMÉRIQUE^f

L'ONTARIO^m

St-Pierre-et-Miquelon (Fr.)

le fleuve St-Laurent

L'ÎLE^f DU PRINCE-ÉDOUARD

LES MONTAGNES^f ROCHEUSES

DU NORD

Québec

Montréal

LA NOUVELLE-ÉCOSSE

LE NOUVEAU-BRUNSWICK

LA NOUVELLE-ANGLETERRE

LES ÉTATS-UNIS^m

LA LOUISIANE

Baton Rouge

La Nouvelle-Orléans

LE MEXIQUE

HAÏTI^m

Cap-Haïtien

Port-au-Prince

L'OCÉAN^m PACIFIQUE

L'AMÉRIQUE^f

CENTRALE

LA MER

DES CARAÏBES

LE GUYANA

LE SURINAME

LE VENEZUELA

Cayenne

LA COLOMBIE

LA GUYANE FRANÇAISE (Fr.)

L'AMÉRIQUE^f

DU SUD

LES ANTILLES^f FRANÇAISES

LA GUADELOUPE (Fr.)
Pointe-à-Pitre

Roseau
LA DOMINIQUE

LA MARTINIQUE (Fr.)
Fort-de-France

LES ANTILLES^f FRANÇAISES

Légende:
- Le français est la langue maternelle majoritaire et/ou officielle.
- Le français est la langue officielle ou administrative.
- Présence importante de la langue française, sans statut particulier
- Minorité francophone dans la région
- Fr.   Lié à la France administrativement

m = masculin   f = féminin

0   250   500 milles
0   250   500 kilomètres

Εn avant!
BEGINNING FRENCH

Bruce Anderson

The Johns Hopkins University

Peter Golato

University of Illinois at Urbana-Champaign

Susan Blatty

McGraw-Hill Higher Education

Contributors:

Margaret Dempster

Northwestern University

Annabelle Dolidon

Portland State University

Azeb Haileselassie

University of Illinois at Urbana-Champaign

Connect
Learn
Succeed™

Published by McGraw-Hill, an imprint of The McGraw-Hill Companies, Inc., 1221 Avenue of the Americas, New York, NY 10020.

This book is printed on acid-free paper.

4 5 6 7 8 9 0 QVS / QVS 0 9 8 7 6 5 4 3

Student Edition

ISBN: 978-007-353543-2
MHID: 0-07-353543-5

Instructor's Edition (not for resale)

ISBN: 978-007-328834-5
MHID: 007-328834-9

Vice President, Editorial: *Michael Ryan*
Editorial Director: *William R. Glass*
Publisher: *Katie Stevens*
Senior Sponsoring Editor: *Katherine K. Crouch*
Director of Development: *Susan Blatty*
Developmental Editor: *Connie Anderson*
Executive Marketing Manager: *Hector Alvero*
Faculty Development Manager: *Jorge Arbujas*
Editorial Coordinators: *Laura Chiriboga, Margaret Young, Erin Blaze*
Native Readers: *Nicole Dicop-Hineline, Evelyne Amon, Françoise Santore, Anne Legrand, Arnaud Perret*

Production Editors: *Anne Fuzellier, Brett Coker*
Manuscript Editor: *Melissa Gruzs*
Interior Designers: *Preston Thomas and Maureen McCutcheon*
Cover Designers: *Preston Thomas, Allister Fein, Nick Fain*
Illustrators: *Ayelet Arbel, Patti Isaacs, Kathryn Rathke*
Photo Research Coordinator: *Natalia Peschiera*
Media Project Manager: *Roja Mirzadeh*
Composition: *Aptara®, Inc.*
Printing: *45# New Era Matte Plus by Quad/Graphics*

Credits: The credits section for this book begins on page C-1 and is considered an extension of the copyright page.

Library of Congress Cataloging-in-Publication Data
Anderson, Bruce.
En avant!: beginning French / Bruce Anderson, Peter Golato, Susan Blatty.—1st ed.
    p. cm.
Includes bibliographical references and index.
ISBN-13: 978-0-07-353543-2 (alk. paper)
ISBN-10: 0-07-353543-5 (alk. paper)
    1. French language—Textbooks for foreign speakers—English. 2. French language—Grammar. 3. French language—Spoken French. I. Golato, Peter, 1965– II. Blatty, Susan. III. Title.

PC2129.E5A53 2011
448.2'421—dc22   2010045068

The Internet addresses listed in the text were accurate at the time of publication. The inclusion of a Web site does not indicate an endorsement by the authors or McGraw-Hill, and McGraw-Hill does not guarantee the accuracy of the information presented at these sites.

ABOUT THE AUTHORS

Bruce Anderson is a Lecturer in French at The Johns Hopkins University (Baltimore, Maryland), where he teaches undergraduate courses on French language and culture. From 2002 to 2010, he served as a coordinator of beginning- and intermediate-level French courses at the University of California, Davis, where he additionally trained new graduate student instructors in foreign language pedagogy. He holds a Ph.D. in French Linguistics from Indiana University, Bloomington. His research on the acquisition of French as a second language has been published in *Applied Linguistics, Second-Language Research,* and *Studies in Second Language Acquisition,* among other venues.

Peter Golato is an Associate Professor of French and SLATE (Second Language Acquisition and Teacher Education) at the University of Illinois at Urbana-Champaign, where he served as codirector of the French Basic Language Program from 1999 to 2004. He holds a Ph.D. in French Linguistics from the University of Texas at Austin. His research and publications have focused on word segmentation, the morphological and syntactic processing of French, and the influence of pragmatic knowledge on first- and second-language sentence processing. He teaches courses on second-language acquisition theory, foreign language teaching methodology, applied linguistics, and French linguistics.

Susan Blatty has worked in editorial for McGraw-Hill for 18 years and is currently Director of Development with the World Languages group in San Francisco. During her tenure at McGraw-Hill, she has overseen the development of instructional materials for print and video programs in both French and Italian. Before joining McGraw-Hill, she taught French for five years at the University of California, Los Angeles, while pursuing her MA in French literature. She also taught as an adjunct at College of the Canyons in Valencia, California.

Contents

CHAPITRE 4

En famille

CHAPITRE 5

Bon appétit!

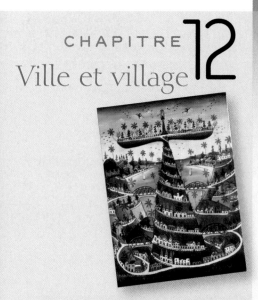

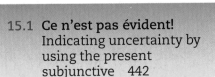

CHAPITRE **16**

Une célébration des arts

Preface

En avant! Beginning French

Your students are changing. Technology is changing. The idea of the "classroom" is changing. Now, the way your students learn French is changing as well!

En avant! breaks the mold of traditional French programs by responding to the changing needs of the course as expressed by today's students and instructors. Based on our extensive research across the country, we found several recurring themes. Instructors are asking for a language program that

- inspires their students to communicate with confidence,

- engages students with integrated, authentic culture,

- provides the tools for flexibility and easy administration,

- addresses varying levels of proficiency throughout the course, and

- achieves consistent results across face-to-face and online course formats.

McGraw-Hill is proud to present *En avant!*, an innovative beginning French program designed to address these core course needs. Informed by second-language acquisition research and supported by cutting-edge digital tools, *En avant!* creates a dynamic learning environment that fosters communication and motivates students to succeed, regardless of the delivery platform.

Inspiring Communicative Competence

En avant! begins with real communication from the first day. Students are exposed to high-frequency expressions in **Communication en direct**, which features video interviews of native French speakers in Paris and Montreal. These videos convey the spontaneous use of French and allow students to see how French speakers speak, including gestures, posture, facial expressions, and intonation. The authentic nature of these videos brings the French language and culture to life and engages students in a direct and personal way. Exposing students to simple "language chunks" inspires them to begin using the language to communicate on their own.

Engaging Students with Authentic Culture

Second-language acquisition research has shown that students are more motivated to communicate when they are engaged with cultural content. Throughout each chapter, *En avant!* exposes students to both French and Francophone cultures through the fine art in the chapter openers, the **Communication en direct** interview videos, and the vocabulary and grammar activities, many of which incorporate culture as their context. The culminating section of each chapter, **Culture interactive**, engages students in listening, reading, writing, and speaking activities at the discourse level. Designed to spark student interest, this section incorporates the types of authentic materials that instructors in our recent intro French survey told us they prefer: clips from feature films, magazine articles, fine art, and songs. In addition, the instructor-led listening activity in the **Culture interactive** section and the **Salut de... !** cultural video segments provide instructors with a wealth of materials to choose from. The print and digital components work together to present culture in context, integrating it fully into the program while inspiring today's students to engage in a dynamic learning experience.

Providing the Tools for Flexibility and Easy Administration

Both the text itself and the online resources have been designed to provide maximum flexibility in both the teaching and the administration of the course. For many instructors, it is a challenge simply to fit in all of the necessary grammar, which crowds out precious time for communication practice or culture. The scope and sequence of grammar in *En avant!* has been organized in a way that makes it much more manageable for everyone. Essential grammar structures, those that second-language acquisition research has shown students can reasonably be expected to master in a first-year course, are presented in the **Grammaire interactive** sections, whereas less important structures and exceptions are located in **Par la suite**, which follows **Chapitre 16**. This organization allows instructors to cover the essential points while providing the option to dig in a little deeper if they so choose.

The online tools available in CENTRO, the course management system powered by Quia™, facilitate the administration of the course, saving valuable time as well. The *My Dashboard* feature centralizes all of the most commonly used functions in one easily accessible location. Instructors can see at a glance how their classes are performing, scan the *Weekly Activity* view to see what's coming up, create new activities using the voice chat feature, and much more.

Addressing Varying Levels of Proficiency

Language instructors are commonly faced with a classroom full of students at disparate levels that fluctuate as they progress through the course. *En avant!* has the tools to address this challenge by providing maximum flexibility to instructors as they strive to reach individual students, whatever their level of proficiency. In the *En avant!* program, students have many opportunities to self-evaluate as they continue to refine their emerging language skills. By focusing on the mastery of essential grammar points, there is ample time left for review. At regular intervals throughout the program, *En avant!* includes systematic recycling of important structures: every fourth chapter provides practice of previous grammar points, and the final chapter reviews key points from the entire book. In addition, *En avant!* features an online assessment tool in CENTRO that identifies problem areas and generates a true individualized study plan for each student, pointing him or her to specific resources for remediation within the e-book, textbook, workbook, online workbook, and Online Learning Center. With *En avant!*, students have multiple tools at their fingertips that help them meet with success.

Achieving Consistent Course Outcomes

Given the emerging trend of introductory French classes offered in hybrid and fully online formats, professors are seeking to provide a consistent learning experience for their students regardless of classroom format. These days, students can go from a fully online course to a face-to-face one and vice versa, and they need to finish the course at a comparable level of communicative competence. With *En avant!*, the text is available both in print and as an e-book that includes an interactive voice chat feature, making online communication practice possible. Whether students are watching a video, finding a partner to do a practice activity, or reviewing a grammar point, the content is identical. Regardless of how the content is delivered, for the first time instructors will see uniform results.

What goals do you have for your beginning French students? Do you envision a classroom where students are exposed to rich, authentic language and culture as they learn to communicate with confidence in French? A student-centered classroom that is exciting to teach and easy to administer? *En avant!* opens the door to that classroom. *Bienvenue!*

The most important change is to get rid of the idea that students should "cover" all the basic grammar in one year with no hope of actually mastering it. The first year program should facilitate active mastery [. . .]

ELIZABETH BULL,
Northern Virginia Community College

I like the recycling of material, the activities are interesting and engaging, and I believe the authors have thought carefully about choosing what is most important to engage students in communication while relegating less important points to *Par la suite.*

DANIEL RIVAS,
Irvine Valley College

Acknowledgments

The authors and the publisher would like to express their gratitude to the numerous instructors listed here, whose feedback contributed to the development of this program through their valuable participation on our advisory board and in focus groups, surveys, and chapter reviews. (Note that the inclusion of their names here does not necessarily constitute their endorsement of the text or its methodology.)

Advisory Board

California State University, Chico
Patricia Black

Kalamazoo Valley Community College
Jonnie Wilhite

Louisiana State University–Baton Rouge
Cathy Luquette

Michigan State University
Sandhya Shanker

North Carolina Central University
Debra Boyd

Reviewers

California Polytechnic State University, San Luis Obispo
Brian Gordon Kennelly

California State University, Chico
Brunella Windsor

California State University–Los Angeles
Christophe Lagier

Calvin College
Jolene Vos-Camy

City College of New York
Maxime Blanchard

City College of San Francisco
Thomas Blair

Clark Atlanta University
Laurent Monye

Coastal Carolina University
Matthieu Chan Tsin

Colorado State University
Frédérique Grim

East Los Angeles College
Mary Eckhert

Florida Atlantic University, Boca Raton
Géraldine Blattner
Marcella Munson

Fordham University
Catherine Randall

Gallaudet University
Rachel Hartig

Georgetown University
Andrew Sobanet

Georgia Institute of Technology
Lionel Gall

Glendale Community College
Teresa Cortey

Houston Community College
Mary Clarkson

Iowa State University
Linda Quinn Allen

Irvine Valley College
Daniel E. Rivas

Kapiolani Community College
Renee Arnold

Kennesaw State University
Luc Guglielmi

Kutztown University of Pennsylvania
Sylvie Pascale Dewey

McMaster University
Paula Banks

Middle Tennessee State University
Leah Lyons

Moorpark College
Perry Bennett

New York University
John Moran

Northern Virginia Community College
Alexia Vikis

Northwestern State University
Elizabeth Rubino

Ohio University–Athens
Brigitte Moretti-Coski

Palomar College
Chantal Maher

Penn State University–University Park
Heather McCoy

Purdue University–West Lafayette
Jessica Sturm

Riverside Community College
District–Norco
Dominique Hitchcock

Santa Clara University
Catherine R. Montfort
Nina Tanti

Scottsdale Community College
Marie-France Goudard-Ryan

Seneca College
Dianne Hurdle
Alain Londes

Seton Hill University
Michele Chossat

Sierra College
Cynthia Dohl
Olivier Lewis

Southwestern College
Nora Portillo

St. Charles Community College
Jane Zeiser

State University of New York–New Paltz
Mary Christensen

State University of New York–Stony Brook
Sini Prosper Sanou

Tarrant County College–South Campus
Floreen Henry

Texas A&M University–College Station
Cheryl Schaile

Texas Christian University
Kindra Santamaria
Marie-Luce M. Schein

Towson University
George McCool

Tulane University
Alexandra Reuber

University of Alabama-Birmingham
Krista Chambless

University of Arkansas–Fayetteville
Nancy Arenberg

University of Arkansas–Little Rock
Rosalie Cheatham

University of California–San Diego
Françoise Santore

University of Cincinnati–Cincinnati
Kathryn Lorenz

University of Florida–Gainesville
Heloise Seailles

University of Illinois at Urbana-Champaign
Cristina Toharia

University of Louisiana–Lafayette
Tamara Lindner

University of Miami–Coral Gables
Heather Willis Allen

University of Michigan–Ann Arbor
Lori McMann
Helene Neu

University of Missouri–Columbia
Tara Foster

University of Missouri–Kansas City
Lindsy Myers

University of North Carolina–Greensboro
David Fein

University of North Texas
Lawrence Williams

University of Oklahoma–Norman
Bernadette Takano

University of Pennsylvania
Christine Moisset

University of Southern California
Atiyeh Showrai

University of South Florida
Roberta Tucker

University of Texas–Arlington
Sharla Martin

Wayne State University
Kate Paesani

York University
Elsa Michael
Savitsa Sévigny

ACTFL Focus Group

Florida Atlantic University, Boca Raton
Géraldine Blattner

Massachusetts Institute of Technology
Gilberte Furstenberg

Northern Virginia Community College
Laura Franklin

Pomona College
Virginie Pouzet-Duzer

Rutgers University–New Brunswick
Miriam Alami

Saint John's University
Zoé Petropoulou

Saint Louis University
Pascale Perraudin

Tulsa Community College
Françoise Sullivan

University of Missouri–Saint Louis
Sandy Trapani

Symposium Attendees

College of Charleston
Shawn Morrison

Columbia University
Pascale Hubert-Leibler

Florida A & M University
Yvonne McIntosh

Kent State
Becky Chism

Memorial University of Newfoundland
Scott Jamieson

Michigan State University
Sandhya Shanker

Mount San Antonio College
Barbara Vigano

Northwestern University
Margaret Dempster

Rutgers University-New Brunswick
Myriam Alami

The Johns Hopkins University
Bruce Anderson

University of Cincinnati-Cincinnati
Kathy Lorenz

University of Georgia
Debbie Bell

University of Michigan-Ann Arbor
Lori McMann

Virginia Commonwealth University
Angelina Overvold

West Virginia University, Morgantown
Sharon Wilkinson

Supplement Authors

Rachel Thyre Anderson

California State University-San Bernadino
Elizabeth Martin

Louisiana State University-Baton Rouge
Melanie Hackney

Portland State University
Annabelle Dolidon

University of Illinois at Urbana-Champaign
Michael Foster

University of Kansas
Kimberly Swanson

University of Michigan–Ann Arbor
Lori McMann

I've known that I wanted to be a teacher and writer of teaching materials from the age of 7, when I would drag the neighborhood kids into my slapdash classroom, position them in front of my chalkboard, and give lessons on geography and spelling. More than 30 years later, I'm still at it and have numerous individuals to thank for making *En avant!* truly all that I wished it to be. Thanks, indeed, to my coauthor Peter Golato for his good nature and humor; to my coauthor Susan Blatty for her patience and generosity; and to Connie Anderson, our editor, who worked so tirelessly on every aspect of the book, leaving no stone unturned. A massive project like this was made manageable through the guidance and feedback of *Avanti!* authors, Janice Aski and Diane Musumeci, our Advisory Board members, countless reviewers in the field, and Annabelle Dolidon and Lori McMann, to name but two of the many thoughtful contributors to the textbook and workbook; it was made enjoyable—even at its most difficult stages—through the love and encouragement of my son, partner, and stepdaughter, all of whom are proud to have "an author" in the family.

Bruce Anderson

It was a delight to work with the many fine people who contributed their time and energy to this project. I gratefully acknowledge my coauthor Bruce Anderson for his wide-ranging knowledge and enviable creativity, and for his admirable and infectious enthusiasm throughout the writing process. I am indebted to my coauthor Susan Blatty for her invaluable guidance and remarkable management skills, and for her precious feedback and her tireless efforts in all stages of writing and editing. I warmly thank Connie Anderson, our editor, for her broad knowledge and good humor, and for her valuable feedback and her care and attention to every detail. I thank Christa Neumann, former executive editor, and William Glass, our editorial director, for their confidence and support. I am grateful to Annabelle Dolidon and Liz Martin for their extensive contributions to the *Workbook / Laboratory Manual*. I would also like to thank Azeb Haileselassie for her substantial contributions to the **Regardons!** and **Chantons!** features within **Culture interactive**. Special thanks are due to Janice M. Aski and Diane Musumeci for their thoughtful comments on our work, and for their confidence in us to apply their pedagogical approach to the teaching of French. I thank Nicole Dicop-Hineline and Arnaud Perret for their rapid and careful editing of my work. Naturally, Mr. Nikki also deserves special mention. My most heartfelt thanks and appreciation go to my wife, Andrea, for her unwavering kindness and patience over the two years that this project lasted.

Peter Golato

After spending many years editing the work of others, becoming an author on *En avant!* has fulfilled a lifetime goal of mine. I am very grateful to our editorial director, William Glass, and our former executive editor, Christa Neumann, for their support in making this possible. I would like to thank my coauthors, Bruce Anderson and Peter Golato, for their creativity, dedication, sense of humor, and editorial feedback! They have truly been an authorial "dream team," and I am honored to have had the opportunity to work with them. Many thanks as well to Connie Anderson, our editor, for her sharp editorial eye and many thoughtful suggestions, and to Azeb Haileselassie and Georges Detiveaux, whose ideas helped shape the manuscript in its early stages. I would particularly like to acknowledge the *Avanti!* authors, Janice Aski and Diane Musumeci, first and foremost for their inspiration and for their insightful comments during the development of the entire project. Our beautiful video program was produced and filmed in collaboration with Jennifer Rodes and Xavier Roy of Klic Productions, whose vision, guidance, and friendship have been invaluable in the creation of such amazing footage. Although it is impossible to list here all 150 native speakers who agreed to be interviewed for this project, I would like to thank in particular the members of the Feufollet band and their manager, Lisa Stafford, as well as Otis Lebert, Rim Trikki, Andréanne Nadeau, and James Samuela for sharing their experiences with our students. In the course of this project, I have acquired new respect for the incredible determination and dedication of the many authors I have worked with over the years as an editor. None of it is possible without the love and support at home. I thank my husband, Gary, for this and, of course, for *la bonne cuisine tous les soirs!*

Susan Blatty

We would also like to express our gratitude to all of the people at McGraw-Hill who worked tirelessly to produce *En avant!* and its supplements. Our sincere thanks go to our wonderful project managers, Anne Fuzellier and Brett Coker, and their colleagues in production and design: Natalia Peschiera, Preston Thomas, and the artists Kathryn Rathke, Ayelet Arbel, and Patti Isaacs. The editorial team also deserves our heartfelt thanks: Katie Crouch, our sponsoring editor, Peggy Potter, Melissa Gruzs, Susan Coleman, Kristen Kennedy, and Valérie Thiers. We also appreciate the guidance of all of our native readers: Nicole Dicop-Hineline, Evelyne Amon, Arnaud Perret, Françoise Santore, Géraldine Blattner, and Anne Legrand, each of whom provided excellent suggestions on all aspects of the textbook and supplements.

Many thanks in particular to Nicole Dicop-Hineline, Françoise Santore, and Evelyne Amon for being "on call" for many last minute queries throughout the project.

Few projects are successful without the help of marketing and sales. Many thanks to Laura Chiriboga, our editorial coordinator, who efficiently managed the pre-publication market development efforts and to our marketing team—Hector Alvero, Jorge Arbujas, and Alexa Recio—who have "gotten the word out" to our customers and the entire salesforce.

Communication en direct: Les gens

The twenty-five people pictured here are among the eighty people featured in the **Communication en direct** video interviews that begin each chapter. From them, you will hear how French is spoken by real people in Québec and in France today.

Montréal, Québec

Camille

Denis

Éric-Alexandre

Gabriel

Ibrahim et Naoufel

Marc

Marc-Antoine

Martin et Annie

Nicolas

Solène

Paris, France

Anna et Victoria

Anne-Claire

Antoine

Anthony et Sullyvan

Blood

Cécile

Élisabeth

Jean-Jacques

Lahcen

Mounira

Nicolas

Patrick et Camille

Raphaël

Sylvie

Xavier

Pour commencer

«Septembre: la Vendange (Harvest),» (1412–1416) tiré du calendrier des Très Riches Heures du duc de Berry, les frères de Limbourg

Bilan

In this chapter, you will learn:

- to greet people, find out their name, find out how they are, and say good-bye
- the letters and sounds of the alphabet
- numbers from 0 to 69
- the names of months of the year and days of the week
- to identify people, places, and things using articles
- to refer to people and things using subject pronouns and the verb **être**
- to interpret common French gestures

DVD   Chantons!   www.mhhe.com/enavant1   www.mhcentro.com   Film   Web Audio

Bonjour! / Salut! Greeting people

DVD

A. À l'écran (*On screen*). Watch and listen as the following people say hello. Indicate which greeting each person uses.

		Bonjour!	Bonjour, madame!	Salut!
1.	Solène	☐	☐	☐
2.	Sylvie Druart	☐	☐	☐
3.	Marc-Antoine Tanguy	☐	☐	☐
4.	Blood	☐	☐	☐
5.	Anna et Victoria	☐	☐	☐

6.   Chaïmaa   ☐   ☐   ☐

                          Jean-Jacques
7.   Lebon   ☐   ☐   ☐

Chez les francophones

Les salutations

French speakers always greet other people when they see them for the first time during the day. Depending on the relationship, the greeting is usually accompanied by a brief handshake or a small kiss on both cheeks. You shake hands with people you know less well; the kiss, called **la bise** or **le bisou,** is reserved for family members and friends. The number of kisses varies in different parts of the French-speaking world and within France itself: though the norm is one kiss on both cheeks, starting on the left, it varies from one kiss to four. Hugging does not generally occur as a part of greeting someone; it is considered too intimate.

How do you greet your friends? your teachers? new acquaintances? Can you think of a time when you weren't sure how to greet somebody? What did you do?

- You use **bonjour,** literally *good day,* to say hello the first time you see someone during the day. After 5 P.M., you use **bonsoir,** literally *good evening*.
- If you are talking to a stranger, someone older than you, or someone you know less well, such as a shopkeeper or an acquaintance, it is important (to avoid being considered rude) to add the title **monsieur** (*sir*), **madame** (*ma'am*), **mademoiselle** (*miss*), or **mesdames et messieurs** if there are both men and women in the group. It is not usual to add a person's last name even if you know it.
- **Salut!** is a less formal way to say *hello* and is generally used among family members and friends, although **bonjour** is fine too.

Formal	Informal
Bonjour, monsieur.	**Salut, Paul!**
Bonjour, mademoiselle.	**Bonjour!**

In French, it is important to know how to address people differently according to your relationship with them. This distinction is explained in more detail later in this chapter.

B. *Bonjour ou Salut?* Decide whether the following people would use **bonjour** or **salut** by supplying the appropriate greeting and title, if necessary.

1. a student to an older female professor
2. a father to his child
3. you to your roommate
4. you to a man on the street of whom you ask directions
5. you to two shopkeepers, one male and one female
6. you to a young female shopkeeper

Tu t'appelles comment? / Comment vous appelez-vous?

Asking someone his/her name

DVD

A. À l'écran. Watch and listen as the following people tell you their names. Number the names in the order that you hear them.

Je m'appelle...

_____ Jean-Jacques Lebon

_____ Naoufel

_____ Cécile

_____ Ibrahim

_____ Chaïmaa

_____ Élisabeth

_____ Solène

_____ Nicolas Chane Pao Kan

En français

You will have noticed in the video that there are two ways to ask someone's name: One question uses **tu** and the other **vous**. Although both words mean *you* in English, their usage depends on your relationship with the person you are addressing. Generally speaking, you use **tu** to talk to family members, children, pets, friends, and people you know well. Young people tend to use **tu** with other young people as well, even when they don't know them. You use **vous** with acquaintances, strangers, older people, or anyone to whom you wish to show respect, even if you know them well. Some examples might be your boss, an older neighbor, or perhaps some of your parents' friends.

The rules aren't exactly clear cut so, if in doubt, use **vous.** A native speaker will usually invite you to use **tu** if it's appropriate.

—Tu t'appelles comment?
—Je m'appelle Chaïmaa.

—Comment vous appelez-vous?
—Je m'appelle Jean-Jacques Lebon.

- To ask someone's name, you say:

  tu, *informal*

  —**Tu t'appelles comment?***

  —**Je m'appelle Marc.**

  vous, *formal*

  —**Comment vous appelez-vous?**

  —**Je m'appelle Jean-Michel.**

- To introduce yourself first and ask the other person's name, say:

  tu, *informal*

  —**Salut! Je m'appelle Brian.**
    Tu t'appelles comment?

  —**Salut! Je m'appelle Jean-Pierre.**

  vous, *formal*

  —**Bonjour, je m'appelle**
    Lisa Baud. Comment vous
    appelez-vous?

  —**Bonjour, madame.**
    Je m'appelle Chloé Lebon.

- A simpler way to ask the same question of someone you address as **tu** is to give your name and add **Et toi?** (*And you?*). When talking to someone you don't know in a more formal way and would address as **vous,** you should wait for that person to introduce him/herself to you.

  tu, *informal*

  —**Salut! Je m'appelle Marc.**
    Et toi?

  —**Je m'appelle Ahmed.**

  —**Enchanté.** (*Glad to meet you.*)

  vous, *formal*

  —**Bonjour, monsieur.**
    Je m'appelle Madame Smith.

  —**Je m'appelle Michel Tardif.**

  —**Enchantée.**

Note the following abbreviations:

monsieur	**M. Tardif**
madame	**Mme Smith**
mademoiselle	**Mlle Lafleur**

*A more formal way to ask this question is: **Comment t'appelles-tu?**

B. Tu t'appelles comment? / Comment vous appelez-vous? Decide which question you would use to ask the following people their name, then compare your answers with your classmate's.

1. a child in the supermarket who is with his/her mother
2. your new neighbor who is your parents' age
3. another student your age whom you meet in the cafeteria
4. an older person whom you are meeting for the first time
5. a friend of your roommate's
6. your instructor

C. Bonjour, tout le monde (*everyone*)**!** Walk around the room, greet at least five other students using the correct expressions, introduce yourself, and find out everyone's name.

Comment vas-tu? / Comment ça va? / Comment allez-vous? Asking people how they are

- To ask someone how he/she is, you say:

  tu, *informal*

  Comment vas-tu* aujourd'hui (*today*)**?**

  vous, *formal*

  Comment allez-vous?

- You can also use this more casual question:

  Comment ça va? (*How's it going?*)

- Depending on how the person feels, answers to these questions may include:

Je vais (très) bien, merci.	*I'm fine / doing (very) well, thanks.*
Très bien, merci.	*Very well, thanks.*
Ça va.	*Fine.*
Ça va (très) bien.	*(Very) well.*
Bien, merci.	*Fine, thanks.*
Pas mal. (*informal*)	*Not bad.*
Ça va mal.	*Not so well.*

- To find out how the other person is feeling, just say: **Et toi? / Et vous(-même)?**

  tu, *informal*

  —**Comment ça va, Marc?**

  —**Très bien, merci. Et toi?**

  vous, *formal*

  —**Comment allez-vous, monsieur?**

  —**Je vais très bien, merci. Et vous-même?**

*A more informal way to say this is: **Comment tu vas?**

A. À l'écran. Watch and listen as the following people tell you how they are. Match each person with his/her answer (page 7). **Attention!** One answer is not used.

1. Keysha _____

2. Blood _____

3. Gabriel _____

4. Sylvie Druart _____

5. Nicolas _____

6. Anne-Claire _____

7. Mounira _____

a. Très bien, merci.

b. Ça va très bien.

c. Très, très bien. Je vais super bien.

d. Je vais très bien avec ce soleil (*with this sun*)!

e. Je vais très bien.

f. Ça va bien, merci.

g. Je vais bien ce matin (*this morning*).

h. Pas mal.

B. Et vous?

Première étape. Go around the classroom, greet four classmates and your instructor, and find out how they are, using the appropriate expressions.

Deuxième étape. Afterward, your instructor will take a poll. How is the class today?

Aujourd'hui, la classe de français va...

Ciao! / Salut! / Au revoir!   Saying good-bye

A. À l'écran. Watch and listen as the people in the video say good-bye. Check off the expressions that you hear. **Attention!** Some of the expressions are repeated and others aren't used at all.

1. _____ Ciao!

2. _____ Au revoir!

3. _____ À plus!

4. _____ Au revoir, messieurs-dames, merci.

5. _____ Salut!

6. _____ À bientôt!

7. _____ À demain!

8. _____ À ce soir alors. À plus tard! Salut!

9. _____ Au revoir, madame. Je vous souhaite une très bonne soirée. (*Have a good evening.*)

- There are various ways to say *good-bye* in French. **Salut!** and **Ciao!** are more informal. As you have already seen, **Salut!** is used to say *hello* and *good-bye*. **Ciao!** is borrowed from Italian. You generally use these expressions with the same people that you address as **tu. Au revoir** is more formal but can also be used with everyone. When used in a formal context, a title should follow it: **Au revoir, madame!**

  Other expressions used to say good-bye include:

À bientôt!	*See you soon!*
À plus tard!	*See you later!*
À ce soir!	*See you tonight!*
À demain!	*See you tomorrow!*

- People often shorten **À plus tard** to **À plus** in speech and to **A+** in e-mails and text messages. It is a very casual expression used among friends.

  Ciao, Jean-Luc! À plus!

B. Au revoir! How would you say good-bye to the following people? Complete each sentence with the appropriate expression. Compare your answers with a classmate's. **Attention!** There is sometimes more than one correct answer.

1. your elderly neighbor ________________, madame!
2. the dean of your college ________________, ________________!
3. your mother ________________, maman!
4. your instructor ________________, ________________!
5. your best friend ________________, ________________!

C. Ciao! Make a list of all the questions you have learned so far in French. Then work with a classmate and take turns asking and answering each other's questions. Now, put your lists aside and present the conversations to the class.

Vocabulaire interactif

L'alphabet The French alphabet

Listen as your instructor pronounces the letters of the French alphabet along with a word that begins with each letter. Be prepared to spell your name afterward!

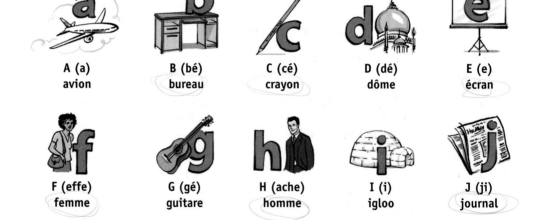

A (a)
avion

B (bé)
bureau

C (cé)
crayon

D (dé)
dôme

E (e)
écran

F (effe)
femme

G (gé)
guitare

H (ache)
homme

I (i)
igloo

J (ji)
journal

need to know the words that go with letters (that you've seen before)

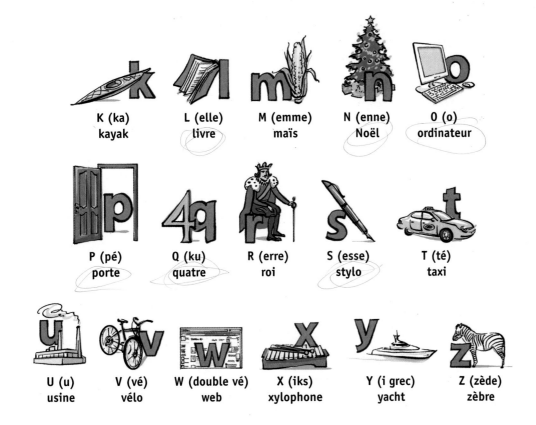

K (ka) kayak	**L (elle)** livre	**M (emme)** maïs	**N (enne)** Noël	**O (o)** ordinateur
P (pé) porte	**Q (ku)** quatre	**R (erre)** roi	**S (esse)** stylo	**T (té)** taxi
U (u) usine	**V (vé)** vélo	**W (double vé)** web	**X (iks)** xylophone	**Y (i grec)** yacht
				Z (zède) zèbre

1 The letter **h**, as in words such as **homme** and **hôtel**, is silent in French.

2 Th, as in **théâtre** and **sympathique** (*nice*), is pronounced [t].

3 Ch, as in **chaise** (*chair*) and **machine**, is pronounced [š] (as in the English word *shirt*).

4 The letter **j**, as in **journal, jaune** (*yellow*), and **déjeuner** (*lunch*), is pronounced [ž] (as in the English word *division*); so too is **g** when followed by **e**, **i**, or **y**, as in **geste, girafe, gymnase,** and **manger** (*to eat*).

A. Des sigles (*Acronyms*). The following companies and institutions in France are often referred to by the first letter of each major word in their title. What is the acronym for each company or institution?

EXEMPLE: le journal télévisé (*evening news*)
—le J T

1. le Parti socialiste
2. la Banque Nationale de Paris
3. le train à grande vitesse (*high-speed train*)
4. la Société nationale des chemins de fer français (*national railroad company*)
5. la Régie autonome des transports parisiens (*Parisian public transportation company*)
6. le Centre national de la recherche scientifique

French spelling uses five accent marks, which can distinguish one word from another or, as you'll learn in later chapters, indicate particular vowel sounds.

accent aigu	é	**écran, vélo**
accent grave	à, è, ù	**kilomètre, zèbre**
accent circonflexe	â, ê, î, ô, û	**dôme, forêt**
cédille	ç	**leçon** (lesson)
tréma	ë, ï	**Noël, maïs**

To find out how a word you've just heard is spelled, ask: **Ça s'écrit comment?**

B. Les prénoms (First names).

Première étape. Introduce yourself to your classmates and tell them how your first name is spelled.

> EXEMPLE: —Je m'appelle Jennifer. Ça s'écrit J - E - deux N - I - F - E - R.

Deuxième étape. Take turns with a classmate asking how the following names are spelled and then spelling them. Pay careful attention to accent marks.

> EXEMPLE: É1: Ça s'écrit comment, «Chloé»?
> É2: «Chloé» s'écrit C – H – L – O – E accent aigu.

1. Françoise	3. Brigitte	5. Philippe	7. Inès
2. Sylvie	4. Raphaël	6. Mathéo	8. Jade

Prénoms masculins		Prénoms féminins	
dans les années 1950	**dans les années 2000**	**dans les années 1950**	**dans les années 2000**
Alain	Enzo	Brigitte	Emma
Bernard	Lucas	Chantal	Chloé
Jean	Mathéo	Françoise	Inès
Michel	Raphaël	Marie	Jade
Philippe	Théo	Sylvie	Léa

Source: **www.bebe-prenoms.com**, based on annual statistics reported by the Institut national de la statistique et des études économiques (INSEE).

Les nombres de 0 à 69   Numbers from 0 to 69

Listen as your instructor pronounces the numbers in the chart. Afterward, be prepared to provide some of the numbers that aren't listed.

0	zéro				
1	un	11	onze	21	vingt et un
2	deux	12	douze	20 vingt	22	vingt-deux…
3	trois	13	treize	30 trente	33	trente-trois…
4	quatre	14	quatorze	40 quarante	44	quarante-quatre…
5	cinq	15	quinze	50 cinquante	55	cinquante-cinq…
6	six	16	seize	60 soixante	66	soixante-six…
7	sept	17	dix-sept		
8	huit	18	dix-huit		
9	neuf	19	dix-neuf		
10	dix				

A. Un peu de maths (*A bit of math*). On a separate sheet of paper, write down your answers to the following math problems. Then, take turns with a classmate reading your answers aloud and verifying that they are correct.

EXEMPLES: —Dix **et** douze **font** vingt-deux. (10 + 12 = 22)
—Douze **moins** deux **font** dix. (12 − 2 = 10)

1. 9 + 9 = 18
2. 21 + 10 = 31
3. 11 + 15 = 26
4. 35 + 12 = 47
5. 25 + 25 = 50
6. 19 − 9 = 10
7. 60 − 15 = 45
8. 69 − 19 = 50
9. 28 − 14 = 14

Chez les Français

Les numéros de téléphone

Telephone numbers in France are composed of ten numbers, divided into (and said as) five pairs of numbers. The first pair represents an area code (01 through 05) or the fact that it's a cell phone (06 or 07). Phone numbers beginning 0800, called **numéros verts** (*green numbers*), are toll free and correspond to 1-800 numbers in North America.

To find out someone's phone number, ask: **Quel est ton/votre numéro (de téléphone)?** To respond to this question, say: **C'est le...** followed by the five pairs of numbers.

Study Tip The English equivalents of the active vocabulary words for each chapter appear in the **Vocabulaire** at the end of the chapter. Active vocabulary words are those that you are responsible for knowing on all levels (their meaning, gender, form, and pronunciation). The French–English **Lexique** at the back of the book contains all the words from all of the chapters in alphabetical order; the number following a word indicates the chapter in which it is presented as active vocabulary. The English–French **Lexique** contains only the translations of the end-of-chapter vocabulary lists.

B. Monsieur Jean Dupont. Working in pairs, take two turns each assuming the identity of a Jean Dupont from the list of telephone numbers. Can your classmate figure out which Jean Dupont you are (where you live)?

EXEMPLE: É1: Quel est votre numéro de téléphone, Monsieur Dupont?
É2: C'est le 04.13.66.39.60.
É1: Vous êtes de (*You are from*) Nice?
É2: Oui, je suis de (*I am from*) Nice.

Dupont Jean, 15 r Andrioli 06000 NICE	04.13.66.39.60
Dupont Jean, 34 av Mar Joffre 66000 PERPIGNAN	04.68.64.55.60
Dupont Jean, 65 av Lodève 34000 MONTPELLIER	04.30.66.39.11
Dupont Jean, 24 av Marius Olive 13009 MARSEILLE	04.68.41.24.11
Dupont Jean, 12 r Bouvine 83000 TOULON	04.30.41.24.08
Dupont Jean, 3 r Adanson 11100 NARBONNE	04.13.64.55.08

Au calendrier   Months of the year and days of the week

As you examine the calendar pages, be prepared to answer the following questions: What sorts of words are written with lowercase letters (unlike English)? What is the first day of the week? What term has been borrowed from English? What sort of person is being celebrated on each day? (**Hint:** France is a predominantly Roman Catholic country.)

un jour   **un mois**   **le week-end**

SEPTEMBRE

lundi	mardi	mercredi	jeudi	vendredi	samedi	dimanche
			1 St Gilles	2 Ste Ingrid	3 St Grégoire	4 Ste Rosalie
5 Ste Raïssa	6 St Bertrand	7 Ste Régine	8 St Adrien	9 St Alain	10 Ste Inès	11 St Adelphe

7 jours = une semaine   **4 semaines = un mois**   **12 mois = un an**

Les douze mois de l'année sont: **janvier, février, mars, avril, mai, juin, juillet, août, septembre, octobre, novembre, décembre.**

1 To ask what day of the week it is, say: **Quel jour sommes-nous aujourd'hui?** (literally, *What day are we today?*) or **On est quel jour aujourd'hui?** In responding, use **Nous sommes... , On est... ,** or **C'est...** and the name of the day.

—**Quel jour sommes-nous aujourd'hui?**   *What day is it today?*

—**Nous sommes mercredi. (On est**   *It's Wednesday.*
mercredi. / **C'est mercredi.)**

People might also tell you the date in response to the same questions.

—**On est quel jour aujourd'hui?**

—**C'est le 2 mars.**

2 To ask what today's date is, say: **Quelle est la date d'aujourd'hui?** In responding to this question, **le** is used before the date. Cardinal numbers (2, 3, 4, etc.) are used in dates except for the first day of the month, **le premier (1er).**

—**Quelle est la date d'aujourd'hui?**   *What is today's date?*

—**C'est le trente et un (31) janvier.**   *It's January 31st.*

—**Et demain?**   *And tomorrow?*

—**Demain, c'est le premier (1er) février.**   *Tomorrow is February 1st.*

3 When representing the date all in numbers, you write the day first, then the month: **21/9** stands for **le 21 septembre.**

Chez les Français

Each calendar day of the year in France is associated with a **fête** (*holiday, celebration*) in honor of a Catholic saint. French children have traditionally been named after one of these saints and so celebrate their **fête** in addition to their birthday (**anniversaire**). (It was only in 1993, in fact, that all legal restrictions on how French parents could name their children were lifted!)

A. Des anniversaires (*birthdays*). Circulate around the room, asking five of your classmates when their birthday is (**C'est quand, ton anniversaire?**). Write down their name and their birthdate. Whose birthday is the closest to your own?

EXEMPLE: —Mon (*My*) anniversaire est le 11 février. L'anniversaire de Paul est le 27 février.

B. Des fêtes (*holidays*).

Première étape. Place the following holidays in order from the earliest in the year (1) to the latest (8).

___6___ la fête nationale July 4
___3___ la Saint-Patrick March 17
___1___ le jour de l'An (*New Year's Day*) Jan 1
___4___ la fête des Mères (*mothers*) May

___5___ la fête des Pères (*fathers*) June
___8___ Noël 25 Dec
___2___ la Saint-Valentin Feb 14
___7___ Halloween Oct 31

Deuxième étape. Starting with the first holiday, take turns with a classmate going through the list in the **Première étape**, indicating in which month and season each holiday takes place. Did you and your partner have the correct order?

EXEMPLE: —La fête des Mères est en mai, au printemps.

> ### En français
>
> Here are the names of the four seasons and how to indicate in what season an event occurs. How does spring differ from the other seasons?
>
> **l'hiver** (*winter*) → **en hiver**
> **le printemps** (*spring*) → **au printemps**
> **l'été** (*summer*) → **en été**
> **l'automne** (*autumn, fall*) → **en automne**

> **Prononcez bien!**
> To learn about syllables and tonic stress (**l'accent tonique**) in French, and to practice the pronunciation of words from this **Vocabulaire interactif** section, see the **Prononcez bien!** section of the *Workbook / Laboratory Manual*.

Les Champs-Elysées à Noël avec la grande roue au fond

1.1 Une salle de classe (A classroom)

Singular indefinite articles **un** and **une** and the gender of nouns

You've already learned some words for items found in a typical classroom. Those words, along with a few more, are provided in the illustration.

une **feuille (de papier)**
une **fenêtre**   un **mur**   une **calculatrice**   une **affiche**
un **crayon**   un **stylo**   une **porte**
un **écran**
un **tableau (noir)**
une **carte**
un **professeur**
un **ordinateur (portable)**
une **chaise**
un **effaceur**
une **craie**
un **livre**
un **étudiant**
une **étudiante**
un **bureau**
un **cahier**

Analysons! 1. Which indefinite article (**un** or **une**) is used when referring to a male student? _____ A female student? _____ 2. Does the form of the article change when it is used with things as well as people? _____

⊙ Answers to this activity are in Appendice 2 in the back of the book.

Study Tip   When learning new words, connect their meaning to an image (like those in the illustration) or to a context (such as a classroom setting) rather than to their English equivalent. Your goal should be to think and speak in French, not to translate from English into French!

1 There are two singular indefinite articles in French that correspond to English *a, an,* or *one:* **un** and **une.** Both of these articles are used with nouns referring to people, places, and things. **Un** is used with masculine nouns, and **une** is used with feminine nouns.

un étudiant, **un** bureau, **un** écran   *a (male) student, a desk, a screen*

une étudiante, **une** chaise, **une** affiche   *a (female) student, a chair, a poster*

2 Nouns that refer to males are usually masculine, and those that refer to females are usually feminine. Some nouns that refer to people can be changed from masculine to feminine by adding the letter **e** to the end of the noun (un étudiant, une étudiant<u>e</u>; u<u>n</u> ami, une ami<u>e</u> [*a friend*]). In other cases, a noun will have a single form but can be used to refer to both males and females (un bébé, une personne, un professeur,* une vedette [*a movie star*]).

3 To ask *what* something is, say **Qu'est-ce que c'est?** (*What is it?*); to ask *who* someone is, say **Qui est-ce?** To answer these two questions, you use **c'est** with both people and things:

—Qu'est-ce que c'est?   *What is it (that)?*

—C'est un crayon.   *It's (That's) a pencil.*

—Qui est-ce?   *Who is that?*

—C'est un(e) étudiant(e).   *He/She is a student.*

○ To learn more about the gender of French nouns, see *Par la suite* at the back of your book.

Mise en pratique. Write in the appropriate questions and answers, following the models provided. **Attention!** Remember to distinguish between **c'est un...** and **c'est une...** when answering.

1. Qui est-ce?
   C'est un étudiant.

2. Qu'est-ce?
   C'est une étudiante

3. Qu'est-ce que c'est?
   C'est une fenêtre.

4. Qu'est-ce que c'est
   C'est un livre

5. Qu'est-ce que c'est
   C'est un chaise

6. Qu'est-ce que c'est
   C'est un crayon

○ Answers to this activity are in Appendice 2 at the back of the book.

---

*For many French speakers, the masculine form **un professeur** is used to refer to both male and female instructors; other speakers make a distinction between **un professeur** and **une (femme) professeur**. In France, **le prof** and **la prof** are common in informal spoken French, but **une professeur** is generally not accepted. In Quebec, a distinction is made between **un professeur** and **une professeur<u>e</u>**. You will learn more about variation in the use of masculine and feminine forms of occupations in **Chapitre 4**.

A. Écoutez bien! Listen as your instructor identifies various people using **C'est un** and **C'est une**. Indicate whether your instructor is referring only to a male or only to a female; check **les deux** (*both*) if your instructor could be referring to either.

(handwritten note: bébé = M, personn = F)

	masculin	féminin	les deux
1.	☐	☑	☐
2.	☑	☐	☐
3.	☐	☐	☑
4.	☑	☐	☐
5.	☐	☑	☐
6.	☐	☐	☑
7.	☐	☑	☐
8.	☑	☐	☐

B. Dans (*In*) **une salle de classe.** Working with a partner, provide the appropriate form of the indefinite article, **un** or **une**, for each noun in the following list without looking back at the illustration. How many blanks can you fill in from memory? Then identify the item in each row whose meaning doesn't fit.

1.	_un_ livre	_un_ cahier	_____ feuille (de papier)	_un_ écran
2.	_une_ chaise	_un_ crayon	_____ stylo	_une_ craie
3.	_un_ professeur	_une_ affiche	_un_ étudiant	_une_ étudiante
4.	_une_ porte	_une_ fenêtre	_une_ calculatrice	_un_ mur

C. Qu'est-ce que c'est? One student will go around the classroom, pointing at ten items or people and calling on a different classmate each time to answer the questions **Qu'est-ce que c'est?** and **Qui est-ce? Attention!** Be careful to give the correct form of **un/une!**

> **EXEMPLE:** É1: (*pointing at a book*) Qu'est-ce que c'est?
> É2: C'est un livre.

D. Qu'est-ce qu'il y a... ? In groups of three, one student will start by asking what's in your classroom. A second student will name one item. A third student will repeat that item and add another. Continue until someone is unable to remember all the items in the list.

> **EXEMPLE:** É1: Qu'est-ce qu'il y a dans la salle de classe?
> É2: Il y a un tableau.
> É3: Il y a un tableau et...

1.2 Un crayon, deux crayons

Plural nouns and the plural indefinite article **des**

Check off the items in the list that you think most students in your class usually bring with them to class.

une affiche ☐   des livres ☐   une calculatrice ☐

des stylos ☐   un ordinateur portable ☐   des crayons ☐

une carte ☐   un cahier ☐   un dictionnaire ☐

Analysons! Compare the singular and plural nouns in the list. 1. What form of the indefinite article is used with the plural nouns? _____ 2. What ending do the plural nouns have? _____

○ Answers to this activity are in Appendice 2 at the back of the book.

1 **Des** is the plural form of the indefinite article **un/une**, used with both masculine and feminine plural nouns. Unlike its English equivalents *some* or *any*, it cannot be omitted.

Il y a **des** livres sur un bureau.   *There are (some) books on a desk.*

Il y a **des** étudiants ici?   *Are there (any) students here?*

Il y a **des** ordinateurs dans la salle   *There are (some) computers in the*
de classe.   *classroom.*

2 When **des** precedes a noun beginning with a vowel—such as **étudiants** and **ordinateurs** in the previous examples—the normally silent s of **des** is pronounced as a [z] sound. The same is true of words beginning with **h**: **des hommes**. This "linking together" of a normally silent final consonant and a vowel at the start of a following word is known as **liaison**.

3 As in English, the plural form of a noun in French most often ends in the letter -s (**des livres, des crayons**). For nouns that already end in -s, -x, or -z in the singular, however, there is no distinct plural form. Note that all of these final consonant letters are silent.

un mois → des mois   *a month, months*

un prix → des prix   *a price, prices*

un nez → des nez   *a nose, noses*

4 Many nouns that end in -**ou** and all nouns that end in -**eau** add an **x** rather than an s to form the plural. Most nouns ending in -**al** change to -**aux** in the plural.

un bijou → des bijoux   *a jewel, jewels*

un bureau → des bureaux   *a desk, desks*

un journal → des journaux   *a newspaper, newspapers*

○ To learn more about the plural form of nouns, see Par la suite at the back of your book.

> **Mise en pratique.** For each noun in column A, write its plural form in column B. Pay special attention to the ending of each singular noun when deciding on the form of the plural.

A	B
1. une chaise	des _chaises_
un tableau	des _tableaux_
2. une semaine	des _semaines_
un mois	des _mois_
3. un chat (*cat*)	des _chats_
un oiseau (*bird*)	des _oiseaux_
4. une banque	des _banques_
un hôpital	des _hôpitaux_

○ Answers to this activity are in Appendice 2 at the back of the book.

A. Écoutez bien! Listen as your instructor asks questions about what one normally finds in classrooms like the one in which you have your French class. Check off whether there is normally one (**singulier**) or more than one (**pluriel**) of each item. If there normally aren't any at all, leave both boxes blank.

	singulier	pluriel			singulier	pluriel
1.	☑	☐		5.	☐	☐
2.	☐	☐		6.	☐	☐
3.	☐	☐		7.	☐	☐
4.	☐	☐		8.	☐	☐

B. Les formes du pluriel. Here are some singular nouns related to time. Working with a classmate, provide the plural form of each word, and then arrange them in order from the shortest to the longest period of time.

1. un an	3. un jour	5. un mois	7. une semaine
2. une heure (*hour*)	4. une minute	6. une seconde	8. un week-end

C. Les formes du singulier.

Première étape. Here are some plural nouns related to the classroom. Working with a classmate, provide their singular form.

1. des livres	4. des cahiers	7. des affiches
2. des journaux	5. des stylos	8. des cartes
3. des feuilles	6. des bureaux	9. des ordinateurs

Deuxième étape. Open your bookbag (**un sac**) or backpack (**un sac à dos**) and tell your classmate which school supplies are inside. Which one of you is carrying around the greatest number of things?

EXEMPLE: —Dans mon sac (à dos), il y a trois livres, deux stylos, un crayon et une calculatrice.

D. Combien (*How many*)? Examine the following list of places found in a city. Can you indicate exactly how many there are of each place in the city/town where your school is located? If so, use a number; if not, use **des**.

> une banque   un hôpital   un restaurant
>
> un café   un hôtel   un supermarché
>
> un cinéma   un parc

EXEMPLE: —Il y a un hôpital, trois parcs et des restaurants à _____ (*name of city/town*).

E. Notre (*Our*) **salle de classe.** Work with a partner. Look around your classroom and identify one thing (singular or plural) that logically answers each question. Compare your answers with the rest of the class. Was your answer unique or did everyone come up with the same thing?

1. Qu'est-ce qu'il y a derrière vous? *Il y a des étudiantes.*
2. Qu'est-ce qu'il y a devant le tableau / l'écran?
3. Qu'est-ce qu'il y a sur le bureau du professeur? *Il y a un ordinateur*
4. Qu'est-ce qu'il y a sous les chaises? *Il y a des cahiers.*
5. Qu'est-ce qu'il y a dans le couloir (*hallway*)? *Il y a des étudiantes*

1.3 Nous sommes étudiants

Subject pronouns and the verb **être**

> **En français**
>
> To indicate where something is located, you can use the following prepositions:
>
> | | |
> |---|---|
> | **dans** | *in(side)* |
> | **derrière** | *behind* |
> | **devant** | *in front of* |
> | **sous** | *under, beneath* |
> | **sur** | *on* |

> Read over Élisabeth's description of the philosophy class she is taking.
>
> Je m'appelle Élisabeth. Je suis étudiante. Dans mon cours de philosophie, il y a vingt étudiants. **Les étudiants** sont sympathiques. **Le professeur** est sympa aussi. Le professeur s'appelle Monsieur Leclerc. Mon amie Sylvie est en cours avec (*with*) moi. **Sylvie** adore étudier la philosophie. **Sylvie et moi** sommes souvent (*often*) dans les mêmes (*same*) cours.
>
> **Analysons!** 1. Which words in boldface would be replaced by the pronoun **il** (*he*)? _____ by **elle** (*she*)? _____ by **nous** (*we*)? _____ by **ils** (*they*)? _____ 2. There are four forms of the verb être (*to be*) in the preceding paragraph, one of which is used twice. What are they? _____

1 Pronouns replace proper nouns such as **Élisabeth** (**elle**) and common nouns such as **les étudiants** (**ils**), making it possible to avoid the repetition of these nouns. When nouns or pronouns act as the grammatical subject of a sentence, they determine the particular form that the verb will take. The infinitive **être** (*to be*) is *conjugated* so as to *agree* with the subject of the sentence.

○ Answers to this activity are in Appendice 2 at the back of the book.

être (to be)	
je (*I*) **suis**	**nous** (*we*) **sommes**
tu (*you*) **es**	**vous** (*you*) **êtes**
il (*he*) **elle** (*she*) **est**	**ils** (*they*) **elles** (*they*) **sont**

Study Tip In this book, the shaded boxes in verb charts indicate forms that have the same pronunciation. You will see, in fact, that the **tu** and **il/elle** forms of *all* verbs in French are pronounced the same way, even though they are spelled differently.

[handwritten margin notes:]
1 es
2 sommes
3 êtes
4 suis
5 est
6 est
7 sont
8 c'est
9 sont

2 The subject pronoun **elles** refers to two or more women, whereas **ils** refers to two or more men or to a mixed group of men and women.

Chloé et Emma (= **elles**) sont étudiantes.
Gilles et Marc (= **ils**) sont étudiants. } *They are students.*

Chloé, Emma, Gilles et Marc (= **ils**) sont en cours. *They are in class.*

3 As you saw earlier in this chapter, **tu** is the singular and informal form of *you* whereas **vous** is the formal form. **Vous** is also used to address more than one person, in both formal and informal situations.

—**Tu** es de Paris, Théo? *Are you from Paris, Theo?*

—**Vous** êtes de Paris, Mme Ibrahim? *Are you from Paris, Mrs. Ibrahim?*

—**Vous** êtes étudiants? *Are (all of) you students?*

4 **Ce** is another subject pronoun you have already seen. It is used *only* with the verb **être** for the purpose of identifying both people and things. When followed by a noun beginning with a vowel or **h**, the final consonant **t** of the verb becomes pronounced—another example of **liaison**.

C'est un livre / un prof. *It's a book / He's a professor.*
[t]
Ce sont des crayons / des profs. *Those are pencils / They are professors.*

A. Écoutez bien! Listen as your instructor describes various people as being "nice" (**sympa**) and various objects as being "pretty" (**joli**). Based on the pronoun you hear, check off the person(s) or thing(s) your instructor is describing.

1. ☐ C'est un homme.   ☑ C'est une femme.
2. ☑ Ce sont des hommes.   ☐ Ce sont des femmes.
3. ☑ C'est un ami.   ☐ C'est une amie.
4. ☐ Ce sont des amis.   ☑ Ce sont des amies.
5. ☑ Ce sont des bureaux.   ☐ Ce sont des chaises.
6. ☐ C'est un bureau.   ☑ C'est une chaise.
7. ☐ Ce sont des cahiers.   ☑ Ce sont des affiches.
8. ☑ C'est un cahier.   ☐ C'est une affiche.

B. Jeu de mémoire. Work with three other classmates to form a group of four. Three members of the group will introduce themselves (**Je m'appelle...**), saying when their birthday is (**Mon anniversaire est...**) and what city they are from (**Je suis de...**) while the fourth member listens. Afterward, the "listener" will recite back the information to each member of the group.

EXEMPLE: —Tu t'appelles Bill. Ton (*Your*) anniversaire est le 10 mars. Tu es de Richmond.

C. Les signes du zodiaque.

Working in pairs, take turns identifying each person's sign based on his/her birthday. Refer to the illustrations below. **Attention!** You'll need to decide between the pronouns **il, elle, ils,** and **elles.**

EXEMPLE: Émilie – le 11 février
—Elle est Verseau.

1. Stéphanie – le 25 novembre
2. Max – le 5 janvier
3. Alain et Didier, frères jumeaux (*twin brothers*) – le 15 juin
4. Mathéo – le 1ᵉʳ avril
5. Robert – le 27 juillet
6. Brigitte et Clara, sœurs jumelles (*twin sisters*) – le 17 mars

Bélier
21 mars - 20 avril

Taureau
21 avril - 21 mai

Gémeaux
22 mai - 21 juin

Cancer
22 juin - 23 juillet

Lion
24 juillet - 23 août

Vierge
24 août - 23 sept.

Balance
24 sept. - 23 oct.

Scorpion
24 oct. - 22 nov.

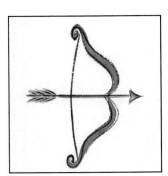

Sagittaire
23 nov. - 21 déc.

Capricorne
22 déc. - 20 jan.

Verseau
21 jan. - 19 fév.

Poissons
20 fév. - 20 mars

D. Présentations. Tell a classmate when your birthday is and what astrological sign that birth date falls under. Then he/she will introduce you to the class.

EXEMPLE: É1: (JILL): Mon anniversaire est le 11 février. Je suis Verseau.
É2: (à la classe): Voici Jill. Son (*Her*) anniversaire est le 11 février. Elle est Verseau.

E. En commun.

Première étape. Complete each statement about yourself by checking off the term that describes you best. (You may need to add information in items 3 and 4 before checking off a box.)

1. Je suis... ☐ étudiant(e)   ☐ professeur   ☐ les deux

2. Je suis... ☐ américain(e)   ☐ canadien(ne)   ☐ étranger/étrangère (*foreigner*)

3. Je suis... ☐ d'ici   ☐ de _____ (*name of hometown*)

4. Je suis... ☐ né(e) (*born*) en été   ☐ né(e) en hiver   ☐ né(e) en (au) _____

5. Je suis... ☐ Lion   ☐ Capricorne   ☐ _____

Deuxième étape. Find two classmates to work with. Each person will indicate how he/she completed the first statement in the **Première étape** using **je suis...** Note whether you all responded similarly before moving on to the next statement. Afterward, present to the class *only* what you all have in common.

EXEMPLE: —Nous sommes tous (*all*) étudiants.

1.4 La précision   Use of the definite articles **le, la, l'**, and **les**

For each general term in column A, come up with a specific example (the first thing that comes to mind) for column B.

A		B
1. une lettre de l'alphabet	→	la lettre _____ *z* _____
2. un numéro	→	le numéro _____
3. une saison	→	le (l') _____
4. un mois	→	le mois de (d') _____
5. des villes en France	→	les villes de _____ et de _____

○ Answers to this activity are in Appendice 2 at the back of the book.

Analysons! 1. Which form of the definite article (**le, la, l'** or **les**) is used with a plural noun? _____ 2. Which form would be used with a singular noun that begins with a vowel or an **h**? _____ 3. Does either of these forms indicate the gender of the noun? _____

1 Definite articles in French, like their equivalent *the* in English, are primarily used to indicate a specific person, place, or thing.

—Qu'est-ce que c'est?   *What is this/that?*

—C'est un livre. C'est **le** livre **de David.**   *It's a book. It's David's book (= the book that belongs to David).*

The form of the definite article in French varies according to gender and number: **le** (*m.*), **la** (*f.*), and **les** (*pl.*). When a singular noun begins with a vowel or *h*, however, the contracted form **l'** is used with both masculine and feminine nouns.

le numero sept   *but:* **l'**homme derrière nous

la lettre B   **l'**affiche sur le mur

les quatre saisons

2 **Liaison**, which you learned about in **Grammaire interactive 1.2**, occurs between the plural form **les** and nouns beginning with a vowel sound (including words beginning with h) (les‿ordinateurs, les‿hommes). The contraction of **le** and **la** to **l'** before nouns beginning with a vowel sound is an example of **élision**.

3 Definite articles in French—unlike in English—are also used when naming things, such as countries (**la France**), languages (**le français**), species of animal (**le lion**), school subjects (**la biologie**), concepts (**la liberté**), and emotions (**la jalousie**).

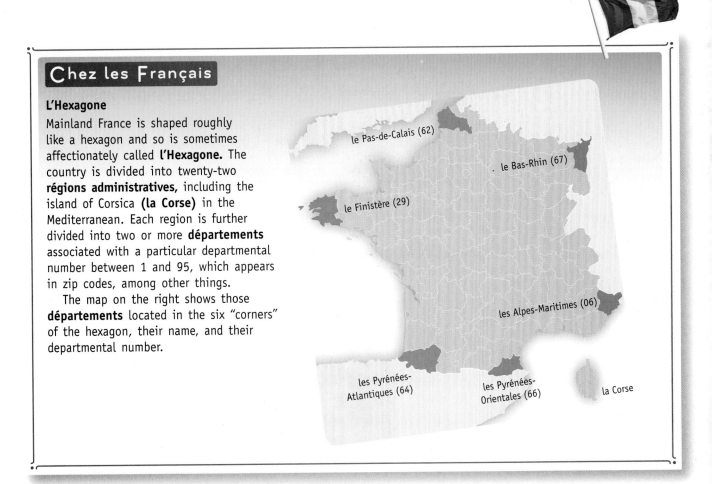

Chez les Français

L'Hexagone

Mainland France is shaped roughly like a hexagon and so is sometimes affectionately called **l'Hexagone.** The country is divided into twenty-two **régions administratives,** including the island of Corsica (**la Corse**) in the Mediterranean. Each region is further divided into two or more **départements** associated with a particular departmental number between 1 and 95, which appears in zip codes, among other things.

    The map on the right shows those **départements** located in the six "corners" of the hexagon, their name, and their departmental number.

le Pas-de-Calais (62)

le Bas-Rhin (67)

le Finistère (29)

les Alpes-Maritimes (06)

les Pyrénées-Atlantiques (64)

les Pyrénées-Orientales (66)

la Corse

A. Écoutez bien!

Première étape. Listen as your instructor tells you what each of these frequently used French acronyms stands for. Check off the form of the definite article that you hear used with each acronym.

	le	la	l'	les	
1.	☐	☐	☐	☐	JO
2.	☐	☐	☐	☐	EDF
3.	☐	☐	☐	☐	CGT
4.	☐	☐	☐	☐	PNB
5.	☐	☐	☐	☐	UDF
6.	☐	☐	☐	☐	TVA

Deuxième étape. Listen once again to the full form of each acronym, then match it with one of the definitions from the list below. **Attention!** One definition is used twice.

> une compagnie d'énergie   un syndicat (*workers union*)
>
> une compétition sportive   un terme économique
>
> un parti politique

EXEMPLE: —Les JO, c'est une compétition sportive.

B. Les articles.

Première étape. Here are some classroom items. Change the indefinite article to the appropriate form of the definite article for each item.

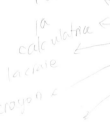

1. une affiche
2. une calculatrice
3. une craie
4. des crayons
5. un dictionnaire

6. des effaceurs
7. des livres
8. un ordinateur portable
9. des stylos

[handwritten annotations: l'office; la calculatrice; la craie; les crayons; le dictionnaire; les effaceurs; les livres; ordinateur portable; les stylos]

Deuxième étape. Your instructor will call four students to the front of the class, each one bringing along or being given a different classroom object from the list in the **Première étape.** After the students introduce themselves, indicate to whom each item belongs.

EXEMPLE: —C'est la calculatrice de Mark.
        —Ce sont les livres de Sarah.

Une librairie dans le Quartier latin

Cognates (**mots apparentés**) are words that have similar spellings and meanings in French and English. The school subjects (**matières**) listed here, for example, are all cognates. Unlike in English, a definite article is used with the name of each subject.

l'anthropologie (*f.*), **la biologie, la chimie, l'éducation** (*f.*), **la géographie, la géologie, l'histoire** (*f.*) **(de l'art), le journalisme, la linguistique, la littérature (comparée), les mathématiques, (les maths)** (*f. pl.*) **la musique, la philosophie, la photographie, la physique, la psychologie, les relations** (*f. pl.*) **internationales, les sciences** (*f. pl.*) **économiques, les sciences politiques, la sociologie**

C. Les matières.

Première étape. Go to the board and quickly write the school subject from the **En français** feature that you believe to be the most difficult. Afterward, examine the responses that you and your classmates provided and indicate which three subjects appear the most frequently.

Deuxième étape. Select the three school subjects in the **En français** feature that you like the most (aside from **le français**, of course!). Tell a classmate which three you selected using **J'aime...** (*I like*), then say which of these subjects you are currently studying using **J'étudie...** (*I am studying*).

D. Jeu de catégories.
Can you figure out which of the two terms fits each category? Work with a classmate, then check your answers by telling your instructor which term you selected and why you *didn't* select the other. Did you get all eight correct?

EXEMPLE: **un animal:** le tigre ou la Tunisie?
—Le tigre est un animal; la Tunisie est un pays!

1. **une matière:** l'hiver ou l'histoire?
2. **un fruit:** la banane ou la psychologie?
3. **une émotion:** le Japon ou la jalousie?
4. **un pays:** l'été ou l'Égypte?
5. **une langue:** la France ou le français?
6. **un continent:** l'Asie ou l'amour
7. **une saison:** l'Amérique du Sud ou l'automne?
8. **un concept:** le Danemark ou la démocratie?

La place du Palais royal à Meknès, au Maroc

Culture interactive

Écoutons!

Les gestes français: *How to speak French without saying a word.*

A vant de dire quelque chose, il faut s'assurer que le silence ne soit pas plus important.*

—MARCEL MARCEAU

Before saying something, make sure that silence isn't more important.

A. Avant d'écouter. Like North Americans, the French make use of gestures in conversation. Although some French gestures may be familiar to North Americans, their meaning may sometimes be different. Which gestures have you already learned from the **Communication en direct** videos that are related to greeting someone? Do you know of any other conversational gestures unique to France or to another country, including your own?

B. Écoutez. Now watch and listen as your instructor demonstrates and explains, in French, ten gestures used by the French in everyday conversation. Note not only the gesture itself but also what your instructor says and any another elements (facial expression, intonation) that might help you understand the gesture's meaning. Match each gesture with its appropriate meaning from the list of possible meanings that follows.

Geste: 1. _____ 6. _____

2. _____ 7. _____

3. _____ 8. _____

4. _____ 9. _____

5. _____ 10. _____

Sens (*Meaning*):
- a. Sorry!
- b. I've had it!
- c. Aren't I clever!
- d. Call me!
- e. Delicious!
- f. That's expensive!
- g. I don't believe that!
- h. He/She's crazy!
- i. Mum's the word!
- j. 1, 2, 3...

C. À vous (*Your turn*)! Take turns with a partner reacting to the following situations using only the appropriate French gesture.

1. Your roommate asks how many people are coming to dinner. (There will be three.)

2. Someone shows up at a black-tie affair wearing shorts and a rock band t-shirt.

3. Your classmate solves a difficult calculus problem in no time at all.

4. A friend tells you she's quitting school to join the circus. (You don't believe her.)

5. You've just spent two hours trying to write a composition and made no progress.

6. Your host mother has prepared her signature dish for dinner.

L'anglais dans les publicités francophones

A. Avant de lire. Can you think of any English-language advertisements that contain non-English words and phrases? If so, which products were being advertised and which foreign language was being used?

B. Lisez. Read the following restaurant advertisement and see how much of it you can understand.

C. Répondez.

1. What English words and phrases did you find in the restaurant advertisement?

2. Which English words and phrases do you think are cognates and which do you think are "loan words," as defined in the **En français** feature?

En français

Recall that cognates (**mots apparentés**) are words that have similar spellings and meanings in two languages; this is because they have a common linguistic ancestor in a third language. For example, English *psychology* and French **la psychologie** are cognates because both originated from Greek. Cognates are distinct from borrowings, or "loan words" (**emprunts lexicaux**), which one language has borrowed directly from another. For example, the English word *hors d'oeuvre* was borrowed from French, and the French word **le sandwich** was borrowed from English.

D. À vous. As an English speaker, can you tell what each menu item is from its English name alone, without looking at its accompanying picture? There are French words for every English word used in this advertisement. Why do you think English words were used instead?

Culture interactive

Écrivons!

Forum: Présentation

For your introductory post in the **Forum des étudiants,** follow the model of the first posting and greet the forum in French: tell them your name and where you're from. Add anything else you know how to say in French (your birthdate, astrological sign, details about your French class, etc.), then sign off.

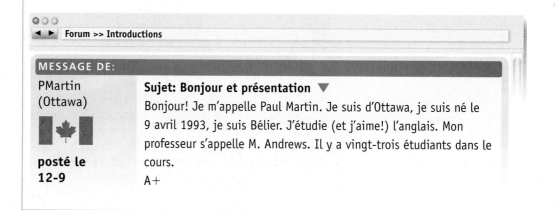

○ ○ ○

◄ ► Forum >> Introductions

MESSAGE DE:

PMartin
(Ottawa)

🇨🇦

**posté le
12-9**

Sujet: Bonjour et présentation ▼

Bonjour! Je m'appelle Paul Martin. Je suis d'Ottawa, je suis né le 9 avril 1993, je suis Bélier. J'étudie (et j'aime!) l'anglais. Mon professeur s'appelle M. Andrews. Il y a vingt-trois étudiants dans le cours.

A+

Parlons!

Une première conversation

As a class, hold the longest French conversation you can. To begin, two students should come to the front of the class and start a conversation. At random points, your instructor will replace one student with another, who will then continue the conversation from that point. Try to make the conversation last until everyone has had a chance to participate. Include as many of the questions and expressions you learned in the chapter as you can.

EXEMPLE: É1: Bonjour, je m'appelle Sarah. Tu t'appelles comment?
 É2: Bonjour, Sarah. Je m'appelle Frank. Comment vas-tu?
 É1: Bien, merci...
 É3: (*replacing É1*): Bien, merci. Comment vas-tu?

Le fils (*son*) des mimes dans la séquence «Tour Eiffel» du film *Paris, je t'aime*

Avant-première. With a classmate, try miming the following actions, which you'll see mimed in the film clip: (1) opening a window; (2) petting/pouring milk for a cat; (3) picking and smelling a flower; (4) opening a car door, then starting a stubborn engine; (5) turning a car off and getting out; (6) reading a newspaper; (7) taking a sip of a very cold drink; and (8) paying a café bill.

On tourne (*Rolling*)! As you watch the video, note the actions of the mimes. When the film is over, decide if the following statements are **vrai** (*true*) or **faux** (*false*). The statements are in French, but they contain many cognates to help you understand.

	vrai	faux
1. L'appartement du mime est bien meublé (*well furnished*).	☐	☒
2. Les deux dames invitent le mime au café.	☐	☒
3. Le mime imite les touristes.	☒	☐
4. Le policier admire le mime.	☐	☒
5. Le mime est populaire.	☐	☒
6. Le petit garçon (*boy*) est le fils des mimes.	☒	☐

On boucle (*It's a wrap*)!

1. Consider the gestures you have learned in **Écoutons!** and the pantomime you saw in the video clip. Do you think there's a difference between gestures and pantomime? Do they have the same function? Explain, using examples of gestures and pantomime.

2. Working in pairs, create a "dialogue" using only gestures and/or pantomime, then perform it for the class. Do your classmates understand your "dialogue"? Do you understand theirs?

Film: *Paris, je t'aime*

(2006; France; Réalisateurs divers [*Various directors*]; 120 min.)

SYNOPSIS: *Paris, je t'aime* is a unique film about love, which takes place in Paris. The film is composed of eighteen 5-minute "shorts," each shot in a different **arrondissement** (*district*) of Paris by one (or two) of twenty-one internationally known film directors.

SCÈNE: (DVD Chapter 10, "Tour Eiffel," 00:48:24 to 00:54:10) In the segment you'll be watching, written and directed by Sylvain Chomet (who also directed the animated film *Les Triplettes de Belleville*), you'll learn how two mimes fell in love in Paris after meeting in the jail cell of a police station.

Rétrospective La pantomime française: Marcel Marceau

The word *pantomime* comes from the Greek **pantomimos: panto-,** *all* + **mimos,** *mimic*. Pantomime embodies communication that uses only gestures and facial expressions.

Marcel Marceau (1923–2007) is undoubtedly the first name that comes to mind when referring to mime. Marceau received many awards and honors, performed in numerous films and theater productions, appeared on television, and wrote two children's books. In 1969, he opened the École Internationale de Mime in Paris, and in 1978, he created the École Internationale de Mimodrame de Paris in order to perpetuate the "grammar" of mime. The raison d'être of Marceau's craft was to spread **l'art du silence** and to emphasize that when speaking from the heart, words are superfluous. Marceau's step, **la marche contre le vent** (*walk against the wind*), was the inspiration for Michael Jackson's famous moonwalk.

Michael Jackson et Marcel Marceau dansent ensemble à New York

🎵 Chantons!

**Chanson:
«L'alphabet en chantant»**
(Chantal Goya, 2008)

Chantal Goya (1942–) is a French "new wave" actress and singer. Her creative work since the 1970s has focused on children's songs. This song was written for French children to practice the alphabet, but it's also useful for adult French learners. Listen to the song, and pay close attention to how the alphabet letters are pronounced in French.

iMix Link: This song is available for purchase at the iTunes store in a special iMix created for *En avant!* For more information about accessing the playlist, go to the *En avant!* Online Learning Center, Coursewide Content (**www.mhhe.com/enavant1**).

Vocabulaire

Questions et expressions

À bientôt! / À plus tard! (À plus!) / À ce soir! / À demain!	*See you soon / later / tonight / tomorrow!*
Au revoir! / Salut! / Ciao!	*Good-bye! / So long!*
Bonjour! / Salut! (*fam.*)	*Hello! / Hi!*
Ça s'écrit comment?	*How is that spelled (written)?*
C'est quand, ton/votre anniversaire?	*When is your birthday?*
Comment vas-tu? / Comment ça va? / Comment allez-vous?	*How are you?*
Ça va bien, merci.	*Fine, thanks.*
Ça va mal.	*Not so well.*
Je vais (très) bien.	*I'm fine (doing well).*
Pas mal.	*Not bad.*
Quel est ton/votre numéro (de téléphone)?	*What is your phone number?*
Quel jour sommes-nous (aujourd'hui)?/On est quel jour (aujourd'hui)?	*What day is it (today)?*
Quelle est la date d'aujourd'hui?	*What is today's date?*
Qu'est-ce que c'est?	*What is it?*
Qu'est-ce qu'il y a... ?	*What is there . . . ?*
Il y a...	*There is, There are . . .*
Qui est-ce?	*Who is that?*
C'est / Ce sont...	*It, That, He, She is / Those, They are . . .*
Tu t'appelles comment? / Comment vous appelez-vous?	*What is your name?*
Je m'appelle...	*My name is . . .*
madame (Mme)	*ma'am (Mrs.)*
mademoiselle (Mlle)	*miss (Miss)*
mesdames (*f. pl.*)	*ladies*
messieurs (*m. pl.*)	*gentlemen*
monsieur (M.)	*mister (Mr.)*
Enchanté(e).	*Pleased to meet you!*
Et toi?/Et vous(-même)?	*And you?*

Verbe

être	*to be*

Les saisons

Seasons

l'automne (*m.*) / en automne	*fall / in the fall*
l'été (*m.*) / en été	*summer / in the summer*
l'hiver (*m.*) / en hiver	*winter / in the winter*
le printemps / au printemps	*spring / in the spring*

Les mois (m.)

Months

janvier, février, mars, avril, mai, juin, juillet, août, septembre, octobre, novembre, décembre

Les jours de la semaine

Days of the week

lundi	*Monday*
mardi	*Tuesday*
mercredi	*Wednesday*
jeudi	*Thursday*
vendredi	*Friday*
samedi	*Saturday*
dimanche	*Sunday*

La salle de classe

The classroom

une affiche	*a poster*
un bureau	*a desk*
un cahier	*a notebook*
une calculatrice	*a calculator*
une carte	*a map*
une chaise	*a chair*
une craie	*a (piece of) chalk*
un crayon	*a pencil*
un écran	*a screen*
un effaceur	*a chalkboard eraser*
un(e) étudiant(e)	*a student*
une fenêtre	*a window*
une feuille (de papier)	*a sheet (of paper)*
un livre	*a book*
un mur	*a wall*
un ordinateur (portable)	*a (laptop) computer*
une porte	*a door*
un professeur	*a professor*
un sac à dos	*backpack*
un stylo	*a pen*
un tableau (noir)	*a (black)board*

Vocabulaire

Les matières

School subjects

l'anthropologie (*f.*), la biologie, la chimie, l'éducation (*f.*),
la géographie, la géologie, l'histoire (*f.*) (de l'art), le journalisme,
la linguistique, la littérature (comparée), les mathématiques,
(les maths) (*f. pl.*) la musique, la philosophie, la photographie,
la physique, la psychologie, les relations (*f. pl.*), internationales,
les sciences (*f. pl.*) économiques, les sciences politiques, la
sociologie

Autres substantifs

Other nouns

un(e) ami(e)	*a friend*
un an	*a year*
un anniversaire	*a birthday*
un dictionnaire	*a dictionary*
une femme	*a woman*
une fête	*a party, holiday*

un homme	*a man*
un jour	*a day*
un journal	*a newspaper*
un mois	*a month*
une semaine	*a week*
un week-end	*a week-end*

Les nombres de 0 à 69

Numbers from 0 to 69

(see page 10)

Prépositions

dans	*in*
derrière	*behind*
devant	*in front of*
sous	*under*
sur	*on*

Comment sont-elles?

Parau Api (1892), Paul Gauguin

Bilan

In this chapter, you will learn:

- to ask someone's age, nationality, and where he/she is from
- to describe someone's personality and appearance
- to express ownership and possession with the verb **avoir**
- to respond negatively to questions using **ne... pas** and **ne... jamais**
- to describe people, places, and things using adjectives
- to ask *yes/no* questions using intonation and **est-ce que**
- about cultural notions of heritage and friendship

DVD Chantons! www.mhhe.com/enavant1 CENTRO Your media center for languages www.mhcentro.com Film Web Audio

Tu as quel âge? / Quel âge avez-vous?

Asking someone's age

DVD

A. À l'écran. Watch and listen as the following people answer the questions **Tu as quel âge? / Quel âge avez-vous?** (*How old are you?*). Choose the correct response.

1. **Camille** a. J'ai 19 ans.
              b. J'ai 18 ans.

   Patrick a. J'ai 18 ans.
              b. J'ai 17 ans.

2. **Chaïmaa** a. J'ai 6 ans.
              b. J'ai 8 ans.

3. **Imée** a. Moi, j'ai 19 ans.
          b. J'ai 16 ans.

  Aïda a. Et moi, 13 ans.
          b. Et moi, 16 ans.

4. **Nicolas Chane Pao Kan** a. J'ai 22 ans.
                     b. J'ai 24 ans.

5. **Solène** a. J'ai 25 ans.
            b. J'ai 27 ans.

6. **Nicolas** a. J'ai 23 ans.
            b. J'ai 43 ans.

7. **Ibrahim** a. J'ai 27 ans.
             b. J'ai 21 ans.

  Naoufel a. Moi, j'ai 22 ans.
              b. Moi, j'ai 26 ans.

In **Chapitre 1,** you learned a variety of questions to help you get to know someone. Here is another one.

- To ask someone's age, you say:

tu, *informal*	**vous,** *formal*
Tu as quel âge?*	**Quel âge avez-vous?**

- To respond, say:

J'ai 19 ans. (*I'm 19* [*years old*]*.*)	**J'ai 55 ans.** (*I'm 55* [*years old*]*.*)

Note that in French, unlike English, you must say the word **ans** (*years*) when giving an age.

*__Quel âge as-tu?__ is a more formal way to ask this question.

B. Quel âge avez-vous? Go around the classroom and ask your classmates how old they are and when their birthday is. Try to find someone the same age as you are who was born in the same month. If you find someone, sit down.

> EXEMPLE: —Tu as quel âge? / Quel âge avez-vous?
> —J'ai 19 ans.
> —C'est quand ton/votre anniversaire?
> —C'est le 10 avril.

Tu es d'où?* / D'où êtes-vous? Finding out where someone is from

- To ask where someone is from, you say:

tu, *informal*	**vous,** *formal*
Tu es d'où?	**D'où êtes-vous?**

You may hear a variety of answers to that question.

Je suis de Montréal.	*I'm from Montreal.*
Je viens de France.	*I come from France.*
Je suis né(e) à Paris, mais maintenant j'habite à Marseille.	*I was born in Paris but now I live in Marseille.*

Note that the answer can be the name of a city or a country.

- In the video, some of the interviewees say where their town is located in relation to a larger city by using **près de** (*near*) and **pas très loin de** (*not [very] far from*) + the name of the larger city.

Je suis de Beauvais. C'est une petite ville <u>près de</u> Paris.	*I'm from Beauvais. It's a small city near Paris.*
Je viens d'Antibes, <u>pas très loin de</u> Nice.	*I'm from Antibes, not far from Nice.*

*__D'où es-tu?__ is a more formal way to ask this question.

A. À l'écran. Watch and listen as the following people tell you where they are from. Match the people to the places they are from. **Attention!** Two people are from the same city.

1. **Anne-Claire** __c__

2. **Marc** __f__

3. **Xavier** __c__

4. **Ibrahim** __a__

5. **Nicolas Chane Pao Kan** __d__

6. **Élisabeth** __e__

7. Patrick __b__

a. du Canada
b. de Rouen
c. de Marseille
d. de l'île de La Réunion
e. du sud-ouest de la France pas très loin de Bordeaux
f. de Montréal

B. Et toi, tu es d'où?

Première étape. Walk around the room and find out where four or five of your classmates are from. Take notes. If you don't remember their names, be sure to ask.

Deuxième étape. Introduce yourself to the class, say where you are from, and indicate where two other classmates are from.

EXEMPLE: Bonjour! Je m'appelle Claire. Je suis de Miami. Jenni est de New York et Paul est d'Evanston, pas très loin de Chicago.

Quelle est ta/votre nationalité? Finding out someone's nationality

- To ask someone's nationality, say:

tu, *informal*	**vous**, *formal*
—**Quelle est ta nationalité, Marc?**	—**Quelle est votre nationalité, madame?**
—**Je suis français.**	—**Je suis française.**

- People who have immigrated to another country (or whose parents have) might also say what their family origins are and/or say where they were born.

Je suis d'origine (*f.*) marocaine (*of Moroccan origin*), **mais je suis né(e) en France. Je suis de nationalité (*f.*) française.**

A. À l'écran.

DVD

Première étape. Watch and listen as the following French people tell you their nationality, and indicate which word(s) each one uses.

Je suis...

    a. français   **b. française**   **c. de nationalité française**

1. Patrick _____
2. Anne-Claire _____
3. Antoine _____
4. Jean-Jacques _____
5. Lahcen _____
6. Cécile _____

Deuxième étape. Watch the video again and complete the following sentences.

1. _____ est d'origine togolaise.
2. _____ est d'origine marocaine.
3. _____ est né à Paris.

Chez les francophones

La colonisation

France had a long history of colonization dating back to its presence in the Caribbean in the 16th century and in North America in the 17th and 18th centuries. In the 19th and early 20th centuries, France expanded its territories in Africa and Southeast Asia. After WWII and France's occupation by the Germans, the colonial empire crumbled, and most colonies became independent in the 1960s without conflict (Senegal, Cameroon, Togo, Burkina Faso). Algeria, which had become an administrative department of France in 1848, won its independence at the end of the Franco-Algerian War 1954–1962. Today, in many of the former colonies, French is still the first or second official language, used in schools and for administrative purposes.

À noter: You'll learn much more about French colonialism and the history of the French language in **Chapitre 14.**

En français

Pays (Country)	Nationalité		Langue(s) (Language[s])
	masculin	féminin	masculin
l'Allemagne (f.) (Germany)	allemand	allemande	l'allemand
l'Angleterre (f.) (England)	anglais	anglaise	l'anglais
la Belgique	belge	belge	le français, le flamand
le Canada	canadien	canadienne	le français, l'anglais
la Chine	chinois	chinoise	le chinois
les États-Unis (United States)	américain	américaine	l'anglais
l'Espagne (f.)	espagnol	espagnole	l'espagnol
la France	français	française	le français
l'Inde (f.) (India)	indien	indienne	le hindi, l'anglais
l'Irlande (f.)	irlandais	irlandaise	l'anglais
l'Italie (f.)	italien	italienne	l'italien
le Japon	japonais	japonaise	le japonais
le Maroc (Morocco)	marocain	marocaine	l'arabe, le français
le Mexique	mexicain	mexicaine	l'espagnol
le Québec (province)	québécois	québécoise	le français
la Russie	russe	russe	le russe

To indicate that someone speaks a particular language, use the verb **parler** and the name of the language without the definite article.

Je/Il/Elle parle anglais. *I (He/She) speak(s) English.*

B. Des nationalités et des langues. Say which language each person probably speaks based on his/her nationality and where he/she lives.

EXEMPLE: La famille d'Ahmed est d'origine marocaine, mais Ahmed habite à Paris.
—Ahmed parle probablement arabe et français.

1. Marianne est de nationalité française. *Marianne parle probablement français*
2. La famille de Maxime est d'origine russe, mais il habite à Pékin (*Beijing*). *russe et chinois*
3. Sarah est de nationalité irlandaise. *anglais*
4. Maimi habite à Chicago, mais elle est d'origine japonaise. *japonais et anglais*
5. Jorge est de nationalité espagnole. *espagnol*

C. Quelle est ta/votre nationalité?

Première étape. Ask your classmate what his/her nationality is.

EXEMPLE: É1: Quelle est ta nationalité?
É2: Je suis américain(e). Je suis né(e) à New York, mais je suis d'origine indienne.

Deuxième étape. Now take turns choosing a person and the name of a city from the list that follows. Assume that person's identity. Your classmate will ask you where you are from and what your nationality is. Continue until you have covered all of the cities on the list.

1. M. Frenière, Paris
2. Mlle Nadeau, Montréal
3. Mme Alami, Marrakech
4. Mme Swan, Londres (*London*)
5. M. Mauriello, Rome
6. Mlle Schmidt, Berlin

D. Un rendez-vous en ligne (*online meeting*). Your class has partnered with a class in a Francophone country, and you and your classmate are preparing for your first online meeting via webcam with your French-speaking counterparts. Brainstorm to create a list of questions to ask and a list of all of the expressions you know to greet someone and introduce yourself. Then with your classmate, take turns role-playing the conversation you will have with the French-speaking student.

Nom:

Âge:

Nationalité:

Ville:

Pays:

Chez les Français

Le mystère de la langue basque

Within the French region of Aquitaine, stretching across the Pyrenees mountains into Spain, lies the "Basque country" **(le pays basque),** many of whose inhabitants speak not only the national language of the country in which they reside—French or Spanish—but also the Basque language (**le basque,** or **euskara** in Basque). The origins of this language remain a mystery: Despite being surrounded by Romance languages (all derived from Latin), Basque bears no resemblance to any of them. For example, the word for *father* is **père** in French, **padre** in Spanish and Italian, but **aita** in Basque.

Les Pyrénées

Il est sympathique!

Describing someone's personality and appearance

Here are some common adjectives used to describe people. Can you match pairs of opposites based on the illustrations?

aisé (riche)	beau	heureux	faible	fort	grand
gros	jeune	laid	méchant	mince	pauvre
petit	sédentaire	sportif	sympa(thique)	triste	vieux/âgé

Here are some more pairs of opposites. Use your knowledge of French words and English–French cognates to match the adjectives in the list on the left with their opposites in the list on the right.

Il est...		**Il n'est pas (*isn't*)...**	
amusant	intelligent	ennuyeux (*boring*)	sérieux
bon	intéressant	impoli	solitaire
extraverti (*outgoing*)	poli (*polite*)	malhonnête	stupide
honnête	sociable	mauvais (*bad*)	timide

Des traits physiques

	noirs	châtains	gris	blonds	roux
Elle a les **cheveux** (hair)...	noirs	châtains	gris	blonds	roux
Elle a les **yeux** (eyes)...	bruns	noisette	marron	bleus	verts

A. Comment est-il/elle (*What is he/she like*)? Which adjective(s) do you associate with the following people?

EXEMPLE: un ami
—Un ami est sympa.

1. un ami
2. un ennemi
3. un professeur
4. un étudiant
5. un bébé
6. un parent
7. un voisin (*neighbor*)
8. un colocataire (*roommate*)

B. Des qualités recherchées.
Decide which of the qualities in the list are important to you in a potential friend, then tell the class what sort of person you look for as a friend. How many other students in the class picked that quality as well?

> aisé · fort · sportif
> amusant · honnête · sympathique
> beau · intelligent
> extraverti · intéressant

EXEMPLE: É1: Je cherche (*look for, seek*) quelqu'un de sportif.
É2: Moi aussi, je cherche quelqu'un de sportif.
É3: Moi, non, je cherche quelqu'un d'intelligent.

C. Portrait du prof et des étudiants.

Première étape. In groups of four, create a description of your instructor that indicates his/her hair color, eye color, and probable age, and the sort of person he/she is like using **quelqu'un de...** Present your description to your classmates. Which group's description does your instructor find the most accurate?

EXEMPLE: —Il/Elle a les cheveux noirs et les yeux bleus. Il/Elle a environ (*about*) quarante ans. C'est quelqu'un de poli.

Deuxième étape. Your instructor will now select one group to come to the front of the class and will describe one of its members. Which person is he/she describing? Afterward, help your instructor describe the remaining three students, using the example from the **Première étape.**

> ### En français
> To describe the kind of person you like, dislike, hope to meet, etc., use the expression **quelqu'un de (d')** + an adjective:
>
> **quelqu'un de sportif**
> *someone athletic*
>
> **quelqu'un d'amusant**
> *someone funny*

D. Les matières.

Première étape. What do you think about the following school subjects? Take turns reacting to each with a classmate, using adjectives from the list. Do you and your classmate often agree?

> amusant   ennuyeux   intéressant
> difficile   facile (*easy*)

EXEMPLE: É1: La chimie, c'est difficile!
  É2: Non, c'est facile! (*ou*)
  C'est difficile, mais intéressant!

1. l'anglais   3. l'histoire de l'art   5. le journalisme   7. les sciences politiques
2. la chimie   4. le français   6. les maths   8. la sociologie

Deuxième étape. Now tell your classmate what you think about the courses you're currently taking using **mon cours de** + the name of a school subject. You might also say what the instructor of that course is like.

EXEMPLE: —Mon cours de chimie est difficile, mais le prof est sympathique.

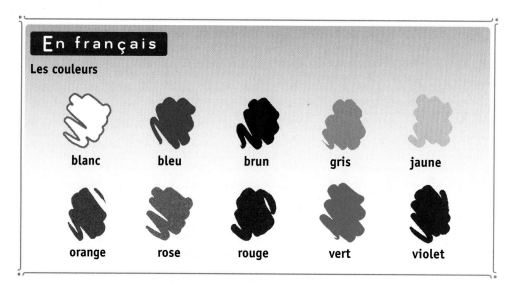

En français

Les couleurs

blanc   bleu   brun   gris   jaune

orange   rose   rouge   vert   violet

E. Un cours de relations internationales.

Work with two other classmates. Taking turns, select at random a flag (**drapeau**) of a country or province where French is spoken. Can the other members of the group identify which one you're describing?

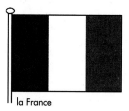

la France

français

EXEMPLE: É1: Il est bleu, blanc et rouge.
  É2/É3: C'est le drapeau français.

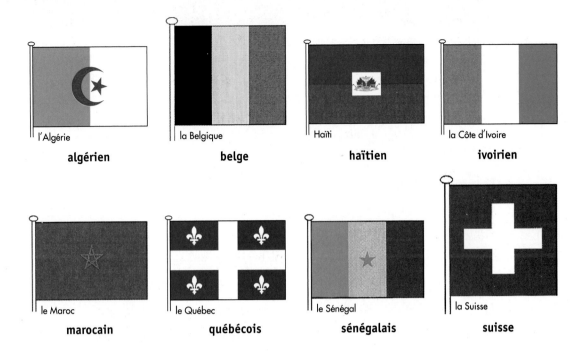

l'Algérie

algérien

la Belgique

belge

Haïti

haïtien

la Côte d'Ivoire

ivoirien

le Maroc

marocain

le Québec

québécois

le Sénégal

sénégalais

la Suisse

suisse

F. Un cours d'anthropologie.

Première étape. Color terms are often used within a culture as titles or symbols of certain people, groups, or things. Can you match the cultural terms in the list with the people or things they represent?

> les Bleus   la Croix Rouge   le tricolore   «La vie en rose»
> le Cordon Bleu   le maillot (*jersey*) jaune   les Verts

EXEMPLE: Les Bleus
—Les Bleus sont l'équipe (*team*) de football (*soccer*) français.

1. un parti politique écologique
2. une organisation de santé (*health*)
3. une chanson célèbre d'Édith Piaf
4. un institut d'art culinaire
5. le nom du drapeau français
6. un symbole du Tour de France

Deuxième étape. Color terms are also used in idiomatic expressions (**tours idiomatiques**), which may or may not be the same across languages. Which of the following colors do you think is used in each of these French expressions: **blanc, jaune, noires, rose, rouge, vert**?

1. être _____ comme un cachet d'aspirine
2. être _____ comme une tomate
3. être _____ comme un coing (*quince*)
4. être _____ de jalousie (être jaloux)
5. avoir des idées _____ (être déprimé(e) [*depressed*])
6. voir (*see*) la vie en _____ (être optimiste)

> Prononcez bien!
> To learn about open and closed syllables in French and to practice the pronunciation of words from this **Vocabulaire interactif** section, see the **Prononcez bien!** section of the *Workbook / Laboratory Manual.*

2.1 J'ai cours aujourd'hui
The verb **avoir** and common expressions using **avoir**

Based on what each person is like, indicate what they probably *have* using the following nouns: **amis, ans, argent** (*money*), **courage, manières, muscles.** **Attention!** Use each noun only once.

1. Je suis riche: J'**ai** beaucoup (*a lot*) d'_____.

2. Tu es sociable: Tu **as** beaucoup d'_____.

3. Elle est forte: Elle **a** beaucoup de _____.

4. Nous sommes courageux: Nous **avons** beaucoup de _____.

5. Vous êtes polis: Vous **avez** de bonnes _____.

6. Elles sont jeunes: Elles **ont** 15 _____.

Analysons! Each of the verbs in boldface is a form of the verb **avoir** (*to have*). 1. How many different forms do you see? _____ 2. Which form involves **élision** when pronounced? _____ 3. Which forms do you think will involve **liaison** when pronounced? _____ 4. Which use of **avoir** above doesn't correspond to *to have* in English? _____

○ Answers to this activity are in **Appendice 2** at the back of the book.

1 Like the verb **être**, which you learned in **Chapitre 1**, the verb **avoir** (*to have*) is very frequently used in French; it is typically used to indicate possession and ownership.

avoir (*to have*)	
j'**ai**	nous **avons**
tu **as**	vous **avez**
il/elle **a**	ils/elles **ont**

○ For additional expressions with the verb **avoir**, see **Par la suite** at the back of your book.

2 In addition to indicating possession, the verb **avoir** is found in some expressions that in English would instead use the verb *to be*. The two most common examples, which you've already seen, are **il y a** and the use of **avoir** when stating one's age.

Il y **a** 25 étudiants dans le cours.   *There are 25 students in the course.*

J'**ai** 19 ans et elle **a** 20 ans.   *I'm 19 (years old) and she's 20 (years old).*

3 The verb **avoir** is also found in expressions that are the equivalent of quite different verbs in English, such as **avoir besoin de** (*to need*) and **avoir envie de** (*to want; to feel like*). These expressions can be followed by a noun or the infinitive form of a verb.

J'ai **besoin** d'un stylo.   *I need a pen.*

Tu as **besoin** d'étudier?   *Do you need to study?*

J'ai **envie** d'un café.   *I want (I'd like) a coffee.*

Tu as **envie de** visiter la France?   *Do you want to visit France?*

◗ Answers to this activity are in Appendice 2 at the back of your book.

Mise en pratique. Complete each sentence with the correct form of the verb **avoir**, then indicate which sort of course is being referred to: **archéologie, dessin** (*drawing*), **français, journalisme, maths,** or **musique?**

1. J' _ai_ besoin d'un dictionnaire.

   C'est un cours de _français_ .

2. Tu _as_ besoin d'une calculatrice?

   C'est un cours de _math_ .

3. Elle _a_ besoin de crayons.

   C'est un cours de _dessin_ .

4. Nous _avons_ envie d'être musiciens.

   C'est un cours de _musique_.

5. Vous _avez_ envie de visiter l'Égypte?

   C'est un cours d' _archéologie_

6. Ils _ont_ envie d'interviewer le Président.

   C'est un cours de _journalisme_

A. Écoutez bien! Listen as your instructor makes statements about your school and its students. Check **oui** or **non** in response to these statements.

	oui	non		oui	non
1.	☒	☐	4.	☐	☐
2.	☐	☐	5.	☐	☐
3.	☐	☐	6.	☐	☐

B. Un beau couple.

Première étape. Work with a classmate. One of you will describe Camille and Patrick from the **Communication en direct** section of this chapter using the items in column A (**Ils ont...**); the other will find a match from among the adjectives in column B in order to agree with you (**Oui, ils sont...**).

Patrick et Camille

A	B
1. avoir 18 ans	a. être sportifs
2. avoir beaucoup d'amis	b. être sociables
3. avoir de bonnes notes (*grades*)	c. être jeunes
4. avoir des vélos, des skis	d. être intelligents
5. avoir beaucoup de devoirs (*homework*)	e. être souvent occupés
6. avoir une bonne relation de couple	f. être très compatibles

Deuxième étape. Describe a couple that you know well to your classmate: In what ways are they the same as the couple you described in the **Première étape**?

C. Mon emploi du temps (*My schedule*).

Première étape. Your instructor will distribute a chart to fill in with the school subjects you're currently studying and the days you have a class on that subject.

Deuxième étape. Describe your weekly course schedule to a classmate, telling him/her how many courses you have on a particular day and what those courses are.

> EXEMPLE: —Le lundi (*On Mondays*), j'ai deux cours: un cours de français et un cours d'histoire. Et toi? Tu as aussi deux cours le lundi?

D. Avant la fin des études.
Working in pairs, discuss what you need (or want) to do before the end of your studies: Which courses do you need? Which subject areas do you want to study? Which countries do you want to visit? React to what your classmate says using **c'est...** + an adjective such as **intéressant, difficile, dommage** (*too bad*), or **génial** (*great*).

> EXEMPLE: É1: J'ai besoin d'un cours d'histoire (*ou*) J'ai envie d'étudier le chinois.
> J'ai aussi envie de visiter la Chine.
> É2: C'est génial!

E. Des similarités (et des différences!).

Première étape. Describe yourself briefly following the outline provided and using the expressions with **être** and **avoir** listed there. You'll use this information during the **Deuxième étape** to determine how similar you and your classmates are.

1. **Âge:** avoir _____ ans
2. **Nationalité:** être _____
3. **Traits physiques:** être _____

   avoir les yeux _____
   avoir les cheveux _____

4. **Meilleure** (*best*) **qualité:** être quelqu'un de/d' _____
5. **Cours:** avoir _____ cours

Deuxième étape. In groups of three or four, determine the similarities and differences between all group members and share this information with the class.

> EXEMPLE: J'ai trois cours, mais Mike et Brenda ont quatre cours.

2.2 Je n'ai pas de devoirs! Basic negation with ne... pas and ne... jamais

Choose either the affirmative or the negative form of the verb in boldface to accurately complete each statement about countries and languages. Afterward, use an outside resource such as an atlas or the Internet to find out whether you're right (**vous avez raison**) or you're wrong (**vous avez tort**).

1. Ottawa	**est**	/ n'est pas	la capitale du Canada.
2. Un(e) Montréalais(e)	**habite**	/ n'habite pas	au Québec.
3. Les États-Unis	**sont**	/ ne sont pas	en Amérique du Nord.
4. Dans le Kansas,	**il y a**	/ il n'y a pas	beaucoup de montagnes.
5. En Espagne, on	**parle**	/ ne parle pas	français.

Analysons! 1. What two words are used to form a negative sentence? _____ 2. Which word precedes the verb? _____ 3. Which one follows it? _____ 4. Which word is used before verbs beginning with a vowel or **h**? _____

> Answers to this activity are in Appendice 2 at the back of the book.

1 Negation in French is a two-part construction in which **ne** precedes the conjugated verb and **pas** (*not*) or **jamais** (*never*) follows it. When a verb form begins with a vowel or *h*, **ne** contracts to **n'**, another case of **élision**.

Elle **n'est pas** en classe aujourd'hui.	*She isn't in class today.*
Elles **ne** sont **jamais** en classe!	*They are never in class!*
Il **n'**y a **pas** beaucoup d'étudiants en classe.	*There aren't many students in class.*

2 Negation is used with the expression **c'est / ce sont** to indicate what something is *not*, followed by a definite or indefinite article and noun.

Ce **n'est jamais une** bonne idée.	*It's/That's never a good idea.*
Non, ce **ne** sont **pas les** livres!	*No, these/those aren't the books!*

Mise en pratique. For each category in 1–4, cross out the noun that doesn't belong. In French, write a sentence explaining why. The first item has been done for you.

1. **une personne**	un étudiant	~~un lion~~	un prof	un bébé
Un lion n'est pas une personne; c'est un animal.				
2. **un endroit** (*place*)	un hôpital	un parc	un écran	un restaurant
Un écran n'est pas un endroit, c'est un objet.				
3. **un objet**	une chaise	un bureau	une affiche	~~un ami~~
Un ami n'est pas un objet, c'est un personne				
4. **un animal**	un tigre	un crocodile	un cinéma	un éléphant
Un cinéma n'est pas un animal, c'est un endroit				

3 In negative sentences with the verb **avoir** (and with all other verbs except **être**), the indefinite article **un/une/des** is replaced by **de** or by **d'** before a noun beginning with a vowel or *h*. This change, however, does not affect the definite article **le/la/l'/les**.

—Tu as **un** crayon?	*Do you have a pencil?*
—Non, je **n'ai pas de** crayon.	*No, I don't have a pencil.*

but:

—Tu as **le** livre pour le cours?	*Do you have the book for the class?*
—Non, je **n'ai pas le** livre.	*No, I don't have the book.*

○ Answers to this activity are in Appendice 2 at the back of your book.

A. Écoutez bien! Listen as your instructor makes statements about your French class using **ne... pas** and **ne... jamais**. How many of these statements are true?

	vrai	faux		vrai	faux
1.	☐	☐	5.	☐	☐
2.	☐	☐	6.	☐	☐
3.	☐	☐	7.	☐	☐
4.	☐	☐	8.	☐	☐

1) Ce n'est pas une personne.

2) Je n'ai pas le livre aujourd'hui.

3) Tu ne mange pas de pizza

B. Tu as... ? Indicate whether you own each item by checking **oui** or **non**, then interview a classmate using **Tu as... ?** How many possessions do you have in common? Which items do neither of you have?

	moi		mon/ma camarade	
	oui	non	oui	non
1. un vélo?	☐	☐	☐	☐
2. une voiture (*car*)?	☐	☐	☐	☐
3. un ordinateur portable?	☐	☐	☐	☐
4. un téléphone portable?	☐	☐	☐	☐
5. un dictionnaire anglais–français?	☐	☐	☐	☐
6. un animal domestique (*pet*)?	☐	☐	☐	☐

En français

The subject pronoun **on** has various equivalents in English depending on the context in which it is used. In Activity C, **on** is used for speaking about a nonspecific group of individuals, and so corresponds to the use of *people* in English.

On parle anglais et français au Canada.
People speak English and French in Canada.

The verb form used with **on** is the same as that used with **il/elle** (**on est, on a,** etc.)

C. On parle français ici? For each country or province/state, indicate whether French is spoken there. Add in any information about languages spoken that you know of.

EXEMPLE: en Italie
—Non, on ne parle pas français en Italie. (On parle italien!)

1. en Belgique 　　4. en Louisiane 　　7. au Québec ✓
2. en Inde 　　　　5. au Mexique 　　8. en Russie ✗
3. au Japon 　　　6. au Portugal 〜 9. en Espagne ✗

D. Le portrait d'Imée. Look over the biographical information provided here for Imée. With a classmate tell how you each differ from her using the negation **ne... pas.**

EXEMPLE: —Moi, je n'ai pas 19 ans. J'ai 20 ans, etc.

Aïda et Imée

Oui, on parle français en Belgique

No, on ne parle pas français en Inde. On parle hindi

Âge: 19 ans 　　　　**Couleur des cheveux:** bruns
Nationalité: française 　**Couleur des yeux:** marron

Origines: Ma mère est française et mon père est sénégalais. Je parle français et wolof (*language spoken in Senegal*).

Cours à la fac (*university*)**:** la sociologie, les sciences politiques, l'histoire

2.3 Il est beau, elle est belle   Forms of adjectives

Think of a man and a woman that you know well. Complete each "portrait" by checking off three of the nine adjectives in each column that describe them best.

Portrait d'un homme	Portrait d'une femme
Nom: _Leonardo_	Nom: _____

Il est très
- _____ sociable
- ✓ sympathique
- _____ poli
- ✓ occupé
- _____ fort
- _____ grand
- ✓ sérieux
- _____ sportif
- _____ beau

Elle est très
- _____ sociable
- _____ sympathique
- _____ polie
- _____ occupée
- _____ forte
- _____ grande
- _____ sérieuse
- _____ sportive
- _____ belle

Analysons! 1. What do the spellings of the feminine forms of adjectives all have in common? _____ 2. Which two feminine adjective forms in the list have the same spelling as the masculine forms? _____

○ Answers to this activity are in Appendice 2 at the back of the book.

1 Adjectives in French always agree in number (singular or plural) and gender (masculine or feminine) with the person, place, or thing they describe. To make an adjective agree with a feminine noun, add an **e** to the masculine form unless it already ends in -e, such as with **sociable**. To make the masculine and feminine forms of adjectives agree with plural nouns, add an **s** unless the adjective already ends in -s or -x, as with the masculine form of the adjectives **mauvais** and **heureux**.

Singulier		Pluriel	
MASCULIN	FÉMININ	MASCULIN	FÉMININ
sociable		sociables	
poli	polie	polis	polies
occupé	occupée	occupés	occupées
grand	grande	grands	grandes
mauvais	mauvaise	mauvais	mauvaises

Note that é is different from *e:* Masculine adjectives ending in é still require the addition of an e to the feminine form (**occupé/occupée**), though this does not change their pronunciation. Whenever an e is added to an adjective ending in a consonant, that consonant becomes pronounced (**grand/grande; mauvais/mauvaise**).

Mise en pratique. Provide the missing adjective forms in the following chart.

Il est...	Elle est...	Ils sont...	Elles sont...
timide			
joli (*pretty*)	*jolie*	*jolis*	**jolies**
fatigué	**fatiguée** (*tired*)	**fatigués**	*fatigués*
fort	*forte*	**forts**	**fortes**
français	*française*	*français*	*françaises*

Answers to this activity are in Appendice 2 at the back of the book.

2 For some adjectives you've seen in this chapter, the feminine form differs from the masculine by more than just the addition of an e. Other adjectives that have these endings generally follow the same pattern.

Singulier	
MASCULIN	**FÉMININ**
b**on**	bon**ne**
canad**ien**	canadien**ne**
gr**os**	gro**sse**
intellectu**el**	intellectu**elle**
heur**eux**	heur**euse**
conserva**teur**	conserva**trice**
prem**ier**	prem**ière**
sport**if**	sport**ive**
blan**c**	blan**che**

À noter: Despite having an "irregular" singular form, an **s** is still added to make these adjectives plural (aside from masculine adjectives such as **gros** and **sérieux**, which already end in **-s** or **-x**).

Mise en pratique. Provide the feminine singular form of each of these adjectives.

Il est...	Elle est...	Il est...	Elle est...
1. sérieux	*sérieuse*	6. franc	*franche*
2. créatif	*créative*	7. ivoirien	*ivoirienne*
3. dernier (*last*)	*dernière*	8. mignon (*cute*)	*mignonne*
4. fau<u>x</u> (*like* gro<u>s</u>)	*fausse*	9. rou<u>x</u> (*like* gro<u>s</u>)	*rousse*
5. formel	*formelle*	10. séducteur	*séductrice*

Answers to this activity are in Appendice 2 at the back of the book.

3 Most adjectives ending in **–al** have an irregular masculine plural form, **–aux**. Can you complete the following chart for **royal**?

Il est...	Ils sont...	Elle est...	Elles sont...
normal	normaux	normale	normales
royal			

○ Answers to these activities are in Appendice 2 at the back of the book.

○ To learn more about adjective agreement, see Par la suite at the back of your book.

4 The adjectives **beau, nouveau** (*new*), and **vieux** are very irregular in the singular as well as in some forms of the plural, which have been given in the following chart. The other plural forms are regular in formation, so you should be able to complete the following chart.

Il est...	Ils sont...	Elle est...	Elles sont...
beau	beaux	belle	
nouveau	nouveaux	nouvelle	
vieux		vieille	

A. Écoutez bien! Imagine that your instructor is describing two of his/her friends, Vincent and Lola. Listen carefully to the form of the adjective you hear in order to indicate which friend your instructor is talking about.

	C'est Vincent.	C'est Lola.		C'est Vincent.	C'est Lola.
1.	☐	☑	5.	☐	☑
2.	☑	☐	6.	☐	☑
3.	☑	☐	7.	☑	☐
4.	☑	☐	8.	☐	☑

B. Une femme admirée. Working in groups of three, come up with three adjectives (nationality, personality, and/or physical characteristics) to describe the following well-known and admired women. What characteristics did other groups mention?

1. Beyoncé
2. Miley Cyrus
3. Ellen DeGeneres
4. Céline Dion
5. Heidi Klum
6. Michelle Obama
7. Sarah Palin
8. Kate Winslet

C. La bonne description.

Première étape. Select a classmate to work with. One of you will secretly make a list of six very well-known people, couples, or groups; the other will secretly make a list of six masculine singular adjectives.

Deuxième étape. Show each other your lists. Take turns describing each person using the names and adjectives in the order in which you listed them; be sure to make any necessary changes to the form of the adjective. How many of these descriptions turn out to be **vrai** (**réaliste**)? Which ones turn out to be **faux/absurde**?

EXEMPLE: *List 1:* George et Laura Bush; *List 2:* jeune
É1: George et Laura Bush sont jeunes.
É2: Non, c'est faux. / Non, c'est absurde!

D. À bas (Down with) les stéréotypes!

Première étape. Provide the masculine plural form of each adjective in the following list by adding the appropriate ending (if necessary). Afterward, select the two adjectives that you've most often heard people use to stereotype the French; your instructor will take a poll of the class.

On dit que (*People say that*) **les Français sont...**

1. beau X
2. courageux
3. créatif S
4. élégant S
5. fier S (*proud*)
6. impoli S
7. intellectuel S
8. loyal ux
9. prétentieux
10. séducteur S
11. réservé s
12. sportif S

Deuxième étape. As a class, come up with a list of four adjectives that are often used to stereotype the citizens of your own country. How do you yourself differ from these stereotypes?

2.4 Elle est française?　Asking *yes/no* questions with intonation and **est-ce que**

Read these two versions of the same telephone conversation between friends.

—Tu as cours d'anglais aujourd'hui?	—**Est-ce que** tu as cours d'anglais aujourd'hui?
—Oui.	—Oui.
—Tu es en classe maintenant?	—**Est-ce que** tu es en classe maintenant?
—Non.	—Non.
—Il y a beaucoup d'étudiants dans le cours?	—**Est-ce qu'**il y a beaucoup d'étudiants dans le cours?
—Non, pas beaucoup.	—Non, pas beaucoup.
—Et la prof, elle parle anglais en classe?	—Et la prof, **est-ce qu'**elle parle anglais en classe?
—Oui, toujours (*always*).	—Oui, toujours (*always*).

Analysons!　1. Does adding **est-ce que** change the meaning of the question? _____ 2. Which two responses are given to questions with **est-ce que**? _____ 3. When is the contracted form **est-ce qu'** used? _____

Answers to this activity are in Appendice 2 at the back of the book.

1　Questions that require only a *yes* or *no* answer can be asked in several ways in French depending on the formality of the situation. The most informal way to ask a *yes/no* question is through intonation, increasing the pitch of your voice at the end of a statement to turn it into a question.

Tu as cours aujourd'hui?↗　*Do you have class today?*

M. Rossi parle italien? ↗　*Does Mr. Rossi speak Italian?*

Elles sont contentes? ↗　*Are they happy?*

2 A slightly more formal way to ask a *yes/no* question is by adding **est-ce que** (literally *Is it that . . . ?*) at the start of the question. The contracted form **qu'** is used before a noun or pronoun beginning with a vowel or *h*, another case of **élision**. The pitch of one's voice increases at the end of a question using **est-ce que** as well.

Est-ce que M. Rossi <u>parle italien?</u>

Est-ce qu'elles <u>sont contentes?</u>

Mise en pratique. Begin each question with **Est-ce que** or the contracted form **Est-ce qu'**, then answer each question, **oui** or **non**.

1. _Est ce qu'_on parle français et flamand en Belgique? _____
2. _Est ce qu'_un(e) Brésilien(ne) parle français? _N_
3. _Est ce qu'_un(e) Marocain(e) parle arabe? _Y_
4. _Est ce que_ le prof parle seulement (*only*) français en classe? _N_
5. _Est ce qu'_il y a des francophones en Louisiane? _Y_

Answers to this activity are in Appendice 2 at the back of your book.

A. Écoutez bien! Listen as your instructor asks questions (using **est-ce que**) about the current president or prime minister of your country. Check off either **oui** or **non** in response to each question.

	Oui!	Non!		Oui!	Non!
1.	☐	☐	5.	☐	☐
2.	☐	☐	6.	☐	☐
3.	☐	☐	7.	☐	☐
4.	☐	☐			

Le Parlement européen, à Strasbourg, en France

B. Jeu d'identité. Your instructor will secretly select one student in the class. Find out who your instructor selected by asking him or her *yes/no* questions. How many questions does it take you and your classmates to identify this person? Your instructor will keep count.

EXEMPLE: —C'est une femme?
—Est-ce qu'elle a les cheveux noirs?

C. Trouvez quelqu'un qui... (*Find someone who . . .*). Go around the class asking your classmates *yes/no* questions about each topic listed here until you find someone who can answer **oui.** Write **his/her** name in the blank. Afterward, you'll report your findings to the class.

EXEMPLE: —(Est-ce que) tu es fatigué(e) aujourd'hui?

Est-ce que tu es _____ être fatigué(e) aujourd'hui

_____ avoir trois cours aujourd'hui

_____ être souvent libre (*free*) le week-end

_____ avoir besoin d'étudier ce week-end

_____ être de (*name of city your school is in*)

_____ avoir envie de visiter la France ou le Québec

D. Le président de la République. Read over the biography of Nicolas Sarkozy, France's president since 2007. Then, on a separate sheet of paper, create six *yes/no* questions with **est-ce que** to test a classmate's understanding of the biography.

Nicolas Sarkozy (1955–). Président de la République française depuis (*since*) 2007, Nicolas Sarkozy est né à Paris le 28 janvier 1955. Sa mère est d'origine française; son père est d'origine hongroise. À l'université, il étudie le droit (*law*) et les sciences politiques. Il se marie (*gets married*) trois fois; sa troisième femme (*wife*), la chanteuse Carla Bruni, est de Turin, en Italie. Il a trois enfants des deux premiers mariages: Pierre, Jean et Louis. Comme beaucoup d'hommes et de femmes politiques, il est dynamique, controversé... et un peu vaniteux!

Carla Bruni et Nicolas Sarkozy

Les noms de famille québécois

A. Avant d'écouter. Parents choose first names for any number of reasons. Last names aren't chosen, but instead are inherited by all members of the same immediate family. But where do family names come from? Can you give the origin of certain English-language family names (for example, *Peterson* meaning *son of Peter*)?

B. Écoutez. Watch and listen as your instructor describes the origins of several of the most common family names in Quebec. While you listen, note what your instructor says as well as any other elements (facial expression, intonation, illustrations, etc.) that might help you to understand what's being said.

C. Complétez. Use the information provided in the presentation to match each **nom de famille** with the letter corresponding to its origin. **Attention!** Many letters are used more than once.

Nom de famille	Origine	
1. Boucher[1]	_____	a. l'apparence physique
2. Lamontagne	_____	b. les professions
3. Duval[2]	_____	c. la botanique
4. Lafleur	_____	d. la géographie
5. Laplante	_____	e. la personnalité
6. Leblanc	_____	
7. Larose	_____	
8. Leroux	_____	
9. Lesage	_____	
10. Tardif[3]	_____	

[1]*butcher* [2]*from the valley* [3]*late*

D. À vous! Identify the individual parts of the following French names, all of which can be found in Quebec province, in Louisiana, and in France, and then use that information to guess their origins: **Legrand, Lebrun, Lelac.**

EXEMPLE: —**Legrand** est dérivé de l'adjectif «grand».

Rétrospective Ici on parle français: La Louisiane

In the 17th century, French colonists settled in many parts of North America, including present-day Louisiana, named after Louis XIV, King of France (1642–1715). They also settled in the northeast in a region that now corresponds to New Brunswick, Nova Scotia, and Prince Edward Island in Canada, and Maine in the United States. The Acadians remained in **Acadie** until the British defeat of the French at the end of the Seven Years War (1756–1763). Because of their refusal to swear an unconditional oath of allegiance to the King of England, the British exiled them from their lands, in what became known as **le Grand Dérangement** (*The Great Expulsion*) of 1755–1763. Approximately 10,000 Acadians were driven into exile. About 3,000 of them eventually made their way to southwestern Louisiana which they named **la Nouvelle Acadie.** Later, they became known in English as Cajuns, a word derived from the word **Acadien.** This area of Louisiana is known today as Acadiana, or **le Pays des Cadiens** (*Cajun Country*).

City names—La Nouvelle-Orléans, Baton Rouge, Lafayette—as well as family names such as Gauthier, Le Blanc, Martin, Olivier, and Richard are obvious reminders of the uniquely French heritage of Louisiana. Mardi Gras is celebrated all over the state and French dishes such as crawfish bisque, **boudin, gâteau des Rois,** and **café au lait** can be found on menus everywhere. However, to really experience the French culture of Louisiana, you must visit **le Pays des Cajuns,** where preserving traditions, music, and language is particularly important.

Ton papa et ta mama étaient chassés de l'Acadie, [...]

Mais ils ont trouvé un beau pays,

Merci, Bon Dieu, pour la Louisiane.

—**ZACHARY RICHARD**

Your papa and your mama were driven out of Acadia, [...] But they found a beautiful country, Thank you, Good Lord, for Louisiana.

Le Mardi Gras à La Nouvelle-Orléans.

Les petites annonces°

°*Classified ads*

A. Avant de lire. There are many French online dating services, classified ads, and other similar means for people to meet and interact. Although the language may be different, the contents of dating service or other such "seeking" ads are very much the same on a French website: the person will briefly describe him/herself, and then describe the person he/she is hoping to meet. With a classmate, create a list of the "top five" French adjectives you think people use to describe their qualities or those that they seek in others.

B. Lisez. Read the personal ads adapted from a Québécois online dating website, then answer the questions that follow the reading.

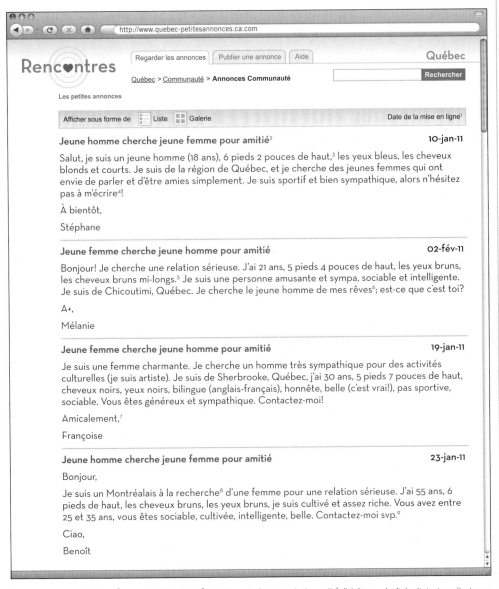

Contents of the web page:

http://www.quebec-petitesannonces.ca.com

Rencontres

Regarder les annonces | Publier une annonce | Aide | **Québec**

Québec > Communauté > **Annonces Communauté** | Rechercher

Les petites annonces

Afficher sous forme de ☰ Liste ▦ Galerie | Date de la mise en ligne[1]

Jeune homme cherche jeune femme pour amitié[2] — 10-jan-11

Salut, je suis un jeune homme (18 ans), 6 pieds 2 pouces de haut,[3] les yeux bleus, les cheveux blonds et courts. Je suis de la région de Québec, et je cherche des jeunes femmes qui ont envie de parler et d'être amies simplement. Je suis sportif et bien sympathique, alors n'hésitez pas à m'écrire[4]!

À bientôt,

Stéphane

Jeune femme cherche jeune homme pour amitié — 02-fév-11

Bonjour! Je cherche une relation sérieuse. J'ai 21 ans, 5 pieds 4 pouces de haut, les yeux bruns, les cheveux bruns mi-longs.[5] Je suis une personne amusante et sympa, sociable et intelligente. Je suis de Chicoutimi, Québec. Je cherche le jeune homme de mes rêves[6]; est-ce que c'est toi?

A+,

Mélanie

Jeune femme cherche jeune homme pour amitié — 19-jan-11

Je suis une femme charmante. Je cherche un homme très sympathique pour des activités culturelles (je suis artiste). Je suis de Sherbrooke, Québec, j'ai 30 ans, 5 pieds 7 pouces de haut, cheveux noirs, yeux noirs, bilingue (anglais-français), honnête, belle (c'est vrai!), pas sportive, sociable. Vous êtes généreux et sympathique. Contactez-moi!

Amicalement,[7]

Françoise

Jeune homme cherche jeune femme pour amitié — 23-jan-11

Bonjour,

Je suis un Montréalais à la recherche[8] d'une femme pour une relation sérieuse. J'ai 55 ans, 6 pieds de haut, les cheveux bruns, les yeux bruns, je suis cultivé et assez riche. Vous avez entre 25 et 35 ans, vous êtes sociable, cultivée, intelligente, belle. Contactez-moi svp.[9]

Ciao,

Benoît

---

[1]Date... *Date posted online* [2]pour... *for friendship* [3]6 pieds... *six feet, two inches tall* [4]n'hésitez... *don't hesitate to write to me* [5]*medium length* [6]de... *of my dreams* [7]*Best wishes* [8]à... *in search of* [9]*s'il vous plaît*

C. Répondez. Work with a classmate to answer the following questions.

1. Quel âge ont ces quatre personnes? Qui est la personne la plus âgée (*oldest*)? la plus jeune?

2. D'où sont ces personnes?

3. Qui a les cheveux bruns? les cheveux blonds?

4. Qui est bilingue?

5. Qui est sportif? Qui n'est pas sportif?

6. À votre avis, est-ce qu'il y a quelqu'un d'intéressant sur ce site? Expliquez.

D. À vous. Describe the person of your dreams. Include the answers to the following questions in your description: **Est-ce que c'est quelqu'un de beau? d'intelligent? de riche? de bilingue?**

EXEMPLE: —Je cherche quelqu'un de sportif, sympa... ; je cherche quelqu'un qui (*who*) est sympa, sociable...

Écrivons!

Forum: À la recherche d'un(e) colocataire°

°*roommate*

For this posting in the **Forum des étudiants,** write a brief want ad for a **colocataire.** Before you begin, jot down *specific* qualities you seek in a roommate. Follow the style of the posting that follows, but make your posting particular to you. Include at least three qualities that you're seeking.

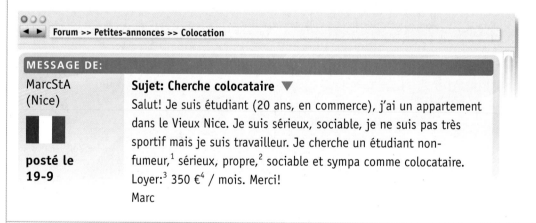

Forum >> Petites-annonces >> Colocation

MESSAGE DE:

MarcStA (Nice)

posté le 19-9

Sujet: Cherche colocataire ▼
Salut! Je suis étudiant (20 ans, en commerce), j'ai un appartement dans le Vieux Nice. Je suis sérieux, sociable, je ne suis pas très sportif mais je suis travailleur. Je cherche un étudiant non-fumeur,[1] sérieux, propre,[2] sociable et sympa comme colocataire. Loyer:[3] 350 €[4] / mois. Merci!
Marc

[1]*nonsmoker* [2]*clean* [3]*Rent* [4]*symbol for the euro, the currency of the European Union*

Jeu: Interviewer un(e) colocataire potentiel(le)

Première étape. Work in groups of three. One of you will play the role of someone looking for a roommate, while the other two will be potential roommates being interviewed. On the ad created for the **Écrivons!** activity, the student looking for a roommate will circle his/her three most important roommate-related qualities. The two students being interviewed will circle the three qualities on their own ads that describe them the best.

Deuxième étape. Based on the qualities that are important to him/her, the student looking for a roommate will ask questions of the other two students to determine who would be the better choice.

EXEMPLES:
É1: Est-ce que tu es sportif?
É2: Oui, je suis sportif.
É3: Moi aussi, je suis sportif!
É1: Tu es étudiant, n'est-ce pas?
É2: Oui, j'étudie le commerce.
É3: Moi, j'étudie la philosophie.
...
É1: Merci beaucoup, et à bientôt!

If you aren't selected as a roommate, then find another person in class who also wasn't selected and who circled one or more of the same qualities that you did. **Voilà!** Say **bonjour!** to your new **colocataire**.

Deux colocataires discutent chez elles

Regardons!

Film: *Mon meilleur ami*

(Comédie; 2006; France; Réalisateur: Patrice Leconte; 94 min.)

SYNOPSIS: This film is about François, a rich, arrogant, middle-aged Parisian antiques dealer who one day discovers that he has no true friends. His business associate, Catherine, makes a bet with him: François has ten days to prove that he has a best friend or else he will have to relinquish a precious antique vase that he just bought.

SCÈNE: (DVD, Scene 9, "A Lesson in Friendship," 00:38:03 to 00:41:20)
In this scene, Bruno, a chatty, big-hearted taxi driver whom François wants to trick into being his best friend, offers François some advice and lessons in friendship.

Avant-première. Use personality-related adjectives to describe the qualities of your actual or ideal best friend, then compare your answer with a classmate's.

Mon meilleur ami/Ma meilleure amie est _____, _____ et _____.

On tourne! Complete the sentences with the following adjectives.

difficile	**riche**	**souriant**
gentil (*nice*)	**sincère**	**sympathique**

François, un homme ___riche___[1] et Bruno, un chauffeur de taxi, discutent dans un café. Bruno explique (*explains*) que pour avoir des amis, il est nécessaire d'être ___sympathique___,[2] ___sincère___[3] et ___souriant___.[4] mais c'est ___difficile___[5] pour François d'être ___gentil___[6] avec les personnes dans le parc!

On boucle! Answer the following questions.

1. Do you agree with Bruno on the three qualities he says people need to make friends? For you, are some of these qualities more important than others? Are there other qualities that for you are equally important, or even more so?

2. Compare the personality attributes of your best friend with those mentioned in the scene. Are they the same? different? How do you think these qualities compare in importance to those of your best friend?

Chantons!

Zazie

Chanson: «Tout le monde»°   °«*Everyone*»   (Zazie, 1998)

Zazie, born Isabelle Marie Anne de Truchis de Varennes in 1964, is a French pop/rock/downtempo singer and songwriter who has been popular since the early 1990s. The song "Tout le monde" consists almost entirely of first names from all over the world.

As you listen to the song, note Zazie's pronunciation of both the French and the non-French names in it. What differences do you notice between her pronunciation of English names (such as *Sally* and *Johnny*) and how they are usually pronounced? Listen to the song's refrain, which contains the words **tout le monde, beau,** and **grand.** Given its refrain and the fact that it contains names from all over the world, what do you think the message of the song might be?

iMix Link: This song is available for purchase at the iTunes store in a special iMix created for *En avant!* For more information about accessing the playlist, go to the *En avant!* Online Learning Center, Coursewide Content (**www.mhhe.com/enavant1**).

Vocabulaire

Questions et expressions

Quelle est ta/votre nationalité?	*What is your nationality?*
Je suis de nationalité (canadienne).	*I am (Canadian).*
Je suis d'origine (canadienne).	
Tu as quel âge? / Quel âge avez-vous?	*How old are you?*
J'ai… ans.	*I'm . . . years old.*
Tu es d'où? / D'où êtes-vous?	*Where are you from?*
Je suis de…	*I'm from . . . (+ city, country)*
Je suis né (e) à	*I was born in (+ city)*
Je viens de…	*I come from . . .*
pas loin de…	*not far from (+ city)*
prés de…	*near (+ city)*

Verbes et expressions verbales

avoir cours	*to have class*
avoir	*to have*
besoin de	*to (have) need of*
envie de	*to want; to feel like*
les cheveux (châtains)	*to have (light brown) hair*
les yeux (noisette, marron [inv.])	*to have (hazel, brown) eyes*
parler (français)	*to speak (French)*

La nationalité

Nationality

algérien(ne)	*Algerian*
allemand(e)	*German*
américain(e)	*American*
anglais(e)	*English, British*
belge	*Belgian*
canadien(ne)	*Canadian*
chinois(e)	*Chinese*
espagnol(e)	*Spanish*
français(e)	*French*
haïtien(ne)	*Haitian*
indien(ne)	*Indian*
irlandais(e)	*Irish*
italien(ne)	*Italian*
ivorien(ne)	*from the Ivory Coast*
japonais(e)	*Japanese*
marocain(e)	*Moroccan*
mexicain(e)	*Mexican*
québécois(e)	*Quebecois*

russe	*Russian*
sénégalais(e)	*Senegalese*
suisse	*Swiss*

Le caractère et les traits physiques

Character and physical traits

âgé(e)	*old*
aisé(e)	*well-off*
amusant(e)	*funny, amusing*
beau/belle	*handsome, beautiful*
bon(ne)	*good*
conservateur/conservatrice	*conservative*
dernier/dernière	*last*
difficile	*difficult*
ennuyeux/ennuyeuse	*boring*
extraverti(e)	*extroverted*
facile	*easy*
faible	*weak*
fatigué(e)	*tired*
faux/fausse	*false*
formel(le)	*formal*
fort(e)	*strong*
franc(he)	*frank*
gentil(le)	*nice*
grand(e)	*tall; big*
gros(se)	*big, fat*
heureux/heureuse	*happy*
honnête	*honest*
impoli(e)	*impolite, rude*
intellectuel(le)	*intellectual*
intelligent(e)	*smart, intelligent*
intéressant(e)	*interesting*
jeune	*young*
joli(e)	*pretty*
laid(e)	*ugly*
malhonnête	*dishonest*
mauvais(e)	*bad*
méchant(e)	*mean*
mignon(ne)	*cute*
mince	*thin*
normal(e)	*normal*
nouveau/nouvelle	*new*
occupé(e)	*busy*
pauvre	*poor*
petit(e)	*short; small*
poli(e)	*polite*
premier/première	*first*

Vocabulaire

riche	rich
royal(e)	royal
sédentaire	sedentary
sérieux/sérieuse	serious
sociable	sociable, a "people person"
solitaire	solitary, a "loner"
sportif/sportive	athletic, sporty
stupide	stupid
sympa(thique)	nice, friendly
triste	sad
vieux/vieille	old

Les couleurs

Colors

blanc(he)	white
bleu(e)	blue
blond(e)	blond

brun(e)	brown
châtain	brown, chestnut
gris(e)	gray
jaune	yellow
marron (*inv.*)	brown
noir(e)	black
noisette (*inv.*)	hazel
orange (*inv.*)	orange
rose	pink
rouge	red
roux/rousse	red-haired
vert(e)	green
violet(te)	purple

Divers

un(e) colocataire	a roommate
quelqu'un de (riche)	someone (rich)

Salut de Louisiane!

Bonjour! Notre groupe s'appelle Feufollet et nous sommes cinq: Anna Laura Edmiston (guitare), Chris Segura (violon), Chris (accordéon) et Mike Stafford (batterie[1]) et Phillippe Billeaudeaux (basse). Nous sommes un groupe de musiciens de Lafayette, une ville au sud-ouest de la Louisiane en Pays des Cadiens, à environ trois heures de route de La Nouvelle-Orléans. Nous nous sommes rencontrés[2] à l'âge de onze ans à l'école primaire où nous apprenions[3] le français dans un programme d'immersion. Maintenant nous sommes étudiants à l'université et nous payons nos études en chantant et en jouant[4] de la musique traditionnelle cadienne de manière très moderne.

Nom:
Feufollet

Profession:
Groupe de musiciens

Géo-localisation:
Lafayette, en Louisiane

Profil ▻

Amis ▻

Liens ▻

Boîte aux lettres ▻

Feufollet aux Festivals acadiens et créoles

Notre région vaut bien[5] une visite! Vous pouvez découvrir notre héritage acadien, créole et francais à Saint-Martinville et Vermilionville, visiter en bateau[6] des marais[7] impressionnants où il y a des cocodrils,[8] goûter de délicieux plats cadiens comme le boudin et le jambalaya et écouter bien sûr de la belle musique!

Venez nombreux nous voir[9] aux Festivals acadiens et créoles au mois d'octobre, au bar Blue Moon à Lafayette pendant l'année ou au Festival «Jazz and Heritage» à La Nouvelle-Orléans aux mois d'avril ou mai. Nous vous attendons![10]

[1]*drums* [2]*Nous... We met* [3]*were learning* [4]*en... while singing and playing* [5]*vaut... is well worth* [6]*en... by boat* [7]*swamps* [8]*«crocodiles» en français cadien* [9]*Venez... y'all come down and see us* [10]*Nous... We're waiting for you!*

L'arrivée des Acadiens en Louisiane, Robert Dafford

Sur Internet

To learn more about Feufollet and their music, Cajun Country, the French immersion program, and Louisiana and its history, go to the *En avant!* Online Learning Center (**www.mhhe.com/enavant1**).

Sur DVD

To see Feufollet perform at the Festivals acadiens et créoles and to visit some of their favorite places in Cajun Country and New Orleans, watch the video *Salut de Louisiane!* on the *En avant!* DVD.

CHAPITRE 3

Qu'est-ce que tu aimes faire?

Bilan

In this chapter, you will learn:

- to get someone's attention
- to ask and tell the time and say when events occur
- to talk about your activities using present-tense forms of **-er** verbs
- to talk about the weather and outdoor activities using the verb **faire**
- to ask information questions
- to describe people, places, and things in greater detail using adjectives
- about cultural notions of work time and free time

Le jongleur (1943), Marc Chagall

DVD   Chantons!   www.mhhe.com/enavant1   www.mhcentro.com   CENTRO   Film   Web Audio

Il est quelle heure? / Quelle heure est-il? *Asking and telling time*

- To get the attention of someone you address as **tu**, say: **Pardon,... ?** or **Excuse-moi,... ?** Or simply use the person's first name: **Anne-Sophie,... ?**

- To get the attention of a person you address as **vous**, say: **Pardon, ... ?** or **Excusez-moi,... ?** plus a title (**monsieur**, **madame**, or **mademoiselle**).

- To ask the time, say: **Quelle heure est-il?** A more conversational way to ask the same question is: **Il est quelle heure?**

- Another common way to ask the time is: **Tu as l'heure? / Vous avez l'heure?** (*Do you have the time?*).

  Excuse-moi, Anne-Sophie. Tu as l'heure?

  Pardon, monsieur. Quelle heure est-il, s'il vous plaît?

- To give the time, say:

  Il est (une, deux, trois, etc.) heure(s).

  Il est dix heures dix.

  Il est midi (*noon*).

  Il est minuit (*midnight*).

- Here are some additional words used to express time:

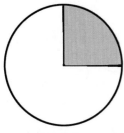 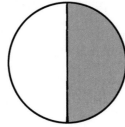 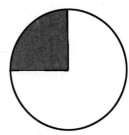

| et quart | et demi(e) | moins le quart |

Et quart is used for the quarter hour.

  Il est trois heures <u>et quart</u>.

Et demi(e) is used for the half hour.

  Il est quatre heures <u>et demie</u>.

  Il est midi <u>et demi</u>.

Note: For times after the half hour, subtract from the coming hour using **moins**.

  8 h 40 = Il est neuf heures moins vingt.

  4 h 45 = Il est cinq heures moins <u>le</u> quart.

To indicate that you are late, on time, or early, say:

  Je suis en retard.   **Je suis à l'heure.**   **Je suis en avance.**

A. Quelle heure est-il? Use what you already know about telling time in French to match each illustration with one of the times in the list that follows. **Attention!** One time in the list will not be used.

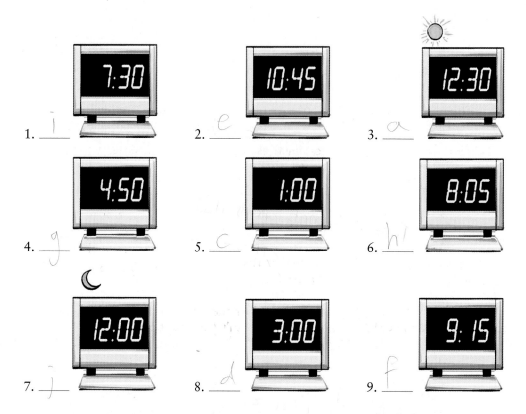

1. _i_

2. _e_

3. _a_

4. _g_

5. _c_

6. _h_

7. _j_

8. _d_

9. _f_

a. Il est midi et demi.
b. Il est neuf heures moins le quart.
c. Il est une heure.
d. Il est trois heures.
e. Il est onze heures moins le quart.

f. Il est neuf heures et quart.
g. Il est cinq heures moins dix.
h. Il est huit heures cinq.
i. Il est sept heures et demie.
j. Il est minuit.

CANAL+ VERT

5H25 Zapping 5H30 Merci
pour l'info 6H25 Les Guignols
6H30 20H10 pétantes
7H15 Zapping 7H20 Guignols
7H30 ciné Enfants de salaud
SPECIAL
VINCENT LINDON
9H10 ciné Vendredi soir
10H35 doc Vincent Lindon
par Vincent Lindon
11H40 20H10 pétantes
12H25 Le zapping
12H30 Les Guignols
12H40 hockey sur glace NHL
14H40 ciné l'Echine du Diable
16H25 ciné le Vieil homme et...
18H00 hockey sur glace NHL
20H00 mag C du sport
21H00 ciné LE JOURNAL
DE BRIDGET JONES
22H35 mag C du sport
23H35 ciné
Opération Espadon
1H10 Le journal du hard
1H25 ciné Nuit très particulière
3H00 ciné Bandits

Chez les francophones

In the French-speaking world, times are often given using the 24-hour clock, **l'heure officielle**, especially for appointments, train schedules, TV guides, etc. This system is similar to military time, where you give the hours from 0:00 (midnight) to 23:59 (11:59 P.M.).

In conversation, you can use the 24-hour clock or you can use **du matin** (*in the morning*), **de l'après-midi** (*in the afternoon*), and **du soir** (*in the evening*) to distinguish between A.M. and P.M.

L'heure officielle		Dans la conversation
3 h 00: Il est trois heures.	=	**Il est trois heures du matin. (3 h 00)**
16 h 45: Il est seize heures quarante-cinq.	=	**Il est cinq heures moins le quart de l'après-midi. (4 h 45)**
20 h 30: Il est vingt heures trente.	=	**Il est huit heures et demie du soir. (8 h 30)**

B. À l'écran. Now watch and listen as native French speakers tell you what time it is. Match the person with the time that he/she says. **Attention!** One person doesn't have the time!

DVD

Il est quelle heure? / Quelle heure est-il?

1. Nicolas _e_

2. Raphaël _____

3. Alisson _d_

a. 2 h 10
b. 5 h 40
c. 12 h 30
d. Je ne sais pas. Aucune idée!
e. 10 h 38

4. Anne-Claire _a_

5. Xavier Roy _b_

Now listen as the next group of people answer the question: *Do you have the time, please?* **Attention!** One other person doesn't have the time!

Tu as l'heure, s'il te plaît?

6. Éric-Alexandre _____

7. Xavier Mays _g_

f. 9 h 15
g. 10 h 10

Vous avez l'heure, s'il vous plaît?

8. Cécile _____

9. Simon _g_

10. Patrice _h_

h. 15 h 32
i. Non, je n'ai même pas de montre.
j. 12 h 09

C. À vous! Work with a classmate. Take turns getting the attention of the following people and asking what time it is using the correct form of address. **Attention!** Give a different time in response to each question as you answer for each person.

1. a classmate
2. an older person on the street in Paris
3. a person your age on the street in Montreal
4. the aunt/uncle of one of your French-speaking friends

Rétrospective Jean Calvin et les Rolex

Oddly enough, the Swiss watch and clock industry is indebted to Jean Calvin, an influential French theologian and pastor during the Protestant Reformation (1517–1648). During Calvin's reforms in Geneva (1541–1564), he banned many worldly pleasures, among them the wearing of jewelry. His goal was to promote society's charitable distribution of wealth and to encourage the wise use of money to the glory of God.

To circumvent Calvin's restrictions, Swiss jewelers in the French part of Switzerland turned to watchmaking, which remained acceptable under Calvin's reforms because, until wristwatches became fashionable following the end of World War I, watches served a practical purpose and were worn on chains, hidden away in pockets. Over the years, the Swiss watch industry has flourished and the Swiss have remained leaders in the world market. Today, Jean Calvin would probably turn over in his grave if he knew that wearers of fine Swiss watches often regard them more as exquisite works of art than as practical tellers of time.

«L'heure, c'est l'heure; avant l'heure, c'est pas l'heure; après l'heure, c'est plus l'heure.»*

—JULES JOUY

The hour is the hour; before the hour, it's not the hour; after the hour, it's not the hour anymore.

À quelle heure... ?   *Asking when events occur*

A. À l'écran. Watch and listen as some French speakers tell you when various businesses open and close in Montreal and Paris. Choose the time that you hear.

Xavier Roy, France

Dominique, Montréal

Anne-Claire, France

1. À Paris, les banques (*banks*) ouvrent vers (*around*) _____.
   a. 9 h ou 9 h 30
   b. 10 h
   c. à 14 h

2. Le soir, les banques ferment _____.
   a. à 8 h
   b. à midi
   c. à 18 h

3. Cela dépend du quartier. Comme ici au Mont-Royal les magasins (*stores*) ouvrent seulement (*only*) _____.
   a. à 9 h du matin
   b. à 10 h du matin
   c. à 11 h du matin

4. Si on va dans les centres commerciaux (*malls*), cela ouvre _____.
   a. à 9 h du matin
   b. à 10 h du matin
   c. à 11 h du matin

5. Le soir, les restaurants ouvrent vers _____.
   a. 18 h
   b. 19
   c. 20 h

6. Ils ferment _____.
   a. après minuit
   b. après midi
   c. à 23 h

- To ask what time something opens or closes, say **à quelle heure... ?**

    —**À quelle heure ouvre la pharmacie?**

    —**La pharmacie ouvre <u>à</u> neuf heures du matin.**

    —**À quelle heure ferme la banque?**

    —**La banque ferme <u>à</u> trois heures.**

- To say that something is open from a certain time to a certain time, use **de... à...** or **de... jusqu'à** (*until*)...

    Le restaurant est ouvert de 9 h à 10 h 20.

    La poste est ouverte de 8 h du matin jusqu'à 5 h de l'après-midi.

- To contrast weekday and weekend times, use **en semaine** (*during the week, on weekdays*) and **le week-end** (*on weekends*).

B. À l'écran. Now watch and listen as Anne-Claire, who owns a pharmacy, describes her hours of business. Fill in the correct times.

DVD

J'amène (*take*) les enfants à _huit h et demi_¹ à l'école. Ensuite, je vais au travail. Donc, j'ai une pharmacie. Je travaille (*work*) jusqu'à _midi et demi_². Je ferme la pharmacie. Je prends un repas (*have a meal*). Je rouvre (*reopen*) la pharmacie à _2:15_³ exactement. Je travaille jusqu'à _20 hr_⁴ et puis là, je ferme la pharmacie. Je rentre à la maison (*go home*).

Anne-Claire, Les Halles, Paris

Anne-Claire dans sa pharmacie

C. Les horaires (*Schedules*). Work with a classmate. Each of you chooses one of the two lists of potential situations you could encounter on a trip to France. Your classmate will get your attention and ask you what time the three businesses on his/her list open and close based on what he/she needs to do. Then reverse roles. **Attention!** When it's your turn to ask the questions, cover the photos.

la poste

le guichet automatique (ATM)

le restaurant

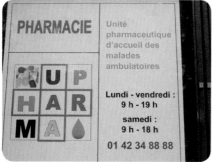

la pharmacie

la boutique

la boulangerie (*bakery*)

EXEMPLE: **Situation:** You need to mail a letter on Monday.

É1: Pardon, monsieur, à quelle heure ouvre la poste le lundi?
É2: À huit heures.
É1: À quelle heure est-ce qu'elle ferme?
É2: À dix-neuf heures.
É1: Merci, monsieur!

Liste 1

1. It's Saturday morning and you need to mail some postcards.
2. You want to buy croissants for breakfast before going to class on Monday morning.
3. You need some cash for your trip on Tuesday morning.

Liste 2

4. It's Tuesday afternoon and you need a new bathing suit for your trip to Nice.
5. It's a Friday night at 10 P.M., and want to order a pizza.
6. It's Monday at 6:15 P.M. You need some aspirin and want to know when the pharmacy closes.

Vocabulaire interactif

Pour passer le temps   *Talking about daily activities*

Although Mireille and Caroline are twin sisters (**sœurs jumelles**), they are very different. Read the brief descriptions they give of themselves and the activities they like to do.

Bonjour! Je m'appelle Mireille. J'ai 20 ans et je suis étudiante à l'Université de Paris. J'étudie l'histoire de l'art, mais je déteste **faire les devoirs** (*doing homework*). J'aime beaucoup **aller** (*to go*) **au cinéma** et, comme sport, je préfère **jouer au tennis**. J'ai un copain (*boyfriend*), Benoît. Le samedi soir, nous aimons **danser en boîte** (*in nightclubs*). Le dimanche soir, j'aime **envoyer des textos** et **parler au téléphone** avec des camarades de classe.

Salut! Je suis Caroline. Moi aussi, j'ai 20 ans. Je suis vendeuse (*saleswoman*) dans une librairie (*bookstore*). Je préfère **travailler** en semaine, pas le week-end! Je ne suis pas très sportive, alors je préfère **surfer sur Internet** et **écouter de la musique**. (J'adore **jouer de la guitare**!) J'ai aussi beaucoup d'amis. Le week-end, nous sommes chez moi (*at my place*) pour **faire la cuisine** ensemble et **regarder la télé**.

Based on your recognition of cognates and words you've already learned, match each of the following activities to the appropriate illustration.

1. ___f___   2. ___c___   3. ___j___   4. ___a___   5. ___b___   6. ___e___

7. ___h___   8. ___g___   9. ___i___   10. ___k___   11. _____   12. ___d___

a. aller au cinéma	d. envoyer un texto	g. jouer au tennis	j. regarder la télé
b. danser en boîte	e. faire la cuisine	h. jouer de la guitare	k. surfer sur Internet
c. écouter de la musique	f. faire les devoirs	i. parler au téléphone	l. travailler (dans une librairie)

Here are more of Mireille and Caroline's typical activities. Based on what you already know about them, which sister is more likely to do each activity? Justify your answer by citing the relevant sentences in the preceding descriptions.

Mireille		Caroline
☐	1. **acheter** (*buy*) des billets (*tickets*) de cinéma	☐
☐	2. **chercher** (*look for*) un livre à la bibliothèque	☐
☐	3. **louer** (*rent*) un DVD	☐
☐	4. **préparer** (*prepare / study for*) un examen	☐
☐	5. **rester** (*stay*) chez elle le week-end	☐
☐	6. **télécharger** (*download*) de la musique	☐
☐	7. **trouver** (*find*) un livre pour un client	☐
☐	8. **visiter** un musée d'art	☐

A. À chacun ses goûts [*To each his own*].

Première étape. Work with two other classmates. Taking turns, come up with a few examples of what each type of person likes to do.

EXEMPLE: —Un(e) cinéphile (*movie buff*) aime aller au cinéma, par exemple.

1. un(e) cinéphile
2. un(e) gourmand(e) (*food lover*)
3. un(e) mélomane (*music lover*)
4. une personne sédentaire

5. quelqu'un de sociable
6. quelqu'un de sportif
7. quelqu'un de studieux
8. quelqu'un de talentueux

Deuxième étape. Which type of person described in the **Première étape** are you? Tell your group members what you're like (**Je suis...**) and what you really like to do (**J'aime beaucoup...**).

EXEMPLE: —Je suis cinéphile. J'aime beaucoup aller au cinéma.

B. Des activités préférées.

Première étape. Rank these activities in order of preference, starting with the one you most like to do (= 1) and ending with the one you least like to do (= 6).

_____ aller au cinéma
_____ faire la cuisine
_____ écouter/jouer de la musique

_____ regarder la télé
_____ surfer sur Internet
_____ visiter un musée

Deuxième étape. Work with a classmate you don't yet know very well. Using your ranking in the **Première étape**, discuss how much you like (or dislike) doing each activity. How similar are the two of you?

EXEMPLE: É1: Qu'est-ce que tu aimes faire?
É2: J'adore aller au cinéma. Et toi?
É1: Non, je n'aime pas aller au cinéma. Je préfère regarder la télé.

C. À une heure raisonnable. Working with a classmate, take turns asking when you like to do the activities listed here. Tell your classmate what you think: **c'est trop tôt** (*too early*), **c'est trop tard** (*too late*), or **c'est une bonne heure** (*a good time*). **À noter:** Remember that you can use the preposition **vers** (*around*) to indicate an approximate time—for example, **vers 9 h.**

> aller au cinéma le dimanche
> aller au restaurant le samedi
> arriver à la fac le matin
> avoir cours de français
>
> déjeuner (*to have lunch*)
> commencer la journée
> faire les devoirs

Handwritten note: À quelle heure est-ce que tu préfères faire les devoirs

Vers 5 heures du soir. C'est une bonne heure pour moi.

EXEMPLE: É1: À quelle heure est-ce que tu préfères arriver à la fac?
É2: Vers 10 heures du matin.
É1: C'est trop tard pour moi—je préfère arriver vers 8 heures. (*ou*) C'est aussi une bonne heure pour moi.

D. Qui aime jouer... ?

Première étape. Check off the sports, games, and musical instruments in the chart that you like to play. You'll use your responses and those of your classmates during the **Deuxième étape.**

Sports	Jeux (*Games*)	Instruments
J'aime jouer...	J'aime jouer...	J'aime jouer...
☐ au basket-(ball)	☐ aux cartes	☐ de la batterie (*drums*)
☐ au foot(ball)	☐ aux échecs (*chess*)	☐ de la guitare
☐ au football américain	☐ à la Wii®	☐ du piano
☐ au golf	☐ au Monopoly®	☐ du saxophone
☐ au tennis	☐ au Scrabble®	☐ du violon

Deuxième étape. Form a group with four other classmates. Listen as each person in your group tells you what he/she likes to play, and record that on your chart by making additional check marks. Provide a brief summary for the class of those activities most of you really like to do and those that most of you don't really like to do.

EXEMPLE: —Comme sport, nous aimons beaucoup jouer au foot, mais nous n'aimons pas jouer au golf.

Des jeunes hommes jouent au basket au jardin du Luxembourg

En français

To say that you like to play a particular sport or game, use the verb **jouer** and the preposition **à.** To say that you play a certain musical instrument, use the verb **jouer** and the preposition **de.**

J'aime **jouer à la Wii®, au** tennis, **aux** cartes (*cards*).

J'aime **jouer de la** guitare, **du** piano, **des** cymbales.

Au (as in **au tennis**) is the contracted form of **à + le,** and **aux** (as in **aux cartes**) is the contracted form of **à + les.** Similarly, **du** is the contracted form of **de + le,** and **des** is the contracted form of **de + les.**

Chez les Français

Les sports en France

The most popular team sport in France is, by far, **le foot(ball).** In 1998, France won its quadrennial championship, the World Cup **(la Coupe du monde).** Other sports represented by professional teams across France include **le basket(-ball), le hand(ball), le hockey, le rugby,** and **le volley(ball). La pelote basque** is a popular sport in southwestern France, similar in some ways to racketball but often played outdoors against two opposing walls. Popular throughout France—and especially in the sunnier southern regions—is **la pétanque,** the French equivalent of Italian *bocce* (lawn bowling). Playing courts are found in many city parks and are lovingly maintained (and fiercely guarded) by groups of mostly retired gentlemen.

Sur Internet To learn more about France at the World Cup finals, go to the *En avant!* Online Learning Center **(www.mhhe.com/enavant1).**

Source: Map by Clio64, fr.wikipedia.org/wiki/Fichier:France_sports_co_2010.png

Saison 2009-2010
- Football L1
- Basket Pro-A
- Rugby a XV Top 11
- Handball D1H
- Volley-ball A
- Hockey Magnus

Prononcez bien!

To learn about the spelling and pronunciation of the mid-vowels [e] as in **mai** and [ɛ] as in **mère,** and to practice the pronunciation of words from this **Vocabulaire interactif** section, see **Prononcez bien!** in **Chapitre 3** of the *Workbook / Laboratory Manual.*

E. Un week-end génial? With a classmate, discuss what you want to do this weekend (using **avoir envie de [d']**) as well as what you have to do (using **avoir besoin de [d']**). Based on what your classmate tells you, tell the class what sort of weekend it is for him/her—**génial, normal,** or **horrible.**

EXEMPLE: —C'est un week-end normal pour Tom: Il a besoin d'étudier...

Une famille joue à la pétanque

Grammaire interactive

3.1 Je parle français! Regular –er verbs

In the **Communication en direct** section of **Chapitre 2**, you were introduced to some forms of the verb **parler** (*to speak*): **je parle** and **il/elle/on parle**. Complete the following sentences with the remaining forms of the verb **parler** (the underlined letters should give you a hint): **par<u>lent</u>, par<u>les</u>, par<u>lez</u>, par<u>lons</u>.**

1. Je **parle** français et arabe.

2. Tu _____ combien de langues?

3. Est-ce qu'on **parle** français au Québec?

4. Nous ne _____ pas anglais en famille.

5. Vous _____ très bien (le) français!

6. Ils _____ beaucoup en classe!

Analysons! 1. Given that the final **-es** of **parles** and final **-ent** of **parlent** are not pronounced, how many forms of the verb **parler** sound the same? _____ 2. Does negation (**ne... pas**) work the same way with **parler** as it does with **être** and **avoir**? _____

> ○ Answers to this activity are in Appendice 2 at the back of your book.

1 Verbs whose infinitive form ends in **-er**, such as **par<u>ler</u>** and **habi<u>ter</u>**, represent the largest group of regular verbs in French. Unlike the irregular verbs **être** and **avoir**, the **-er** of the infinitive is dropped to form a *verb stem* to which endings are added.

parler (*to speak*)	
VERB STEM: **parl-**	
je **parle**	nous **parlons**
tu **parles**	vous **parlez**
il/elle/on **parle**	ils/elles **parlent**

regarde   regardons
regardes   regardez
regarde   regardent

Because all verbs in this group follow the same pattern, you should be able to provide the forms of the verb **habiter** in the chart.

j'aime   nous aimons
tu aimes   vous aimez
il/elle aime   ils/elles aiment

habiter (*to live, reside*)	
VERB STEM: **habit-**	
j' *habite*	nous *habitons*
tu *habites*	vous *habitez*
il/elle/on *habite*	ils/elles *habitent*

> ○ Answers to this activity are in Appendice 2 at the back of your book.

2 The present-tense forms of verbs in French are used to tell what someone does in general or what one is doing at the moment of speaking.

Tu **déjeunes** au resto-U?

{ *Do you (normally) eat lunch at the university cafeteria?*

Are you eating lunch at the university cafeteria (right now)?

- Answers to this activity are in Appendice 2 at the back of the book.
- To learn more about spelling changes involving –er verbs, see Par la suite at the back of your book.

3 With verbs that end in -cer, such as **commen<u>c</u>er** (*to begin*), the letter **c** changes to **ç** before the ending -**ons** to maintain the [s] sound of the other forms (**nous commençons**). Likewise, with verbs that end in -ger, such as **man<u>g</u>er** (*to eat*), the letter **e** is added before the ending -**ons** to maintain the [ž] sound of the other forms (**nous mangeons**).

Mise en pratique. Provide the **nous** form for the verbs in the chart. All but two of them will require a change in spelling.

arranger	**nous**	_arrangeons_	nager (*to swim*)	**nous**	_nageons_
avancer	**nous**	_avançons_	télécharger	**nous**	_téléchargeons_
chercher	**nous**	_cherchons_	travailler	**nous**	_travaillons_
effacer (*to erase*)	**nous**	_effaçons_	voyager	**nous**	_voyageons_

A. Écoutez bien! Listen as your instructor reads sentences about the Deschamps family. Write the number of the sentence you hear next to the -**er** verb you hear in that sentence. Afterward, you'll be asked to describe what this family is like.

_____ acheter		_____ étudier		_____ travailler
_____ chercher		_1_ habiter		_____ visiter
_____ écouter		_____ parler		_____ voyager

B. À chacun ses goûts, Suite (*Continued*).

Première étape. Working with a classmate, take turns identifying which person would be most likely to do each activity based on their preferences and personality.

Xavier aime les études; il est très intellectuel.

Alisson aime le sport; elle est très sportive.

Cécile aime les arts et les médias; elle est très créative.

Victoria aime la technologie; c'est une technophile.

EXEMPLE: préparer une dissertation (*term paper*)
—Xavier prépare une dissertation.

1. arriver très tôt au gymnase pour un cours d'aérobic
2. jouer du piano et de la guitare
3. étudier tous les soirs (*every night*)
4. regarder un match de sport à la télé le week-end
5. surfer sur Internet très tard la nuit (*late at night*)
6. visiter des musées et des galeries d'art
7. aimer jouer à des jeux vidéo en ligne (*online*)

Deuxième étape. Tell your classmate the ways in which the four people from the **Première étape** are similar to you. In what ways are they *not* similar?

EXEMPLE: —Je suis comme Cécile parce que (*because*) je visite aussi des musées. Je ne suis pas comme Victoria parce que je ne joue jamais à des jeux vidéo.

C. La vie quotidienne (*Everyday life*).

Première étape. Working with a classmate, decide which verbs from the list best complete each question. (Some verbs may be used more than once, some not at all.)

arriver	déjeuner	habiter	préparer	visiter
commencer	étudier	parler	travailler	voyager

1. Tu ___habites___ près de la fac?
2. Tu ___arrives___ à la fac très tôt le matin?
3. Tu ___déjeunes___ au resto-U de temps en temps (*from time to time*)?
4. Tu ___parles___ une autre langue étrangère?
5. Tu ___prépares___ des dissertations à la bibliothèque (*library*)?
6. Tu ___travailles___ dans un magasin en ville (*in town*)?
7. Tu ___voyages___ en été?

Deuxième étape. Find a new classmate to work with, and ask him/her the questions you created in the **Première étape.** Share what you consider to be an interesting or unusual finding with the class.

EXEMPLE: —Lisa ne voyage **jamais** en été. Elle travaille.

D. Le week-end arrive!

Première étape. Tell how often you do each activity on the weekend: **toujours, souvent, parfois, rarement.**

	toujours	souvent	parfois	rarement
1. danser en boîte	☐	☐	☐	☐
2. louer / regarder des films	☐	☐	☐	☐
3. jouer aux cartes	☐	☐	☐	☐
4. déjeuner / dîner dans un restaurant	☐	☐	☐	☐
5. faire un sport	☐	☐	☐	☐
6. regarder un match de foot, tennis, etc.	☐	☐	☐	☐
7. assister à (*attend*) un concert	☐	☐	☐	☐

En français

Adverbs of frequency, like those used in the **Première étape** of Activity D, are normally placed immediately *after* the conjugated verb in French, which is the exact opposite of English.

Elle regarde **toujours (souvent, parfois, rarement)** la télé.
She always (often, sometimes, rarely) watches television.

Deuxième étape. Describe your typical weekend to a classmate, indicating how often you do the activities you ranked in the **Première étape.** Add information about the day and time of day (for example, **le samedi soir**) whenever possible. Afterward, tell the class about one activity you both do frequently.

EXEMPLE: —Le week-end, nous regardons souvent des films.

○ Answers to the **Analysons!** activity are in Appendice 2 at the back of the book.

3.2 Tu fais du ski? The verb **faire** and expressions with **faire**

As you saw earlier, Mireille likes sports, whereas Caroline prefers calmer leisure activities. Using the following illustrations as clues, match their activities with the appropriate season and its weather conditions, then say which of these activities you do yourself in the seasons specified. (If you do both, write in **les deux**; if you do neither, write in **ni l'un ni l'autre.**)

Mireille **fait de la natation** et Caroline **fait du vélo...**

Caroline **fait du patin** et Mireille **fait du ski...**

Mireille **fait du cheval** et Caroline **fait une promenade...**

Caroline **fait du jardinage** chez elle et Mireille **fait une randonnée...**

en hiver, quand (*when*) **il fait froid.**

au printemps, quand **il fait doux** (*warm*).

en été, quand **il fait beau et chaud.**

en automne, quand **il fait frais** (*cool*).

Qu'est-ce que tu **fais** (vous **faites**)

1. en hiver? _____

2. au printemps? _____

3. en été? _____

4. en automne? _____

Analysons! 1. Does the verb **faire** (the forms **tu fais, il/elle fait, vous faites** in the preceding activity) seem to have a single equivalent in English? _____ 2. Is the verb **faire** a regular or irregular verb? _____ (**Hint:** Consider the remaining forms: **je fais, nous faisons, ils/elles font.**)

1 The verb **faire** can express a number of meanings, depending on context, but is most frequently used as the equivalent of English *to do* and *to make*.

—Qu'est-ce que tu **fais** aujourd'hui? *What are you doing today?*

—Je **fais** un repas pour des amis. *I'm making a meal for some friends.*

2 The verb **faire**, when used in a number of common expressions, does not necessarily correspond to *do* or *make* in English. The weather terms and outdoor activities you saw earlier are two examples.

—Quel temps **fait**-il aujourd'hui? *What is the weather like today?*

—Il **fait très** mauvais. *It's really bad weather.*

—Elles **font du ski** aujourd'hui? *Are they (going) skiing today?*

—Non, elles **font du patin**. *No, they're (doing some) ice-skating.*

A third example involves expressions related to household chores:

faire des courses	*to run errands*	faire la lessive	*to do the laundry*
faire les courses	*to go grocery shopping*	faire le ménage	*to do housework*
faire la cuisine	*to cook (do the cooking)*	faire la vaisselle	*to wash (to do) the dishes*

3 Like the verbs **être** and **avoir**, **faire** is an irregular verb.

faire (*to do, to make*)	
je **fais**	nous **faisons**
tu **fais**	vous **faites**
il/elle/on **fait**	ils/elles **font**

4 As you learned in **Chapitre 2**, the definite article (**le, la, l', les**) does not change in negative sentences with **ne... pas** and **ne... jamais**, whereas the indefinite article (**un, une, des**) is replaced by **de (d')**. The forms of the partitive article that you've seen in some expressions with **faire** (**du** and **de la**) are also replaced by **de (d')**.

Je (ne) fais (pas) **la** vaisselle. *I do / don't do the dishes.*

Nous faisons **une** promenade. *We're taking a walk.*

but: Nous **ne faisons pas de** promenade. *We aren't taking a walk.*

Ils font **de la** natation en été. *They go swimming in summer.*

but: Ils **ne font pas de** natation aujourd'hui. *They're not going swimming today.*

Mise en pratique. Make the following sentences negative, using **ne... pas.**

1. Vous faites la cuisine. _____

2. Nous faisons de la natation. _____

3. Ils font du vélo. _____

4. Je fais les courses. _____

◦ Answers to this activity are in Appendice 2 at the back of the book.

A. Écoutez bien! Listen carefully as your instructor reads a variety of statements using expressions with the verb **faire**. Decide whether each statement is logical (**logique**) or illogical (**illogique**).

	logique	illogique		logique	illogique
1.	☐	☐	5.	☐	☐
2.	☐	☐	6.	☐	☐
3.	☐	☐	7.	☐	☐
4.	☐	☐	8.	☐	☐

B. Jeu de mimes. Find a classmate (a fellow "mime") to perform with. Your instructor will give you an expression with **faire** to act out. The pair that guesses correctly what another pair is miming (**Ils font...**) gets to go next.

C. Les quatre saisons. With a classmate, come up with a description of what the weather is generally like in your area (**froid, chaud, doux, frais, beau**) for each season and name one or two activities that people in your area typically do in such weather.

EXEMPLE: —Ici, en hiver, il fait très froid; on fait du ski... ou on reste à la maison!

D. Qu'est-ce que vous faites? With a classmate, imagine the activities you are doing together in each of the following situations. Report back to the rest of the class about what you came up with. How many other pairs had the same idea?

EXEMPLE: Vous êtes à New York en automne.
—Nous faisons une promenade à Central Park et nous visitons des musées, le *Met* par exemple.

1. Vous êtes à Paris au printemps.
2. Vous êtes à la campagne (*countryside*) en été.
3. Vous êtes à la montagne en hiver.
4. Vous êtes chez un(e) ami(e) le soir.
5. Vous êtes à la fac le matin, mais vous n'avez pas cours.
6. Vous avez un examen à préparer et vous êtes stressé(e)s.

Sainte-Foy Tarentaise, une station de ski dans les Alpes

E. Des questions à poser au prof.

Première étape. With a classmate, come up with three questions to ask your instructor concerning what he/she does (1) as a sports activity, (2) as a leisure activity, and (3) as a household chore.

EXEMPLES: —Est-ce que vous faites de la natation en été?
—Est-ce que vous jouez à des jeux vidéo?
—Est-ce que vous faites la lessive chez vous?

Deuxième étape. Now work in groups of three, answering the same questions you developed in the **Première étape** but using the pronoun **tu**. Who is the most similar to your instructor? Provide a summary to the class afterward.

3.3 Qu'est-ce que tu fais aujourd'hui?

Information questions with **est-ce que** and inversion

On the front of the trivia card that follows are five questions about France; on the back of the card are the correct answers, but in mixed-up order. Write the number of the question next to its correct answer.

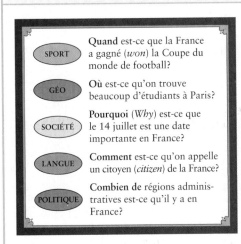

SPORT **Quand** est-ce que la France a gagné (*won*) la Coupe du monde de football?

GÉO **Où** est-ce qu'on trouve beaucoup d'étudiants à Paris?

SOCIÉTÉ **Pourquoi** (*Why*) est-ce que le 14 juillet est une date importante en France?

LANGUE **Comment** est-ce qu'on appelle un citoyen (*citizen*) de la France?

POLITIQUE **Combien de** régions administratives est-ce qu'il y a en France?

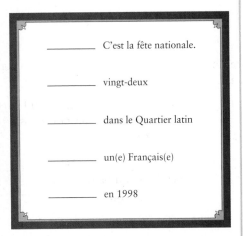

_____ C'est la fête nationale.

_____ vingt-deux

_____ dans le Quartier latin

_____ un(e) Français(e)

_____ en 1998

Analysons! 1. Where are these question words placed in each sentence? _____ 2. What are they all followed by? _____

Des drapeaux français (tricolores)

1 Question words (**mots interrogatifs**) are used to seek information beyond a simple *yes* or *no* response, such as when asking *when* (**quand**), *where* (**où**), *why* (**pourquoi**), *how* (**comment**), and *how many* (**combien de** + noun). The expression **est-ce que (qu')**, which you learned about in **Chapitre 2, Grammaire interactive 2.4,** follows each question word.

Quand est-ce qu'il fait du ski?   *When does he go skiing?*

Pourquoi est-ce qu'elle n'aime pas faire du ski?   *Why doesn't she like to ski?*

2 You have also seen examples of commonly asked questions that involve switching the order of the subject pronoun and the verb. This way of asking questions is known as *inversion*.

Comment **vous appelez-vous?**	D'où **êtes-vous?**
Comment **allez-vous?**	Quelle heure **est-il?**
Quel âge **avez-vous?**	Quel temps **fait-il?**

3 Inversion as a way of asking questions is possible in English only with a limited number of verbs (such as *be, have, can*)—for example, *Are you ready? Can you come with us?* In French, inversion is possible with all verbs. Aside from commonly asked questions (such as those already shown), however, inversion tends to be used only in the most formal of conversations.

Mise en pratique. Write out the less formal equivalent of each question with **est-ce que.**

               Formal Version   Less Formal Version

1. Quand arrivez-vous à la fac? _____

_____

2. Où travaillez-vous? _____

_____

3. Pourquoi faites-vous le ménage? _____

_____

4. Comment préparez-vous l'examen? _____

_____

5. Combien de livres avez-vous? _____

_____

○ Answers to this activity are in Appendice 2 at the back of the book.

○ To learn more about inversion, see Par la suite at the back of your book.

4 You will notice in some questions using inversion that **-t-** comes between the verb form and the subject pronoun. This **-t-** has no meaning; it is simply added for ease of pronunciation whenever the verb form *ends* with a vowel and the subject pronoun *begins* with a vowel. **Note:** This only occurs with **il/elle/on.**

Joue-t-il au tennis?   *Does he play tennis?*

A-t-elle un match demain?   *Does she have a game tomorrow?*

but:

Est-elle très sportive?   *Is she very athletic?*

A. Écoutez bien! Listen carefully as your instructor reads a series of questions, which are asked in a more formal style using inversion. Check off the correct answer is to each one. **Attention!** Many of these questions involve the addition of **-t-** for ease of pronunciation. Remember that this does not affect the meaning of what you hear.

1. ☐ en hiver ☐ en été ☐ le 31 octobre
2. ☐ en Russie ☐ en Espagne ☐ au Canada
3. ☐ à midi ☐ à 5 h du soir ☐ à 9 h du soir
4. ☐ quarante-huit ☐ cinquante ☐ trente
5. ☐ On fait les courses. ☐ On regarde la télé. ☐ On révise (*reviews*) le chapitre.

B. À la fac.

Première étape. Decide which question word should be placed at the beginning of each question to get some information about a classmate's activities at school.

> Pourquoi Qui Où Qu' Quand

1. _____ est-ce que tu arrives à la fac le lundi matin?

2. _____ est-ce que tu as comme cours le lundi?

3. _____ est-ce que tu déjeunes?

4. _____ est-ce que tu préfères comme professeur?

5. _____ est-ce que tu étudies le français?

Deuxième étape. Working in pairs, take turns asking and answering the questions from the **Première étape.** Do any of your classmate's answers surprise you?

C. Portrait de Xavier.

Première étape. Read the following description of Xavier's daily activities. Make a list of three questions using question words and **est-ce que** based on the information in boldface in the text. Then, ask a classmate your questions to see how well he/she understood the text. **Attention!** If you and your classmate have written the same questions, additional ones will need to be created.

EXEMPLE: É1: À quelle heure est-ce qu'il arrive à la fac?
É2: Vers 7 h du matin.

Xavier devant la Grande Arche de la Défense

Moi, j'arrive à la fac vers 7 h du matin **parce que j'ai un cours d'anglais à 8 h. Après mon cours,** j'achète souvent **un café et un croissant.** S'il fait beau, j'étudie **dehors.** J'ai **quatre** cours cette année et j'adore étudier l'anglais **parce que le prof, M. Andrews, est très dynamique.** L'après-midi, je fais **du sport** (de la natation ou du basket, par exemple) **au gymnase.** Je rentre **vers 17 h.**

En français

There are various ways of asking *Who . . . ?* and *What . . . ?* in French. You'll learn more about these question words in **Chapitre 8, Grammaire interactive 8.2.** In Activities A–D, you should use **Qui est-ce que (qu')...** for *Who . . . ?* and **Qu'est-ce que (qu')** for *What . . . ?*

—**Qui est-ce que** les étudiants **écoutent?**
—Le prof.

—**Qu'est-ce que** les étudiants **regardent?**
—Le tableau.

D. Qui est compatible avec moi?

Première étape. Your instructor will distribute a copy of the following chart, with space to add six questions. Create these questions with your classmates, based on the topics listed in 1–6. Add these questions to your chart, then write your response to each in the column labeled **mes réponses**.

EXEMPLE: (l'heure?) commencer la journée
Quand / À quelle heure est-ce que tu commences la journée?

1. (l'heure?) commencer la journée
2. (des activités?) faire le soir en semaine
3. (des activités?) aimer faire le week-end
4. (des endroits?) préférer dîner
5. (une personne?) admirer
6. (la raison?) faire les études ici

Questions	Mes réponses	Réponses de l'étudiant(e) 1	Réponses de l'étudiant(e) 2
1.			
2.			
Qui est compatible avec vous?		☐	☐

Deuxième étape. Which student in the class would be a good match for you based on your schedule, preferences, etc.? Survey at least two classmates using the questions from the chart and record their responses. Place a check mark in one of the two columns at the bottom of the table, and be ready to explain your selection to the class.

B (beau/belle/joli)
A (jeune/vieux/noveau)
G (mauvais/bon/meilleur)
S (petit/grand/gros)

3.4 Un bon film français   Position of adjectives

Given the two options in each row, which item do you prefer?

1. des cours **intéressants** ☐ ou des cours **ennuyeux** mais **faciles** ☐
2. une voiture (*car*) **économique** ☐ ou une voiture de sport **italienne** ☐
3. un ordinateur **portable** ☐ ou un ordinateur de bureau **traditionnel** ☐
4. un **grand** appartement en ville ☐ ou une **petite** maison à la campagne ☐
5. un **nouveau** film au cinéma ☐ ou un **vieux** film à la télé ☐

Analysons! 1. In which position are most of the adjectives used in this activity placed—before the noun or after? _____ 2. Which four adjective forms come before the noun? _____, _____, _____, _____ 3. Do adjectives in either position agree in gender and number with the noun they're describing? _____

○ Answers to this activity are in Appendice 2 at the back of the book.

1 In **Chapitre 2**, you learned that adjectives can follow the verb **être** to describe people, places, and things, and that they must agree in gender (masculine or feminine) and number (singular or plural) with the subject of the sentence (for example, **elles sont sportives**). Adjectives must also agree in gender and number with nouns regardless of whether they precede or follow them.

une **petite** maison, de **petites** maisons   *a little house / little houses*

une voiture **italienne**, des voitures **italiennes**   *an Italian car / Italian cars*

2 You may already have noticed that most adjectives in French are placed *after* the noun:

les yeux **verts**   *green eyes*

les cheveux **blonds**   *blond hair*

Those adjectives that are normally placed *before* the noun share certain characteristics: They are typically short (one or two syllables), very frequently used in everyday conversation, and tend to represent qualities that are "subjective" in nature—that is, representing an opinion of someone or something's **beauty**, **age**, goodness, or size. (An easy way to remember this is by using the acronym **BAGS**.)

[Handwritten margin note:
MS   FS   MP   FP
beau   belle   beaux   belles
nouveau nouvelle nouveaux nouvelles
vieux   vieille   vieux   vieilles]

> **Mise en pratique.** Among the fifteen adjectives in the following list, nine regularly come *before* the noun in French because they are short, very frequently used in everyday conversation, and subjective in nature. Check off which nine you think they are.
>
> | | | |
> |---|---|---|
> | ☐ audiovisuel | ☐ historique | ☐ médiéval |
> | ☒ beau | ☒ jeune | ☒ petit |
> | ☒ bon | ☒ joli | ☐ rouge |
> | ☒ grand | ☐ marocain | ☐ triangulaire |
> | ☒ gros | ☒ mauvais | ☒ vieux |

○ Answers to this activity are in Appendice 2 at the back of the book.

3 Adjectives used for counting and listing things in a series also regularly come before the noun in French:

le **premier** film   un **autre** film   le **prochain** (*next*) film

le **deuxième** film   le **dernier** film

Note that when **prochain(e)** and **dernier/dernière** are used in expressions of time, they *follow* the noun: **la semaine prochaine** (*next week*), **la semaine dernière** (*last week*).

[Handwritten margin note: memorize!]

4 There are a few important spelling and pronunciation changes that occur when adjectives *precede* the noun.

a. The masculine singular adjectives **beau**, **nouveau**, and **vieux** take on a special form before nouns beginning with a vowel or **h**: **bel**, **nouvel**, and **vieil** (pronounced the same way as **belle**, **nouvelle**, and **vieille**).

b. The article **des** is replaced by **de** (**d'**) in front of all *plural* adjective forms.

c. **Liaison** occurs between plural adjectives and nouns beginning with a vowel or **h**.

Examples of these spelling and pronunciation changes are provided in the chart. Use the forms of **beau** as a clue to write in the forms of **vieux** that would go with **acteur(s)/actrice(s)**.

[Handwritten margin note:
un ___ bel ___ → ordinateur
un ___ bel ___ → homme
nouveau → nouvel
vieux → vieil]

Masculin		Féminin	
SINGULIER	PLURIEL	SINGULIER	PLURIEL
un **bel** acteur	**de** beaux acteurs	une belle actrice	**de** belles actrices

○ Answers to this activity are in Appendice 2 at the back of the book.

○ To learn more about the position of adjectives, see Par la suite at the back of your book.

A. Écoutez bien! Your instructor will read short descriptions of famous people and things. Who or what is being described? Pay special attention to the nationality adjectives that you hear. Where are they placed in relation to the nouns they describe?

1. ☐ la tour Eiffel   ou   ☐ le Grand Canyon
2. ☐ Nicolas Sarkozy   ou   ☐ Barack Obama
3. ☐ Andy Roddick   ou   ☐ Roger Federer
4. ☐ la «Fit» de Honda   ou   ☐ la «Bronco» de Ford
5. ☐ l'Afrique du Sud   ou   ☐ le Maroc
6. ☐ des labradors   ou   ☐ des chihuahuas

B. Nouveautés (*New things*). Listed in the left-hand column are names and expressions in French that use a form of the adjective **nouveau.** Fill in the appropriate form of this adjective, then match each name or expression with its definition in the right-hand column.

1. la _nouvelle_-France *b*
2. le _nouveau_-Mexique *a*
3. un _nouveau_-né *e*
4. *le* _nouvel_ *Observateur* *c*
5. La _nouvelle_-Orléans *d*
6. le _nouveau_ Testament *g*
7. _nouvelles_ Frontières (*f.*) *f*

a. un état américain
b. l'ancien (*former*) nom de la colonie française au Canada
c. un magazine français
d. une grande ville en Louisiane
e. un petit bébé
f. une agence de voyages française
g. un texte religieux

Chez les Français

Le château de Chenonceau dans le Val de Loire

La région du Centre

The French city of **Orléans,** which lent its name to the American city of New Orleans (**La Nouvelle-Orléans**), is the administrative capital of the **Centre** region of France. Located—not surprisingly—in central France, the **Centre** region is traversed by one of France's most famous rivers, **la Loire.** Downriver from **Orléans** is the city of **Tours** and the famous castles of the French aristocracy, **les châteaux de la Loire.** The political power and prestige of the area in pre-Revolutionary France came to be associated with the French spoken in the area; even today, there are some who would claim that "the best French" is spoken in and around Tours.

Sur Internet To take a virtual tour or an audio tour of the château de Chenonceau, visit the *En avant!* Online Learning Center (**www.mhhe.com/envant1**).

C. Des recommandations.

Première étape. Complete each sentence with the adjectives provided in parentheses. Decide which adjective should come before the noun and which should come after, and be sure that both adjectives agree in gender and number with the noun they describe.

1. J'ai envie de louer un ___vieux___ film ___américain___.
   (américain / vieux)

2. J'ai envie de dîner dans un ___petit___ restaurant ___italien___.
   (italien / petit)

3. J'ai envie d'étudier une ___autre___ langue ___étranger___.
   (autre / étranger)

4. J'ai envie de télécharger une ___nouvelle___ chanson ___hip-hop___.
   (hip-hop / nouveau)

5. J'ai envie de visiter une ___belle___ ville ___français___.
   (beau / français)

6. J'ai envie d'acheter un ___bon___ roman (*novel*) ___historique___.
   (bon / historique)

Deuxième étape. What sort of recommendation would you make based on what each person in the **Première étape** wants to do? Use **Je recommande (le film)...** (or **Je n'ai aucune idée!**).

D. Termes culturels.

Première étape. Use an adjective before the noun (from list A) or an adjective after the noun (from list B)—or one of each!—to describe the following people, places, and things typically associated with French culture. **Attention!** You'll need to provide the correct form of the adjective(s) depending on gender and number.

A		B	
bon	mauvais	bien-aimé (*well-loved*)	méditerranéen
beau	petit	célèbre	parisien
grand	vieux	cycliste	rapide
jeune		délicieux	traditionnel
		intéressant	

EXEMPLE: un monument: la tour Eiffel
—La tour Eiffel est un (grand) monument (parisien).

1. un train: le TGV
2. un sport: le foot
3. un acteur: Gérard Depardieu
4. une voiture: une Renault
5. une région: la Côte d'Azur
6. une course (*race*): le Tour de France
7. des pâtisseries: une madeleine, une tarte aux fruits
8. des musées: le Louvre et le Centre Pompidou

Deuxième étape. Your instructor will now give you the name of a person, place, or thing from your own culture. Work with two classmates to describe it to a French speaker who may be unfamiliar with it, using some of the adjectives from the **Première étape** and others you know.

Écoutons!

La notion du temps libre chez les Français

> À la base de notre civilisation, il y a la liberté de chacun dans sa pensée, ses croyances, ses opinions, son travail, ses loisirs.*
>
> **—CHARLES DE GAULLE**
>
> *At the base of our civilization, there is freedom for each person in his/her thoughts, beliefs, opinions, work, and leisure activities.*

A. Avant d'écouter. Time may be a universal concept, but concepts such as work time, free time, and how we spend our leisure time are closely tied to our cultural background. How people choose to spend their time in France and in many Mediterranean countries can be quite different from North America and many northern European countries. Answer the following questions about how North Americans spend their time.

1. Combien d'heures par jour et par semaine est-ce qu'on travaille normalement en Amérique du Nord? Combien de temps est-ce qu'on passe normalement à table à midi? Combien de semaines de vacances par an est-ce qu'on a normalement?

2. Pensez-vous qu'on travaille beaucoup en Amérique du Nord? Est-ce qu'on a beaucoup de temps libre, ou pas assez (*not enough*)?

B. Écoutez. Now, listen as your instructor describes some typically French notions of time. Based on your understanding of the presentation, complete the following sentences with the words and expressions provided.

bricolage (*home repair projects*)	**jardinage**
cinq	**moins** (*less*)
deux	**plus** (*more*)
dimanche	**pont**
inviter	**trente-cinq et trente-neuf**

1. La durée (*length*) légale d'une semaine de travail en France est entre _____ heures.

2. On a _____ semaines de congés payés (*paid leave*).

3. Certains Français ont une pause de _____ heures pour déjeuner à midi.

4. En général, les magasins sont fermés le _____.

5. Quand le jeudi est un jour *férié* (un jour où on ne travaille pas), parfois on ne travaille pas le vendredi: on fait le _____.

6. La majorité des Français préfèrent gagner (*earn*) _____ d'argent pour avoir _____ de temps libre.

7. Les Français profitent de leur temps libre pour _____ des amis.

8. Le _____ et le _____ sont les passe-temps (*hobbies*) préférés des Français qui ont une maison (*house*).

C. Et vous? Answers the following questions.

1. Préférez-vous gagner plus d'argent et avoir moins de temps libre ou gagner moins d'argent et avoir plus de temps libre?

2. Imaginez que la semaine de travail est reduite (*reduced*) à 35 heures.* Que faites-vous des cinq heures de repos supplémentaires? Regardez-vous des films? Faites-vous du sport?

From 2000 until 2008, France in fact had a 35-hour work week.

Lisons!

Que font les Français pendant leur temps libre?

A. Avant de lire. Complete the following survey about what you do in your free time. Check all that apply. You'll use your responses later for a class discussion.

1. Je préfère passer mon temps libre à _____.
   - ☐ regarder la télé
   - ☐ écouter de la musique
   - ☐ surfer sur Internet
   - ☐ inviter des amis
   - ☐ écouter la radio
   - ☐ lire (*to read*) des livres
   Je fais ces activités _____ heures par jour.

2. Normalement, je regarde la télé _____.
   - ☐ une heure par jour
   - ☐ deux heures par jour
   - ☐ trois heures par jour
   - ☐ plus de trois heures par jour
   - ☐ autre _____.

3. Normalement, je lis (*read*) des livres _____.
   - ☐ une heure par jour
   - ☐ deux heures par jour
   - ☐ trois heures par jour
   - ☐ plus de trois heures par jour
   - ☐ autre _____.

4. Normalement, je surfe sur Internet _____.
   - ☐ une heure par jour
   - ☐ deux heures par jour
   - ☐ trois heures par jour
   - ☐ plus de trois heures par jour
   - ☐ autre _____.

5. Je télécharge _____.
   - ☐ de la musique
   - ☐ des vidéos/films
   - ☐ des livres
   - ☐ des jeux vidéo

6. Je télécharge légalement, c'est-à-dire, je paie _____ mes téléchargements.
   - ☐ toujours
   - ☐ parfois
   - ☐ rarement
   - ☐ jamais

B. Lisez. In this article from the market research company GfK, you will learn about some of the leisure-time habits of the French. As you read, compare what you learn about the French with your own leisure-time activities from the preceding survey.

Les Français et l'entertainment

Dans une étude[1] récente, l'institut d'études marketing GfK a posé[2] des questions à 2.000 Français sur leur usage de la musique, de la vidéo, du livre et des loisirs interactifs pendant leurs temps libre. L'étude montre qu'Internet est maintenant plus populaire que la télévision en tant que[3] média de loisirs.

Le top 6 du temps libre des Français est:

1. Regarder la télévision (3 h 07 minutes par jour)
2. Surfer sur Internet (2 h 17 minutes par jour)
3. Écouter la radio (1 h 20 minutes par jour)
4. Voir ses amis ou sa famille (59 minutes par jour)
5. Écouter de la musique (54 minutes par jour)
6. Lire des livres (38 minutes par jour)

En ce qui concerne[4] le téléchargement, 16% (pour cent) des Français téléchargent de la musique, 5 % de la vidéo, 4 % du livre et 4 % du jeu vidéo. Et 22 % des Français déclarent avoir téléchargé[5] au moins une fois[6] illégalement.

[1]study [2]a... asked [3]en... as a [4]En... As for [5]déclarent... declare that they have downloaded [6]au... at least once
Source: **http://www.afjv.com/press0812/081211_etude_loisirs_francais.htm**

C. Répondez. Answer the following questions according to the article.

1. Combien de Français ont participé à cette étude?
2. Combien d'heures par jour est-ce que les Français passent à regarder la télé?
3. Combien d'heures par jour est-ce que les Français passent à surfer sur Internet?
4. Combien d'heures par jour est-ce que les Français passent à écouter de la musique?
5. Quel est le pourcentage des Français qui déclarent avoir téléchargé illégalement au moins une fois?

D. À vous.

Première étape. Compare your responses to the survey you took in Activity A, page 89 with those of a classmate to see if the two of you have similar leisure time habits.

EXEMPLE: É1: Moi, je préfère écouter de la musique, mais je n'aime pas surfer sur Internet.
É2: Moi, je préfère jouer à des jeux vidéo, mais j'aime aussi écouter de la musique.

Deuxième étape. Share what you've learned with the class, telling which of the two of you is more similar to the French in terms of your leisure time preferences.

Écrivons!

Forum: Mes activités et loisirs

For this posting in the **Forum des étudiants,** you will describe what you like to do in your free time. Follow the model below.

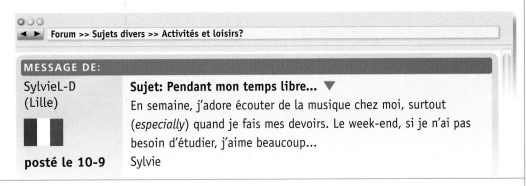

◀ ▶ **Forum >> Sujets divers >> Activités et loisirs?**	
MESSAGE DE:	
SylvieL-D (Lille)	**Sujet: Pendant mon temps libre...** ▼
	En semaine, j'adore écouter de la musique chez moi, surtout (*especially*) quand je fais mes devoirs. Le week-end, si je n'ai pas besoin d'étudier, j'aime beaucoup...
posté le 10-9	Sylvie

Parlons!

On fait la fête°

°*We're having a party!*

Première étape. In groups of four, imagine that you're planning a party together at the home of one of the members of the group. First, write the name of a group member at the top of each column in the chart on the next page then, working alone, place a checkmark next to the two activities that you would like to do (or wouldn't mind doing) and an X next to two activities you wouldn't like to do.

Est-ce que vous aimez faire les courses?

ACTIVITÉ	Nom:	Nom:	Nom:	Nom:
1. créer et envoyer les invitations par mél (*e-mail*)				
2. faire les courses				
3. faire la cuisine				
4. faire le ménage				
5. sélectionner la musique				
6. louer des films, des jeux vidéo				
7. faire la vaisselle après				

Deuxième étape. Tell the group which activities you've selected. If two or more people have selected the same thing, the group leader (the person hosting the party) will decide who does what. If no one has selected a particular activity, the group leader will assign it to someone. Can all of you come to a compromise?

EXEMPLE

É1 (TOM): Moi, je préfère créer et envoyer les invitations par mél.

É2 (SUE; LEADER): D'accord. Alors Tom, tu envoies les invitations et Brenda, tu fais les courses.

É3 (BRENDA): Mais non, je déteste faire les courses. Je préfère selectionner la musique.

Regardons!

Avant-première. With a classmate, discuss which of the following sports you associate with (1) France, (2) Canada (anglophone), (3) Québec, (4) États-Unis, or **partout** (*everywhere*)!

le baseball	le football américain	le hockey
le basket	le football	le tennis
le cricket	le golf	le volley

Les gens du village jouent au cricket dans le film La Grande Séduction

On tourne! Complete the summary of the scene by inserting the missing verbs (be sure to conjugate them) and sports. **Attention!** There are three extra words.

adorer   aimer   détester   écouter   jouer   préférer   regarder

Le docteur Lewis et ses amis du village _regardent_¹ un match de cricket à la télévision. Le docteur Lewis _adore_² le cricket, mais ses amis n' _aiment_³ pas ce sport. En fait (*In fact*), ils _détestent_⁴ ce sport! Ils _préfèrent_⁵ le hockey.

On boucle! Discuss the following question.

Que pensez-vous de la réaction des Québécois envers (*toward*) le docteur Lewis? Sont-ils gentils? hypocrites? méchants?

Film: *La grande séduction*

(Comédie; 2003; Canada; Réalisateur: Jean-François Pouliot; 108 min.)

SYNOPSIS: A company considers building a factory in the once thriving village of Ste. Marie-La-Mauderne, Quebec, but only on the condition that the town have a resident doctor. When a chance event brings a young Montreal doctor, Christopher Lewis, into the village, the residents put on an elaborate front to persuade him to remain in the village. This includes pretending to like **le cricket,** Dr. Lewis's favorite sport.

SCÈNE: (DVD, Scene 14, 01:15:45 to 00:19:10) In this scene, Dr. Lewis and some of the villagers are in a bar watching a cricket match.

Chantons!

Brigitte Bardot, born in Paris, in 1934, is a French singer and movie star. A world-famous screen legend and sex symbol of the 1950s and 1960s, she later founded the Brigitte Bardot Foundation, whose mission is to protect the rights of animals.

Listen to the song and see how many different -*er* verbs presented in this chapter you can hear. After you have listened to the song, complete the sentence about yourself: **Je _____, donc je suis.**

iMix Link: This song is available for purchase at the iTunes store in a special iMix created for *En avant!* For more information about accessing the playlist, go to the *En avant!* Online Learning Center, Coursewide Content (**www.mhhe.com/enavant1**).

Chanson: «Je danse, donc je suis»

(Brigitte Bardot, 1964 et 2003)

Vocabulaire

Questions et expressions

Questions and expressions

À quelle heure... ?	*At what time . . . ?*
à l'heure / en avance / en retard	*(be, arrive, show up) on time / early / late*
Excuse-moi / Excusez-moi,...	*Excuse me, . . .*
Pardon,...	*Pardon me (Excuse me), . . .*
Quelle heure est-il? / Il est quelle heure?	*What time is it?*
Tu as / Vous avez l'heure?	*Do you know what time it is?*
Il est midi/minuit	*It's noon/midnight*
Il est une heure	*It's one o'clock*
du matin	*in the morning*
de l'après-midi	*in the afternoon*
du soir	*in the evening*
et demi(e)	*half past (the hour)*
et quart	*quarter past, fifteen (past the hour)*
moins le quart	*quarter to (the hour)*
Il est tôt/tard	*It's early/late*
en semaine / le week-end	*during the week / on weekends*
Qu'est-ce que tu aimes / vous aimez faire?	*What do you like to do?*
Quel temps fait-il?	*What is the weather like?*
Il fait beau/mauvais	*It's nice/bad weather*
Il fait chaud/doux/frais/froid	*It's hot/warm/cool/cold*
J'aime (danser)	*I like (to dance)*
Je n'aime pas	*I don't like*
J' aime mieux	*I prefer*
J'adore (danser)	*I love (to dance)*
Je déteste (danser)	*I hate (to dance)*
Je préfère (danser)	*I prefer (to dance)*

Verbes en –er

-er Verbs

acheter	*to buy*
arriver	*to arrive*
chercher	*to look for*
commencer	*to begin*
danser (en boîte)	*to dance (at a nightclub)*
déjeuner	*to have lunch*
dîner	*to dine, have dinner*
écouter (de la musique)	*to listen to (music)*
effacer	*to erase*
envoyer (des textos)	*to send (text messages)*
habiter (à Paris)	*to live, reside (in Paris)*
jouer (au tennis / de la batterie)	*to play (tennis / the drums)*

louer	*to rent*
manger	*to eat*
nager	*to swim*
préparer (un examen)	*to prepare / study for (an exam)*
regarder	*to look at, to watch*
rentrer	*to return home*
rester (à la maison)	*to stay, remain (at home)*
surfer (sur Internet)	*to surf (the web)*
télécharger	*to download*
travailler	*to work*
trouver	*to find*
visiter (un musée)	*to visit (a museum)*
voyager	*to travel*

Expressions avec *faire*

faire	*to make, to do*
du cheval	*to go horseback riding*
des courses (f.)	*to run errands*
les courses	*to go grocery shopping*
la cuisine	*to cook, do the cooking*
les devoirs (m.)	*to do one's homework*
du jardinage	*to garden*
la lessive	*to do the laundry*
le ménage	*to do housework*
de la natation	*to go swimming*
du patin	*to go (ice-)skating*
une promenade	*to take a walk*
une randonnée	*to go hiking*
du ski	*to go skiing*
du vélo	*to take a bike ride*
la vaisselle	*to do the dishes*

Mots interrogatifs

Question words

combien de	*how many / how much*
comment	*how*
où	*where*
pourquoi	*why*
quand	*when*

Adverbes de fréquence

Adverbs of frequency

parfois	*sometimes*
rarement	*rarely*
souvent	*often*
toujours	*always*

CHAPITRE 4

En famille

Jeune mère cousant (1900), Mary Cassatt

Rappel

In this chapter, you will review:

- how to introduce yourself, greet others, and find out their age and what they like to do
- how to specify which people, places, and things you're referring to using articles
- how to talk about daily activities using regular and irregular verbs

Bilan

In this chapter, you will learn:

- to ask what someone does for a living
- family member terms
- to express ownership and possession with possessive articles
- to express movement to/from a location using **aller** and **(re)venir**
- to say where you are going to or coming from using prepositions with geographical locations
- how to situate an event in the past and future
- about cultural notions of family life

 DVD
 Chantons!
 www.mhhe.com/enavant1
 CENTRO
Your music center for languages
www.mhcentro.com
 Film
Web Audio

Qui est-ce?

Qu'est-ce que tu fais / vous faites dans la vie?

Meeting people and finding out what they do for a living

- In previous chapters, you learned how to greet people, say good-bye, and ask and answer the following questions: **Tu t'appelles comment? / Comment vous appelez-vous?; Comment ça va? / Comment vas-tu? / Comment allez-vous?; Tu as quel âge? / Quel âge avez-vous?; Tu es d'où? / D'où êtes-vous?; Quelle est ta/votre nationalité?**

- Another question that you might want to ask someone is what he/she does for a living:

    —**Qu'est-ce que tu fais / vous faites dans la vie** (*for a living*)?

    —**Je suis infirmière** (*nurse*).

- Sometimes people just say what field they are in:

    —**Qu'est-ce que tu fais / vous faites dans la vie?**

    —**Je travaille dans l'informatique** (*computers*) / **dans le marketing.**

En français

Names of professions are considered to be nouns, but they can also be thought of as adjectives that describe people. For this reason, there are two ways in French to say what someone's job/profession is:

Il est journaliste. / Elle est journaliste. *He/She is a journalist.*
(*profession functioning like an adjective*)

C'est un(e) journaliste. *He/She is a journalist.*
(*profession as noun*)

A. À l'écran. Watch and listen as the following people introduce themselves, then complete the chart with the missing information. In the names column, you need to write only their first name. In addition to the information you have heard before, each person will also say what he/she does for a living. Fill in the appropriate profession for each one of them: **directeur de marketing, enseignant** (*instructor*), **étudiant, étudiante, psychologue, violoniste.**

	Nom:	Âge	Ville/Pays d'origine	Profession
1.	Élisabeth	20 21	dans le sud-ouest de la France, pas très loin de Bordeaux / France	student
2.	Marc-Antoine Tanguy	38	Montreal	french teacher
3.	Ching-yung Tu	32 ans	Taiwan	musician
4.	Antoin	32	Le Mans	psychologue
5.	Nicolas Chane Pao Kan	22 ans	île de La Réunion	student in montreal
6.	Jean Jaq	29	french	directeur de marketing

DVD

B. À l'écran. Now, watch and listen as the following people answer the question: **Qu'est-ce que tu fais / vous faites dans la vie?** Match each person to his/her profession, field, or place of business. **Attention!** One person has two professions.

1. Keysha _e, i_

2. Xavier _h_

3. Anne-Claire _g_

4. Raphaël _f_

5. Nicolas _c_

6. Sélim _d_

7. Lahcen _b_

8. Mounira _a_

9. Cécile _j_

a. comptable (*accountant*)
b. infirmier
c. dans l'informatique
d. dans une banque américaine à Paris
e. étudiante

f. médecin (*doctor*)
g. pharmacienne
h. journaliste
i. mannequin (*model*)
j. coordinatrice de projets

Chez les francophones

L'évolution des langues

Language evolves constantly, often because of societal changes. For example, many women now hold jobs that only men held in the past. As a result, new feminine forms for names of professions have appeared in the French language, especially in Quebec. In France, however, some professions often still retain only the masculine form, even when used to refer to a woman, though increasingly these masculine nouns get prefaced by **une femme.** Here are some examples:

Professions	En France	Au Québec
engineer	**une femme ingénieur**	**une ingénieure**
orchestra conductor	**une femme chef d'orchestre**	**une chef d'orchestre**
writer	**une femme écrivain**	**une écrivaine**

C. Et vous? Work in groups of three. Fill in the following chart with your personal information, then ask your classmates questions and fill in their information. Find out what your classmates' parents do for a living. Follow the model.

EXEMPLE: É1: Qu'est-ce que ta/votre mère fait dans la vie?
　　　　　　É2: Elle est comptable.
　　　　　　É1: Qu'est-ce que ton/votre père fait dans la vie?
　　　　　　É2: Il est journaliste.

	Nom	Âge	Ville/Pays d'origine	Profession	Professions des parents
1. moi	Diane	20	Ithaca	étudiante	comptable directeur
2.	Nancy	20	Chicago	Étudiante	mère au foyer
3.					

En français

Professions

Mon père / Ma mère est... artiste / comptable / dentiste / journaliste.

Il est...	Elle est...
assistant	assistante
coiffeur	coiffeuse
directeur de marketing	directrice de marketing
écrivain*	femme écrivain
facteur (*postal worker*)	factrice
homme d'affaires (*businessman*)	femme d'affaires
infirmier	infirmière
informaticien	informaticienne
ingénieur*	femme ingénieur
médecin*	femme médecin
musicien	musicienne
ouvrier (*factory worker*)	ouvrière
père au foyer (*stay-at-home dad*)	mère au foyer (*stay-at-home mom*)
policier	policière
serveur	serveuse

*If the context is ambiguous, one clarifies by using the feminine forms **femme écrivain, femme ingénieur,** and **femme médecin.**

Et pendant ton/ votre temps libre?

Finding out what people like to do in their free time

- Here are two ways to ask people what they do in their free time:

  Qu'est-ce que tu fais / vous faites pendant ton/votre temps libre?

  Qu'est-ce que tu fais / vous faites pendant tes/vos loisirs
  (*for leisure activities*)**?**

  Je fais du vélo et je vais souvent au cinéma.

- Note that questions with the verb **faire** can be answered using other verbs too!

DVD

A. À l'écran!

Première étape. Watch and listen as the following people take turns describing what they like to do in their free time. As each person speaks, put a check mark next to the one activity he/she *does not* mention. **Attention!** One person likes all four activities.

1. Élisabeth

J'aime bien...

a. _____ faire un petit peu de sport.

b. _____ voyager.

c. _____ aller au restaurant.

d. _____ travailler.

2. Ching-yun Tu

J'aime...

a. _____ faire du sport.

b. _____ écouter de la musique.

c. _____ lire.

d. _____ aller au cinéma.

3. Denis

J'aime...

a. _____ aller à la gym.

b. _____ faire du vélo.

c. _____ lire.

d. _____ cuisiner.

J'aime…
a. _____ aller dans les musées.
b. _____ voyager.
c. _____ lire.
d. _____ aller au cinéma.

4. Dominique

J'aime…
a. _____ aller à la gym.
b. _____ faire du sport.
c. _____ voir des amis.
d. _____ aller au restaurant.

5. Mounira

Deuxième étape. Based on their interests, how would you describe Ching-yun Tu, Denis, Dominique, Élisabeth, and Mounira: **cultivé(e)? intellectuel(le)? sportif/sportive? dynamique?** etc. Who are you most like?

EXEMPLE: —Moi, je suis sportif/sportive comme Mounira. J'aime faire du vélo et aller à la gym.

B. Qu'est-ce que tu fais pendant tes loisirs?

Première étape. Work with someone in class whom you don't know well. Put a star by three activities listed in Activity A that you think your classmate enjoys doing in his/her leisure time. Then find out which ones your classmate really likes to do by taking turns asking **Qu'est-ce que tu fais pendant tes loisirs?** How many of the three did you guess correctly?

Deuxième étape. Now report to the class which activities you both like to do and those that neither of you likes to do in your leisure time.

EXEMPLE: —Nous aimons bien...
—Nous n'aimons pas...

Une jeune femme fait du vélo en Provence

En famille Family members and pets

Read each of these statements about Léa's family tree, then answer the questions that follow.

- **Le père** de Léa s'appelle Bachir; Marie est **la mère** de Léa.
- Léa est **fille unique**: Elle n'a pas de **sœur**; elle n'a pas de **frère**.
- **La tante** de Léa s'appelle Aurélie. Elle est célibataire (elle n'a pas de **mari**).
- Grégoire est **l'oncle** de Léa; **la femme** de Grégoire s'appelle Miriam.
- Grégoire et Miriam ont deux **enfants: un fils,** Édouard, et une fille, Lucie.
- **La grand-mère** de Léa s'appelle Françoise; Richard est **le grand-père** de Léa.
- Léa a **un poisson rouge**, Sam, et **un chat**, Roxy.
- Édouard (**le cousin** de Léa) et Lucie (**la cousine** de Léa) ont **un chien**, Prince, et **un hamster**, Dutch.

L'arbre généalogique

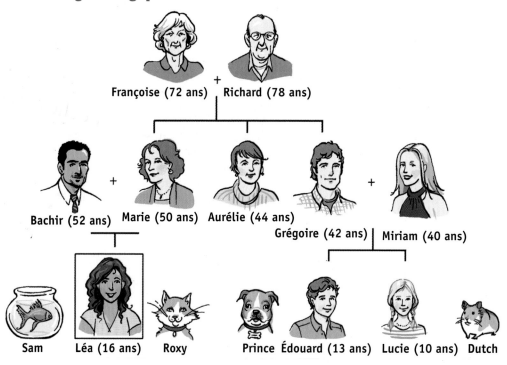

Françoise (72 ans) + Richard (78 ans)

Bachir (52 ans) + Marie (50 ans) Aurélie (44 ans) Grégoire (42 ans) + Miriam (40 ans)

Sam Léa (16 ans) Roxy Prince Édouard (13 ans) Lucie (10 ans) Dutch

Answer the following questions.

1. Qui sont **les parents** de Léa?
2. Quel âge a la mère de Léa? et le père de Léa?
3. Comment s'appellent les enfants de Grégoire et Miriam?
4. Qui sont les deux **nièces** d'Aurélie?
5. Quel âge a **le neveu** d'Aurélie?
6. Qui sont **les grands-parents** de Léa?
7. Il y a combien de **petits-enfants** dans la famille?
8. Qui est **le petit-fils** de Françoise e t Richard?
9. Comment s'appellent **les deux petites-filles** de Françoise et Richard?
10. Combien d'**animaux domestiques** y a-t-il dans la famille?

Now complete the following sentences with the appropriate family relationships from Léa's point of view.

1. Le frère de ma mère est mon _____; il s'appelle _____.

2. Le père de ma mère est mon _____; il s'appelle _____.

3. La sœur de ma mère est ma _____; elle s'appelle _____.

4. La fille de mon oncle et de ma tante est ma _____; elle s'appelle _____.

Chez les Français

Les Français et leurs chiens

France is the country with the most pets per capita. Though dogs are no longer allowed in supermarkets, they are still welcome inside many bars and restaurants, and may be offered a bowl of water before their master can even order food!

A number of world-famous dog breeds originated or were "standardized" in France and continue to carry French names: **le bichon frisé** (so named for his curly coat), **le basset** (from the adjective **bas** "low [to the ground]") and **le terrier,** a term also used for holes dug in the ground (**la terre**) by animals for shelter. No discussion of French dog breeds would be complete without mentioning the stereotypical French poodle (**le caniche**) and **le bouledogue,** a name borrowed from English. (Say the name aloud and you'll know which dog breed this is!)

The world's oldest pet cemetery, **le Cimetière des Chiens,** opened in 1899 just outside of Paris in Asnières-sur-Seine (though more out of public health concerns than a love of pets!).

Un couple et leur chien au café

Sur Internet To visit **le Cimetière des Chiens,** go to the *En avant!* Online Learning Center (**www. mhhe. com/enavant1**).

A. Les membres de la famille. With a classmate, give the names of all the possible people in Léa's family tree who could make the following statements. Compare your list to another group's; are they the same?

1. J'ai un petit-fils.
2. J'ai une sœur.
3. Je suis fille unique.
4. Ma mère s'appelle Miriam.
5. Mon frère a 42 ans.
6. Ma nièce s'appelle Léa.
7. J'ai une femme.
8. Je n'ai pas d'enfant.

B. Qui est qui? Working in pairs, come up with two ways to identify each person in Léa's family tree.

EXEMPLE: Bachir
    É1: Bachir est le père de Léa.
    É1: C'est aussi le mari de Marie.

1. Édouard
2. Françoise
3. Miriam
4. Lucie
5. Richard
6. Marie
7. Aurélie
8. Grégoire

C. L'identité secrète. Secretly assume the identity of one of the people in Lea's family tree. Your classmate will ask questions about your family to figure out who you are.

EXEMPLE: É1: Qui est Françoise?
    É2: C'est ma grand-mère.
    É1: Qui est Édouard?
    É2: C'est mon frère.
    É1: Tu es Lucie?
    É2: Oui!

En français

To tell the age of family members 70 years and older, you'll need to know how the numbers 70 and above are formed in French. Here are a few examples:

70	soixante-dix	81	quatre-vingt-un	100	cent
71	soixante et onze	82	quatre-vingt-deux	200	deux cents
72	soixante-douze	90	quatre-vingt-dix	201	deux cent un
80	quatre-vingts	91	quatre-vingt-onze	1.000	mille
		92	quatre-vingt-douze	2.000	deux mille

To tell the year in which someone was born, say **Il/Elle est né(e) en** + the year. Here are some examples of how to say the year:

1970   **dix-neuf cent soixante-dix**
       or **mille neuf cent soixante-dix**
2002   **deux mille deux**

D. Qui est-ce? Take turns with a classmate reading aloud the following statements. Refer to the chart of Léa's family and identify who the person is, his/her relationship to Léa, and the year that each person was born using **Il/Elle est né(e) en... .**

EXEMPLE: Il a 52 ans.
    —C'est Bachir, le père de Léa. Il est né en...

1. Il a 78 ans.
2. Elle a 72 ans.
3. Il a 42 ans.
4. Elle a 40 ans.
5. Il a 13 ans.
6. Elle a 10 ans.

E. Des familles à la télé. Work with two other classmates. Together, select a family depicted in a popular American television series. How would you describe the family to a French speaker who may be unfamiliar with the series?

EXEMPLE: les Simpson
—Il y a un père, Homer, et une mère, Marge. Homer travaille dans une centrale nucléaire et Marge est mère au foyer. Ils ont trois enfants: un fils, Bart, et deux filles, Lisa et Maggie. Il y a aussi un grand-père; il s'appelle Abe.

En français

Here are some additional family terms that may be useful to you in completing Activity E:

un demi-frère / une demi-sœur	*a half-brother / half-sister*
un beau-père / une belle-mère	*a stepfather / stepmother (also: father-in-law, mother-in-law)*
un beau-fils / une belle-fille	*a stepson / stepdaughter (also: son-in-law / daughter-in-law)*
un frère / une sœur aîné(e)	*an elder (older) brother/sister*
un frère / une sœur cadet(te)	*a younger brother/sister*
être célibataire	*to be unmarried, single*
décédé(e)	*deceased*
divorcé(e)	*divorced*
fiancé(e)	*engaged*
marié(e)	*married*
pacsé(e)	*in a civil union*

F. Un arbre généalogique.

Première étape. Draw a family tree of your family that is similar in style to Léa's family tree on page 102. Label each person in the tree with a family member term (**mère**, for example), first name, age, and profession, where applicable.

Deuxième étape. Give your family tree to a classmate; he/she will examine the tree, ask questions about it if anything is unclear, and prepare to tell the rest of the class one or two interesting facts about your family.

EXEMPLES: —Le père de Susan s'appelle Greg. Il a seulement 38 ans!
—La mère de Bill a cinq sœurs. Bill a cinq tantes and trois oncles!
—Les parents de John sont professeurs à la fac.

Chez les Français

Les noms de famille
Here are the ten most common last names (**noms de famille**) in France (half of them are also used as first names for males!):

1. Martin 6. Richard
2. Bernard 7. Petit
3. Dubois 8. Durand
4. Thomas 9. Leroy
5. Robert 10. Moreau

When referring to a family by its last name, **les** is used before the name but an **s** is not added to the name itself; for example, **les Martin** (*the Martins*).

Prononcez bien!
To learn about the spelling and pronunciation of the mid-vowels [o] as in **vélo** et [ɔ] as in **sport**, and to practice the pronunciation of words from this **Vocabulaire interactif** section, see the **Prononcez bien!** section of the *Workbook / Laboratory Manual.*

Grammaire interactive

- To review the singular indefinite articles **un/une** and noun gender, see Chapitre 1, Grammaire interactive 1.1. To review the plural indefinite article **des** and noun number, see Chapitre 1, Grammaire interactive 1.2.
- Answers to this activity are in Appendice 2 at the back of the book.

Rappel Noun gender and number

Le Petit Bac (*Scattergories*®). For each of the following categories, come up with a noun that starts with the letter indicated at the top of each column. Be sure to use the appropriate indefinite article (**un, une, des**), depending on the gender and number of the noun.

	M	F	C
Dans la salle de classe:	*un mur*		
Personnes (nationalité):	*un(e) Mexicain(e)*		
Profession:	*un médecin*		
Membre de la famille:	*une mère*		

Now compare your responses with another group's, and cross out any noun *both* groups have in common. Which group has the greatest number of unique responses?

4.1 C'est ma famille   Possessive articles

1 Possessive articles (also called possessive *adjectives*) are used to indicate to whom something belongs. Like the indefinite articles you just used in the **Rappel** section, they agree in gender and number with the noun that follows them. This means that they agree with the thing that is owned/possessed—*not* with the person who owns/possesses them.

C'est **mon** livre / **ma** voiture.	*That's my book / my car.*
C'est **son** livre.	*That's his or her book.*
C'est **sa** voiture.	*That's his or her car.*
J'aime bien **mes** cours.	*I like my classes.*
Il/Elle aime bien **ses** cours.	*He/She likes his or her classes.*

2 As with the articles **des** and **les**, liaison occurs between plural possessive articles and nouns that begin with a vowel or **h: mes oncles.**

You should now be able to fill in the missing possessive articles in the following chart, using those already provided as clues.

MASCULIN	FÉMININ	PLURIEL
mon père	_____ mère	_____ parents
_____ grand-père	**ta** grand-mère	_____ grands-parents
son cousin	_____ cousine	**ses** cousin(e)s
notre (*our*) oncle/tante		**nos** oncles/tantes
votre (*your*) frère/sœur		_____ frères/sœurs
leur (*their*) ami(e)		**leurs** ami(e)s

3 When a singular noun begins with a vowel or **h**, the forms **mon, ton,** and **son** are used with both masculine and feminine nouns for ease of pronunciation, and liaison occurs:

○ Answers to this activity are in Appendice 2 at the back of the book.

mon ordinateur (*m.*), mon affiche (*f.*)
    [n]   [n]
ton appartement (*m.*), ton université (*f.*)

son hôte (*host*) (*m.*), son hôtesse (*f.*)

As you learned in **Grammaire interactive 3.4,** there are a number of adjectives that are placed before the noun in French. When such an adjective begins with a vowel (like **autre**), **mon, ton,** and **son** continue to be used with both masculine and feminine nouns for ease of pronunciation. However, when an adjective begins with a consonant (like **nouveau/nouvelle**), the usual masculine and feminine forms of the possessive article (**mon/ma, ton/ta,** and **son/sa**) are used. Compare:

C'est **mon** amie Béatrice.   *That's my friend Beatrice.*

C'est **mon autre** amie, Chloé.   *That's my other friend, Chloe.*

but: C'est **ma** nouvelle amie Anna.   *That's my new friend, Anna.*

Mise en pratique. Complete each question in the chart with the appropriate form of the possessive article **ton/ta/tes.** In which question would the form **ton** (with **liaison**) be used? _____

1. C'est ____*ta*____ première année ici?

2. Tu aimes tous ____*tes*____ cours ce semestre/trimestre?

3. Le français est ____*ton*____ cours préféré?

4. Quelle est ____*ton*____ impression du campus?

5. Tu habites avec ____*tes*____ amis?

6. Tu téléphones souvent à ____*tes*____ parents?

○ Answers to this activity are in Appendice 2 at the back of the book.

A. Écoutez bien! Your instructor will make statements about Édouard and Lucie's family members. Check off which person your instructor is most likely talking about.

1. ☐ son frère	☒ sa mère	☐ ses parents
2. ☒ son grand-père	☐ sa sœur	☐ ses oncles
3. ☐ son père	☐ sa grand-mère	☒ ses tantes
4. ☐ son oncle	☒ sa cousine	☐ ses grands-parents
5. ☐ leur poisson	☐ leur chat	☒ leur chien
6. ☐ leur grand-mère	☐ leur grand-père	☒ leurs grands-parents
7. ☒ leur demi-sœur	☐ leur hamster	☐ leurs cousins
8. ☐ leur mère	☒ leur père	☐ leurs parents

Une famille sénégalaise

Chez les francophones

La famille en Afrique de l'Ouest

In French-speaking West African countries such as Senegal, Cameroon, and Benin, **ma famille** refers to many more members than the nuclear family in Western Europe and North America. In Senegal, for example, the traditional model is the "extended family," comprising parents, children, cousins, grandparents, uncles and aunts, all of whom typically live in the same village or even in the same family "compound" (buildings set around a common courtyard). Individualism is not a traditional value there, and one is first and foremost a member of the family. Yet things are changing there, too: Modernization and urbanization are playing a significant role in the transformation of the traditional family. Young West Africans seeking a modern education and wages will often have to relocate on their own to a major urban center within their country—or even study and work abroad—and send back home whatever extra money they have in order to help support the extended family.

B. Le plus loin (*The farthest away*). Tell a classmate in which cities various members of your extended family live (for example, **Mes grands-parents habitent à / près de Detroit**). Your classmate will figure out which of your family members lives the farthest away and then tell the class (e.g., **Son oncle Jim habite le plus loin, à Miami**).

C. Comment sont-ils? Working in pairs, take turns describing the people and things associated with the people listed here. If someone doesn't have an item listed, make the sentence negative. Use the adjectives provided or come up with your own. Remember that both the possessive article and the adjective agree with the noun in gender and number.

amusant	difficile	facile	long	noir	vert
beau	extravagant	généreux	mignon	sérieux	vieux
bon	fabuleux	intéressant	moderne	sympa	

EXEMPLE: Aurélie (sœur) → Sa sœur est mignonne.

1. moi (amis, famille, vie)
2. ma famille et moi (maison/appartement, voisins, vacances [*f. pl.*])
3. ma meilleure amie (sœur, ordinateur, vélo, sac à dos)
4. mon meilleur ami (chien, cours de maths, voiture)
5. les étudiants (devoirs, cours de français, profs)

D. Qui est-ce?

Première étape. Working in pairs, briefly describe two of the following family members, without stating their relationship to you: **père, mère, sœur (aînée/cadette), frère (aîné/cadet), cousin(e).** Include any or all of the following in your descriptions: name, age, eye/hair color, personality, occupation, studies, and what they do or do not do as daily activities. Your classmate will then try to identify the person you're talking about, asking **C'est ton/ta/tes… ?**

Deuxième étape. Of the two people you described in the **Première étape,** or a third person in your family, tell your classmate whom you resemble most in appearance, using the verb **ressembler à.**

EXEMPLE: —**Je ressemble** (beaucoup, un peu) **à** ma sœur aînée: nous sommes petit(e)s et nous avons les cheveux châtains et les yeux verts.

Rappel

The verbs **être, avoir,** and **faire**

La famille de Laura. Complete Laura's description of herself and her family using the appropriate forms of the verbs **être, avoir,** and **faire.**

Dans ma famille, nous sommes quatre:

1. Moi, je _____*suis*____[1] étudiante. En semaine, j'_____*ai*____[2] besoin d'étudier, mais le week-end, je _____*fais*____[3] du vélo.

2. Mon frère _____*a*____[4] 10 ans et il _____*est*____[5] très mignon. Il _____*fait*____[6] souvent du sport avec ses amis (mais pas souvent ses devoirs!).

3. Mes parents _____*sont*____[7] avocats. Ils n'_____*ont*____[8] pas beaucoup de temps libre en semaine, mais ils _____*font*____[9] du yoga ensemble de temps en temps.

○ To review the verb **être** and subject pronouns, see Chapitre 1, Grammaire interactive 1.3. To review the verb **avoir,** see Chapitre 2, Grammaire interactive 2.1. To review the verb **faire,** see Chapitre 3, Grammaire interactive 3.2.

○ Answers to this activity are in Appendice 2 at the back of the book.

4.2 Il va au cinéma; elle revient du parc. The verbs **aller** and **(re)venir**

aller à → to go to

1 Like the verbs you used in the **Rappel** section, the verb **aller** (*to go*) is both frequently used and irregular in its conjugation.

aller (*to go*)	
je **vais**	nous **allons**
tu **vas**	vous **allez**
il/elle/on **va**	ils/elles **vont**

2 The verb **aller** is often used with the preposition à to indicate movement to/toward a location.

Ils vont à des concerts en été.	*They go to concerts in the summer.*
Tu vas à une fête ce soir?	*Are you going to a party tonight?*

When using the preposition à with the definite article (**le, la, l', les**), contraction occurs with masculine **le** and plural **les**, as you saw in **Chapitre 3**.

Tu vas souvent...	**au (à + le)** cinéma?
	à la banque?
	à l'hôpital?
	aux (à + les) fêtes organisées par l'université?

3 The opposite of the verb **aller** is the verb **venir** (*to come*), which is also irregular in its conjugation. You have already seen this verb, which people use to say what city or country they come from in the phrase **je viens de Paris**.

venir (*to come*)	
je **viens**	nous **venons**
tu **viens**	vous **venez**
il/elle/on **vient**	ils/elles **viennent**

4 The preposition **de (d')** can be used with **venir, revenir** (*to come back*), and **rentrer** to express movement from a location.

Il vient **de** Paris pour notre fête.	*He's coming from Paris for our party.*
Ils reviennent **d'**un concert.	*They're coming back from a concert.*
Vous rentrez **de** votre travail?	*Are you coming home from work?*

Note that the verb **rentrer (de)** means *to go home /to come home (from)*.

When using the preposition **de** with the definite article (**le, la, l', les**), contraction occurs with masculine **le** and plural **les**, as you saw in **Chapitre 3**.

Tu reviens...	**du (de + le)** cinéma?
	de la banque?
	de l'hôpital?
	des (de + les) cours?

Mise en pratique. Complete each question-answer pair with the correct form of **aller à** (in the question) and **revenir de** (in the response).

1. —Tu ___vas___ parc?

   —Non, je ___reviens___ parc!

2. —Vous ___allez___ banque?

   —Non, nous ___venons___ banque!

3. —Elle ___va___ hôtel?

   —Non, elle ___revient___ hôtel!

4. —Ils ___vont___ championnats?

   —Non, ils ___reviennent___ championnats!

○ Answers to this activity are in Appendice 2 at the back of the book.

A. Écoutez bien! Listen as your instructor reads a variety of statements about people going somewhere (**aller**) or returning home (**rentrer**). Decide whether each statement is logical or illogical.

	logique	illogique			logique	illogique
1.	☒	☐		4.	☒	☐
2.	☐	☒		5.	☒	☐
3.	☒	☐		6.	☐	☒

Les hommes d'affaires à Paris:
Où vont-ils?

B. Ils reviennent d'où? Based on the illustrations of Léa's family members, say where each person is likely coming from, using the locations in the list. **Attention!** Not all the locations will be used.

l'aéroport	le cinéma	la bibliothèque	la poste
la banque	le gymnase	le parc	le restaurant
la boulangerie	l'hôpital	la plage (*beach*)	

EXEMPLE:

Bachir
—Son père revient de la banque.

1. Marie 2. Édouard et Lucie 3. Richard 4. Françoise

5. Françoise et Marie 6. Miriam 7. Édouard, Lucie et Léa

C. Ils vont où?

Première étape. An American couple, the Petersons, are spending the year in France. With a classmate, study the map and information provided about popular festivals in France (page 113). Then say which one(s) the Petersons are likely going to together (**Ils vont...**), which one(s) they're likely going to alone (**Il/Elle va...**), and when.

Le tour de France des événements

Lyon—le Bocuse d'Or (janvier), une compétition culinaire

Le Mans—les 24 heures du Mans (juin), une course automobile

Nice—le Festival de Jazz (juillet)

Lille—la Grande Braderie (septembre), un énorme marché aux puces (*flea market*)

Paris—le tournoi de Roland-Garros (mai), un tournoi de tennis (*The French Open*)

Strasbourg—l'Ososphère (octobre), un festival d'arts numériques (*digital*)

St-Jean-Cap-Ferrat—les Azuriales (août), un festival d'opéra

Rokia Traoré, chanteuse malienne au Festival de Jazz à Nice

Deuxième étape. Imagine that you are also spending the year in France. Describe the events you decide to attend and why you've chosen them.

EXEMPLE: —Je vais au Festival de Jazz à Nice en juillet. J'aime beaucoup aller à des concerts et j'adore le jazz!

En français

In **Chapitre 2,** you learned that the pronoun **on** can be used to refer to a nonspecific group of people. In informal, spoken French, **on** is also frequently used in place of the pronoun **nous,** when talking about oneself as part of a group of people, such as one's family.

Nous allons souvent à la plage.

On va souvent à la plage.
} *We often go to the beach.*

This use of the pronoun **on** is found in the frequently used expression **On y va!** (*Let's go [there]!*).

D. Sorties en famille (*Family outings*). Describe for a classmate how often you and your family go out together, where you go, and why, using both **on** and **nous** in alternation. Your classmate should respond by reiterating what you do and then explaining what his/her family does. Based on what each of you says, who is the more family-minded (**avoir l'esprit de famille**)?

EXEMPLE: É1: Dans ma famille, on va souvent au cinéma ensemble; on aime beaucoup les films! Quelquefois, on va au restaurant après.

É2: Vous allez au restaurant et au cinéma ensemble? Nous n'allons jamais au restaurant ensemble, mais parfois nous allons au cinéma.

E. Êtes-vous occupé(e) le lundi? Describe for a classmate what a typical Monday is like for you: where you go, at what time, what courses you have, what you do in between, what time you return home, etc. Use the ideas in the list to build your description. Of the two of you, who is the busiest on Mondays (**le/la plus occupé[e]**)?

1. arriver à la fac le matin
2. aller en cours
3. avoir un cours de...
4. faire de la gym
5. faire les devoirs
6. revenir de la fac
7. travailler en ville
8. aller chez un(e) ami(e)
9. rentrer le soir

○ To review the forms and use of definite articles, see Grammaire interactive 1.4.

(handwritten margin notes)

Aller	villes	pays m
	à	au/aux
Venir	de	du/des

Pays F
en
d'/de

○ Answers to this activity are in Appendice 2 at the back of your book.

Rappel The form and use of definite articles

Le tour du monde. Fill in the blanks with the appropriate form of the definite article **le, la, l',** or **les** for the countries/provinces listed in the first column, what the citizens of the country are called (using **les**), and at least one language you might study before visiting (using **le** or **l'**).

Pays	Peuple	Langue
_l'_ Allemagne	les Allemands	l'allemand
_le_ Québec	les québécois	le français
les États-Unis	les américains	l'anglais
_le_ Japon	les japonaises	le japonais
_la_ Chine	les chinois	le chinois
_l'_ Égypte	les égyptians	l'arabe
_le_ Brésil	les brésilians	le port

4.3 Vous allez en France? Articles and prepositions with geographical locations

1 With the exception of cities, geographical locations—such as the ones you saw in the **Rappel** section—are accompanied by a definite article, and each has a gender and number.

La France est un beau pays.　　　　*France is a beautiful country.*

Le Québec est une province canadienne.　　*Quebec is a Canadian province.*

Les États-Unis sont en Amérique du Nord.　　*The United States is in North America.*

2 After verbs like **aller** and **venir,** a preposition is required before geographical locations. The choice of preposition depends on whether you are talking about a city, country, or continent and whether that location is masculine or feminine, singular or plural. The simplest case is cities, which simply use the prepositions **à** (to express *in/to*) and **de** (**d'**) (to express *from*).

villes	
On va...	**à** Paris, **à** Montréal
On vient...	**de** Paris, **de** Montréal

3 Masculine countries use **au** and **du** (or **aux** and **des** for the United States and the Netherlands, because they are plural), whereas feminine countries and the seven continents use **en** and **de** (**d'**).

	PAYS MASCULINS	PAYS OU CONTINENTS FÉMININS
On va...	**au** Mexique, **au** Brésil, **au** Japon, **aux** États-Unis (*m. pl.*), **aux** Pays-Bas (*m. pl.*)	**en** Allemagne, **en** Chine, **en** Égypte, **en** France, **en** Italie **en** Afrique, **en** Asie
On (re)vient...	**du** Mexique, **du** Brésil, **du** Japon, **des** États-Unis, **des** Pays-Bas	**d'**Allemagne, **de** Chine, **d'**Égypte, **de** France, **d'**Italie **d'**Afrique, **d'**Asie

Mise en pratique. Complete each question with the appropriate prepositions.

1. Qui va... _à_ Berlin / _en_ Allemagne / _en_ Europe?
2. Tu vas... _à_ Tokyo / _au_ Japon / _en_ Asie?
3. Vous allez... _à_ Los Angeles / _aux_ États-Unis / _en_ Amérique du Nord?
4. Qui vient... _de_ Dakar / _du_ Sénégal / _d'_ Afrique?
5. Tu viens... _de_ Sydney / _d'_ Australie?
6. Vous venez... _de_ Bogata / _de_ Colombie / _d'_ Amérique du Sud?

○ To learn more about prepositions with geographical locations, see Par la suite at the back of your book.

○ Answers to this activity are in Appendice 2 at the back of the book.

A. Écoutez bien! Your instructor will describe students of various nationalities and what they study. Decide whether each student is going abroad to study or has come from abroad to study at your school.

1. ☐ Elle va à Toulouse.   ☒ Elle vient de Toulouse.
2. ☒ Il va à Moscou.   ☐ Il vient de Moscou.
3. ☒ Elle va en Italie.   ☐ Elle vient d'Italie.
4. ☐ Il va en Égypte.   ☒ Il vient d'Égypte.
5. ☐ Elle va au Japon   ☒ Elle vient du Japon.
6. ☒ Il va au Mexique.   ☐ Il vient du Mexique.

① à   en   en
② à   au   en
③ à   du   d'
④ à   d'   d'

B. Où vont-ils? Jean-Michel and Sara are a young French couple who love traveling the world. Working in pairs, take turns saying which city they are going to and in what country it is located. Can you get all nine correct?

EXEMPLE: Frankfort
—Ils vont à Frankfort, en Allemagne.

Je vais

1. Amsterdam   4. Genève   7. Londres
2. Barcelone   5. Lisbonne   8. Moscou
3. Bruxelles   6. La Nouvelle-Orléans   9. Pékin

just _____ . (Venir + infinitif) recent past
conj.

going to (aller ___ + infinitif conj.

En français

To avoid having to repeat a preposition + geographical location, the pronouns **y** and **en** can be used in their place. The pronoun **y** (which you've already seen in the expression **il y a**) can be used with **aller,** and the pronoun **en** can be used with **(re)venir.** Both pronouns appear directly before the conjugated verb.

—Ils vont **à Londres?**   Are they going to London?

—Oui, ils **y** vont en été.   Yes, they're going (there) in summer.

—Ils reviennent **de Genève?**   Are they coming back from Geneva?

—Oui, ils **en** reviennent demain.   Yes, they're coming back (from there) tomorrow.

C. En voyage. Jean-Michel and Sara's travel itinerary is found in the chart that follows. For each trip, take turns with a classmate asking and telling when they are going and coming back from each country. Use the pronouns **y** and **en** to avoid having to repeat prepositions + geographical locations.

EXEMPLE: Algérie

É1: Quand est-ce qu'ils vont en Algérie?
É2: Ils y vont le 30 avril.
É1: Quand est-ce qu'ils en reviennent?
É2: Le 5 mai.

Pays	Arrivée	Départ
Algérie	30 avril	5 mai
Tunisie	12 juillet	21 juillet
Espagne	3 septembre	10 septembre
Brésil	20 décembre	8 janvier
Maroc	11 février	21 février
États-Unis	13 mars	26 mars

D. Ses origines.

Première étape. In groups of three, take turns stating someone's origin in the three ways you've learned.

EXEMPLE: Le père d'Imée et Aïda—le Sénégal

É1: Il est né au Sénégal.
É2: Il est d'origine sénégalaise.
É3: Il vient du Sénégal.

1. Sharon—l'Irlande
2. Frank—la Suisse
3. La mère de Gina—l'Italie
4. Les parents de Lahcen—le Maroc
5. Pedro—le Mexique
6. Les grands-parents de Midori—le Japon

Deuxième étape. In the same group of three, indicate the foreign origin of various family members or friends. For some of you, the term **arrière-grands-parents** (*great-grandparents*) may be needed! Which of the three of you is the most "international"?

E. Où allons-nous? You and three other classmates have just won a group trip to a city of your choosing outside of North America. In groups of four, each person should say which city he/she prefers to go to (**Je préfère aller...**) and tell the country where it is located. Each member should explain his/her selection, and the group should come to a consensus about where they will go. Report back to the class on your travel plans, and explain your choice.

EXEMPLE: É1: Je préfère aller à Kyoto, au Japon, parce que c'est beau et mes grands-parents viennent de Kyoto!

É2: Moi, je préfère aller à Sydney, en Australie. C'est l'hiver et il fait très beau!

É3: Oui, moi aussi, j'ai envie d'aller à Sydney. On y parle anglais et la ville est belle!

La Martinique

Rappel

The use of present–tense forms of **–er** verbs

La vie en famille.

Première étape. Who in your family, including yourself, does each activity the most often (**le plus souvent**)? Write in your response in the blank next to each activity.

EXEMPLE: regarder la télé

—Mon frère et moi, nous regardons le plus souvent la télé.

1 regarder la télé? _____

2. écouter de la musique? _____

3. parler au téléphone? _____

4. voyager? _____

5. rester à la maison? _____

Deuxième étape. In class you'll explain why each person you mentioned in the **Première étape** does each activity the most often.

EXEMPLE: —Mon père voyage le plus souvent parce qu'il est hommes d'affaires.

To review the forms and use of regular –er verbs, see Chapitre 3, Grammaire interactive 3.1.

4.4 Qu'est-ce que tu vas faire?

Situating events in the recent past and near future

1 As you saw in the **Rappel** section, the present-tense form of a verb in French is used to say what you do in general. It is also used to say what you're doing at the moment of speaking. To say, instead, that an action has just taken place, the present-tense forms of the verb **venir** can be used in the expression **venir de + infinitive.**

Je **viens de faire** la vaisselle.	*I just did (have just done) the dishes.*
Michel **vient d'arriver.**	*Michael (has) just arrived.*

2 There are also two ways to say—still using present-tense verb forms—that an action will take place in the near future. The first way is simply to add a time expression to a sentence with a present-tense verb form.

Nous **arrivons ce soir à 22 h.**	*We're arriving tonight at 10 PM.*
J'étudie à la bibliothèque **demain.**	*I'm studying at the library tomorrow.*

The second way is to use a form of the verb **aller** + infinitive, which is called **le futur proche** (*the near future*).

Marie **va faire** les courses (ce soir).	*Mary is going to do the shopping (tonight).*
Ils **vont passer** un examen (demain).	*They're going to take an exam (tomorrow).*
Vous **n'allez pas dîner** avec nous?	*You aren't going to eat with us?*
Je **ne vais pas aller** en cours lundi.	*I'm not going to go to class on Monday.*

Notice that the negation **ne... pas** surrounds only the verb **aller,** followed by the infinitive.

○ To learn additional expressions that situate events in time, see Par la suite at the back of your book.

Mise en pratique. Using the **futur proche,** write two short sentences about two activities from the list that you're likely going to do this weekend and two sentences about activities that you are not likely to do.

aller au cinéma	faire mes devoirs	regarder la télé
déjeuner avec un ami	jouer au basket	téléphoner à ma famille
faire le ménage	préparer un examen	visiter un musée

Probable: 1. _____

2. _____

Improbable: 3. _____

4. _____

A. Écoutez bien! For each statement your instructor makes about Jean-Pierre's actions, say whether he recently did something (**récemment**), is currently doing something (**maintenant**), or is going to do something soon (**bientôt**). Then answer the question your instructor will ask you about Jean-Pierre's day.

	récemment	maintenant	bientôt
1.	☐	☒	☐
2.	☐	☐	☒
3.	☒	☐	☐
4.	☒	☐	☐
5.	☐	☒	☐
6.	☐	☐	☒
7.	☐	☐	☒

B. L'agenda de Philippe. Work with a classmate. Together, study Philippe's agenda for the day. Take turns reading aloud the times in the list and indicating either what he's doing now or what he has just done.

> **EXEMPLE:** Il est 8 h 30.
> —Il révise ses notes.
> Il est 9 h 00.
> —Il vient de réviser ses notes.

8 h – 9 h	au café (révision des notes)
9 h – 10 h	en classe (examen!)
10 h – 11 h	méls, Internet
11 h – 12 h	rendez-vous avec le Professeur Aubain
12 h – 14 h	au restaurant La Panse (déjeuner avec Camille)
14 h – 15 h	à la piscine (cours de natation)
15 h – 18 h	au boulot (at work)
18 h – 19 h	acheter fleurs, carte d'anniversaire
19 h – ?	dîner/fête (l'anniversaire de maman)

1. Il est 9 h 15. 4. Il est 12 h 30. 7. Il est 18 h 00.
2. Il est 10 h 00. 5. Il est 14 h 00. 8. Il est 19 h 00.
3. Il est 10 h 20. 6. Il est 15 h 00. 9. Il est 20 h 00.

C. Des projets (plans).

Première étape. Using Philippe's agenda from Activity B, take turns with a classmate indicating what he's going to do today after studying for his exam.

> **EXEMPLE:** —Il va passer un examen et puis (and then)...

Deuxième étape. Now tell your classmate what you're going to do after French class today. How similar are your agendas? Which one of you has the busiest day planned?

> **EXEMPLE:** —Moi, j'ai la journée la plus occupée (busiest) parce que...

D. En vacances (*On vacation*).

Première étape. Have you, a friend, or a family member recently returned from a trip abroad or are soon going to visit a foreign country? Share this information with the class.

EXEMPLE: —Mon frère Jim vient de rentrer du Japon.
—Mes parents vont aller en Grèce en juillet.

Deuxième étape. Listen as three of your classmates tell the class where they are going on their next vacation, as well as when, with whom, and what they are going to do there. Based on what you hear, whom do you want to join on vacation?

Chez les Français

Les vacances sur la Côte d'Azur

One of the preferred destinations of Parisian families during **les grandes vacances**—a paid summer vacation period lasting up to a month for some families—is the region **Provence-Alpes-Côte d'Azur** in southeastern France. The small villages that dot the countryside offer small, family-owned wineries and open-air markets brimming with local produce. Along its rocky Mediterranean coastline are the world-famous **stations balnéaires** (*seaside resorts*) Nice, Cannes, Antibes, and Saint-Tropez. The wealthy **principauté de Monaco**, an independent city-state within France, covers only 2 km² of land, making it the world's smallest French-speaking country. Monaco is also known for casino gambling in its Monte-Carlo district and for its American-born princess, the actress Grace Kelly (1929–1982) who married Prince Rainier of Monaco in 1956.

Èze-Village sur la Côte d'Azur

Sur Internet To find out more about **la Côte d'Azur** and Monaco, visit the *En avant!* Online Learning Center (**www.mhhe.com/enavant1**).

La famille française d'aujourd'hui

A. Avant d'écouter. In France, family life is central to many aspects of French culture. As is the case in North America, the French understanding of what constitutes a family and the life events surrounding it has changed over the course of the last century. What has not changed is that families and family-related events constitute important elements of everyday life in France.

Compare and discuss your answers to the following questions with a classmate. **Quel est l'âge idéal pour recevoir (*get*) un diplôme universitaire? pour se marier? pour avoir des enfants? Et pour vos parents, quel était (*was*) l'âge idéal pour faire ces choses (*these things*)?**

B. Écoutez. Watch and listen as your instructor describes some characteristics of today's French family. While you listen, note what your instructor says as well as any other elements (facial expression, intonation, illustrations, etc.) that might help you to understand what's being said.

Now say whether the following sentences are **vrai** or **faux**.

	vrai	faux
1. Aujourd'hui, beaucoup de jeunes ont leur premier emploi à la fin des études.	——	——
2. L'union libre est une option populaire parmi les couples.	——	——
3. La tendance maintenant est d'avoir beaucoup d'enfants.	——	——
4. Les familles monoparentales sont moins nombreuses.	——	——
5. Il y a moins de risque de perdre (*losing*) un enfant.	——	——
6. La probabilité de devenir (*becoming*) grand-parent, puis arrière-grand-parent, augmente.	——	——
7. Il y a maintenant plus de femmes qui travaillent.	——	——
8. Les couples pacsés se séparent plus fréquemment que les couples mariés.	——	——

C. À vous! Answer the following questions: **Il y a beaucoup de variété dans les familles modernes, en France et en Amérique du Nord. Est-ce que vous connaissez (*know*) des familles «non-traditionnelles»? Décrivez ces familles. Pourquoi est-ce que vous trouvez que ces familles sont non-traditionnelles?**

Chez moi, c'est bizarre, on s'est toujours marié en famille. Mon père a épousé ma mère, mon grand–père, ma grand–mère; mon oncle, ma tante, et ainsi de suite.*

—MICHEL COLUCCI (COLUCHE)

*With me, it's odd, we've always married within the family. My father married my mother, my grandfather, my grandmother; my uncle, my aunt, and so on.

Cette famille aime bien jouer aux cartes.

Chez les Français

Le PACS

In France, a **pacte civil de solidarité,** or PACS, is a form of civil union between two adults (same sex or opposite sex) for organizing their life together. It includes rights and responsibilities, but fewer than those of marriage. From a legal standpoint, a PACS is an officially recognized civil contract. Individuals who register a PACS are still considered single with regard to family status for some purposes, but are increasingly considered in the same way as married couples for other purposes.

Sur Internet

To find out more about the ways in which the PACS resembles and differs from marriage, go to the *En avant!* Online Learning Center **(www.mhhe.com/enavant1).**

 Lisons!

Rétrospective   La Révolution française et la famille royale

The **French Revolution** (1789–1799) was a period of great social and political upheaval prompted by increasingly severe economic and societal problems in late 18th-century France. In just three years (1789–1792), the absolute monarchy that had ruled France for centuries collapsed. French society was totally transformed as old ideas about divine right, hierarchy, and tradition gave way to new ideas concerning citizenship and inalienable rights. The storming of the Bastille, a prison in Paris which was a symbol of the monarchy, took place on July 14, 1789, and was the flashpoint of the French Revolution. After Versailles was attacked by an angry mob in October 1789, the royal family was forced to relocate to the Tuileries in Paris. On June 21, 1791, the members of the royal family (Louis XVI and Marie-Antoinette, their daughter, Marie-Thérèse, and their son, Louis-Charles) tried to escape Paris but were apprehended in Varennes, after which they were brought back to Paris and held under guard at the Tuileries, and later in the Prison du Temple.

Adieux de Louis XVI (1754–1793) à sa famille le 20 janvier 1793, Jean-Jacques Hauer

Le mystère de Louis XVII

A. Avant de lire. Read the Rétrospective feature on page 122, then work with a partner to answer the following questions concerning the French Revolution: **Qu'est-ce qui se passe le 14 juillet 1789? Qu'est-ce que c'est que la Bastille? Qui sont le roi et la reine à l'époque de la Révolution?**

B. Lisez. Read the following paragraph on the mystery surrounding Louis-Charles de France.

L'exécution du roi Louis XVI et de la reine Marie-Antoinette pendant la Révolution française marque la fin symbolique de la monarchie absolue. Mais en fait leur fils, Louis-Charles de France, devient[1] Louis XVII après l'exécution de son père en 1793.

Né en 1785, Louis-Charles a seulement 7 ans quand son père meurt.[2] Avec ses parents et sa sœur Marie-Thérèse, Louis-Charles est emprisonné à la Prison du Temple à Paris en 1792. Après l'exécution de son père, les Royalistes (c'est-à-dire, les gens en faveur du retour de la monarchie) proclament Louis-Charles le nouveau roi de France. Mais après l'exécution de Marie-Antoinette en 1793, le petit garçon reste emprisonné à la Prison du Temple, et il y meurt en 1795.

Quand on annonce sa mort, il y a des rumeurs qu'il n'est pas mort et qu'il s'est échappé de[3] sa prison grâce aux Royalistes. Le résultat de ces rumeurs est qu'au rétablissement de la monarchie en 1814, des centaines d'individus prétendent[4] qu'ils sont Louis-Charles, le «dauphin perdu».[5]

Le mystère continue jusqu'en l'an 2000, quand les scientifiques comparent l'ADN[6] du cœur[7] supposé être celui de Louis-Charles et préservé à la Basilique Saint-Denis à Paris, aux cheveux de Marie-Antoinette. Cette comparaison prouve que les cheveux et le cœur ont le même ADN. Maintenant, il n'y a plus de[8] mystère. On sait que Louis XVII ne s'est jamais échappé de la Prison du Temple.

[1]*becomes* [2]*dies* [3]*s'est... escaped* [4]*des... hundreds of people claim* [5]*dauphin... lost dauphin* [6]*DNA* [7]*heart* [8]*il... there is no longer any*

C. Répondez. Answer the following questions.

1. Quel âge a Louis XVII quand il devient roi?

2. Qui sont les Royalistes?

3. Où est-ce que Louis XVII est emprisonné?

4. Qu'est-ce que le test ADN prouve?

D. Discutez. Answer the following questions, then compare your answer with a classmate's: **Qu'est-ce que vous pensez de l'histoire de Louis XVII? Est-ce que c'est une histoire intéressante? surprenante? triste?**

Culture interactive

Écrivons!

Forum: La personne que je préfère dans ma famille

For this post in the **Forum des étudiants,** choose a favorite or notable family member and explain which of his/her characteristics (**sa profession, son pays d'origine, où il/elle habite, ce qu'il/elle fait comme loisirs,** etc.) makes him/her stand out.

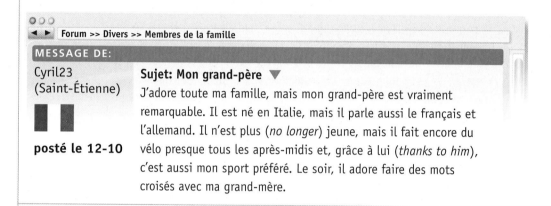

```
○ ○ ○
◄ ► │ Forum >> Divers >> Membres de la famille
MESSAGE DE:
Cyril23          Sujet: Mon grand-père ▼
(Saint-Étienne)  J'adore toute ma famille, mais mon grand-père est vraiment
                 remarquable. Il est né en Italie, mais il parle aussi le français et
█   █            l'allemand. Il n'est plus (no longer) jeune, mais il fait encore du
                 vélo presque tous les après-midis et, grâce à lui (thanks to him),
posté le 12-10   c'est aussi mon sport préféré. Le soir, il adore faire des mots
                 croisés avec ma grand-mère.
```

Parlons!

Chercher la famille

What if you were trying to find long-lost family members and had only partial information to work with? Your instructor will give you and your classmates a card containing information about an imaginary person (**nom, âge, état civil** [*marital status*], **lieu de naissance** [*place of birth*], **profession,** etc.). You and your classmates will assume the identities of these imaginary people, all of whom are members of one of several imaginary families. Everyone will then go around the room, asking questions of each other in French in order to find the long-lost members of their families. When you think you've found all members of your family, sit down together as a group. While waiting for other families to finish assembling, continue to invent and expand upon the histories of your assumed identities. When everyone has found all their family members, be ready to present your family to the class.

Regardons!

Toute la famille fête les 75 ans d'Hélène dans le film *L'Heure d'été*

Avant-première. With a classmate, answer the following questions.

1. Quel rôle jouent vos grands-parents dans votre vie? Est-ce que vous leur faites souvent une visite? Quand? Pendant les vacances? Le week-end?

2. Imaginez que vous désirez garder (*to keep*) trois choses qui appartiennent (*belong*) à vos parents ou à vos grands-parents pour vos propres enfants; qu'est-ce que vous gardez et pourquoi?

On tourne! Decide if each of the following statements is **vrai** ou **faux.** If a statement is false, correct it.

	vrai	faux
1. Un des enfants d'Hélène habite en Chine avec sa famille.	☒	☐
2. Son fils aîné (*oldest*) n'habite pas en France.	☐	☒
3. Hélène a 65 ans.	☐	☒
4. Elle a trois enfants.	☒	☐
5. Hélène possède un bureau de valeur.	☒	☐
6. Elle possède trois armoires (*wardrobes*) de valeur.	☐	☒

On boucle! Answer the following question and compare your answer to that of a classmate.

Pensez-vous que les enfants et les petits-enfants d'Hélène vont conserver la maison familiale et garder (*keep*) les objets de valeur? Donnez des raisons possibles.

Film: *L'heure d'été*

(Drame; 2008; France; Réalisateur: Olivier Assayas; 100 min.)

SYNOPSIS: This film is about three siblings—Frédéric, Adrienne et Jérémie—who must come to terms with their mother Hélène Bethier's sudden death several months after her 75th birthday. As a group they must decide what to do with the family house and its belongings, which include the paintings of their great-uncle, whose work their mother had devoted herself to preserving throughout her lifetime.

SCÈNE: (DVD, Chapter 3, "The Estate", 00:10:35-00:13:39). In this scene, the siblings along with their spouses and children are gathered at their mother's country house for her 75th birthday celebration.

Chantons!

Chanson: «Famille»   (Jean-Jacques Goldman, 1985)

Jean-Jacques Goldman

Jean-Jacques Goldman, born in 1951 in Paris, is one of the most popular French singer-songwriters of his generation. In 2003, Goldman was the second-highest grossing French pop singer. In addition to the songs he has performed himself, Goldman has also written and arranged songs for numerous other artists, including Céline Dion ("Let's Talk About Love") and Joe Cocker ("On My Way Home"). What kind of family and family members does Goldman seem to be describing? Listen for examples of negation to help you determine this.

iMix Link: This song is available for purchase at the iTunes store in a special iMix created for *En avant!* For more information about accessing the playlist, go to the *En avant!* Online Learning Center, Coursewide Content (**www.mhhe.com/enavant1**).

Pascal Obispo, Johnny Hallyday et Jean-Jacques Goldman en concert

Vocabulaire

Questions et expressions

Qu'est-ce tu fais / vous faites dans la vie?	*What do you do in life (what is your job)?*
Qu'est-ce que tu fais pendant ton temps libre? / Qu'est-ce que vous faites pendant votre temps libre?	*What do you do in your free time?*
Qu'est-ce que tu fais pendant tes loisirs? / Qu'est-ce que vous faites pendant vos loisirs?	*What do you do in your leisure time?*

Verbes et expressions verbales

aller	*to go*
aller (manger)	*to be going to (eat)*
venir	*to come*
venir de (manger)	*to have just (eaten)*
revenir	*to come back*

La famille

Family

un animal domestique	*a (house) pet*
un beau-fils	*a son-in-law / stepson*
un beau-père	*a father-in-law / stepfather*
une belle-fille	*a daughter-in-law / step-daughter*
une belle-mère	*a mother-in-law / stepmother*
un chat	*a cat*
un chien	*a dog*
un(e) cousin(e)	*a cousin*
un demi-frère	*a half-brother*
une demi-sœur	*a half-sister*
un(e) enfant (unique)	*a(n) (only) child*
une femme	*a wife; a woman*
une fille	*a daughter; a girl*
un fils	*a son*
un frère	*a brother*
une (arrière-)grand-mère	*a (great-)grandmother*
un (arrière-)grand-père	*a (great-)grandfather*
des grands-parents (*m.*)	*grandparents*
un mari	*a husband*

une mère	*a mother*
un neveu	*a nephew*
une nièce	*a niece*
un oncle	*an uncle*
des parents (*m.*)	*parents; relatives*
un père	*a father*
un petit-fils	*a grandson*
une petite-fille	*a granddaughter*
des petits-enfants (*m.*)	*grandchildren*
un poisson (rouge)	*a fish (goldfish)*
une sœur	*a sister*
une tante	*an aunt*

Les métiers

Professions

un(e) architecte	*an architect*
un(e) artiste	*an artist*
un(e) assistant(e)	*an assistant*
un(e) avocat(e)	*a lawyer*
un(e) coiffeur / coiffeuse	*a hairdresser*
un(e) comptable	*an accountant*
un(e) dentiste	*a dentist*
un(e) directeur / directrice	*a manager*
un écrivain / une femme écrivain	*a writer*
un(e) facteur / factrice	*a postal worker*
un homme / une femme d'affaires	*a businessman, businesswoman*
un(e) infirmier / infirmière	*a nurse*
un(e) informaticien(ne)	*a computer programmer*
un ingénieur / une femme ingénieur	*an engineer*
un(e) journaliste	*a journalist*
un médecin / une femme médecin	*a doctor*
une mère au foyer	*a stay-at-home mom*
un(e) musicien(ne)	*a musician*
un(e) ouvrier / ouvrière	*a worker, laborer*
un père au foyer	*a stay-at-home dad*
un(e) pharmacien(ne)	*a pharmacist*
un policier / une policière	*a policeman / policewoman*
un(e) serveur / serveuse	*a waiter/waitress*

Vocabulaire

Adjectifs

aîné(e)	*older (sibling)*
cadet(te)	*younger (sibling)*
célibataire	*unmarried, single*
décédé(e)	*deceased*
divorcé(e)	*divorced*
fiancé(e)	*engaged*
marié(e)	*married*
pacsé(e)	*in a civil union*

Adverbes

bientôt	*soon*
maintenant	*now*
récemment	*recently*

Articles possessifs

Possessive articles

mon/ma/mes	*my*
ton/ta/tes	*your*
son/sa/ses	*his/her*
votre/vos	*your*
notre/nos	*our*
leur(s)	*their*

Nombres de 70 à 2.000

(see p. 104)

CHAPITRE 5

Bon appétit!

Le déjeuner des canotiers (1881), Auguste Renoir

Bilan

In this chapter, you will learn:

- to extend, accept, and politely decline an invitation
- to order something to eat and drink in a café
- food and meal terms
- to express nonspecific quantities using partitive articles
- to talk about eating habits using the verbs **prendre** and **boire**
- to talk about activities using regular **-re** verbs like **vendre**
- more about responding negatively
- about cultural notions of meals and dieting

Ça te/vous dit de (d')... ?

Extending, accepting, and politely declining invitations

- A casual way to invite someone to do something is to use the expression **Ça te/vous dit de (d')...** + infinitif:

Ça te dit d'aller au cinéma ce soir?	*Do you feel like going to the movies tonight?*
Ça vous dit d'aller prendre un café dans le quartier?	*Do you (guys) feel like getting a coffee in the neighborhood?*

- Here is another way to ask the same question:

Tu veux aller au cinéma ce soir?	*Do you want to go to the movies tonight?*
Vous voulez prendre un café dans le quartier?	*Do you want to get a coffee in the neighborhood?*

- To accept, you can say:

Oui, je veux aller au cinéma / prendre un café.	*I'd like to go to the movies / get a coffee.*

or more simply:

Oui, je veux bien.	*Yes, I'd like to.*
Oui, ça me dit.	*Sure. That sounds good.*
Pourquoi pas?	*Why not?*
Oui, j'aimerais bien/beaucoup.	*Yes, I'd like to. / I'd like that a lot.*
Avec plaisir!	*I'd be happy to.*
Volontiers!	*Sure! / You bet!*
Oui, bonne idée!	*Yes, good idea!*
Oui, super!	*Yes, super!*

- To ask if someone feels like having a certain type of cuisine, you say:

Ça te/vous dit de manger chinois (italien/mexicain) ce soir?

Ça vous dit d'aller au café?

A. À l'écran. Regardez la vidéo et associez (*match*) les questions que vous entendez aux réponses correspondantes.

DVD

1. **Anne-Claire** _e_

2. **Simon** _d_

3. **Gabriel** _c_

4. **Xavier Roy** _b_

5. **Anna (et Victoria)** _a_

a. Oui. Pourquoi pas?

b. Oui, je veux bien.

c. Oui, j'aimerais beaucoup aller voir (*see*) un film étranger (*foreign*).

d. J'aimerais beaucoup aller manger dans un restaurant asiatique ce soir.

e. Oui, ça me dit.

B. Oui, je veux bien! Choisissez deux activités de la liste et invitez deux camarades à faire ces activités avec vous. Quand vous obtenez une réponse positive, demandez chaque camarade sa signature.

EXEMPLE   É1: Ça te dit d'aller au concert de Dave Matthews demain soir?
            É2: Volontiers! / Désolé(e). Je ne peux pas.

Activités	Nom	Nom
1. aller au cinéma (à un concert / au théâtre)	Nancy	
2. aller voir un film étranger	Wu	
3. dîner (déjeuner) au restaurant	Vivian	
4. faire du vélo (du ski / une promenade, etc.)	Nora	
5. jouer au football (au tennis, etc.)	Xuen	
6. aller prendre un café		
7. ?		

En français

To politely decline an invitation, say:

Désolé(e)! Je ne peux pas.
Sorry! I can't.

C. Où est-ce que vous aimez manger? Travaillez avec un(e) camarade. Lisez ensemble la description de quelques restaurants de la ville de Québec et choisissez-en un qui vous plaît (*that appeals to you*). L'un(e) de vous va inviter l'autre à aller y dîner. L'autre va accepter (ou suggérer un autre restaurant). Mettez-vous d'accord (*Come to an agreement*) sur l'heure. Préparez la scène et présentez-la à la classe.

Guide des restaurants de Québec

Apsara 71, rue d'Auteuil 418 694-0232	Spécialités vietnamiennes, cambodgiennes et thaïlandaises. Gagnant du Grand Prix du public, catégorie internationale, lors du Gala de la restauration de Québec 2001. Type d'établissement: salle à manger.	$$$
Le Café du Monde 84, rue Dalhousie 418 692-4455 www.lecafedumonde.com	Vue exceptionnelle sur le fleuve. Véritable bistro parisien situé dans le Vieux-Port de Québec. Grands classiques de la cuisine bistro: moules, steak frites, confit de canard, crème brûlée et bien d'autres, servis dans une ambiance très animée qui en fait une référence à Québec. Carte des vins remarquable. Petits déjeuners tous les week-ends et les jours fériés. Type d'établissement: bistro, café.	$$$
Pub Saint-Alexandre 1087, rue Saint-Jean 418 694-0015 www.pubstalexandre.com	Pub de style anglais situé au cœur du Vieux-Québec. Plus de 200 bières importées. Grande variété de scotch «single malt». Cuisine santé variée. Spécialités: grillades, steak frites, saucisses, pâtes, pizzas, burgers, paninis, quiches. Ouvert tous les jours de 11 h à 3 h du matin. Type d'établissement: bistro, pub, établissement comprenant une section bar.	$$
Le Lapin Sauté 52, rue du Petit Champlain 418 692-5325 www.lapinsaute.com	Le lapin à son meilleur mais aussi une carte colorée de saveurs champêtres: plats du terroir, saumon cuit sur planche de cèdre, gratin savoyard, petits déjeuners week-end. Terrasse chauffée en bordure du Park Félix-Leclerc. Le restaurant chou-chou des québécois depuis plus de 15 ans. Type d'établissement: bistro.	$$ $$$

**$**: moins de 10$ **$$**: 10–20$ **$$$**: 20–30$ **$$$$**: plus de 30$

Un café, s'il vous plaît!   Ordering in a café

A. À l'écran. Gabriel commande (*orders*) un café et un dessert dans un café à Montréal. Regardez la vidéo, puis, indiquez si les phrases suivantes sont vraies ou fausses.

	vrai	faux
1. Gabriel commande un café au lait.	☒	☐
2. Il commande un petit café.	☐	☒
3. Dans ce café, on a deux sortes de gâteaux (*cakes*): des gâteaux au chocolat et des gâteaux aux carottes.	☒	☐
4. Gabriel prend le gâteau aux carottes.	☐	☒
5. Il voudrait (*would like*) commander autre chose (*something else*).	☐	☒
6. Il voudrait une serviette (*napkin*) et l'addition (*the bill*).	☒	☐

As you watched the interaction between Gabriel and the server, you probably were not able to understand every word, but because the context is familiar and because of the images, you more than likely understood the essential details.

- In a restaurant or café, the server will ask you if you are ready to order:

  Je peux prendre votre commande?   *Can I take your order?*

  Vous avez fait votre choix?   *Have you decided?*

- The quickest way to order a drink or a snack in a café or to ask for the bill is to simply say the name of the item followed by **s'il vous plaît.**

  —**Un café (Une bière / Un verre de** [*A glass of*] **vin blanc),
  s'il vous plaît.**

  —**Autre chose avec ça? / Et avec ça?**

  —**Juste l'addition, s'il vous plaît.**

- This is another way to ask for something politely:

  —**Est-ce que je pourrais avoir
  une serviette / une autre bière /
  l'addition, s'il vous plaît?**   *Could I have a napkin / another
  beer / the check, please?*

  —**Bien sûr. Je vous l'apporte tout
  de suite.**   *Ok. I'll bring it right away.*

  —**Merci, monsieur/madame/
  mademoiselle.**   *Thanks, sir/ma'am/miss.*

B. Au café.

Première étape. Répondez au serveur / à la serveuse en utilisant les phrases suggérées.

Serveur / Serveuse

1. Bonjour, monsieur/madame/
   mademoiselle. ___a___

2. Je peux prendre votre commande? /
   Vous avez fait votre choix? ___d___

3. Parfait. Autre chose avec ça? ___b___

4. Oui, nous avons des glaces (*ice
   cream*) au chocolat et à la vanille. ___e___

5. Voilà.
   Je vous remercie. ___c___

6. Je vous l'apporte tout de suite. ___f___

Client(e)

a. Bonjour, monsieur/madame/
   mademoiselle.

b. Vous avez des glaces?

c. L'addition, s'il vous plaît.

d. Un Perrier, s'il vous plaît.

e. Une glace à la vanille, s'il vous
   plaît.

f. Merci, monsieur/madame/
   mademoiselle.

Les Boissons

Vittel (25 cl)	1,70 €
Limonade (20 cl)	2,00 €
Diabolo	2,20 €
Coca Cola (33 cl)	2,40 €
Coca Cola Light (33 cl)	2,50 €
Orangina (25 cl)	2,40 €
Ice Tea Pêche (25 cl)	2,40 €
Schweppes (20 cl)	2,10 €
Jus de fruits	2,50 €
Orange, Pomme, Pamplemousse, Abricot, Pêche, Ananas, Banane, Fraise, Poire, Raisin, Tomate.	
Pétillant de raisin (20 cl)	2,50 €
Perrier (33 cl)	2,70 €
San Pellegrino (0,50 cl)	2,90 €
Supplément sirop	0,20 €

Deuxième étape. Avant de continuer, vérifiez vos réponses à **la Première étape** avec l'aide de votre professeur. Ensuite, jouez les rôles du serveur / de la serveuse et du client / de la cliente avec un(e) camarade.

C. Vous avez fait votre choix?

Travaillez avec deux camarades et jouez ensemble les rôles du serveur / de la serveuse et de deux client(e)s. Les client(e)s vont regarder la liste des consommations (*drink menu*) à droite, commander quelque chose à boire (*to drink*) et demander l'addition. Préparez la scène et présentez-la à la classe.

Vocabulaire interactif

Faisons les courses! *Food stores and food items*

Vous habitez un petit appartement à Paris, près de la rue Mouffetard. C'est le samedi matin et vous ouvrez votre frigo (*refrigerator*): rien (*nothing*) à manger pour ce week-end! Qu'est-ce que vous allez acheter?

Les magasins d'alimentation

À la poissonnerie
Du poisson et des fruits de mer

un filet de saumon

des moules (*f.*)

des crevettes (*f.*)

À la boucherie–charcuterie
De la viande (*meats*) et de la volaille (*poultry*)

À la crémerie–fromagerie
Des produits laitiers

du fromage

du lait

un yaourt

du beurre

un homard

un poulet

un jambon

un gigot d'agneau

un bifteck

un rôti de porc

Au marché en plein air
Des fruits (*m.*) et des légumes (*m.*)

À la boulangerie–pâtisserie

des pommes (*f.*)
des poires (*f.*)
des fraises (*f.*)
des pêches (*f.*)
des champignons (*m.*)
des courgettes (*f.*)
des framboises (*f.*)
des haricots (*m.*) verts
un chou-fleur
une baguette
un pain de campagne
une tarte aux fruits
un gâteau au chocolat

BOULANGERIE
pâtisserie

D'autres aliments

Cochez (✓) seulement les fruits et légumes dans la liste. Dans quels magasins spécialisés est-ce qu'on peut acheter les autres aliments dans la liste?

☐ une banane
☐ des brocolis (*m.*)
☐ une carotte
☐ un crabe
☐ un croissant
☐ un éclair au chocolat

☐ un filet de sole
☐ des huîtres (*oysters*)
☐ un oignon
☐ une orange
☐ une pomme de terre (*potato*)

☐ un poivron (*pepper*) rouge
☐ des saucisses (*f.*)
☐ une tomate

Chez les Français

Où faire les courses?

Pour faire les courses, il y a beaucoup de possibilités en ville: en plus (*in addition to*) des magasins spécialisés (les boulangeries, les crémeries, etc.) et des marchés en plein air, on trouve des **épiceries**—des petits magasins d'alimentation de quartier. Un épicier connaît (*knows*) bien ses clients et l'atmosphère du magasin est familiale, mais les prix sont souvent plus élevés (*higher*). À la périphérie des villes, on trouve des **grandes surfaces** comme Carrefour, Géant Casino, Leclerc et Champion—des supermarchés ou des hypermarchés—qui vendent de tout, à des prix raisonnables. Bien sûr, le service n'est pas le même: les caissières (*cashiers*) ne sont pas toujours de bonne humeur et c'est à vous d'emballer (*to pack*) vos courses. Parfois, on vous donne (*give*) des sacs en plastique, mais certains magasins ne donnent plus de sacs, alors les clients apportent (*bring*) des sacs réutilisables.

Une épicerie

À table

une bouteille de vin
une carafe
un verre à vin
une tasse
une petite cuillère
un verre
une cuillère à soupe
une nappe
un couteau
une fourchette
une serviette
une assiette à soupe   une assiette

Utilisez l'illustration de la table pour compléter les phrases suivantes.

1. Pour faire une belle table, on met d'abord (*first*) __une nappe__ .
2. On sert de l'eau dans __une carafe__ .
3. On mange des crêpes dans __une assiette__ et de la soupe dans __une assiette à soupe__ _____.
4. On boit (*drinks*) de l'eau dans __un verre__, du café dans __une tasse__ et du vin dans __un verre à vin__ .
5. Pour couper (*cut*) un bifteck, on utilise __un couteau__; pour manger une salade, on utilise __une fourchette__; pour manger de la glace, on utilise __une cuillère__; pour manger de la soupe, on utilise __une cuillère à soupe__

   Finalement, pour s'essuyer la bouche (*wipe one's mouth*), on utilise __une serviette__ .

A. Les aliments et les repas. À quel(s) repas est-ce qu'on mange généralement les aliments suivants chez vous?

EXEMPLE: —On mange un croissant au petit déjeuner ou au goûter.

(handwritten annotations in left margin: au petit déjeuner / au petit déj / le dîner)

1. un croissant *au petit déjeuner*
2. une gaufre (*waffle*)
3. des œufs (*eggs*)
4. du gigot d'agneau
5. un sandwich *au déjeuner*
6. de la soupe *au déjeuner ou au dîner*

7. du fromage *au goûter*
8. un yaourt *au petit déjeuner*
9. du rôti de porc *au dîner*
10. du saumon *au déjeuner ou au dîner*
11. des pâtes (*pasta*)
12. du pain *le petit déjeuner*

En français

Les quatre **repas** (*meals*) de la journée sont: **le petit déjeuner** (*breakfast*), **le déjeuner**, **le goûter*** (*afternoon snack*) et **le dîner**.

*__Le goûter__ is primarily intended for children upon their return home from school in the late afternoon, but anyone who gets hungry between lunchtime (noon–1PM) and dinner time (7–8 PM) may have **un goûter**.

Chez les Français

Le rituel des repas

Le petit déjeuner est un repas simple en France: On prend normalement du pain ou des croissants qu'on tartine avec (*on which one spreads*) du beurre et/ou de la confiture (*jam*); on boit un café au lait ou un chocolat chaud dans un bol. De tradition, le déjeuner est souvent le repas le plus important de la journée. Il n'est pas rare de rentrer à la maison vers midi pour manger un repas chaud—de la viande, des pommes de terres, des légumes—et de retourner au travail vers 14 h; mais on peut toujours manger un sandwich ou du fast-food si on n'a pas le temps de rentrer chez soi. Plus tard, dans l'après-midi, on prend parfois un goûter—quelque chose de sucré (*sweet*), comme une pâtisserie, une gaufre, ou un jus de fruit. Le dîner, qui est servi entre 18 et 20 h, selon les régions, est normalement un repas moins copieux—on mange une soupe, une omelette ou des pâtes—avec une salade verte, du fromage, un yaourt ou un fruit. Il y a très souvent de l'eau et du pain pendant le repas et un petit café après.

(handwritten margin: on the other hand)

Un dîner au restaurant, par contre, peut durer deux ou trois heures. Les Français aiment prendre leur temps. Ils commencent par un apéritif—c'est-à-dire un verre d'alcool ou un jus de fruit pour les enfants. C'est un moment de plaisir. Le repas qui suit (*follows*) est composé d'une entrée (*appetizer*), puis d'un plat principal. Il y a ensuite une salade verte, un fromage, un dessert et enfin un café. Après le repas, on sert aussi parfois un digestif—un petit verre d'alcool, comme un cognac ou une liqueur, pour aider la digestion. Il faut (*You have to*) demander l'addition, sinon (*otherwise*) le serveur ne l'apporte pas. Le pourboire (*tip*) n'est pas obligatoire: les taxes et le service sont compris (*included*) dans l'addition.

B. Les matières grasses (*fats*). Dans chaque cas, indiquez l'aliment qui contient (*contains*) des matières grasses.

1. un croissant, une courgette
2. un bifteck, des brocolis
3. une banane, un gâteau
4. un gigot d'agneau, une huître

5. un filet de saumon, une framboise
6. une poire, un poulet
7. une fraise, des frites (*fries*)
8. un rôti de porc, une pomme

C. Un régime équilibré (*balanced diet*)?

Première étape. Avec un(e) camarade, faites une liste de deux aliments qui sont très riches en (1) vitamines, (2) calcium, (3) protéines, (4) glucides (*carbs*).

Deuxième étape. Avec votre camarade, proposez un menu équilibré pour les trois repas de la journée en utilisant la liste de la **Première étape**. Qu'est-ce que vous allez manger au petit déjeuner, au déjeuner, etc.?

Rétrospective Marie-Antoinette et la brioche

« Qu'ils mangent de la brioche!* »

—MARIE-ANTOINETTE

Une brioche

Although there is no solid evidence that Marie-Antoinette, Queen of France and wife of Louis XVI, actually uttered the famous phrase *Qu'ils mangent de la brioche!*, it is one that is often attributed to her and reflects the failure of the monarchy to comprehend, or its sheer indifference to, the gravity of the political and economic crisis that would engulf France in 1789. After several difficult winters, the people were suffering from a severe shortage of bread, one of their main staples. On October 5–6, 1789, several months after the storming of the Bastille Prison, a mob of several thousand angry women and men descended on Versailles with the intention of bringing the royal family back to Paris to solve the mounting crisis. They shouted: *Nous ne manquerons plus de pain, nous ramenons le boulanger, la boulangère et le petit mitron!*[†]

According to the legend, Marie-Antoinette's reaction to the plight of the gathering mob was to offer a sarcastic piece of advice: If there is no bread, they should eat **brioche** instead—a muffin-like pastry made with even scarcer ingredients at the time: butter, eggs, and sugar. Marie-Antoinette's own bread-and brioche-eating days came to end on October 16, 1793, when she was beheaded on the guillotine.

Let them eat cake!
[†]We will no longer be without bread, we are bringing back the baker, the baker's wife, and the baker's son!

D. Un faible pour les sucreries (*sweet tooth*). Avez-vous un faible pour les sucreries? Avec un(e) camarade, indiquez avec quelle fréquence vous mangez les desserts suivants: **souvent, rarement** ou **jamais. Attention!** N'oubliez pas qu'on remplace l'article indéfini **un/une/des** par **de** après la négation.

> EXEMPLE: É1: Je mange (souvent, rarement) des tartelettes.
> É2: Moi, je ne mange jamais de tartelettes.

1. une tartelette aux fruits
2. un petit gâteau (*muffin*)
3. une glace à la vanille
4. une crème brûlée
5. des éclairs au chocolat
6. des biscuits (*cookies*)

E. Invitez votre prof.

Première étape. Travaillez avec trois autres camarades. Ensemble, mettez-vous d'accord sur le repas que vous allez préparer pour votre prof.

1. Une viande ou un fruit de mer: _____
2. Un légume: _____
3. Un féculent (*starch*): _____ (par exemple, du riz (*rice*), des pâtes, des pommes de terre)
4. Une boisson: _____

Deuxième étape. Est-ce qu'il y a des choses que votre prof n'aime pas? Posez-lui des questions et modifiez votre repas (si nécessaire) avant de lui proposer votre menu. Votre prof va choisir le menu qu'il/elle préfère.

The following expressions will be useful to you in completing the **Première étape** Activity F. Notice that each expression includes a form of the preposition **de**:

à côté du verre	*next to the glass*
à droite de la serviette	*to the right of the napkin*
à gauche de l'assiette	*to the left of the plate*
au milieu de la table	*in the middle of the table*
en face de la fenêtre	*across from the window*
près / loin des tasses	*near / far from the cups*

Prononcez bien!
To learn about the spelling and pronunciation of the mid-vowels [ø] as in **deux** and [œ] as in **bœuf** and to practice the pronunciation of words from this **Vocabulaire interactif** section, see the **Prononcez bien!** section of the *Workbook / Laboratory Manual*.

F. Une belle table.

Première étape. Décrivez la table que vous voyez sur la photo le couvert (*table setting*) et plats.

> EXEMPLE: Il y a une fourchette à gauche de l'assiette.

Deuxième étape. Considérez maintenant le repas proposé à votre prof dans l'**Activité E**. Comment allez-vous changer les couverts (*place settings*) sur la photo de la **Première étape** pour ce repas? Qu'est-ce que vous avez besoin d'enlever (*to remove*) ou d'ajouter (*to add*)?

> EXEMPLE: —On prépare une soupe, alors on a besoin d'ajouter des assiettes à soupe.

Grammaire interactive

5.1 Il y a du sucre? The partitive article and expressions of quantity

Pour faire une tarte aux pommes, il faut (*one needs*) des pommes et...

_____ **du** beurre	_____ **de la** crème	_____ **de l'**ail (*garlic*)
_____ **du** fromage	_____ **de la** farine (*flour*)	_____ **de l'**eau (*water*)
_____ **du** sucre	_____ **de la** vanille	_____ **de l'**huile (*oil*)

Analysons! 1. Dans cette liste, est-ce qu'on donne des quantités précises pour chaque ingrédient, ou est-ce qu'on suggère seulement qu'on a besoin d'une quantité indéterminée de chaque ingrédient? _____ (Notez que les mots en caractères gras [*boldface*] s'appellent des articles «partitifs».) 2. Quelle forme de l'article partitif est-ce qu'on utilise devant un nom qui commence par une voyelle? _____ Et devant les noms qui commencent par une consonne? _____ (*m.*) et _____ (*f.*)

Une tarte aux pommes

○ Answers to this activity are in Appendice 2 at the back of the book.

1 The partitive articles **du, de la,** and **de l'** are used in French with *mass nouns*—nouns that refer to things that cannot be counted, such as **sucre** and **farine**—to refer to a nonspecific part or quantity of that item. These articles typically correspond to English *some* or *any*. Because the nouns they are used with cannot normally be counted, there is no plural form of the partitive article. Whereas *some* and *any* are optional in English, the partitive articles **du, de la,** and **de l'** are required before mass nouns in French.

Avez-vous **du** sucre?	*Do you have (some/any) sugar?*
de la farine?	*flour?*
de l'huile?	*oil?*

Many food items that are mass nouns, such as **bière** or **sucre,** can be treated as count nouns when they are used to refer to a specific quantity. In this case, the indefinite article or a numeral is used.

Je prends **de la** bière.	*I'll have some beer.*
but: Je commande **une** bière.	*I'll order a (one glass/bottle of) beer.*

2 The definite article (**le, la, l', les**) is used after verbs of preference (**aimer, détester, préférer, adorer**), because you are referring to the entire category, not just part of it. After verbs of consumption, however, such as **manger** and **acheter,** the partitive article is used, because you are consuming a nonspecific quantity of that food or drink, not all of it. When negation is used, the definite article remains the same, but the partitive article becomes **de (d').**

J'aime **le** thé.	*I like tea.*
Je **n'**aime **pas le** thé.	*I don't like tea.*
Je **mange du** pain au dîner.	*I eat (some) bread at dinner.*
but: Je **ne mange jamais de pain** au dîner.	*I never eat bread at dinner.*

3 The partitive article is omitted after expressions of quantity that already use **de (d')**.

Elle ajoute **du** sucre.   *She adds (some) sugar.*

but: Elle ajoute **une cuillère de** sucre.   *She adds a teaspoon of sugar.*

Mise en pratique. Complétez chaque phrase avec l'article défini ou partitif nécessaire.

Elle n'aime pas _le_¹ café, alors elle commande rarement _du_² café. Elle préfère _l'_³ eau. D'habitude, elle demande un verre _d'_⁴ eau minérale au restaurant.

> ◐ Answers to this activity are in Appendice 2 at the back of the book.

A. Écoutez bien! Votre professeur va parler de divers plats (*dishes*) et de deux ingrédients dans ces plats. Cochez le troisième ingrédient.

1. ☒ du sucre   ☐ de la mayonnaise   ☐ de l'ail
2. ☐ du saumon   ☐ de la glace   ☒ de l'oignon
3. ☒ du céleri   ☐ de la confiture (*jam*)   ☐ de l'eau minérale
4. ☐ du jus d'orange   ☒ de la crème   ☐ des bananes
5. ☐ du yaourt   ☐ de la cannelle (*cinammon*)   ☒ des carottes
6. ☐ du beurre   ☐ de la vanille   ☒ des champignons

(handwritten notes in margin:)
une cuillère de sucre
un verre de vin
beaucoup de
assez de
trop de
peu de

B. Qu'est-ce que vous mettez (*put on*)**?** Précisez les ingrédients ou les condiments que vous aimez mettre à certains plats. En voici une liste partielle.

de l'ail	de la crème	de la mayonnaise	du sel (*salt*)
du beurre	de l'huile d'olive	de la moutarde	du sucre
de la confiture	du ketchup	du poivre (*pepper*)	du vinaigre

EXEMPLE: —J'aime manger les frites avec du ketchup. (*ou*)
—Sur les frites, je mets du sel et du vinaigre.

1. dans un café / un thé
2. sur du pain grillé
3. dans un sandwich au jambon
4. sur les frites
5. sur des haricots verts (des brocolis, etc.)
6. dans une sauce pour les pâtes

(handwritten notes in margin:)
de la crème

1) Dans un café, je mets de la crème.
2) Sur du pain grillé, je mets du beurre ou de la confiture
3)

C. Une pizza à emporter (*take out*)**.**

Première étape. Ajoutez un article partitif (**du, de la, de l'**) ou l'article indéfini **des** devant chaque aliment. Vous allez utiliser cette liste d'ingrédients dans la **Deuxième étape** pour commander une pizza.

Une pizza avec...

1. _de l'_ ail
2. _des_ artichauts
3. _du_ bœuf haché (*ground*)
4. _des_ brocolis
5. _des_ champignons
6. _du_ fromage
7. _du_ jambon
8. _de l'_ oignon
9. _des_ olives noires
10. _des_ poivrons verts
11. _de la_ sauce (*f.*) tomate
12. _de la_ saucisse

Deuxième étape. Travaillez avec un(e) camarade. Avant de commander votre pizza, mettez-vous d'accord sur les ingrédients. **Attention!** N'oubliez pas qu'on utilise un article défini pour indiquer ce qu'on aime / n'aime pas.

EXEMPLE: É1: J'aimerais une pizza avec des champignons.
          É2: Oui, j'aime aussi les champignons. (*ou*)
              Non, je n'aime pas les champignons.
          É1: D'accord, pas de champignons!

Chez les Français

Des plats régionaux

Aujourd'hui, on peut manger ces plats dans toute la France, mais ils restent des spécialités régionales:

- **En Alsace:** la choucroute (*sauerkraut*) est faite avec du chou, des pommes de terre et servie avec du porc et des saucisses
- **En Bourgogne:** la fondue bourguignonne, avec de l'huile chaude et des morceaux de viande, et des sauces
- **En Bretagne:** les crêpes bretonnes de sarrasin (*buckwheat*)
- **En Languedoc:** le cassoulet composé de haricots secs (*dry*), de porc et de saucisses
- **En Savoie:** la fondue savoyarde au fromage

Sur Internet  Pour voir une recette pour chacun de ces plats, consultez le site Web d'*En avant!* (**www.mhhe.com/enavant1**).

D. Pour préparer le coq au vin (*chicken braised in wine*).

Première étape. Vous décidez de préparer un plat traditionnel français: **le coq au vin.** Lisez la recette (*recipe*) à gauche et cochez tous les ingrédients que vous avez déjà chez vous.

Deuxième étape. Cherchez votre «sous-chef» (un[e] camarade de classe). Quels ingrédients est-ce qu'il/elle a déjà chez lui/elle (*at his/her house*)? Discutez-en et faites la liste de ce que vous avez besoin d'acheter pour préparer le plat.

EXEMPLE: É1: J'ai déjà de la farine.
          É2: Moi, j'ai déjà de l'huile.
          É1: Je n'ai pas de persil.
          É2: Moi non plus—alors (*so*), on a besoin d'acheter du persil.

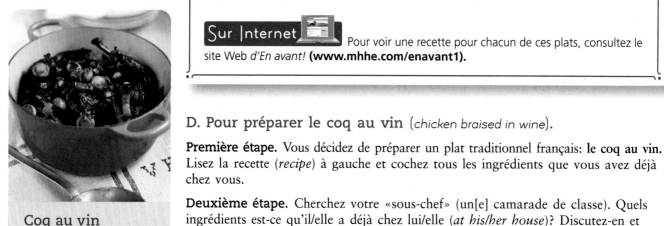

Coq au vin

1 poulet (3 kg[1]) coupé
  en morceaux[2]
1 bouteille de vin rouge
250 g[3] de lardons[4]
250 g de champignons
1 oignon
2 carottes
2 gousses[5] d'ail
1 bouquet garni
  (thym et laurier[6])
3 cuillères à soupe d'huile
1 cuillère à soupe de farine
persil[7]
sel, poivre

[1]*kilograms (1 kg = 2.2 pounds)* [2]*coupé... cut in pieces* [3]*grams (250 g = 0.55 pounds)* [4]*small strips of pork, similar to bacon* [5]*cloves* [6]*bay leaf* [7]*parsley*

5.2 Qu'est-ce que vous prenez? The verbs **boire** and **prendre**

Qu'est-ce que vous **prenez** au petit déjeuner—c'est-à-dire, qu'est-ce que vous **mangez**? Qu'est-ce que vous **buvez** (*drink*)? Les mêmes choses que Nicolas et ses parents?

1. Au petit déjeuner, Nicolas **prend** (= il **mange**) des céréales et un fruit.

   Il **prend** aussi (= il **boit**) du chocolat chaud.

2. Au petit déjeuner, ses parents **prennent** (= ils **mangent**) des croissants avec de la confiture.

   Ils **prennent** aussi (= ils **boivent**) du café.

3. Moi, au petit déjeuner, je **prends** (= je **mange**) _____.

   Je **prends** aussi (= je **bois**) _____.

Analysons! Complétez cette phrase: On **mange** un aliment, on **boit** une boisson et on _____ un aliment ou une boisson.

○ Answers to this activity are in Appendice 2 at the back of the book.

1 As you already know, the verb **manger**, which you learned in **Chapitre 3**, is a regular -er verb. Its counterpart, **boire** (*to drink*), however, is an irregular verb.

boire (*to drink*)	
je **bois**	nous **buvons**
tu **bois**	vous **buvez**
il/elle/on **boit**	ils/elles **boivent**

Je **bois** du café le matin.	*I drink coffee in the morning.*
Nous ne **buvons** pas de vin.	*We don't drink wine.*
Ils préfèrent **boire** de l'eau.	*They prefer to drink water.*

2 The verb **prendre** is normally the equivalent of English *to take*, but is it also very commonly used as a synonym of both **manger** and **boire** when talking about food and drink.

prendre (*to take [eat, drink, have]*)	
je **prends**	nous **prenons**
tu **prends**	vous **prenez**
il/elle/on **prend**	ils/elles **prennent**

Il **prend** son sac à dos.	*He's taking his backpack.*
Je **prends** le bus le soir.	*I take the bus at night.*
Qu'est-ce que vous **prenez** ce matin?	*What are you having (eating/drinking) this morning?*
Je vais **prendre** un café.	*I'm going to have a coffee.*

Mise en pratique. Remplacez chaque forme des verbes **manger** et **boire** dans la colonne A avec la forme appropriée du verbe **prendre** dans la colonne B.

A	B
1. Je **mange** un sandwich.	Je _prends_ un sandwich.
2. Tu **bois** du vin?	Tu _prends_ du vin?
3. Elle **boit** souvent un coca.	Elle _prend_ souvent un coca.
4. Nous **mangeons** une quiche ce soir.	Nous _prenons_ une quiche ce soir.
5. Vous **buvez** du lait avec vos repas?	Vous _prenez_ du lait avec vos repas?
6. Ils ne **mangent** pas de glace.	Ils ne _prennent_ pas de glace.

○ Answers to this activity are in Appendice 2 at the back of the book.

3 Other verbs conjugated in the same way as **prendre** include **apprendre** (*to learn*) and **comprendre** (*to understand*). **Prendre** also appears in a number of common idiomatic expressions.

prendre une décision	*to make a decision*
prendre du poids	*to gain weight*
prendre un verre, un pot	*to go out for a drink* (*usually alcoholic*)

A. Écoutez bien! Votre professeur va décrire les habitudes alimentaires de plusieurs personnes. Après chaque description, indiquez si l'habitude fait partie d'un régime **sain** ou d'un régime **malsain** (*unhealthy*).

	régime sain	régime malsain
1.	☒	☐
2.	☐	☒
3.	☐	☒
4.	☒	☐
5.	☒	☐
6.	☐	☒
7.	☒	☐
8.	☐	☒

B. Qu'est-ce que vous buvez?

Première étape. Cochez les boissons que vous buvez normalement.

des jus de fruits

_____ du jus d'orange

_____ du jus de pomme

__✓__ un lait frappé aux fruits (*smoothie*)

des boissons chaudes

__✓__ du café au lait

_____ du chocolat chaud

_____ du thé noir/vert

des boissons gazeuses (*bubbly, sparkling*)

_____ du coca, du coca light®

_____ de la limonade (*lemon-flavored soft drink*)

__✓__ du Perrier® (de l'eau minérale)

des boissons alcoolisées (*alcoholic*)

__✓__ de la bière

_____ du champagne

_____ du vin blanc, rouge, rosé

*study this ***

En français

The following expressions of quantity may be useful to you in completing the **Deuxième étape** of Activity B. As with other expressions of quantity you have seen that are used with **de (d')**, the partitive article is omitted.

assez de thé	*enough tea*
beaucoup d'eau	*a lot of water*
un peu / très peu de bière	*a little / very little beer*
trop de café	*too much coffee*

Deuxième étape. Travaillez avec deux autres camarades. À tour de rôle (*Taking turns*), demandez à vos camarades ce qu'ils/elles boivent/prennent dans chaque situation. Utilisez les réponses de la **Première étape** (ou d'autres boissons, comme de l'eau, du lait, etc.) et des expressions de quantité.

EXEMPLE: É1: Qu'est-ce que tu bois/prends quand tu prépares un examen?
É2: Je bois beaucoup de café.
É3: Moi, je prends un peu de coca.

1. quand vous préparez un examen
2. le matin, au petit déjeuner
3. quand vous déjeunez
4. entre les cours
5. quand vous dînez dans un bon restaurant

C. Sondage.

Première étape. Avec l'aide de votre professeur qui va mettre vos suggestions au tableau, faites une liste de questions à poser à vos camarades. Vous voulez savoir (*to find out*) ce qu'ils prennent (mangent, boivent) d'habitude dans les situations suivantes.

1. quand ils ont très faim
2. quand ils regardent la télé
3. quand ils ont très soif
4. quand ils vont au café ou au restaurant

Deuxième étape. Interviewez trois camarades. Notez leur nom et de leurs réponses. À quelle occasion est-ce que tout le monde prend (mange, boit) la même chose? Dans quel cas les réponses varient-elles le plus?

En français

In **Chapitre 2,** you learned several expressions that use the verb **avoir,** expressions whose equivalent in English would use "to be". Two more expressions of this type are **avoir faim** (*to be hungry*) and **avoir soif** (*to be thirsty*).

J'ai très faim! Qu'est-ce qu'on mange ce soir? *I'm really hungry! What are we eating tonight (What's for dinner)?*

Vous avez soif? Vous voulez un verre d'eau? *Are you thirsty? Do you want a glass of water?*

En français

In **Chapitre 4,** you learned that the pronoun **en** can be used to replace the preposition **de** and a geographical location (**Pierre revient de France demain et sa femme en revient la semaine prochaine**). It can also be used to replace the partitive article and a food item; in this context, **en** means *some, any,* or *of it.* Remember that **en** is placed directly before the verb, with which it forms a single "unit." When negation is used, **n'** precedes the pronoun **en** + verb and **pas** follows it.

Il boit souvent **du café.**	Il **en** boit souvent.
Il mange beaucoup **de pain.**	Il **en** mange beaucoup.
Il ne prend pas **de sucre.**	Il **n'en** prend **pas.**

D. Pour perdre du poids (*lose weight*). Henri et son amie Leila ont besoin de perdre du poids. Quelles boissons et quels plats de la liste suivante est-ce qu'ils prennent (ou ne prennent pas)? Travaillez avec un(e) camarade. À tour de rôle, posez des questions et répondez-y utilisant le pronom **en** pour éviter (*avoid*) de répéter l'article partitif. Suivez le modèle.

la bière	l'eau minérale	la glace	les légumes	la salade
les crêpes au chocolat	les frites	le jus de fruits	le poulet	?

EXEMPLE: la salade → Ils prennent de la salade?
—Oui, ils en prennent souvent. (*ou*) Ils en prennent beaucoup.

le gâteau → Ils mangent du gâteau?
—Non, ils n'en mangent pas. (*ou*) Ils en mangent très peu.

5.3 Vous attendez quelqu'un? Regular **-re** verbs

Indiquez de quel individu de la colonne A on parle dans chaque phrase de la colonne B.

A	B
1. Marc est assez distrait.	a. ___3___ Elle **répond** très vite (*quickly*) aux méls.
2. Claire est très patiente.	b. ___1___ Il **perd** souvent ses cahiers, sa montre.
3. Julie est très prompte.	c. ___5___ Elle **rend** (*turns in*) souvent ses devoirs en retard.
4. Jean est plein (*full*) d'initiative.	d. ___4___ Il crée et **vend** des vêtements sur eBay.
5. Caroline n'est pas très studieuse.	e. ___2___ Elle **attend** ses amis au café pendant une heure.

Analysons! Les verbes en caractères gras (*boldface*) font partie d'un groupe de verbes en **-re.** L'infinitif de **répond,** par exemple, est **répondre.** Pouvez-vous deviner l'infinitif des autres verbes en caractères gras?
___répondre___, ___perdre___, ___rendre___, ___vendre___ attendre

○ Answers to this activity are in Appendix 2 at the back of the book.

1 Thus far, you have seen four irregular verbs that happen to end in -re: **être**, **faire**, **boire**, and **prendre**. There is, however, a group of verbs in French ending in **-re** that follows a regular conjugation pattern. The **-re** is dropped from the infinitive to form a verb stem, to which a series of endings is added. The verb **vendre** (*to sell*) is an example of this group.

vendre (*to sell*)	
VERB STEM: vend-	
je **vends**	nous **vendons**
tu **vends**	vous **vendez**
il/elle/on **vend**	ils/elles **vendent**

Est-ce que tu **vends** ta voiture? *Are you selling your car?*
Ils ne **vendent** pas de pain ici. *They don't sell bread here.*
Tu préfères **vendre** ton vélo? *You prefer to sell your bike?*

2 Other frequently used **-re** verbs in this group include the following:

attendre	*to wait*	**perdre**	*to lose*
descendre (de)	*to get off (of) to go down, to descend*	**rendre**	*to turn in, return (something)*
entendre	*to hear*	**répondre (à)**	*to answer, respond, reply*

Elle **attend** ses parents au restaurant. *She's waiting for her parents at the restaurant.*

Vous **descendez** du bus là-bas. *You get off (descend from) the bus over there.*

Tu ne **réponds** pas à ma question! *You aren't answering my question!*

Mise en pratique. Complétez la conjugaison de chaque verbe dans le tableau.

	attendre	entendre	perdre	répondre
je/j'	*attends*	entends	*perds*	réponds
tu	attends	entends	*perds*	*réponds*
il/elle/on	*attend*	*entend*	perd	répond
nous	attendons	*entendons*	perdons	*répondons*
vous	*attendez*	*entendez*	perdez	répondez
ils/elles	attendent	entendent	*perdent*	*répondent*

○ Answers to this activity are in Appendice 2 at the back of the book.

A. Écoutez bien! Êtes-vous quelqu'un de très actif (prompt, travailleur, compétent)? Répondez aux questions de votre professeur en cochant une des réponses possibles.

1. ☐ à temps   ☐ en retard
2. ☐ immédiatement   ☐ deux ou trois jours plus tard
3. ☐ souvent   ☐ rarement (presque jamais)
4. ☐ bien à l'avance   ☐ la dernière minute
5. ☐ sur Internet   ☐ à vos amis ou à vos parents
6. ☐ à pied (*on foot*)   ☐ l'ascenseur (*elevator*)

B. Comment compléter la phrase? Avec deux autres camarades, complétez chaque phrase de deux manières différentes avec des termes de la liste. Présentez une de vos phrases à la classe.

l'addition	l'escalier (*staircase*)	le/la prof
une alarme	nos vieux livres	une question
un bruit (*noise*)	un mél	notre vieille voiture
le bus	la montagne	
nos cahiers	nos montres	

1. Nous attendons _____bus / l'addition_____.
2. Nous perdons parfois _____nos montres_____.
3. Nous vendons _____nos vieux livres / notre vieille voiture_____.
4. Nous descendons (de) _____bus / l'escalier / la montagne_____.
5. Nous entendons _____une question / la prof / un bruit_____.
6. Nous répondons à _____la question / un mél_____.

C. Qu'est-ce qu'on vend? Mettez-vous par deux. Votre camarade va jouer le rôle d'un(e) des marchand(e)s de la liste et vous dire ce qu'il/elle vend. Vous allez deviner qui il/elle est. Ensuite, changez de rôle.

barman	marchand(e) de fruits
boucher/bouchère	marchand(e) de légumes
boulanger/boulangère	pâtissier/pâtissière
épicier/épicière	poissonnier/poissonnière

EXEMPLE: É1: Qu'est-ce tu vends?
            É1: Je vends des pommes et des poires.
            É2: Tu es marchand(e) de fruits?
            É1: Oui!

Un élément essentiel: Le pain

La consommation de pain reste très importante en France, surtout pour le petit déjeuner et le dîner. Le pain préféré est la baguette, et les Français préfèrent acheter leur baguette «chez le boulanger»—c'est-à-dire dans une boulangerie—plutôt qu'au (*rather than*) supermarché. Dans les pays du Maghreb (l'Algérie, la Tunisie, le Maroc), le pain est aussi très important. Au Maroc, on mange *le batbot* et *le khobzat*. En Algérie aussi, on prépare une version du khobzat, *le khobz* ou *kesra*. Il accompagne très bien le couscous. Enfin, on consomme plus de pain dans le Québec francophone que dans le reste du Canada.

Le batbot, pain marocain

D. Quelques jours de congé (*A few days off*).

Première étape. Quand vous avez quelques jours de congé, quels endroits visitez-vous? À qui rendez-vous visite? Indiquez la fréquence de vos visites en numérotant les options suivantes dans chaque colonne (1 = très souvent). Ajoutez une cinquième possibilité, si vous le désirez.

Lieux

_____ un musée

_____ un parc d'attractions (*amusement park*)

_____ un vignoble (*vineyard*)

_____ un zoo / un aquarium

_____

Gens

_____ mon meilleur ami / ma meilleure amie

_____ mes parents

_____ mes grands-parents

_____ mon oncle / ma tante

_____

Deuxième étape. Avec un(e) camarade, comparez et expliquez votre classement.

EXEMPLE: —Quand j'ai quelques jours de congé, je visite un musée (je n'aime pas les parcs d'attraction); je rends visite à mes grands-parents (je ne rends pas visite à ma tante parce qu'elle habite trop loin). Et toi?

Kayserberg, au cœur du vignoble alsacien

> ### En français
>
> You are already familiar with the verb **visiter**, which is used when talking about *locations* that you visit. The expression **rendre visite à** is used instead when talking about *people* that you visit. Compare:
>
> Je **visite** Paris cet été.
> *I'm visiting Paris this summer.*
>
> Je **rends visite à** ma tante cet été.
> *I'm visiting my aunt this summer.*

5.4 Je ne prends rien, merci   Other negative expressions

Cochez la réponse appropriée à chaque question (selon vous, vos habitudes, etc.).

1. Est-ce que vous mangez **quelque chose** (*something*) au petit déjeuner?

   ☐ D'habitude, oui.   ☐ Parfois, oui.   ☒ Non, je **ne** mange **rien.**

2. Est-ce que vous buvez **toujours** (*still*) du lait avec vos repas?

   ☐ Oui, tout le temps!   ☐ Parfois, oui.   ☒ Non, je **n'en** bois **plus.**

3. Est-ce que vous allez **quelque part** (*somewhere*) le samedi matin—au café par exemple?

   ☐ D'habitude, oui.   ☐ Ça dépend.   ☐ Non, je **ne** vais **nulle part.**

4. Est-ce que vous aimez inviter **quelqu'un** (*someone*) à dîner chez vous le dimanche?

   ☐ Oui, des amis.   ☐ Oui, la famille.   ☐ Non, je **n'**invite **personne.**

5. Est-ce que vous avez **déjà** (*already*) 21 ans (et est-ce que vous pouvez [*are able to*] donc acheter de l'alcool)?

   ☐ Oui.   ☐ Je viens d'avoir 21 ans!   ☐ Non, je **n'**ai **pas encore** 21 ans.

Analysons! Regardez les réponses dans la colonne à droite (**Non, je ne [n']...**). Il y a deux expressions négatives que vous connaissez (*are familiar with*) déjà qui manquent dans cette liste. Lesquelles (*Which ones*)?
ne... _____ et **ne...** _____.

Answers to this activity are in Appendice 2 at the back of the book.

■ In addition to **ne... pas** and **ne... jamais**, which you learned in **Chapitre 2**, other common negative expressions include the following:

ne... rien	*nothing*
ne... plus	*no longer, not any longer, not anymore*
ne... pas encore	*not yet*
ne... personne	*no one*
ne... nulle part	*nowhere*

Mise en pratique. Transformez les phrases au négatif. Attention à l'élision de **ne (n').**

1. Je _ne_ mange _pas rien_ ce soir; je n'ai pas faim.
2. Nous _n'_ allons _pas nulle part_ ce soir; nous dînons chez nous.
3. Il _n'_ y a _pas personne_ qui répond au téléphone; le restaurant est fermé?
4. Elle _ne_ prend _pas plus_ de viande; elle est maintenant végétarienne.
5. Vous _n'_ avez _pas encore_ 18 ans? Il faut être majeur (*of legal age*) pour entrer dans cette boîte.

○ Answers to this activity are in Appendice 2 at the back of the book.

○ To learn more about negative expressions, including the restrictor **ne... que**, see Par la suite at the back of the book.

A. Écoutez bien! Pauline attend ses amis au restaurant; ils vont dîner ensemble et puis aller en boîte de nuit. Décidez si les phrases que vous entendez sont logiques ou illogiques.

	logique	illogique
1.	☒	☐
2.	☐	☒
3.	☒	☐
4.	☐	☒
5.	☐	☒
6.	☒	☐
7.	☐	☒

Jac n'aime pas faire la cuisine. Il ne va jamais au marché pour acheter des légumes frais. À la maison, il ne prépare rien pour le reste de la famille. À table, il ne parle personne de ses études: il ne a pas encore son bac, et l'année prochaine il ne va travailler dans un restaurant.

B. Jacques et Jacqueline.

Première étape. Jacques est bien différent de sa sœur Jacqueline. Récrivez (*Rewrite*) la description de Jacqueline en employant les expressions négatives appropriées pour faire une description de Jacques.

> Jacqueline aime **beaucoup** faire la cuisine. Elle va **souvent** au marché pour acheter des légumes frais. À la maison, elle prépare **des plats** pour le reste de la famille. À table, elle parle à **ses parents** de ses études: elle a **déjà** son bac (*high school diploma*), et l'année prochaine elle va travailler dans un restaurant.

EXEMPLE: —Jacques n'aime pas du tout (*not at all*) faire la cuisine. Il...

Deuxième étape. Est-ce que vous êtes comme Jacques? Travaillez avec un(e) camarade. À tour de rôle, posez des questions au négatif à votre camarade, en faisant référence à la description de Jacques. Si vous n'êtes pas comme Jacques, répondez si! à la question, pour indiquer le contraire.

EXEMPLE: É1: Vous n'aimez pas faire la cuisine?
É2: Non, je n'aime pas du tout faire la cuisine. (*ou*)
Si! J'aime beaucoup faire la cuisine!

C. Il n'y a rien de plus appétissant! Utilisez un des adjectifs de la liste suivante pour indiquer votre avis (*opinion*) sur un aliment ou une boisson. Réagissez (*React*) aux déclarations de vos camarades: Êtes-vous d'accord? Quels aliments / Quelles boissons est-ce que vous ne prenez pas (jamais, plus)?

EXEMPLE: É1: Il n'y a rien de plus délicieux qu'un gâteau.
É2: Je suis d'accord. J'adore les gâteaux. (*ou*)
É3: Je ne mange jamais de gâteau. À mon avis, il n'y a rien de plus délicieux qu'une glace!

apaisant (*soothing*)	gras	salé (*salty*)
délicieux	piquant (*spicy*)	substantiel (*satisfying*)
dégoûtant	sain	sucré

Les plats préférés des Français

> Dis–moi ce que tu manges, je te dirai ce que tu es.
>
> —JEAN ANTHELME BRILLAT-SAVARIN*

Chaque pays et chaque région du monde a ses plats préférés. Dans chaque région de France, il y a plusieurs spécialités culinaires, mais les plats que les gens aiment le plus ne sont pas toujours locaux et viennent souvent d'autres régions ou d'autres pays.

A. Avant d'écouter. Avec un(e) camarade, répondez aux questions suivantes: Quel est votre plat préféré? Quel(s) plat(s) est-ce vous n'aimez pas? Quel est le pays d'origine de votre plat préféré? Comparez vos réponses avec celles de votre camarade. Est-ce qu'il y a des différences? Quels sont les plats préférés de la classe?

Les plats préférés des Français		
	%	Rang[1]
-Blanquette de veau[2]	24	1
-Couscous	21	2
-Moules-frites	20	3
-Côte de bœuf[3]	18	4
-Bœuf bourguignon	17	5
-Gigot d'agneau	17	5

[1]*Ranking* [2]Blanquette... *Creamy veal stew* [3]Côte... *Ribeye steak*
Source: http://www.tns-sofres.com/etudes/pol/230306_platspreferes_r.htm

B. Écoutez. Votre professeur va vous parler d'un sondage sur les plats français. Prenez des notes, mais faites aussi attention à d'autres détails (l'expression du visage, l'intonation, les illustrations, etc.) qui pourraient (*might*) vous aider à comprendre votre professeur.

C. Complétez. Répondez aux questions suivantes.

1. Combien de plats de la liste des plats préférés contiennent (*contain*) de la viande?
2. Combien de plats de la liste contiennent des fruits de mer?
3. De quelle région vient le couscous?
4. Quels pays forment le Maghreb?
5. De quels pays viennent les moules–frites?
6. Quel est le pays d'origine de la pizza?

*Jean Anthelme Brillat-Savarin (1775–1826), a French lawyer, magistrate, and politician, wrote a famous work called *Physiologie du goût* about the pleasures of eating.

D. À vous! Avec un(e) camarade, répondez aux questions suivantes.

Quels plats de la liste avez-vous envie de goûter? Quels plats n'avez-vous pas envie de goûter? À votre avis, quels sont les plats préférés des gens de votre région? De quelle origine sont ces plats?

Lisons!

Crise de santé publique: L'Hexagone s'arrondit

A. Avant de lire. Avec un(e) camarade, répondez aux questions suivantes.

1. Combien de fois mangez-vous par jour? Est-ce que vous mangez souvent entre les repas? Est-ce que vous mangez souvent le soir, pendant que vous faites vos devoirs ou regardez la télé?

2. Est-ce que vous faites du sport? Si oui, combien de fois par semaine, et pendant combien de temps?

B. Lisez. Lisez l'article suivant qui décrit le problème de l'obésité, un problème aux États-Unis, en France et dans d'autres pays.

L'Hexagone s'arrondit

Aux États-Unis, les chiffres sont dramatiques: entre 1980 et 2009, le pourcentage d'adultes en surpoids[1] est passé de 47 % à 63.1 %. Dans la population adulte, on compte même 26.5 % d'obèses. La proportion de jeunes en surpoids a elle aussi changé: elle a triplé durant ces vingt-neuf années.

Même si la tendance est plus récente en France, on remarque non seulement de plus en plus de problèmes de surpoids mais aussi d'obésité: 29,4 % des plus de 15 ans sont en surpoids en 2006 alors qu'ils étaient[2] 28.8 % en 1997. Le plus alarmant, c'est que l'obésité est passée de 8,2 % à 12,4 % durant la même période. En d'autres termes, 40 % de la population a un problème de poids.[3] À ce rythme là, un Français sur cinq sera[4] obèse d'ici 2020.

Ces problèmes touchent toutes les générations et les statistiques sur le poids des enfants sont inquiétantes.[5] En effet, le pourcentage d'enfants en surpoids double tous les 15 ans: seulement 3 % des enfants ont un poids au-dessus de[6] la norme en 1965; le surpoids touche 6 % des enfants dans les années 1980, 14 % en 1996 et 16 % en 2000. Cette tendance continue puisqu'on compte actuellement en France 18 % d'enfants en surpoids, dont[7] 3 % sont obèses.

On peut facilement identifier la nourriture à haute teneur en sucres et matières grasses[8] comme une des raisons principales de ces kilos en trop. Il ne faut cependant ni oublier le manque[9] d'activité physique, ni négliger[10] certains facteurs génétiques, psychologiques et sociaux qui peuvent contribuer au problème.

[1]en... *overweight* [2]alors... *while there were* [3]*weight* [4]*will be* [5]*worrisome* [6]au-dessus... *above* [7]*among whom* [8]nourriture... *food with high sugar and fat content* [9]Il... *One can't forget, however, either the lack* [10]ni... *nor disregard*

C. Avez-vous compris? Maintenant, répondez aux questions suivantes.

1. En 2009, quel est le pourcentage d'adultes aux États-Unis en surpoids? Quel pourcentage de la population adulte aux États-Unis est obèse?

2. En 2006, quel est le pourcentage des plus de 15 ans en surpoids en France? Quel pourcentage de ce segment de la population est obèse?

3. Dans l'article, on dit que la proportion de jeunes Américains en surpoids a triplé entre 1980 et 2009. Est-ce que la proportion des enfants en surpoids a aussi triplé en France depuis 1980? Justifiez votre réponse.

4. Quel est le pourcentage d'enfants français en surpoids en 2000?

5. Comment explique-t-on le problème de l'obésité dans l'article?

D. À vous! Avec un(e) camarade, parlez des questions suivantes.

À votre avis, y a-t-il d'autres raisons qui ne sont pas mentionnées dans l'article et qui expliquent cette crise? De toutes les raisons mentionnées dans l'article, laquelle vous semble la plus importante aux États-Unis? en France?

Écrivons!

Forum: Mes habitudes alimentaires

Postez un message sur le **Forum des étudiants** pour décrire ce que vous mangez dans une journée typique. Concluez en disant si vous êtes une personne qui mange pour vivre (*to live*), ou une personne qui vit pour manger. Suivez l'exemple.

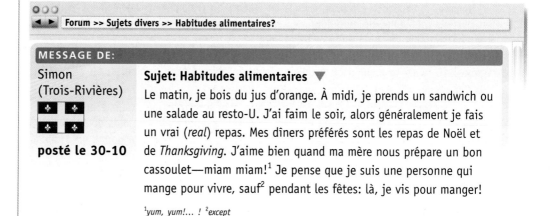

Forum >> Sujets divers >> Habitudes alimentaires?

MESSAGE DE:

Simon
(Trois-Rivières)

posté le 30-10

Sujet: Habitudes alimentaires ▼
Le matin, je bois du jus d'orange. À midi, je prends un sandwich ou une salade au resto-U. J'ai faim le soir, alors généralement je fais un vrai (*real*) repas. Mes dîners préférés sont les repas de Noël et de *Thanksgiving*. J'aime bien quand ma mère nous prépare un bon cassoulet—miam miam![1] Je pense que je suis une personne qui mange pour vivre, sauf[2] pendant les fêtes: là, je vis pour manger!

[1] *yum, yum!... ! * [2] *except*

Parlons!

Jeu de rôle: Commander dans un restaurant

Avec deux camarades, imaginez une scène dans un restaurant. Dans cette scène, il y a trois personnages: deux clients et un serveur ou une serveuse. Quand le serveur ou la serveuse arrive, les clients consultent la carte et commandent. À la fin du repas, ils/elles appellent le serveur ou la serveuse et paient l'addition.

❧ *Restaurant du Marché* ❧

Salades

Salade de chèvre chaud (fromage chèvre, salade, tomates, œufs)	12.00€
Salade nordique (saumon fumé, aneth, pommes de terre, œufs)	12.00€
Salade exotique (pamplemousse, mango, jambon, gruyère, raisins secs)	12.00€

Entrées

Sandwich-baguette au jambon cru	6.50€
Salade de mozzarella aux tomates	5.50€
Foie gras de canard «maison»	9.00€
Salade verte	2.50€
Entrée du jour	4.50€

Plats

Tagliatelles au jambon et au fromage emmental	11.00€
Truite grillée	11.00€
Confit de canard	11.00€
Escalope de veau gratinée au bacon et pennes fraîches	11.50€
Plat du jour	10.00€

Desserts

Tarte au citron	6.50€
Mousse au chocolat	6.50€
Pâtisseries du jour	6.50€
Coupe de glace (2 boules)	4.50€

Boissons

Espresso	3.00€
Petit crème	3.00€
Bière à pression	4.50€
Diabolo menthe	4.50€
Eau minérale	3.50€

❧ • ❧

Sur DVD

To find out about the Paris food scene, read the blog *Salut de Paris!* (page 160) by Chef Otis Lebert from the restaurant Le Taxi Jaune in the Marais and watch the related video feature.

Regardons!

Film: *Le Fils de l'épicier*

(Drame; 2007; France; Réalisateur: Éric Guirado; 95 min.)

SYNOPSIS: This movie is about a French family **(la famille Sforza)** with a grocery-van business in Provence that brings daily necessities to aging inhabitants. Antoine, one of the family's two sons who had previously left to live in Paris, reluctantly returns home to help out with the business while his father convalesces from a heart attack.

SCÈNE: (DVD, "The Round," 00:21:00 to 00:26:20) In this scene, his first trip with the grocery van, Antoine meets his father's usual clients. It seems that Antoine doesn't quite have his father's salesmanship and interpersonal skills.

Avant-première. Répondez aux questions suivantes avec un(e) camarade.

Vous préférez faire les courses au supermarché, à l'épicerie ou au marché? Est-ce que votre relation avec le vendeur est la même au supermarché, à l'épicerie et au marché? Expliquez. Quels sont les avantages et les inconvénients du supermarché et de l'épicerie?

On tourne! Regardez la scène du film et choisissez la bonne réponse pour compléter chaque phrase.

Qu'est-ce que les clients achètent?

1. Cliente 1 (une dame): «Je voudrais _____ pour les petits-enfants.»
   a. du fromage râpé (*grated*) et de La vache qui rit*
   b. du camembert et du brie
   c. du fromage râpé et du camembert

2. Client 2 (un monsieur): Il achète du beurre, _____.
   a. des tomates et des avocats (*avocados*)
   b. un poivron et un paquet de radis (*radishes*)
   c. des oignons et un paquet de radis

3. Cliente 3 (une dame): Elle achète des tomates, _____ et _____.
   a. un paquet de riz et un paquet de coquillettes (*pasta shells*)
   b. des pommes de terre et un paquet de coquillettes
   c. des carottes et un paquet de riz

4. Client 4 (M. Clément): Il prend une boîte de petits pois (*peas*) en échange _____.
   a. du lait
   b. des œufs
   c. de la viande

5. Cliente 5 (Lucienne): Elle n'achète ni (*neither*) _____ ni (*nor*) _____.
   a. légumes / riz
   b. fruits / pommes de terre
   c. aliments / boissons

Le camion-épicerie du film *Le Fils de l'épicier*

*This is a popular brand of soft cheese in France. In North America, it is sold under the name *The Laughing Cow*.

On boucle! Répondez aux questions suivantes.

1. Imaginez que vous êtes Antoine. Qu'est-ce que vous faites pour améliorer (*improve*) vos relations avec les clients et augmenter les ventes? (trois suggestions)

2. Imaginez que vous êtes le/la «Client(e) 6». Qu'est-ce que vous achetez à l'épicerie d'Antoine? Comparez vos achats aux achats des clients français. Sont-ils pareils (*the same*) ou différents?

Chantons!

Chanson: «La chanson hypocalorique» (Alice Dona, 1978)

Alice Dona, née à Maisons-Alfort en 1946, est une chanteuse/compositrice française, populaire entre les années 70 et 80. Elle a écrit beaucoup de chansons pour d'autres artistes, y compris Serge Lama et Georges Brassens, deux chanteurs/compositeurs français très connus. Alice Dona est la mère de Raphaëlle Ricci, un des professeurs de la *Star Academy*.

Cette chanson dénonce de façon humoristique l'obsession d'être mince. Écoutez la chanson. Combien d'aliments ou de plats pouvez-vous (*can you*) identifier? Faites-en une liste et indiquez ceux (*those*) que vous aimez manger.

iMix Link: This song is available for purchase at the iTunes store in a special iMix created for *En avant!* For more information about accessing the playlist, go to the *En avant!* Online Learning Center, Coursewide Content (**www.mhhe.com/enavant1**).

Alice Dona en concert à l'Olympia à Paris

Vocabulaire

Questions et expressions

aller manger chinois (italien/mexicain)	to go out for Chinese (Italian/Mexican) food
Ça te/vous dit de (d')... ?	Do you feel like . . . ?
Tu veux/Vous voulez... ?	Do you want to . . . ?
Avec plaisir!	I'd be happy to!
Désolé(e) ! Je ne peux pas.	Sorry, I can't.
Oui, bonne idée!	Yes, good idea!
Oui, ça me dit.	Sure, that sounds good.
Oui, j'aimerais beaucoup/bien.	Yes, I'd like to. / Yes, I'd like that a lot.
Oui, je veux bien.	Yes, I'd like to.
Pourquoi pas?	Why not?
Volontiers!	Sure! /You bet!
Autre chose avec ça?	Anything else with that?
Je peux prendre votre commande?	Can I take your order?
Je pourrais avoir...	Could I have . . .
Vous avez fait votre choix?	Have you decided?

Verbes et expressions verbales

attendre	to wait
avoir faim/soif	to be hungry/thirsty
boire	to drink
descendre	to get off (of), go down, descend
entendre	to hear
perdre	to lose
prendre	to take; to have to eat, drink
apprendre	to learn
comprendre	to understand, comprehend
prendre une décision	to make a decision
prendre un verre (un pot)	to go out for a drink
prendre du poids	to gain weight
rendre	to turn in, return (something)
rendre visite à	to visit (someone)
répondre	to answer, respond
vendre	to sell

Les magasins d'alimentation

Food stores

un marché (en plein air)	an outdoor market
une boulangerie-pâtisserie	a bakery/pastry shop
une boucherie-charcuterie	a butcher shop and deli
une crémerie-fromagerie	a dairy/cheese shop
une épicerie	a small, grocery store food mart
une poissonnerie	a fish market

Les aliments (m.)

Food items

Les fruits (m.)	*Fruits*
une banane	*a banana*
une fraise	*a strawberry*
une framboise	*a raspberry*
une orange	*an orange*
une pêche	*a peach*
une poire	*a pear*
une pomme	*an apple*
une tomate	*a tomato*
Les légumes (m.)	*Vegetables*
des brocolis (m.)	*broccoli*
une carotte	*a carrot*
un champignon	*a mushroom*
un chou-fleur	*a (head of) cauliflower*
une courgette	*a zucchini*
un haricot (vert)	*a (green) bean*
un oignon	*an onion*
un poivron (rouge)	*a (red) pepper*
une pomme de terre	*a potato*
La viande et la volaille	*Meat and poultry*
un bifteck	*a steak*
un gigot d'agneau	*a leg of lamb*
un jambon	*a ham*
un œuf	*an egg*
un poulet	*a chicken*
un rôti de porc	*a pork roast*
une saucisse	*a sausage*
Les poissons (m.) et les fruits (m.) de mer	*Fish and shellfish*
un crabe	*a crab*
une crevette	*a shrimp*
un filet de saumon, de sole	*a fillet of salmon, sole*
un homard	*a lobster*
une huître	*an oyster*
une moule	*a mussel*
Les produits laitiers et les produits d'épicerie	*Dairy and grocery products*
l'ail (m.)	*garlic*
le beurre	*butter*
la confiture	*jam*
la farine	*flour*
l'huile (f.) d'olive	*(olive) oil*
le fromage	*cheese*
le lait	*milk*
les pâtes (f.)	*pasta*
le poivre	*pepper*

le riz	*rice*
le sel	*salt*
le sucre	*sugar*
le yaourt	*yogurt*

Le pain et la pâtisserie	*Bread and pastries*
une baguette	*a baguette (French bread)*
un croissant	*a croissant (crescent roll)*
un éclair à la vanille / au chocolat	*a (vanilla/chocolate) eclair*
un gâteau	*a cake*
un pain (de campagne)	*a loaf of bread (rustic bread)*
une tarte (aux fruits)	*a (fruit) tart*

Les boissons (*f.*)

Drinks

la bière	*beer*
le café	*coffee*
l'eau (*f.*) minérale	*mineral water*
le jus d'orange (de pomme)	*orange (apple) juice*
le thé	*tea*
le vin (blanc, rouge, rosé)	*(white, red, rosé) wine*

Les repas de la journée

Daily meals

le petit déjeuner	*breakfast*
le déjeuner	*lunch*
le goûter	*afternoon snack (usually for children)*
le dîner	*dinner*

Le couvert

Place setting

une assiette (à soupe)	*a plate (soup bowl)*
une bouteille (de vin)	*a bottle (of wine)*
une carafe	*a carafe*

un couteau	*a knife*
une cuillère à soupe	*a tablespoon, soup spoon*
une fourchette	*a fork*
une nappe	*a tablecloth*
une petite cuillère	*a teaspoon*
une serviette	*a napkin*
une tasse	*a cup*
un verre (à vin)	*a glass (wineglass)*

Au restaurant

l'addition	*the bill*
le serveur/la serveuse	*waiter/waitress*

Expressions prépositionnelles

à côté de	*next to*
à droite de	*to the right of*
à gauche de	*to the left of*
au milieu de	*in the middle of*
en face de	*across from*
loin de	*far from*
près de	*near*

Expressions de quantité

assez de	*enough (of)*
beaucoup de	*a lot of*
peu de	*few, hardly any*
trop de	*too much, too many*

Expressions négatives

ne... nulle part	*nowhere*
ne... pas encore	*not yet*
ne... personne	*no one*
ne... plus	*no longer, not any longer, not anymore*
ne... rien	*nothing*

www.mhhe.com/enavant1

Salut de Paris!

Nom:
Otis Lebert

Profession:
Chef-propriétaire
du Taxi Jaune

Géo-localisation:
Paris, France

Profil ▶

Amis ▶

Liens ▶

Boîte aux lettres ▶

Bienvenue au Taxi Jaune, un bistro dans le Marais, un quartier branché[1] de Paris! Je m'appelle Otis Lebert et je suis chef-propriétaire[2] du restaurant. Je viens de Cahors, une ville au sud-ouest de la France, près de Toulouse, où j'ai fait mes études culinaires. J'ai aussi fait des stages[3] dans des grands restaurants en Angleterre, en Belgique et en Italie.

Au Taxi Jaune, je cuisine avec des produits de saison. Tous les matins, les camionnettes[4] arrivent de Rungis, le plus grand marché de produits frais[5] d'Europe qui se trouve juste en dehors de[6] Paris. J'utilise des produits de qualité pour préparer une cuisine française simple, mêlée parfois d'influences étrangères.[7]

Otis Lebert et un client devant le restaurant

Aujourd'hui, à midi, je propose en entrée une terrine de campagne,[8] une soupe de légumes ou une salade de pommes de terre et volaille. Le plat du jour est un filet de saumon au basilic. Ensuite, je vous recommande de prendre un dessert et un bon petit café.

Après votre repas, allez faire une promenade dans les petites rues pittoresques du Marais. Vous découvrirez de magnifiques hôtels particuliers[9] du 16e et du 17e siècle, des boutiques branchées, des galeries d'art contemporain, le musée Picasso et l'impressionnante place des Vosges.

Et avant de quitter le restaurant, n'oubliez pas de réserver une table pour ce soir!

La place des Vosges

[1]hip [2]chef-owner [3]internships [4]little trucks, vans [5]fresh [6]en... outside of [7]mêlée... sometimes mixed with foreign influences [8]terrine... country-style pâté [9]hôtels... private residences

---

Sur Internet

Pour en savoir plus sur le Marais, la ville de Paris et le marché de Rungis, consultez le site Web d'*En avant!* **(www.mhhe.com/enavant1).**

Sur DVD

Pour mieux connaître Chef Otis Lebert, son restaurant et le Marais et pour visiter Rungis la nuit, regardez la séquence *Salut de Paris!* sur le DVD d'*En avant!*

On est à la mode!

La robe violette, aux renoncules (1937), by Henri Matisse.

Gift of Audrey Jones Beck. © 2010 Succession H. Matisse / Artists Rights Society (ARS), New York.

Bilan

In this chapter, you will learn:

- to elicit opinions and ask about someone's preferences
- to describe people's clothing and accessories
- to point out things nearby and far away using demonstrative articles
- more about formulating questions
- to talk about activities using two groups of verbs ending in **-ir**
- about cultural notions of fashion

DVD   Chantons!   www.mhhe.com/enavant1   www.mhcentro.com   Film   Web Audio

Qu'est-ce que tu penses / vous pensez de... ?

Asking someone's opinion

- A common way to ask someone's opinion about something is to ask:
  Qu'est-ce que tu penses / vous pensez de... ?

tu, *informal*	**vous,** *formal*
Qu'est-ce que tu penses des tatouages?	**Qu'est que vous pensez des piercings?**
What do you think of tattoos?	*What do you think of piercings?*

- Possible answers, both positive and negative include:

Je trouve ça beau / joli.	*I think they are (I find them) beautiful / pretty.*
Je trouve ça affreux / laid / horrible.	*I think they are (I find them) hideous / ugly / horrible.*
C'est une question de goût.	*It's a question of taste.*

- Slangier ways to express the same thing include:

C'est génial / moche.	*It's (They are) great / ugly.*
Je ne suis pas trop tatouages ou piercings, moi.	*I'm not really into tattoos or piercings.*

- Note that the expression **je ne suis pas trop...** can be used in any context:

Je ne suis pas trop desserts.	*I'm not really into desserts.*

A. À l'écran. Regardez la vidéo et écoutez ces personnes exprimer leur opinion sur les tatouages et les piercings. Indiquez qui les aime (*likes them*) et qui ne les aime pas. **Attention!** Certaines personnes ont des sentiments ambivalents. Pour elles, cochez **ça dépend**.

		tatouages			piercings	
	oui	non	ça dépend	oui	non	ça dépend
1. Térésa	☐	☒	☐	☐	☒	☐
2. Antoine	☐	☐	☒	☐	☐	☒

	tatouages			piercings		
	oui	non	ça dépend	oui	non	ça dépend
3.  Anna	☐	☐	☒	☒	☐	☐
4.  Victoria	☒	☐	☐	☒	☐	☐
5.  Keysha	☒	☐	☐	☒	☐	☐
6.  Clara	☒	☐	☐	☒	☐	☐
7.  Xavier	☐	☐	☒	☐	☒	☐

Parmi les personnes interviewées, qui a un tatouage et un piercing? _____

B. Qu'est-ce que vous pensez des tatouages et des piercings?

Première étape. Exprimez votre opinion sur les tatouages et les piercings—et indiquez si vous avez l'un ou l'autre—en cochant toutes les phrases appropriées.

A: les tatouages

_____ Je les trouve très beaux.

_____ Je trouve ça moche.

_____ C'est génial.

_____ Je ne suis pas trop tatouages, moi.

_____ Je trouve ça joli quand ils ne sont pas trop gros.

_____ J'en ai un.

B: les piercings

_____ Je trouve ça joli.

_____ C'est affreux.

_____ C'est horrible, mais d'un autre côté, c'est génial!

_____ Parfois c'est beau, parfois c'est moche.

_____ C'est une question de goût.

_____ J'en ai. (*I have some.*)

Deuxième étape. Circulez dans la salle de classe et demandez aux autres étudiants ce qu'ils pensent des tatouages et des piercings. Retournez à votre place dès que (*as soon as*) vous avez trouvé (*found*) quelqu'un qui partage (*shares*) votre opinion.

Chez les francophones

Un tatouage traditionnel tahitien

Tatouages traditionnels tahitiens: Signes extérieurs de courage

Les vêtements et les accessoires de mode ne sont pas les seuls signes extérieurs de notre personnalité. Il y a aussi les tatouages. Aux États-Unis, ils sont assez populaires; en France, un peu moins, mais l'image est en train de changer. Débarrassés (*Rid*) de leur mauvaise réputation, les tatouages sont maintenant une façon de s'exprimer (*means of expressing oneself*) dans de nombreux pays.

L'origine du mot «tatouage» est *tautau*, un mot polynésien. Dans ces îles du Pacifique, comme à Tahiti, les tatouages ne sont pas simplement une décoration: depuis 3.500 ans, ce sont des symboles de prestige, de richesse ou de bravoure pour les hommes et pour les femmes. Interdit au 19 ème (dix-neuvième) siècle (*century*) par les missionnaires, cet art local connaît aujourd'hui une véritable renaissance.

Sur Internet Pour en savoir plus sur l'art des tatouages traditionnels polynésiens, consultez le site Web d'*En avant!* (**www.mhhe.com/enavant1**).

Sur DVD

Pour voir une interview avec l'artiste tatoueur James Samuela sur l'île de Moorea, regardez la séquence *Salut de Polynésie française!* sur le DVD d'*En avant!*

C. Votre opinion, s'il vous plaît! Travaillez en petits groupes. La personne qui commence choisit un thème de la liste et demande à chaque membre du groupe d'exprimer son opinion à ce sujet. Tout le monde doit utiliser une expression différente.

Qu'est-ce que tu penses / vous pensez de... ?

1. les téléphones portables
2. la nourriture au resto-U
3. le football américain
4. le foot
5. le cours de français
6. ?

Quel est ton/votre gadget électronique préféré?

Asking about someone's preferences

A. À l'ecran. Regardez la vidéo et écoutez les réponses des gens à la question: **Quel est ton gadget électronique préféré?** À côté de chaque nom, écrivez la lettre correspondant à la réponse de cette personne.

DVD

1. Sullyvan ___a___

2. Victoria ___b___

a. un téléphone portable et un ordinateur
b. un ordinateur portable
c. un iPhone*
d. un iPod* et un téléphone portable
e. un appareil photo (*camera*)
f. aucun (*none*)
g. mon iPod

3. Blood ___e___

4. Daniel ___

5. Antoine ___c___

6. Anne-Claire ___g___

7. Xavier ___

- To ask about someone's favorite people, places, and things, you use the following construction:

  —**Quel est** ton gadget éléctronique **préféré?**
  —Mon gadget préféré, c'est mon iPhone.

  —**Quelle est** ton/votre actrice **préférée?**
  —Mon actrice préférée, c'est Audrey Tautou.

  —**Quels sont** tes/vos restaurants **préférés?**
  —Mes restaurants préférés sont Le Taxi jaune et Chez Paul.

  —**Quelles sont** tes/vos fêtes **préférées?**
  —C'est Noël et la fête nationale.

- Note that all forms of **quel** are pronounced the same way.

---

*iPhone and iPod are trademarks of Apple Inc.

B. Quel est ton gadget électronique préféré? Trouvez six personnes dans la classe qui considèrent chacun des gadgets suivants comme leur gadget préféré. Demandez à chaque personne de signer votre feuille, demandez-lui pourquoi elle préfère ce gadget et notez sa réponse.

Gadget	Nom	Raison
1. un baladeur mp3 (un iPod)		
2. un ordinateur portable		
3. un téléphone portable (un iPhone)		
4. un appareil photo		
5. un caméscope (*video camera*)		
6. une console de jeux vidéo		

C. Petit sondage.

Première étape. Formez des questions en associant les éléments de la colonne A aux éléments de la colonne B. **Attention!** Il y a parfois plus d'une solution.

A	B
1. Quel est ___c___ ___d___	a. tes/vos acteurs et actrices préférés?
2. Quels sont ___a, b, h___	b. tes/vos peintres préférés?
3. Quelle est ___e, f___	c. ton/votre acteur préféré?
4. Quelles sont ___g___	d. ton/votre cours préféré?
	e. ta/votre fête préférée?
	f. ta/votre saison préférée?
	g. tes deux expressions françaises préférées?
	h. tes chanteurs préférés?

Deuxième étape. Sur une feuille de papier, écrivez vos réponses à ces questions.

DVD

Troisième étape. Maintenant regardez la vidéo et écoutez les réponses des gens à ces questions. Notez leurs réponses. Avez-vous les mêmes goûts que certaines des personnes dans la vidéo?

EXEMPLE: —Je suis comme Simon, ma saison préférée, c'est l'été.

Prénom	Réponses
1. Marc-Antoine	*la Saint-Jean-Baptiste*
2. Simon	*l'été*
3. Justine	
4. Éva	
5. Élisabeth	
6. Keysha	
7. Nicholas	

Vocabulaire interactif

Qu'est-ce qu'ils portent?

Describing people's clothing and accessories

Examinez les illustrations. Indiquez ce que chaque personne porte (*is wearing*) en précisant la couleur des vêtements (*articles of clothing*). Attention à la forme de l'adjectif.

un tee-shirt

un short

des chaussettes

des tennis (*m. ou f.*)

un maillot de bain

des sandales (*f.*)

un pull(-over)

un jean

un blouson

1. C'est l'été. Sylvie et Martin sont à Nice, au bord de la mer...

2. C'est l'automne. Pierre et son ami Jules sont dans la forêt de Fontainebleau...

un costume   **un tailleur**

un chemisier

une jupe

un manteau

des chaussures (*f.*)

3. C'est l'hiver. M Pinot, Mme Bouchard et Mlle Michelet sont à Grenoble au centre-ville...

une robe   **une veste**   **une chemise**

un imperméable

des bottes (*f.*)

un pantalon

4. C'est le printemps. Élodie et Patrick font une promenade au jardin du Luxembourg, à Paris...

Voici quelques accessoires. Qui dans les illustrations porte chaque accessoire?

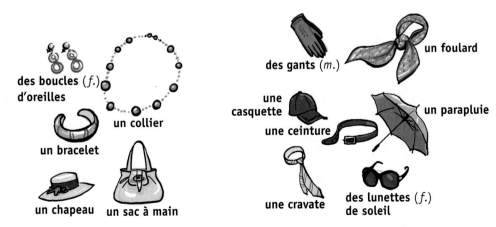

des boucles (*f.*) **d'oreilles**

un collier

un bracelet

un chapeau   **un sac à main**

des gants (*m.*)

un foulard

une casquette

une ceinture

un parapluie

une cravate

des lunettes (*f.*) **de soleil**

A. J'en ai beaucoup! Avec deux autres camarades, indiquez quels vêtements ou accessoires vous avez chez vous et précisez combien vous en avez. Qui dans le groupe en a le plus (*the most*)?

EXEMPLE: des jupes

> É1: Je n'ai pas de jupe.
> É2: J'en ai une, une jupe noire, c'est tout!
> É3: J'en ai beaucoup—trois ou quatre.

1. des jeans
2. des (paires de) tennis
3. des (paires de) gants
4. des casquettes de baseball
5. des costumes / tailleurs
6. des cravates / foulards*
7. des ceintures
8. des parapluies

B. Vêtements pour qui? Consultez la liste, puis complétez les phrases en donnant toutes les réponses possibles. **Attention!** N'oubliez pas qu'on utilise **de(d')** après la négation.

des boucles d'oreilles	un costume	une jupe	un pantalon
des chaussettes	une cravate	des lunettes de soleil	des sandales
un chemisier	des gants	un manteau	un tailleur
un collier de perles			

1. Tout le monde porte...
2. Normalement, les hommes ne portent pas...
3. Normalement, les femmes ne portent pas...
4. Normalement, les enfants ne portent pas...

C. Qu'est-ce que vous mettez? Quels vêtements mettez-vous pour chaque occasion? Travaillez avec un(e) camarade. Est-ce qu'il/elle met la même chose?

EXEMPLE: Vous faites une randonnée à la montagne en automne.
> —Je mets un jean, un pull-over et des bottes. Je porte un sac à dos.

1. Vous allez à un mariage au printemps.
2. Vous faites du sport au parc en été (l'après-midi).
3. Vous allez à la fac le matin en hiver.
4. Vous allez à un concert en plein air en été (le soir).
5. Vous allez à la plage.

D. Comment sont-ils différents? Mettez-vous en groupes, et trouvez les différences entre les personnes de chaque paire.

En français

You've already seen the verb **porter,** meaning *to wear* or *to carry* a certain article of clothing or accessory. *To put on* an article of clothing, however, is expressed by the verb **mettre.**

Il **met** un pull-over parce qu'il fait froid. *He's putting on a sweater because it's cold outside.*

The verb **mettre** is similar to other verbs ending in **-re** that you learned about in **Chapitre 5,** but has two stems, making it "irregular": **je mets, tu mets, il/elle met** but **nous mettons, vous mettez, ils/elles mettent.**

*__Un foulard__ is the term used for a decorative scarf made of silk. It is also the term used to described the headdress worn by some Islamic women in France (also referred to by its Arabic name, **un hijab**). A woolen scarf worn in the winter is called **une écharpe.**

E. Allons faire du shopping!

Première étape. Avec un(e) camarade, faites une petite liste de vêtements ou d'accessoires qu'on achète typiquement dans chaque endroit. Comparez votre liste à celle (*one*) d'un autre groupe d'étudiants.

EXEMPLE: On achète une robe élégante dans une boutique.

1. dans une boutique
2. dans une bijouterie
3. dans un grand magasin
4. dans un magasin de sport
5. dans un magasin d'usine
6. dans une friperie
7. à un marché aux puces
8. sur Internet (sur un site d'enchères)

Deuxième étape. Parlez shopping avec trois camarades: Où est-ce que vous préférez faire du shopping? Où est-ce que vous achetez les choses sur votre liste de la **Première étape?**

EXEMPLE: —J'ai un petit budget vêtements, alors je préfère faire du shopping dans un magasin d'usine. J'y achète des jeans et des chaussettes.

En français

The following expressions will be useful to you in completing Activities F and G:

Tu fais / Vous faites quelle taille? (pour les vêtements)	*What size (clothing) do you wear?*
Je fais du 40.	*I'm a 40. (= size 10 [women])*
Je fais du 44.	*I'm a 44. (= waist size 34 [men])*
Tu fais / Vous faites quelle pointure? (pour les chaussures)	*What size (shoe) do you wear?*
Je fais du 38.	*I'm a 38 (= size 7 or 8 [women])*
Ça me va bien/mal?	*Does this look good/bad on me?*
Ça te/vous va très bien/mal!	*That looks very good/awful on you!*
la coupe:	**ample/serré**	*loose- / tight-fitting*
la couleur:	**vert clair/foncé** (*inv.*)*	*light/dark (green)*
	multicolore	*multicolored*
	rayé(e)	*striped*
le style:	**à carreaux**	*plaid*
	à col roulé	*with a turtleneck*
	à talons hauts	*high-heeled*
	à manches courtes/longues	*short- / long-sleeved*
	à pattes d'éléphant	*bell-bottomed*
	à pois	*polka dot*

*Colors followed by **clair** and **foncé** are invariable.

Qu'est-ce qu'elle porte?

Prononcez bien!

To learn about the pronunciation of the high vowels [i] as in **joli**, [y] as in **jupe**, and [u] as in **jour**, and to practice the pronunciation of words from this **Vocabulaire interactif** section, see the **Prononcez bien!** section of the *Workbook / Laboratory Manual*.

F. Défilé de mode (*Fashion show*).

Première étape. Décrivez les vêtements dans la photo à gauche à l'aide des mots de la section **En français**.

Deuxième étape. Maintenant créez une tenue (*outfit*) selon un certain look: **goth(ique), hippie, punk, hip hop, BCBG** ([bon chic, bon genre], *urban/preppy*), ou **sport**. Présentez votre création à la classe.

G. Ça me va très bien.

Première étape. Créez une tenue élégante pour un(e) camarade. Posez-lui des questions pour déterminer ses préférences concernant le look, la coupe, les couleurs et le style.

EXEMPLE: —Tu aimes les robes?
—Quelles couleurs est-ce que tu préfères?
—Tu aimes les robes un peu serrées?

Deuxième étape. Décrivez la tenue à votre camarade pendant que vous la dessinez (*draw it*). Posez des questions ou faites des commentaires supplémentaires si nécessaire. Qu'est-ce que votre camarade pense de votre création?

6.1 Qu'est-ce que tu portes ce soir?

The demonstrative articles
ce, cet, cette, ces

Cochez la réponse qui complète le mieux chaque phrase.

1. J'ai commencé (*began*) à étudier le français…

   ☒ **ce** trimestre/semestre ☐ le trimestre/semestre dernier ☐ (un autre trimestre/semestre)

2. Je préfère avoir cours…

   ☒ à **cette** heure-ci ☐ plus tôt dans la journée ☐ plus tard dans la journée

3. J'ai des devoirs à faire…

   ☒ **ce** soir ☐ demain soir ☐ (un autre soir)

4. Il y a un examen de français…

   ☒ **cette** semaine ☐ la semaine prochaine ☐ (une autre semaine)

5. J'aimerais visiter la France…

   ☒ **cet** été ☐ l'été prochain ☐ (je ne sais pas quand)

Analysons! 1. Basé sur votre connaissance (*knowledge*) des autres articles, écrivez le pluriel du démonstratif **ce/cet/cette**: ___*ces*___. 2. On utilise la forme **cet** (comme dans **cet été**, **cet imperméable** et **cet homme**) devant un nom masculin ou féminin? ___*masc*___ Devant une consonne ou une voyelle? _____ Et devant un **h**? _____

---

1 The demonstrative articles **ce, cet, cette, ces** (also called demonstrative adjectives) precede a noun and point out particular person(s) or thing(s); their use is therefore equivalent to English *this/that/these/those*. Like the other articles you've studied, the form of the demonstrative article depends on the gender and number of the noun that follows, and whether that noun begins with a consonant, vowel, or **h**.

	SINGULIER	PLURIEL
MASCULIN + consonne	**ce** soir	**ces** soirs
MASCULIN + voyelle ou **h**	**cet** homme **cet** acteur	**ces** hommes **ces** acteurs
FÉMININ	**cette** semaine **cette** amie	**ces** semaines **ces** amies

2 The special form **cet** is used only before masculine nouns beginning with a vowel or **h**. Because of **liaison**, **cet** is pronounced the same way as the feminine form **cette**. As with other articles, **liaison** also occurs with the plural form **ces**.

Qu'est-ce que tu penses de **cet** imperméable? *What do you think of this raincoat?*

Qu'est-ce que vous pensez de **ces** écharpes? *What do you think of these scarves?*

Mise en pratique. Utilisez la forme appropriée du démonstratif.

J'aime beaucoup…	Qu'est-ce que tu penses de…
1. _Cet_ appareil photo	5. _Ces_ imperméables?
2. _Ces_ boucles d'oreilles	6. _Ce_ magasin?
3. _Cette_ casquette	7. _Ces_ tatouages?
4. _Cette_ écharpe	8. _Ce_ pantalon?

○ Answers to this activity are in Appendice 2 at the back of your book.

3 When pointing out things using demonstrative articles, a distinction is made in English between those that are near to the speaker in place or time (*this/these*) and those that are far (*that/those*). Although the context usually makes such a distinction clear, **-ci** and **-là** can be added to the end of a noun to make this distinction in French.

○ To learn about the demonstrative pronouns **celui/celle/ceux/celles**, see Par la suite at the back of the book.

J'aime bien ce costume-**ci**. *I like this suit (here).*

Tu préfères ce costume-**là**? *You prefer that suit (there)?*

A. Écoutez bien!

Première étape. Écrivez la forme correcte du démonstratif **ce** (**cet, cette, ces**). Vous allez entendre ces formes dans les phrases de la **Deuxième étape**.

1. un instrument → _____ instrument
2. une fleur → _____ fleur (*flower*)
3. un monument → _____ monument
4. un oiseau → _____ oiseau (*bird*)
5. une boisson → _____ boisson
6. les trois couleurs → _____ trois couleurs
7. un train → _____ train
8. une pâtisserie → _____ pâtisserie

Deuxième étape. Votre professeur va maintenant décrire quelques icônes culturelles (*cultural icons*) françaises en utilisant les termes de la **Première étape**. Identifiez l'icône décrite en utilisant **C'est…** ou **Ce sont…**.

a. **le champagne**   b. **la fleur de lys**   c. **le coq gaulois**   d. **un croissant**

e. **la tour Eiffel**   f. **l'accordéon**   g. **le bleu, le blanc et le rouge**   h. **le TGV**

B. Aux États-Unis.

Première étape. Complétez les phrases suivantes avec la forme appropriée de l'article démonstratif pour décrire des icônes culturelles américaines.

1. On regarde _ce_ sport à la télé; les joueurs portent des casquettes. *le baseball*

2. On entend _cet_ instrument de musique dans des chansons folkloriques. *le banjo*

3. On boit souvent _cette_ boisson sucrée au cinéma, à un match de foot ou avec *le coca* son goûter.

4. On visite _ces_ parcs d'attractions en Californie et en Floride. *Disneyland*

5. On voit (*sees*) l'image de _cet_ animal sur beaucoup d'emblèmes. *l'aigle*

6. On apprécie beaucoup _ce_ monument célèbre à New York, un cadeau des *la statue* Français.

7. On prépare _cette_ pâtisserie les jours de fête. *la tarte*

8. On admire beaucoup _cet_ homme, le «père» (le premier président) du pays. *George Washington*

Deuxième étape. Travaillez avec un(e) camarade. À tour de rôle, testez vos connaissances culturelles: lisez les phrases de la **Première étape** et cherchez la bonne réponse dans la liste.

l'aigle (*eagle*)	le coca	la statue de la Liberté
le banjo	Disneyland et Disneyworld	la tarte aux pommes
le baseball	George Washington	

En français

Direct objects are nouns that are "directly affected" by the action of a verb. For example, in **Elle porte souvent *cette robe*,** the dress is the object being worn; in **Elle aime beaucoup *ses frères*,** the brothers are the people being loved. Direct object pronouns are used to replace nouns referring to both people and things. In French, these pronouns have the same form as the definite articles **le, la, l',** and **les:**

Elle **le** met quand il fait froid. (**le = le manteau**)	*She puts it on when it's cold out.*
Elle **la** porte souvent. (**la = cette robe**)	*She wears it often.*
Elle **l'**invite à dîner ce soir. (**l' = son ami[e]**)	*She's inviting him/her to dinner tonight.*
Elle **les** aime beaucoup. (**les = ses frères / ses sœurs**)	*She loves them a lot.*

Like the pronouns **y** and **en,** which you've already seen, notice that the direct object pronouns in the examples appear directly *before* the verb.

C. Des vêtements.

Première étape. Votre professeur va vous montrer huit images. Demandez à un(e) camarade son opinion sur ces vêtements. Suivez l'exemple.

EXEMPLE: É1: Qu'est-ce que tu penses de ce maillot de bain?
 É2: Je le trouve très joli!

Deuxième étape. Faites une description des vêtements et accessoires de la **Première étape** en indiquant quand on les porte, dans quel magasin on les achète, et/ou pourquoi on les met.

> **EXEMPLE:** le maillot de bain
> —On le porte en été.
> —On l'achète dans un magasin de sport. (ou)
> —On le met pour faire de la natation.

D. Interview sur ses études.

Première étape. Complétez chaque question avec la forme correcte du démonstratif. Vous allez poser ces questions à un(e) camarade pendant la **Deuxième étape.**

1. Tu as combien de cours _____ trimestre/semestre? Tu trouves _____ cours difficiles?

2. Qu'est-ce que tu penses des profs dans _____ université? Et des étudiants?

3. Tu es très occupé(e) _____ jours-ci? Qu'est-ce que tu fais _____ après-midi, par exemple?

4. Tu vas voyager ou travailler _____ été?

5. Tu vas finir tes études _____ année?

 Deuxième étape. Posez les questions de la **Première étape** à un(e) camarade que vous ne connaissez pas bien (*don't know well*). Notez ses réponses, puis faites-en un petit résumé écrit.

6.2 On sort ce soir?   Verbs in **-ir** like **sortir**

Utilisez la négation (**jamais, personne, plus, rien**) dans la colonne B pour faire le contraste entre Maxime et ses sœurs.

A	B
1. Maxime **part** (*is leaving*) ce matin.	Ses sœurs ne **partent** _____pas_____.
2. Il **sert** (*serves*) du vin.	Elles ne **servent** _____.
3. Il **ment** (*lies*) parfois.	Elles ne **mentent** _____.
4. Il **sort** (*goes out*) avec des amis.	Elles ne **sortent** avec _____.
5. Il **dort** (*is sleeping*) encore.	Elles ne **dorment** _____.

Analysons! 1. Les verbes en caractères gras ont tous un infinitif en **-ir** (par exemple, l'infinitif de **partent** est **part<u>ir</u>**). Quel est l'infinitif des autres verbes de la colonne B? _____, _____, _____ et _____. 2. Quelle différence notez-vous entre les formes **sert** et **servent**, et entre **dort** et **dorment**? Combien de racines (*stems*) y a-t-il? _____

1 Unlike verbs ending in **-er** and **-re** that you've studied in **Chapitres 3** and **5**, those ending in **-ir**, such as **dormir** (*to sleep*), have two verb stems, one for the singular forms and another for the plural forms. The plural forms retain the consonant before the **-ir** ending of the infinitive.

dormir (*to sleep*)	
RACINES	
dor-	dorm-
je **do<u>rs</u>**	nous **do<u>rm</u>ons**
tu **do<u>rs</u>**	vous **do<u>rm</u>ez**
il/elle/on **do<u>rt</u>**	ils/elles **do<u>rm</u>ent**

Tu **dors** bien la nuit?   *Do you sleep well at night?*

Dormez-vous chez nous ce soir?   *Are you sleeping at our house tonight?*

2 Other frequently used verbs in this **-ir** group are listed here.

À noter: The verb **sortir** has a number of English equivalents, depending on context.

mentir	*to lie*	**servir**	*to serve*
partir	*to leave*	**sortir** (**de**)	*to take out,*
sentir	*to smell*		*come out,*
			go out (*of*)

Elle **sort** un livre de son sac.   *She's taking a book out of her bag.*

Ils **sortent** de la maison.   *They're coming out of the house.*

Je **sors** avec mes amis.   *I'm going out with my friends.*

Mise en pratique. Complétez la conjugaison de chaque verbe dans le tableau.

	mentir	partir	sortir
je/j'	mens	pars	sors
tu	mens	pars	sors
il/elle/on	ment	part	sort
nous	mentons	partons	sortons
vous	mentez	partez	sortez
ils/elles	mentent	partent	sortent

○ Answers to this activity are in Appendice 2 at the back of the book.

3 To say that one is leaving (on a certain day or at a certain time), the verb **partir** is used, but to say that one is leaving a particular location or person, the verb **quitter** (a regular **-er** verb) is used instead.

Il **part** à 7 h.   *He's leaving at 7 o'clock.*

but: Il **quitte** sa maison / sa femme.   *He's leaving his house / his wife.*

A. Écoutez bien! Votre professeur va décrire les activités d'une femme, Marise, et de sa fille Anne. De qui est-ce que votre prof parle dans chaque phrase: de Marise, d'Anne ou des deux? Faites attention au sens (*meaning*) de la phrase et à la forme du verbe que vous entendez.

	Marise (la mère)	Anne (la fille)	les deux
1. servir	☐	☐	☐
2. mentir	☐	☐	☐
3. sortir	☐	☐	☐
4. sentir	☐	☐	☐
5. acheter	☐	☐	☐
6. partir	☐	☐	☐
7. dormir	☐	☐	☐

Chez les Français

Ça sent bon!

«La capitale mondiale du parfum», c'est la commune de Grasse dans le département des Alpes-Maritimes, sur la côte méditerranéenne. Le climat de la région favorise la culture (*cultivation*) de lavande et de jasmin. L'huile extraite de ces fleurs fait partie d'un concentré (un «jus») dilué dans de l'alcool. Le pourcentage du concentré (relatif à l'alcool) détermine si c'est un parfum, une eau de parfum ou une eau de toilette (eau de cologne). Les parfums français de Dior, de Givenchy, de Gaultier—et, bien sûr, le célèbre N° 5 de Chanel—sont créés par des parfumeurs, surnommés des «nez» (*noses*), qui sont souvent formés (*trained*) à Grasse et qui travaillent soit (*either*) pour une maison de couture particulière soit dans un groupe chimique international.

Un champ de lavande devant l'Abbaye de Sénanque en Provence

B. La politesse.

Première étape. Complétez chaque phrase en employant un des verbes en **-ir** de la liste. **Attention!** Utilisez chaque verbe une seule fois. Vous allez discuter de ces «situations hypothétiques» dans la **Deuxième étape**.

dormir	servir	sortir
mentir	sentir	partir

[annotation manuscrite: memorize these conj. verbs]

1. À table, vous ___servez___ le dessert aux invités avant de prendre votre part.

2. Vous avez rendez-vous avec vos amis à 9 h du matin, mais vous ___dormez___ jusqu'à 10 h.

3. C'est l'anniversaire d'un très bon ami; vous venez à la fête, mais vous ___partez___ après une demi-heure.

4. Vous ___sortez___ au cinéma ce soir et vous invitez votre colocataire, qui n'a rien à faire.

5. Un ami prépare une tarte aux pommes et vous lui dites (*tell him*): «Ça ___sent___ bon!»

6. Votre amie porte une nouvelle robe que vous n'aimez pas du tout, mais vous ___mentez___ à votre amie; vous lui dites: «Ça te va très bien!»

Deuxième étape. Mettez un X à côté des situations mentionnées dans la **Première étape** que vous considérez *impolies*. Dites à la classe ce que vous faites dans ces circonstances. Est-ce que vos camarades de classe ont la même conception de la politesse que vous? Est-ce qu'ils font la même chose?

C. Vérité (*Truth*) **ou mensonge** (*lie*)? Travaillez avec trois autres camarades. Trois d'entre vous vont raconter (*tell*) quelque chose de vrai et l'autre personne va mentir. Ensemble, décidez qui va mentir, et puis créez vos phrases en utilisant les suggestions suivantes. Présentez ensuite vos phrases à la classe. Est-ce que vos camarades sont capables de déterminer qui ment?

> dormir…
> être incapable de (+ *infinitif*)…
> ne jamais mentir à…
>
> ne jamais porter (+ un vêtement)…
> ne jamais sortir…
>
> partir pour… (+ une destination)
> refuser de manger…

D. Quand tu sors avec tes amis…

Première étape. Que font vos camarades quand ils sortent avec leurs amis? Utilisez les mots interrogatifs et les infinitifs suggérés pour créer une liste de questions à poser à deux camarades différents.

1. Vers quelle heure / sortir?
2. Avec qui / sortir?
3. Où / aller?
4. Pourquoi / aimer?
5. Que / faire?
6. Que / porter (mettre)?
7. Combien de temps / passer?
8. Quand / partir?

Deuxième étape. Interviewez un(e) camarade en employant les questions développées dans la **Première étape.** Ensuite, interviewez un(e) deuxième camarade. Avec quel(le) camarade êtes-vous plus compatible?

Deux copines prennent un café ensemble

servir

je sers
tu sers
il/elle/on sert
nous servons
vous servez
ils/elles servent

sentir

je sens
tu sens
il/elle/on sent
nous sentons
vous sentez
ils/elles sentent

6.3 Quel magasin préfères-tu?   The interrogative **quel(le)(s)**

Remplacez chaque expression interrogative en caractères gras par l'expression synonyme de la liste.

> Avec quelle personne   Pour quelles raisons
> Dans quel magasin   Quels vêtements
> En quelle saison

1. **Avec qui** est-ce que tu aimes faire du shopping?
   Avec quelle personne

2. **Qu'est-ce que** tu aimes acheter?
   Quels vêtements

3. **Quand** est-ce que tu achètes beaucoup de vêtements?
   En quelle saison

4. **Où** est-ce que tu préfères acheter des jeans?
   Dans quel magasin

5. **Pourquoi** est-ce qu'on achète un complet/un tailleur?
   Pour quelles raisons

Analysons! 1. Quelles sont les quatre formes de **quel** utilisées dans ces phrases?
_____, _____, _____ et _____.
2. Qu'est-ce qui détermine (*What determines*) la forme appropriée de **quel**?
_____

○ Answers to this activity are in **Appendice 2** at the back of the book.

---

1 In **Chapitre 3**, you learned that **Qu'est-ce que** is equivalent to English *What . . . ?* and is followed by a subject and a verb. To ask *which* or *what* and identify one thing from a set of possibilities, the interrogative **quel(le)(s)** is used instead, followed by a noun.

Qu'est-ce que tu aimes porter en été?	*What do you like to wear in the summer?*
but: **Quel** costume est-ce que tu vas porter?	*What (Which) suit are you going to wear?*

Like the articles and adjectives you've studied so far, the form of the **quel(le)(s)** depends on the gender and number of the noun that follows.

MASCULIN SINGULIER	**quel**	costume?
MASCULINE PLURIEL	**quels**	manteaux?
FÉMININ SINGULIER	**quelle**	robe?
FÉMININ PLURIEL	**quelles**	chaussures?

À noter: All forms of **quel(le)(s)** are pronounced the same, despite differences in spelling. **Liaison** occurs between the plural forms and a noun beginning with a vowel or **h** (**quels impermeables?**).
[z]

Answers to this activity are in Appendice 2 at the back of your book.

Mise en pratique. Pour chaque nom, écrivez la forme correcte de l'interrogatif **quel(le)(s)**, puis dites ces phrases à haute voix. Quand fait-on la liaison entre l'adjectif et le nom?

1. _quelle_ ceinture?
2. _quelles_ chaussettes?
3. _quelles_ écharpes?
4. _quels_ gants?
5. _quels_ imperméables?
6. _quel_ maillot de bain?

To learn about the interrogative pronouns **lequel/laquelle/lesquels/lesquelles**, see Par la suite at the back of the book.

2 You have already learned the expression **À quelle heure... ?** for asking at what time something happens. Whenever a preposition such as **à, de, avec**, etc. is required, it *must* precede **quel(le)(s)** in French. This is not usually the case in informal spoken English:

De quel pays parlez-vous?	*What (Which) country are you talking about?*
En quelle saison voyagez-vous?	*What (Which) season do you travel in?*
Avec quels amis sortez-vous?	*What (Which) friends do you go out with?*

3 As you saw in **Communication en direct**, **quel(le)(s)** can also be followed by the verb **être** to ask *What is/are . . . ?* The gender and number of the noun following **être** determines the appropriate form of **quel(le)(s)**.

Quelle est ta saison préférée?	*What is your favorite season?*
Quels sont tes cours préférés?	*What are your favorite courses?*

A. Écoutez bien! Votre professeur va tester vos connaissances géographiques. De quel endroit est-ce qu'il/elle parle?

1. région:	☒ la Côte d'Azur	☐ la Bretagne
2. état:	☒ le Massachusetts	☐ le Minnesota
3. province:	☐ l'Ontario	☒ le Québec
4. pays:	☐ la Suisse et l'Italie	☒ la Grèce et l'Italie
5. fleuves (*rivers*):	☒ la Seine et la Loire	☐ le Danube et le Pô

B. Quel voyage?

Première étape. Travaillez avec un(e) camarade pour organiser un voyage. D'abord, complétez chaque question avec la forme appropriée de **quel(le)(s)**. Ensuite, répondez chacun(e) à ces questions. Est-ce que vous allez pouvoir voyager ensemble?

1. Dans _quel_ pays allons-nous?
2. En _quelle_ saison y allons-nous?
3. _Quelles_ activités touristiques y allons-nous faire?
4. De _quels_ vêtements/accessoires avons-nous besoin?

Deuxième étape. Présentez à la classe le voyage que vous venez d'organiser dans la **Première étape**. Vos camarades vont exprimer leurs opinions en utilisant la structure **Quel(le)... !**

En français

Quel(le)(s) + a noun can also be used to make exclamations, with or without an adjective. Here are some examples that can be used to react to the trips being presented in the **Deuxième étape** of Activity B:

Quel beau voyage!
What a nice trip!

Quelle galère!
What a drag / a pain!

Quelle bonne idée!
What a good idea!

Quelle horreur!
That's horrible/awful!

C. Jeu d'identité.

Première étape. Formulez des questions avec **quel(le)(s)** pour obtenir les renseignements (*information*) indiqués. Vous allez utiliser ces questions dans un jeu d'identité pendant la **Deuxième étape**.

son nom de famille	sa nationalité	les langues qu'elle parle
son âge	la date de naissance (*birth*)	ses cours préférés

Deuxième étape. Travaillez avec un(e) camarade. Il/Elle va choisir en secret (*secretly choose*) une des quatre personnes dans les illustrations. Posez les questions de la **Première étape** pour déterminer l'identité de la personne. Ensuite, changez de rôle.

1.

Dumoulin

20 ans
française
le 6 avril 1992
français, allemand
la biologie, les maths

2.

Dumoulin

19 ans
canadienne
le 6 avril 1992
français, anglais
la biologie, les maths

3.

Dumoulin

19 ans
canadienne
le 18 septembre 1993
français, anglais
la sociologie, la psychologie

4.

Dumoulin

20 ans
française
le 18 septembre 1994
français, anglais
la biologie, les maths

D. Un beau cadeau (*gift*)?

Travaillez avec un(e) camarade. Imaginez que vous êtes chargé(e) d'acheter un cadeau d'anniversaire pour votre camarade de la part de toute la classe. Vous décidez d'acheter un vêtement. Posez des questions à votre camarade pour déterminer quel vêtement lui acheter. Essayez de découvrir ce que'il/elle aime comme style, couleur et marque (*brand*) en lui posant des questions avec **quel(le)(s)**. Décrivez ensuite le cadeau à la classe.

Le grand magasin H&M à Paris

6.4 Comment choisir le bon cadeau?

Verbs in –ir like **choisir**

Acheter un cadeau pour un ami (un vêtement, par exemple), ce n'est pas toujours facile! Lisez les conseils (*advice*) suivants et indiquez si vous faites la même chose ou non.

	oui	non
1. On **réfléchit** aux goûts, au sens de style de son ami. Vous **réfléchissez** souvent à cela?	☐	☐
2. On **choisit** un cadeau original ou inattendu (*unexpected*). Vous **choisissez** souvent des cadeaux originaux?	☐	☐
3. On **finit** les préparations en mettant le cadeau dans une jolie boîte (*box*). Vous **finissez** aussi les préparations en mettant le cadeau dans une jolie boîte?	☐	☐
4. On **réussit** à faire plaisir (*succeeds in pleasing*) à l'individu. Vous **réussissez** souvent à faire plaisir à vos amis?	☐	☐

Analysons! 1. Les formes en caractères gras font partie d'un deuxième groupe de verbes qui ont un infinitif en **-ir** (par exemple, l'infinitif de **réfléchit/ réfléchissez** est **réfléchir**). Quel est l'infinitif des autres verbes? _____, _____ et _____ 2. Qu'est-ce qu'on trouve dans la forme **réfléchissez** qu'on ne trouve pas dans les formes **dormez** et **sortez** (qui font partie de l'autre groupe de verbes en **-ir**)? _____

▷ Answers to this activity are in Appendice 2 at the back of the book.

1 A second group of verbs ending in **-ir**, such as **finir** (*to finish*), differs from the first set you studied earlier (verbs like **partir**) in that the verb stem for the plural forms has a distinctive -iss- pattern. For this reason, verbs in this group are sometimes referred to as **-ir/-iss** verbs.

finir (*to finish*)	
RACINES	
fin-	**finiss-**
je **finis**	nous **fin<u>iss</u>ons**
tu **finis**	vous **fin<u>iss</u>ez**
il/elle/on **finit**	ils/elles **fin<u>iss</u>ent**

2 Other frequently used verbs in the **-ir/-iss** group are listed here.

choisir	*to choose*
réfléchir (à)	*to reflect* (on), *think* (about)
réussir (à)	*to succeed, be successful* (at)

Mise en pratique. Complétez la conjugaison de chaque verbe dans le tableau.

	choisir	réfléchir	réussir
je	choisis	réfléchis	réussis
tu	choisis	réfléchis	réussis
il/elle/on	choisit	réfléchit	réussit
nous	choisissons	réfléchissons	réussissons
vous	choisissez	réfléchissez	réussissez
ils/elles	choisissent	réfléchissent	réussissent

○ Answers to this activity are in Appendice 2 at the back of the book.

3 Other, less frequently used verbs in the -ir/-iss group are formed from adjectives and so carry with them the meaning of the adjective, usually in the sense of *becoming* (*getting, taking on*) a certain quality.

Mise en pratique. Écrivez l'adjectif qui est à la base de chaque verbe en -ir/-iss, puis conjuguez le verbe à la personne indiquée.

	Adjectif		Verbe		
1.	grand	→	grandir (*to grow up*)	Je	grandis !
2.	gros	→	grossir (*to gain weight*)	Tu	grossis !
3.	maigre	→	maigrir (*to lose weight*)	Il	maigrit !
4.	jeune	→	rajeunir (*to look younger*)	Nous	rajeunissons !
5.	vieux	→	vieillir (*to grow old*)	Elles	vieillissent !
6.	rouge	→	rougir (*to blush*)	Vous	rougissez !

○ Answers to this activity are in Appendice 2 at the back of the book.

A. Écoutez bien! Écoutez votre professeur et indiquez si ses phrases sont logiques ou pas logiques.

	c'est logique	ce n'est pas logique
1.	☒	☐
2.	☐	☒
3.	☐	☒
4.	☒	☐
5.	☒	☐
6.	☐	☒

B. Au choix (*Your choice*)! Travaillez avec un(e) camarade. Vous avez un peu d'argent à dépenser (*spend*) dans un grand magasin. Choisissez un des deux articles et expliquez votre choix. Est-ce que votre camarade choisit la même chose? pour la même raison?

EXEMPLE: Moi, je choisis le pull-over en laine parce qu'il fait frais et parce que je n'ai pas beaucoup de pull-overs.

1. un pull-over ou un très beau jean?
2. des bottes ou des sandales de sport?
3. un imperméable ou une veste noire?
4. des lunettes de soleil très chic ou un chapeau?
5. un sac à dos ou un grand parapluie?

C. Réflexions. On réfléchit à différents sujets au fur et à mesure qu'on grandit (*as one continues to grow up*) et qu'on vieillit. Travaillez en petits groupes. Trouvez dans la liste un «sujet de réflexion» important pour les groupes suivants: **les adolescents (les ados) de 15 ans, les célibataires de 20 ans, les parents de 45 ans, les grands-parents de 70 ans.** Discutez de votre choix en essayant d'expliquer pourquoi ce sujet de réflexion est important pour le groupe en question. Ensuite, présentez votre choix et votre justification à la classe en utilisant le verbe **réfléchir** et la forme appropriée de la préposition **à**.

EXEMPLE: —Les ados de 15 ans réfléchissent beaucoup à leur apparence physique parce que...

leur apparence physique	les finances	leur santé
l'amour	la politique	les temps passés
leur carrière	les problèmes sociaux	leurs valeurs

D. La qualité essentielle.

Première étape. Avec un(e) camarade, choisissez dans la liste la qualité ou les qualités essentielles à chaque situation.

courageux	honnête	optimiste	réaliste	talentueux
diligent	intelligent	prudent	sage (*wise*)	têtu (*stubborn*)
généreux	modeste	raisonnable	studieux	travailleur

EXEMPLE: pour finir ses études à temps
—À notre avis (*In our opinion*), pour finir ses études à temps, il est essentiel d'être diligent et studieux.

1. pour bien finir ce qu'on commence
2. pour réussir une carrière dans les arts
3. pour maigrir (sans risque)
4. pour réussir une carrière en médecine
5. pour vieillir avec grâce

Deuxième étape. Qui parmi vos amis ou les membres de votre famille est un «bon exemple» de ces qualités? Donnez un exemple précis.

EXEMPLE: —À mon avis, ma grand-mère vieillit avec grâce. Elle...

*L*a mode se démode,
le style jamais.*

COCO CHANEL

*Fashion goes out of fashion, style never
does.*

Katoucha Niane dans une création d'Yves Saint Laurent

La mode en France et ailleurs° dans le monde francophone: les vêtements et beaucoup plus

°elsewhere

Pour beaucoup de gens, les vêtements et la mode sont des éléments importants de la vie. Même ceux qui ne sont pas des «fashionistas» savent que la mode change et que quand on parle de la mode, on parle non seulement (*not only*) de vêtements, mais aussi de détails comme les tatouages et les piercings, de gadgets comme les baladeurs et les téléphones portables et d'accessoires de mode comme les ceintures et les boucles d'oreilles.

A. Avant d'écouter. Avec un(e) camarade, répondez aux questions suivantes.

Avez-vous une marque de vêtements préférée? Avez-vous un ami / une amie qui a un tatouage ou un piercing? Avez-vous un tatouage ou un piercing? Si oui, êtes-vous content(e) de votre décision?

B. Écoutez. Votre professeur va vous parler de l'histoire de la mode en France et dans le monde occidental. Prenez des notes, mais faites aussi attention à d'autres détails (l'expression du visage, l'intonation, les images, etc.) qui pourraient (*might*) vous aider à mieux comprendre votre professeur.

C. Complétez. Cochez les réponses correctes.

1. Pendant quel siècle est-ce qu'on voit les premiers mannequins vivants?
   ☐ le 18e siècle   ☐ le 19e siècle   ☐ le 20e siècle

2. Pendant quel siècle est-ce qu'on voit les premières collections de prêt-à-porter?
   ☐ le 18e siècle   ☐ le 19e siècle   ☐ le 20e siècle

3. De quand date la création des maisons d'Yves Saint-Laurent et Pierre Cardin?
   ☐ des années 40   ☐ des années 50   ☐ des années 60

4. Qui porte des tatouages non-permanents au Maroc?
   ☐ les hommes   ☐ les femmes   ☐ les enfants

5. Quels sont les deux adjectifs utilisés dans la présentation pour décrire les tatouages et les piercings?
   ☐ laids   ☐ élégants   ☐ ultra-minces

D. À vous! Avec un(e) camarade, répondez aux questions suivantes.

1. À part les tatouages, les piercings et les portables, quels autres accessoires y a-t-il? Par exemple, est-ce qu'une montre est un accessoire? Selon vous, quels accessoires sont absolument essentiels?

2. En France, on utilise parfois ce proverbe: **L'habit ne fait pas le moine** (*Don't judge a book by its cover*). Il existe aussi une citation attribuée à Erasme, le célèbre philosophe de la Renaissance: **L'habit fait le moine** (*Clothes make the man*). Pensez-vous que ces phrases sont contradictoires? Est-ce que le proverbe vous fait penser à certaines vedettes, par exemple? Est-ce que l'autre phrase vous fait aussi penser à certaines personnes? À qui pensez-vous? Comparez vos réponses à celles de votre camarade.

Rétrospective Yves Saint Laurent (1936–2008)

Who would have known that the sturdy fabric called **serge de Nîmes,** shortened to "denim," would become a worldwide fashion statement? Or that one of the greatest designers of all time regretted not having invented jeans?

Yves Saint Laurent was born in Algeria in 1936. At age 17 he came to work at the House of Dior in Paris. At age 21, after Christian Dior's death (1957), Saint Laurent took over as principal designer. While working at Christian Dior, he helped to make pants an acceptable and fashionable item of clothing for women. In the early 60's, he launched his own fashion house. In 1966, he introduced **le smoking** for women, a women's tuxedo—an instant hit in Paris. Saint Laurent also popularized the beatnik look and was the first designer to use African models on the runway for his shows. Best known for creating **prêt-à-porter,** or "ready to wear" fashion, Saint Laurent's designs remain in vogue today.

« Je n'ai qu'un regret, ne pas avoir inventé le jean. »

——YVES SAINT LAURENT

Lisons!

Le téléphone portable en classe

A. Avant de lire. Avec un(e) camarade, répondez aux questions suivantes. Est-ce que vous apportez votre téléphone portable en classe? Recevez-vous ou envoyez-vous des SMS/textos en classe? Éteignez-vous la sonnerie (*Do you turn off the ringtone*) de votre portable pendant que vous êtes en classe? Pourquoi ou pourquoi pas?

B. Lisez. La lecture suivante est basée sur deux articles sur le site québécois Le Devoir.com. Le premier paragraphe de la lecture traite de l'usage des téléphones portables en classe, le deuxième explore le phénomène de la sonnerie «moustique» (*mosquito*).

Le téléphone portable en classe : oui ou non?

Les résultats d'un sondage[1] publiés sur le site Web québécois **Le Devoir.com** révèlent que 42% des 1 250 étudiants sondés[2] sont en faveur de l'utilisation des téléphones portables dans des lieux publics,[3] et même à l'école. La majorité de ces étudiants estiment que le téléphone portable n'est pas une distraction en classe et ils sont donc en faveur de garder leur téléphone en classe si son usage ne provoque pas[4] de problèmes.

[1]*survey* [2]*surveyed* [3]*lieux... public places* [4]*ne... doesn't cause*

Source: "Le cellulaire, même en classe," B. Guglielminetti, 26 Sept. 2005, Science et technologie, www.leDevoir.com

La sonnerie «moustique»[5]

Un deuxième article sur le même site Web canadien décrit un phénomène associé à l'usage des téléphones portables en classe par les jeunes étudiants au Canada, en France, aux USA et ailleurs dans le monde: la sonnerie appelée «moustique» que seulement les jeunes gens peuvent entendre. L'idée est simple: à cause de l'âge, la plupart des personnes qui ont plus de 40–45 ans ont du mal[6] à entendre les fréquences supérieures à quinze mille cycles par seconde (c'est-à-dire, 15.000 Hertz), mais les personnes plus jeunes entendent ces fréquences très clairement. Il existe maintenant des sonneries qui sonnent à ces hautes fréquences. Les étudiants peuvent utiliser ces sonneries en classe pour savoir quand ils reçoivent un SMS ou texto ou même un coup de fil.[7] Les professeurs, en particulier ceux qui sont plus âgés que leurs étudiants, n'entendent rien!

[5]sonnerie... *"mosquito" ringtone* [6]*difficulty* [7]*coup... phone call*

Source: "Un son que seuls les ados peuvent entendre," F. Deglise, 17 juin 2006, Science et technologie, www.leDevoir.com

C. Avez-vous compris? Maintenant, répondez aux questions suivantes.

1. Quel est le pourcentage des étudiants canadiens favorables à l'utilisation de téléphones portables à l'école?

2. Selon les étudiants dans l'étude, est-ce une bonne idée de garder son téléphone portable en classe?

3. À partir de quel âge approximativement est-ce que les gens commencent à ne plus entendre les sons à haute fréquence?

4. En ce qui concerne les ondes sonores (*sound waves*), un Hertz est l'équivalent de combien de cycles par seconde?

D. À vous! Est-ce que vous recevez ou envoyez régulièrement, rarement ou pas du tout des SMS ou textos sur votre téléphone portable en classe? Que pensez-vous d'une sonnerie inaudible aux adultes? Posez ces questions à un(e) camarade.

Écrivons!

Forum: Mon sens de style

Postez un message sur le **Forum des étudiants** pour décrire les vêtements que vous aimez mettre et le style qu'ils reflètent. Suivez l'exemple.

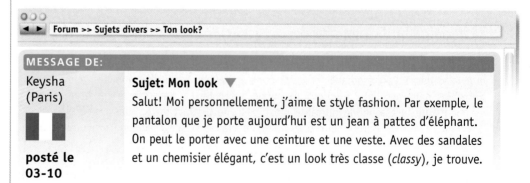

Forum >> Sujets divers >> Ton look?

MESSAGE DE:

Keysha
(Paris)

posté le 03-10

Sujet: Mon look ▼

Salut! Moi personnellement, j'aime le style fashion. Par exemple, le pantalon que je porte aujourd'hui est un jean à pattes d'éléphant. On peut le porter avec une ceinture et une veste. Avec des sandales et un chemisier élégant, c'est un look très classe (*classy*), je trouve.

Parlons!

Jeu: Faire sa valise

Deux étudiants québécois, Nicolas et Éléonore, vont venir dans votre ville pour suivre un cours d'anglais pendant le mois de février. Ils veulent savoir (*want to know*) quels vêtements ils doivent (*must*) mettre dans leurs valises. Regardez leurs listes de vêtements. Avec un(e) camarade (ou en petits groupes), aidez-les à choisir les vêtements nécessaires pour ce voyage, puis décidez s'ils ont besoin d'acheter d'autres vêtements ou accessoires avant de partir. Expliquez vos choix à la classe.

EXEMPLE: **É1:** Ils viennent en février, alors, ils ont besoin de vêtements pour l'hiver. Éléonore ne va pas avoir besoin de short, c'est sûr!

É2: Oui, je suis d'accord. Il va faire froid, alors elle va aussi avoir besoin de pull-overs, et elle n'a pas encore de gants...

Éléonore	Nicolas
-quatre shorts	-deux shorts
-une robe en soie	-une écharpe
-cinq paires de boucles d'oreilles	-un blazer bleu marine
-quatre pull-overs à col roulé	-une paire de gants
-trois paires de chaussures à talons hauts	-deux pull-overs
-des lunettes de soleil	-deux paires de bottes
-six jeans	-des tennis
-un chapeau	-deux paires de lunettes de soleil
-douze paires de chaussettes	-un jean
-trois paires de sandales	-trois tee-shirts blancs
-deux bikinis	-quatre paires de chaussettes
-un blouson en cuir	-un anorak (ski jacket)
-des bas (stockings)	-deux paires de chaussures
-un pantalon	-un pyjama
	-une cravate

Culture interactive

Regardons!

Film: *Coco avant Chanel*

(Biopic; 2009; France;
Réalisatrice: Anne Fontaine;
110 min.)

SYNOPSIS: This film is about Gabrielle Chanel (Coco Chanel), the famous French fashion designer. Despite a miserable early life in an orphanage filled with heartaches and losses, Chanel slowly but surely achieved notoriety through her charm, wit, and outspokenness, and through her remarkable talent as a seamstress. Ultimately, she became an internationally respected fashion icon.

SCÈNE: (DVD, Chapter 10, 01:01:45–01:04:52). In this scene, which takes place at the turn of the 20th century, Chanel goes to the beach with her lover, Boy Capel, where she critiques all the women's outfits. She and Boy then visit a tailor to order fabric for an evening dress, which will eventually become one of her signature dresses.

Avant première. Répondez aux questions suivantes.

1. Quel type de vêtement ou accessoire associez-vous avec «Chanel»?

2. Imaginez que vous êtes «critique de mode». Critiquez les habits de vos amis ou de membres de famille. Quels vêtements aimez-vous et détestez-vous? Pourquoi?

Coco Chanel et Boy Capel à la plage dans le film
Coco avant Chanel

On tourne! Les critiques et commentaires de Coco Chanel dans le clip vidéo s'appliquent (*apply*) à quel vêtement ou à quelle accessoire? Pour chaque phrase tirée du film, choisissez dans la liste le vêtement ou l'accessoire dont on parle.

les boucles d'oreilles	la robe blanche	le tissu noir
les chapeaux	la robe noire	le tissu rose
les chaussures	la robe rouge	
les colliers	les robes	
le corset	le tissu blanc	

1. «Elle a sorti l'argenterie (*silverware*)!»   *les colliers*
2. «Elle est tellement serrée qu'elle va se couper (*cut*) en deux.»   *le corset*
3. «Regarde-les avec leurs meringues sur la tête; j'ai l'impression d'être dans une pâtisserie.»   *les chapeaux*
4. «Ça, c'est parfait!»   *le tissu noir*
5. «Surtout pas de corset!»   *la robe noire*

On boucle! Répondez aux questions.

1. Comparez les robes de Coco Chanel avec les robes des autres femmes dans le clip vidéo. Est-ce que les tenues de Chanel sont différentes des tenues des autres femmes? Expliquez.

2. «J'ai rendu au corps (*body*) des femmes sa liberté; ce corps suait (*was sweating*) dans des habits de parade, sous les dentelles (*lace*), les corsets, les dessous, le rembourrage (*stuffing*)», dit Coco Chanel. Comment est-ce que Chanel a «libéré» la femme? Quels adjectifs décrivent le «style» Chanel? Aimez-vous son style? Pourquoi?

Chanson: «La garde–robe d'Élisabeth»

(Amélie-les-Crayons, 2004)

Depuis 2002, le groupe Amélie-les-Crayons fait partie de la «Nouvelle Scène Française», c'est-à-dire la chanson française du nouveau millénaire (*millennium*), et offre pendant ses concerts un mélange (*mix*) de chanson, d'émotion, de cirque et de comédie musicale. Le groupe est composé d'Amélie et de trois musiciens: Laurent, Michel et Heiko. Unissant l'art dramatique et le théâtre de rue, le talent d'Amélie se révèle brillamment sur scène (*onstage*). Dans la chanson, Élisabeth est devant sa garde-robe (*wardrobe*) et ne sait pas quoi mettre. Écoutez la chanson et faites une liste des vêtements dans sa garde-robe.

iMix Link: This song is available for purchase at the iTunes store in a special iMix created for *En avant!* For more information about accessing the playlist, go to the *En avant!* Online Learning Center, Coursewide Content (**www.mhhe.com/enavant1**).

Qu'est-ce qu'il y a dans votre garde-robe?

Vocabulaire

Questions et expressions

Questions and expressions

Qu'est-ce que tu penses / vous pensez de… ?	*What do you think of . . . ?*
C'est une question de goût.	*It's a question of taste.*
Je ne suis pas trop + *nom* (*fam.*)	*I'm not that into + noun*
Je trouve ça affreux/génial/ laid/moche (*fam.*)	*I find it/them horrible/great/ ugly*
Tu fais /Vous faites quelle taille / quelle pointure?	*What size (clothing) / (shoe) do you wear?*
Je fais du 40.	*I take/wear size 40.*
Ça me va bien/mal.	*That looks good/bad on me.*
Ça te/vous va bien/mal.	*That looks good/bad on you.*
Quel(le)(s) + *adjectif* + *nom*! (exclamation)	*What (a)* + adjective + noun!

Verbes et expressions verbales

Verbs and verbal expressions

mettre	*to put* (*on*)
porter	*to wear* (*clothing*), *to carry*

Verbes en *–ir*

dormir	*to sleep*
mentir	*to lie*
partir	*to leave*
sentir	*to smell*
servir	*to serve*
sortir	*to go out*

Verbes en *–ir/–iss*

choisir	*to choose*
finir	*to finish*
grandir	*to grow up*
grossir	*to gain weight*
maigrir	*to lose weight*
rajeunir	*to get younger looking*
réfléchir (à)	*to reflect* (*on*), *think* (*about*)
réussir (à)	*to succeed, be successful* (*at*)
rougir	*to blush*
vieillir	*to grow old*

Les vêtements et accessoires

Clothing and accessories

un blouson	*a (bomber) jacket*
des bottes (*f.*)	*boots*
des boucles (*f.*) d'oreilles	*earrings*
un bracelet	*a bracelet*
une casquette	*a (baseball) cap*

une ceinture	*a belt*
un chapeau	*a hat*
des chaussettes (*f.*)	*socks*
des chaussures (*f.*)	*shoes*
une chemise	*a shirt*
un chemisier	*a blouse*
un collier	*a necklace*
un costume	*a suit (for men)*
une cravate	*a tie*
une écharpe	*a (winter) scarf*
un foulard	*a scarf (decorative)*
des gants (*m.*)	*gloves*
un imperméable	*a raincoat*
un jean	*(a pair of) jeans*
une jupe	*a skirt*
des lunettes (*f.*) (de soleil)	*(sun)glasses*
un maillot de bain	*a swimsuit*
un manteau	*a (full-length) coat*
un pantalon	*(a pair of) pants*
un parapluie	*an umbrella*
un pull(-over)	*a sweater*
une robe	*a dress*
un sac à main	*a purse*
des sandales (*f.*)	*sandals*
un short	*(a pair of) shorts*
un tailleur	*a suit (for women)*
un tee-shirt	*a t-shirt*
des tennis (*m.* ou *f.*)	*sneakers, tennis shoes*
une veste	*a (fitted) coat, jacket*

Les gadgets électroniques

Electronic devices

un appareil photo (numérique)	*a (digital) camera*
un caméscope	*a camcorder*
un iPod® / un baladeur mp3	*an iPod (digital music player)*
un (téléphone) portable	*a cell phone*

Pour parler des tenues

To talk about outfits

à carreaux	*plaid*
à col roulé	*with a turtleneck*
à talons hauts	*high-heeled*
à manches courtes/longues	*short- / long-sleeved*
à pattes d'éléphant	*bell-bottomed*
à pois	*polka dot*
ample/serré(e)	*loose- / tight-fitting*
(vert) clair/foncé (*inv.*)	*light/dark (green)*
multicolore	*multicolored*
rayé(e)	*striped*

CHAPITRE 7

Le week-end dernier

Au musée d'art de Baltimore: copie en bronze de *La Petite Danseuse de quatorze ans* (1879–1881), Edgar Degas; *Charing Cross Bridge (Reflets sur la Tamise)* (1901–1904), Claude Monet

www.mhhe.com/enavant1   www.mhcentro.com

DVD   Chantons!   Film   Web Audio

Bilan

In this chapter, you will learn:

- to ask *how long* and *since when*
- to narrate a series of past events
- to talk about entertainment and cultural events
- to say what you want, must, can, and know how to do
- to refer to nonspecific people, places, and things using indefinite pronouns
- to talk about past activities using the **passé composé**
- about cultural notions of music and performance

Depuis combien de temps...
Depuis quand...

Asking how long and since when

- To ask someone for *how long* they have been doing something, you use the expression **depuis combien de temps**.

tu, *informal*	**vous**, *formal*
Tu habites à Montréal depuis combien de temps?*	**Depuis combien de temps étudiez-vous l'anglais?**
How long have you been living in Montréal?	*How long have you been studying English?*

- When you answer, give the length of time (**la durée**):

J'habite à Montréal depuis 13 ans.	*I've been living in Montreal for 13 years.*
J'étudie l'anglais depuis 4 ans.	*I've been studying English for four years.*

- If you want to know *when* someone *started* doing something, you use the expression **depuis quand**.

tu, *informal*	**vous**, *formal*
Tu joues au hockey depuis quand?†	**Depuis quand jouez-vous du piano?**
How long (Since when) have you been playing hockey?	*How long (Since when) have you been playing the piano?*

- When you answer, indicate the starting point (**le commencement**):

Depuis 2008.	*Since 2008.*
Depuis l'âge de 10 ans.	*Since the age of 10.*

À noter: When you use these expressions, you are conveying the fact that the action is ongoing, that is, you still live in Montreal or Paris, you are still studying English, and you still play hockey. For this reason, a present-tense form of the verb is used in French.

*A more formal way of asking this question uses inversion: **Depuis combien de temps habites-tu à Montréal?**

†A more formal way of asking this question uses inversion: **Depuis quand joues-tu au hockey?**

A. À l'écran. Regardez la vidéo et écoutez les réponses des gens aux questions avec **depuis combien de temps** ou **depuis quand**. Écrivez à côté de chaque nom la lettre correspondant à la réponse de cette personne.

1. Denis __f__

2. Simon __d__

3. Ching-yun Tu __b__

4. Martin __a__

5. Annie __g__

6. Anna __h__

7. Sylvie __c__

8. Camille __e__

a. Depuis 3 ans.
b. Depuis 16 ans.
c. Depuis ma naissance (*my birth*).
d. Depuis 1965.
e. Depuis ma troisième année du primaire.
f. Depuis près de 50 ans.
g. Depuis 8 ans.
h. Depuis 4 ans.
i. Depuis 13 ans.

B. Depuis plus longtemps que moi.

Première étape. Répondez aux questions suivantes.

all

Questions	Mes réponses	Les réponses de mon/ ma camarade
1. Tu étudies le français (ou une autre langue) depuis combien de temps?	un semestre	un semestre
2. Tu habites dans un appartement / dans une résidence universitaire / chez tes parents depuis combien de temps?	depuis deux ans	depuis l'été dernière
3. Tu habites à (*nom de la ville où se trouve l'*université) depuis quand?	depuis 2013	depuis deux ans
4. Tu pratiques un sport / joues d'un instrument depuis combien de temps?	depuis 6 ans	depuis 16 ans — foot
5. Tu parles anglais (ou une autre langue) depuis quand?	depuis ma naissance →	
6. Tu travailles? Depuis quand?	no	depuis 2012

Deuxième étape. Maintenant, circulez dans la classe et posez ces questions à vos camarades. Si vous trouvez des personnes qui font ces activités depuis plus longtemps que vous, demandez-leur de signer votre feuille.

On a commencé par... / On a terminé par... Narrating a series of past events

DVD

A. À l'écran.

Première étape. Écoutez et regardez pendant que Nicolas, qui accompagne un groupe d'étudiants étrangers en visite à Paris, décrit comment ils ont passé la journée (*spent the day*). Sur le plan de Paris, marquez les endroits qu'ils ont visités, dans l'ordre chronologique.

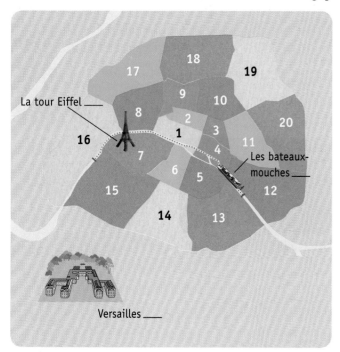

Deuxième étape. Regardez la vidéo encore une fois et indiquez si les phrases suivantes sont vraies ou fausses. Corrigez les phrases fausses.

	vrai	faux
1. Le groupe a commencé par (*began by*) visiter le château de Versailles.	☐	☐
2. Les étudiants ont été impressionnés (*were impressed*) par la taille (*size*) de Versailles.	☐	☐
3. Le château et les jardins de Versailles sont immenses.	☐	☐
4. L'après-midi, le groupe a fait (*took*) une promenade très agréable en bateau-mouche.	☐	☐
5. Le groupe a terminé (*ended*) la journée par une visite de la tour Eiffel.	☐	☐

- When talking about a sequence of events in the past, people often use expressions such as **on a commencé par** (*we started out by*), **ensuite** (*next*), **(et) puis** (*[and] then*), and **on a terminé par** (*we ended by*).

  On a commencé la journée **par une visite** au château de Versailles, **ensuite** on a fait du vélo dans les jardins.

  Puis, on a visité la tour Eiffel.

  On a terminé par une promenade très agréable en bateau-mouche.

  À noter: Both **commencer par** and **terminer par** can be followed by a noun; only **commencer par** can be followed by a verb in its infinitive form.

  On a commencé la journée **par une visite** au Louvre.

  On a terminé **par un dîner** au restaurant Le Taxi jaune.

  On a commencé **par visiter** le Louvre.

B. À l'écran (bis).

DVD

Première partie. Regardez la vidéo et écoutez Mounira décrire la journée qu'elle a passée à Paris avec son ami. Numérotez les endroits qu'ils ont visités, dans l'ordre chronologique. Ensuite, trouvez-les sur le plan de Paris à la fin du livre.

_____ le jardin du Luxembourg

_____ le Louvre

_____ les Buttes-Chaumont

_____ les beaux quartiers

Deuxième partie. Maintenant, complétez les phrases suivantes en vous basant sur ce que Mounira a dit.

1. Mounira a commencé par…
2. Ensuite, elle a fait (*did*)…
3. Elle a visité…
4. Elle a terminé par…

C. Une journée à… Imaginez que l'été dernier vous avez passé une très belle journée à Paris (ou dans une autre ville de votre choix) avec un(e) ami(e). Mentionnez quatre de vos activités en complétant les phrases suivantes. Qui dans la classe semble avoir passé la journée la plus agréable?

1. On a passé une belle journée à…
2. On a commencé par…
3. Ensuite, on a fait…
4. Puis, on a visité…
5. On a terminé par…

Chez les Français

Vister Paris

Les bateaux-mouches font le va-et-vient sur la Seine depuis 1949. Pourquoi «mouches» (*flies*)? Les premiers bateaux-mouches, qui ont servi de modèle à ceux des années 50, ont été construits à partir de 1862 dans les ateliers (*workshops*) au quartier de la Mouche à Lyon. En 1949, c'est Jean Bruel qui a décidé d'utiliser ces bateaux pour permettre aux gens de découvrir Paris. Pour faire de la publicité pour cette nouvelle activité touristique, il a créé un personnage fictif, Jean-Sébastien Mouche, et l'a présenté comme le concepteur des bateaux-mouches. De jour comme de nuit, les amoureux de Paris qui prennent les bateaux-mouches peuvent bénéficier d'une vue unique sur la capitale française. Les bateaux font généralement le tour de l'île de la Cité—où se trouve Notre-Dame—ou ils vont plus loin quand un repas est servi pendant la croisière (*cruise*).

Le jardin du Luxembourg, idéalement situé près du Quartier latin et de la Sorbonne, est un lieu calme au milieu de la capitale. Beaucoup d'étudiants aiment y passer du temps après les cours… et peut-être croiser quelques sénateurs: le palais du Luxembourg, un très beau bâtiment à la lisière (*edge*) du parc, est aujourd'hui le Sénat.

Un bateau-mouche sur la Seine

Sur Internet Pour visiter le jardin du Luxembourg et en savoir plus sur le jardin, consultez le site Web d'*En avant!* **(www.mhhe.com/enavant1).**

Un week-end à Paris

Talking about entertainment and cultural events

Vous passez le week-end du vendredi 9 mars au dimanche 11 mars à Paris. Consultez le guide des **divertissements** (*entertainment*) *Le Tout Paris* pour découvrir les spectacles **actuellement à l'affiche** (*now playing* / *now showing*) et répondez aux questions à la page 197.

Le Tout Paris
Les sorties et les loisirs à travers[1] la capitale

Cinéma

À l'écran: *Entre les murs*

L'histoire d'une classe de français dans un lycée difficile à Paris, basée sur un livre écrit par le professeur, qui joue son propre rôle. Palme d'Or, 2008 (Cannes).

Au cinéma UGC Odéon (Paris 6e) Ⓜ Odéon

Prix: place 10,50 € (plein tarif); 7,50 € (étudiants)

Horaire: vend 12/3, sam 13/3, dim 14/3, séances à 10 h 10, 12 h 40, 15 h 10, 17 h 40, 20 h 10

Pour toute la famille

Paradis tzigane[2]

Cirque de toute la famille Romanès, avec Délia Romanès et son ensemble de musique tzigane des Balkans.

Au cirque Tzigane Romanès (Paris 17e) Ⓜ Porte de Champerret

Prix: place 20 €, -26 ans 15 €, -12 ans 10 €, -3 ans gratuit

Horaire: sam 13/3, dim 14/3 à 16 h 00 et 20 h 30

Architecture

La mosquée de Paris

La plus grande mosquée de France; intéressante notamment pour son minaret

de 33 mètres de haut, son patio et ses jardins intérieurs.

Mosquée de Paris (Paris 5e) Ⓜ Place Monge

Prix: entrée, 3 €

Horaire: tous les jours 9 h–12 h et 14 h–18 h, fermée vend

Musique

En concert: Féfé

L'ex-chanteur du Saïan Supa Crew; son dernier album mélange pop, funk et textes percutants.[3]

À la salle de concert Élysée Montmartre (Paris 18e) Ⓜ Anvers

Prix: entrée 22 €

Horaire: vend 12/3 à 18 h 30

U2—le célèbre groupe de rock irlandais.

Au Stade de France (Saint-Denis, juste au nord de Paris) Ⓜ RER B

Prix: entrée de 34 € à 60 €

Horaire: sam 13/3 à 19 h 30

Restaurants et cabarets

Désirs

Féminité, créativité et audace dans le nouveau spectacle du plus avant-gardiste des cabarets parisiens.

Au cabaret Le Crazy Horse (Paris 8e) Ⓜ George V

Prix: place, 100,00 € à 120,00 €

Horaire: sam 13/3 à 19 h, 21 h 30 et 23 h 45

Théâtre

Sur scène:[4] *La leçon*

Le chef d'œuvre[5] d'Ionesco porté à la scène dans une nouvelle production.

Au théâtre Mouffetard (Paris 5e) Ⓜ Place Monge

Prix: place 22 €; tarif réduit 15 €

Horaire: vend 12/3, sam 13/3 à 18 h 30

Expositions et musées

Crime et Châtiment[6]

L'homme peut-il juger de l'action des autres hommes? L'exposition retrace l'histoire du châtiment.

Au musée d'Orsay (Paris 7e) Ⓜ Solférino

Prix: entrée 9 €; tarif réduit 7 €; gratuit le 1er dimanche du mois

Horaire: tous les jours (sauf lun, 1er janv., 1er mai, 25 déc.) 9 h 30–8 h

[1]à... *across* [2]*Romani (gypsy)* [3]*powerful* [4]*Sur... Onstage* [5]*chef... masterpiece* [6]*Punishment*

1. Le film *Entre les murs* est de quel **genre**—**une comédie** ou **un drame**?
2. Y a-t-il **une séance** de ce film vers 8 h du soir?
3. Quel est **le prix** d'**un billet** pour ce film?
4. Peut-on aller au **cirque** dimanche après-midi? À quelle heure?
5. Selon **l'horaire** des visites à la mosquée de Paris, quel jour est-elle fermée?
6. Qui passe **en concert** à Élysée Montmartre? Quel(s) jour(s)? Quel est le prix d'entrée dans cette **salle de concert**?
7. Quel spectacle a lieu au **stade** de France? Est-ce qu'il y a aussi des **matchs de foot** à cet endroit, selon vous?
8. Quel **spectacle** y a-t-il ce week-end au Crazy Horse? Quelle sorte d'établissement est-ce?
9. Combien coûte **une place** pour **la pièce de théâtre** d'Ionesco ce samedi? Est-ce que c'est **gratuit**?
10. Y a-t-il **un tarif réduit** au musée d'Orsay? C'est combien?
11. À quelle **station de métro** doit-on descendre pour aller à ce musée? Quand est-ce que l'entrée au musée est **gratuit**?
12. Quelle **sortie** coûte le plus cher (*costs the most*) ce week-end? Et laquelle coûte le moins cher?

Quelles activités parmi celles décrites dans *Le Tout Paris* avez-vous envie de faire? Organisez votre séjour à Paris. Voulez-vous faire beaucoup de choses, dépenser très peu d'argent ou essayer de faire les deux?

Divertissements à la maison

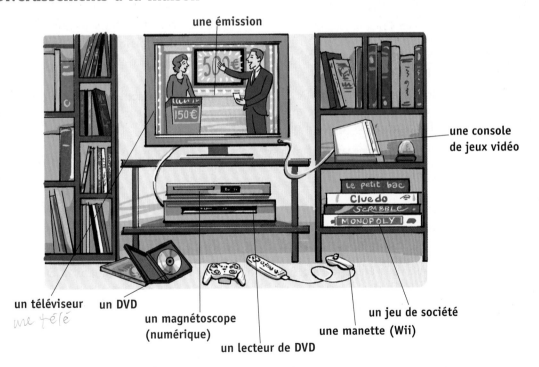

une émission

une console de jeux vidéo

un téléviseur un DVD

un magnétoscope (numérique)

un lecteur de DVD

une manette (Wii)

un jeu de société

Indiquez ce que vous faites normalement (+) et ce que vous ne faites pas (−) quand vous avez envie de regarder un film. Soyez prêt(e) à expliquer pourquoi.

_____ Je vais au cinéma.

_____ Je télécharge un film sur mon ordinateur.

_____ Je loue un DVD dans un magasin de vidéo.

_____ Je regarde un film envoyé par un vidéo club (comme *Netflix*).

_____ J'**enregistre** (*record*) un film sur mon magnétoscope numérique et le regarde plus tard.

_____ Je regarde **un film sur demande** (j'ai **le câble** / **la télévision par satellite** [TPS]).

A. Des sorties en ville.

Première étape. Où est-ce qu'on fait ces activités? Cherchez l'endroit approprié dans la liste.

| un aquarium | un cabaret | un cirque | une salle de concert | un théâtre |
| une boîte de nuit | un cinéma | un musée | un stade | un zoo |

EXEMPLE: —On voit (On regarde) un film ou un documentaire au cinéma.

1. voir/regarder un film ou un documentaire?
2. regarder des clowns et des acrobates?
3. écouter du jazz?
4. boire un verre et regarder un spectacle?
5. assister à un match de foot?
6. assister à une pièce?
7. visiter une exposition d'art?
8. voir des animaux sauvages?
9. voir des poissons tropicaux?
10. danser?

Deuxième étape. Avec un(e) camarade, indiquez quelles activités de la **Première étape** vous aimez faire. Est-ce qu'on peut (*one can*) rester sur le campus pour les faire? Sinon, où est-ce qu'on doit (*one has to*) aller?

EXEMPLE: É1: J'aime assister à des matchs. On peut rester sur le campus parce qu'il y a un stade.

É2: J'aime les zoos, mais il n'y a pas de zoo sur le campus. On doit aller en ville.

B. Une passion pour les arts?

Première étape. Avec un(e) camarade, complétez les quatre questions suivantes sur les arts. Vous allez poser ces questions à votre professeur pendant la **Deuxième étape**.

1. Voyez-vous souvent... ?
2. Assistez-vous à... ?
3. Allez-vous parfois à/dans... ?
4. Achetez-vous... ?

Deuxième étape. Posez vos questions de la **Première étape** à votre professeur. D'après ses réponses, est-ce qu'il/elle a une passion pour les arts? Maintenant, avec votre camarade, posez-vous (*ask each other*) les mêmes questions en utilisant «tu». Êtes-vous des passionné(e)s d'art?

C. Rien ne vaut son chez soi (*There's no place like home*).

Première étape. Quels sont les côtés négatifs des divertissements (sorties) en ville? Utilisez les problèmes mentionnés dans la liste et proposez des phrases à votre professeur qui va les écrire au tableau.

...coûte trop cher	il y a trop de monde	les séances sont...
...est souvent fermé(e)	il n'y a pas assez de...	
...est trop fort(e) (*noisy*)	les autres spectateurs...	

Deuxième étape. Proposez à un(e) camarade une des sorties décrites dans *Le Tout Paris* à la page 196. Expliquez pourquoi cette sortie vous tente (*tempts you*). Votre camarade va expliquer pourquoi il/elle ne veut pas sortir ce soir et suggérer une autre activité à faire à la maison. Discutez-en, puis présentez votre décision et un résumé de vos arguments à la classe.

EXEMPLE: É1: J'ai envie d'aller voir *La leçon* au théâtre Mouffetard. Nous étudions cette pièce dans mon cours de théâtre.

É2: Désolé(e), mais je ne suis pas trop théâtre, moi, et les billets coûtent cher. Est-ce que tu veux... ?

Rétrospective Les frères Lumière et le cinéma français

At the end of the 19th century, inventors in the US, England, and France had each devised a means of presenting moving pictures. Of these inventors, the aptly-named brothers Louis and Auguste Lumière (the French word for "light") from Lyon, France, had the greatest world-wide success with their **cinématographe,** one of the first light-weight portable cameras. On December 28, 1895, they premiered a series of ten films—each roughly one-minute in length—to an audience at the Grand Café in Paris. Their scenes of exotic locations, current events, and comic skits quickly became a popular form of entertainment for both high society and people of modest means (ironically, the Lumière brothers themselves believed film would be a short-lived fad!). Soon after, the first film director Georges Méliès and the first commercial film producers, among them Charles Pathé and Léon Gaumont, established France as the early home of modern cinema (Hollywood, at this time, was a small agricultural town of roughly 500 residents!). Less than a half-century later, in 1946, a film festival took place in Cannes, along France's Mediterranean Coast, which would come to be known throughout the world as **le Festival international du film,** or simply **le Festival de Cannes.** Since 1955, **un jury** composed of internationally-known film producers, directors, and actors has awarded the **Palme d'or** (*golden palm frond*) for Best Picture each year. *Entre les murs* (English-language title "The Class") is the most recent French film to win the **Palme d'or,** in 2009.

« Nous avons porté le film de la fête foraine à la salle de théâtre, nous le porterons de la salle de théâtre à la salle à manger. »

—LÉON GAUMONT*

Sur Internet Pour en savoir plus sur **le Festival de Cannes,** consultez le site Web d'*En avant!* **(www.mhhe.com/enavant1).**

---

*This prescient quote by Léon Gaumont (1863–1946) translates as, *We have taken film from the country fair to the movie theater, we will take it from the movie theater to the dining room.*

D. Êtes-vous cinéphile?

Première étape. Travaillez avec deux camarades. Consultez la section **En français** et indiquez à quel genre appartient chacun des films nominés aux Oscars.

1. *La Planète des singes*, 1968/2001
2. *L'Exorciste*, 1973
3. *Piège de cristal* (Die Hard), 1988
4. *Impitoyable* (Unforgiven), 1992
5. *Il faut sauver le soldat Ryan*, 1998
6. *Chicago*, 2002
7. *Reviens-moi* (Atonement), 2007
8. *Là-haut* (Up), 2009

Deuxième étape. Discutez de vos goûts avec deux camarades: Quelle sorte de film aimez-vous voir? Y a-t-il certains films que vous refusez de voir? Préférez-vous voir certains genres de films sur grand écran (*on the "big screen"*)?

E. C'est une bonne idée! Dites ce que vous faites dans chaque situation. Est-ce que c'est une activité (ou une réaction) normale, ou est-ce que vous êtes original(e)?

1. quand je m'ennuie (*am bored*)
2. quand je suis stressé(e)
3. quand je suis triste
4. quand je n'ai pas d'argent
5. quand je suis au centre-ville (*downtown*)
6. quand je suis avec mon père / ma mère
7. quand j'ai beaucoup d'énergie
8. quand je sors avec quelqu'un pour la première fois

En français

Here the names of various film genres:

un film **d'amour**
un film **d'animation**
un film **d'aventures**
un film **de guerre** (*war*)
un film **d'horreur**
un film **de science-fiction**
un western
une comédie musicale

𝒫**rononcez bien!**

To learn about the spelling and pronunciation of the semi-vowels [j] as in **pièce**, [ɥ] as in **puis**, and [w] as in **point**, and to practice the pronunciation of words from this **Vocabulaire interactif** section, see the **Prononcez bien!** section of the *Workbook / Laboratory Manual*.

Isabelle Adjani, actrice française, au Festival de Cannes

7.1 Je veux bien! The verbs **vouloir**, **pouvoir**, **devoir**, and **savoir**

Utilisez le contexte du paragraphe pour compléter les phrases avec ces quatre formes verbales: **doit** (*has to, must*), **peut** (*is able, can*), **sait** (*knows how*), **veut** (*wants*).

Jean-Michel est un jeune musicien à Montréal. Il _____ jouer de la guitare et du piano. (Il aime chanter aussi.) Il _____ être célèbre un jour, mais pour le moment il _____ toujours jouer de sa musique dans la rue Ste-Catherine et dans les bars du quartier. La vie d'un musicien, c'est dur—mais on ne _____ pas travailler le matin, au moins (*at least*)!

Analysons! Qu'est-ce qui suit (*What follows*) il doit, il peut, il sait et il veut dans chaque phrase? Est-ce un verbe conjugué ou un verbe à l'infinitif? _____.

○ Answers to this activity are in Appendice 2 at the back of the book.

1 In **Chapitre 3**, you learned that the verb **aimer** (as well as **adorer**, **détester**, **préférer**, etc.) can be followed by an infinitive to say what you like (love, hate, prefer) to do. Four additional verbs can be followed by an infinitive to say what you want to do (**vouloir**), what you can do (**pouvoir**), what you have to do (**devoir**), and what you know how to do (**savoir**).

Ils **veulent** sortir ce soir.	*They want to go out tonight.*
Ils **peuvent** aller en boîte.	*They can go to a nightclub.*
Moi, je **dois** rester chez moi ce soir.	*I have to (must) stay home tonight.*
Tu **sais** danser?	*Do you know how to dance?*

2 The verbs **vouloir** and **pouvoir** are irregular, but share a very similar conjugation pattern. Notice that the stem of the **nous** and **vous** forms differs from all other forms. Using the forms of **vouloir** as a clue, provide the missing forms of the verb **pouvoir** in the chart.

○ Answers to this activity are in Appendice 2 at the back of the book.

vouloir (*to want*)
je **veux**
tu **veux**
il/elle/on **veut**
nous **voulons**
vous **voulez**
ils/elles **veulent**

pouvoir (*to be able, can*)
je **peux**
tu
il/elle/on
nous
vous
ils/elles **peuvent**

3 The verb **devoir** (*to have to, must*) is also irregular and, again, the stem of the **nous** and **vous** forms differs from all other forms.

devoir (*to have to, must*)			
je **dois**		nous **devons**	
tu **dois**		vous **devez**	
il/elle/on **doit**		ils/elles **doivent**	

○ To learn about other meanings and uses of the verb **devoir**, see Par la suite at the back of the book.

4 When followed by an infinitive, the verb **savoir** expresses an ability to do a certain activity; when followed by a noun, **savoir** expresses knowledge of a certain fact.

Elle **sait trouver** le théâtre.   *She knows how to (=can) find the theater.*

Elle **sait** quelle pièce on joue?   *Does she know which play they're doing?*

Like the other verbs you've learned in this section, the verb **savoir** is irregular. Unlike those verbs, however, all plural forms of **savoir** use the same stem.

savoir (*to know, to know how*)			
je **sais**		nous **savons**	
tu **sais**		vous **savez**	
il/elle/on **sait**		ils/elles **savent**	

Mise en pratique. Indiquez si les gens de la colonne A veulent, peuvent, doivent ou savent faire les activités de la colonne B. Écrivez vos phrases dans la colonne C. **Attention!** Vous pouvez utiliser des formes négatives si vous voulez.

A	B	C
1. Moi, je	savoir parler russe	_____
2. Mon ami(e)	vouloir étudier le français	_____
3. Nous (les étudiants)	devoir préparer un examen ce soir	_____
4. Mes frères/sœurs/cousins	pouvoir faire leurs études ici	_____

○ Sample answers are in Appendice 2 at the back of the book.

A. Écoutez bien! Écoutez la description du week-end chez la famille Cerna. Cochez le verbe que vous entendez dans chaque phrase. Quel membre de la famille a les mêmes intérêts que vous?

		devoir	pouvoir	savoir	vouloir
M. Cerna:	1.	☐	☐	☐	☐
	2.	☐	☐	☐	☐
Mme Cerna:	3.	☐	☐	☐	☐
	4.	☐	☐	☐	☐
Philippe:	5.	☐	☐	☐	☐
	6.	☐	☐	☐	☐

B. La vie d'étudiant. Travaillez avec deux autres camarades. Ensemble, faites des phrases en utilisant des éléments de chaque groupe.

les étudiants	devoir	corriger les devoirs	sortir le soir
mes parents	pouvoir	dormir plus	voyager
le professeur	vouloir	faire leurs devoirs	?

C. Le savoir-faire.

Écrivez une liste de cinq choses que vous savez très bien faire. Ensuite, cherchez un(e) camarade avec qui vous ne travaillez pas souvent. À tour de rôle, posez-vous des questions pour savoir si l'autre personne sait aussi faire ces choses.

EXEMPLE: É1: Est-ce que tu sais parler chinois, comme moi?
É2: Non, pas du tout! (Je ne sais pas du tout parler chinois.)
É2: Mais est-ce que tu sais jouer du piano, comme moi?
É1: Oui! (Je sais aussi jouer du piano.)

D. Une partie (game) de Pictionnaire®.

Travaillez avec un(e) camarade. Ensemble, mettez-vous d'accord sur quatre activités que vous voulez faire ensemble ce week-end et *dessinez-les* sur une feuille de papier. Ensuite, montrez (*show*) vos dessins à deux autres étudiants. Est-ce qu'ils arrivent à deviner ce que vous voulez faire ce week-end?

EXEMPLE: —Vous voulez cuisiner. C'est ça?
—Cuisiner?! Mais non! Nous voulons sortir en boîte!

En français

You're already familiar with the pronouns **y** and **en** and with their position before the conjugated verb. When there are two verbs—one conjugated and one in its infinitive form—these pronouns are placed directly before the infinitive: (the verb of which they are the object).

—Tu veux **aller au cinéma?**

—Oui, je veux bien **y aller!**

ou

—Non, je ne peux pas **y aller.**

—Tu peux **acheter du pain,** s'il te plaît?

—Oui, je peux **en acheter** avant de rentrer.

ou

—Je ne peux pas **en acheter;** la boulangerie est fermée.

E. Des projets pour le week-end. Invitez un(e) camarade à faire quelque chose avec vous ce week-end. Est-ce qu'il/elle accepte ou refuse votre invitation? Pourquoi?

EXEMPLE: —Ça te dit d'aller au cinéma (samedi soir)?
—Oui, je veux bien y aller! Qu'est-ce que tu veux voir?
(*ou*)
—Désolé(e). Je ne peux pas y aller. Je dois rendre visite à ma sœur.

7.2 Tu peux faire quelque chose ce week-end?

The indefinite pronouns **quelqu'un**, **quelque chose**, and **quelque part**

Aimez-vous la routine? Répondez aux questions. Qui dans la classe peut répondre «oui» aux trois questions?

1. Est-ce que vous téléphonez à **quelqu'un** tous les jours?
2. Est-ce que vous allez **quelque part** (*somewhere*) tous les vendredis ou samedis soirs?
3. Est-ce que vous buvez **quelque chose** (*something*) à tous les repas?

Analysons! 1. Quel mot est-ce que toutes ces expressions ont en commun?
quelque 2. Dans quelle expression y a-t-il un exemple d'élision?
quelqu'un

○ Answers to this activity are in Appendice 2 at the back of the book.

1 Indefinite pronouns, **quelqu'un, quelque part,** and **quelque chose,** can replace a noun whenever the speaker is unsure of the identity of a person, thing, or place. They are *invariable* in their form.

Quelqu'un achète les billets.   *Someone is buying the tickets.*

Tu veux manger **quelque chose**?   *Do you want something to eat?*

Nous allons **quelque part** cet après-midi.   *We're going somewhere this afternoon.*

2 The pronouns **quelqu'un** and **quelque chose** can both be modified by adjectives, but as you have already seen, these adjectives must be preceded by the preposition **de (d')**. Because gender and number are not known, the masculine singular form of the adjective is used by default.

Il cherche **quelqu'un de** charmant.   *He's looking for someone charming.*
           quelqu'un d'intelligent.   *someone intelligent.*

Elle mange **quelque chose de** bon.   *She's eating something good.*
           quelque chose de délicieux.   *something delicious.*

Mise en pratique. Écrivez le pronom indéfini positif (**quelqu'un, quelque chose** ou **quelque part**) qui correspond au pronom indéfini négatif indiqué en caractères gras à gauche.

Au négatif	À l'affirmatif
Ils **ne** mangent **rien**.	Ils mangent _quelque chose_.
Ils **ne** vont **nulle part**.	Ils vont _quelque part_.
Elle **ne** cherche **personne**.	Elle cherche _quelqu'un_.

3 Just as **quelqu'un** and **quelque chose** can act as the subject of the sentence, so too can their negative equivalents. In these cases, the order of **ne (n')** and **personne/rien** is reversed:

—**Quelqu'un** va au concert ce soir?   —**Personne ne** va au concert ce soir.

—**Tout** est appétissant sur cette carte?   —**Rien n'**est appétissant sur cette carte.

A. Écoutez bien! À quelle sorte de personne ou d'objet est-ce que votre professeur fait référence? Cochez l'expression logique selon la description que vous entendez.

1. ☐ quelqu'un de riche   ☒ quelqu'un de pauvre
2. ☒ quelqu'un de sympa   ☐ quelqu'un de méchant
3. ☒ quelqu'un de travailleur   ☐ quelqu'un de paresseux
4. ☐ quelque chose de moderne   ☒ quelque chose de vieux
5. ☒ quelque chose de beau   ☐ quelque chose de laid

B. La sentimentalité.

Première étape. Réfléchissez à une personne, puis à un objet, que vous aimez beaucoup, et ensuite ajoutez un adjectif pour les décrire.

1. Personne ne peut remplacer cette personne. Il n'y a personne de plus (*more*) _____!

2. Rien ne peut remplacer cet objet. Il n'y a rien de plus _____!

Deuxième étape. Travaillez avec un(e) camarade. Décrivez la personne ou l'objet sans l'identifier, en utilisant les phrases de la **Première étape.** Votre camarade va deviner l'identité de la personne ou de l'objet. Si, après trois essais (*tries*), votre camarade ne réussit pas, il/elle doit demander: **Qui est-ce?** ou **Qu'est-ce que c'est?**

C. Vos recommandations.
Un Français vient d'arriver sur le campus. Il cherche vos recommandations. Complétez ses questions par le pronom indéfini approprié (**quelqu'un, quelque chose** ou **quelque part**). Ensuite, avec un(e) camarade, jouez le rôle du Français et de l'étudiant(e) qui répond à ses questions.

1. Y a-t-il un magasin branché (*hip, cool*) _quelque part_ près du campus?
2. Y a-t-il _quelque chose_ d'intéressant à voir au cinéma en ce moment?
3. Y a-t-il une bonne boulangerie ou un bon café _quelque part_ en ville?
4. Y a-t-il _quelqu'un_ (un auteur) qu'il faut (*that one must*) absolument lire?
5. Y a-t-il _quelqu'un_ (un chanteur) qu'il faut absolument écouter?
6. Y a-t-il _quelque chose_ de spécial à regarder à la télé en ce moment?

D. Un groupe multi-talentueux?

Première étape. Cochez les activités de la liste que vous savez assez bien (ou très bien) faire.

1. _Sara et Vivian_ jouer de la guitare (d'un instrument)
2. _Nancy_ jouer au rugby (à un sport)
3. _Non_ réparer une voiture / un ordinateur
4. _Diane et Sara_ faire une tarte aux pommes
5. _Nancy_ danser le tango / la salsa
6. _Nancy et Vivian et Sara_ parler espagnol

Deuxième étape. Travaillez avec trois autres camarades. Une personne va poser des questions au groupe (**Quelqu'un sait... ?**) pour déterminer s'il y a au moins une personne dans le groupe qui sait faire les six activités de la **Première étape.** Pour combien d'activités y a-t-il au moins une personne?

EXEMPLE: —Quelqu'un dans notre groupe sait jouer de la guitare, et c'est Tom. (*ou*)
—Personne ne sait jouer de la guitare dans notre groupe.

7.3 Qu'est-ce que vous avez fait hier?

Talking about past activities using the **passé composé**

> Suzanne raconte ses activités à son mari pendant leur dîner:
>
> Je n'**ai** pas **dormi** tard ce matin. J'**ai commencé** par préparer le petit déjeuner pour Éric et puis j'**ai fait** un peu de ménage. Éric **a regardé** un DVD. (Il **a choisi** *Le Monde de Nemo*, comme toujours.) L'après-midi, j'**ai assisté** à son match de football au parc. Après le match, il **a demandé** une glace. Ensuite, nous **avons rendu** visite à mes parents et nous **avons terminé** la journée par un grand dîner en famille.

Analysons! 1. Les verbes en caractères gras sont au **passé composé**. Le passé composé est composé de combien de parties? _____ 2. Quel verbe joue le rôle de l'*auxiliaire* (la première partie)? ___*avoir*___ 3. Quelle est la forme du *participe passé* (la deuxième partie) d'un verbe en **-er** comme regarder? ___*é*___

○ Answers are in Appendice 2 at the back of the book.

1 To say that an event began and ended in the past, French uses the **passé composé**, a past-tense verb form that is "composed" of an auxiliary (or "helping") verb in the *present* tense + a past participle. The auxiliary verb used in most cases is **avoir**.

Éric **a regardé** un DVD.	*Eric watched a DVD.*
Ils **ont rendu** visite à ses parents.	*They visited her parents.*

2 The French **passé composé** is the direct equivalent of the English compound past (usually called the "present perfect") but can also be equivalent to the English simple past (usually called the "preterit").

Jean **a** déjà **mangé**.	*John has already eaten (already ate).*
Sandrine **a parlé** à son prof.	*Sandrine has spoken (spoke) to her professor.*

3 The form of the past participle of a given verb depends on which verb group it belongs to:

VERBES EN **-er**	VERBES EN **-ir**	VERBES EN **-re**
jouer → joué	dormir → dormi	vendre → vendu
	finir → fini	

4 Many of the irregular verbs you've learned thus far also have an irregular past participle. Using the past participles in the following list as a clue, write in the infinitive related to each. A few have already been done for you.

boîte

J'ai bu ___*boire*___	On a fait ___*faire*___	Ils ont su ___*savoir*___
Tu as dû ___*devoir*___	Nous avons mis ___*mettre*___	Elles ont voulu ___*vouloir*___
Il a été ___*être*___	Vous avez pris ___*prendre*___	Elles ont vu ___*voir*___
Elle a eu ___*avoir*___	Ils ont pu ___*pouvoir*___	

○ Answers are in Appendice 2 at the back of the book.

A. Écoutez bien! Votre professeur va parler des activités d'un jeune couple, Benjamin et Madeleine. Indiquez les activités qu'ils font ce week-end et celles qu'ils ont déjà fait le week-end dernier.

	ce week-end	le week-end dernier		ce week-end	le week-end dernier
1.	☐	☒	5.	☐	☒
2.	☒	☐	6.	☐	☒
3.	☒	☐	7.	☐	☒
4.	☒	☐	8.	☒	☐

En français

When using negation with the **passé composé, ne (n')** precedes the auxiliary verb and **pas, jamais**, etc. directly follow it. The two exceptions to this order are **personne** and **nulle part**, which follow the past participle.

Nous **n'avons pas** fait la vaisselle.	*We didn't do (haven't done) the dishes.*
Nous **n'avons pas encore** commencé.	*We haven't started yet.*
Je **n'ai rien** mangé ce matin.	*I didn't eat (haven't eaten) anything this morning.*
but: Nous **n'avons voyagé** <u>nulle part.</u>	*We didn't travel (haven't traveled) anywhere.*
Nous **n'avons vu** <u>personne.</u>	*We didn't see (haven't seen) anyone.*

B. Déjà fait? Avec un(e) camarade, examinez les tâches (*tasks, chores*) notées dans l'agenda de Robert. À tour de rôle, indiquez s'il a **déjà** fait la tâche ou s'il n'a **pas encore** fait la tâche. Quelles activités avez-vous déjà faites tou(te)s les deux cette semaine? Quelles activités n'avez-vous pas encore faites? Présentez deux exemples à la classe.

EXEMPLE: —Il a déjà fait la lessive, mais il n'a pas encore rangé sa chambre.
—Moi, je n'ai pas encore fait la lessive. Nous avons tous (toutes) les deux déjà vu le dernier film de Luc Besson.

✓ *faire la lessive*	
ranger ma chambre (straighten up my room)	*téléphoner à maman*
	✓ *répondre au mél de Suzanne*
✓ *prendre un verre avec Jean-Michel*	✓ *voir le dernier film de Luc Besson*
acheter deux billets pour le concert	*finir l'exposé*

(annotation manuscrite:) Moi, je n'ai pas encore rangé ma chambre. Nous avons tous les deux déjà fait la lessive

C. Quelque chose d'inhabituel (*unusual*).

Première étape. Choisissez un verbe de la liste pour compléter chaque question et mettez-le au passé composé. **Attention!** Utilisez chaque verbe *une seule fois*. Vous allez poser ces questions à vos camarades pendant la **Deuxième étape**.

faire   gagner (*to win*)   grandir   pouvoir   rencontrer (*to meet*)   visiter   voir

1. Qui _a vu_ une pièce de théâtre à New York?
2. Qui _a visité_ le Québec?
3. Qui _a recontré_ une vedette de cinéma?
4. Qui _a pu_ voter aux dernières élections présidentielles?
5. Qui _a gagné_ un championnat régional/national de sport?
6. Qui _a fait_ un voyage en bateau?
7. Qui _a grandi_ dans une famille de quatre enfants ou plus?

Deuxième étape. Trouvez, parmi vos camarades, quelqu'un qui a fait quelque chose d'inhabituel en posant les questions de la **Première étape.** Écrivez le nom de la personne à côté de la question correspondante. (Si vous n'avez trouvé personne, ce n'est pas grave!)

EXEMPLE: —Est-ce que tu as vu une pièce de théâtre à New York?

D. La dernière fois que... Pensez à des activités qu'on fait régulièrement. Proposez-les à votre professeur qui va les écrire au tableau. Ensuite, travaillez avec trois autres camarades pour déterminer qui, parmi vous, a été le dernier / la dernière à faire chacune des activités mentionnées. La personne en question doit alors donner un détail supplémentaire.

EXEMPLE: voir un film français

> É1: J'ai vu un film français ce week-end.
> É2: J'ai vu un film français il y a quelques mois.
> É3: Je ne sais plus... il y a très longtemps...
> É1: J'ai été le dernier / la dernière à voir un film français. J'ai vu...

7.4 Vous êtes sortis ce week-end?
The use of **être** as auxiliary

En français

To say that you performed an activity a certain time ago, use the expression **il y a** and a unit of time.

J'ai assisté au concert **il y a une semaine.**
I attended the concert a week ago.

On a visité le Louvre il y a deux ans.
We visited the Louvre two years ago.

Voici ce que Fakhira a fait samedi dernier. Indiquez si vous avez fait les mêmes activités.

samedi matin:	Elle **est restée** chez elle.	Elle **a fait** le ménage.
Et vous?	☐ Je **suis resté(e)** chez moi.	☐ J'**ai fait** le ménage.
samedi après-midi:	Elle **est allée** au parc.	Elle **a joué** au volley.
Et vous?	☐ Je **suis allé(e)** au parc.	☐ J'**ai joué** au volley.
samedi soir:	Elle **est sortie** avec ses amis.	Elle **a vu** un film.
Et vous?	☐ Je **suis sorti(e)** avec mes amis.	☐ J'**ai vu** un film.

Analysons! Quels verbes dans la description que vous venez de lire utilisent **être** comme auxiliaire? _____, _____, _____,

◗ Answers to this activity are in Appendice 2 at the back of the book.

1. Although most verbs in French use **avoir** as the auxiliary verb in the **passé composé**, there are seventeen verbs that use **être** as the auxiliary instead. The most frequently used one is the verb **aller.**

Il **est allé** au musée.   *He went (has gone) to the museum.*

Nous **sommes allés** au parc.   *We went (have gone) to the park.*

2. Like **aller**, many verbs using **être** as the auxiliary verb express movement (in, out, up, down) from one location to another.

Study Tip Dr. & Mrs. Vandertrampp is a name that can help you to remember which verbs use **être**: each of the seventeen letters in this name is the first letter of one of the verbs.

Mise en pratique. Écrivez le participe passé de chacun des verbes suivants en utilisant vos connaissances sur la formation des participes passés. **Attention!** Notez que les initiales de ces verbes composent les mots **Dr. & Mrs. Vandertrampp,** comme vous venez de voir dans le *Study Tip.*

Descendre (il est ___descendu___)

rentrer (il est ___rentré___)

&

Monter (*to go up*) (il est ___monté___)

revenir (il est ___revenu___)

sortir (**de**) (il est ___sorti___)

Venir (il est ___venu___)

aller (il est ___allé___)

naître (*to be born*) (il est ___né___)

devenir (*to become*) (il est ___devenu___)

entrer (**dans**) (il est ___entré___)

rester (il est ___resté___)

tomber (*to fall*) (il est ___tombé___)

retourner (il est ___retourné___)

arriver (il est ___arrivé___)

mourir (*to die*) (il est ___mort___)

partir (**de**) (il est ___parti___)

passer (**par**) (*to pass [by]*) (il est ___passé___)

⊙ Answers to this activity are in Appendice 2 at the back of the book.

3. In addition to being distinct because of their auxiliary, these seventeen verbs are distinct in requiring that the past participle agree in gender and number with the subject of the verb. Just as with many adjectives, **e** is added for feminine singular agreement, **s** for masculine plural, and **es** for feminine plural.

Il est **allé** à la fac.   *He went to campus.*

Elle est **allée** à la bibliothèque.   *She went to the library.*

Ils **sont allés** au resto-U.   *They went to the cafeteria.*

Elles **sont allées** au gymnase.   *They went to the gym.*

À noter: Because the past participle of most verbs already ends in a vowel, the addition of **e, s,** or **es** does not affect pronunciation, just as with the adjectives **poli(e)(s)** and **bleu(e)(s),** which you learned about in **Chapitre 2.** The only exception is the verb **mourir,** whose past participle, **mort,** ends in a consonant.

Mise en pratique. Écrivez les formes appropriées de l'auxiliaire **être** dans la colonne B et le participe passé du verbe **partir** dans la colonne C, en faisant l'accord avec le sujet.

A	B	C
Jean-Marc	*est*	*parti* .
Sa sœur	*est*	*partie* .
Les deux filles	*sont*	*parties* .
Les deux garçons	*sont*	*partis* .

○ Answers to this activity are in Appendice 2 at the back of the book.

A. Écoutez bien! Votre professeur va parler de Marc et Sophie Béart, un couple qui vient d'avoir un bébé. Identifiez le sujet du verbe et choisissez la forme correcte du participe passé.

1. ☒ rentré ☐ rentrée ☐ rentrés ☐ rentrées
2. ☐ descendu ☒ descendue ☐ descendus ☐ descendues
3. ☐ parti ☐ partie ☒ partis ☐ parties
4. ☐ né ☒ née ☐ nés ☐ nées
5. ☒ sorti ☐ sortie ☐ sortis ☐ sorties
6. ☐ arrivé ☒ arrivée ☐ arrivés ☐ arrivées
7. ☐ devenu ☐ devenue ☒ devenus ☐ devenues
8. ☐ resté ☐ restée ☐ restés ☒ restées

B. De Londres à Paris dans le train.

Première étape. Avec un(e) camarade, consultez l'horaire des trains *Eurostar* pour un voyage de Londres à Paris. À tour de rôle, indiquez quel train les voyageurs ont pris et à quelle heure ils sont arrivés à Paris.

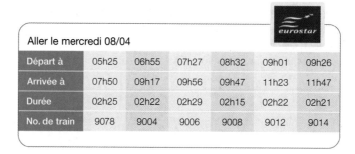

Aller le mercredi 08/04

Départ à	05h25	06h55	07h27	08h32	09h01	09h26
Arrivée à	07h50	09h17	09h56	09h47	11h23	11h47
Durée	02h25	02h22	02h29	02h15	02h22	02h21
No. de train	9078	9004	9006	9008	9012	9014

EXEMPLE: —Scott a pris le train à 5 h 25 et il est arrivé à Paris à 7 h 50.

1. Scott—premier train du matin, à 5 h 25
2. Emma—train à 6 h 55
3. M. et Mme Duclos—train à 7 h 27
4. Béatrice et sa sœur Louise—train à 8 h 32
5. une équipe de footballeurs—train à 9 h 01
6. vous—dernier train du matin, à 9 h 26

Deuxième étape. Avec un(e) camarade de classe, jouez le rôle de deux détectives. Un crime a été commis (*was committed*) dans le train de 8 h 32. Vous préparez une liste de questions à poser à Béatrice et à sa sœur Louise mentionnées dans la **Première étape.** Utilisez les éléments de la liste suivante.

1. Quel train / prendre
2. À quelle heure / monter dans le train
3. Quel wagon / choisir
4. Que / faire dans le train
5. À qui / parler pendant le voyage
6. À quelle heure / arriver
7. Où / aller ensuite

C. Qu'est-ce qu'on fait d'habitude?

Première étape. Complétez les phrases suivantes. Comparez ce que chaque personne fait **d'habitude** (*normally*) à ce que cette personne a fait hier matin, hier soir ou le week-end dernier en utilisant **par contre** (*instead*).

EXEMPLE: D'habitude, le soir, Jean reste à la maison.
Hier soir, par contre, il est sorti au bar avec des amis.

1. D'habitude, le matin, Dominique ne prend rien au petit déjeuner.
2. D'habitude, le matin, Yves met un beau costume et une cravate. *mis*
3. D'habitude, le soir, Stéphanie fait la cuisine.
4. D'habitude, le soir, Pierre regarde la télé dans son lit.
5. D'habitude, le week-end, Vincent et son frère jouent au football.
6. D'habitude, le week-end, André et Chantal louent des films.

Deuxième étape. Avec un(e) camarade, notez aussi des différences entre ce que vous faites d'habitude le matin, le soir ou le week-end et quelque chose que vous avez fait récemment et qui sort de l'ordinaire.

D. Qu'est-ce qui est arrivé (*What happened*)? Pour chacune des situations suivantes, imaginez avec un(e) camarade ce qui est arrivé à ces gens. Présentez ensuite vos conclusions à la classe qui va alors voter pour la meilleure explication.

EXEMPLE: Pierre n'a pas ses devoirs.
C'est parce qu'il a oublié son cahier.

1. Pierre n'a pas ses devoirs.
2. Jean et Marianne ne parlent plus à Stéphanie.
3. La maison est en désordre. Toute la vaisselle est sale.
4. Les parents de Michel sont furieux.
5. Émilie a mal à la tête (*has a headache*).
6. Jules est triste aujourd'hui.
7. Véronique a une mauvaise note à son exposé.

Les trains Eurostar en gare à Londres

Culture interactive

Écoutons!

> La vraie musique suggère des idées analogues dans des cerveaux° différents.
>
> °brains
>
> **CHARLES BAUDELAIRE***

La chanson francophone: La musique africaine, québécoise et louisianaise

A. Avant d'écouter. La musique francophone reflète la diversité des pays et des régions qui constituent le monde francophone, c'est-à-dire des endroits où le français est la langue principale. De quelles parties du monde francophone avez-vous déjà entendu parler en cours de français ce semestre? Connaissez-vous (*Do you know*) d'autres régions ou pays francophones? Écoutez-vous des chanteurs francophones?

B. Écoutez. Votre professeur va vous parler de la musique du monde francophone. Prenez des notes, mais faites aussi attention à d'autres détails qui pourraient vous aider à comprendre votre professeur—l'expression du visage, l'intonation, les images, etc.

C. Complétez. Complétez ces phrases avec des mots ou expressions de la liste suivante. **Attention!** Il y a plus de mots et d'expressions que de réponses.

africains	le mandingue
la chanson francophone en France	le rock indé
Feufollet	la poésie québécoise
Jacques Brel	Richard Séguin
Louisiane	le ti-fer

1. La variété française, le rock, le blues, le hip hop, la soul et le dance/clubbing/techno font partie de _____.

2. L'afro-beat et _____ sont des musiques d'origine africaine.

3. Angélique Kidjo et Lapiro de Mbanga sont des artistes _____.

4. Parmi les chanteurs populaires québécois on trouve Félix Leclerc, Robert Charlebois et _____.

5. _____, un artiste belge, est une des sources d'inspiration pour la chanson populaire québécoise.

6. On peut entendre de la musique cadienne en _____.

7. Le violon et _____ sont deux instruments typiques de la musique cadienne.

D. À vous! Quels genres de musique sont propres à votre culture? Expliquez en donnant des exemples. Posez cette question à un(e) camarade; est-ce qu'il/elle a la même réponse que vous? Quelle sorte de musique francophone est-ce que vous préférez? Expliquez.

*Charles Baudelaire (1821–1867) was a famous French writer, best known for his poetry collection *Les Fleurs du mal* (*The Flowers of Evil*), published in 1857. He did not achieve fame until after his death.

Chez les francophones

Les FrancoFolies de Montréal

Aux FrancoFolies de Montréal, vous pouvez célébrer la chanson française sous toutes ses formes: rock, folk, jazz, rythmes latins et africains, rap... Le festival a commencé il y a 20 ans et chaque année au mois de juillet, il attire des dizaines de milliers de spectateurs. En 2009, les organisateurs ont fait très fort! Sept espaces thématiques ont accueilli 1.000 artistes de tous les horizons: des chanteurs célèbres comme Isabelle Boulay, Michel Rivard, Lynda Lemay, Lara Fabian, et Éric Lapointe, des moins connus, des groupes locaux et des artistes venus de très loin (par exemple, Patricia Kaas de France et Tiken Jah Fakoly de Côte d'Ivoire). Leur point commun: tous veulent partager leur amour de la musique en français... et c'est contagieux!

Sur Internet Pour en savoir plus sur les FrancoFolies, consultez le site Web d'*En avant!* **(www.mhhe.com/enavant1).**

Mille artistes se retrouvent aux FrancoFolies de Montréal chaque été.

Lisons!

À la recherche des conseils...

A. Avant de lire. Imaginez que vous allez inviter un(e) de vos ami(e)s à un concert. Qui allez-vous voir? Quelle sorte de musique préférez-vous? Et votre ami(e)? Répondez à cette question, puis comparez votre réponse à celle d'un(e) camarade.

B. Lisez. Jean-Marc a besoin de conseils à propos de Sylvie, une vieille amie. Avec un(e) camarade, lisez le mél que Jean-Marc a écrit à ses amis.

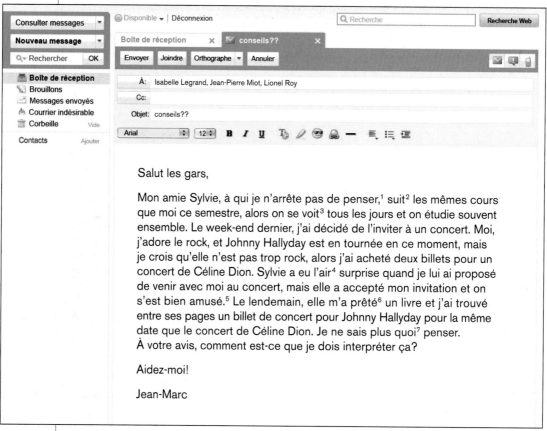

Consulter messages ▼	⊙ Disponible ▼ | Déconnexion 🔍 Recherche **Recherche Web**
Nouveau message ▼	Boîte de réception ✕ ✉ conseils?? ✕
🔍 Rechercher **OK**	Envoyer Joindre Orthographe ▼ Annuler
📧 **Boîte de réception**	
📝 Brouillons	**À:** Isabelle Legrand, Jean-Pierre Miot, Lionel Roy
📤 Messages envoyés	**Cc:**
🔥 Courrier indésirable	**Objet:** conseils??
🗑 Corbeille Vide	Arial ▼ 12 ▼ **B** *I* U̲ ...
Contacts Ajouter	

Salut les gars,

Mon amie Sylvie, à qui je n'arrête pas de penser,[1] suit[2] les mêmes cours que moi ce semestre, alors on se voit[3] tous les jours et on étudie souvent ensemble. Le week-end dernier, j'ai décidé de l'inviter à un concert. Moi, j'adore le rock, et Johnny Hallyday est en tournée en ce moment, mais je crois qu'elle n'est pas trop rock, alors j'ai acheté deux billets pour un concert de Céline Dion. Sylvie a eu l'air[4] surprise quand je lui ai proposé de venir avec moi au concert, mais elle a accepté mon invitation et on s'est bien amusé.[5] Le lendemain, elle m'a prêté[6] un livre et j'ai trouvé entre ses pages un billet de concert pour Johnny Hallyday pour la même date que le concert de Céline Dion. Je ne sais plus quoi[7] penser. À votre avis, comment est-ce que je dois interpréter ça?

Aidez-moi!

Jean-Marc

[1]à qui... *whom I can't stop thinking about* [2]*is taking* [3]on... *we see one another* [4]*looked* [5]on... *we had a good time* [6]*lent* [7]*what*

C. Répondez. Répondez à Jean-Marc: d'après vous, qu'est-ce qui s'est passé?

D. À vous! À votre avis, que signifie le billet de concert dans le livre de Sylvie? Est-ce bon signe ou mauvais signe? Trouvez deux ou trois camarades qui ont la même impression que vous (c'est-à-dire qui trouvent que c'est bon signe ou mauvais signe) et ensemble, résumez vos pensées. Ensuite, trouvez un groupe qui n'a pas la même opinion que vous, écoutez leur perspective et puis, décidez quel groupe a donné les raisons les plus convaincantes.

Céline Dion en concert

Forum: Est-ce que tu as fait quelque chose d'intéressant le week-end dernier?

Postez un message sur le **Forum des étudiants** pour décrire ce que vous avez fait le week-end dernier. Suivez l'exemple.

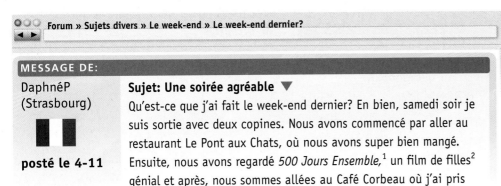

○○○ **Forum » Sujets divers » Le week-end » Le week-end dernier?**
◄ ►

MESSAGE DE:

DaphnéP
(Strasbourg)

posté le 4-11

Sujet: Une soirée agréable ▼

Qu'est-ce que j'ai fait le week-end dernier? En bien, samedi soir je suis sortie avec deux copines. Nous avons commencé par aller au restaurant Le Pont aux Chats, où nous avons super bien mangé. Ensuite, nous avons regardé *500 Jours Ensemble,*[1] un film de filles[2] génial et après, nous sommes allées au Café Corbeau où j'ai pris un thé. Naturellement, il y a eu beaucoup de discussion du film! Après mon thé, j'ai dit (*said*) «bonne soirée» à mes copines, et je suis rentrée chez moi.

[1]500... *500 Days of Summer* [2]un... *a chick flick*

Sondage: Avez-vous déjà rêvé de°... ?

°*Have you ever dreamed of . . . ?*

Première étape. Répondez aux questions suivantes.

1. Avez-vous déjà rêvé de devenir une vedette et de jouer (*to act*) dans un film? Si oui, dans quelle sorte de films? Sinon, pourquoi?

2. Avez-vous plutôt (*instead*) rêvé d'être un(e) athlète célèbre? Si oui, dans quel sport? Sinon, pourquoi?

3. Avez-vous déjà rêvé de devenir un jour un(e) musicien(ne)? Si oui, de quel(s) instrument(s) et quel(s) style(s) de musique voulez-vous jouer?

4. Voulez-vous être célèbre? Sinon, pourquoi?

Deuxième étape. Trouvez un(e) camarade qui a répondu à deux de ces questions de la même façon que vous et présentez ses réponses à la classe.

Regardons!

Film: *La Môme*

(Drame; 2007; France; Réalisateur: Olivier Dahan; 140 min.)

SYNOPSIS: This film is a biopic about the legendary and beloved singer Édith Piaf. From a difficult childhood in a brothel, to the loss of her greatest love and ongoing substance abuse that led to her premature death at age 47, Édith Piaf's passion for music sustained her throughout her life. In 2008, Marion Cotillard won the "Best Actress" Academy Award for her performance as Édith Piaf in this movie and became the first person to win an Oscar for a French-language role.

SCÈNE: (DVD, chapter 14, "The Curtain Goes Up," 02:08:10–02:15:10) In this last scene of the film, Édith Piaf is bedridden and seriously ill. In a mixture of flashbacks and memories, we see her answering a questionnaire and singing one of her signature songs, "Non, je ne regrette rien," at the Olympia Theater in Paris.

Avant-première. Quels sont les critères nécessaires de réussite pour un chanteur / une chanteuse en général? Classez dans l'ordre d'importance les critères suivants:

_____ aimer les gens

_____ avoir de bons amis

_____ avoir de bons parents

_____ avoir une belle voix

_____ avoir une bonne présence sur scène

_____ être dynamique

_____ être beau/belle

_____ être prêt(e) à (*ready to*) faire beaucoup de sacrifices

On tourne! Regardez la scène du film, puis identifiez les réponses données par Édith Piaf au questionnaire.

1. La couleur préférée d'Édith Piaf est le _____?
   a. rouge
   b. bleu
   c. noir
2. Son plat préféré est _____?
   a. la quiche
   b. le steak frites
   c. le bœuf ficelle (*roast beef*).
3. Les amis d'Édith Piaf sont _____.
   a. fidèles (*faithful*)
   b. infidèles
   c. méchants
4. Si Édith Piaf ne peut pas chanter, elle ne peut pas _____.
   a. vivre (*live*)
   b. tricoter (*knit*)
   c. danser
5. Le conseil (*advice*) précieux d'Édith Piaf est _____.
   a. d'aimer
   b. de faire des études
   c. de chanter

On boucle! D'après la scène, identifiez les facteurs dans la vie d'Édith Piaf qui ont contribué à son succès. Y a-t-il des chanteurs ou chanteuses américains qui vous font penser à (*remind you of*) Édith Piaf? Expliquez.

Chantons!

Chanson: «La Vie en rose» (Édith Piaf, 1946)

Cette chanson d'amour d'Édith Piaf a été reprise (*has been covered*) par au moins vingt-six artistes et auteurs–compositeurs. On l'entend aussi dans le score d'au moins seize films, dont *Bull Durham* (1988), *La Haine* (1995) et *The Dreamers* (2003). *La Vie en rose* est aussi le titre américain du film français *La Môme*, qui est sorti en 2007.

Écoutez la chanson, et faites les changements nécessaires pour la transformer en une chanson dont l'objet est une femme.

iMix Link: This song is available for purchase at the iTunes store in a special iMix created for *En avant!* For more information about accessing the playlist, go to the *En avant!* Online Learning Center, Coursewide Content (**www.mhhe.com/enavant1**).

Édith Piaf

Vocabulaire

Questions et expressions

commencer par	*to begin by (doing)*
depuis combien de temps... ?	*for how long . . . ?*
depuis quand... ?	*since when . . . ?*
ensuite,...	*next, . . .*
(et) puis...	*(and) then . . .*
terminer par (+ *nom*)	*to finish/end by (+ noun)*

Verbes

assister (à)	*to attend*
devenir	*to become*
devoir	*to have to (must)*
enregistrer	*to record*
entrer (dans)	*to enter, go into*
monter	*to go up, climb*
mourir	*to die*
naître	*to be born*
passer (par)	*to pass, go (by)*
pouvoir	*to be able to (can)*
retourner	*to return*
savoir	*to know, know how*
tomber	*to fall*
voir	*to see*
vouloir	*to want*

Les divertissements (m.)

Entertainment

un aquarium	*an aquarium*
un billet (d'entrée)	*a ticket (for a film, play, etc.)*
le câble	*cable television*
un cinéma	*a movie theater*
un cirque	*a circus*
un concert (de jazz)	*a (jazz) concert*
une console de jeux vidéo	*a video game console*
un DVD	*a DVD*
une émission	*a show (on television)*
l'entrée (f.)	*admission (to a show)*
un événement	*an event*
une exposition d'art	*an art exhibit*
un film (sur demande)	*a (pay-per-view) movie*
un genre	*a genre; type, kind*
un horaire	*a schedule (of show times)*
un jeu de société	*a board game*
un lecteur de DVD	*a DVD player*
un magnétoscope (numérique)	*a (digital) recorder (DVR, VCR)*

une manette	*video game control*
un match	*a sports match*
un musée	*a museum*
une pièce (de théâtre)	*a (theater) play*
une place	*a seat (in a theater)*
le prix	*cost, price*
une salle de concert	*a concert hall*
une séance	*a showing (of a film)*
une sortie	*an outing, going out on the town*
un spectacle	*a show (gen.)*
un stade	*a stadium*
un tarif (plein tarif, tarif réduit)	*a ticket price (full price, reduced price)*
la télé(vision) (par satellite)	*(satellite) TV*
un théâtre	*a theater*

Les genres de film

Film genres

une comédie (musicale)	*a (musical) comedy*
un drame	*a drama*
un film	*a film*
d'amour	*a love story*
d'animation	*an animated film*
d'aventures	*an action/adventure film*
de guerre	*a war film*
d'horreur	*a horror film*
de science-fiction	*a science-fiction film*
un western	*a western*

Pronoms indéfinis

personne ne (parle)	*no one (speaks)*
quelque chose	*something*
quelque part	*somewhere*
quelqu'un	*someone*
rien ne (change)	*nothing (changes)*

Divers

(actuellement) à l'affiche	*"now showing," "now playing"*
à l'écran	*on-screen*
en concert	*in concert*
gratuit(e)	*free (at no cost)*
sur scène	*onstage*
une station de métro	*a subway station*

CHAPITRE 8

En forme

Rappel

In this chapter, you will review:

- how to say at what time events occur
- regular verb groups and irregular verbs
- the interrogatives **qu'est-ce que** and **quel(le)(s)**
- the use and forms of the **passé composé**

Bilan

In this chapter, you will learn:

- to ask for advice or recommendations
- terms for parts of the body
- to talk about daily routines using pronominal verbs
- additional forms for asking questions
- to express past actions using pronominal verbs in the **passé composé**
- about cultural notions of health and beauty

L'Écoute (1986), Henri de Miller, devant l'église Saint-Eustache à Paris

DVD Chantons! www.mhhe.com/enavant1 CENTRO www.mhcentro.com Film Web Audio

Qu'est-ce qu'il faut faire pour... ? Asking for advice and recommendations

- To ask someone for advice, you say: **Qu'est-ce qu'il faut faire pour** + an infinitive.

  Qu'est-ce qu'il faut faire pour rester en forme?

  What must/should one do to stay in shape?

- To answer, you use **il faut** + **infinitif**.

  Pour rester en forme, il faut faire du sport.

  To stay in shape, one must/should do sports.

  Note that the expression **il faut** literally means *it is necessary* and that its form is invariable. It is used to give advice in general.

  —**Qu'est-ce qu'il faut faire pour être en bonne santé?**

  What is it necessary to do to be in good health?

  —**Pour être en bonne santé, il faut manger correctement.**

  To be in good health, it is necessary to eat properly

A. À l'écran.

Première étape. Avant de regarder, répondez aux trois questions qu'on va poser aux gens de la vidéo: **Qu'est-ce qu'il faut manger/faire pour être en bonne santé** (*health*)? **Qu'est-ce qu'il faut faire pour rester en forme?**

EXEMPLE: —Pour être en bonne santé, il faut...

Deuxième étape. Regardez la vidéo et écoutez les réponses des gens, puis écrivez à côté de chacune des réponses suivantes l'initiale de la personne qui a donné cette réponse.

1. Qu'est-ce qu'il faut manger pour être en bonne santé?

Anne-Claire (A-C)

Daniel (D)

Il faut...

___D___ a. manger cinq fruits ou cinq légumes par jour

___A-C___ b. manger régulièrement beaucoup de fruits et de légumes et boire beaucoup d'eau

___A-C___ c. manger très équilibré (*balanced*)

___D___ d. manger sainement (*healthfully*)

2. Qu'est-ce qu'il faut faire pour être en bonne santé?

Cyril (C)   Jean-Jacques (J-J)

Il faut...

___C___ a. manger correctement

___J-J___ b. manger dans des restaurants français

___C___ c. faire du sport

3. Qu'est-ce qu'il faut faire pour rester en forme?

Éric-Alexandre (É-A)   Fayçal (F)

Il faut...

___É-A___ a. bien manger

___F___ b. courir (*to run*)

___É-A___ c. faire beaucoup d'exercice et beaucoup de sport

___F___ d. faire du sport si on peut, ou marcher

___F___ e. faire attention à son alimentation (*food*), éviter de (*to avoid*) manger et boire trop sucré

Troisième étape. Répondez aux questions suivantes.

1. Qu'est-ce que vous faites personnellement pour être en bonne santé? Qu'est-ce que vous mangez? Est-ce que vous mangez sainement?

2. Est-ce que vous faites du sport pour rester en forme? Quels sports?

3. Jean-Jacques a dit: «Pour être en bonne santé, il faut manger dans des restaurants français.» Est-ce que vous diriez (*Would you say*): «Pour être en bonne santé, il faut manger dans des restaurants américains»? Pourquoi ou pourquoi pas?

   Je dirais (*would say*) **que / Je ne dirais pas que...**

B. À votre avis, qu'est-ce qu'il faut faire pour gérer (*manage*) le stress?

Première étape. Cochez les deux recommandations de la liste qui sont absolument essentielles, selon vous, pour gérer le stress.

_____ Il faut bien dormir.

_____ Il faut sortir: aller au cinéma, voir des amis, etc.

_____ Il faut manger correctement.

_____ Il faut avoir des distractions comme le sport ou la musique.

_____ Il faut être organisé.

_____ Autre chose? _____

Deuxième étape. Circulez dans la classe et cherchez une autre personne qui a les mêmes réponses que vous.

> À ton avis, qu'est-ce qu'il faut faire pour gérer le stress?

C. À l'écran. Maintenant, regardez la vidéo et écoutez les réponses des gens, puis répondez aux questions suivantes.

      Nicolas   Jean-Jacques   Xavier

1. Qui aime jouer d'un instrument pour gérer son stress? De quel instrument?
2. Qui pense qu'il faut sortir?
3. Qui pense qu'il faut bien dormir et faire du sport?
4. Avec qui êtes-vous d'accord?

Tu te lèves / Vous vous levez à quelle heure le matin?

Asking about someone's daily routine

A. À l'écran.

Première étape. Regardez la vidéo et écoutez Daniel (professeur de français dans un lycée [*high school*]) et Anna (lycéenne [*high school student*]) décrire une de leurs journées typiques en semaine. **Attention!** Notez seulement les heures.

	Daniel	Anna
À quelle heure...		
1. est-ce qu'il se lève (*gets up*)? / est-ce qu'elle se réveille (*wakes up*)?	à 5 h 30	7 h
2. est-ce qu'il arrive à l'école? / est-ce qu'elle a son premier cours?	8 h / 8 h 30	8 h
3. est-ce qu'il/elle déjeune?	à midi	à midi
4. est-ce qu'il/elle reprend (*goes back to*) les cours?	14 h / 2h	1 h 30 / 2 h
5. est-ce qu'il/elle finit les cours?	17 h / 5 h	5 h 30 / 4h 30
6. est-ce qu'il/elle dîne?	19 h / 7h	8h / 9h
7. est-ce qu'il/elle se couche (*go to bed*)?	après le dîner	10h 30, 11 h

Deuxième étape. Répondez aux questions suivantes.

1. À quelle heure est-ce que les cours au lycée commencent en France? À quelle heure est-ce qu'ils finissent? Et dans votre pays?
2. Combien de temps a-t-on pour la pause-déjeuner (*lunch break*)? Quel emploi du temps (*schedule*) préférez-vous: l'emploi du temps américain ou français? Expliquez.
3. À quelle heure est-ce que Daniel et Anna dînent? Et votre famille?
4. À quelle heure est-ce qu'Anna se couche? Et Daniel?
5. Quelles différences culturelles avez-vous découvertes dans la vidéo? Nommez-en trois.

B. À quelle heure... ? Travaillez avec un(e) camarade. En utilisant les verbes et les expressions suivants, posez-lui des questions pour compléter son emploi du temps. Ensuite, changez de rôle. Voici la première et la dernière questions.

EXEMPLES: É1: À quelle heure est-ce que tu te lèves (*do you get up*) le matin?
É2: Je me lève à...

É1: À quelle heure est-ce que tu te couches (*do you go to bed*)?
É1: Je me couche à...

Prénom:	
Activités	**Emploi du temps**
1. se lever le matin	**Il/Elle se lève à _____ heures.**
2. prendre le petit déjeuner	
3. aller à l'université / arriver au travail (au boulot)	
4. avoir cours de _____ heure(s) à _____ heure(s)	
5. déjeuner	
6. étudier	
7. faire ses devoirs	
8. rentrer à la maison	
9. préparer le dîner / dîner	
10. se coucher	**Il/Elle se couche à _____ heures.**

Un petit déjeuner français

Vocabulaire interactif

Tu fais du yoga? Parts of the body

La posture du guerrier° °warrior La posture du triangle

Quelle posture est-ce qu'on décrit dans les phrases suivantes—(a) la posture du guerrier, (b) la posture du triangle, (c) les deux ou (d) ni l'une ni l'autre (*neither one*)?

1. On plie (*bends*) un genou. *la posture du guerrier*
2. On lève les bras en croix (*parallel to the floor*). *la posture du guerrier*
3. On met une main par terre (*the ground*). *la posture du triangle*
4. Les deux pieds restent par terre. *les deux*
5. On redresse (*straightens*) le cou et la poitrine. On contracte le ventre. *les deux*
6. Les épaules sont arrondies (*rounded*). *ni l'une ni l'autre*
7. Les deux mains (reposent) sur les hanches. *ni l'une ni l'autre*
8. On tourne la tête vers la gauche. *la posture du guerrier*
9. On se tient (*holds*) les chevilles. *ni l'une ni l'autre*
10. Le pouce et les doigts sont écartés (*spread out*). *la posture du triangle*
11. On plie un coude. *ni l'une ni l'autre*
12. Les jambes sont écartées. *les deux*

▷ Answers to this activity are in **Appendice 2** at the back of the book.

A. De la tête aux pieds. Demandez à votre professeur de prononcer ces parties du corps en allant de la tête aux pieds. Ensuite, avec un(e) camarade, faites la même chose, mais dans le sens inverse (*opposite direction*)!

les chevilles	les genoux	la poitrine
le cou	les hanches	la tête
les épaules	les pieds	le ventre

B. Un malade imaginaire? Jean se plaint (*complains*) toujours de sa santé. À tour de rôle avec un(e) camarade, imaginez ce qu'il dit après chaque activité.

EXEMPLE: Jean est allé à un concert de rock.
—Aïe! (*Ouch!*) J'ai mal aux oreilles!

1. Il a fait une longue randonnée.   *Il mal aux pieds*
2. Il a passé l'après-midi devant son ordinateur.   *Il mal aux yeux*
3. Il a joué de la guitare toute la journée.   *Il mal aux oreilles*
4. Il a joué au tennis toute la journée.   *Il mal aux bras*
5. Il a trop mangé de bonbons (*candy*).   *Il mal au ventre*
6. Il a dormi par terre hier soir.   *Il mal au dos.*

C. Le corps humain dans l'art. Travaillez avec trois autres camarades de classe. Chacun(e) d'entre vous va choisir un des personnages dans le tableau *Les Bergers d'Arcadie* de Nicolas Poussin, peintre français de la période néoclassique. Nommez les parties du corps visibles.

1. l'homme debout (*standing*) à gauche
2. l'homme qui s'agenouille (*kneeling down*) à gauche
3. l'homme qui s'incline (*leaning in*) vers les autres
4. la femme à droite

Les Bergers d'Arcadie (vers 1630), Nicolas Poussin

En français

There are two words for "face" in French, which can be used interchangeably: **le visage** and **la figure**. Here is a famous face from another French neoclassical work of art, **la statue de la Liberté**!

Not pictured in the illustration: **les dents** (*f.*) (*teeth*) and **la langue** (*tongue*).

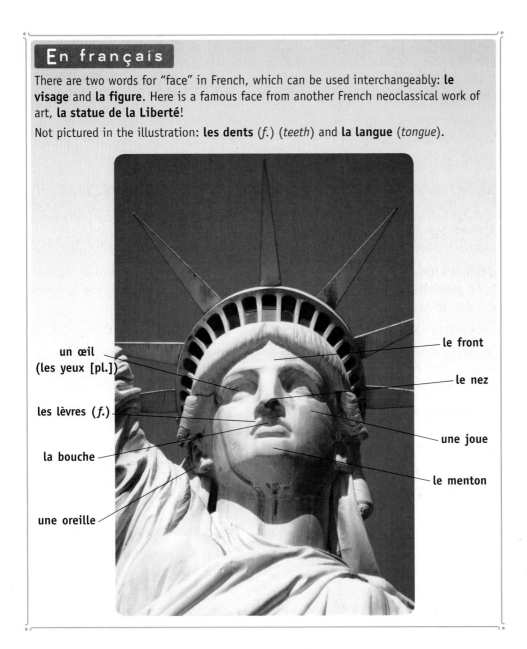

un œil
(les yeux [pl.])

les lèvres (*f.*)

la bouche

une oreille

le front

le nez

une joue

le menton

D. Jeu d'identification.

Première étape. Travaillez avec un(e) camarade. Sur une feuille de papier, numérotée de 1 à 8, identifiez la partie du visage. Quel groupe a correctement identifié toutes les huit parties du visage?

1. Vous en avez un, au milieu du visage. *middle* le nez
2. Vous en avez un, au bas (*at the end, bottom*) du visage. le menton
3. Vous en avez un, entre les cheveux et les yeux. le front
4. Vous en avez une, qui contient la langue et les dents. la bouche
5. Vous en avez deux, une supérieure et une inférieure. les lèvres
6. Vous en avez deux, à droite et à gauche de votre bouche. une joue
7. Vous en avez deux, sur chaque côté de la tête. les oreilles
8. Vous en avez deux, de couleur bleue peut-être. un œil

Deuxième étape. Quelle partie du visage dans votre liste de la **Première étape** sert à voir? à sentir? à entendre? à goûter? Quelle partie du corps sert à toucher?

E. Tu trouves ça mignon?

Première étape. La figure est souvent la première chose qu'on remarque chez les autres. Cochez les attributs «inhabituels» que vous trouvez *particulièrement* mignons ou attirants (*attractive*).

☐ des cheveux bouclés   ☐ de belles dents

☐ des yeux très clairs   ☐ des fossettes (*dimples*)

☐ des taches de rousseur (*freckles*)   ☐ une fossette au menton

Deuxième étape. Avec un(e) camarade, comparez vos réponses dans la **Première étape**. Quels attributs trouvez-vous tous (toutes) les deux mignons/attirants? Avez-vous un ami / une amie ou un copain / une copine qui a une de ces particularités physiques?

F. On reconnaît l'âne (*recognizes a donkey*) à ses oreilles.

Première étape. On reconnaît souvent les gens à une de leurs particularités physiques. Avec un(e) camarade, indiquez comment on reconnaît les membres de votre famille et vos amis.

EXEMPLE: —On reconnaît ma mère à ses longs cheveux bouclés.

Deuxième étape. Avec votre camarade, choisissez un acteur / une actrice (un chanteur / une chanteuse) célèbre. Décrivez cette personne en utilisant l'expression **On le/la reconnaît à...** Est-ce que vos camarades sont capables de deviner de qui il s'agit?

Rétrospective   Auguste Rodin (1840–1917): Une célébration du corps et l'esprit humain

Le Baiser (1888–1889), Rodin

« Ferme tes yeux de chair pour contempler ton image avec l'œil de l'esprit. »*

—AUGUSTE RODIN

Everyone who sees Rodin's *La Porte de l'Enfer* (1880–1917) is amazed by its depiction of the human body. Writhing bodies, many of whom are characters from Dante's *Inferno*, illustrate figures contemplating their various plights. *Le Penseur*, another of Rodin's masterpieces, creates a special balance between the physical and the intellectual that, for Rodin, was essential to representing the human condition. One of Rodin's best known sculptures, *Le Baiser*, depicts a man and a woman in a near kiss (their lips don't touch) and exemplifies Rodin's goal of sculpting women as partners, and not inferiors, to men.

His sculpture entitled *Balzac* (1898) pays homage to the prominent French author, one of Rodin's contemporaries. Rodin shrouds Balzac's body, thereby emphasizing its mass rather than actually showing any part of the body beyond the head. He even blurs the features of Balzac's face beyond clear recognition, and thus focuses on Balzac's intellect rather than on his physique. Rodin's *Bourgeois de Calais* (1885–95) commemorates the burghers of the northern French city of Calais and their sacrifice to save the population from English invaders during the Hundred Years' War (1337–1453). Their faces reveal the physical anguish, vulnerability, and inner conflict they are experiencing.

Throughout his career, Rodin's interest in character and human emotion, not ideal beauty, prevailed as he modeled the human body with realism and admiration.

Sur Internet   Pour visiter le musée Rodin à Paris, consultez le site Web d'*En avant!* (**www.mhhe.com/enavant1**).

*Close your eyes of flesh to contemplate your image with your mind's eye.

Grammaire interactive

Rappel Regular verb groups and irregular verbs

Il y a toujours quelque chose à faire.

Première étape. Voici une liste d'activités que Robert fait chaque matin pendant la semaine. Conjuguez le verbe entre parenthèses pour compléter chaque phrase.

1. Robert _dort_ (dormir) jusqu'à 6 h.
2. Il _prend_ (prendre) une douche (*shower*).
3. Il _met_ (mettre) un costume.
4. Il _choisit_ (choisir) une belle cravate.
5. Il _boit_ (boire) son café rapidement.
6. Il _sort_ (sortir) de chez lui à 7 h.
7. Il _attend_ (attendre) le bus.
8. Il _arrive_ (arriver) au bureau.
9. Il _répond_ (répondre) aux méls.
10. Il _voit_ (voir) ses clients.
11. Il _finit_ (finir) ses contrats.
12. Il _rentre_ (rentrer) à midi pour déjeuner.

Deuxième étape. Transformez chaque phrase de la **Première étape** pour parler de votre routine le matin. Changez un détail ou utilisez la négation **ne... pas** si votre routine est différente de celle de Robert. Si elle est similaire, donnez un détail supplémentaire.

EXEMPLES: —Moi aussi, je prends une douche. (*ou*)
—Normalement, je prends un bain (*bath*). (*ou*)
—Je ne prends pas de douche le matin. Je prends une douche le soir.

8.1 Je me lève à 7 h   Talking about daily routines using pronominal verbs

1 Many verbs in French—whether they are part of a particular verb group or are irregular—have a *pronominal* form. You already saw three examples of such verbs in the **Communication en direct** section of this chapter: **se réveiller, se lever,** and **se coucher,** and in **Chapitre 1,** you learned several forms of **s'appeler.** The pronoun that precedes the verb gives it a reflexive meaning, indicating that the action described by the verb is being done to oneself.

| Robert **regarde** un portrait. | *Robert is looking at a portrait.* |
| Robert **se regarde** dans le miroir. | *Robert is looking at himself in the mirror.* |

> ○ To review regular **–re** verbs, see Chapitre 5, Grammaire interactive 5.3; to review **–ir** verbs like **sortir** and **–ir/–iss** verbs like **finir,** see Chapitre 6, Grammaire interactive 6.2 and 6.4. To review the irregular verbs **prendre** and **boire,** see Chapitre 5, Grammaire interactive 5.2; to review the irregular verb **mettre,** see the En français feature on page 168; to review the irregular verb **voir,** see the En français feature on page 198.
>
> ○ Answers to this activity are in Appendice 2 at the back of the book.

Here are six additional verbs in their pronominal form that have a reflexive meaning. Complete each sentence with the appropriate body part using the definite article (**le, la, l', les**).

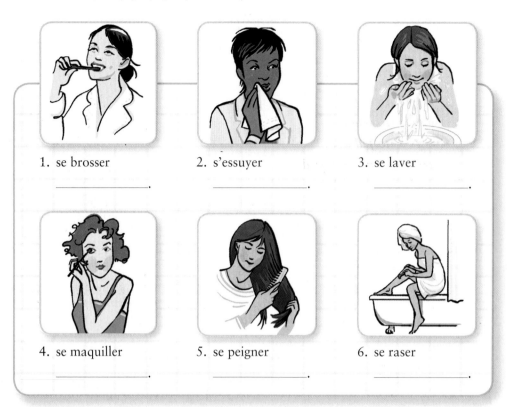

1. se brosser _____.

2. s'essuyer _____.

3. se laver _____.

4. se maquiller _____.

5. se peigner _____.

6. se raser _____.

▶ Answers to this activity are in Appendice 2 at the back of the book.

2 Pronominal verbs are conjugated in the same way as their nonpronominal counterparts, but the form of the reflexive pronoun changes to match the grammatical subject. Contraction (**élision**) occurs with the pronouns **me, te,** and **se** when they precede a verb beginning with a vowel or *h*, such as the verb **s'habiller** (*to dress oneself, get dressed*). At this point, you should be able to fill in the forms of **s'habiller** in the chart on the right, using the forms of the verb **se laver** in the chart on the left as a model.

se laver (*to wash oneself, get washed*)		s'habiller (*to dress oneself, get dressed*)	
je	**me lave**	je	m'habille
tu	**te laves**	tu	t'habille
il/elle/on	**se lave**	il/elle/on	s'habille
nous	**nous lavons**	nous	nous habillons
vous	**vous lavez**	vous	vous habillez
ils/elles	**se lavent**	ils/elles	s'habillen

3 The reflexive pronoun forms a "block" with the conjugated verb. When negation is used, **ne** precedes this block and **pas, jamais,** etc. follow it.

Nous **ne** nous couchons **pas** tard.   *We don't go to bed late.*

Elle **ne** se réveille **jamais** tôt.   *She never wakes up early.*

▶ Answers to this activity are in Appendice 2 at the back of the book.

4 For some pronominal verbs, a reflexive meaning is not always immediately apparent to English speakers. For example, **elle s'appelle Suzanne** literally means "she calls herself Suzanne," but is more naturally expressed in English as "her name is Suzanne" or "she is named Suzanne." Here are other verbs whose pronominal forms, like **s'appeler,** do not have a reflexive equivalent in English:

s'amuser	*to have fun*	**se promener**	*to take a walk*
se dépêcher	*to hurry*	**se sentir**	*to feel* (*sick, well, happy, etc.*)
se détendre	*to relax*		
s'endormir	*to fall asleep*	**se trouver**	*to be located*
s'ennuyer	*to be/get bored*		

Mise en pratique. Dans chaque cas, utilisez la forme *normale* du verbe dans une des phrases (a. ou b.) et la forme *pronominale* dans l'autre. **Attention!** Considérez bien le sens du verbe pronominal avant de décider.

1. (s')amuser
   a. Le clown _____ amuse _____ les enfants.
   b. Les enfants _____ s'amusent _____ au cirque.

2. (se) sentir
   a. Vous _____ vous sentez _____ bien aujourd'hui?
   b. Vous _____ sentez _____ les fleurs?

3. (se) détendre
   a. Tu _____ détends _____ tes muscles avant de changer de posture?
   b. Tu _____ te détends _____ le soir chez toi?

[handwritten note: at your house]

> ○ Answers to this activity are in Appendice 2 at the back of the book.

A. Écoutez bien! Votre professeur va décrire les activités de Nadine et de Nicolas, son petit garçon, chaque matin. Cochez l'activité que vous entendez dans chaque phrase.

1. ☐ Elle réveille son fils.   ☒ Elle se réveille.
2. ☐ Elle peigne les cheveux de son fils.   ☒ Elle se peigne les cheveux.
3. ☒ Elle habille son fils.   ☐ Elle s'habille.
4. ☒ Elle met son fils à table.   ☐ Elle se met à table.
5. ☐ Elle sert du chocolat chaud à son fils.   ☒ Elle se sert du chocolat chaud
6. ☒ Elle lave les mains de son fils.   ☐ Elle se lave les mains.
7. ☐ Elle brosse les dents de son fils.   ☒ Elle se brosse les dents.

B. La lève-tôt (*early riser*) **et le couche-tard** (*night owl*). Travaillez avec un(e) camarade. L'un(e) de vous complète la description de Maryse en employant les verbes suggérés pendant que l'autre complète la description de Frédéric. Ensuite, lisez la description à votre camarade. Utilisez chaque verbe une fois.

s'habiller, se lever, se maquiller, se peigner, prendre, se réveiller	s'amuser, se coucher, se dépêcher, se détendre, s'endormir, sortir
Maryse est une vraie lève-tôt, même le week-end. Elle _____ [1] toujours de bonne heure (*early*), à 6 h du matin. Elle ne reste jamais au lit (*in bed*): elle _____ [2] tout de suite. Elle prépare son café et regarde les infos à la télé. Ensuite, elle _____ [3] une douche et puis elle _____ [4]. Maryse _____ [5] les cheveux et _____ [6] un peu les yeux. À 7 h 30, elle est prête à partir.	Frédéric est un vrai couche-tard. Il _____ [7] bien le soir avec ses amis—au café, au cinéma ou en boîte en nuit—et il ne _____ [8] pas de rentrer le soir! Si Frédéric ne _____ [9] pas le soir, il _____ [10] chez lui, devant la télé ou avec des jeux vidéo. Vers 2 h du matin, il _____ [11], mais il ne _____ [12] pas tout de suite. Il lit (*reads*) jusqu'à 4 h du matin!

○ Answers to this activity are in Appendice 2 at the back of the book.

C. La routine des étudiants.

Première étape. Conjuguez le verbe entre parenthèses et complétez la phrase à l'aide de l'option qui décrit le mieux, selon vous, la vie des étudiants en semaine.

1. Le matin, ils _____ (se lever) ☐ avant 9 h. ☐ après 9 h.
2. Ils _____ (prendre) ☐ une douche. ☐ un bain.
3. Ils _____ (s'habiller) normalement ☐ en jean. ☐ en costume / en tailleur.
4. Pour déjeuner, ils _____ (aller) ☐ au resto-U. ☐ dans un fast-food.
5. Ils _____ (s'endormir) de temps en temps ☐ à la biblio. ☐ au café.
6. Le soir, ils _____ (se détendre) ☐ devant la télé. ☐ avec des amis.
7. Ils _____ (se coucher) ☐ de bonne heure. ☐ tard.

Deuxième étape. Maintenant, posez des questions à trois autres étudiants pour déterminer si leurs réponses sont les mêmes que celles (*the same as those*) que vous avez choisies dans la **Première étape**.

EXEMPLE: —Est-ce que tu préfères te lever avant ou après 9 h?

En français

Although the infinitive form of a pronominal verb is listed in a dictionary with the pronoun **se**, the pronoun *always* agrees with the grammatical subject of the sentence, whether the verb is conjugated or in its infinitive form immediately following verbs such as **aller, devoir, préférer, vouloir**, etc.

Nous nous amusons bien!	*We're having a good time!*
Nous allons **nous** amuser en vacances!	*We're going to have a good time on vacation!*
Tu te couches tôt?	*Do you go to bed early?*
Tu dois **te** coucher tôt ce soir?	*Do you have to go to bed early tonight?*

D. En bonne santé.

Première étape. Il y a beaucoup de choses qu'on nous conseille de faire (*we are advised to do*) pour être en bonne santé physique *et* mentale. Indiquez les conseils que vous suivez (*follow*) régulièrement.

_____ se coucher tôt et se lever tôt	_____ ne pas fumer
_____ se promener un peu chaque jour	_____ s'amuser un peu chaque jour
_____ manger des repas équilibrés	_____ faire du yoga, de la méditation
_____ ne pas boire (beaucoup) d'alcool	_____ se détendre le soir

Deuxième étape. Travaillez avec un(e) camarade. À tour de rôle, posez-vous des questions pour déterminer quels conseils vous suivez tou(te)s les deux. Faites une liste et présentez-la à la classe.

EXEMPLE: —Nous nous promenons un peu chaque jour; nous ne buvons pas (beaucoup) d'alcool et nous nous détendons le soir.

E. Des conseils. Votre professeur va jouer le rôle de M. ou Mme Tessier, qui ne va pas bien. Donnez-lui vos conseils en employant **vous devez...** ou **vous pouvez...** suivi d'un infinitif. **Attention!** Si vous utilisez l'infinitif d'un verbe pronominal, n'oubliez pas d'employer le pronom réfléchi approprié.

Chez les Français

Les nouvelles lois anti-tabac°   *no smoking laws*

De nouvelles lois anti-tabac ont été mises en œuvre (*implemented*) en France en 2006. D'abord, dans les années 90, il a été interdit (*prohibited*) de fumer dans les bâtiments (*buildings*) administratifs, les écoles, les entreprises (*businesses*). Depuis 2006, c'est aussi interdit dans les cafés, les restaurants et même les boîtes de nuit. Le gouvernement français espère ainsi diminuer (*decrease*) le nombre de décès dûs aux maladies causées par le tabagisme (*cigarette smoking*). Il a même adopté la «journée mondiale sans tabac» tous les ans le 31 mai.

D'après une enquête commissionnée par le Ministère de la Santé, deux ans après l'application de la loi (*passage of the bill*), son respect est quasi-absolu. Même s'il y a toujours des personnes récalcitrantes, en général les fumeurs ne fument pas dans les lieux publics ou ils vont fumer dehors.

Malheureusement, la consommation de cigarettes n'a pas encore diminué, alors le Ministère organise des campagnes anti-tabac. Une de ces campagnes utilise plusieurs affiches avec le slogan «Ça vaut le coup d'essayer» (*It's worth a try*).

To review information questions with **est-ce que**, such as **qu'est-ce que**, see Chapitre 3, Grammaire interactive 3.3. To review the use and forms of **quel(le)(s)**, see Chapitre 6, Grammaire interactive 6.3.

a noun follows quel(le)(s)?

vs.

verb follows qu'est-ce que

Answers to this activity are in Appendice 2 at the back of the book.

Rappel

The interrogatives **qu'est-ce que** and **quel(le)(s)**

Un jour typique.

Première étape. Complétez chaque question avec **qu'est-ce que** ou la forme appropriée de l'interrogatif **quel(le)(s)**.

1. À _quelle_ heure est-ce que tu te lèves en semaine?
2. _Qu'est-ce que_ tu détestes faire le matin?
3. _Qu'est-ce que_ tu bois normalement le matin?
4. _Quel_ est ton premier cours le matin?
5. Dans _quels_ bâtiments est-ce que tu as cours?
6. _Qu'est-ce que_ tu manges le plus souvent (*most often*) au dîner?
7. _Quelles_ émissions est-ce que tu aimes regarder le soir?
8. _Qu'est-ce que_ tu fais avant de te coucher le soir?

Deuxième étape. Posez les questions de la **Première étape** à un(e) camarade. Comment est-ce que sa routine diffère de la vôtre (*yours*)?

8.2 Qu'est-ce qui se passe? Additional forms for asking questions

1 When using the form **Qu'est-ce que... ?**, as you did in the **Rappel** section, you are asking to identify something inanimate that is the *direct object* of a verb.

—**Qu'est-ce que** tu regardes?	*What are you watching?*
—Je regarde **un vieux film**.	*I'm watching an old movie.*
—**Qu'est-ce que** tu manges?	*What are you eating?*
—Je mange **du popcorn**.	*I'm eating (some) popcorn.*

2 When asking *What . . . ?* about the grammatical subject of a sentence (rather than the direct object), the form **Qu'est-ce qui... ?** is used instead, such as in the frequently asked questions listed here.

—**Qu'est-ce qui se passe?**	—*What's going on?*
—Rien d'intéressant.	—*Nothing interesting.*
—**Qu'est-ce qui ne va pas?**	—*What's wrong?*
—J'ai mal à la gorge.	—*I have a sore throat.*
—**Qu'est-ce qui est arrivé (à Paul)?**	—*What happened (to Paul)?*
—Il est tombé de son vélo.	—*He fell off his bike.*

3 When asking *Who . . . ?*, there are also two forms depending on whether that person represents the direct object of a verb (**Qui est-ce que... ?**) or the subject of the sentence (**Qui... ?**).

—**Qui est-ce que** tu admires? *Who(m) do you admire?*

—J'admire **mes parents**. *I admire my parents.*

—**Qui** se lève très tôt chez toi? *Who gets up very early at your house?*

—**Ma mère** se lève tôt. *My mother gets up early.*

Mise en pratique. Complétez les questions suivantes sur votre famille avec **Qui... ?**, **Qui est-ce que... ?**, **Qu'est-ce qui... ?** ou **Qu'est-ce que... ?**, puis répondez à ces questions.

1. _____Qui_____ travaille le plus?   *Ma mère travaille le plus*
2. _Qui est-ce que_ vous admirez le plus, votre mère ou votre père?   *J'admire le plus ma mère*
3. _Qu'est-ce qui_ se passe le dimanche chez vous?   *Rien d'intéressant.*
4. _Qu'est-ce que_ vous faites en famille?   *On mange le dîner*

---

4 Questions with **Qui... ?** or **Que... ?** may involve a verb that is used with a preposition, such as **sortir avec** or **parler de**. In these cases, the preposition must be placed at the beginning of the question, which is not the case in informal English.

○ Answers to this activity are in Appendice 2 at the back of the book.

—**Avec qui est-ce que** tu sors ce soir? *Who(m) are you going out with tonight?*

—**De qui est-ce que** vous parlez? *Who(m) are you talking about?*

Although **qui** remains the same whether or not a preposition precedes it, **que** is replaced by **quoi**.

À quoi est-ce que tu joues? *What (sport, game) are you playing?*

De quoi est-ce que vous parlez? *What are you talking about?*

5 A number of pronominal verbs require the use of a preposition; some of the more frequently used ones are listed here.

s'entendre (bien/ mal) avec	to get along (well/ not well) with	s'occuper de	to take care of
se fâcher contre	to be/get angry at	se renseigner sur	to find out about
s'inquiéter de	to worry about	se tromper de	to be mistaken about
s'intéresser à	to be interested in	se souvenir de	to remember
se moquer de	to make fun of	se spécialiser en	to "major" in (an academic subject)

prepositions e.g. avec, dans, de sur, sous, etc. goes before qui / que

J'ai acheté le livre. Ma sœur l'a écrit (le livre).
→ J'ai acheté le livre que ma sœur a écrit.
Que — that/who/ whom
l'objet direct replaces the direct object (le livre)

Je cherche l'artiste. qui Il étudie à Paris.
Qui — who, that/which → replace the subject

Mise en pratique. Complétez les phrases suivantes avec la préposition appropriée (**à, avec, de** ou **en**) et puis indiquez votre réaction. Ensuite, transformez les phrases en questions en utilisant la même préposition suivie par **qui/quoi + est-ce que vous...** .

	c'est vrai	c'est faux
1. Je m'inquiète <u>*de*</u> mon avenir (*future*).	☐	☐
<u>*De quoi est-ce que vous vous inquiétez*</u>?		
2. Je m'entends très bien <u>*avec*</u> mes profs.	☐	☐
<u>*Avec qui est-ce que vous vous entendez bien*</u>		
3. Je me souviens bien <u>*de*</u> mon enfance.	☐	☐
<u>*De quoi est-ce que vous vous souvenez bien*</u>?		
4. Je m'intéresse beaucoup <u>*en*</u> la politique.	☐	☐
<u>*En quoi est-ce que vous vous intéressez beaucoup*</u>		
5. Je me moque parfois <u>*de*</u> mes camarades de classe.	☐	☐
<u>*De qui est-ce que vous vous moquez parfois*</u>?		
6. Je me spécialise <u>*en*</u> français.	☐	☐
<u>*En quoi est-ce que vous vous spécialisez*</u>?		

⊙ Answers to this activity are in **Appendice 2** at the back of the book.

⊙ To learn more about using interrogatives in formal versus informal speech, see **Par la suite** at the back of the book.

A. Écoutez bien!

Première étape. Votre professeur va poser diverses questions à la classe. Cochez la seule réponse logique à chaque question.

1. **Qui...**	☐ un policier	☐ un infirmier	☐ un informaticien
2. **Qui est-ce que...**	☐ un étudiant	☐ un serveur	☐ un architecte
3. **Avec qui est-ce que...**	☐ avec un acteur	☐ avec un homme d'affaires	☐ avec un ami
4. **Qu'est-ce qui...**	☐ l'Acropolis	☐ l'Alhambra	☐ l'Arc de Triomphe
5. **Qu'est-ce qui...**	☐ les planètes	☐ les fraises	☐ les parapluies
6. **Qu'est-ce que...**	☐ une montre	☐ un monstre	☐ une maison
7. **À quoi est-ce que...**	☐ au cinéma	☐ au volley	☐ à 8 h

Deuxième étape. Travaillez avec trois autres camarades. Utilisez quatre des formes interrogatives de la **Première étape** pour poser des questions à votre professeur. **Attention!** La réponse à chacune de vos questions doit être différente de celle de la **Première étape**, mais doit être une des deux autres réponses suggérées.

EXEMPLE: LE GROUPE: Qui s'intéresse aux gadgets électroniques?
LE/LA PROF: Un informaticien.

La devise° du Québec: De quoi est-ce qu'ils se souviennent? °motto

En 1978, non sans controverse, la phrase «Je me souviens» remplace «La belle province» sur les plaques d'immatriculation (*license plates*) des voitures au Québec. D'où vient cette devise? On sait que l'architecte Eugène-Étienne Taché l'a fait graver (*had it engraved*) sur les murs du Palais législatif en 1883 (aujourd'hui l'Assemblée nationale); par contre, on ne connaît pas exactement ses motivations. Aujourd'hui, on l'interprète comme une célébration de l'histoire du Québec et des gens qui y ont participé, tous représentés sur la façade du bâtiment de Taché: les Amérindiens, les explorateurs, les missionnaires, les administrateurs et beaucoup d'autres. Pour beaucoup, c'est aussi une devise qui marque l'attachement des Québécois à leurs racines (*roots*) françaises.

Une plaque d'immatriculation québécoise

B. Les athlètes et les musiciens. Testez les connaissances (*knowledge*) d'un(e) camarade en sport et en musique. Choisissez une des deux personnes célèbres. Demandez si c'est un(e) athlète ou un(e) musicien(ne) et à quoi / de quoi joue cette personne.

EXEMPLE: Phil Mickelson / Phil Collins

    É1: Qui joue à un sport?
    É2: C'est Phil Mickelson.
    É1: À quel sport (*ou*) À quoi est-ce qu'il joue?
    É2: Il joue au golf.
    É1: C'est exact! (*Right!*)

1. Wynton Marsalis / Alex Rodriguez
2. David Beckham / John Mayer
3. Sheryl Crow / Misty May-Treanor
4. Roger Federer / Itzhak Perlman
5. Billy Joel / Peyton Manning
6. Alicia Keys / Michelle Wie
7. Ringo Starr / Tony Parker

C. Avec quelle partie du corps... ? Avec un(e) camarade, faites une liste de sept questions qui ont, comme réponse, une partie du corps. Ensuite, posez vos questions à deux autres étudiant(e)s. Est-ce qu'ils/elles savent la réponse à toutes vos questions?

EXEMPLE: —Avec quoi est-ce qu'on joue du piano?

D. Pour s'amuser ce week-end.

Première étape. Qu'est-ce qui se passe ce week-end sur votre campus ou dans votre ville? Avec vos camarades, créez une liste des questions pour vous renseigner sur les activités suivantes. Utilisez les verbes suggérés ou d'autres verbes que vous avez appris. Proposez les questions à votre professeur qui va les écrire au tableau.

1. cinémas (être à l'affiche, regarder, ?)
2. théâtres (assister à, réserver, ?)
3. musées / galeries d'art (voir, s'acheter, ?)
4. boîtes de nuit (danser, payer, ?)
5. concerts (être en concert, jouer de, ?)
6. parcs (jouer à, se promener, ?)
7. bars / cafés (entrer, boire, s'amuser, ?)
8. stades (aller, regarder, ?)

Deuxième étape. Travaillez avec trois autres camarades. Un membre du groupe va jouer le rôle d'un(e) jeune Français(e) qui visite votre ville/campus. Il/Elle va se renseigner sur ce qu'il y a à faire ce week-end en posant les questions de la **Première étape**. Les trois autres membres du groupe vont répondre à ses questions. Mettez-vous alors d'accord sur une activité à faire ensemble.

Rappel Use and forms of the **passé composé**

Qu'est-ce que tu as fait hier soir?

Première étape. Commencez chaque question en mettant le verbe entre parenthèses au passé composé. Ensuite, cochez **oui** si vous avez fait cette activité hier soir.

	oui			oui
1. _Tu as dîné_ (dîner) chez toi?	☐	5. _Tu es allé(e)_ (aller) à la gym?		☐
2. _____ (voir) un film?	☐	6. _____ (sortir) avec tes amis?		☐
3. _____ (faire) tes devoirs?	☐	7. _____ (rentrer) très tard?		☐
4. _____ (prendre) un bain?	☐	8. _____ (rester) au lit?		☐

Deuxième étape. Pour chacune des activités que vous avez cochées dans la **Première étape**, trouvez une autre personne dans la classe qui a coché la même, puis faites un petit résumé.

EXEMPLE: —Jennifer et moi, nous avons vu un film.
—Bill et moi, nous sommes rentrés très tard.

◖ To review the use and forms of the **passé composé**, see Chapitre 7, Grammaire interactive 7.3 and 7.4.

◖ Answers to this activity are in Appendice 2 at the back of the book.

8.3 Tu t'es amusé(e) hier soir?

Expressing past actions using pronominal verbs in the **passé composé**

1 In the **Rappel** section, you reviewed some verbs that use **avoir** as their auxiliary in the **passé composé** and others that use **être.** All pronominal verbs, however, use **être** as their auxiliary (even if the same verb in its nonpronominal form uses **avoir**).

Le bruit **a réveillé** mon chien.	*The noise woke my dog up.*
but: Il **s'est réveillé** à 8 h.	*He woke up at 8 o'clock.*

2 The past participle of pronominal verbs normally agrees with the subject of the sentence.

Marc s'est **réveillé** ce matin à 6 h 30.	*Mark woke up this morning at 6:30.*
Marie s'est bien **amusée** à la fête.	*Mary had a lot of fun at the party.*
Stéphanie et Jules se sont **promenés.**	*Stephanie and Jules took a walk.*
Mes sœurs se sont **trompées** d'adresse.	*My sisters were mistaken about the address.*

Mise en pratique. Jules parle de ce que sa famille a fait ce matin. Complétez chaque phrase en mettant le verbe en caractères gras à la forme du passé composé qui convient.

1. «Moi, je me suis **levé** à 7 h; ma femme aussi: elle _____.»

2. «Ma femme s'est **maquillée**; mes deux filles aussi: elles _____.»

3. «Je me suis **rasé**; mon fils aîné aussi: il _____.»

4. «Je me suis **habillé**; mes enfants aussi: ils _____.»

---

3 No agreement is made on the past participle of pronominal verbs when a direct object follows the verb.

○ Answers to this activity are in Appendice 2 at the back of the book.

Elle s'est **lavée.**	*She washed herself (got washed up).*
but: Elle s'est **lavé la figure.**	*She washed her face. (her face = direct object; follows verb)*

This is often the case with "daily routine" verbs, as in the example above, as well as with the "accident" verbs listed here.

se brûler (la main)	*to burn (one's hand)*	se couper (le doigt)	*to cut (one's finger)*
se casser (le bras)	*to break (one's arm)*	se fouler (la cheville, le poignet)	*to sprain (one's ankle, wrist)*

Elle ne s'est pas inquiétée plus jamais

Mise en pratique. Complétez les phrases de la colonne B avec les participes passés de la colonne A. N'oubliez pas de faire l'accord si c'est nécessaire.

A	B
réveillé	1. Nadine s'est _reveillée_ de bonne heure.
levé	2. Elle s'est _levée_ tout de suite.
lavé	3. Elle s'est _lavé_ la figure.
brossé	4. Elle s'est _brossé_ les dents.
peigné	5. Elle s'est _peigné_ les cheveux.
brûlé	6. Elle s'est _brûlée_ dans la cuisine.
coupé	7. Et puis, elle s'est _coupé_ le doigt!

◉ Answers to this activity are in Appendice 2 at the back of the book.

4 Remember that the reflexive pronoun forms a "block" with the conjugated verb and that in the **passé composé**, the conjugated verb is the auxiliary (**être**). When using negation with pronominal verbs, then, **ne... pas** and other negative expressions surround this block.

Tu **ne** t'es **pas** promené(e)?　　　　*You didn't go for a walk?*

Elle **ne** s'est **jamais** ennuyée en classe.　　*She never got bored in class.*

A. Écoutez bien!

Première étape. Quatre étudiants partagent une maison près du campus. Écoutez et déterminez si chacune des activités mentionnées se passe **aujourd'hui** (verbe au présent) ou s'est passée **hier** (verbe au passé).

	aujourd'hui	hier		aujourd'hui	hier
1.	☐	☐	5.	☐	☐
2.	☐	☐	6.	☐	☐
3.	☐	☐	7.	☐	☐
4.	☐	☐	8.	☐	☐

Deuxième étape. Vous entrez dans la salle de bains des camarades de la **Première étape** et vous voyez les articles de toilette indiqués dans la liste. Imaginez ce que Yasmina et Philippe ont fait ce matin avec ces articles (**Elle s'est... / Il s'est...**).

de l'après-shampooing	du dentifrice	du rouge à lèvres
une brosse à dents	du mascara	du savon (*soap*)
de la crème à raser	un peigne	du shampooing

B. La matinée d'un couple. Travaillez avec un(e) camarade. À tour de rôle, décrivez ce que Jean-Pierre et sa femme, Inès, font d'habitude le matin et puis dites ce qu'ils ont fait ce matin pour changer la routine. Employez les verbes suivants ou d'autres verbes pronominaux que vous avez appris.

> s'amuser   se lever   se préparer   se réveiller
> s'habiller s'occuper de   se promener

EXEMPLE: faire la grasse matinée (*sleep in late*)

> É1: D'habitude, ils font la grasse matinée.
> É2: Ce matin, par contre, ils se sont réveillés de bonne heure.

1. rester en pyjama
2. avoir mauvaise mine (*to look bad*)
3. acheter quelque chose pour le petit déjeuner dans un fast-food
4. regarder la télé avec leur chien
5. laisser la maison en désordre
6. s'ennuyer au travail

se
① Ils ne ~~sont~~ pas restés en pyjama

C. Jeu: Je ne me suis jamais... Travaillez avec deux autres camarades. Le but (*goal*) de ce jeu est de gagner le maximum de points: chaque fois que vous avez fait quelque chose que les autres membres de votre groupe n'ont *jamais* fait, vous marquez un point.

EXEMPLE: É1: Je me suis cassé le bras.
> É2: Moi non, je ne me suis jamais cassé le bras.
> É3: Moi non plus.
> É1: Un point pour moi!

1. se casser la jambe / le bras
2. s'endormir en classe
3. s'acheter une voiture
4. s'habiller en vampire pour Halloween
5. se fouler la cheville / le poignet
6. s'occuper d'un bébé
7. se promener sur les Champs-Élysées
8. se réveiller avant 6 h
9. se perdre en forêt
10. se tromper en donnant son propre (*own*) numéro de téléphone

D. Un week-end mémorable.

Première étape. Cochez toutes les activités que vous avez faites avec un(e) ami(e) ou un membre de votre famille pendant un week-end mémorable. Ajoutez d'autres activités si vous voulez.

☐ s'acheter des vêtements ☐ assister à une pièce de théâtre ☐ discuter pendant des heures

☐ aller au cinéma ☐ se promener ☐ sortir en boîte

☐ s'amuser à une fête ☐ rester au lit le matin ☐ visiter un musée

☐ _____ ☐ _____ ☐ _____

Deuxième étape. En vous basant sur vos réponses de la **Première étape**, décrivez votre week-end à un(e) camarade. Il/Elle peut faire des commentaires ou poser des questions. Après votre discussion, préparez un petit paragraphe qui résume vos activités et qui répond aussi aux questions posées et aux commentaires faits par votre camarade.

> L'essentiel est invisible pour les yeux.
>
> —ANTOINE DE SAINT-EXUPÉRY*

Qu'est-ce que la beauté?

A. Avant d'écouter. Selon vous, qu'est-ce que la beauté? La beauté est-elle dans l'esprit de la personne qui regarde ou dans la chose qu'on regarde? Est-ce une expérience subjective ou est-ce qu'il y a des conditions universelles qui mènent à la perception de la beauté? Cherchez des exemples pour soutenir votre opinion. Est-ce que les aveugles (les gens qui ne voient pas) ont la même idée de la beauté que les voyants (les gens qui voient)?

B. Écoutez. Votre professeur va vous parler de la notion de beauté dans la littérature et la société.

C. Complétez. Complétez les phrases suivantes avec des termes de la liste. **Attention!** Certains des termes suivants ne sont pas utilisés!

Antiquité	maquillage
aveugle	montagnes
La Belle et la Bête	ne se voit pas (*can't be seen*)
Cyrano de Bergerac	*Le Petit Prince*
garçon	physique
intérieur	*La Princesse de Clèves*
maman	psychologues
	subjective

1. Le texte pose les questions suivantes: est-ce que la beauté est seulement
   _____ et _____?

2. Les _____ nous disent qu'il y a des éléments universels liés (*related*) au concept de la beauté physique.

3. Une personne _____ ne voit pas.

4. Plus une personne est âgée, plus elle trouve que la beauté se trouve à
   l'_____.

5. Selon Nadia, le _____ rend beau ce qu'on (*what one*) voit avec les yeux, et ce qui est beau _____ avec les yeux.

6. Parmi les textes littéraires qui privilégient la beauté physique, il y a
   _____.

7. Parmi les textes littéraires qui privilégient la beauté intérieure, il y a
   _____, _____ et _____.

D. À vous! Est-ce que ce texte vous force à repenser votre définition de la beauté? Qu'est-ce que vous avez appris de surprenant dans le texte à propos des aveugles et de leur perception de la beauté? À votre avis, est-ce que l'idéal de la beauté féminine a changé depuis le siècle dernier? Y a-t-il des caractéristiques très recherchées (*sought after*) aujourd'hui qui ne l'étaient pas il y a 50, 100 ans? Parmi les critères qui sont considérés comme désirables dans d'autres pays ou d'autres cultures, lesquels ne correspondent pas à votre idée de la beauté?

*Antoine de Saint-Exupéry (1900–1944) was an important novelist of the interwar period and an avid aviator. He died in 1944 during World War II when his squadron plane disappeared while he was flying over the Mediterranean Sea.

Le Petit Prince

Extrait de *Cyrano de Bergerac*

Cyrano de Bergerac est la plus célèbre pièce de théâtre d'Edmond Rostand, qui s'est inspiré librement d'un personnage (*character*) réel, Savinien Cyrano de Bergerac (1619–1655). Cyrano, le héros, est un homme extravagant, plein d'esprit et de courage, qui souffre de sa laideur (*ugliness*) mais qui finit par trouver l'amour malgré (*in spite of*) son apparence.

A. Avant de lire. À part les caractéristiques purement physiques, quelles autres qualités (par exemple, l'intelligence, l'éloquence) peuvent contribuer à la beauté d'une personne? Pensez-vous que le sens de l'humour et la capacité de se moquer de (*to make fun of*) soi-même sont deux de ces qualités? Répondez à ces questions, puis comparez vos réponses à celles d'un(e) camarade.

B. Lisez. Dans *Cyrano de Bergerac*, le vicomte de Valvert, un homme qui n'a pas beaucoup d'esprit, rivalise avec Cyrano et le beau Christian pour l'affection de Roxane. Dans cet extrait, le vicomte essaie de se moquer du nez de Cyrano. Cyrano qui, lui, a beaucoup d'esprit, lui répond que l'insulte est un peu courte et lui apprend comment se moquer d'un grand nez. Avec un(e) camarade, lisez l'extrait.

La tirade du nez

LE VICOMTE: Vous... vous avez un nez... heu... un nez... très grand.

CYRANO: Très.

LE VICOMTE: Ha!

CYRANO : C'est tout?...

LE VICOMTE: Mais...

CYRANO: Ah! non! c'est un peu court, jeune homme!

On pouvait dire... Oh! Dieu!... bien des choses[1] en somme....

En variant[2] le ton, — par exemple, tenez: [...]

Descriptif: «C'est un roc![3]... c'est un pic![4]... c'est un cap![5]

Que dis-je, c'est un cap?.. C'est une péninsule!»

Curieux: «De quoi sert cette oblongue capsule?[6]

D'écritoire,[7] Monsieur, ou de boîte à ciseaux?[8]»

Gracieux: «Aimez-vous à ce point[9] les oiseaux

Que paternellement[10] vous vous préoccupâtes[11]

De tendre ce perchoir[12] à leurs petites pattes [...]?»

Prévenant:[13] «Gardez-vous,[14] votre tête entraînée

Par ce poids,[15] de tomber en avant sur le sol!»

Tendre: «Faites-lui faire[16] un petit parasol

De peur que sa couleur au soleil ne se fâne![17]»

[1]*bien... lots of things* [2]*En... By varying* [3]*rock* [4]*peak* [5]*cape* [6]*De... What's that oblong capsule used for* [7]*writing desk* [8]*boîte... scissors case* [9]*Aimez-vous... Do you so like* [10]*paternally* [11]*vous... took it upon yourself* [12]*De... To offer this perch* [13]*Attentive* [14]*Watch out* [15]*votre... your head dragged down by this weight* [16]*Faites... Have made for it* [17]*De... For fear that its color fades in the sun*

Gérard Depardieu (Cyrano) et Anne Brochet (Roxanne) dans le film *Cyrano de Bergerac*

C. Avez-vous compris? Répondez aux questions suivantes sur l'extrait que vous venez de lire.

1. Combien de tons est-ce que Cyrano utilise dans l'extrait?
2. Cyrano compare son nez à quelle sorte de meuble?
3. Quand il utilise un ton curieux, Cyrano compare son nez à quelle sorte de récipient (*container*)?
4. Quand il choisit un ton gracieux, Cyrano suggère que son nez est parfait pour quelle sorte d'animal?
5. Finalement, Cyrano suggère qu'il doit protéger son nez du soleil avec quel objet?

D. À vous. Que pensez-vous de la tirade de Cyrano? Le Petit Prince dit que la beauté n'est pas physique. Comment les mots de Cyrano illustrent-ils cette idée? Que pensez-vous de ce concept? Avez-vous déjà été attiré(e) par une personne qui n'est pas très belle? Vous est-il déjà arrivé de trouver une personne très belle, mais de changer d'avis après avoir passé plus de temps avec elle?

Chez les Français

Les Français et la chirurgie esthétique°

°chirurgie... *plastic surgery*

En France comme en Amérique du Nord, la chirurgie esthétique est une option pour ceux qui veulent gommer (*erase*) les traces du vieillissement, même si elle comporte des risques. Le «tourisme esthétique» (ou «vacances médicales») est un phénomène assez récent dans la bataille éternelle contre le passage du temps. Pour se faire refaire la poitrine ou remodeler le nez, les Français partent en Argentine ou dans un cadre paradisiaque comme la Tunisie: on part vieux et on revient rajeuni, du moins en apparence! Il n'y a même plus besoin d'un lifting pour se débarrasser des rides (*get rid of wrinkles*) autour des yeux et de la bouche: il suffit d'une injection de Botox®—un produit pharmacologique à base de toxine botulique qui est apparu en France en 2003, un an après son lancement (*launching*) aux États-Unis.

Écrivons!

Forum: Comment je me détends

Postez un message sur le **Forum des étudiants,** pour parler de ce que vous avez fait récemment pour vous détendre. Employez le passé composé et faites attention aux auxiliaires. Suivez l'exemple.

◀ ▶ | **Forum >> Sujets divers >> Le week-end dernier >> Qu'est-ce que tu as fait pour te détendre?**

MESSAGE DE:

Xavier
(Le Mans)

🇫🇷

posté le 5-12

Sujet: Pour me détendre ▼

Salut tout le monde! Je fais différentes choses pour me détendre. Le week-end dernier, par exemple, j'ai fait un tour de vélo avec des amis. Nous avons préparé un pique-nique avec des sandwichs et des boissons, et nous avons mangé au bord de la mer. Faire du vélo, c'est bon pour la santé, mais ça ne m'aide pas vraiment à gérer mon stress (j'aime faire du vélo, mais c'est fatigant!). Alors, samedi dernier, pour me détendre le soir, j'ai regardé un de mes DVD préférés. Voilà!

Parlons!

Jeu: Dessin d'un «extraterrestre»

Pour ce jeu, vous allez avoir besoin d'un crayon et d'une feuille de papier. D'abord, travaillez seul(e) et dessinez le visage, ou le corps entier d'un «extraterrestre», c'est-à-dire d'un être (*being*) d'une autre planète qui a des proportions bizarres (par exemple, les bras plus longs que les jambes, les pieds plus longs que les jambes, etc.), des traits anormaux (par exemple, deux nez, un cou flexible, etc.). Puis, trouvez un(e) camarade et décrivez-lui votre dessin. En se basant seulement sur votre description, votre camarade va dessiner votre extraterrestre. **Attention!** Ne montrez pas votre dessin à votre camarade pendant ce jeu! Comparez ensuite son dessin au vôtre (*yours*). Sont-ils similaires? Ensuite, changez de rôle. À la fin, décidez quel dessin est le plus exact. Soyez prêt(e)s (*Be ready*) à montrer vos dessins à la classe.

Regardons!

Film: *Cyrano de Bergerac*

(Comédie dramatique, 1990; France; Réalisateur: Jean-Paul Rappeneau; 138 min.)

SYNOPSIS: This film is based on the 19th-century play of the same title. In both the film and the play, Cyrano de Bergerac is a poet with immense courage and wit, and an equally large nose, about which he is very sensitive. He is madly in love with the beautiful Roxanne, but fears rejection because of his oversized nose. He soon discovers that his friend, Christian, a handsome though not very articulate man, as well the Viscount de Valvert, are also in love with Roxanne. Cyrano decides to help Christian woo Roxanne by writing beautiful love letters and impassioned speeches for him to use as his own.

Avant-première. Répondez aux questions suivantes avec un(e) camarade. Comment réagissez-vous quand on se moque de votre apparence physique? Est-ce que l'apparence physique est importante dans la société d'aujourd'hui? Expliquez.

On tourne! Identifiez le ton des phrases et paraphrases suivantes de l'extrait de «La tirade du nez».

1. «Si j'avais (*If I had*) un tel nez, je l'amputerais! (*I would amputate it!*)»
   a. gracieux b. tendre c. agressif d. respectueux

2. «Ce monument, quand le visite-t-on?»
   a. agressif b. descriptif c. pratique d. comique

3. «Pour un parfumeur, quelle chance!»
   a. pratique b. amical c. ironique d. agressif

4. «Quand il saigne (*bleeds*), c'est la Mer rouge (*Red Sea*).»
   a. agressif b. exagéré c. curieux d. naïf

On boucle!

1. Que pensez-vous de la réaction de Cyrano?

2. «La tirade du nez», la scène la plus célèbre du film, est un poème très apprécié par les Français. Pourquoi, à votre avis?

SCÈNE: (DVD, Chapter 3, "A Nose by Any Other Name," 00:15:53–00:18:04)
In this scene, Cyrano derides the Viscount de Valvert's "simplistic" insult about his nose with a long tirade («La tirade du nez») in which Cyrano describes a number of ways that Valvert could have made fun of his nose had he had the wit to do so.

Chantons!

Chanson: «Victime de la mode» (MC Solaar, 1998)

MC Solar

MC Solaar (vrai nom: Claude M'Barali) (1969–) est un rappeur français très populaire d'origine sénégalo-tchadienne. Il a été aussi l'un des premiers artistes à populariser le rap en France, notamment grâce à (*thanks to*) ses textes élaborés et beaucoup moins violents que ceux de ses confrères (*counterparts*) américains.

 Écoutez la chanson, et notez les différentes manières mentionnées par Solaar pour perdre du poids. Quel conseil donne Solaar aux gens qui veulent perdre du poids à tout prix (*at all costs*)?

iMix Link: This song is available for purchase at the iTunes store in a special iMix created for *En avant!* For more information about accessing the playlist, go to the *En avant!* Online Learning Center, Coursewide Content (**www.mhhe.com/enavant1**).

Vocabulaire

Questions et expressions

À ton/votre avis,...	*In your opinion, . . .*
Je dirais / Je ne dirais pas...	*I would / would not say . . .*
Qu'est-ce qu'il faut faire pour (+ **infinitif**)?	*What should one/you do to (+ infinitive)?*

Verbes et expressions verbales

avoir mal (à la gorge, au dos)	*to have (a sore throat, a backache)*
être en bonne santé	*to be healthy*
gérer le stress	*to manage stress*
rester en forme	*to stay in shape*
s'amuser	*to have fun*
se brosser (les dents)	*to brush (one's teeth)*
se brûler (la main)	*to burn (one's hand)*
se casser (le bras)	*to break (one's arm)*
se coucher	*to go to bed*
se couper (le doigt)	*to cut (one's finger)*
se dépêcher	*to hurry*
se détendre	*to relax*
s'endormir	*to fall asleep*
s'ennuyer	*to be/get bored*
s'entendre (bien/mal) avec	*to get along (well/badly) with*
s'essuyer (les mains)	*to dry/wipe (one's hands)*
se fâcher contre	*to be/get angry at*
se fouler (la cheville)	*to twist (one's ankle)*
s'habiller	*to get dressed*
s'inquiéter (de)	*to worry (about)*
s'intéresser à	*to be interested in*
se laver (la figure)	*to wash/clean (one's face)*
se lever	*to get up*
se maquiller (les yeux)	*to put on make-up (on one's eyes)*
se moquer de	*to make fun of*
s'occuper de	*to take care of*
se peigner (les cheveux)	*to comb (one's hair)*
se promener	*to take a walk*
se raser (les jambes)	*to shave (one's legs)*
se renseigner sur	*to find out about*
se réveiller	*to wake up*
se sentir (malade)	*to feel (sick)*
se souvenir de	*to remember*
se spécialiser en (maths)	*to "major" in (math)*
se tromper de	*to be mistaken about*
se trouver	*to be located*

Les parties du corps

Body parts

la bouche	*mouth*
un bras	*an arm*
une cheville	*an ankle*
le cou	*neck*
un coude	*an elbow*
une dent	*a tooth*
un doigt	*a finger*
une épaule	*a shoulder*
la figure, le visage	*face*
le front	*forehead*
un genou	*a knee*
une hanche	*a hip*
une jambe	*a leg*
une joue	*a cheek*
la langue	*tongue*
une lèvre	*a lip*
une main	*a hand*
le menton	*chin*
le nez	*nose*
un œil, les yeux (*pl.*)	*an eye; eyes*
une oreille	*an ear*
un orteil	*a toe*
un pied	*a foot*
un poignet	*a wrist*
la poitrine	*chest*
un pouce	*a thumb*
la tête	*head*
le ventre	*stomach*

Mots interrogatifs

Interrogative words

Qu'est-ce qui	*What . . . ? (subj.)*
Qu'est-ce que	*What . . . ? (d.obj.)*
(À, avec, ...) quoi	*(To, with, . . .) what . . . ?*
Qui	*Who . . . ? (subj.)*
Qui est-ce que	*Who . . . ? (obj.)*
(À, avec, ...) qui	*(To, with, . . .) whom . . . ?*

Salut de Montréal!

Nom:
Andréanne Nadeau

Profession:
artiste de cirque

Géo-localisation:
Montréal, Québec

Profil ▶

Amis ▶

Liens ▶

Boîte aux lettres ▶

Bonjour!

Je m'appelle Andréanne Nadeau. J'ai 27 ans et je suis étudiante à l'École nationale de cirque à Montréal. C'est une école qui propose des programmes dans les arts du cirque. On peut y suivre des cours dès[1] l'âge de 9 ans. Moi, je fais un DEC, un diplôme d'études collégiales (supérieures), qui assure une formation dans les cinq grandes familles des arts du cirque: les aériens, les équilibres,[2] les acrobaties, les manipulations[3] et les arts clownesques. Je suis en troisième année, et ma spécialité est le cerceau aérien.[4] Pourquoi le cerceau aérien? Je ne sais pas exactement, mais j'ai toujours été attirée[5] par les acrobates et par le côté dangereux et spectaculaire des arts du cirque. À la fin de mes études, je vais profiter de mon métier pour voyager un peu partout dans le monde, et j'espère pouvoir un jour faire partie d'une petite compagnie de cirque montréalaise et participer à la création de numéros et même de spectacles entiers.[6]

Andréanne dans son cerceau aérien

Je suis née à Charlevoix, mais j'habite à Montréal depuis 11 ans. Montréal est une ville très riche du point de vue culturel; on y trouve des musées très intéressants et un bon réseau[7] de danse contemporaine. Il y a toujours une pièce de théâtre ou une exposition d'art à voir. Mes quartiers préférés sont Mile End, un petit quartier artistique plein de vie, et puis le Mont-Royal, un grand parc avec une jolie vue sur toute la ville. Si vous avez envie de nous rendre visite, louez[8] un vélo ou des patins à roulettes[9] et allez à la découverte[10] de la deuxième ville francophone du monde! Nous ne sommes pas loin de chez vous!

Vue de la ville de Montréal et le Saint-Laurent du Mont-Royal

[1]*from* [2]*balancing* [3]*juggling* [4]*cerceau... aerial hoop* [5]*attracted* [6]*spectacles... entire shows* [7]*network* [8]*rent* [9]*patins... rollerblades* [10]*discovery*

Sur Internet

Pour en savoir plus sur la ville de Montréal et l'École nationale de cirque, consultez le site Web d'*En avant!* **(www.mhhe.com/enavant1).**

Sur DVD

Pour explorer la ville de Montréal et voir Andréanne Nadeau s'entraîner (*practice*) à l'École nationale de cirque, regardez la séquence *Salut de Montréal!* sur le DVD d'*En avant!*

CHAPITRE 9

Chez nous

La chambre de Van Gogh à Arles (1889), Vincent Van Gogh

Bilan

In this chapter, you will learn:

- to describe how things were or used to be
- house and room terms
- to make comparisons with adjectives
- to express repeated or ongoing actions in the past using the **imparfait**
- different ways of viewing past events
- about cultural notions of the home

Qu'est-ce que tu aimais / vous aimiez faire... ?

Describing what you liked to do in the past

In **Chapitre 8,** you learned to use the **passé composé** to tell what happened in the past at specific times.

Hier soir, nous sommes rentrés à 18 h. *Last night we got home at 6 P.M.*
Nous avons dîné à 20 h. *We ate dinner at 8 P.M.*

In this chapter, you will learn how to describe things you did over and over again in the past by answering this question: **Qu'est-ce que tu aimais / vous aimiez faire quand tu étais / vous étiez petit(e)?** *(What did you like to do when you were little?).*

—**Qu'est-ce que tu aimais faire quand tu étais petit(e)?** *What did you like to do when you were little?*
—**J'aimais faire du vélo.** *I liked to bike ride.*

—**Qu'est-ce que vous aimiez faire quand vous étiez petit(e)?** *What did you like to do when you were little?*
—**J'aimais lire.** *I liked to read.*

A. À l'écran.

Première étape. Regardez la vidéo et écoutez les gens décrire les activités qu'ils aimaient faire quand ils étaient petits. Écrivez les initiales de la personne à côté de l'activité ou des activités qu'elle aimait faire. **Attention!** Quelques activités sont mentionnées plusieurs fois.

1. Blood (B)

2. Solène (S)

3. Olivier (O)

4. Sylvie Druart (SD)

5. Anna (A)

J'aimais...

_S_ a. aller au cinéma.
_A_ b. aller chez des copines.
_A_ c. aller au parc.
_B_ d. faire du vélo.
_SD_ e. jouer à l'explorateur.
_O_ f. jouer avec mes amis aux cowboys et indiens.
_SD_ g. jouer avec mon ours (*bear*).
_A, O, S_ h. jouer avec mes amis.
_O, S_ i. lire.
_A_ j. regarder des dessins animés (*cartoons*).

Deuxième étape. Maintenant cochez toutes les activités de la **Première étape** que vous aimiez faire quand vous étiez petit(e). À quelle personne de la vidéo est-ce que vous vous ressembliez le plus *(the most)*?

> **EXEMPLE:** —J'étais comme Sylvie Druart. Quand j'étais petit(e), j'aimais bien jouer à l'explorateur...

B. Quand j'étais ado *(teenager)*, j'aimais...

Première étape. Qu'est-ce que vous aimiez faire quand vous étiez adolescent(e)? Faites une liste de trois activités.

Mes activités	Signatures
Quand j'étais ado, 1. j'aimais beaucoup lire jusqu'à 3 h du matin. 2. 3.	

Deuxième étape. Circulez dans la salle de classe et essayez de trouver trois autres personnes qui aimaient faire les mêmes choses que vous (une activité par personne). Demandez leur signature.

> **EXEMPLE:** —Quand j'étais ado, j'aimais beaucoup lire jusqu'à 3 h du matin. Et toi? / Et vous?

Comment était... / étaient... ? Describing someone or something in the past

> To have someone describe what something or someone was like in the past, you ask: **Comment était... / étaient... ?**
>
> | | |
> |---|---|
> | —**Comment était ta/votre maison?** | *What was your house like?* |
> | —**Elle était très belle.** | *It was very pretty.* |
> | —**Comment étaient vos professeurs?** | *What were your teachers like?* |
> | —**Ils étaient très autoritaires.** | *They were very authoritarian.* |

A. Comment était votre enfance *(childhood)*? Regardez la vidéo et écoutez les gens parler de certains détails de leur enfance. Ensuite, complétez les phrases de la colonne A avec les options de la colonne B.

DVD

A **B**

a. sympa

b. pour ne plus penser au stress de la vie

c. très autoritaires

d. en pleine nature dans la forêt équatoriale

e. assez petit

f. beau

g. heureuse et agréable

1. **Solène**
C'était un appartement
_e_.

2. **Patrick**
C'était un appartement
_a_.

3. **Cécile**
Mon école était ___d___.

4. **Victoria**
Les professeurs
étaient _c_.

5. **Camille**
Mon enfance était
_g_.

6. **Samir** C'était
_b_. ... C'était
un bon endroit
_f_.

B. Et vous? Avec un(e) camarade, posez-vous des questions sur votre enfance, à tour de rôle. Utilisez des termes de la colonne A dans vos questions et ceux de la colonne B dans vos réponses.

EXEMPLE: É1: Comment étaient tes parents?
É2: Ils étaient très autoritaires.
É2: Et tes parents?
É1: Mes parents étaient très indulgents.

A	B		
tes amis	agréable	grand	en pleine nature
ton appartement / ta maison	amusant	heureux	public
ton école	autoritaire	intéressant	privé
ton enfance	désagréable	indulgent	sérieux
tes parents	difficile	moderne	spacieux
tes professeurs	dynamique	petit	sympa

Vocabulaire interactif

Tu cherches un logement? Talking about one's residence

Chez Abdel Hamid, en Provence

Abdel Hamid habite dans **un immeuble** à Marseille pas trop loin de la mer. Regardez les illustrations, puis complétez la description ci-dessous.

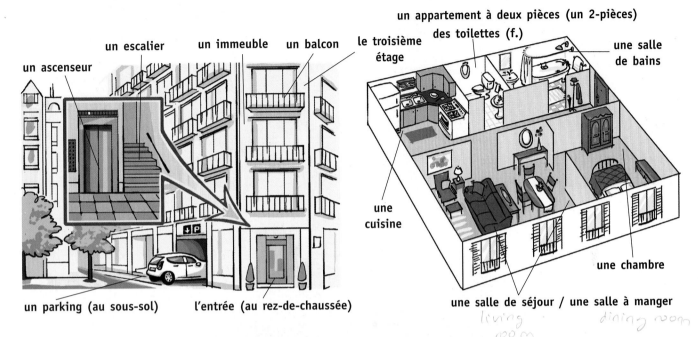

un ascenseur
un escalier
un immeuble
un balcon
le troisième étage
un appartement à deux pièces (un 2-pièces)
des toilettes (f.)
une salle de bains
une cuisine
une chambre
un parking (au sous-sol)
l'entrée (au rez-de-chaussée)
une salle de séjour / une salle à manger
living room   *dining room*

un appartement	l'escalier	le parking
mon balcon	l'immeuble	au troisième étage

J'habite dans _____mon appartement_____¹ moderne à Marseille. C'est **un 2-pièces**, alors il y a **une chambre** et une grande pièce qui sert de **salle à manger** et de **salle de séjour**. Bien sûr, il y a aussi **une salle de bains, des toilettes** et **une cuisine**. Comme mon appartement est _____au troisième étage_____² j'ai une vue spectaculaire de la mer de _____mon balcon_____³. Je gare (*park*) ma voiture dans _____le parking_____⁴ au sous-sol. À l'entrée de _____⁵ au **rez-de-chaussée**, on trouve **un ascenseur**. C'est pratique, bien sûr, mais moi, je préfère prendre _____l'escalier_____⁶!

◗ Answers to this activity are in Appendice 2 at the back of the book.

Chez Élodie Morin, en Bretagne

Élodie Morin et sa famille habitent dans **une maison** à Quimper, en Bretagne. Regardez les illustrations de sa maison et des pièces, puis écrivez le nom des six pièces non-identifiées. Ensuite complétez la description ci-dessous.

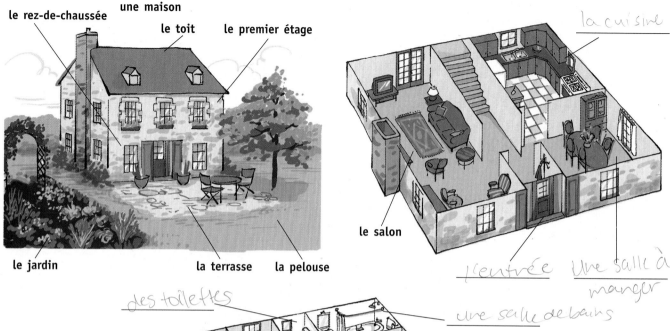

une maison
le rez-de-chaussée
le toit
le premier étage
le jardin
la terrasse
la pelouse
le salon
la cuisine
l'entrée *une salle à manger*
une salle de bains

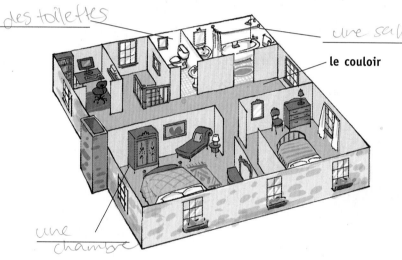

des toilettes
le couloir
une chambre

only refers to rooms like living room kitchen

la cuisine	la salle à manger	la terrasse
la pelouse	le salon	les toilettes

Ma famille habite à Quimper, en Bretagne. Nous avons une jolie maison de deux étages. Au rez-de-chaussée, il y a trois grandes pièces: *le salon*¹ où nous regardons la télé le soir, *la salle à manger*² où nous dînons quand il fait mauvais, et *la cuisine*³ où ma mère nous prépare des spécialités bretonnes.

Au premier étage, se trouvent (*there are*) deux chambres, la salle de bains et *les toilettes*⁴

En été, quand il fait beau, pour profiter du **jardin**, nous déjeunons toujours sur *la terrasse*⁵ et nous jouons au foot sur *la pelouse*⁶.

○ Answers to these activities are in **Appendice 2** at the back of the book.

À la maison: Les meubles,° l'électroménager° et d'autres accessoires ménagers

°furniture, °appliances

1. Qu'est-ce qu'on ne trouve pas normalement dans une cuisine? _____

a. un canapé   b. un évier   c. une cuisinière   d. un frigo

fow - oven
tacques - burners

2. Qu'est-ce qu'on ne trouve pas normalement dans une salle de bains? _____

a. une baignoire   b. un lavabo   c. un lit   d. un miroir

3. Qu'est-ce qu'on ne trouve pas normalement dans une chambre? _____

a. une armoire   b. une commode   c. un lave-vaisselle   d. des rideaux (*m.*)

4. Qu'est-ce qu'on ne trouve pas normalement dans une salle de séjour? _____

a. un fauteuil   b. une étagère   c. une douche   d. une table basse

(continued)

5. Qu'est-ce qu'on ne trouve pas normalement dans un placard (*closet*)? _____

a. un aspirateur   b. un balai   c. un four à micro-ondes   d. un fer / une planche
                                                                           à repasser

A. À la maison. Où est-ce qu'on fait normalement les activités suivantes? Pour quelles activités y a-t-il des réponses différentes dans la classe?

dormir	jouer au frisbee	regarder la télé
étudier	monter au premier étage	repasser une chemise
faire la sieste	passer l'aspirateur	servir un repas élégant
faire la vaisselle	planter des fleurs	
garer la voiture	se raser	

EXEMPLE: préparer le goûter
—Normalement, on prépare le goûter dans la cuisine.

Chez les Français

Une petite annonce

Pour chercher un appartement en France, il est nécessaire de comprendre les abréviations utilisées dans les petites annonces immobilières (*housing ads*). Par exemple, un Appt 2p est un appartement avec deux pièces habitables, en plus de la cuisine et de la salle de bains et des toilettes—en général un salon (ou salle de séjour) et une chambre. On dit aussi un «deux-pièces», un «trois-pièces», etc. Voici d'autres exemples:

Abréviations	Expressions complètes
AL/AV	à louer / à vendre
Appt 3p	appartement 3 pièces
asc.	ascenseur
ch.c.g.	chauffage (*heating*) central au gaz
cuis. éq.	cuisine équipée
pk	parking
rdc	rez-de-chaussée
sam	salle à manger
sdb	salle de bains
3 CH	trois chambres

B. Bel appt 3p AL! Composez une petite annonce pour louer votre résidence actuelle. Utilisez l'exemple et les abréviations de la section **Chez les Français** (page 254). Votre professeur va lire trois annonces. Quelle offre vous tente le plus?

C. Chez moi. Posez des questions à un(e) camarade sur sa résidence actuelle pour obtenir les détails suivants.

EXEMPLE: le type de logement
—Dans quel type de logement est-ce que tu habites?

1. le type de logement
2. l'emplacement (location)
3. le temps / la durée
4. le nombre d'étages
5. l'extérieur
6. le nombre de pièces
7. sa pièce préférée
8. ses impressions sur le logement

Chez les Français

Une maison française typique

On peut remarquer certaines différences entre les maisons françaises et américaines. Il n'est pas commun en France d'avoir un jardin devant sa maison; on entre dans la maison au rez-de-chaussée, les chambres se trouvent au-dessus, au premier étage; les sous-sols servent de caves (cellars) où on peut garder le vin et autres choses au frais (cool); les toilettes, une petite pièce avec un cabinet (toilet) et un lavabo, sont totalement séparées de la salle de bains.

Une maison à toit de chaume en Normandie

À noter aussi, l'architecture des maisons varie beaucoup selon la région, spécialement le toit: selon la disponibilité (availability) des matériaux et le climat, le toit est généralement en ardoise (slate) dans le nord, là où il fait le plus froid, en chaume (thatch) surtout à la campagne ou en tuiles (tiles) dans le sud, là où il fait le plus chaud.

D. Colocataires.

Première étape. Vous allez partager un appartement avec un(e) camarade. Faites chacun(e) une liste de meubles ou d'appareils que vous possédez et qui peuvent être utilisés dans les pièces indiquées.

1. pour le salon (la salle de séjour)
2. pour la salle à manger / la cuisine
3. pour la terrasse / le balcon
4. pour une chambre d'amis (guest room)

Deuxième étape. Comparez vos listes pour déterminer quels meubles ou appareils vous devez encore acheter. Faites un résumé pour la classe.

EXEMPLE: —Pour le salon, j'ai un fauteuil et Sarah a un canapé. Nous devons encore acheter une table basse et des lampes.

E. Optionnel ou indispensable? Aidez votre professeur à faire une liste au tableau. Cette liste va inclure cinq ou six appareils ou articles ménagers qu'on ne trouve pas toujours chez les gens. Quels appareils/articles est-ce que vos camarades trouvent, par contre, «indispensables»? Pourquoi? Est-ce toujours pour la *même* raison, ou est-ce que cela dépend de la personne?

EXEMPLE: —Pour moi, un four à micro-ondes est indispensable parce que je ne sais pas faire la cuisine! Avec un four à micro-ondes, je peux préparer des plats surgelés (frozen).

En français

Here are some additional household items that you may want to use in completing Activity D:

une cafetière
a coffeepot, coffeemaker

une couette
a duvet (down blanket)

un grille-pain
a toaster

une lampe
a lamp

un lave-linge / un sèche-linge
a washing machine / a dryer

un oreiller
a pillow

un tapis
a rug

un ventilateur
a fan

F. La famille élargie (*Extended family*). Expliquez à un(e) camarade où vivent les membres de votre famille élargie et dans quel type de logement. Si vous connaissez bien la résidence, décrivez-la plus en détail. Qu'est-ce que vous avez en commun avec votre camarade?

un appartement	une maison de retraite	un pavillon
une maison	(de repos)	une résidence
une maison de ville	(*retirement home*)	universitaire
(*townhouse*)	un mobile home	

EXEMPLE: une grand-mère / un grand-père (des grands-parents)
—Ma grand-mère vit seule à Chicago, dans un petit appartement. Elle n'a pas de balcon, mais elle a une belle vue de la ville.

1. une mère / un père (des parents)
2. un frère aîné / une sœur aînée
3. une grand-mère / un grand-père (des grands-parents)
4. une tante / un oncle
5. un(e) cousin(e)
6. un(e) très bon(ne) ami(e)

Chez les Français

La banlieue° **en France**   °*suburbs*

En France, il y a deux types de banlieues: ce qu'on appelle parfois la «zone»—un mot souvent péjoratif—des «villes nouvelles» parfois mal conçues (*poorly conceived*) où le chômage (*unemployment*) et la violence attirent les médias, mais aussi les vieilles banlieues traditionnelles qui ressemblent plus aux banlieues aux États-Unis, avec beaucoup de pavillons (des maisons individuelles).

Il est plus commun d'être locataire (*renter*) d'une maison ou d'un appartement en France qu'en Amérique du Nord, même si on a des enfants. Environ 15 % des gens qui louent leur logement habitent dans une HLM* (Habitation à loyer modéré). L'État subventionne (*subsidizes*) le loyer (*rents*) dans les HLM, alors le loyer est modéré. À la différence des États-Unis, ce type de logement social est souvent situé dans les banlieues des grandes villes.

*On dit souvent *un HLM* parce qu'on parle d'*un appartement HLM* plutôt que d'*une habitation.*

Grammaire interactive

9.1 Un logement plus abordable°

°*affordable*

The comparative and superlative of adjectives

Choisissez **plus** (*more*), **aussi** (*as, equally*) ou **moins** (*less*) pour comparer les résidences universitaires à votre résidence principale («chez vous» ou «chez vos parents»).

1. Les meubles sont **plus / aussi / moins beaux** que les meubles chez moi.

2. Les salles de bains sont **plus / aussi / moins propres** que la salle de bains chez moi.

3. La vue est **plus / aussi / moins impressionnante** que la vue chez moi.

4. Le quartier est **plus / aussi / moins animé** que mon quartier.

Analysons! 1. Écrivez le mot de comparaison utilisé dans les phrases 1–4 qui correspond à chaque symbole: + __*plus*__ , = __*aussi*__ et − __*moins*__ . 2. Quel mot suit (*follows*) toujours l'adjectif dans ces comparaisons? __*que*__

O Answers are in Appendice 2 at the back of the book.

1 When making comparisons with adjectives, **plus, aussi,** or **moins** is placed before the adjective and **que (qu')** follows. The adjective agrees in gender and number with the noun it modifies: In the examples that follow, the adjective agrees with the subject of the sentence.

Paul est **plus sportif que** sa sœur.	*Paul is more athletic than his sister.*
Stéphanie est **aussi grande que** son frère.	*Stephanie is as tall as her brother.*
Les deux sont **moins actifs que** leur mère.	*The two of them are less active than (not as active as) their mother.*

2 When making comparisons between people, pronouns can be used in place of nouns. Subject pronouns are used—as always—for the grammatical subject of the sentence, but stressed pronouns (**pronoms accentués**) must be used after **que (qu')**.

Il est plus extraverti qu'**eux** (= ses frères).
qu'**elles** (= ses sœurs).

He's more outgoing than them.

O To learn more about the use of stressed pronouns, see Par la suite at the back of the book.

PRONOMS SUJETS	PRONOMS ACCENTUÉS	PRONOMS SUJETS	PRONOMS ACCENTUÉS
je	moi	nous	nous
tu	toi	vous	vous
il	lui	ils	eux
elle	elle	elles	elles
on	soi		

Quels pronoms accentués diffèrent des pronoms sujets qui leur correspondent? (Il y en a cinq.)

3 **Meilleur** is the comparative form of **bon**, equivalent to English *better*, and **pire** is the comparative form of **mauvais**, equivalent to English *worse*. Like all other adjectives, both must agree in gender and number with the grammatical subject of the sentence: **meilleur(e)(s)**, **pire(s)**. To say that two people or things are equally good or bad, simply use **aussi... que.**

Cette lampe est **meilleure / aussi mauvaise / pire que** l'autre.	*This lamp is better than / as bad as / worse than the other.*
Ces chaises sont **meilleures / aussi bonnes / pires** que les autres.	*These chairs are better than / as good as / worse than the others.*

4 When saying that something is *the most* or *the least* . . . (called the *superlative*), the definite article (**le, la, l', les**) precedes **plus** or **moins,** and **de** follows the adjective.

$$\text{Il est} \begin{cases} \text{le plus jeune} \\ \text{le moins beau} \end{cases} \text{de la famille.} \qquad \textit{He is} \begin{cases} \textit{the youngest} \\ \textit{the least handsome} \end{cases} \textit{in the family.}$$

The definite article is also used before **meilleur(e)(s)** and **pire(s)** in the superlative.

Ce canapé est **le meilleur / le pire du** magasin.	*This sofa is the best/worst of the (in the) store.*
Ces maisons sont **les meilleures / les pires du** quartier.	*These houses are the best/worst of the (in the) neighborhood.*

Mise en pratique. Complétez les phrases avec le nom d'une pièce, d'un meuble ou d'un appareil ménager et puis la forme superlative de l'adjectif indiqué entre parenthèses.

1. De toutes les pièces chez moi, _ma chambre_ est _la plus agréable_ (+ **agréable**).
   la salle de bain est _la plus petite_ (+ **petit**).

2. De tous les meubles chez moi, _le lave-vaiselle_ est _le moins beau_ (– **beau**).
   mon armoire est _la moins usée_ (– **usé** [*worn, ragged*]).

3. De tous les appareils ménagers chez moi, _l'aspirateur_ est _le meilleur_ (+ **bon**).
   le fer à est _le moins cher_ (– **cher**).

○ Sample answers to the mise en pratique activity are in Appendice 2 at the back of the book.

A. Écoutez bien! Votre professeur va lire quelques phrases sur le thème des logements. Décidez si les phrases sont vraies ou fausses.

	vrai	faux
1.	☐	☐
2.	☐	☐
3.	☐	☐
4.	☐	☐
5.	☐	☐
6.	☐	☐
7.	☐	☐

B. La rivalité.

Première étape. Avec un(e) camarade, comparez votre université à votre lycée (*high school*) à l'aide des thèmes suggérés. Utilisez les adjectifs de la liste ou d'autres adjectifs de votre choix.

âgé	bon	pratique	timide
aisé	intelligent	sincère	varié
amusant	moderne	stimulant	
beau	motivé	sociable	

EXEMPLE: —À mon avis, les étudiants universitaires sont plus motivés que les lycéens. *in my opinion*

1. les étudiants
2. les professeurs
3. les cours
4. les équipes (*f.*) de sport
5. les activités / les loisirs
6. le campus

① les professeurs universitaires sont plus intelligents que les professeurs lycéens

② les cours universitaires sont plus pratiques que les cours lycéens

③ les équipes de sport universitaires sont meilleures que les équipes de sport lycéens

④ les activités universitaires sont plus sociable

Deuxième étape. Avec le/la même camarade, comparez-vous aux étudiants de votre université. (Par exemple, avez-vous l'impression qu'ils sont plus sociables que vous ou que vous êtes plus sociable qu'eux?). Est-ce que vous avez les mêmes impressions que votre camarade? Résumez votre discussion pour la classe.

En français

With both the superlative and the comparative, adjectives retain their position before or after the noun.

Ils ont trouvé **une plus belle maison**.	*They found a prettier house.*
Ils cherchent **une maison plus spacieuse**.	*They're looking for a more spacious house.*

With the superlative, if the adjective follows the noun, then the definite article must be repeated.

la plus belle maison du quartier	*the prettiest house in the neighborhood*
la maison la plus impressionnante du quartier	*the most impressive house in the neighborhood*

C. À la recherche d'un logement.

Première étape. Imaginez que vous cherchez un nouveau logement et un(e) colocataire. Complétez les phrases suivantes.

1. Pour moi, le logement le plus abordable est _un apartement_.
2. Pour moi, le quartier le plus désirable en ville est _plus cher_.
3. Le meuble le plus important dans une salle de séjour est _un canapé_.
4. L'appareil le plus important d'une cuisine est _une cuisinière_.
5. _La chambre_ est la plus belle pièce chez moi.
6. Normalement, _le salon_ est la pièce la plus ordonnée (*orderly*) chez moi.

Deuxième étape. Comparez vos réponses à celles d'un(e) camarade pour décider si vous êtes compatibles comme colocataires (6 réponses sur 6 = parfaitement compatibles; 0 réponses sur 6 = pas du tout compatibles).

EXEMPLE: —Pour toi, quel est le logement le plus abordable?

D. La persuasion.

Première étape. Avec un(e) camarade, imaginez que vous déménagez de votre résidence actuelle (*current*) pour emménager dans une des deux résidences (A ou B). Choisissez un des deux attributs de ces résidences et défendez votre choix.

EXEMPLE: —Une piscine est meilleure (pire, aussi bonne) qu'une terrasse avec barbecue à mon avis parce que (qu')...

Résidence A		Résidence B
une terrasse avec barbecue	ou	un jardin avec piscine
un grand salon ensoleillé (*sunny*)	ou	une grande cuisine moderne
le câble gratuit	ou	l'électricité incluse
deux salles de bains	ou	une chambre d'amis
un parking sur place (*on site*)	ou	l'accès facile au campus

Deuxième étape. Considérez les raisons données (les vôtres [*yours*] et celles de votre camarade) et choisissez une résidence. Expliquez à la classe comment vous vous êtes mis d'accord.

9.2 Quand j'étais plus jeune

Using the **imparfait** to express habitual actions in the past

Pour chaque phrase, choisissez l'option (ou les options) qui décrit (décrivent) votre propre enfance.

1. Quand j'étais enfant, je...
   - ☒ a. **jouais** souvent dehors avec mes amis.
   - ☐ b. **passais** beaucoup de temps dans ma chambre.
   - ☐ c. **restais** toujours auprès de (*around*) ma mère.

2. Quand j'étais jeune, mon meilleur ami / ma meilleure amie...
   - ☐ a. **habitait** la même rue.
   - ☒ b. **habitait** le même quartier.
   - ☐ c. **vivait** dans une autre ville.

3. En famille, nous...
   - ☐ a. **regardions** souvent la télé ensemble.
   - ☐ b. **faisions** souvent du sport ensemble.
   - ☒ c. **sortions** souvent au restaurant ensemble.

4. Pendant les vacances, nous...
   - ☐ a. **restions** chez nous.
   - ☐ b. **rendions** visite à mes grands-parents.
   - ☒ c. **voyagions** souvent.

Analysons! 1. Dans ces phrases, est-ce qu'on parle (a) d'actions spécifiques ou (b) d'événements (*events*) habituels? ___habituels___
2. Comparez la conjugaison avec **nous** à l'imparfait et au présent. Quelle différence remarquez-vous? _____

En français

To say that you're moving out of a residence, use the verb **déménager (de)**; to say that you're moving in, use the verb **emménager (dans)**.

Elle **déménage de** son appartement.
She's moving out of her apartment.

Elle **emménage dans** une maison.
She's moving into a house.

1 The **imparfait** is a past-tense verb form used to say what one used to do on a regular (or "habitual") basis in the past.

Nous **allions** au lac en été.   *We used to go to the lake in the summer.*

2 The **imparfait** form of a given verb is composed of a stem derived from the present-tense **nous** form of that verb (for example, **nous allons → all-**), followed by the **imparfait** endings, which are the same for all verbs.

aller (L'IMPARFAIT)	
RACINE: **all-**	
j' all**ais**	nous_all**ions**
tu all**ais**	vous_all**iez**
il/elle/on all**ait**	ils/elles_all**aient**

3 All verbs follow the pattern described in point 2, with one exception: the verb **être** has an irregular stem (**ét-**) that is followed by the regular **imparfait** endings—**j'étais, nous étions,** etc.

Mise en pratique. Pour chacun des verbes au présent de la colonne A, déterminez la racine utilisée à l'imparfait. Écrivez cette racine dans la colonne B et utilisez-la dans la colonne C pour compléter chaque question. Ensuite, posez ces questions à un(e) camarade de classe pour savoir comment était sa vie quand il/elle avait 10 ans.

A	B (stem)	C	
nous sommes	*ét-*	Tu _*étais*_	très sage (*well-behaved*)?
nous devons	dev-	Tu devais	faire un peu de ménage?
nous mangeons	mang-	Tu mangais	des légumes verts?
nous finissons	finiss-	Tu finissais	tes devoirs chaque soir?
nous avons	av-	Tu avais	ta propre (*own*) chambre?
nous nous couchons	couch-	Tu te couchais	avant 21 h?

○ Answers to this activity are in Appendice 2 at the back of the book.

A. Écoutez bien! Anne-Laure et son frère jumeau Benjamin décrivent leur vie actuelle (*current*) et passée (quand ils étaient au lycée). Écoutez chaque phrase, puis indiquez s'ils parlent du présent ou du passé.

	ils parlent du présent	ils parlent du passé
1.	☐	☒
2.	☒	☐
3.	☒	☐
4.	☐	☒
5.	☐	☒
6.	☒	☐

[handwritten margin notes:]
verbix french

écrire
Nous écrivions
↓
(écriv)
root for conr of imperfect verbs

J'étais   Nous étions
Tu étais Vous étiez
Il était Ils étaient
used for states of being, like "when I was small"

Je faisais   Nous faisions
Tu faisais   Vous faisiez
Il faisait   Ils faisaient

passé composé is used for a MOMENT in time, imparfait is a period of time

B. Quand vous étiez au collège (junior high / middle school).

Première étape. Complétez les questions avec la forme appropriée de chaque verbe à l'imparfait. Vous allez poser (ou un de vos camarades va poser) ces questions au groupe pendant la **Deuxième étape**.

1. Est-ce que vous _deviez_ (devoir) partager votre chambre avec un frère / une sœur?
2. Est-ce que vos parents _permettait_ (permettre) à vos amis d'y entrer?
3. Est-ce que vous y _passiez_ (passer) beaucoup de temps seul(e)?
4. Est-ce que vous la _rangiez_ (ranger, *straighten up*) souvent?
5. Quels meubles est-ce qu'il y _____ (avoir) dans votre chambre?
6. Comment est-ce que vous _____ (décorer) votre chambre?

Deuxième étape. Travaillez en groupes de quatre. Nommez un chef du groupe. Il/Elle doit poser les questions de la **Première étape** aux membres du groupe, puis partager avec la classe quelques réponses intéressantes obtenues pendant son interview.

EXEMPLE: —Mike et Carol ne devaient pas partager leurs chambres. Mike ne rangeait jamais sa chambre et Carol mettait beaucoup de posters aux murs.

C. Quel type d'enfant étiez-vous?

Première étape. Donnez quelques caractéristiques qui s'appliquent aux enfants décrits ci-dessous en ajoutant des noms, des adjectifs, etc. aux verbes entre parenthèses. Votre professeur va mettre vos idées au tableau.

EXEMPLE: Un(e) enfant très sage obéit toujours à ses parents et finit ses devoirs.

1. un(e) enfant prodige (savoir, être)
2. un(e) enfant très sage (obéir à [*to obey*], finir)
3. un(e) enfant timide (parler, vouloir)
4. un(e) enfant têtu(e) (*stubborn*) (écouter, faire)
5. un(e) enfant imaginatif/imaginative (aimer, rêver)
6. un(e) enfant gâté(e) (*spoiled*) (avoir, devoir)

Deuxième étape. Utilisez la liste que vous avez créée dans la **Première étape** pour dire à un(e) camarade quel genre d'enfant vous étiez. Donnez des détails. Comparez-vous ensuite à d'autres enfants de votre famille (un frère aîné, une cousine, par exemple), si possible.

EXEMPLE: —J'étais un enfant très sage. J'obéissais toujours à mes parents; je finissais toujours mes devoirs et mes tâches ménagères. Par contre, mon frère aîné était un enfant têtu. J'étais plus sage que lui.

D. Des suggestions. Qu'est-ce que vous suggérez pour aider un ami / une amie dans les situations suivantes?

EXEMPLE: VOTRE AMI(E): J'ai vraiment envie de sortir ce week-end.
VOUS: Alors, si on allait au cinéma samedi soir?

1. —J'en ai marre de (*am sick of*) travailler! Je veux m'amuser un peu.
2. —Il n'y a absolument rien à manger chez moi!
3. —Je grossis en ce moment! Je dois faire de l'exercice!
4. —Il fait beau aujourd'hui! Je veux faire quelque chose dehors.
5. —J'ai peur de rater (*fail*) le prochain examen.
6. —Je dois rester chez moi, mais il n'y a rien à faire!

En français

The **imparfait** is generally used for speaking about the past. When combined with the conjunction **si** (*if*), however, it expresses a suggestion.

Si on **allait** au cinéma ce soir?
How about going to the movies tonight?

Si on **faisait** une promenade?
How about taking a walk?

9.3 Qu'est-ce qui se passait?

Using the **imparfait** to express ongoing actions and situations in the past

Quand Christophe est rentré chez lui,...

1. Où était sa famille? _____

2. Qui étudiait? _____

3. Qui regardait la télé? _____

4. Qui dormait sur le canapé? _____

5. Qui jouait sur le tapis? _____

Analysons! 1. Est-ce que ces activités ont commencé **avant** le retour de Christophe? _____ 2. Est-ce que ces activités ont probablement continué **après** son retour? _____ 3. Quelle forme du verbe utilise-t-on pour ces actions «en cours» (*in progress*) dans le passé? _____

○ Answers to this activity are in Appendice 2 at the back of the book.

1 Earlier, you learned that the **imparfait** is used to say what one *used to do* on a regular basis in the past. It is also used to say what one *was doing* in the past, with little or no consideration being given to when the action started or ended. This use of the **imparfait** in French corresponds to the use of the past progressive (*was/were* + *-ing* form) in English.

Son père **regardait** la télé.	*His father was watching TV.*
Sa sœur **étudiait** sur le canapé.	*His sister was studying on the couch.*

2 The **imparfait** is also used with verbs that describe an ongoing "state of being" or "state of mind," a general condition.

Vous **étiez** malade?	*You were sick?*
Il **faisait** très beau!	*The weather was really nice!*
Nous **avions** froid!	*We were cold!*

Study Tip In English, verbs that represent an action or activity can appear in their past progressive form (for example, *You were watching TV?*). Although it is helpful to know that the **imparfait** in French can be equivalent to *was/were* + *-ing* in English, this applies only to verbs representing actions/activities; verbs describing a state of mind/being have a different equivalent in English (**Elle était malade.** *She was sick*).

Mise en pratique. Vous avez été témoin (*witness*) de l'incident illustré ci-dessous. Décrivez-le en mettant les verbes entre parenthèses à l'*imparfait*.

Dans la bijouterie, il y _avait_ ¹ (avoir) une femme aux cheveux noirs. Elle _était_ ² (être) assez mince. Elle _portait_ ³ (porter) un pull bleu et elle _avait_ ⁴ (avoir) un sac à main. Elle _regardait_⁵ (regarder) des colliers sur le comptoir (*counter*). Elle _voulait_ ⁶ (vouloir) poser une question au vendeur mais il ne _faisait_ ⁷ (faire) pas attention à elle. Il _aidait_ ⁸ (aider) un autre client.

◗ Answers to this activity are in Appendice 2 at the back of the book.

 A. Écoutez bien! Votre professeur va parler de Sandrine. Samedi, à midi, elle travaillait pendant que ses amis s'amusaient. Indiquez quelle activité de la colonne B faisait chacune des personnes mentionnées dans la colonne A.

A	B
Les amis	**Les activités**
1. Luc _____.	a. faire du shopping
2. Georges et Isabelle _____.	b. prendre un café
3. Marie _____.	c. partir en voyage
4. Michel _____.	d. acheter une voiture
5. Frédérique _____.	e. aller chercher son ami à l'aéroport
6. Julie et François _____.	f. déjeuner au restaurant
7. Cyril _____.	g. faire la sieste

B. Jeu des suppositions (*Guessing game*). Essayez de deviner ce qu'un(e) camarade faisait hier—à 9 h du matin, à 3 h de l'après-midi et à 9 h du soir—en utilisant des verbes de la liste à l'imparfait. Si vous vous trompez, votre camarade va vous donner la réponse correcte.

dormir	parler au téléphone	se promener
étudier	avec un(e) ami(e)	regarder la télé
être en classe	prendre le petit déjeuner	
faire de la gym	prendre une douche	

EXEMPLE: É1: À 9 h du matin, tu faisais de la gym. C'est exact?
É2: Oui, c'est vrai. / Non, je...

C. Au début de 2010. Qu'est-ce qui se passait dans la vie des membres de votre famille au début de l'année 2010? Et dans votre vie? Est-ce que c'est toujours le cas? Avec un(e) camarade, posez-vous des questions en utilisant les verbes de la liste ou d'autres verbes de votre choix. En vous basant sur ses réponses, avez-vous l'impression que cette décennie (*decade*) a bien commencé pour votre camarade et sa famille?

chercher	habiter/vivre	sortir avec
s'ennuyer	s'intéresser à	travailler
s'entendre bien/mal	s'occuper de	
étudier	se sentir	

EXEMPLE: —Au début de 2010, mes parents habitaient dans le Vermont mais ils voulaient déménager parce qu'ils n'aimaient pas le froid. Maintenant ils habitent en Floride.

D. Une résidence traditionnelle nord-américaine.

Première étape. Aidez votre professeur à faire une liste au tableau. Cette liste va contenir des détails caractéristiques d'une résidence nord-américaine traditionnelle. Faites une petite description de l'intérieur et de l'extérieur de cette résidence et donnez quelques précisions sur le quartier.

Deuxième étape. Un(e) camarade va décrire la maison / l'appartement où il/elle a passé son enfance. En vous basant sur la liste de la **Première étape**, décidez si cet endroit était typique ou non.

EXEMPLE: —C'était une maison à deux étages. Il y avait...

Des maisons à Montréal

9.4 Une question de perspective

Use of the **passé composé** versus the **imparfait**

Dans chaque cas, indiquez quelle phrase décrit un événement habituel (**H**) au passé et quelle phrase décrit une action «unique» et spécifique (**S**) au passé.

1. a. __H__ Charles dînait souvent sur sa terrasse.

   b. __S__ Paul a dîné sur sa terrasse hier soir.

2. a. __S__ Céline a mis ses provisions au sous-sol cette fois-ci (*this time*).

   b. __H__ Annabelle mettait toujours ses provisions au sous-sol.

3. a. __S__ Henri a acheté des meubles pour la première fois ce week-end.

   b. __H__ Normalement, Hervé achetait ses meubles chez IKEA.

4. a. __H__ Marion faisait son lit avec soin (*with care*) tous les matins.

   b. __S__ Hélène a vite fait son lit ce matin avant de partir.

Analysons! Les actions spécifiques au passé sont représentées par quelle forme verbale—le passé composé ou l'imparfait? _____ Et les événements habituels au passé? _____

◐ Answers to this activity are in Appendice 2 at the back of the book.

1 You have now seen that when talking about the past, verbs can appear in either the **passé composé** or the **imparfait.** The difference between the two does not represent a difference in *tense* (because both are past-tense forms) but, instead, a difference in the way a past event is viewed (its *aspect*): when focusing on the completion of a specific action, you use the **passé composé;** to speak of a past event that is habitual or "ongoing," you use the **imparfait.**

LES VERBES D'ACTION AU PASSÉ	
Pierre **a fait** une promenade ce matin.	*completed action*
Pierre **faisait** une promenade tous les jours.	*habitual action*
À midi, Pierre **faisait** une promenade; moi, je **faisais** la sieste!	*ongoing action*

2 This difference between the **passé composé** and the **imparfait** becomes evident in sentences that describe an ongoing action (expressed in the **imparfait**) that is interrupted by a specific action (expressed in the **passé composé**).

Je **rangeais** ma chambre quand ma mère y **est entrée.**

I was straightening up my room when my mother came in.

3 Whereas verbs of action are in the **imparfait** only when they describe an ongoing or habitual action in the past, verbs describing a past state of mind or being are generally in the **imparfait,** because by their very nature they tend to describe an ongoing state, with no defined beginning or end. These verbs of state in the **imparfait** often describe the reason or circumstance for a completed action, which is in the **passé composé.**

Caroline n'**est** pas **allée** en cours parce qu'elle **était** malade.	*Caroline didn't go to class because she was sick.*

4 Verbs of state in the **imparfait** also frequently provide "background information"—a description of how someone looked or felt, or what the scene was like—whereas the **passé composé** tells what someone actually did or what happened in that scene.

À midi, nous **sommes sortis** pour manger. Il **faisait** très beau.	*At noon, we went outside to eat. The weather was beautiful.*

Mise en pratique. Associez chaque action (**au passé composé**) de la colonne **A** à une description logique (à l'**imparfait**) de la colonne **B.**

A (actions de l'histoire)	B (descriptions de la scène)
1. Sandrine **a fait** une promenade au parc.	_4_ a. Il y **avait** très peu de clients.
2. Jasmine **est arrivée** en cours à l'heure.	_3_ b. Elle **portait** une belle robe noire.
3. Sophie **a assisté** à un opéra.	_2_ c. La salle **était** vide (*empty*).
4. Élisabeth **a travaillé** à la librairie.	_1_ d. Il **faisait** très beau.

○ Answers to this activity are in Appendice 2 at the back of the book.

○ To learn about the use and forms of the **plus-que-parfait,** see Par la suite at the back of the book.

A. Écoutez bien! Céline passe quelques jours à New York et téléphone à ses parents en France. Vous allez entendre ses réponses aux questions de ses parents. Dans chaque cas, indiquez s'il s'agit d'une description de New York (**imparfait**) ou d'une action spécifique (**passé composé**).

	description	action spécifique
1.	☑	☐
2.	☐	☑
3.	☐	☑
4.	☐	☑
5.	☑	☐
6.	☑	☐

B. L'excuse la plus convaincante. Formez des groupes de quatre. Trois personnes vont jouer le rôle d'étudiants, l'autre personne va être le professeur. Les étudiants n'ont pas fait leur travail et inventent des excuses. Chaque «étudiant» va utiliser un des verbes de la liste **à l'imparfait** et finir sa phrase en expliquant avec un ou plusieurs verbes **au passé composé** ce qui est arrivé. Le «professeur» va écouter chaque excuse et accepter l'excuse la plus convaincante.

> EXEMPLE: É1: Je révisais la leçon quand mon chien est arrivé et a mangé mon cahier.
> PROF: Je crois que Mike me dit la vérité. (*ou*) J'ai du mal à croire Mike.

J'étais en route pour venir ici quand je suis tombée de mon vélo et casser mon poignet

> être en route pour venir ici
> étudier à la bibliothèque
> réviser la leçon
>
> taper (*type*) ma dissertation
> sur l'ordinateur
> traverser le campus

C. Pour emménager

Première étape. Avez-vous changé d'appartement ou de maison récemment? Répondez aux suivantes. Vous allez utiliser vos réponses pour parler du processus dans la **Deuxième étape.**

	oui	non
1. Vous avez trouvé un appartement/une maison sans difficulté?	☐	☐
2. Vous avez dû payer une caution (*security deposit*)?	☐	☐
3. Vous avez choisi un(e)/des colocataire(s)?	☐	☐
4. Vous avez déménagé puis emménagé en un jour?	☐	☐
5. Vous avez acheté des choses (des meubles, des appareils)?	☐	☐

Deuxième étape. Travaillez en petits groupes. Expliquez vos réponses de la **Première étape** en donnant la raison de vos actions (**à l'imparfait**). Pour qui est-ce que le processus a été le plus facile?

> EXEMPLE: —J'ai trouvé ma résidence sans difficulté parce qu'il y avait beaucoup d'annonces en ligne.

D. Une fête récente.

Première étape. Inspirez-vous des questions suivantes pour décrire à une camarade une fête à laquelle vous êtes allé(e) récemment. Votre camarade va faire des commentaires ou poser des questions supplémentaires.

Pour décrire la scène

1. Où se passait la fête?
2. Est-ce qu'il y avait beaucoup de monde (*of people*), peu de monde?
3. Qui était avec vous?
4. Comment vous sentiez-vous avant, pendant et après la fête?

Pour indiquer ce qui s'est passé

1. Quand êtes-vous arrivé(e)?
2. Qu'est-ce que vous avez mangé/bu?
3. Qu'est-ce que vous avez fait ensemble?
4. À qui avez-vous parlé le plus?
5. Quand êtes-vous parti(e)?

Deuxième étape. Écrivez un petit paragraphe qui résume votre discussion de la **Première étape**, y compris (*including*) les commentaires de votre camarade et vos réponses à ses questions supplémentaires.

Le château de Versailles

A. Avant d'écouter. Avec un(e) camarade, répondez aux questions suivantes: combien de fenêtres est-ce qu'il y a dans votre maison ou votre appartement? Combien de miroirs? Quelle est la longueur (*length*) et la largeur (*width*) en mètres de la plus grande pièce de votre maison ou de votre appartement?

B. Écoutez. Votre professeur va vous parler du château de Versailles. Écoutez et regardez.

C. Complétez. Complétez les phrases suivantes en utilisant les mots ou expressions de la liste. **Attention!** Il y a plus de mots et expressions que de réponses!

chambres	**Louis XIII**
le cœur du royaume	**miroirs**
fenêtres	**la Paix** (*Peace*)
le Grand Appartement du Roi	**un rendez-vous de chasse** (*hunting lodge*)
la Guerre (*War*)	**le Roi Soleil**
un jardin	

1. Le père de Louis XIV était _____.

2. Louis XIV s'appelait aussi _____.

3. Le château était à l'origine _____.

4. _____ est au centre du château.

5. Les salons de _____ et de _____ sont au nord et au sud de la galerie des Glaces.

6. Il y a dix-sept _____ et trois cent cinquante-sept _____ dans la galerie des Glaces.

D. À vous! Le château de Versailles était la résidence du roi, et aussi le siège (*seat*) du pouvoir (*power*) de la monarchie. Quels autres bâtiments ont eu ou ont encore aujourd'hui des fonctions similaires? Comment sont-ils? Avez-vous visité un de ces bâtiments? Qui y habite?

Quand j'étais petit à la maison, le plus dur c'était la fin du mois. Surtout les trente derniers jours!

—MICHEL COLUCCI (COLUCHE)

Sur Internet

Pour en savoir plus sur l'histoire des miroirs, consultez le site Web d'*En avant!* (**www.mhhe.com/enavant1**).

La chambre du roi au château de Versailles

Rétrospective   La vie à la cour de Versailles

« Avec un almanach et une montre, on pouvait, à trois cent lieues* d'ici dire ce qu'il faisait. »

—LE DUC DE SAINT-SIMON en parlant de la journée de Louis XIV

It seems fitting that the courtiers at Versailles celebrated the rising and going to bed of the king during the reign of the Sun King, Louis XIV. These elaborate ceremonies, called the **lever** and the **coucher du Roi,** and attended by large groups of favored nobles who had been invited by the king, included careful observation of the king and queen's every movement. For the royal family, public space at Versailles was in essence a stage. While they did have private apartments which they used for sleeping, the layout of the royal **appartements** was otherwise designed to accommodate royal public ceremonies.

Nobles at Versailles defined their status and significance in terms of how close they were to the king, so they paid very close attention to the king and queen's daily routines. They also had to adhere to strict rules of etiquette while at Versailles. For example, there were specific protocols the nobles had to follow if they wanted to be granted an audience with the king while he was in his **appartement.** Also, when visiting a fellow noble's residence it was customary not to knock, but to use a pinkie fingernail to gently scratch at their door. For this reason, many courtiers let this fingernail grow longer. The nobles at Versailles were thus quite preoccupied with details of courtly etiquette and with competing amongst themselves for the king's favor. This state of affairs was carefully orchestrated by Louis XIV, who reasoned that if the nobles were preoccupied with gaining his favor and with competing amongst themselves, they would be too busy to rebel against him.

Sur Internet   Pour en savoir plus sur la vie à la cour de Versailles, consultez le site Web d'*En avant!* **(www.mhhe.com/enavant1).**

*leagues

Lisons!

Le Petit Trianon

Le Petit Trianon est un château construit sous Louis XV dans le parc du château de Versailles, près de l'ancien village de Trianon. Louis XVI a offert le château à sa femme Marie-Antoinette. Il a justifié son action par cette formule: «Vous aimez les fleurs, Madame, j'ai un bouquet à vous offrir. C'est Trianon». Marie-Antoinette a entrepris de nombreux travaux dans le château et dans le domaine (*grounds*).

A. Avant de lire. Qu'est-ce que le mot «château» évoque pour vous? Est-ce que vous voyez une grande maison avec beaucoup de pièces et d'étages? Comment

est-ce que vous imaginez le jardin? Comment est la propriété? Plate (*flat*)? Accidentée (*uneven*)? Y a-t-il beaucoup d'arbres ou d'autres plantes? Y a-t-il un grand garage pour les voitures? Répondez à ces questions et puis comparez vos réponses à celles d'un(e) camarade.

B. Lisez. Avec un(e) camarade, lisez le texte suivant sur le Petit Trianon.

La résidence préférée de Marie-Antoinette

Le palais du Petit Trianon se trouve seulement à un kilomètre du château de Versailles. Mais ces deux édifices qui reflètent le goût français pour la splendeur et le raffinement[1] s'opposent par leur histoire et par leur style: Versailles, résidence mondaine[2] et sompteuse est très différent du Petit Trianon, lieu privé et intime, plutôt réservé aux femmes.

C'est le roi Louis XV qui, en 1762, commence à construire le Petit Trianon pour Mme de Pompadour, sa maîtresse. Plus tard, en 1769, Mme du Barry, une autre maîtresse du roi s'y établit. Finalement, Marie-Antoinette, reine de France, hérite de ce ravissant[3] palais: son époux, le roi Louis XVI lui fait ce superbe cadeau pour lui permettre de se réfugier dans un endroit qui deviendra son univers, loin de tous les regards,[4] loin de la cour[5] surtout, et de son étiquette trop rigide.

Marie-Antoinette aménage[6] librement son domaine: elle fait réaliser[7] un jardin à l'anglaise où elle passe des heures. De 1774 à 1787, l'architecte Richard Mique construit pour elle un petit pavillon réservé à la musique: c'est le Belvédère. Puis il crée le Temple de l'Amour, de style classique. Enfin il conçoit[8] le Hameau,[9] un petit village idyllique autour d'un étang[10] artificiel, avec une ferme, un moulin,[11] et même un phare.[12] Marie-Antoinette y passe la majeure partie de son temps avec ses amies.

Pendant longtemps, la conservation du château de Versailles concentre tous les efforts des gardiens du patrimoine[13] français. Mais, en 2006, la France lance un grand programme de restauration pour redonner au Petit Trianon tout son éclat:[14] 5 millions d'euros sont consacrés à la renaissance du palais de Marie-Antoinette.

[1]*refinement* [2]*wordly* [3]*stunning* [4]*looks* [5]*court* [6]*fixes up, renovates* [7]*fait... has created* [8]*conceives* [9]*Hamlet* [10]*pond* [11]*mill* [12]*lighthouse* [13]*heritage* [14]*splendor*

C. Avez-vous compris? Répondez aux questions suivantes.

1. Quelle est la distance entre le Petit Trianon et le château de Versailles?
2. Qui étaient Mme de Pompadour et Mme du Barry?
3. Qui a fait créer le jardin anglais? Pourquoi?
4. Qu'est-ce que c'est que le Hameau? Pourquoi est-ce que Marie-Antoinette l'a fait construire?
5. Quand est-ce que la restauration du Petit Trianon a commencé?

D. À vous! Êtes-vous surpris(e) d'apprendre que Marie-Antoinette passait tant de temps au Petit Trianon? Pourquoi aimait-elle recevoir ses amis au Hameau? Et vous, où allez-vous quand vous êtes stressé(e), quand vous avez l'impression qu'on vous critique ou quand vous avez besoin de solitude? Comparez votre réponse à celle d'un(e) camarade.

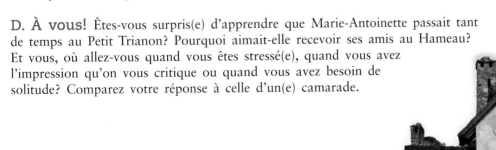

Le moulin dans le Hameau de la Reine

Culture interactive

Écrivons!

Forum: La maison de vos rêves

Postez un message sur le **Forum des étudiants**, pour décrire la maison de vos rêves. Suivez l'exemple.

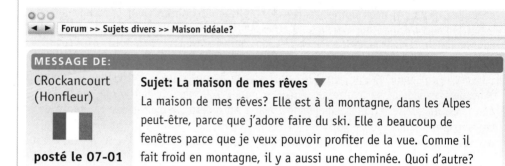

Forum >> Sujets divers >> Maison idéale?

MESSAGE DE:

CRockancourt (Honfleur)

posté le 07-01

Sujet: La maison de mes rêves ▼

La maison de mes rêves? Elle est à la montagne, dans les Alpes peut-être, parce que j'adore faire du ski. Elle a beaucoup de fenêtres parce que je veux pouvoir profiter de la vue. Comme il fait froid en montagne, il y a aussi une cheminée. Quoi d'autre? Peut-être un ascenseur parce que j'aime les maisons originales et que je n'ai jamais vu de maison avec un ascenseur!

Parlons!

Jeu: Le Juste Prix

Vous connaissez sans doute le jeu télévisé américain «The Price Is Right», non? En France, ce jeu télévisé s'appelle «Le Juste Prix». Dans la version française de ce jeu télévisé, il y a plus de cinquante activités. Avec vos camarades, vous allez participer à un de ces jeux: «La Main Dans Le Sac». Votre professeur va vous expliquer toutes les règles du jeu, mais le but est de deviner le prix d'objets ordinaires, puis de tirer au sort (*randomly draw*) des chiffres (*numbers*) d'un sac et de les utiliser pour composer le prix de l'objet. Mais attention! Il faut éviter les cartes avec des X!

Regardons!

Godefroy et Jacquouille se battent contre le dragon moderne: la camionnette du postier (*mail truck*) dans le film *Les Visiteurs*.

Avant-première. Répondez aux questions suivantes. Imaginez que vous devez transformer un château médiéval en hôtel moderne: qu'est-ce que vous changez? Qu'est-ce que vous gardez (*keep*)? Imaginez ensuite que vous découvrez une pièce secrète dans le château médiéval. À votre avis, qu'est-ce que vous allez trouver dans cette pièce secrète?

On tourne! Indiquez si les phrases suivantes sont vraies ou fausses; si la phrase est fausse, corrigez-la.

	vrai	faux
1. Le propriétaire de l'hôtel est très heureux d'accueillir Godefroy.	☐	☐
2. Godefroy prend l'ascenseur pour aller à la chambre.	☐	☐
3. Les meubles de la chambre sont modernes.	☐	☐
4. Dans la chambre, il y a le portrait du propriétaire de l'hôtel.	☐	☐
5. La pièce secrète est derrière la cheminée.	☐	☐

On boucle! Les châteaux médiévaux sont des patrimoines nationaux et culturels de France. Est-ce que vous pensez qu'il faut les conserver pour les générations futures? Expliquez.

Film: *Les Visiteurs*
(Comédie, 1993; France; Réalisateur: Jean-Marie Poiré; 105 min.)

SYNOPSIS: A medieval nobleman (Godefroy, le comte de Montmirail) and his servant (Jacquouille) are accidentally transported to the 20th century. His descendant, Béatrice de Montmirail, thinking that Godefroy is her long lost amnesiac cousin Hubert, takes him to her home. Meanwhile, Godefroy and Jacquouille try to cope with the technological and cultural changes of the 20th century; Godefroy's castle (Le château de Montmirail) is now a luxurious hotel owned by Jacques-Henri, the descendant of Jacquouille (the servant) . . .

SCÈNE: (DVD, Chapter 13, "Soot in the Chimney," 01:10:35–01:13:00). In this scene, Godefroy and Jacquouille go to the "château" hoping to find a magical potion that will help them return to the 12th century.

Chantons!

Bénabar (son vrai nom est Bruno Nicolini), né en 1969, est un auteur de chansons françaises populaires, souvent humoristiques. Dans cette chanson, il s'agit d'un «adulescent», c'est-à-dire, un adulte qui veut prolonger son adolescence. Bénabar parle des changements qui sont en train de s'opérer (*take place*) dans son appartement maintenant qu'il vit avec une femme.

Quand vous écoutez cette chanson, faites une liste de tous les objets mentionnés de la maison (par exemple, des brosses à dents, un aspirateur, des draps, etc.).

iMix Link: This song is available for purchase at the iTunes store in a special iMix created for *En avant!* For more information about accessing the playlist, go to the *En avant!* Online Learning Center, Coursewide Content (**www.mhhe.com/enavant1**).

Chanson: «Y'a une fille qu'habite chez moi»
(Bénabar, 2001)

Vocabulaire

Questions et expressions

Comment était (ta/votre maison)?	*What was (your home) like?*
Comment étaient (tes/vos parents)?	*What were (your parents) like?*
Qu'est-ce que tu aimais / vous aimiez faire quand...	*What did you like to do when . . .*
tu étais / vous étiez petit(e)?	*you were little?*
tu étais / vous étiez ado(lescent[e])?	*you were a teenager?*

Verbes

déménager (d'un appartement)	*to move (out of an apartment)*
emménager (dans une maison)	*to move (into a house)*
vivre	*to live*

Le logement

Housing

un appartement	*an apartment*
un ascenseur	*an elevator*
une baignoire	*a bathtub*
un balcon	*a balcony*
une chambre	*a bedroom*
un couloir	*a hallway*
une cuisine	*a kitchen*
un 2-pièces	*a one-bedroom apartment*
une douche	*a shower*
un escalier	*a staircase, stairwell*
l'entrée (f.)	*entryway / front hall*
un évier	*a sink (in kitchen)*
un immeuble (résidentiel)	*an apartment building/ complex*
un jardin	*a garden, backyard*
un lavabo	*a sink (in bathroom)*
une maison	*a house, home*
un parking	*a parking lot/area*
une pelouse	*a lawn*
un placard	*a closet*
une pièce	*a room (in a house)*
le premier étage	*second story (house), second floor (building)*
une résidence	*a residence*
le rez-de-chaussée	*ground floor*
une salle à manger	*a dining room*
une salle de bains	*a bathroom (room with bathtub)*
une salle de séjour, un salon	*a living room*
le sous-sol	*basement*

une terrasse	*a terrace*
les toilettes (f.)	*toilet (room with toilet)*
le toit	*roof*

Les meubles

Furniture

une armoire	*an armoire (a wardrobe)*
un canapé	*a couch*
une commode	*a dresser*
une étagère	*a shelf, bookcase*
un fauteuil	*an armchair*
un lit	*a bed*
une table basse	*a coffee table*

L'électroménager

Appliances

un aspirateur	*a vacuum cleaner*
une cafetière	*a coffeemaker, coffeepot*
une cuisinière	*a stove*
un four à micro-ondes	*a microwave oven*
un frigo	*a refrigerator*
un grille-pain	*a toaster*
un lave-linge	*a washing machine*
un lave-vaisselle	*a dishwasher*
un sèche-linge	*a dryer*
un ventilateur	*a fan*

D'autres articles ménagers

Other household items

un balai	*a broom*
une couette	*a duvet (down blanket)*
un fer / une planche à repasser	*an iron / an ironing board*
une lampe	*a lamp*
un miroir	*a mirror*
un oreiller	*a pillow (for bed)*
des rideaux (m.)	*curtains*
un tapis	*a rug*

Adverbes de comparaison

Adverbs of comparison

aussi (beau) que	*as (beautiful) as*
meilleur(e) que	*better than*
moins (cher) que	*less (expensive) than*
pire que	*worse than*
plus (confortable) que	*more (comfortable) than*

Ça se fête!

Bilan

In this chapter, you will learn:

- to greet people and wish them well on various holidays and special occasions
- to ask people for an explanation
- to talk about holidays and other celebrations
- to express your beliefs using the verb **croire**
- to describe people and things in more detail using relative clauses
- to tell people what to do using the imperative
- to describe events in more detail using adverbs
- about celebrations in various French-speaking countries

Une jeune femme déguisée pour le Carnaval de Fort-de-France en Martinique

Bonnes fêtes!
Wishing people well on holidays
and on special occasions

DVD

A. À l'écran.

Première étape. Regardez la vidéo et écoutez les expressions employées à certaines occasions. Ensuite, associez les occasions mentionnées dans la colonne A avec les expressions de la colonne B. **Attention!** Certaines expressions peuvent être utilisées pour plusieurs occasions.

A	B
Qu'est-ce qu'on dit à quelqu'un / à un couple…	

A

Qu'est-ce qu'on dit à quelqu'un / à un couple…

1. le jour de son anniversaire? b
2. qui part en vacances? g
3. juste avant de manger? f
4. qui vient d'avoir un bébé? c
5. le jour de leur mariage? e
6. le 31 décembre à minuit? i
7. pour porter (*make*) un toast? a
8. qui sort pour la soirée? d
9. qui vient de recevoir son diplôme? h
10. qui part en voyage? j

B

a. Tschüss! / Chin-chin! / Santé! / À la tienne!
b. Joyeux anniversaire!
c. Félicitations!
d. Bonne soirée! / Je vous souhaite une bonne soirée!
e. Soyez (*Be*) heureux pour la vie.
f. Bon appétit!
g. Bonnes vacances!
h. Bravo!
i. Bonne année!
j. Bon voyage! / Bon séjour!

Deuxième étape. Regardez la vidéo et écoutez Marc-Antoine Tanguy expliquer qu'à l'occasion de deux fêtes, les expressions qu'on utilise au Québec sont différentes de celles qu'on utilise dans le reste de la francophonie. Quelles sont ces fêtes et quelles sont ces expressions? Complétez le tableau. **Attention!** Pour la deuxième fête, vous allez entendre le nom de deux parties du corps.

Fêtes	Expressions francophones	Expressions québécoises
1. anniversaire	joyeux anniversaire	bonne fête
2. **le nouvel an** (le 31 décembre)	bonne année	bonne année! *Pareillement* (Likewise), grand nez!

If you aren't sure what to say to someone for a particular occasion, you can ask:
Qu'est-ce qu'on dit à quelqu'un le jour de son anniversaire?
On dit: «Joyeux anniversaire».
Qu'est-ce qu'on dit à un couple qui vient d'avoir un bébé?
On dit: «Félicitations»!

B. À vous! Posez les questions de l'activité A, **Première étape** à un(e) camarade jusqu'à ce qu'il/elle se trompe. Ensuite changez de rôle. De vous deux, qui sait le mieux quelles expressions il faut utiliser à différentes occasions?

EXEMPLE: —Qu'est-ce qu'on dit à quelqu'un / à un couple...

C. Quelles fêtes avez-vous célébrées? Travaillez avec un(e) camarade. Choisissez une des situations. Lisez-la à votre camarade qui va réagir avec une expression appropriée. Changez ensuite de rôle. Continuez ainsi avec toutes les autres situations.

1. Ma sœur vient d'avoir un bébé.
2. Je viens d'avoir... ans.
3. Mes parents célèbrent leurs 25 ans de mariage cette année.
4. Je vais à Paris la semaine prochaine.
5. J'ai reçu un «A» à l'examen de...
6. Au revoir. Je sors maintenant. Je vais retrouver mon ami au cinéma à 19 h.
7. On va manger un délicieux foie gras (*liver pâté*).
8. C'est le 31 décembre à minuit.
9. On porte un toast.

Qu'est-ce que c'est... ? /
Qu'est-ce que c'est que... ? Asking for an explanation

When learning a foreign language, there are often customs and expressions that are unfamiliar to you. You can use the following expression to ask someone to explain what something is or is about:

Qu'est-ce que c'est... ? (*informal*)

—**Qu'est-ce que c'est, le ramadan?**   *What is Ramadan?*

—**C'est une fête religieuse musulmane.**   *It's a Muslim religious holiday.*

Qu'est-ce que c'est que/qu'... ? (*formal*)

—**Qu'est-ce que c'est qu'une galette des Rois?**   *What's a king cake?*

—**C'est un gâteau qu'on mange le 6 janvier le jour de l'Épiphanie.**   *It's a cake that people eat on January 6.*

Rétrospective La fête Saint-Jean

La Saint-Jean-Baptiste, celebrated every June 24 in Quebec, has its origins in the summer solstice celebrations of pre-Christian times. The early Catholic Church transformed this celebration into a major religious holiday, honoring the "light" brought into the world by John the Baptist **(Jean-Baptiste).** French immigrants to northeastern Canada in the 17th century carried the tradition with them and kept it alive over time. It was chosen as Quebec's national (or, more accurately, "nationalist") holiday because on this day in 1834 an important French-language newspaper editor in Quebec, Ludger Duvernay, convened a meeting of sixty people to discuss the future of French-speaking Canadians. More than a century later, in the 1960s, the political reform movement founded at that meeting culminated in the **Révolution tranquille.** Thanks to this "Quiet Revolution," French-Canadians (who around that time decided to change their name to **Québécois**) finally gained the political power as well as the cultural and linguistic rights they had long fought for. **La fête Saint-Jean,** as it is usually called, became an official holiday in Quebec in 1925, but it was not until after the **Révolution tranquille,** in 1977, that it became the official national holiday of Quebec. Like most national holidays, **la fête Saint-Jean** involves organized parades and numerous musical events. It also includes bonfires (in the ancient tradition of celebrating light) and large neighborhood banquets.

La fête Saint-Jean

Sur Internet Pour voir les marionnettes géantes qui font partie du défilé à Montréal et pour savoir quelles autres activités se passent pendant la fête Saint-Jean, consultez le site Web d'*En avant!* (**www.mhhe.com/enavant1**).

[1]*ne... will no longer be decided*   [2]*Newfoundland*

DVD

A. Qu'est-ce que c'est que... ? Regardez la vidéo et écoutez les gens décrire les fêtes et traditions du monde francophone. D'après ce que chaque personne dit, trouvez la phrase fausse et corrigez-la.

1. **Marc-Antoine Tanguy: la Saint-Jean-Baptiste**

   a. La Saint-Jean-Baptiste est une fête religieuse.   *nationale*
   b. On la célèbre le 24 juin. ✓
   c. On célèbre le peuple québécois ce jour-là. ✓

2. **Lahcen: le ramadan**

   a. Le ramadan est souvent célébré au mois de septembre.   *28–29*
   b. Le ramadan dure 8 ou 9 jours. ✓
   c. On ne mange pas du lever du soleil (*sunrise*) au coucher du soleil (*sunset*). ✓

- **Le ramadan:** Le ramadan est le mois saint des musulmans. «Ramadan» est le neuvième mois lunaire. Durant cette période de purification spirituelle, les personnes pratiquantes, souvent d'origine maghrébine, doivent notamment s'abstenir de manger entre le lever et le coucher du soleil. Le premier jour du mois suivant marque la fin du jeûne (*fasting*). À l'occasion de cette fête (l'Aïd-el-Fitr), on savoure des plats traditionnels délicieux: du couscous, des baklavas, des figues et des dattes séchées (*dried*) et du lait d'amandes (*almonds*).

- **Le réveillon du jour de l'An:** On l'appelle aussi *la Saint-Sylvestre*. Contrairement au réveillon de Noël que l'on passe traditionnellement en famille, la Saint-Sylvestre se fête généralement entre amis. On dîne ensemble ou on organise une soirée dansante. Au douzième coup de minuit, on boit du champagne, on se souhaite une bonne année et on s'embrasse sous le gui (*mistletoe*), symbole de prospérité pour l'année à venir.

- **La fête des Rois:** C'est une fête d'origine chrétienne qu'on appelle aussi l'Épiphanie et qui fait référence à la visite des trois Rois mages à Jésus juste après sa naissance. La tradition populaire veut toujours que, le 6 janvier, on tire les rois, c'est-à-dire qu'on partage (*share*) une galette des Rois dans laquelle sont cachées une ou deux fèves. Ceux qui trouvent une fève sont couronnés (*crowned*) roi ou reine. À l'origine, la fève était une vraie fève, c'est-à-dire un petit haricot sec, mais aujourd'hui, on utilise souvent des figurines en plastique ou en céramique.

La galette des Rois avec une couronne

3. **Geneviève: le réveillon**

    a. Le réveillon est un repas qu'on fait à midi. — *minuit*
    b. Le réveillon a lieu (*takes place*) le 31 décembre.
    c. On mange des huîtres et du pâté de foie et on boit du champagne.

4. **Anne-Marie: la galette des Rois**

    a. La galette des Rois est un gâteau qu'on prépare début février. — *janvier*
    b. Il y a quelque chose de caché (*hidden*) dans le gâteau.
    c. Les Rois mages sont venus une semaine après Noël adorer le petit Jésus dans la crèche.

B. Qu'est-ce que c'est que la fête de Thanksgiving?

Première étape. Imaginez qu'un Français veut en savoir un peu plus sur la fête de Thanksgiving aux États-Unis. D'abord, travaillez avec un(e) camarade pour définir tous les mots dont vous aurez besoin (*that you will need*) pour expliquer cette fête. Associez chaque mot ou expression de la liste à sa définition.

> EXEMPLE: É1: Qu'est-ce que c'est que la dinde?
> É2: C'est une grosse volaille (plus grosse qu'un poulet) qu'on mange le jour de Thanksgiving.

1. la dinde (*turkey*): _a_
2. la farce (*dressing*): _e_
3. le maïs (*corn*): _f_
4. les pèlerins: _d_
5. la tarte à la citrouille: _c_
6. les peuples indigènes: _b_

a. C'est une grosse volaille (plus grosse qu'un poulet) qu'on mange le jour de Thanksgiving.

b. Ce sont les gens qui habitaient en Amérique avant l'arrivée des colons européens.

c. C'est un dessert fait avec un gros légume orange.

d. Ce sont les gens qui sont venus en Nouvelle-Angleterre au 17e siècle pour pouvoir pratiquer librement leur religion.

e. C'est ce qu'on met à l'intérieur de la dinde. C'est fait avec du pain et des marrons (*chestnuts*).

f. C'est un légume jaune qu'on mange en été aux États-Unis.

Deuxième étape. Maintenant complétez le paragraphe en utilisant les termes que vous avez définis dans la **Première étape**.

La fête de Thanksgiving se fête le troisième jeudi du mois de novembre. On commémore le premier repas partagé par _____[1] et _____[2] venus d'Angleterre. On mange (traditionnellement) de _____[3] avec de _____,[4] des pommes de terre, divers légumes (comme _____[5] et les haricots verts). Pour le dessert, on prépare _____.[6]

C. Jeopardy!

La classe va se diviser en trois groupes. Le groupe qui passe en premier choisit une catégorie: **Fêtes francophones** ou **Fêtes américaines**. Le présentateur / La présentatrice lit «la réponse». Un(e) représentant(e) du groupe qui a choisi la catégorie donne une réponse (sous forme de question). Si la réponse est juste, le groupe obtient un point. Sinon, les membres des autres groupes peuvent répondre. **Attention:** Il est nécessaire de lever la main avant de répondre.

> EXEMPLE: PRÉSENTATEUR/PRÉSENTATRICE: C'est l'objet qu'on cache dans la galette des rois.
> GROUPE 1: Qu'est-ce que c'est qu'un gâteau?
> PRÉSENTATEUR/PRÉSENTATRICE: Non. C'est faux. C'est l'objet qu'on cache dans la galette des rois.
> GROUPE 2: Qu'est-ce que c'est qu'une fève?
> PRÉSENTATEUR/PRÉSENTATRICE: Oui, c'est exact.

Vocabulaire interactif

Les jours de fête   Talking about holidays and other celebrations

Vous connaissez déjà deux fêtes qu'on célèbre en France: la fête des Rois (l'Épiphanie) et le réveillon du jour de l'An (la Saint-Sylvestre). Jean-Pierre Mercier, un étudiant français en anthropologie, nous explique l'importance d'autres dates sur son calendrier. Indiquez avec quelle explication va chacune des images. **Attention!** Deux des fêtes mentionnées ne vont avec aucune image.

1. _____ 2. _____ 3. _____ 4. _____

5. _____ 6. _____ 7. _____ 8. _____

a. **Le jour de l'An (le 1ᵉʳ janvier):** C'est **un jour férié** en France—c'est-à-dire un jour où on ne travaille pas. Ma mère envoie toujours **une carte de vœux** aux amis de notre famille pour leur souhaiter (*wish them*) la bonne année.

b. **Le Mardi gras:** Pourquoi est-ce un mardi «gras»? C'est la dernière occasion pour manger ce que l'on veut avant les jours «maigres» (période de privation du **carême** [*Lent*]). Beaucoup de Français, surtout les jeunes, portent **un déguisement** et sortent dans les rues. On peut assister à **un défilé** extravagant ou même en faire partie!

c. **Mon anniversaire:** D'habitude, ce sont mes amis qui organisent une soirée chez eux. Ils me chantent «Joyeux anniversaire» et puis je souffle (*blow out*) **les bougies** sur mon gâteau avant d'**ouvrir** mes **cadeaux.**

d. **Le poisson d'avril (le 1ᵉʳ avril):** C'est le jour des **farces:** les enfants découpent (*cut out*) des poissons en papier et les accrochent dans le dos de leurs camarades.

e. **Pâques:** Le matin, les enfants cherchent ce que **les cloches** de Pâques en revenant de Rome, ont laissé tomber dans le jardin—des œufs colorés et **des lapins** et cloches en chocolat. Après **la messe** à l'église, à midi, on mange du gigot d'agneau. C'est aussi à cette époque de l'année que les Juifs fêtent **la Pâque** (*Passover*).

f. **La fête des Mères / des Pères:** Les enfants célèbrent ce jour en l'honneur de leur mère, le quatrième dimanche de mai, et de leur père, le troisième dimanche de juin. J'aime **offrir** un **bouquet de fleurs** à ma mère et l'inviter à déjeuner dans un beau restaurant; mon père préfère **recevoir** un **chèque-cadeau!**

(continued)

g. **Le 14 juillet:** C'est la fête nationale française. On commémore la prise de la Bastille, une prison à Paris à l'époque de la Révolution. Il y a **un** grand **défilé** militaire sur les Champs-Élysées et **un feu d'artifice** (*fireworks display*) lumineux le soir.

h. **La Toussaint (le 1ᵉʳ novembre):** La Toussaint, c'est le jour où l'on honore tous les saints catholiques. Beaucoup de Français vont au **cimetière** pour poser des fleurs—surtout des chrysanthèmes—sur **la tombe** de leurs parents (*relatives*) décédés.

i. **Le réveillon (de Noël) (le 24 décembre):** On célèbre la naissance (*birth*) du Christ pendant la messe (*mass*) de minuit à l'église, puis on rentre dîner. On sert des huîtres, du foie gras, de la dinde ou de l'oie (*goose*) et on finit le repas avec **une bûche de Noël.**

j. **Noël (le 25 décembre):** Le matin, on offre des cadeaux aux membres de sa famille. Les enfants ouvrent les cadeaux que le **père Noël** (Papa Noël) leur a laissés sous **le sapin de Noël** et dans leurs **chaussures**. C'est aussi à cette époque de l'année que les Juifs français fêtent **Hanoukka**, la «fête des lumières», qui dure huit jours et pendant laquelle on allume chaque jour une des bougies de la ménorah.

En français

Three verbs related to gift-giving are **offrir** (*to offer*), **ouvrir** (*to open*), and **recevoir** (*to receive*).

Elle **offre** toujours des cadeaux.	*She always gives (offers) gifts.*
Elle **ouvre** ses cadeaux devant tout le monde.	*She's opening her gifts in front of everyone.*
Elle **reçoit** souvent du parfum.	*She often gets (receives) perfume.*

The verbs **offrir** and **ouvrir**, though ending in **-ir**, are conjugated in the present tense just like **-er** verbs. Their past participles are irregular: **offert** and **ouvert**.

The present-tense conjugation of the verb **recevoir** is irregular: **je reçois, tu reçois, il/elle/on reçoit, nous recevons, vous recevez, ils/elles reçoivent.** Its past participle is also irregular: **reçu.**

A. Pour parler des fêtes.

Première étape. Avec un(e) camarade, décidez quel terme de la liste complète le mieux chaque phrase. **Attention!** N'utilisez chaque terme qu'une seule fois.

les bougies	des cadeaux	une farce
un bouquet de fleurs	des cartes de vœux	un feu d'artifice
une bouteille de champagne	un défilé	des œufs colorés
une bûche de Noël	un déguisement	le sapin

1. On achète _une bûche de Noël_ à la pâtisserie.
2. On assiste à _un défilé_ dans la rue.
3. On emballe (*wraps*) bien _des cadeaux_.
4. On met des cadeaux sous _le sapin_.
5. On reçoit _des cartes_ par la poste (*mail*).
6. On s'amuse à faire _une farce_ à quelqu'un.
7. On offre parfois _un bouquet de fleurs_ à sa mère.
8. On ouvre _une bouteille_, puis on en boit.
9. On porte _un déguisement_ (un masque, par exemple).
10. On regarde _un feu d'artifice_ dans le ciel (*sky*) le soir.
11. On souffle _les bougies_ sur son gâteau.
12. Les enfants trouvent _des œufs colorés_ dans le jardin.

Deuxième étape. Présentez une de vos phrases à la classe et ajoutez la fête (ou les fêtes) qu'on associe à cette activité. Est-ce que vos camarades sont d'accord avec votre description?

B. C'est quelle fête? Utilisez les dates dans la liste pour déterminer quelle fête Jean-Pierre a célébrée. Qu'est-ce qu'il a probablement fait (offert, reçu, etc.) pour l'occasion?

le 1er novembre	le quatrième dimanche de mai
le 14 juillet	le troisième dimanche de juin
le 25 décembre	le 24 décembre
le 1er avril	le 6 janvier
la veille (*the day before*) du carême	le 31 décembre

Chez les Français

Les 11 jours fériés

Au total, il y a onze jours fériés en France. Lesquels (*Which ones*) correspondent à des fêtes religieuses?

1er janvier	**le jour de l'An**	
(date variable)	**le lundi de Pâques**	
1er mai	**la fête du Travail**	
8 mai	**le jour de la Victoire**	(la victoire des Alliés contre le nazisme en 1945; la fin de la Seconde Guerre mondiale en Europe)
(date variable)	**l'Ascension**	
(date variable)	**le lundi de (la) Pentecôte**	
14 juillet	**la fête nationale**	
15 août	**l'Assomption**	
1er novembre	**la Toussaint**	
11 novembre	**l'Armistice (le jour du Souvenir)**	(l'armistice signée à cette date en 1918; la fin de la Première Guerre mondiale)
25 décembre	**Noël**	

C. Les préparatifs de fête. Avec un(e) camarade, mentionnez deux choses importantes à faire *avant* chaque fête. Ensuite, partagez vos idées avec la classe et déterminez ensemble ce que la majorité considère comme essentiel pour chaque fête.

EXEMPLE: Noël

    É1: On doit décorer le sapin.
    É2: On doit aussi acheter des cadeaux.

1. la Saint-Valentin (le jour des amoureux)
2. Pâques / la Pâque juive
3. la fête nationale
4. Halloween
5. Thanksgiving
6. le réveillon du jour de l'An

D. Une fête en famille. Travaillez avec deux autres camarades. Choisissez une fête que chacun(e) de vous célèbre en famille. À l'aide des activités de la liste, décrivez ce que votre propre famille fait à cette occasion. Expliquez ensuite à la classe les différences que vous avez remarquées entre vous dans votre manière de célébrer cette fête.

1. se lever tôt / se coucher tard
2. assister à un service religieux
3. recevoir des amis / de la famille chez soi
4. offrir un cadeau à quelqu'un
5. ouvrir ses cadeaux le matin / le soir
6. boire/manger quelque chose en particulier
7. regarder un film en particulier
8. jouer à un jeu / jouer d'un instrument

E. Les cadeaux d'anniversaire.

Première étape. Quelle sorte de cadeau est-ce que vous offrez généralement aux personnes suivantes pour leur anniversaire—des vêtements, des chocolats, un chèque-cadeau ou simplement une carte? Écrivez vos réponses dans le tableau (ou mettez un "X" si vous n'offrez rien) avant d'interviewer un(e) camarade dans la Deuxième étape.

	mes cadeaux	les cadeaux de mon/ ma camarade
1. votre mère	_____	_____
2. votre père	_____	_____
3. un grand-parent	_____	_____
4. un frère / une sœur	_____	_____
5. votre meilleur(e) ami(e)	_____	_____
6. votre petit(e) ami(e)	_____	_____

En français

When using the verb **offrir**, the item that is offered to someone is considered the direct object of the verb; the person who receives that item is considered the indirect object of the verb.

J'offre une belle jupe à ma mère.
   Direct object   Indirect object

I'm giving a pretty skirt to my mother.
(I'm giving my mother a pretty skirt.)

To replace the indirect object of a verb like **offrir**, the pronoun **lui** is used for one person (male or female); the pronoun **leur** is used for more than one person.

Je <u>lui</u> offre cette chemise.

I'm giving this shirt to him. (I'm giving him this shirt.)

Je <u>leur</u> offre des fleurs.

I'm giving flowers to them. (I'm giving them flowers.)

Deuxième étape. Interviewez un(e) camarade, et ensuite ajoutez ses réponses à vos réponses de la **Première étape.** Soyez prêt(e)s à répondre si on vous demande de mentionner (1) le cadeau le plus extravagant (2) le cadeau le moins cher et (3) le cadeau le plus original.

> EXEMPLE: É1: Qu'est-ce que tu offres à ton père?
> É2: Je lui offre souvent une chemise ou une cravate. Et toi?
> É1: Je lui offre seulement une carte de vœux. Il ne veut pas de cadeau!

F. Le père Noël arrive!

Première étape. Travaillez en groupes de quatre. Choisissez un père Noël. Les autres membres du groupe vont essayer de convaincre le père Noël qu'ils étaient très sages pendant l'année.

> EXEMPLES: É1: Est-ce que tu as été sage cette année?
> É2: J'ai été très sage: j'ai eu de bonnes notes, j'ai aidé ma sœur à déménager cet été, ...
> É2: Moi aussi, j'ai été très sage: j'ai fait tous mes devoirs et je ne suis pas rentré trop tard le soir.

Deuxième étape. Le père Noël a trois cadeaux à offrir cette année: **un nouvel iPod, un beau pull en cachemire** et **un chèque-cadeau** (pour le restaurant le plus élégant de votre ville). Les autres membres du groupe vont lui dire ce qu'ils préfèrent et pourquoi.

> EXEMPLE: —Mes parents m'ont offert un iPod pour mon anniversaire et je reçois trop souvent des chèques-cadeaux. Par contre, je n'ai pas de pull en cachemire, alors je préfère le pull.

G. La fête la plus élaborée.
Choisissez une fête que tout le monde dans la classe célèbre: Thanksgiving, le jour de l'An, etc. Ensuite, répondez aux questions que votre professeur vous pose et donnez des détails. Si vous répondez «oui» et que vous pouvez donner des détails, restez debout. Sinon, asseyez-vous. La personne qui répond «oui» au plus grand nombre de questions est la personne qui célèbre cette fête de la façon la plus élaborée.

1. Est-ce que vous préparez un grand repas?
2. Est-ce que vous mangez un plat spécial (qui sort de l'ordinaire)?
3. Est-ce que vous mettez une jolie table?
4. Est-ce que tout le monde s'habille avec recherche (*get dressed up*)?
5. Est-ce que vous décorez la maison?
6. Est-ce que vous prenez des photos pendant la fête?
7. Est-ce que vous faites quelque chose tous ensemble après le repas?
8. Est-ce que cette fête a toujours lieu chez la même personne (chez vos grands-parents, par exemple)?

> **Prononcez bien!**
> To learn about the spelling and pronunciation of the consonants [l] as in **Noël** and [R] as in **ramadan** and to practice the pronunciation of words from this **Vocabulaire interactif** section, see the **Prononcez bien!** section of the *Workbook / Laboratory Manual.*

10.1 Tu crois au père Noël?

The verb **croire** and subordinate clauses

Cochez une des réponses de chaque paire selon vos croyances (*beliefs*).

Je crois...

1. a. ☐ à la chance.
2. a. ☐ au coup de foudre (*love at first sight*).
3. a. ☐ aux extraterrestres.

b. ☐ que nos actions sont prédéterminées.

b. ☐ que l'amour vient avec le temps.

b. ☐ que nous sommes seuls dans l'univers.

Analysons! 1. Qu'est-ce qui se trouve après **croire à...** —un nom ou une phrase? _____ Et après **croire que**? _____ 2. Les formes **je crois** et **vous croyez** ressemblent beaucoup aux formes de quel verbe irrégulier: **venir, vivre** ou **voir**? _____

○ Answers to this activity are in Appendice 2 at the back of the book.

1 The verb **croire** is conjugated similarly to the verb **voir**, which you learned in **Chapitre 7**, and to the verb **recevoir**, which you saw in the **Vocabulaire interactif** section of this chapter. Using your knowledge of those verbs and the forms provided, complete the following chart.

○ Answers to this activity are in Appendice 2 at the back of the book.

croire (*to believe*)	
RACINES: croi-, croy-	
je **crois**	nous **croyons**
tu _crois_	vous _croyez_
il/elle/on _croit_	ils/elles **croient**

À noter: Like the past participles of **voir** (**vu**) and **recevoir** (**reçu**), the past participle of **croire** is **cru**. To form the **imparfait** of these verbs, the following stems are used: **voir → voy-** ; **recevoir → recev-** ; **croire → croy-**.

2 The verb **croire** followed by a form of the preposition **à** and a noun expresses one's belief in the existence of someone or something. When followed by the conjunction **que** and a clause (**une proposition**)—that is, another subject + verb—**croire** tells what one believes to be true.

Elle **croit** {
à l'amour véritable.   *She believes in true love.*
aux miracles.   *in miracles.*
que tu te trompes.   *(that) you're wrong.*

À noter: The preposition **en** is used with **Dieu** (*God*).

Elle **croit en** Dieu.   *She believes in God.*

for everything else use à + article

3 When a verb like **croire** is followed by a clause (as in **Elle croit que tu te trompes**), that clause is said to be "subordinate" to the "main" clause—the clause in which the verb **croire** is found. In French, subordinate clauses *must* begin with **que** (**qu'**) whereas the conjunction "that" is optional in English.

MAIN CLAUSE	SUBORDINATE CLAUSE
Tu crois (tu penses, tu sais, tu es sûr[e], tu as l'impression)	**que les enfants aiment tous leurs cadeaux?** *(that) the children like all their gifts?*

A. Écoutez bien! Votre professeur essaie de se souvenir des dates de certaines fêtes. Est-ce qu'il/elle a raison (**Exact!**) ou est-ce qu'il/elle se trompe (**C'est faux!**)? Si votre professeur se trompe, corrigez sa phrase en employant **je crois, je pense** ou **je suis sûr(e).**

	Exact!	C'est faux!
1.	☐	☐
2.	☐	☐
3.	☐	☐
4.	☐	☐
5.	☐	☐
6.	☐	☐
7.	☐	☐

B. Des croyances (*Beliefs*).

Première étape. Ajoutez la forme correcte de la préposition **à** (**au, à la, à l', aux**) devant chacun des termes suivants.

1. _à l'_ astrologie
2. _à la_ chance (*f.*)
3. _aux_ extraterrestres
4. _au_ coup (*m.*) de foudre (*love at first sight*)
5. _aux_ fantômes
6. _au_ karma (*m.*)
7. _aux_ miracles
8. _aux_ vampires

Deuxième étape. Avec un(e) camarade, corrigez vos réponses de la **Première étape,** puis, à tour de rôle, posez-vous des questions sur vos convictions.

EXEMPLE: É1: Est-ce que tu crois à l'astrologie?
É2: Non, je n'y crois pas. Et toi?

C. Certitudes, croyances et impressions. Avec votre professeur et le reste de la classe, choisissez une personne très connue (*well known*) dans votre pays. Ensuite, travaillez avec deux autres camarades et décrivez cette personne. Dites ce que vous savez à son propos (*about him/her*) (**savoir, être sûr[e]**), ce que vous pensez savoir (**croire, penser**) et partagez aussi vos impressions (**trouver, avoir l'impression**).

EXEMPLE: Barack Obama
—Nous savons que sa femme s'appelle Michelle.
—Nous croyons qu'il habitait à Hawaii quand il était jeune.
—Nous trouvons qu'il est (*ou* Nous le trouvons)...

En français

You've already seen that the preposition **à** is used with the verb **croire** to express one's belief *in* something. The pronoun **y** can replace **à** + the noun representing what one believes in:

—**Tu crois au coup de foudre?**
Do you believe in love at first sight?

—**Oui, j'y crois!**
Yes, I do (believe in that).

—**Non, je n'y crois pas!**
No, I don't (believe in that).

D. Les superstitions. Est-ce que vous croyez vraiment que certaines choses portent bonheur (*good luck*) ou malheur (*bad luck*)? Travaillez avec trois autres camarades. L'un(e) d'entre vous va choisir deux ou trois des superstitions de la liste et poser des questions aux deux autres. Cette personne va alors dire si elle croit que son groupe est **très, assez** ou **peu superstitieux.**

EXEMPLE: É1: (chef du groupe): Vous croyez vraiment qu'un chat noir porte malheur?
É2: Non! Pas du tout! J'adore les chats noirs.
É3: J'y croyais quand j'étais petit(e), mais plus maintenant.
É4: Je n'aime pas beaucoup les chats, mais ils ne portent pas malheur!

1. un chat noir
2. un fer à cheval (*horseshoe*)
3. un miroir brisé (*broken*)
4. le numéro 7

5. un parapluie ouvert dans une maison
6. une patte (*paw*) de lapin
7. un trèfle (*clover*) à quatre feuilles
8. le vendredi 13

10.2 Une fête que j'aime bien
Relative clauses with **qui, que,** and **où**

Testez vos connaissances des fêtes célébrées en France: associez un des termes en caractères gras de la colonne A à une des propositions (*clauses*) de la colonne B pour créer des définitions.

A	B
1. _c_ Le père Noël: C'est **un personnage...**	a. **qui** dure environ 30 jours.
2. _f_ Le jardin: C'est **l'endroit...**	b. **qui** précède la période du carême.
3. _a_ Le ramadan: C'est **une fête...**	c. **que** les enfants adorent.
4. _d_ La dinde aux marrons: C'est **un plat...**	d. **qu'**on mange traditionnellement à Noël.
5. _b_ Le Mardi gras: C'est **le jour...**	e. **où** on commémore la prise de la Bastille.
6. _e_ Le 14 juillet: C'est **le jour...**	f. **où** les cloches de Pâques laissent tomber des œufs.

Analysons! 1. Qu'est-ce qui manque (*is missing*) dans les propositions de la colonne B qui commencent par **qui**—le sujet grammatical ou l'objet direct? _____ Et dans les propositions qui commencent par **que** (**qu'**)? _____ 2. Est-ce qu'il manque un sujet ou un objet direct dans les propositions qui commencent par **où**? _____

○ Answers to this activity are in **Appendice 2** at the back of the book.

1 Unlike the subordinate clauses you studied in **Grammaire interactive 10.1**, *relative* clauses modify (describe, add detail to) a noun in much the same way that adjectives do. The information provided by a relative clause is "relative" to the noun preceding the clause. This noun is often called the *antecedent*.

C'est <u>une fête</u> <u>qui dure environ 30 jours.</u>
    antecedent   *relative clause*

It's a holiday that lasts about 30 days.

2 The relative pronoun **qui** must be used when the antecedent is the subject of the verb in the relative clause; the relative pronoun **que** (**qu'**) must be used when the antecedent is the direct object of the verb in the relative clause.

C'est un personnage	**qui** distribue des cadeaux.	*He's a character who leaves gifts.*
	que les enfants adorent.	*He's a character who(m) children love.*
Voici un cadeau	**qui** vient de Paris.	*Here's a present that comes from Paris.*
	qu'on donne rarement.	*Here's a present that people rarely give.*

3 The relative pronoun **où** is used when the antecedent is neither the subject nor the direct object of the relative clause but instead represents the place or time at which something occurs.

Nous cherchons **une mosquée où** il y a un service.	*We are looking for a mosque where there is a service.*
Janvier est **un mois où** il y a beaucoup de fêtes.	*January is a month when (in which) there are a lot of holidays.*

Mise en pratique. Donnez des détails sur le nom **la pièce** en employant des propositions relatives. Utilisez la forme correcte du pronom relatif (**qui, que [qu']** ou **où**) au début de chaque proposition.

Le salon est *la pièce*	_que_ ¹ je préfère dans notre maison.
	qui ² est la plus spacieuse.
	_où_ ³ nous mettons notre sapin de Noël.
	_où_ ⁴ il y a une cheminée (*fireplace*).
	que ⁵ j'ai décorée cette année.

Study Tip Understanding the grammatical role played by the antecedent of a relative clause is key to mastering relative clauses in French. A translation strategy is not advisable, because English uses many different relative pronouns (including *who, whom, that,* and *which*), depending on whether the antecedent is a person or thing, whether one is speaking formally or informally, etc. Certain relative pronouns can even be omitted in some cases in English; in French they are *never* omitted.

◦ Answers to this activity are in Appendice 2 at the back of the book.

4 When the verb of a relative clause beginning with **que** is in the **passé composé**, the past participle must agree in number and gender with the antecedent. This occurs only with the relative pronoun **que** (not **qui** or **où**) because, in this case, the antecedent is a *preceding direct object.*

C'est **le sapin** (*m*)		acheté.
C'est **la dinde** (*f.*)	**que j'ai**	achetée.
Ce sont **les cadeaux** (*m. pl*)		achetés.
Ce sont **les cartes** (*f. pl.*) **de vœux**		achetées.

À noter: This agreement does not affect the pronunciation of most past participles. Only those that end in a consonant—such as **mis, pris, offert, ouvert**—are pronounced differently when -e(s) are added. Compare:

La dinde que j'ai **préparée** était délicieuse.

Les bouteilles que j'ai **mises** sur la table sont vides.

A. Écoutez bien! Votre professeur va parler d'un jour de fête. Indiquez le pronom relatif que vous entendez dans chaque phrase. Ensuite, devinez la fête qu'il/elle décrit.

○ To learn about the relative pronoun **dont**, as well as **ce qui**, **ce que**, and **ce dont**, see **Par la suite** at the back of the book.

	qui	que (qu')	où
1.	☑	☐	☐
2.	☑	☐	☐
3.	☐	☐	☑
4.	☐	☑	☐
5.	☐	☐	☑
6.	☐	☑	☐

B. Le plus beau cadeau. Travaillez avec deux autres camarades. Complétez la description de chaque cadeau avec le pronom relatif **qui** ou **que (qu')**, puis donnez un exemple de cadeau qui correspond à la description. **Attention!** Proposez chaque fois un cadeau différent et travaillez vite (*quickly*)! Le groupe qui finit en premier gagne.

C'est un cadeau...	Exemples
1. _qui_ fait plaisir aux enfants:	_un chien_
2. _qui_ coûte moins de 20 dollars:	_le livre_
3. _que_ les gens achètent au dernier moment:	_gift cards_
4. _qui_ n'est pas facile à emballer (*wrap*):	_ball_
5. _qui_ on offre souvent à ses grands-parents:	_boquet de fleurs_
6. _que_ tout le monde apprécie:	
7. _qui_ est souvent échangé (au magasin):	_vêtement_

C. Une fête sympa.

Première étape. Ajoutez un -e, -s ou -es aux participes passés (si nécessaire) pour faire l'accord. Vous allez utiliser ces catégories pour parler d'une fête.

1. les boissons que vous avez bu____   4. le film que vous avez regardé____
2. les cadeaux que vous avez reçu____   5. la musique que vous avez choisi____
3. les costumes que vous avez porté____   6. le repas que vous avez mangé____

Deuxième étape. Pensez à une fête récente à laquelle vous avez participé. Parlez de cette fête à un(e) camarade en faisant référence à trois ou quatre des catégories de la liste de la **Première étape.**

EXEMPLE: le repas que vous avez mangé
—Pour mon anniversaire cette année, nous avons mangé des crevettes, du bifteck, des frites et un énorme gâteau au chocolat.

D. Des fêtes nord-américaines. En travaillant avec un(e) camarade, choisissez un jour de fête dans votre pays/région. Complétez la phrase **C'est un jour où nous...** pour décrire cette fête; utilisez un verbe de la liste ou un autre verbe de votre choix. Écrivez votre phrase au tableau, puis déterminez à quel point les descriptions au tableau se ressemblent.

aller	remercier (*thank*)
commémorer	sortir
faire honneur à	se souvenir de
fêter/célébrer	

10.3 Aide ton père! Giving commands using the imperative

Une mère donne des ordres à différents membres de la famille. À quelle période de l'anneé (à l'occasion de quelle fête) est-ce qu'elle semble donner ces ordres?

	à l'occasion d'un anniversaire	à Pâques	à Noël
1. **Souffle** tes bougies!	☑	☐	☐
2. **Achète** une bûche à la boulangerie!	☐	☐	☑
3. **Finis** la decoration du sapin!	☐	☐	☑
4. **Sors** dans le jardin: je vois des œufs!	☐	☑	☐
5. **Ne perds pas** la carte pour les quinze ans d'Annie!	☑	☐	☐

Analysons! Conjuguez les verbes en caractères gras dans les phrases 1 à 5 avec **tu** au présent. 1. Pour quel(s) groupe(s) de verbes remarquez-vous une différence entre le présent et l'impératif: les verbes réguliers en **-er**, **-ir** ou **-re**? _____ 2. Quelle différence remarquez-vous? _____

1 As in English, direct commands are given to others without using subject pronouns. In French, however, commands exist in two forms: informal commands to one person corresponding to **tu** and formal commands, or commands to more than one person, corresponding to **vous**.

~~Tu~~ **Finis** tes devoirs!
~~Vous~~ **Finissez** vos devoirs! } *Finish your homework!*

2 The imperative forms of a given verb are the same as the regular present-tense forms for **vous** and **tu**, except that the final **-s** of the **tu** form of **-er** verbs is dropped. (This is even true of the irregular verb **aller** and verbs conjugated like **-er** verbs, such as **ouvrir** and **offrir**.)

Chante avec nous!   *Sing with us!*

Va chercher dans ta chambre!   *Go look in your room!*

Ouvre ton cadeau!   *Open your gift!*

3 When negation is used, **ne** precedes the verb and **pas, jamais,** etc. follow it.

Ne mange **pas** ces biscuits! ⎫
                           ⎬ *Don't eat these cookies!*
Ne mangez **pas** ces biscuits! ⎭

4 Imperative forms that correspond to **nous** are used to make suggestions, equivalent to *Let's . . .* in English.

Prenons un verre!   *Let's have a drink.*

Ne mangeons pas sans elle.   *Let's not eat without her.*

Mise en pratique. Donnez des ordres en employant les verbes entre parenthèses **à l'impératif.** Mettez les verbes de la colonne A au négatif et les verbes de la colonne B à l'affirmatif. Utilisez le pronom **tu** pour 1 et 2, **vous** pour 3 et 4 et **nous** pour 5 et 6.

	A				B	
1. (acheter)	*N'achète pas*	de billet;	(louer)	*Loue*	un film!
2. (sortir)	*Ne sor_ pas*	ce soir;	(rester)	*Reste*	ici!
3. (prendre)	*Ne prenez pas*	de vin;	(finir)	*finissez*	ce champagne!
4. (attendre)	*N'attendez pas*	les autres;	(partir)	*partez*	tout de suite!
5. (offrir)	*N'offrons pas*	de cadeau;	(envoyer)	*Envoyons*	une carte!
6. (mettre)	*Ne mettons pas*	la table;	(ranger)	*Rangeons*	d'abord la salle à manger!

Answers to this activity are in Appendice 2 at the back of the book.

A. Écoutez bien! Votre professeur va lire plusieurs phrases à l'impératif. Indiquez si on donne un ordre ou si on fait une suggestion.

	un ordre	**une suggestion**		**un ordre**	**une suggestion**
1.	☐	☐	5.	☐	☐
2.	☐	☐	6.	☐	☐
3.	☐	☐	7.	☐	☐
4.	☐	☐	8.	☐	☐

En français

In recipes in cookbooks, as well as directions on products, road signs, etc.—anywhere commands are not directed at anyone in particular—the infinitive will often be used instead of the imperative.

Couper le citron en deux.   *Cut the lemon in half.*

B. Recette pour une galette des Rois. Imaginez que vous aidez un ami / une amie à préparer une galette des Rois dans sa cuisine. Employez l'**impératif** des verbes de la recette ci-dessous.

EXEMPLE: Préchauffer le four à 220°C.
—D'abord, préchauffe le four à 220°C. Ensuite...

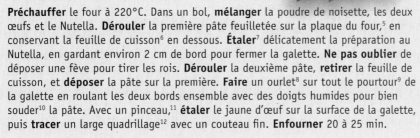

Galette des Rois au Nutella° °*hazelnut and chocolate spread*

Ingrédients:

- 2 pâtes feuilletées[1]
- 1 pot[2] de 220 g de Nutella
- 120 g de poudre de noisette[3] ou d'amande
- 2 œufs + 1 jaune pour la dorure[4]

Préparation de la recette

Préchauffer le four à 220°C. Dans un bol, **mélanger** la poudre de noisette, les deux œufs et le Nutella. **Dérouler** la première pâte feuilletée sur la plaque du four,[5] en conservant la feuille de cuisson[6] en dessous. **Étaler**[7] délicatement la préparation au Nutella, en gardant environ 2 cm de bord pour fermer la galette. **Ne pas oublier** de déposer une fève pour tirer les rois. **Dérouler** la deuxième pâte, **retirer** la feuille de cuisson, et **déposer** la pâte sur la première. **Faire** un ourlet[8] sur tout le pourtour[9] de la galette en roulant les deux bords ensemble avec des doigts humides pour bien souder[10] la pâte. Avec un pinceau,[11] **étaler** le jaune d'œuf sur la surface de la galette, puis **tracer** un large quadrillage[12] avec un couteau fin. **Enfourner** 20 à 25 min.

Source: www.goosto.fr, site du réseau CBS Interactive

[1]pâtes... *puff pastry (sheets of phyllo dough)* [2]*jar* [3]*hazelnut* [4]*golden top crust* [5]plaque... *baking sheet* [6]feuille... *parchment paper* [7]*Spread* [8]*seam* [9]*circumference* [10]*seal together* [11]*brush* [12]*grid*

C. Faisons la fête! Travaillez avec un(e) camarade. Imaginez que vous organisez une fête ensemble. À tour de rôle, choisissez une catégorie et faites une suggestion en utilisant le(s) verbe(s) entre parenthèses. Est-ce que votre camarade est d'accord? S'il / Si elle n'est pas d'accord, cherchez un compromis.

EXEMPLE: les boissons

É1: Achetons du coca et de la limonade.
É2: Oui, mais, on aime aussi le coca light.
É1: D'accord—du coca, du coca light et de la limonade.

1. le lieu (aller chez)
2. l'invitation (créer, envoyer)
3. les invités (inviter)
4. le ménage (faire, ranger)
5. les boissons (acheter)
6. les films/émissions (regarder)
7. la nourriture (servir)
8. les jeux (jouer)

D. Pour réussir à la fac.

Première étape. On donne des conseils aux étudiants qui viennent d'arriver à la fac. Complétez les conseils de la colonne B avec la forme impérative du verbe entre parenthèses. Ensuite, formez des phrases en associant chacune des situations de la colonne A à une proposition de la colonne B.

A	B
1. Si vous ne comprenez pas le/la prof, d	a. n'___ayez___ (avoir) pas peur de demander de l'aide!
2. Si vous vous sentez timide, f	b. ___cherchez___ (chercher) un lieu tranquille pour étudier!
3. Si vous vous sentez hyper-stressé(e), e	c. ___Sachez___ (savoir) que tout va s'arranger (*work out*)!
4. La veille d'un examen le lendemain, b	d. ___allez___ (aller) le/la voir dans son bureau!
5. Quand vous avez cours très tôt le matin, g	e. ___faites___ (faire) une petite pause (*take a break*), respirez!
6. Quand vous avez trop à faire,	f. ___soyez___ (être) courageux/courageuse—parlez aux autres!
7. Quand rien ne se passe comme il faut,	g. n'___oubliez___ (oublier) pas de mettre votre réveil (*alarm clock*)!

Deuxième étape. Êtes-vous d'accord avec ces conseils? À votre avis, quels conseils ne sont pas pratiques? Quels sont les meilleurs conseils?

10.4 Tout se passe bien! Synthesis of uses and forms of adverbs

Êtes-vous quelqu'un de très précis ou de très détendu? Passez ce petit test. Cochez l'adverbe (ou l'expression adverbiale) qui complète le mieux chaque phrase.

1. Une fête chez votre ami commence à 20 h. Vous arrivez _____ **ponctuellement** / _____ **en retard.**

2. Vous devez apporter des fleurs à une soirée. Vous choisissez _____ **soigneusement** (*carefully*) / _____ **distraitement** un bouquet au marché.

3. On passe beaucoup de temps à emballer un cadeau pour vous. Vous l'ouvrez _____ **lentement** / _____ **vite.**

4. Un ami vous offre un tee-shirt pour votre anniversaire, mais vous ne l'aimez pas. Quand il vous demande si le tee-shirt vous plaît, vous répondez _____ **honnêtement** / _____ **diplomatiquement** (**par un pieux mensonge**).

5. Quand c'est vous qui organisez une fête, en général elle se passe _____ **très bien** / _____ **assez mal.**

Analysons! Quelle sorte de mot est à la base des adverbes en **-ment**: un adjectif, un nom ou un verbe? ___adjectif___ Quels adverbes ne se terminent pas en **-ment**? (Donnez deux exemples) _____, _____.

◐ Answers to this activity are in Appendice 2 at the back of the book.

1 Throughout the chapters you've studied so far, you've come across different types of adverbs (some of which you may not have even realized were adverbs!). Adverbs typically modify a verb or a clause.

ADVERBES DE DEGRÉ (À quel point?)	ADVERBES DE FRÉQUENCE (Combien de fois?)	ADVERBES DE TEMPS (Quand?)	ADVERBES DE LIEU (Où?)
énormément	toujours	hier	ici
beaucoup	souvent	aujourd'hui	là
tellement (*so much*)	parfois	maintenant	là-bas (*over there*)
assez	quelquefois	bientôt	ailleurs (*elsewhere*)
trop	rarement	demain	partout (*everywhere*)

A fifth type of adverb, known as *manner* adverbs (**adverbes de manière**), tell how something is done, in response to the question: **Comment?**

La fête se passe **bien/mal**.   *The party is going well/poorly.*

Léa emballe **soigneusement** ses cadeaux.   *Léa carefully wraps her gifts.*

2 You may have noticed that many adverbs end in **-ment**, the equivalent of *-ly* in English, and that adverbs ending in **-ment** are based on an adjective stem (e.g., **rare → rarement**). If the masculine adjective ends in a vowel, use it as the stem for adverbs (**vrai → vraiment; honnête → honnêtement**). If the masculine adjective ends in a consonant, use the feminine form as the stem (**heureux → heureusement; complet → complètement**).

VOYELLE (MASC.)	CONSONNE (FEM.)
joli → joli**ment**	distrait/distrai<u>te</u> → distrai<u>te</u>**ment**
absolu → absolu**ment**	soigneux/soigneu<u>se</u> (*careful*) → soigneu<u>se</u>**ment**

Mise en pratique. Dans la colonne B, écrivez la forme adverbiale qui correspond à l'adjectif de la colonne A. Avant de choisir la racine de l'adverbe, faites attention à la dernière lettre de la forme masculine de chaque adjectif.

A	B
1. absolu(e)	*absolument*
2. actuel(le)	actuellement
3. certain(e)	certainement
4. complet/complète	complètement
5. doux/douce (*soft*)	doucement
6. heureux/heureuse	heureusement (happily)
7. premier/première	premièrement
8. vrai	vraiment

○ Answers to this activity are in Appendice 2 at the back of the book.

3 Adverbs that end in certain consonant clusters or nasal vowels follow different patterns to facilitate pronunciation; these patterns are shown in the chart. Based on the examples provided, complete the chart with the adverb form of each adjective.

E → ÉMENT (consonant cluster)	ANT → AMMENT	ENT → EMMENT
én**orme** → én**ormément**	const**ant(e)** → const**amment**	réc**ent(e)** → réc**emment**
aveu**gle** (*blind*) → *aveuglément*	cour**ant(e)** (*current*) → *courantamment* (*fluently*)	appar**ent(e)** → *apparemment*
prof**ond(e)** → *profondément*	brill**ant(e)** → *brillantamment*	prud**ent(e)** → *prudemment*
int**ense** → *intensément*		

○ Answers to this activity are in Appendice 2 at the back of the book.

A. Écoutez bien! Votre professeur va parler des activités d'Anne-Laure et de sa manière de faire les choses. Indiquez votre réaction: **C'est bien!** (*That's great!*) ou **Ce n'est pas bien!** (*That's no good!*).

	C'est bien!	Ce n'est pas bien!
1.	☑	☐
2.	☑	☐
3.	☐	☑
4.	☐	☐
5.	☐	☐
6.	☐	☐
7.	☐	☐
8.	☐	☐

B. Quels sont vos talents?

Première étape. Aidez votre professeur à faire une liste d'**adverbes de manière** au tableau, basée sur les adjectifs de la liste.

bon(ne) *bien*	attentif/attentive
distrait(e)	lent(e)
horrible	mauvais(e) *mal*
prudent(e)	facile
rapide	nerveux/nerveuse

Deuxième étape. En travaillant avec deux autres camarades, utilisez la liste d'adverbes au tableau pour décrire à tour de rôle comment vous faites les activités suivantes. Révélez ensuite à la classe une activité que vous faites très bien tous (toutes) les trois.

1. chanter
2. choisir mes cours
3. cuisiner
4. danser
5. faire (du ski)
6. jouer (au tennis)
7. organiser une fête
8. préparer un examen

En français

Remember that **bon(ne)** and **mauvais(e)** are adjectives that modify nouns and make agreement with them, whereas **bien** and **mal** are adverbs, telling how well or badly (poorly) someone does something. Because **bien** and **mal** modify verbs and not nouns, they are invariable, as are all adverbs.

C'est une **bonne/ mauvaise** chanteuse.
She's a good/bad singer.

Elle chante **bien/mal**.
She sings well/poorly.

C. Des fêtes préférées. Avec un(e) camarade, parlez de deux ou trois fêtes que vous célébrez régulièrement. Utilisez les **adverbes de degré** de la liste suivante pour indiquer à quel point vous aimez ces fêtes et expliquez pourquoi. Quelle est votre fête préférée et pourquoi?

> assez (bien/mal)
> beaucoup
> énormément
> incroyablement (bien/mal)
>
> tellement
> très (bien/mal)
> trop

EXEMPLE: —J'aime beaucoup la fête de Thanksgiving parce que mon frère revient du Texas et nous nous entendons très bien. Nous mangeons trop, mais nous nous amusons énormément!

D. Les fêtes à travers les cultures.

Première étape. Indiquez à quel lieu s'applique la description de chaque fête en cochant un des **adverbes de lieu: ici** (dans votre pays), **là-bas** (en France) ou **partout** (dans presque toutes les cultures). Cochez **ailleurs (?)** si vous ne savez pas exactement où.

	ici	là-bas	partout	ailleurs (?)
1. Il y a un jour férié pour honorer les gens qui travaillent.	☐	☐	☐	☐
2. À Pâques, c'est un lapin qui distribue les œufs et les chocolats.	☐	☐	☐	☐
3. Le père Noël met de petits cadeaux dans des chaussures.	☐	☐	☐	☐
4. On va voir un feu d'artifice pour le nouvel An ou une fête nationale.	☐	☐	☐	☐
5. On fête la naissance du Christ et du prophète Mahomet.	☐	☐	☐	☐
6. On fait honneur à ses aïeux (*ancestors*).	☐	☐	☐	☐
7. On fait honneur aux jeunes / à la jeunesse.	☐	☐	☐	☐

Deuxième étape. Avec vos camarades et votre professeur, mettez-vous d'accord sur les bonnes réponses de la **Première étape:** Parlez des petites différences entre les cultures en ce qui concerne la date des fêtes et/ou les coutumes (*customs*). Les fêtes décrites dans 5, 6 et 7 de la **Première étape** ont lieu en Haïti, au Maroc et au Sénégal. Devinez à quel pays correspond chaque fête.

> ### En français
>
> Degree adverbs are not only used to modify verbs and clauses, but also can modify adjectives and even other adverbs.
>
> On **mange trop** pendant les fêtes!
> *We eat too much during the holidays.*
>
> J'ai mangé **trop vite**!
> *I ate too quickly.*
>
> Le repas était **trop bon**!
> *The meal was (just) too good!*

Écoutons!

Le carnaval: de La Nouvelle–Orléans, de Nice, de Québec, des Antilles

A. Avant d'écouter. Quand vous entendez l'expression «Mardi gras», quelles images vous viennent à l'esprit? Où est-ce qu'on fête Mardi gras? Qu'est-ce qu'on fait pour le fêter? Comparez vos réponses à celles d'un(e) camarade.

B. Écoutez. Votre professeur va vous parler de la tradition du carnaval dans plusieurs pays et régions francophones. Écoutez et regardez.

C. Complétez. Complétez les phrases suivantes en utilisant les expressions de la liste. **Attention!** Il y a plus de mots et expressions que de réponses!

brûler (*to burn*)	l'Épiphanie	le Mardi gras	Pâques
danser	italien	se moquer	Québec
des chars (*floats*)	jeter	Nice	viande
des déguisements	latin		

1. Un des buts originaux du carnaval était de _____ des gens et des choses.

2. Le mot «carnaval» vient d'un mot _____, qui fait allusion au fait qu'autrefois (*historically*) on ne mangeait pas de _____ pendant le carême, une période de quarante jours qui précède _____.

3. En général, le carnaval commence à _____, (le 6 janvier), date qui marque la fin des fêtes de Noël, et continue jusqu'au _____, la veille du carême.

4. À _____ le carnaval a commencé au 19ᵉ siècle, et il y a toujours des activités comme une competition de sculpture sur neige et des sports d'hiver.

5. Le carnaval de _____ est célèbre pour ses défilés de caricatures et de figures grotesques et ses batailles de fleurs.

6. Aux Antilles, le carnaval a un roi nommé Vaval; il est traditionnel de _____ Vaval le dernier jour du carnaval.

D. À vous!

1. Dans votre région, y a-t-il une fête similaire au carnaval?

2. Complétez les phrases suivantes, en ajoutant vos propres opinions ou impressions sur le carnaval.

   a. Une chose que je trouve bien avec le carnaval c'est que...

   b. Un des aspects du carnaval que je trouve surprenant, c'est que...

Le roi du Carnaval à Nice

Bonhomme, le roi du carnaval de Québec

En Martinique, le roi Vaval est le symbole du carnaval. Il est représenté chaque année par une grande marionnette qui mesure entre trois et quatre mètres de haut. Il y a aussi un roi symbolique pour le carnaval de Québec, mais ce n'est pas une marionnette…

A. Avant de lire. Même s'il n'y a pas de neige en hiver dans votre région, vous savez probablement ce que c'est qu'un bonhomme de neige (*snowman*). Qu'est-ce qu'on utilise pour les yeux et le nez d'un bonhomme de neige? Des morceaux de charbon (*coal*) ou des boutons? Une carotte ou une banane? Avez-vous déjà fait un bonhomme de neige? Comment est-ce vous l'avez habillé? Est-ce que vous lui avez mis un chapeau? Une écharpe? Des gants? Comparez vos réponses à celles d'un(e) camarade.

B. Lisez. Lisez le texte suivant sur le roi du carnaval de Québec.

Bonhomme Carnaval

Depuis 1894, le Carnaval de Québec réchauffe le cœur[1] des Québécois en janvier ou février. À l'origine le Carnaval se déroulait[2] de manière irrégulière, mais depuis 1954 il a lieu tous les ans. La mascotte et le roi de ce festival est le Bonhomme Carnaval, un personnage qui apporte de la joie à tout le monde. Quand il entre dans la ville de Québec, le maire[3] lui donne les clés de la ville et la fête commence! Bonhomme est présent à toutes les festivités importantes du Carnaval. Sa résidence est un palais de glace[4] au centre de la ville, où tout le monde se retrouve[5] pour célébrer.

La ceinture fléchée[6] et la tuque[7] rouge de Bonhomme sont des détails qui viennent du folklore québécois. Au 19ᵉ siècle, la ceinture fléchée, inspirée de la culture amérindienne,[8] avait deux fonctions très pratiques; on s'en servait pour serrer un manteau à la taille[9] et se protéger du froid extrême, et aussi pour soutenir les reins[10] pendant de gros efforts physiques. La ceinture fléchée et la tuque rouge sont des éléments distinctifs du costume de Bonhomme.

[1]réchauffe… *warms the heart* [2]*took place* [3]*mayor* [4]*ice* [5]*gathers* [6]ceinture… *arrow-patterned sash* [7]*knit cap* [8]*Native American* [9]serrer… *to tie an overcoat tighty at the waist* [10]soutenir… *to support the lower back*

Sur Internet

Pour en savoir plus sur le Carnaval de Québec, consultez le site Web d'*En avant!* (**www.mhhe.com/enavant1**).

Bonhomme Carnaval à Québec avec sa tuque rouge et sa ceinture fléchée

C. Avez-vous compris? Répondez aux questions suivantes.

1. Depuis quelle année est-ce qu'il y a un carnaval annuel à Québec?

2. Qu'est-ce que Bonhomme reçoit du maire quand il entre dans la ville de Québec?

3. Où est la résidence de Bonhomme pendant le carnaval? Comment est-elle?

4. Historiquement, à quoi servait la ceinture fléchée de Bonhomme?

5. De quelle tradition viennent la ceinture fléchée et la tuque?

D. À vous! Pensez à la mascotte de votre lycée, de votre université ou de la ville où vous vivez. À quoi ressemble cette mascotte? Qu'est-ce qu'elle porte, et pourquoi? Posez ces questions à vos camarades en groupes de trois ou quatre.

Écrivons!

Forum: Comment la fêtent–ils?

Postez un message sur le **Forum des étudiants,** pour décrire une fête régionale ou étrangère à laquelle (*in which*) vous avez participé. Suivez l'exemple.

○○○

◄ ► | Forum >> Sujets divers >> Fêtes >> Fêtes régionales ou étrangères à laquelle vous avez participé?

MESSAGE DE:

Marc-Antoine (Avignon)

posté le 14-02

Sujet: Une fête intéressante ▼

L'année dernière quand j'étais étudiant étranger aux États-Unis, j'ai participé au *Cranberry Festival* (**festival de la canneberge**) dans la ville de Bandon, une petite ville de l'Oregon au bord de l'océan Pacifique. Au cours du festival, j'ai eu l'occasion de voir un défilé, d'écouter de la musique, d'assister à un concours (*contest*) pour élire le roi et la reine du festival, et de manger des canneberges et des produits à base de canneberges, bien sûr. C'était très amusant. J'ai eu de la chance, je trouve, de pouvoir participer à cette fête!

Devinette: Cadeaux

Pour ce jeu, vous allez travailler avec un(e) camarade. Ensemble, faites une liste de cinq personnes à qui vous voulez offrir des cadeaux; elles peuvent être des membres de la classe, ou des personnes bien connues. Ensuite, faites chacun(e) une liste de cinq cadeaux en tenant compte de la personnalité et des goûts de chaque personne, ainsi que de l'occasion à laquelle vous allez offrir ces cadeaux. Ces cadeaux peuvent être concrets (une maison, une voiture) ou abstraits (de la chance, du courage). Ne mettez pas ces cadeaux dans le même ordre que les personnes. Échangez alors vos listes avec votre camarade et essayez chacun(e) de deviner à quelle personne chaque cadeau est destiné.

EXEMPLE: É1: La voiture, je crois que c'est le cadeau qu'on donne à Lance Armstrong.
É2: OK, pourquoi?
É1: Parce qu'il n'a que (*he has only*) des vélos.
É2: C'est à quelle occasion?
É1: C'est pour son anniversaire.
É2: C'est exact! Alors, à qui voulez-vous donner du courage... ?

Regardons!

Des soldats écossais jouent de la cornemuse dans le film *Joyeux Noël*.

Avant-première. Répondez aux questions suivantes avec un(e) camarade. Que représente Noël pour vous personnellement? Pensez-vous qu'il est possible de fêter Noël avec des gens qui viennent d'un autre pays? Est-ce qu'il y a des traditions de Noël qui existent dans tous les pays? Donnez des exemples.

Film: *Joyeux Noël*

(Drame; 2005; France; Réalisateur: Christian Carion; 115 min.)

SYNOPSIS: This film, which is based on a true story, is about a spontaneous cease-fire in the trenches during World War I on Christmas Eve, during which French, German, and Scottish soldiers meet in "no man's land" to celebrate Christmas.

SCÈNE: (DVD, Scene 13, "First the Officers," 00:48:40–01:00:15) In this scene, a German soldier marches toward no man's land as he sings a Christmas song in Latin in response to the sound of bagpipes coming from the Scottish trench. He is then joined peacefully by the lieutenants and soldiers from the three countries.

Sur Internet

Pour en savoir plus sur la Première Guerre mondiale en France (la Guerre de 18), consultez le site Web d'*En avant!* (**www.mhhe.com/enavant1**).

On tourne! Complétez chaque phrase avec l'option qui convient.

1. L'officier allemand avance vers le no man's land avec _____.
   a. un sapin de Noël illuminé
   b. du chocolat
   c. des cadeaux de Noël

2. Les trois lieutenants se souhaitent (*wish each other*) «Joyeux Noël» en _____.
   a. anglais
   b. anglais et en français
   c. français, en anglais et en allemand

3. Les soldats échangent _____.
   a. des cadeaux et du chocolat
   b. une bûche de Noël et du champagne
   c. du champagne et du chocolat

4. Les soldats montrent les photos de _____.
   a. leurs enfants
   b. leurs femmes
   c. leurs amis

5. À minuit, ils _____.
   a. font la fête
   b. assistent à la messe de minuit
   c. chantent

On boucle! Discutez des sujets suivants avec (un)e camarade.

1. Quelles sont vos scènes de «fraternisation» préférées dans le film, et pourquoi?

2. À votre avis, est-ce que ces scènes représentent «l'esprit» de Noël? Expliquez.

Chantons!

Chanson: «Le Bal masqué»

(La Compagnie Créole, 1984)

La Compagnie Créole est un groupe antillo-guyanais populaire des années 80 qui est encore bien connu dans le monde francophone. La chanson «Le Bal masqué» décrit la sensation de liberté et le plaisir qu'on ressent quand on danse à un bal masqué avec des gens déguisés en personnages imaginaires. Quand vous écoutez cette chanson, notez les noms des costumes et/ou des personnages mentionnés.

iMix Link: This song is available for purchase at the iTunes store in a special iMix created for *En avant!* For more information about accessing the playlist, go to the *En avant!* Online Learning Center, Coursewide Content (**www.mhhe.com/enavant1**).

Vocabulaire

Questions et expressions

Bon/Joyeux anniversaire!	*Happy birthday!*
Bon appétit!	*Enjoy!*
Bon séjour!	*Have a nice stay!*
Bon voyage!	*(Have a) good trip! (Bon voyage!)*
Bonne année!	*Happy New Year!*
Bonne soirée!	*(Have a) good evening!*
Bonnes fêtes (de fin d'année / de Pâques)!	*Happy holidays!*
Bonnes vacances!	*(Have a) good vacation!*
Bravo!	*Bravo!/Good job!*
Félicitations!	*Congratulations!*
Qu'est-ce que c'est… ? (c'est que)… ?	*What is . . . (when asking for a definition)*
Qu'est-ce qu'on dit à quelqu'un… ?	*What do you say to someone . . . ?*
Tschüss! / Chin-chin! / Santé! / À la tienne!	*Cheers!*
Soyez heureux pour la vie!	*Wishing you lifelong happiness!*

Verbes

croire (à/en)	*to believe (in)*
offrir (un cadeau)	*to offer/give (a gift)*
ouvrir	*to open*
recevoir	*to receive*

Les fêtes / Les jours fériés

Festivals / Holidays

un anniversaire	*a birthday*
le carême	*Lent*
la fête des Mères / des Pères	*Mother's/Father's Day*
la fête des Rois (l'Épiphanie)	*Epiphany*
la (fête de) Saint-Jean-Baptiste	*Quebec Day*
la (fête de) Saint-Sylvestre	*New Year's Eve*
la fête du Travail	*Labor Day*
Hanoukka (*m.*)	*Hanukkah*
le jour de l'An	*New Year's Day*
le jour de la Victoire	*May 8*
le jour du Souvenir	*Veteran's Day, (November 11)*
un jour férié	*a public holiday*
Mardi gras	*Mardi gras (day before Lent)*
Noël	*Christmas*
Pâque (la Pâque juive)	*Passover*
Pâques (*f.*)	*Easter*
le poisson d'avril	*April Fool's Day*
le ramadan	*Ramadan*
le réveillon (de Noël)	*Christmas Eve dinner*
le réveillon du jour de l'An (la Saint-Sylvestre)	*New Year's Eve dinner*

le 14 juillet (la prise de la Bastille)	*Bastille Day*
la Toussaint	*All Saints Day (November 1)*
la veille de Noël	*Christmas Eve*

Pour parler des fêtes

To talk about holidays

une bougie	*a candle*
un bouquet (de fleurs)	*a bouquet (of flowers)*
une bûche de Noël	*a Christmas log (chocolate roll cake)*
un cadeau	*a gift*
une carte de vœux	*a greeting card*
un chèque-cadeau	*a gift certificate*
un cimetière	*a cemetery*
les cloches (*f.*) (de Pâques)	*(Easter) bells (Easter bunny [N. Am.])*
un défilé	*a parade*
un déguisement	*a costume, disguise*
une farce	*a practical joke*
un feu d'artifice	*a fireworks display*
un lapin (en chocolat)	*a (chocolate) rabbit*
la messe (de minuit)	*(Midnight) Mass*
le père (papa) Noël	*Father Christmas (Santa Claus [N. Am.])*
un sapin de Noël	*a Christmas tree*
une tombe	*a grave, tomb*

Adverbes

absolument	*absolutely*
actuellement	*currently*
ailleurs	*elsewhere*
bien	*well, much*
constamment	*constantly*
couramment	*fluently*
distraitement	*distractedly (absent-mindedly)*
énormément	*enormously*
mal(heureusement)	*(un)fortunately*
(mal)honnêtement	*(dis)honestly*
joliment	*nicely, prettily*
là-bas	*over there*
lentement	*slowly*
mal	*badly, poorly*
partout	*everywhere*
ponctuellement	*punctually*
rapidement / vite	*quickly*
récemment	*recently*
soigneusement	*carefully*
tellement	*so much*

CHAPITRE 11

Trouver son chemin

Bilan

In this chapter, you will learn:

- to talk about future plans
- to find out what someone does for a living and how he/she likes his/her job
- career and workplace terms
- personal relationship terms
- to indicate means of communication with the verbs **lire, dire,** and **écrire**
- to make general statements using the impersonal pronoun **il**
- to express future events using the **futur simple**
- about cultural notions of schooling and higher education

Le Penseur (1881) d'Auguste Rodin, dans le jardin de son musée à Paris, avec le dôme des Invalides en arrière-plan (*background*)

Qu'est-ce que tu veux faire après tes études? Talking about future plans

- To find out what someone's future plans are, say:

  —**Qu'est-ce que tu veux / vous voulez faire...** — *What do you want to do . . .*

  après tes/vos études? — *after you graduate?*

  dans la vie / à l'avenir? — *for a living / in the future?*

- Depending on how certain you are of your future plans, you can reply:

  —**Je veux devenir** avocat(e). — *I want to become a lawyer.*

  —**J'aimerais être** écrivain. — *I would like to be a writer.*

  Attention! Remember that you *don't* use an article with the names of professions in these cases!

- If you don't know what you want to be, or you're not sure, you can always say:

  Je ne sais pas. / Je n'en ai aucune idée! / Je n'ai pas encore décidé.

A. À l'écran. Regardez la vidéo et écoutez les gens dire ce qu'ils veulent faire après leurs études ou plus tard dans la vie. Ensuite, répondez aux questions.

DVD

Anna

Éva

Éric-Alexandre

Camille

Anthony et Sullyvan

1. Qui veut devenir musicien professionnel et enseignant? *Sullyvan*
2. Qui veut faire un voyage autour du monde (*around the world*)? *EA*
3. Qui aimerait être journaliste? *Anna*
4. Qui voulait être avocat(e), mais n'est plus certain(e)? *Éva*
5. Qui veut faire des études en Angleterre? *Camille*
6. Qui veut devenir professeur de chant? *Anthony*

B. Et vous, qu'est-ce que vous voulez faire après vos études? Travaillez avec un(e) camarade. Demandez-lui ce qu'il/elle étudie et ce qu'il/elle veut faire après ses études. Ensuite, changez de rôles.

> EXEMPLE: É1: Qu'est-ce que tu étudies?
> É2: Moi, je fais du français, de l'italien et de la linguistique.
> É1: Qu'est-ce que tu veux faire après tes études?
> É2: J'aimerais étudier en France, faire un master et ensuite devenir professeur de français.

Qu'est-ce que vous faites dans la vie?

Ça vous plaît?   Finding out if people like what they do

- You already know the verb **aimer** (*to like*):

  —**Tu aimes tes cours et tes professeurs?**

  —**Aimez-vous votre profession?**

- Another way to to ask if someone likes something is to say:

—**Est-ce que votre profession vous plaît?**	*Do you like your profession?*
—**Oui, elle me plaît.**	*Yes, I like it.*
—**Tes cours et tes professeurs te plaisent?**	*Do you like your courses and instructors?*
—**Oui, ils me plaisent.**	*Yes, I like them.*

À noter: If you have already been talking about something, you can simply refer to it using **ça.**

—**Qu'est-ce que tu fais / vous faites dans la vie?**	*What do you do for a living?*
—**Je suis ingénieur.**	*I'm an engineer.*
—**Ça te/vous plaît?**	*Do you like it/that?*
—**Oui, ça me plaît. / Non, ça ne me plaît pas.**	*Yes, I like it/that. / No, I don't like it/that.*

A. À l'écran.

Première étape. Regardez la vidéo et écoutez les gens qui disent ce qu'ils font dans la vie et si leur profession leur plaît ou pas. La première fois, associez chaque personne au nom de sa profession en choisissant de la liste de droite à la page 307. **Attention!** Il y a une réponse de plus.

Qu'est-ce que vous faites dans la vie? Ça vous plaît?

Nom

Profession

1. Raphaël __o__

2. Fanny __b__

3. Lahcen __e__

4. Olivier __a__

a. enseignant dans un collège (*junior high*)

b. éducatrice spécialisée avec des personnes handicapées mentales

c. médecin anesthésiste

d. professeur à l'université

e. infirmier

Deuxième étape. Regardez encore une fois la vidéo. Indiquez si la profession de chaque personne lui plaît (**Oui**) ou pas (**Non**) et trouvez la raison ou les raisons dans la colonne de droite. À votre avis, qui a le métier le plus intéressant? le plus difficile? Quel métier vous attire le plus? Expliquez.

Nom	Oui	Non	Raisons
1. Raphaël _____	✓		a. C'est un travail idéal, une école de vie.
2. Fanny _____			b. On peut influencer la vie des jeunes.
3. Lahcen _____			c. C'est un métier très excitant, très varié.
4. Olivier _____			d. Il/Elle est content(e) pour le moment.
			e. On sert à quelque chose et on rend service aux gens.
			f. C'est un métier de relations humaines.
			g. C'est très enrichissant.

B. Qu'est-ce qui vous plaît dans la vie? Travaillez en petits groupes. Renseignez-vous sur la vie de vos camarades à l'aide des thèmes possibles de la liste suivante. Utilisez le verbe **plaire** dans vos questions. En vous basant sur leurs réponses, déterminez qui est la personne la plus heureuse du groupe. C'est vous?

tes cours	ta maison / ton appartement	la ville où se trouve l'université
tes études	la nourriture au resto-U	la ville où tu habites
tes loisirs	l'université	autre chose?

EXEMPLE: É1: Tes cours te plaisent?
　　　　 É2: Oui, ils me plaisent beaucoup.
　　　　 É1: Pourquoi?
　　　　 É2: Parce qu'ils sont intéressants et j'ai des bons profs.

Vocabulaire interactif

Les étapes de la vie   *Talking about life's major milestones*

Voici quatre jeunes Français qui habitent à Lille. Selon leurs intérêts, qu'est-ce qu'ils espèrent faire **à l'avenir** (*in the future*)? En vous basant sur ce que vous savez de leur vie actuelle (*current*), devinez de quelle personne on parle dans les paragraphes concernant les études supérieures et les métiers (pages 309–310).

L'enseignement° secondaire

°*Instruction*

Milène a 15 ans. Elle est **en troisième (3ᵉ)**—sa dernière année d'études au **collège**. C'est **une collégienne** qui est douée pour les maths; elle aime aussi **suivre** des cours de sciences.

Ibrahim a 16 ans. Il commence ses études au **lycée**. Il est **en seconde (2ᵈᵉ)**. C'est **un lycéen** doué pour les sports. Comme sa mère est médecin, il s'intéresse à la médecine du sport.

Jean-Paul a 17 ans. Il continue ses études dans **un lycée privé**. Il est **en première (1ᵉʳᵉ)**. Il s'intéresse surtout au monde des affaires (*business*) et des finances.

Élisabeth a 18 ans. Elle finit ses études secondaires. Elle est **en terminale (en term)**. Elle parle couramment l'anglais et elle a toujours aimé les cours d'histoire et de littérature.

Chez les Français

Le lycée et «le bac»

Les élèves français âgés de 15 à 18 ans peuvent aller dans deux sortes de lycées: un lycée d'enseignement général et technologique ou un lycée professionnel qui prépare l'élève à travailler dans certains secteurs professionnels, comme, par exemple, la vente (*sales*), l'industrie textile, l'automobile ou la mode.

À la fin de l'année de terminale, les lycéens doivent passer le baccalauréat («le bac»), un examen national écrit et oral. Contrairement aux États-Unis où la moyenne générale (GPA) et les résultats à l'examen SAT et/ou ACT jouent un rôle essentiel dans le processus d'admission en fac, en France, on a seulement besoin de réussir un examen à la fin de la terminale pour aller à l'université: le baccalauréat (le bac). Cet examen est donc extrêmement important. Il comporte des épreuves (*tests*) orales et écrites qui sont corrigées par des professeurs qui ne connaissent pas les élèves. C'est un examen qui demande des mois de préparation et qui est le sujet, chaque année, de nombreux reportages et discussions à la radio, à la télé, dans les journaux et sur Internet.

Les résultats du bac sont affichés (*posted*)!

Sur Internet Pour en savoir plus sur le bac, consultez le site Web d'*En avant!* (**www.mhhe.com/enavant1**).

L'enseignement supérieur

Après son **bac,** il espère commencer ses **études** à la **fac** et entrer dans **la filière** (*program of study*) de son choix. Après les 3 ans du **premier cycle,** il veut **obtenir son diplôme—une licence** sciences et techniques des activités physiques et sportives (licence STAPS) de l'Université de Lille II. Qui est-ce? _Ibrahim_ 1

BA

Après son bac et sa licence, elle veut **poursuivre** (*to pursue*) ses études et faire **un deuxième cycle** (**un master**) et **un troisième cycle** (**un doctorat**) en anglais à l'Université de Lille III. Qui est-ce? _Elizabeth_ 2

POLYTECH' LILLE

Après son bac, elle doit suivre des **cours préparatoires** pendant 2 ans avant d'**intégrer** (*matriculate, be admitted to*) Polytech' Lille (l'École Polytechnique de Lille), **une grande école** prestigieuse. Qui est-ce? _Milène_ 3

Après son bac, il doit réussir **un concours d'entrée** (*entrance exam*) avant d'intégrer **une école professionnelle** comme l'Institut d'Économie Scientifique et de Gestion (*Management*) à Lille. Qui est-ce? _Jean-Paul_ 4

Chez les Français

Les diplômes universitaires

Des réformes sont en cours (*in progress*) depuis 2002 pour harmoniser les cursus d'enseignement supérieur avec les programmes européens. Ainsi, le cursus universitaire en France propose trois diplômes: la licence (3 ans d'études après le bac), le master (licence + 2 ans) et le doctorat (master + 4 ans). Pendant la première année de licence, les étudiants de la même filière suivent un programme commun. Il n'est pas possible, par exemple, de suivre un cours de littérature et un cours de biologie, parce que sciences et littérature ne font pas partie de la même filière. En deuxième et troisième années, ils peuvent se spécialiser. Dans une université multi-site comme l'Université de Paris, l'endroit où on suit des cours dépend de la filière qu'on a choisie: l'Université Pierre et Marie Curie (l'Université de Paris VI), par exemple, se spécialise en médecine et compte environ 30.000 étudiants.

En plus des universités publiques, il existe aussi des grandes écoles— l'équivalent des universités *Ivy League* aux États-Unis—à recrutement extrêmement sélectif. (Seulement 190 étudiants intègrent l'École nationale d'administration [ENA] chaque année, par exemple.) Avant de pouvoir intégrer ces écoles, il faut non seulement suivre 2 ou 3 ans de cours préparatoires après le bac, mais aussi réussir un concours d'entrée oral et écrit.

L'entrée de l'École normale supérieure à Paris, une des grandes écoles

a. Elle veut devenir ingénieur. Elle cherche **un poste** dans **une** grande **entreprise** comme Airbus. Qui est-ce?

_____ 5

b. Il aimerait être directeur des finances d'**une société commerciale**—peut-être son **président-directeur général (P.D.G.)** un jour. Qui est-ce?

_____ 6

c. Il espère trouver **un emploi** dans **un cabinet médical** ou **un laboratoire.** Qui est-ce?

_____ 7

d. Elle veut travailler dans **un institut** ou être prof à la fac. Qui est-ce?

_____ 8

La vie sentimentale

Imaginez maintenant la vie privée de Milène, d'Ibrahim, de Jean-Paul et d'Élisabeth. Complétez les paragraphes avec les verbes de la liste au présent. En vous basant sur les illustrations, indiquez quelle version de chaque histoire est correcte.

◐ Answers to this activity are in Appendice 2 at the back of the book.

Histoire 1: Milène et Pierre, un autre ingénieur chez Airbus, _____ 1 (se rencontrer) au travail. Ils _____ 2 (tomber amoureux) l'un de l'autre.

Histoire 2: Milène vit seule. Elle travaille beaucoup, mais elle aimerait bien avoir **un petit ami (un copain).**

Histoire 1: Ibrahim **sort avec** Sandrine, mais il ne n'a pas envie d'une **relation** sérieuse.

Histoire 2: Ibrahim a **une petite amie (une copine),** Aïcha, avec qui il sort depuis deux ans. Ils _____ 3 (se fiancer) au printemps et _____ 4 (se marier) en août. Après la cérémonie, ils font leur **voyage de noces** en Corse.

Histoire 1: Jean-Paul est toujours célibataire. Le coup de foudre? L'amour véritable? Il n'y croit pas.

Histoire 2: Jean-Paul et Grégoire sont pacsés. Ils _____ 5 (s'entendre) très bien l'un avec l'autre. Ils _____ 6 (se disputer) rarement.

Histoire 1: Élisabeth **est attirée par** (*has a crush on*) son voisin, Martin. Ils _____ 7 (se voir) souvent dans le quartier et _____ 8 (s'envoyer) des méls amusants.

Histoire 2: Élisabeth et son mari Sébastien ne sont plus heureux ensemble. Il est probable qu'ils _____, 9 (se séparer) ou même qu'ils _____. 10 (divorcer)

Qui peut se marier (légalement)?

L'attitude vis-à-vis des couples de même sexe varie dans les pays de la Francophonie. Au Canada, le mariage homosexuel est légal depuis 2005 (depuis 2004 dans la province de Québec). Il en est de même en Belgique depuis 2004, deuxième pays européen après les Pays-Bas à accorder (*grant*) les mêmes droits (*rights*) et les mêmes obligations à tous les couples, homosexuels comme hétérosexuels. En France, et donc aux Antilles françaises (*French Caribbean*), le mariage homosexuel n'est toujours pas accepté par la loi (*law*), mais les couples de même sexe peuvent «se pacser» (ou contracter un PACS—un Pacte Civil de Solidarité.

A. Identifications. À tour de rôle avec un(e) camarade, indiquez si chacun des termes de la liste désigne une personne, un diplôme, un établissement (scolaire) ou un lieu de travail.

1. le bac(calauréat)	6. une école polytechnique	11. un lycée
2. un cabinet médical	7. une entreprise	12. un(e) lycéen(ne)
3. un collège	8. la fac(ulté)	13. un master
4. un(e) collégien(ne)	9. une grande école	14. un P.D.G.
5. un doctorat	10. une licence	15. une société commerciale

B. Les études. En travaillant avec un(e) camarade, examinez les étapes scolaires suivantes. Indiquez à qui, dans votre famille élargie ou parmi vos amis, les situations suivantes peuvent s'appliquer.

EXEMPLE: être au collège
—Actuellement, ma petite sœur Jessica est au collège, en 4ᵉ (*eighth grade*).

1. être au collège
2. étudier dans un lycée privé
3. être en terminale
4. poursuivre ses études supérieures
5. suivre un cours préparatoire (pour le *GRE*, *LSAT*, etc.)
6. se spécialiser en...
7. chercher du travail / un emploi
8. avoir déjà son diplôme (sa licence, son master)

je poursuis ses études supéieurs

C. Votre université. Faites du brainstorming avec le reste de la classe. Votre but: trouver quatre ou cinq caractéristiques spécifiques à votre université. Servez-vous des idées de la liste. Ensuite, en groupes de quatre, choisissez la caractéristique qui vous plaît le plus et celle qui vous plaît le moins. Présentez vos idées à la classe. Est-ce que votre prof est du même avis que vous?

l'apparence du campus
le choix de filières
les clubs / les sports
les frais de scolarité (*tuition*)
les horaires de cours

le nombre d'étudiants
les rapports profs–étudiants
les résidences universitaires
les séjours académiques (*study abroad*)

En français

Although **prendre un cours** can be used as the French equivalent of *to take a class*, **suivre** (*to follow*) **un cours** is also used. The verb **suivre** is irregular, with one stem for the singular forms, **sui-** (**je suis, tu suis, il/elle/on suit**), and another for the plural forms, **suiv-** (**nous suivons, vous suivez, ils/elles suivent**). The past participle of **suivre** is also irregular: **suivi** (**j'ai suivi, tu as suivi,** etc.).

D. Au travail.

Première étape. Indiquez dans quel lieu de la colonne B travaille chacune des personnes de la colonne A.

A	B
1. un prof	a. une entreprise
2. un P.D.G.	b. un petit commerce (*small business*)
3. un coiffeur (une coiffeuse)	c. un cabinet dentaire
4. un dentiste	d. un collège (un lycée, une université)
5. un avocat (une avocate)	e. un salon de beauté
6. un commerçant	f. une usine (*factory*)
7. un ouvrier (une ouvrière)	g. un laboratoire
8. un(e) biologiste	h. un cabinet d'avocats
9. un infirmier (une infirmière)	i. un hôpital / un cabinet médical

Deuxième étape. Travaillez avec deux autres camarades. Considérez les professions mentionnées dans la **Première étape** et les critères suivants. Mettez-vous alors d'accord sur la profession qui vous semble la meilleure en faisant une liste des caractéristiques qui vous plaisent.

1. **la formation:** Est-ce qu'on doit être diplômé? (licence, master, doctorat?)
2. **le lieu de travail:** Est-ce qu'on travaille dans un environnement tranquille ou stressant?
3. **le salaire:** Est-ce qu'on gagne (*earn*) juste assez pour vivre ou vraiment beaucoup d'argent?
4. **le temps de travail:** Est-ce qu'on a un horaire fixe ou flexible?
5. **les collègues:** Est-ce qu'il y a une atmosphère de collaboration ou de rivalité?

E. Une histoire d'amour «conventionnelle».

Première étape. Aidez votre professeur à écrire, au tableau, une petite histoire d'amour «conventionnelle». Ajoutez des détails en répondant aux questions entre parenthèses. Êtes-vous tous d'accord sur les détails? Si vous ne l'êtes pas, c'est votre professeur qui a le dernier mot!

EXEMPLE: se rencontrer (où?)
—D'abord, ils se rencontrent au lycée et puis...

1. se rencontrer (où?)
2. sortir ensemble (que font-ils?)
3. s'embrasser (*to kiss*) pour la première fois (quand?)
4. s'offrir de petits cadeaux (quelles sortes de cadeaux?)
5. tomber amoureux (les deux en même temps?)
6. se fiancer (qui fait la demande en mariage et où?)
7. se marier (après combien de mois/d'années?)
8. avoir des enfants (combien?)

En français

Recall from **Chapitre 8** that in the **passé composé**, past participles agree with the pronoun of pronominal verbs when it represents the direct object of the verb. This is also the case when pronominal verbs have a reciprocal meaning:

> Ils **se** sont **embrassés (disputés, fiancés, mariés, rencontrés, vus).**
> *They kissed (argued with, got engaged to, married, met, saw) each other.*

Recall as well from **Chapitre 8** that agreement is *not* made when the pronoun of pronominal verbs represents the *indirect* object of the verb; for example, **elle s'est lavé les mains.** The same is true for pronominal verbs used with a reciprocal meaning.

> Ils **se** sont **parlé au téléphone (envoyé des textos, offert des chocolats, acheté des fleurs).**
> *They spoke to each other on the phone (sent each other text messages, gave each other chocolates, bought each other flowers).*

Deuxième étape. Mettez l'histoire de la **Première étape** au passé composé. **Attention!** Faites l'accord du participe passé quand c'est nécessaire.

F. Une question de priorités.

Première étape. Qu'est-ce qui est important, pour vous, dans les années à venir? Quelles sont vos priorités pour l'avenir? Cochez trois objectifs qui vous semblent particulièrement importants.

☐ finir mes études ici	☐ avoir un copain / une copine
☐ obtenir un master/doctorat	☐ pouvoir acheter une maison
☐ trouver un poste/emploi	☐ me marier
☐ habiter près de ma famille	☐ gagner beaucoup d'argent
☐ régler (*pay off*) mes dettes	☐ devenir plus indépendant(e)

Deuxième étape. Avec un(e) camarade, justifiez chacun(e) vos choix. Si vous avez certains des mêmes objectifs, est-ce pour la même raison?

EXEMPLE: É1: Moi, je veux finir mes études ici cette année. C'est mon objectif principal parce que j'espère trouver un travail l'année prochaine.

Prononcez bien!
To learn about unstable **e** (otherwise known as "schwa" [ə]) in words such as **chemin**, and to practice the pronunciation of words from this **Vocabulaire interactif** section, see the **Prononcez bien!** section of the *Workbook / Laboratory Manual.*

11.1 Vous lisez un journal en ligne?

The verbs **lire**, **dire**, and **écrire**

Avec quelle profession associez-vous chacune des activités suivantes? Écrivez la bonne réponse.

> un chef d'entreprise   une femme médecin
> un commerçant   les hommes politiques
> les étudiants   les informaticiens

1. a. Il **lit** un journal financier comme le *Wall Street Journal* chaque jour. _un chef d'entreprise_

   b. Ils **lisent** des magazines comme *Wired* et *Macworld*. _les informaticiens_

2. a. Il **dit** bonjour à des clients qui entrent dans son magasin. _un commerçant_

   b. On pense qu'ils ne **disent** pas toujours la vérité. _les hommes politiques_

3. a. Elle **écrit** une ordonnance (*prescription*). _une femme médecin_

   b. Ils **écrivent** des dissertations (*term papers*). _les étudiants_

Analysons! Regardez de nouveau les deux formes des verbes **lire** (*to read*), **dire** (*to say*) et **écrire** (*to write*) dans les phrases précédentes. Est-ce que ces verbes ont une racine ou deux racines? _____

○ Answers are in Appendice 2 at the back of the book.

1 Three frequently used verbs of communication in French are **lire** (*to read*), **dire** (*to say; to tell*), and **écrire** (*to write*). These verbs appear in sentences with a direct object, an indirect object, or both.

| objet direct | objet indirect |
Je **lis** <u>des contes de fées</u> <u>à mon enfant</u>.   *I read fairy tales to my child.*

| objet direct | objet indirect |
Il **écrit** <u>des billets doux</u> <u>à sa copine</u>.   *He writes love letters to his girlfriend.*

| objet direct | objet indirect |
Ils **disent** toujours <u>bonjour</u> <u>à leur prof</u>.   *They always say hello to their instructor.*

2 **Lire, dire,** and **écrire** are irregular but have a similar conjugation pattern: The singular forms are based on one verb stem and the plural forms are based on another. The verb **lire** serves as an example:

lire (to read)	
RACINES: **li-, lis-**	
je **lis**	nous **lisons**
tu **lis**	vous **lisez**
il/elle/on **lit**	ils/elles **lisent**

Using the forms already provided as a model, fill in the chart with the missing forms of the verbs **dire** and **écrire**. Then, identify the one verb form in the table that does *not* follow the expected pattern.

dire (*to say; to tell*)	écrire (*to write*)
RACINES: di-, dis-	RACINES: écri-, écriv-
je *dis*	j'**écris**
tu **dis**	tu *écris*
il/elle *dit*	il/elle *écrit*
nous **disons**	nous **écrivons**
vous **dites**	vous *écrivez*
ils/elles *disent*	ils/elles **écrivent**

Study Tip The present-tense **vous** form of nearly every verb in French ends in **-ez**. There are only three exceptions: **vous êtes, vous faites,** and **vous dites.**

○ Answers to this activity are in Appendice 2 at the back of the book.

3 In the **passé composé**, all three verbs use **avoir** as their helping (auxiliary) verb. The past participle of **lire** is **lu** whereas the past participles of **dire** and **écrire** are **dit** and **écrit**, respectively.

Mise en pratique.
Pour chaque phrase, écrivez la forme appropriée du verbe au **passé composé** dans la colonne A, puis mettez le même verbe à **l'imparfait** dans la colonne B.

A	B
lire	
1. J'*ai lu* le roman *Madame Bovary*.	1. Je *lisais* ce roman avant de m'endormir.
2. Oui, nous *avons lu* ces poèmes.	2. Au lycée, nous *lisions* beaucoup de poèmes.
dire	
3. Il *a dit* au revoir à sa mère.	5. Il ne *disait* rien aux autres pendant la fête.
4. Ils *ont dit* que Paul est malade.	6. Ils *disaient* que tout allait bien.
écrire	
5. Tu *as écrit* ta dissertation?	5. Tu *écrivais* toujours à minuit?
6. Vous *avez écrit* une lettre très polie!	6. Vous *écriviez* des lettres au père Noël quand vous étiez petit(e)?

○ Answers to this activity are in Appendice 2 at the back of the book.

A. Écoutez bien! Lise a fini ses études et elle cherche maintenant un emploi. Écoutez ce qu'elle fait pour trouver un emploi et indiquez si on *doit* (normalement) le faire ou si on *peut* le faire si on veut.

	On doit le faire.	On peut le faire.		On doit le faire.	On peut le faire.
1.	☑	☐	4.	☐	☐
2.	☐	☐	5.	☐	☐
3.	☑	☐	6.	☐	☑

peut-être = maybe

En français

You saw in **Chapitre 10** that the pronouns **lui** and **leur** replace the indirect object of a verb, the equivalent of *to him / to her* and *to them* in English. The remaining indirect object pronouns are **me (m')** (*to me*), **te (t')** (*to you*), **nous** (*to us*), and **vous** (*to you*, formal or plural). You've already seen their use in the **Communication en direct** section of this chapter:

—Ça **te** plaît? / Ça **vous** plaît?   *Is that pleasing to you? (Do you like that?)*

—Oui, ça **me** plaît / ça **nous** plaît beaucoup!

Indirect object pronouns are also frequently used with verbs of communication such as **lire, dire,** and **écrire** because one is communicating something *to* someone else.

Le prof **nous** lit des poèmes.	*The professor reads poems to us.*
Il **me** dit toujours bonjour.	*He always says hello to me.*
Il **vous** écrit des méls?	*Does he write e-mails to you?*

B. Un peu de politesse, s'il te plaît (s'il vous plaît)!

Première étape. Utilisez la forme correcte du verbe **dire** dans la première partie de la phrase, puis le pronom d'objet indirect approprié dans la deuxième partie de la phrase. Ensuite, avec un(e) camarade, vérifiez vos réponses.

EXEMPLE: Si un Français dit «Joyeux Noël!», vous lui répondez...

1. Si je _____ «merci!» à une personne, elle _____ répond...

2. Si tu _____ «bonjour!» au prof, il/elle _____ répond...

3. Si une Française _____ «Je m'appelle Madame Legrand» en se présentant, vous _____ répondez...

4. Si nous _____ «Quel jour sommes-nous?», on _____ répond...

5. Si vous _____ «ciao!» à des amis, ils _____ répondent...

6. Quand des amis _____ «Sortons ce soir!», je _____ réponds...

Deuxième étape. À tour de rôle, lisez les phrases de la **Première étape** à haute voix et cherchez une réponse appropriée.

EXEMPLE: É1: Si un Français dit «Joyeux Noël!», vous lui répondez...
            É2: Merci. Joyeux Noël à vous aussi.

Here are some literary works and types of documentation that people typically read and/or write; they will be useful to you in completing Activities C and D.

Les œuvres (*f.*) **littéraires**

une nouvelle (*short story*)

un roman (*novel*)

une pièce (**de théâtre**)

un poème

un recueil (*collection*) **de poèmes**

La documentation

une analyse / un bilan (**statistique**)

un article (**de journal, de revue**)

une (**auto**)**biographie**

un compte rendu (*book/film review*)

une dissertation (*term paper, essay*)

une thèse (*thesis, dissertation* [*US*])

C. Qu'est-ce que vous lisez dans vos cours?

Première étape. Parlez à un(e) camarade des cours que vous suivez ce trimestre/semestre et de ce que vous lisez pour ces cours.

EXEMPLE: —J'ai un cours de littérature comparée. En ce moment, nous lisons un roman de Balzac.

Deuxième étape. Parlez des choses que vous écrivez en ce moment dans vos cours. Quel cours est le plus exigeant (*demanding*) en ce qui concerne la lecture et l'écriture?

D. Œuvres et citations (quotes) célèbres.

Première étape. Travaillez avec un(e) camarade. À tour de rôle, indiquez (ou devinez) qui a écrit les œuvres de la colonne A et de qui sont les citations célèbres de la colonne B. Cherchez leur nom dans la liste.

de Gaulle	Flaubert	Louis XV	Marie-Antoinette
Baudelaire	Hugo	Voltaire	
Descartes	Molière	Sartre	

EXEMPLE: *Les Fleurs du mal*
—Je crois (je sais, je pense, je suis sûr[e]) que Baudelaire a écrit ce recueil de poèmes.

A

1. *Les Fleurs du mal* (recueil de poèmes)
2. *Candide* (nouvelle)
3. *Madame Bovary* (roman)
4. *Le Malade imaginaire* (pièce de théâtre)
5. *Les Misérables* (roman)

B

1. «Cogito, ergo sum.» (Je pense, donc je suis.)
2. «Vive le Québec libre!»
3. «Après moi, le déluge.»
4. «L'enfer (*hell*), c'est les autres.»
5. «Qu'ils mangent de la brioche!»

Le drapeau du Québec

11.2 Il faut avoir un diplôme Impersonal use of **il**

Comment être heureux dans la vie? Indiquez si vous êtes d'accord avec les conseils suivants.

Pour être heureux dans la vie...	je suis d'accord	je ne suis pas d'accord
1. **Il est nécessaire de** se marier.	☐	☒
2. **Il faut** avoir des enfants. *pour vous?*	☐	☒
3. **Il est important de** bien s'entendre avec sa famille.	☒	☐
4. **Il est essentiel de** maintenir des amitiés (*friendships*).	☐	☒
5. **Il vaut mieux** avoir un emploi bien rémunéré.	☐	☐

Analysons! 1. Est-ce que le pronom **il** dans les locutions (*expressions*) en caractères gras fait référence à une personne? _____. 2. Quelle forme verbale suit les expressions **il faut** et **il vaut mieux** (*it is better*)? _____

○ Answers to this activity are in Appendice 2 at the back of the book.

1 Although the pronoun **il** usually refers to a male (equivalent to English *he*), it is also used impersonally (equivalent to English *it* or *there*) in some common expressions. You've already seen the use of impersonal **il** in **il y a** and in weather expressions such as **il fait beau.** Other common expressions include **il faut,** from the verb **falloir** (*to be necessary*) and **il vaut mieux,** from the verb **valoir** (*to be worth*), followed directly by an infinitive.

Il faut	} **chercher** un emploi.	*It's necessary to (One must) look for a job.*
Il vaut mieux		*It's better to look for a job.*

2 Impersonal **il** can also be used with the verb **être** and a masculine singular adjective. In these expressions, the preposition **de (d')** precedes the infinitive.

Il est essentiel		*It's essential to . . .*	
Il est nécessaire	**de poursuivre** ses études.	*It's necessary to . . .*	} *pursue one's studies.*
Il est important		*It's important to . . .*	
Il est préférable		*It's preferable to . . .*	

3 Other impersonal expressions can be formed by placing **C'est** before an indefinite article and a noun. As with **Il est essentiel... ,** the preposition **de (d')** precedes the infinitive.

C'est une bonne idée	} **de** visiter le campus.	*It's a good idea to visit the campus.*
C'était un vrai plaisir		*It was a real pleasure to visit the campus.*

Mise en pratique. Utilisez une locution impersonnelle pour décrire comment on réussit en cours de français.

falloir: _Il faut_ apprendre les leçons dans le manuel scolaire.

valoir mieux: _Il vaut mieux_ préparer ses examens bien à l'avance.

être essentiel: _Il est essentiel de_ faire ses devoirs tous les jours.

être une bonne idée: _C'est une bonne idée d'_ essayer de parler en classe.

○ Answers to this activity are in Appendice 2 at the back of the book.

A. Écoutez bien! Vous allez entendre quelques conseils pour faire la cour à (*to court*) une jeune femme. Est-ce toujours une bonne idée de faire ces choses? Cochez votre réponse.

	C'est toujours une bonne idée.	Ce n'est jamais une bonne idée.	Ça dépend!
1.	☒	☐	☐
2.	☒	☐	☐
3.	☐	☐	☒
4.	☐	☒	☐
5.	☐	☒	☐
6.	☐	☒	☐
7.	☐	☒	☐
8.	☐	☒	☐

En français

You learned earlier that the indirect object pronouns **me (m')**, **te (t')**, **lui**, **nous**, **vous**, **leur** are normally placed directly before the conjugated verb. When using verbs such as **préférer** + infinitive, or expressions such as **il vaut mieux** and **c'est une bonne idée de** + infinitive, they appear directly before the infinitive instead—that is, the verb of which they are the indirect object.

Je préfère **lui téléphoner** le soir.	*I prefer to call him/her at night.*
Il vaut mieux **leur parler** de ce problème.	*It's better to talk them about this problem.*
C'est une bonne idée de **t'envoyer** un mél?	*Is it a good idea to send you an e-mail?*

B. Un(e) ami(e) très sympa. Comment être un bon ami / une bonne amie? Quels gestes (*gestures*) sont les plus importants? Avec un(e) camarade, utilisez deux expressions impersonnelles différentes que vous connaissez et deux gestes différents de la liste. Présentez vos idées à la classe. Quel geste est le plus important selon la classe?

l'aider avec ses devoirs
l'aider à déménager
l'écouter parler de ses problèmes
lui demander des conseils
lui offrir un cadeau d'anniversaire

lui parler de ses rêves
lui payer un repas
lui prêter de l'argent
lui rendre visite

C. Pour réussir.

Première étape. Quelles qualités faut-il avoir et quel genre d'effort faut-il faire pour atteindre (*attain*) les objectifs suivants? Avec un(e) camarade, faites une liste de suggestions.

EXEMPLE: pour réussir ses études à l'université
—Il faut être diligent et travailler beaucoup.

[handwritten: Il faut dormir tôt.]
[handwritten: Il faut avoir beaucoup d'expérience]
[handwritten: Il faut étudier beaucoup]
[handwritten: Il faut être sympathique]
[handwritten: Il faut aller au boîte]

1. pour réussir ses études à l'université
2. pour rester en bonne forme
3. pour trouver un bon emploi
4. pour intégrer une bonne école
5. pour bien s'entendre avec ses collègues
6. pour trouver un petit ami (une petite amie)

Deuxième étape. Comparez maintenant vos réponses à celles d'un autre groupe. Choisissez la meilleure suggestion et présentez-la à la classe.

EXEMPLE: —Pour rester en bonne forme, nous pensons qu'il faut faire du sport et manger sainement.

11.3 Ses projets d'avenir (1)   Use of the **futur simple**

Voici les projets d'avenir d'Anna. Mettez-les dans l'ordre chronologique.

___4___ a. Elle **cherchera** un emploi à une station de télévision.

___3___ b. Elle **finira** sa licence professionnelle de journalisme.

___2___ c. Elle **attendra** les résultats du bac avec impatience.

___1___ d. Elle **préparera** les dernières épreuves du bac.

___5___ e. Elle **travaillera** comme journaliste.

Anna

Analysons! Les verbes en caractères gras sont au **futur simple**. Étudiez la la forme du verbe conjugué avec **il/elle/on**. 1. Quelle forme du verbe sert de (*serves as*) racine? _____ 2. Pour quel groupe de verbes réguliers est-ce qu'on modifie la forme de la racine au **futur simple**—les verbes en -er, -ir ou -re? _____; par exemple, elle _____.

> Answers to this activity are in Appendice 2 at the back of the book.

1 In **Chapitre 4**, you learned to talk about future events by using **aller** followed by an infinitive—a construction known as the **futur proche** (*near future*). For future events that are considered farther off in the future, or that one considers likely but not certain to occur, the **futur simple** (*simple future*) is used. This future tense is called "simple" because only one verb is involved, rather than two verbs (**aller** + infinitive).

Je **vais chercher** un emploi.   *I'm going to look for a job.*

but: Je **chercherai** un emploi.   *I will look for a job.*

2 The **futur simple** can also be considered "simple" (for students) in the sense that the infinitive form of a verb serves as the stem and the endings are already familiar to you: they are derived from the present tense forms of the verb **avoir**. The verb **chercher** serves as an example:

chercher (*to look for*)	
je chercher**ai**	nous chercher**ons**
tu chercher**as**	vous chercher**ez**
il/elle/on chercher**a**	ils/elles chercher**ont**

○ To learn about the future stems of verbs with spelling changes, such as **acheter** and **préférer**, see Par la suite at the back of the book.

3 All verbs that end in **-re**, whether they are part of the regular **-re** verb group (such as **vendre**) or irregular (such as **lire**), drop the final **-e** of the infinitive before adding endings: **il vendra, il lira**.

Mise en pratique. Complétez chaque phrase en mettant le verbe entre parenthèses au **futur simple**, puis cochez les phrases qui vous semblent plausibles.

À l'avenir…	Plausible?
1. Les étudiants _se réuniront_ (**se réunir**) moins en classe et plus sur Internet.	☒
2. On ne _lira pas_ (**lire**) plus beaucoup de romans; on regardera plus de films.	☐
3. On _prendra_ (**prendre**) des pilules (*pills*) à la place des repas.	☐
4. Les Européens _décideront_ (**décider**) de parler tous la même langue: l'anglais.	☐
5. Les familles _partiront_ (**partir**) en vacances dans l'espace.	☒

A. Écoutez bien!

Première étape. Votre professeur va parler des projets de certains étudiants. Décidez si chaque phrase fait allusion à quelque chose qui va se passer bientôt (**au futur proche**) ou qui se passera plus tard (**au futur simple**).

○ Answers to this activity are in Appendice 2 at the back of the book.

	va se passer bientôt	se passera plus tard
1. poursuivre un master	☐	☒
2. changer de filière	☒	☐
3. faire un voyage	☒	☐
4. se marier	☐	☒
5. retourner chez ses parents	☐	☒
6. chercher un emploi	☐	☒

Deuxième étape. Avec un(e) camarade, nommez un événement dans la liste de la **Première étape** qui va bientôt se passer dans votre vie et un autre qui se passera (en toute probabilité) plus tard.

B. Vos projets d'été. En travaillant avec un(e) camarade, utilisez les verbes suivants pour décrire vos projets pour l'été. Qui passera un été très agréable—vous? votre camarade? vous deux?

aider un ami à	écrire	lire	travailler
déménager	étudier	rendre visite à	voyager

C. Vos objectifs.

Première étape. Travaillez maintenant avec un(e) camarade de classe différent(e). Utilisez les expressions suivantes pour préciser quand vous comptez (*plan*) chacun(e) atteindre ces objectifs.

à l'âge de _____ ans	l'année prochaine
beaucoup plus tard	le plus tôt possible (tard)
dans _____ ans	ne... jamais

EXEMPLE: finir ses études → Je finirai mes études dans deux ans.

1. finir ses études
2. visiter la France
3. trouver un emploi
4. se marier
5. acheter une maison
6. commencer une famille
7. prendre sa retraite (*retire*)
8. quitter (*leave*) ce monde

Deuxième étape. Présentez à la classe une similarité et une différence entre vous deux.

EXEMPLE: —Nous finirons tous/toutes les deux nos études dans deux ans, mais moi, je me marierai l'année prochaine et Mike se mariera le plus tard possible!

D. Vos projets d'avenir.

Première étape. Créez deux phrases au **futur simple** en employant deux verbes de la liste. Une phrase représentera «la vérité» (quelque chose que vous comptez vraiment faire plus tard); l'autre phrase représentera «un mensonge» (quelque chose qu'en réalité, vous ne comptez pas du tout faire). Vous utiliserez ces phrases dans la **Deuxième étape.**

acheter	jouer	parler	prendre
écrire	se marier avec	passer un an	travailler
étudier	ouvrir	poursuivre	vivre/habiter

Deuxième étape. Parlez de vos projets d'avenir à trois camarades l'un(e) après l'autre. Combien d'entre eux/elles sont capables de déterminer quand vous dites la vérité et quand vous mentez?

EXEMPLE: É1: Plus tard, je passerai un an en France et j'écrirai un roman.
É2: Tu passeras un an en France, mais tu n'écriras pas de roman.
É1: Oui, c'est exact! / En fait, c'est le contraire!

11.4 Ses projets d'avenir (2) — Irregular stems in the **futur simple**

Complétez chaque phrase pour décrire votre vie dans 20 ans.

1. Ma profession? Je **serai** _____ (par ex., médecin).

2. Mes vacances? J'**irai** souvent en/au _____ (par ex., Québec).

3. Ma résidence? J'**aurai** _____ (par ex., un appartement).

4. Mes loisirs? Je **ferai** souvent _____ (par ex., du ski).

Analysons! Quelle forme est un exemple du verbe **aller** au futur simple? _____ du verbe **avoir**? _____ du verbe **être**? _____ du verbe **faire**? _____

○ Answers to this activity are in Appendice 2 at the back of the book.

1 The four most commonly used verbs in French (**aller, avoir, être, faire**) all have an irregular stem in the **futur simple** that differs significantly from the infinitive; however, the endings for the **futur simple** that you learned about in **Grammaire interactive 11.3** remain the same.

INFINITIF	aller	avoir	être	faire
RACINE	**ir-**	**aur-**	**ser-**	**fer-**

The verb **aller** serves as an example.

aller *(to go)*	
j'irai	nous ir**ons**
tu iras	vous ir**ez**
il/elle/on ira	ils/elles ir**ont**

Mise en pratique. Complétez chacune des phrases suivantes avec un de ces quatre verbes, au futur simple.

1. Pierre aime beaucoup le ski. En janvier, il ___*ira*___ dans les Alpes.

2. Richard aime les enfants. Un jour, il ___*aura*___ une grande famille.

3. Nous voulons être plus indépendants. Bientôt, nous ne ___*serons*___ plus chez nos parents.

4. Laure veut améliorer (*to improve*) son anglais. Dans quelques années, elle ___*fera*___ un voyage en Angleterre.

○ Answers to this activity are in Appendice 2 at the back of the book.

○ To learn about the **futur antérieur**, see Par la suite at the back of the book.

2 Other verbs have an irregular stem in the **futur simple** that is easier to recognize because it more closely resembles the infinitive.

Given these resemblances, you should be able to fill in the chart below with the appropriate **futur simple** forms from the list.

devra	mourra	saura	verra
enverra	pourra	tiendra	viendra
faudra	recevra	vaudra	voudra

1. voir → il _____ *verra*

2. envoyer → il _____ *enverra*

3. venir (devenir, revenir) → il _____ *viendra*

4. tenir (obtenir) → il _____ *tiendra*

5. devoir → il _____ *devra*

6. recevoir → il _____ *recevra*

7. pouvoir → il _____ *pourra*

8. mourir → il _____ *mourra*

9. savoir → il _____ *saura*

10. vouloir → il _____ *voudra*

11. falloir → il _____ *faudra*

12. valoir → il _____ *vaudra*

A. Écoutez bien! Votre professeur va parler d'Amy, une étudiante qui part faire ses études à Lille l'année prochaine. Quand vous entendez un verbe, écrivez le numéro de la phrase à côté de l'infinitif correspondant. **Attention!** Les verbes que vous entendrez seront tous au futur simple!

_1_ arriver	_5_ envoyer	_7_ passer
_9_ avoir	_8_ être logée	_4_ pouvoir
_6_ devoir	_2_ falloir	_3_ vouloir

B. Son diplôme. Si Amy, l'étudiante de l'activité A, obtient les diplômes indiqués dans la colonne de gauche, quelle activité de la colonne de droite fera-t-elle? **Attention!** Il faut mettre l'infinitif au **futur simple.**

EXEMPLE: un master en psychologie
—Si Amy obtient un master en psychologie, elle aidera les enfants troublés.

Si Amy obtient...

1. une licence en communication
2. une licence en chimie
3. un master en psychologie
4. un doctorat en droit
5. un doctorat en médecine
6. un doctorat en philosophie

Elle...

a. être professeur, écrire des livres
b. aider des enfants troublés
c. travailler dans un cabinet d'avocat
d. envoyer des annonces de presse
e. faire des recherches dans un labo
f. voir ses patients à l'hôpital

○ Answers to this activity are in Appendice 2 at the back of the book.

C. Quand les poules auront des dents... (When pigs fly ...)

Première étape. Sur une feuille de papier, écrivez trois choses que vous ne ferez jamais de votre vie. Ne mettez pas votre nom sur la feuille et ne la montrez pas à vos camarades. Pliez (*Fold*) votre feuille pour cacher l'écriture.

EXEMPLE: Je ne travaillerai jamais pour une grande société.
Je ne vivrai jamais dans un petit village.
Je ne me marierai jamais avec une vedette de cinéma.

Deuxième étape. Travaillez avec trois camarades. Un(e) d'entre vous lira les quatre listes au groupe (sans montrer l'écriture). Essayez ensemble d'identifier l'auteur de chaque liste. Ensuite, choisissez une des choses sur votre propre liste et expliquez pourquoi vous ne la ferez jamais.

D. Juste après mes études.

Première étape. Décrivez votre vie juste après vos études. Décidez entre les deux options (ou cochez **aucune idée!**). Soyez prêt(e) à expliquer vos réponses en groupe.

Option 1	Option 2	
1. ☐ rester dans ce pays	☐ aller vivre à l'étranger (*abroad*)	☐ Aucune idée!
2. ☐ devenir riche	☐ être très endetté(e) (*in debt*)	☐ Aucune idée!
3. ☐ devoir travailler	☐ faire du bénévolat (*volunteer*)	☐ Aucune idée!
4. ☐ vouloir me marier (ou me pacser)	☐ vivre seul(e) (ou en colocation)	☐ Aucune idée!

En français

The following conjunctions are often used with the **futur simple** in French:

quand/lorsque (*when*)
dès que / aussitôt que (*as soon as*)

Quand (Lorsque) j'**arriverai** demain, je **rendrai** ma dissertation.	*When I arrive (= will arrive) tomorrow, I will hand in my term paper.*
Tu **pourras** commencer dès que (aussitôt que) tu **recevras** son mél.	*You will be able to start as soon as you receive (= will receive) his e-mail.*

À noter: In French, the **futur simple** is used for *both* events, because both occur at a future time.

Deuxième étape. Travaillez avec trois camarades. Posez une question sur une des décisions de la **Première étape**. Les autres membres y répondront en ajoutant des détails pertinents. Changez ensuite de rôle. Choisissez chacun(e) une question différente.

EXEMPLE: É1: Quand vous recevrez (vous obtiendrez) votre diplôme, est-ce que vous resterez dans ce pays ou est-ce que vous irez vivre à l'étranger?
É2: Moi, je resterai dans ce pays. J'ai déjà un mari et une maison ici.
É3: Je n'en ai aucune idée parce que...
É4: Moi, j'irai vivre à l'étranger. Je crois que j'aurai envie de découvrir des nouvelles choses.

Éducation: Ce qui manque à l'ignorant pour reconnaître qu'il ne sait rien.*

—ALBERT BRIE

*Education: That's what an ignorant person lacks in order to recognize that he doesn't know anything.

Le système éducatif français

A. Avant d'écouter. Que savez-vous à propos d'autres systèmes éducatifs dans le monde? Connaissez-vous, par exemple, les critères de sélection pour aller à l'université, les frais de scolarité (*tuition*) la façon de choisir une spécialisation, le système de notation (*grading*)... ? Qu'est-ce que vous avez déjà appris dans ce chapitre à propos des différences entre les systèmes éducatifs en France et dans votre pays?

B. Écoutez. Regardez et écoutez pendant que votre professeur vous parle du système éducatif français.

C. Avez-vous compris? Indiquez quelle réponse correspond à chaque description. **Attention!** Certaines des réponses suggérées ne seront pas utilisées.

cinq	l'État	171 euros
dix	la licence	6 071 euros
l'école maternelle	le master	
l'enseignement primaire et secondaire	quatre	

1. Cette école n'est pas obligatoire et dure trois ans _____.
2. Ce sont les grandes étapes de l'enseignement obligatoire. _____.
3. C'est l'organisation qui établit les programmes nationaux et le contenu de l'enseignement. _____.
4. C'est le nombre de jours dans la semaine scolaire (pour l'école primaire). _____.
5. C'est la note la plus basse qu'on peut recevoir sans rater un examen. _____.
6. C'est le diplôme qui correspond à peu près au B.A. / B.S. en Amérique du Nord. _____.
7. Ce sont les frais d'inscription (*registration fees*) pour les étudiant(e)s de licence. _____.

D. À vous! Complétez les phrases suivantes pour exprimer votre propre opinion ou vos impressions sur le système éducatif français.

—Une chose que je trouve bien dans le système éducatif français c'est que...
—Une chose surprenante dans le système éducatif français c'est que...

Rétrospective   Le Quartier latin et la Sorbonne

The Latin Quarter (**le Quartier latin**)—so named because of the use of classical Latin as the medium of instruction during the Middle Ages—is found in the fifth and sixth **arrondissements** of Paris around an icon of the French educational system, **la Sorbonne.** Founded as a small college in 1257 by the French theologian Robert de Sorbon and intended as a theology school, the Sorbonne grew into a major European center of learning over the course of many centuries, becoming synonymous with the **Université de Paris.** Following the violent social protests of May 1968, in which students demanded a less class-oriented and more "democratic" system of postsecondary education, the Sorbonne was divided into thirteen autonomous institutions (**Paris I–Paris XIII**), only three of which still retain its name within their official name (Paris-Sorbonne, Sorbonne Nouvelle and Panthéon-Sorbonne). Today, the term **Sorbonne** is mostly closely associated with **Paris IV—Paris-Sorbonne** as well as to the building that housed the original college on the *place de la Sorbonne* in Paris's fifth **arrondissement.** Changes to the composition of the **Université de Paris** brought changes to the composition of the **Quartier latin:** no longer the Latin-speaking or sole "intellectual hub" of Paris, it is a now a lively, cosmopolitan area featuring bistros, discount clothing stores, and Internet cafés that serve its largely college-age population.

Sources: *www.ac-paris.fr, www.paris-sorbonne.fr*

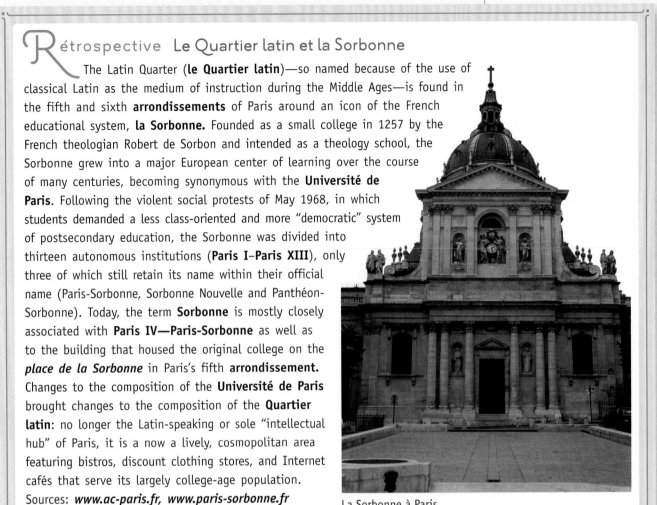

La Sorbonne à Paris

 ## Lisons!

Une lettre de Marc à ses parents

A. Avant de lire. Vous allez lire une lettre de Marc à ses parents au sujet de son avenir, adapté d'un article publié dans le magazine français *Phosphore*. Avec un(e) camarade, répondez aux questions suivantes.

Savez-vous déjà ce que vous voulez faire dans la vie? Si oui, vos parents sont-ils contents de votre choix ou avez-vous dû les convaincre et comment? Si vous n'avez pas encore décidé, comment et quand pensez-vous arriver à cette décision?

B. Lisez. Marc veut étudier les arts plastiques, mais ses parents pensent qu'il devrait faire des études de commerce. Pour convaincre ses parents, Marc leur envoie la lettre suivante. Lisez le texte.

Une lettre de Marc à ses parents: Voici pourquoi il faut absolument que je fasse une école d'art.

Mes chers parents,

Ne vous inquiétez plus de savoir ce que je ferai plus tard, je le sais maintenant. Je veux exercer un métier en rapport avec l'art. **Et j'ai vraiment beaucoup d'arguments.**

Vous le savez, je suis...

- un créatif.
- toujours avec un crayon à la main.
- un esthète pragmatique.

Mais j'ai aussi...

- les pieds sur terre.
- encore besoin d'apprendre et qu'il vaut mieux que je poursuive mes études.
- bien conscience que, même dans le domaine de l'art, il est essentiel d'être diplômé. [...]

Un jour, vous serez fiers de savoir que...

- j'ai créé le logo de votre voiture, la robe de mariée[1] d'une actrice célèbre ou la déco[2] d'une grande chaîne d'hôtels.
- des professionnels m'auront remarqué lors de la journée portes ouvertes[3] de l'école d'arts appliqués.
- le petit dessinateur que j'étais est devenu un grand artiste. [...]

Ce n'est pas une voie[4] facile, mais vous savez bien que...

- je suis prêt à déplacer des montagnes quand je suis motivé.
- aujourd'hui, aucune profession n'est absolument sûre, donc il faut que j'essaie de concrétiser mes rêves.[5]
- une école d'arts appliqués, ce n'est pas comme les Beaux-Arts, les débouchés[6] sont très concrets et ancrés dans le quotidien.[7]

Mes chers parents, vous trouverez ci-joint[8]...

- la brochure de l'école qui m'intéresse et l'adresse de son site Internet, si vous voulez en savoir plus.

[1]robe... *wedding dress* [2]décoration [3]journée... *open house* [4]path [5]concrétiser... *to have realistic dreams, goals* [6]*job openings, prospects* [7]ancrés... *anchored in reality* [8]*attached*

- les premiers travaux que j'ai l'intention de présenter dans mon book pour être sélectionné.
- mon dernier bulletin scolaire,[9] il est un peu faible en maths/gym/géographie, mais il cartonne[10] en arts plastiques, en français et en philo.

Merci en avance de votre compréhension!

Je vous embrasse,

Marc

[9]bulletin… *report card* [10]il… *it's solid*

C. Avez-vous compris? Selon la personnalité et la vision de Marc, indiquez si les phrases suivantes sont vraies ou fausses. Si une phrase est fausse, corrigez-la.

	vrai	faux
1. Marc a toujours aimé dessiner.	☐	☐
2. Il veut peindre des paysages et des portraits.	☐	☐
3. Il ne pense pas à l'avenir.	☐	☐
4. Pour lui, il vaut mieux avoir un diplôme.	☐	☐
5. Il pense qu'il n'est pas nécessaire d'étudier pour être artiste.	☐	☐
6. Il décorera des voitures.	☐	☐
7. Il travaille très bien quand il est motivé.	☐	☐
8. Il ne sait pas encore dans quelle école il ira.	☐	☐

D. À vous. Imaginez qu'un(e) de vos ami(e)s hésite entre deux filières d'études, et ne sait pas comment choisir. En utilisant les expressions avec «il» impersonnel, donnez-lui quatre conseils pour résoudre son dilemme.

Écrivons!

Forum: Qu'est-ce que tu étudies, et pourquoi?

Postez un message sur le **Forum des étudiants** pour décrire ce que vous étudiez à l'université. Mentionnez les cours que vous suivez, votre spécialisation et ce que vous voulez faire dans l'avenir. Suivez l'exemple.

Forum >> Vie universitaire >> Cours et spécialisations des membres?

MESSAGE DE:

RachidN
(Rouen)

posté
le 02-03

Sujet: Mes cours et ma spécialisation ▼

Bonjour! Je me spécialise en informatique. Il est probable qu'un jour je travaillerai et vivrai en Amérique ou en Angleterre. J'ai donc un cours de conversation anglaise dans lequel j'apprends beaucoup de vocabulaire utile en particulier dans le domaine de l'informatique. J'ai aussi trois cours obligatoires de programmation (en pascal, en java, et en C) et un cours sur les interfaces graphiques. C'est dur, tout ça, mais à la fin de mes études, je crois que je serai bien préparé pour entrer dans le monde du travail.

Parlons!

Devinez: Je serai qui?

Imaginez que vous êtes une personne célèbre dans l'histoire. Faites des phrases au futur qui décrivent ce que la personne accomplira dans la vie. Puis, demandez à un(e) camarade de deviner le nom de la personne que vous avez choisie.

EXEMPLE: É1: Moi, je serai né en Corse. Je deviendrai empereur. Malheureusement, je mourrai sur une île.
É2: Tu seras... alors, tu seras Napoléon?
É1: C'est exact! Et toi? Dis-moi ce que tu feras dans la vie.

Regardons!

Xavier et ses colocataires à Barcelone, en Espagne dans le film *L'Auberge espagnole*

Film: *L'Auberge espagnole*

(Comédie; 2002; France; Réalisateur: Cédric Klapisch; 120 min.)

SYNOPSIS: This film is about Xavier, a French graduate student in economics who goes to study for a year at the University of Barcelona, Spain as part of the Erasmus program, a European student exchange program. During his year abroad, Xavier will live in an apartment with a group of students from all over Western Europe.

SCÈNE: (DVD, scene 3, "Nothing's simple," 00:06:03–00:08:13). In this scene, Xavier tries to find out about the Erasmus program and register for a postgraduate program in Spain.

Avant-première. Répondez aux questions suivantes et comparez vos réponses avec celles d'un(e) camarade.

L'été prochain, vous irez passer un an dans un pays francophone dans le cadre d'un programme d'échange. Avant de partir, vous aurez besoin de remplir (*fill out*) un dossier d'inscription. Selon vous, qu'est-ce que vous devrez avoir dans ce dossier? Voici une liste de documents possibles: une carte d'identité, une carte de sécurité sociale, un CV, une lettre de motivation, une lettre de recommandation. À votre avis, combien de temps faut-il pour préparer ce dossier? Croyez-vous que c'est un processus simple ou compliqué?

On tourne! Répondez aux questions suivantes.

1. Selon Xavier, l'origine du nom du programme «Erasmus» vient d'un voyageur
   _____.
   a. allemand   b. hollandais   c. grec

2. Le processus d'inscription à ce programme a duré _____.
   a. deux mois   b. un mois   c. trois mois

3. Quel diplôme est-ce que Xavier va préparer en Espagne?
   a. une licence   b. une maîtrise (*Master's degree*)*   c. un DEA*

4. Le bureau d'Erasmus a _____ le dossier de Xavier.
   a. perdu   b. rejeté   c. accepté

5. Parmi les documents suivants, identifiez les *quatre* qui sont nécessaires pour
   compléter le dossier de Xavier.
   a. une carte d'identité   b. une lettre de recommandation   c. un CV
   d. une carte de sécurité sociale   e. une lettre de motivation

On boucle! Imaginez l'expérience qu'aura Xavier pendant son année en Espagne
avec les autres étudiants internationaux. Comment seront ces étudiants? Croyez-
vous que tout le monde s'entendra bien? Croyez-vous que Xavier aimera
l'Espagne? Regardez tout le film pour le savoir!

*The **diplôme d'études approfondies (DEA)** was a diploma awarded at the end of the first year of doctoral studies, now no
longer awarded.

Sur Internet

Pour en savoir plus
sur le programme
Erasmus, consultez le site
Web d'*En avant!* **(www.
mhhe.com/enavant1).**

Chantons!

Nana Mouskouri, née en 1934, est une chanteuse d'origine grecque qui a quitté la
Grèce pour aller vivre à Paris en 1962. Mouskouri a vendu plus de 300 millions d'albums
pendant ses 50 ans de carrière. Elle a abordé (*tackled*) divers genres musicaux tout au
long de sa carrière, et chanté dans au moins dix langues. Pour ses accomplissements,
en 2006, Mouskouri a été promue au grade d'Officier dans l'Ordre national de la Légion
d'Honneur.

Écoutez la chanson et identifiez tous les verbes au futur simple. Qu'est-ce qui se
passera si l'homme ne revient pas? Quel genre de relation existe entre ces deux
personnes? Que pensez-vous de la femme? Pourquoi?

iMix Link: This song is available for purchase at the iTunes store in a special iMix created
for *En avant!* For more information about accessing the playlist, go to the *En avant!* Online
Learning Center, Coursewide Content (**www.mhhe.com/enavant1).**

Chanson: «Les Parapluies de Cherbourg»
(Nana Mouskouri, 1964)

Vocabulaire

Questions et expressions

Qu'est-ce que tu veux / vous voulez faire après vos/ tes études?	*What do you want to do after your studies?*
dans la vie?/à l'avenir	*for a living / in the future?*
Je veux devenir...	*I want to become . . .*
J'aimerais être...	*I would like to be . . .*
Ça te/vous plaît?	*Does that please you (Do you like that)?*

Expressions impersonnelles

Impersonal expressions

c'est une bonne idée (de/d') (+ *inf.*)	*it's a good idea (to)*
c'est un vrai plaisir de/d') (+ *inf.*)	*it's a real pleasure (to)*
il est essentiel (de/d') (+ *inf.*)	*it's essential (to)*
il est important (de/d') (+ *inf.*)	*it's important (to)*
il est nécessaire (de/d') (+ *inf.*)	*it's necessary (to)*
il est préférable (de/d') (+ *inf.*)	*it's preferable (to)*
il faut (+ *inf.*)	*it's necessary, one must*
il vaut mieux (+ *inf.*)	*it's prefereable, it's better*

Verbes

dire	*to say; to tell*
écrire	*to write*
lire	*to read*

Verbes liés aux études / au travail

Verbs related to studies/work

être diplômé	*to have a degree*
intégrer (une école)	*to matriculate, be admitted to (a school)*
gagner (de l'argent)	*to earn (money)*
obtenir (un diplôme)	*to get (a diploma), graduate*
poursuivre (ses études)	*to pursue, continue (one's studies)*
suivre (un cours)	*to follow; to take (a course)*
trouver un poste	*to find a job*

Verbes liés à la vie sentimentale

Verbs related to emotional life

se disputer (avec)	*to argue (with)*
divorcer	*to divorce, get divorced*
être attiré(e) par	*to have a crush on*

se fiancer (à)	*to get engaged (to)*
se marier (avec)	*to get married (to)*
se rencontrer	*to meet*
se séparer	*to separate*
tomber amoureux/amoureuse (de)	*to fall in love (with)*

Les études

Studies

le bac(calauréat)	*the baccalaureate (French national high school exam)*
un collège	*a junior high school / middle school*
un(e) collégien(ne)	*a junior high school / middle school student*
en troisième (3ᵉ)	*in 9th grade (a freshman [US])*
un concours d'entrée	*an entrance exam*
un cours préparatoire	*a preparatory course*
un diplôme	*a diploma*
une licence	*a bachelor's degree*
un master	*a master's degree*
un doctorat	*a doctorate*
une école	*a school*
une grande école	*an elite French college*
l'enseignement (*m.*) (secondaire, supérieur)	*(secondary, university-level) instruction*
une filière	*a program of study*
la fac(ulté)	*university*
une formation	*an education, training*
un lycée (privé/professionnel)	*a (private/vocational) high school*
un(e) lycéen(ne)	*a high school student*
en seconde (2ᵈᵉ)	*in tenth grade (a sophomore [US])*
en première (1ᵉʳᵉ)	*in eleventh grade (a junior [US])*
en terminale (en term)	*in twelfth grade (a senior [US])*
une spécialisation	*a major (US)*

La vie sentimentale

Emotional life

un copain / une copine	*a pal, buddy; (boy/girl)friend*
un(e) petit(e) ami(e)	*a boyfriend, a girlfriend*
une relation	*a relationship*
un voyage de noces	*a honeymoon*

Le lieu de travail

Workplace

un cabinet (d'avocats, dentaire, médical)	*a law practice, dental office, medical office*
un(e) collègue	*a colleague*
un emploi	*a job*
une entreprise	*a company*
un institut	*an institute*
un horaire	*a (work) schedule*
un laboratoire	*a laboratory*
un métier	*a career*
un président–directeur général (P.D.G.)	*a chief executive officer (CEO)*
un poste	*a position, job, post*
un salaire	*a salary*
une société commerciale	*a corporation*

Les œuvres (*f.*) et la documentation

Literary works and documents

une analyse / un bilan (statistique)	*a (statistical) analysis*
un article (de journal, de revue)	*a (newspaper, magazine) article*

une (auto)biographie	*an (auto)biography*
un compte rendu	*a film/book review*
une dissertation	*an essay (term paper)*
un essai	*an essay*
une nouvelle	*a short story*
une pièce (de théâtre)	*a (theatrical) play*
un recueil de poèmes	*a collection of poetry*
un reportage	*a report*
un roman	*a novel*
une thèse	*thesis, dissertation (US)*

Conjonctions

quand/lorsque	*when*
dès que / aussitôt que	*as soon as*

Salut de Tunis!

Nom:

Rim Trikki

Profession:

Professeur de civilisation américaine

Géo-localisation:

L'Université de Tunis El-Manar, Tunisie

Profil ▶

Amis ▶

Liens ▶

Boîte aux lettres ▶

Bonjour! Je m'appelle Rim Trikki, et je suis professeur à l'Institut Supérieur des Sciences Humaines de l'Université de Tunis El-Manar. Je travaille dans le département d'anglais où j'enseigne la civilisation américaine. Dans ce cours, on étudie l'histoire, la politique et la société américaines du 20e siècle. Les étudiants dans mon cours sont trilingues: ils parlent arabe, français et anglais, et étudient presque tous l'anglais pour des raisons professionnelles. L'université est située à Carthage, sur une des collines[1] qui dominent la baie de Tunis et la mer Méditerranée. Carthage est un lieu historique important où est né Hannibal en 247 avant J-C; ce général est célèbre pour sa lutte[2] contre les Romains, et considéré comme l'un des meilleurs tacticiens militaires de l'histoire.

Mme Trikki dans son cours de civilisation américaine

Après avoir fait mes études à la Sorbonne en France et aux États-Unis, je suis rentrée à Carthage, ma ville natale.[3] C'est un endroit auquel[4] je suis très attachée, ce qui explique peut-être le fait que je collectionne des livres sur son histoire. Quand j'ai du temps libre, j'aime me promener dans le parc du musée de Carthage parmi les ruines romaines où il y a toujours quelque chose de nouveau à découvrir.

Venez vous-même explorer ce lieu historique et découvrir la ville de Tunis et ses environs. Ça vaut bien le voyage![5]

[1]*hills* [2]*fight* [3]*ville... birthplace* [4]*to which* [5]*Ça... It's worth the trip!*

Carthage, près de Tunis

Sur Internet

- Pour en savoir plus sur les ruines de Carthage, l'Université de Tunis El-Manar et la ville de Tunis et ses environs, consultez le site Web d'*En avant!* **(www. mhhe.com/enavant1).**

Sur DVD

- Pour découvrir Carthage, l'Université de Tunis El-Manar et la ville de Tunis et ses environs, regardez la séquence *Salut de Tunis!* sur le DVD d'*En avant!*

CHAPITRE 12

Ville et village

La Tour de Babel couronnée (1964), Préfète Duffaut

Rappel

In this chapter, you will review:

- how to talk about what one must do using **il faut**
- the verbs **croire** and **savoir**
- how to make comparisons involving adjectives
- the use of object pronouns such as **y, en, le,** and **lui**

Bilan

In this chapter, you will learn:

- to ask for and give directions
- to talk about city living
- to express what you're familiar with using the verb **connaître**
- how to make comparisons involving adverbs
- more about the use of object pronouns
- about cultural notions of city and country living

Pourriez-vous me dire où se trouve... ?

Asking for and giving directions

- Before you ask directions, it's a good idea to find out whether the person is familiar with the neighborhood, especially if you are in a big city where there are many tourists.

—**Bonjour, monsieur/madame/ mademoiselle.**	*Hello, sir/ma'am/miss.*
—**Bonjour.**	*Hello.*
—**Connaissez-vous le quartier?**	*Are you familiar with / Do you know the neighborhood?*
—**Oui. / Non, je ne suis pas d'ici.**	*Yes. / No, I'm not from here.*

- Here is a polite way to ask a stranger where something is.

—**Pourriez-vous me dire où se trouve la station de métro la plus proche?**	*Could you tell me where the closest metro station is?*
—**Ce n'est pas loin: vous allez tout droit, puis vous prenez la première rue à gauche et c'est à cinquante mètres.**	*It's not far; you go straight, then you take the first street on the left and it's 50 meters (from there).*

- You can also simply say:

—**Est-ce qu'il y a un distributeur de billets dans le quartier?**	*Is there a an ATM in the neighborhood?*
—**Oui. Il y en a un là, juste à ma droite, dans le bâtiment.**	*Yes, there's one over there, just to my right in the building.*

- When people give directions, here are some common expressions they use.

Vous tournez à droite / à gauche.	*You turn right/left.*
Vous traversez le parc / la rue.	*You cross the park/street.*
Vous allez tout droit.	*You go straight (ahead).*

- Note that you can give the same directions using **il faut** + infinitive.

Il faut tourner à droite / traverser la rue.	*You have to turn right / cross the street.*

- Other useful expressions include the following:

C'est tout au bout / fond (de la rue) / là-bas.	*It's at the very end / over there.*
C'est sur votre droite/gauche.	*It's on your right/left.*
C'est à cinquante mètres.	*It's 50 meters (away).*

Note: Because French cities were not built on grids like many North American cities such as New York, the notion of "blocks" isn't really a French concept. Instead, people will often tell you how many minutes it might take to get there.

C'est à 20 minutes à pied.	*It's a 20-minute walk.*

A. À l'écran. Regardez et écoutez ces gens expliquer comment trouver les endroits suivants dans leur quartier à Paris. Suivez les indications en traçant le chemin sur chaque plan.

DVD

1. Cécile: la station de métro la plus proche / un bureau de poste

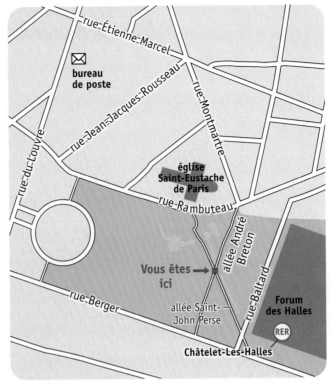

Le quartier du Forum des Halles

2. Xavier Roy: la station de métro la plus proche

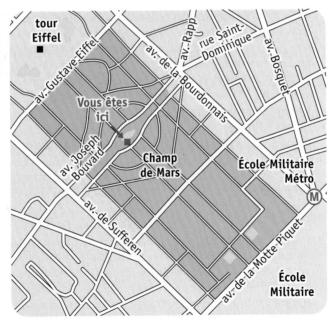

Le quartier du Champ de Mars

(*continued*)

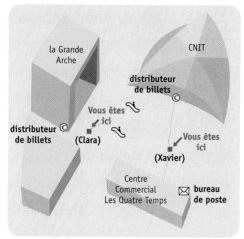

Le quartier de la Défense

3. Clara: le bureau de poste le plus proche / un distributeur de billets

4. Xavier Mays: un bureau de poste / un distributeur de billets

La Grande Arche de la Défense

Chez les Français

Des monuments parisiens

- **Châtelet et le métro de Paris:** La gare de Châtelet-Les Halles, au sous-sol du Forum des Halles, est la plus grande gare souterraine (*underground*) du monde. Elle permet la correspondance entre trois lignes de RER (Réseau Express Régional) et cinq lignes de métro. La station Châtelet a ouvert en 1900 et se situait sur la première ligne du métro parisien: la ligne 1 qui relie aujourd'hui la Porte de Vincennes à la Défense.

- **Le Forum des Halles et l'église Saint-Eustache:** Le quartier des Halles est situé dans le premier arrondissement. C'est là que l'on a construit dans les années 70 «Le Forum», un grand centre commercial souterrain qui remplace l'ancien marché de gros (*wholesale food market*) appelé autrefois «le ventre de Paris». Beaucoup de gens s'y promènent car c'est un quartier bien situé, près de Beaubourg, qui mélange le moderne et l'ancien. Il faut visiter aussi l'église Saint-Eustache, chef-d'œuvre d'architecture gothique.

- **L'École Militaire:** L'École Militaire a été fondée en 1751 par Louis XV pour former des officiers militaires issus de familles nobles, mais pauvres. C'est la maîtresse du roi, Madame de Pompadour, qui a réussi à convaincre le roi de fonder cette institution. Parmi ses étudiants les plus célèbres: Napoléon Bonaparte!

- **Le quartier de la Défense et de la Grande Arche:** Le quartier de la Défense, situé à l'ouest de Paris, est l'un des plus grands centres d'affaires d'Europe. Le nom du quartier vient du nom d'une statue, *La Défense de Paris*, qui honore les soldats morts pendant la guerre franco-prussienne de 1870. Aujourd'hui, ce quartier, qui est constitué de gratte-ciel (*skyscrapers*) modernes et d'immeubles résidentiels, est célèbre pour la Grande Arche de la Fraternité, plus souvent appelée l'Arche de la Défense. C'est un monument cubique qui abrite (*houses*) des bureaux ministériels, un centre de congrès, un musée, un restaurant et un belvédère (*observation deck*) ouvert au public.

 Pour en savoir plus sur ces endroits, consultez le site Web d'*En avant!* (**www.mhhe.com/ enavant1).**

B. Où allons-nous? Travaillez avec un(e) camarade. Un(e) d'entre vous lit la première phrase pendant que l'autre écoute et suit le chemin indiqué sur le plan du quartier. La personne qui a écouté donne alors le point d'arrivée. Changez ensuite de rôle.

Le Marais

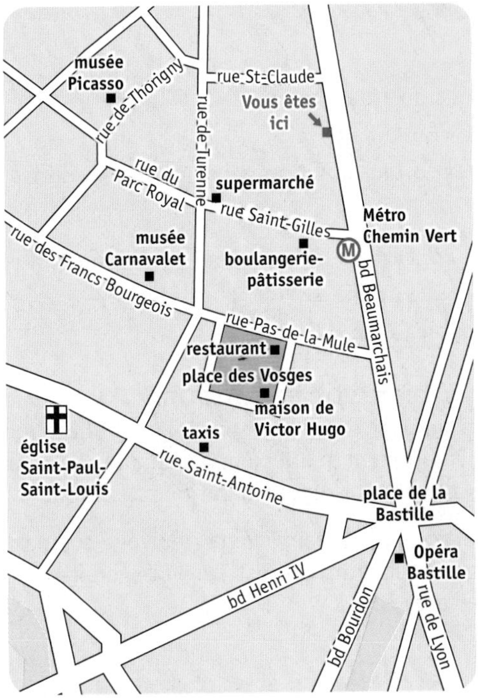

En français

Here are some additional useful words and expressions used to give directions.

Vous montez/descendez le boulevard Beaumarchais.

Continuez tout droit jusqu'à (*until* [*you get to*]) **la rue de Turenne.**

C'est au coin / à l'angle (*corner*) **de la rue Saint-Gilles et de la rue de Turenne.**

C'est entre la rue de Lyon et le boulevard Bourdon.

C'est en face du restaurant.

entre = in b/w
face du = across from

EXEMPLE: É1: Vous tournez à droite dans la rue Saint-Gilles et c'est à 100 mètres sur votre gauche.
É2: C'est la boulangerie-pâtisserie.

1. Vous descendez le boulevard Beaumarchais vers la place de la Bastille. C'est à 2 minutes à pied, juste après la rue Saint-Gilles.

2. Vous descendez le boulevard Beaumarchais vers la place de la Bastille. Vous tournez à droite dans la rue Saint-Gilles. Vous allez tout droit et c'est au coin de la rue Saint-Gilles et de la rue de Turenne sur votre droite.

3. Vous descendez le boulevard Beaumarchais vers la place de la Bastille. Vous tournez à droite dans la rue du Pas-de-la-Mule. Vous entrez dans la place sur votre gauche et vous y êtes.

4. Vous descendez le boulevard Beaumarchais vers la place de la Bastille. Vous tournez à droite dans la rue du Pas-de-la-Mule. Vous traversez la place. C'est tout au bout, à gauche.

5. Vous descendez le boulevard Beaumarchais jusqu'à la place de la Bastille. Vous tournez à droite et vous faites le tour (*go around*) de la place. C'est à votre gauche dans la rue de Lyon.

C. Moi, je connais le quartier.
Vous habitez dans le Marais depuis 10 mois maintenant et vous connaissez bien le quartier! Votre camarade joue le rôle d'un(e) touriste et vous demande comment trouver certains endroits (situations 1–3 pour le **Touriste 1**). Maintenant, c'est votre tour de poser des questions (situations 4–6 pour le **Touriste 2**). Votre camarade va vous répondre. **Attention!** Utilisez le plan du Marais (page 339).

Touriste 1

1. Il est 20 heures et vous avez faim.
2. Vous voulez aller voir un opéra.
3. Vous voulez visiter le musée Carnavalet (musée de l'histoire de Paris).

Touriste 2

4. Ce soir, il y a un concert à l'église Saint-Paul-Saint-Louis.
5. Vous devez prendre un taxi.
6. Vous adorez les tableaux modernes.

D. Connaissez-vous bien votre campus?
Travaillez en petits groupes. Choisissez en secret un endroit sur le campus—la bibliothèque, un café, etc; puis, à tour de rôle indiquez comment y aller en partant du bâtiment où a lieu le cours de français. Les autres membres doivent identifier l'endroit.

EXEMPLE: É1: Vous sortez du bâtiment Morgan et vous tournez à gauche. Continuez tout droit et c'est sur votre droite.

É2: C'est le resto-U!

La place de la Bastille

La vie urbaine   *Talking about city living*

Connaissez-vous les villes francophones dans la liste? Associez chaque ville avec le pays / la province / le territoire où elle se trouve et puis sa situation géographique. Vous trouverez les réponses dans les descriptions qui suivent.

Ville	Pays, etc.	Situation géographique
1. Tunis	au Québec	sur les **rives** (*banks*) de la Seine
2. Montréal	à Tahiti	sur le **golfe** de Tunis (sur la **côte** méditerranéenne)
3. Paris	en France	dans l'**océan** Pacifique
4. Papeete	en Tunisie	au bord du **fleuve** (*river*) Saint-Laurent

Voici des descriptions de quatre villes francophones: Paris, Montréal, Tunis et Papeete. Est-ce qu'on trouve les mêmes choses et les mêmes lieux dans la ville où vous faites vos études?

À Paris

Paris, capitale de la France, se situe sur les rives de la Seine. Une série de trente-sept **ponts** traverse le fleuve pour relier (*connect*) sa rive gauche à sa rive droite. Dans le 8ᵉ—un des vingt **arrondissements** qui composent la ville—on trouve **la gare** Saint-Lazare et **la** célèbre **avenue** des Champs-Élysées, qui aboutit (*ends*) au fameux **rond-point** (*traffic circle*) de l'Arc de Triomphe. **La circulation**—surtout **les embouteillages** (*traffic jams*) aux **heures de pointe** (*rush hour*)—présente souvent un problème. Heureusement, on peut toujours prendre **le métro!**

On trouve aussi _____ **dans notre ville.**

☐ un/des pont(s)   ☐ une/des gare(s)   ☐ un/des rond(s)-point(s)

☐ des arrondissements (*m.*)   ☐ des avenues (*f.*)   ☐ des embouteillages (*m.*)

                                                        ☐ un métro

---

À Montréal

Située sur **une île**, Montréal est **un port** important sur le fleuve Saint-Laurent au Québec. Au Vieux Montréal, qui date du 17ᵉ siècle, on trouve des musées, **des cathédrales** et d'autres sites touristiques dans de petites **rues pavées** (*cobblestone*), souvent **à sens unique** (*one way*). Au centre-ville, il y a **des gratte-ciel** (*skyscrapers*) qui marquent l'horizon et **un centre commercial souterrain** (*underground*). (Il fait froid à Montréal en hiver!) En été, **les pistes** (*paths*) **cyclables** le long du fleuve et du **canal-de-Lachine** permettent de découvrir, à vélo, **des paysages** (*landscapes*) magnifiques.

On trouve aussi _____ **dans notre ville.**

- ☐ un port
- ☐ une/des cathédrale(s)
- ☐ des rues (*f.*) (pavées; à sens unique)
- ☐ des gratte-ciel (*m.*)
- ☐ un centre commercial (souterrain)
- ☐ un canal / des canaux
- ☐ des pistes (*f.*) cyclables

À Tunis

Tunis, la capitale et seule métropole de la Tunisie, est un port qui se trouve sur le golfe de Tunis (sur la côte méditerranéenne). Le visiteur peut passer des heures dans la médina, **le quartier** musulman le plus ancien de la ville. C'est là où se trouvent les «souks», ces marchés couverts avec un labyrinthe de petites **ruelles** bordées de boutiques de commerçants et d'artisans groupés par spécialités. On peut aussi prendre **le tramway** pour visiter le cœur de la médina et découvrir ses beaux **palais,** ses **mosquées** et ses jolies **places** ornées de **fontaines** et de palmiers.

On trouve aussi _____ **dans notre ville.**

- ☐ des ruelles (*f.*)
- ☐ un tramway
- ☐ des quartiers (*m.*)
- ☐ un palais
- ☐ une/des mosquée(s)
- ☐ une/des place(s)
- ☐ une/des fontaine(s)

À Papeete

Située sur l'île de Tahiti en Polynésie française, Papeete offre toutes les splendeurs d'un lieu tropical: **une plage** et **une esplanade** le long de (*along*) la côte, beaucoup d'**espaces verts**, comme le parc Bougainville, et—sur le grand **boulevard** Pomare—des hôtels de luxe et de petites **auberges** (*inns*). L'architecture des **bâtiments** municipaux, comme **la mairie** (ou «**l'hôtel de ville**»), est souvent de style colonial: à deux ou trois étages et peints de couleurs vives (*bright*).

> **On trouve aussi _____ dans notre ville.**
>
> ☐ une plage   ☐ des espaces (*m.*) verts   ☐ une/des auberge(s)
>
> ☐ une esplanade   ☐ des boulevards (*m.*)   ☐ des bâtiments (*m.*) (municipaux)
>
> ☐ une mairie (un hôtel de ville)

A. Où sont-ils? Travaillez avec un(e) camarade. À tour de rôle, lisez les phrases suivantes et déterminez où on est: à Paris, à Montréal, à Tunis ou à Papeete.

1. —Nous faisons des promenades le soir sur l'esplanade.
2. —Nous habitons en banlieue alors, nous prenons le métro ou le RER pour aller en ville.
3. —Nous allons suivre une piste cyclable le long du canal de Lachine.
4. —L'avenue Mohammed V traverse le quartier des banques.
5. —La tour de la Bourse (*stock exchange*), au 800 place Victoria, a quarante-sept étages.
6. —Nous prenons le métro; la circulation dans cet arrondissement est horrible!
7. —On peut prendre le tramway place de Barcelone.
8. —Nous avons trouvé une auberge près du parc Bougainville.
9. —Le restaurant *Le Vieux Saint-Laurent* est dans une petite rue à sens unique.

B. La première chose qui vient à l'esprit (*to mind*). Pour chaque ville de la liste suivante, votre camarade et vous allez donner, en même temps, le premier mot qui vous vient à l'esprit. Pour quelle(s) ville(s) avez-vous choisi le même mot?

Hong Kong	Los Angeles	Moscou	Paris	Tokyo
Londres	Miami	New York	Rome	Toronto

EXEMPLE: New York
  É1: des gratte-ciel
  É2: des taxis jaunes

> ### En français
>
> You have just learned the term for one problem associated with city living, **un embouteillage.** Here are some additional terms: **le bruit** (*noise*), **le coût de la vie** (*cost of living*), **le crime, des gangs, la pollution, le surpeuplement** (*overcrowding*), **le trafic de drogue.**

Rétrospective Haussmann: La transformation de Paris

Le palais Garnier sur l'avenue de l'Opéra

« Paris embellie, Paris agrandie, Paris assainie. »*

—NAPOLÉON III

Some of the most beautiful structures and boulevards in Paris, such as the **le palais Garnier** and **le boulevard Haussmann,** exist because of the ingenuity of Baron Georges-Eugène Haussmann (1809–1891). Hired by Napoléon III, this French civic planner transformed medieval Paris into a modern city during the course of the Second Empire.

To make his vast improvements, Haussmann had to destroy entire neighborhoods. The **grands boulevards** he designed, such as **Avenue de l'Opéra** and **Boulevard Saint-Germain,** replaced old, confining streets. Widening the roads allowed for easier circulation, which better accommodated the growing urban population. Most significantly, these new **grands boulevards** discouraged further street revolutions, making it more difficult for rebels to blockade the streets and more practical for French troops to maneuver.

Haussmann divided Paris into twenty **arrondissements.** Such redistricting not only made Paris more functional but improved its appearance and grandeur. His projects completely reformed the architectural facade and public facilities of Paris. In particular, his idea to augment the height of buildings gave Paris more living space, while emphasizing horizontal structures and creating symmetry and aesthetic unity. Restructuring the sewer system also cleaned up what was a rather unsanitary city (by modern standards) and made it more livable.

Paris has Haussmann to thank for having revolutionized urban planning, established new regulations for social and sanitary issues, and influenced architects and engineers throughout the world.

*This motto, coined by Napoleon III (1808–1873), captures Haussmann's goals for Paris. It translates literally as: *Paris made more beautiful, Paris enlarged, Paris made more healthy.*

C. Où irez-vous? Avec deux autres camarades, décidez laquelle de ces quatre villes—Montréal, Papeete, Paris ou Tunis—vous visiterez cet été. Que ferez-vous pendant votre visite? Organisez votre séjour et présentez l'itinéraire à la classe.

D. Dans le coin (*corner*) de la fac.

Première étape. Avec deux autres camarades, parlez de la ville ou du quartier où se trouve votre campus. Complétez chaque phrase ensemble.

1. Il n'y a pas de...
2. Il n'y a pas assez de...
3. Il y a beaucoup de...
4. Il y a trop de...

Deuxième étape. Présentez à la classe un aspect positif et un aspect négatif de votre ville ou de votre quartier. Justifiez votre opinion.

E. Comment y aller? Indiquez par quel(s) moyen(s) on peut se rendre dans les endroits suivants depuis (*starting from*) votre campus.

> EXEMPLE: à la banque la plus proche
> —On peut y aller à pied. (*ou*)
> —On doit y aller en voiture ou en bus. (*ou*)
> —Il faut y aller en métro.

1. à un petit restaurant pour déjeuner
2. au supermarché le plus proche
3. à la bibliothèque municipale
4. à la grande (*main*) poste
5. au centre commercial
6. à l'aéroport

F. La ville où vous avez grandi.

Première étape. Un(e) camarade va vous poser les questions suivantes sur la ville où vous avez grandi. Passez quelques minutes à organiser vos pensées.

1. Tu as grandi dans quelle ville?
2. Tu es aussi né(e) dans cette ville?
3. Ta famille y habitait déjà longtemps?
4. Où se trouvait ta maison?
5. Qu'est-ce que tu pensais de la ville?
6. Qu'est-ce qu'il y avait d'intéressant à faire?
7. Est-ce que tu y es retourné(e) récemment?

Deuxième étape. Interviewez votre camarade en utilisant les questions de la **Première étape.** Résumez ses réponses dans un petit paragraphe.

Une jolie maison à Bruxelles, en Belgique

En français

To talk about different **moyens de transport** (*means of transportation*), you can use the verb **prendre** + a form of transportation (**je prends mon vélo, ma voiture,** etc.). You can also use the verb **aller** + the preposition **à** (with means of transportation that you straddle) or **en** (with means of transportation that you get into):

On y va à moto / à vélo / à cheval.

On y va en bus / en métro / en taxi / en voiture / en bateau (*boat*) **/ en train (par le train).**

but: **On y va à pied.**

À noter: En may also be used with **moto** and **vélo**.

𝒫**rononcez bien!**

To learn about unstable [ə] ("schwa") in single-syllable words such as **le** and **ne** and its contraction (**l'élision**), and to practice the pronunciation of words from this **Vocabulaire interactif** section, see the **Prononcez bien!** section of the *Workbook/Laboratory Manual.*

Rappel The verbs **savoir** and **croire**

Une partie de Trivial Pursuit™.

Première étape. Lisez les questions suivantes sur la ville de Paris. Si vous êtes certain(e) de la réponse, écrivez-la. Si vous n'en êtes pas certain(e), vous aurez l'occasion de poser ces questions à vos camarades pendant la **Deuxième étape.**

Savez-vous...

1. combien d'arrondissements il y a à Paris?   Il y en a _vingt_ .

2. devant quel musée à Paris on trouve la Pyramide?   C'est _la Louvre_ .

3. en quelle année les révolutionnaires ont pris la Bastille?   C'était en _1989_ .

4. qui a conçu (*designed*) la tour Eiffel?   C'était _Eiffel_ .

5. quel fleuve traverse Paris?   C'est _la Seine_ .

6. qui a rénové la ville au 19ᵉ siècle?   C'était _____ .

Deuxième étape. Circulez dans la salle de classe pour confirmer (ou trouver) les réponses aux questions de la **Première étape.** Continuez à circuler pour trouver quelqu'un qui est sûr de la réponse.

EXEMPLE: É1: Est-ce que tu sais / vous savez combien d'arrondissements il y a à Paris?

          É2: Oui, je le sais; il y en a... (*ou*) Je ne sais pas / je n'ai aucune idée! (*ou*) Je crois qu'il y en a....

○ Answers to this activity are in Appendice 2 at the back of the book.

○ To review the verb **savoir**, see Grammaire interactive 7.1; to review the verb **croire** and subordinate clauses (with **que**), see Grammaire interactive 10.1.

12.1 Tu connais bien le quartier?

The verbs **connaître** and **reconnaître**

1 As you saw in the **Rappel** section, the verbs **savoir** and **croire** are used to express knowledge of facts (**Je sais où il habite**) or beliefs (**Je crois qu'il habite à Paris**). Both verbs are often followed by a subordinate clause introduced by **que**. The verb **connaître**, on the other hand, is used to express one's *familiarity* (based on personal experience) with a certain person, place, or thing, and so can be followed only by a noun.

Tu connais { son père? / ce quartier? / le film *Camping*? }   *Do you know (are you familiar with)* { *his/her father?* / *this neighborhood?* / *the movie* Camping? }

2 The verb **connaître**, as well as **reconnaître** (*to recognize*), has an irregular conjugation pattern.

connaître (*to know, be familiar with*)	
RACINES: **connai-, connaiss-**	
je **connais**	nous **connaissons**
tu **connais**	vous **connaissez**
il/elle/on **connaît**	ils/elles **connaissent**

— usc w/ ppl

Mise en pratique. Utilisez la forme correcte du verbe **connaître** pour compléter les phrases suivantes. Ensuite, cochez **oui** ou **non** pour indiquer si la phrase est vraie dans votre cas.

	oui	non
1. Je _connais_ le campus «comme le fond de ma poche».	☒	☐
2. Ma famille _connaît_ quelqu'un de célèbre.	☐	☒
3. J'ai un ami (une amie) qui _connaît_ bien la France.	☐	☒
4. Mes parents _connaissait_ la plupart de mes amis.	☐	☐
5. Nous, les étudiants, nous _connaissons_ assez bien notre prof.	☐	☐

○ Answers to this activity are in Appendice 2 at the back of the book.

3 The past participle of **connaître** is **connu.** When used in the **passé composé, connaître** takes on the meaning of having met someone for the first time:

Passé composé: J'ai **connu** Paul au lycée.   *I knew (=met) Paul in high school.*

The **imparfait** and **futur simple** stems of the verb **connaître** are regular.

Imparfait: Il les **connaissait** déjà?   *Did he already know (Was he already familiar with) them?*

Futur simple: Il les **connaîtra**?   *Will he know (be familiar with) them?*

À noter: Because the letter *i* with an **accent circonflexe** is used in the spelling of the infinitive, *all* **futur simple** forms of the verb **connaître** retain this spelling (**je connaîtra, tu connaîtras,** etc.).

The past participle of **reconnaître** is **reconnu. Reconnaître** follows the same patterns as **connaître** in the **imparfait** and future tenses.

○ Answers to this activity are in Appendice 2 at the back of the book.

A. Écoutez bien!

Première étape. Votre professeur va jouer le rôle d'un étudiant français (une étudiante française) qui vient d'arriver sur le campus. Écoutez chaque question et, sur une feuille de papier, écrivez le nom d'un lieu en ville que vous connaissez bien et qui répond à la question.

Deuxième étape. Travaillez avec deux camarades. Comparez vos réponses aux questions de la **Première étape** et choisissez la meilleure recommandation pour chaque question. Ensuite, réfléchissez au meilleur moyen d'y arriver. Mettez-vous d'accord avant d'expliquer le chemin à «l'étudiant(e)» (votre professeur).

EXEMPLE: —On connaît bien le restaurant Jade Garden. Il se trouve au coin des rues Jackson et «F». Pour y aller...

B. Connaissez-vous vraiment bien votre meilleur(e) ami(e)?

Première étape. Avec un(e) camarade, parlez de votre meilleur ami (meilleure amie) en répondant aux questions suivantes.

1. Comment s'appelle-t-il/elle?
2. Depuis combien de temps est-ce que vous vous connaissez?
3. Où est-ce que vous vous êtes connu(e)s? — *where did you meet*
4. Est-ce que vous connaissez bien sa maison ou son appartement?
5. Est-que vous connaissez bien ses parents?

Deuxième étape. Posez les questions suivantes en utilisant **Est-ce que tu sais... ?** à votre camarade pour déterminer s'il / si elle connaît *vraiment bien* son meilleur ami / sa meilleure amie.

1. ... en quelle année il/elle est né(e)?
2. ... où il/elle est né(e)?
3. ... quel âge il/elle a maintenant?
4. ... de quelle couleur sont ses yeux?
5. ... combien de frères et de sœurs il/elle a?
6. ... ce qu'il/elle fait (*ou* fera) dans la vie?

C. Les grandes œuvres littéraires.

Première étape. Voici les titres (en français) de dix œuvres littéraires écrites en français ou dans d'autres langues. Avec un(e) camarade, dites si vous reconnaissez le titre en français. Est-ce que vous connaissez bien l'histoire aussi?

EXEMPLE: —Je reconnais le titre *Don Quichotte* et je connais bien l'histoire aussi. J'ai lu ce livre au lycée (*ou*) dans un cours de littérature.

1. *La Métamorphose*
2. *Crime et Châtiment*
3. *Don Quichotte*
4. *La Divine Comédie*
5. *Les Raisins de la colère*
6. *L'Étranger*
7. *Hamlet*
8. *Cent ans de solitude*

Deuxième étape. Présentez une des œuvres de la **Première étape** que vous avez lue tou(te)s les deux. Savez-vous qui a écrit cette œuvre, de quel genre elle est et où l'histoire se passe?

EXEMPLE: —Nous avons lu *Don Quichotte*. Nous savons que c'est un roman de Cervantes et que l'histoire se passe en Espagne.

D. D'autres grandes villes francophones.

Première étape. Regardez bien ces photos. Reconnaissez-vous les villes? Est-ce que quelqu'un dans la classe connaît bien une de ces villes?

1. _Québec_

2. _Bruxelles_

3. _Port-au-Prince_

4. _Rabat_

5. _Dakar_

6. _Genève_

Deuxième étape. Lisez maintenant la section *Chez les francophones* ci-dessous pour vous aider à identifier les villes francophones de la **Première étape.**

Troisième étape. Un(e) touriste français(e), joué(e) par votre professeur, veut visiter quelques villes nord-américaines. Indiquez comment on reconnaît généralement les villes de la liste suivante. Quelle ville dans la liste recommandez-vous?

EXEMPLE: —Tout le monde reconnaît Chicago à ses gratte-ciel, et à sa proximité du lac Michigan.

1. Boston	3. Miami	5. San Francisco	7. Vancouver
2. Los Angeles	4. New York	6. Toronto	8. Washington

Chez les francophones

D'autres grandes villes de la francophonie

- **Bruxelles** (*Brussels*): La capitale de la Belgique, une ville officiellement bilingue (français–néerlandais). **À voir:** la Grand-Place, «la plus belle place du monde», bordée par l'hôtel de ville et la maison du roi, est couverte d'un tapis de fleurs tous les deux ans pour fêter l'Assomption.

- **Dakar:** La capitale du Sénégal et un port important de l'Afrique occidental. **À voir:** l'île de Gorée, dans la baie de Dakar, autrefois le point de départ des esclaves (*slaves*) en partance pour l'Amérique, est maintenant un site du patrimoine mondial (*world heritage*).

- **Genève:** La ville principale de la Suisse francophone située au bord du lac Léman, connue pour ses bijouteries et chocolateries. C'est aussi le siège (*headquarters*) européen des Nations-Unies, de la Croix-Rouge et de beaucoup d'autres organisations mondiales. **À voir:** l'énorme fontaine (le jet d'eau) du lac.

- **Port-au-Prince:** La capitale et la plus grande ville d'Haïti. **À voir:** le beau palais présidentiel (malheureusement gravement endommagé [*damaged*] dans le tremblement de terre [*earthquake*] de 2010).

- **Québec** (*Quebec City*): Une ville historique au bord du fleuve Saint-Laurent, fondée en 1608 par Samuel de Champlain, et la capitale de la province de Québec. **À voir:** l'impressionnant château Frontenac, qui domine la ville.

- **Rabat:** La capitale du Maroc, sur la côte atlantique. **À voir:** le minaret de la mosquée Hassan, du 12e siècle.

⟩ To review the comparative and superlative forms of adjectives, see Grammaire interactive 9.1.

Rappel The comparative and superlative of adjectives

Les villes francophones en chiffres (*in numbers*).
Examinez les statistiques sur ces quatre villes francophones et complétez les phrases qui suivent. Pour les phrases 1. a. et 2. a., utilisez les adjectives suggérés au comparatif (**plus/ aussi/moins... que**). Pour les phrases 1. b. et 2. b., utilisez le superlatif (**la plus/moins... des**). **Attention!** N'oubliez pas d'accorder l'adjectif avec le nom **ville.**

	Bruxelles	Port-au-Prince	Québec	Rabat
Date de fondation	979	1749	1608	3ᵉ siècle av. J.-C.
Population (métropolitaine)	1.000.000	1.700.000	700.000	1.700.000

vieux

1. a. La ville de Québec _____ la ville de Port-au-Prince.

   b. La ville de Bruxelles est _____ quatre villes.

peuplé

2. a. La ville de Port-au-Prince est _____ la ville de Rabat.

   b. La ville de Québec est _____ quatre villes.

⟩ Answers to this activity are in Appendice 2 at the back of the book.

12.2 C'est lui que je connais le mieux!

The comparative and superlative of adverbs

1 Like the comparisons with adjectives you made in the **Rappel** section, **plus** (*more*), **aussi** (*as, equally*), and **moins** (*less*)**... que** are used to make comparisons with adverbs.

Il sort { **plus** souvent / **aussi** souvent / **moins** souvent } **que** son frère.

He goes out more often than his brother.

He goes out as often as his brother.

He doesn't go out as often as (goes out less often than) his brother.

2 In **Chapitre 9,** you learned that the adjectives **bon** and **mauvais** have special comparative forms. So too do the adverbs **bien** and **mal:**

Adjectif	Adverbe
Ce film est très **bon.**	On aime **bien** ce film.
Ce film est **moins bon / aussi bon / meilleur que** les autres films du même réalisateur.	On aime **moins bien / aussi bien / mieux** ce film **que** les autres films du même réalisateur.
Ce roman est **mauvais.**	L'auteur écrit **mal.**
Ce roman est **moins mauvais / aussi mauvais / pire que** les autres.	L'auteur écrit **moins mal / aussi mal / pire que** les autres.

> **Mise en pratique.** Complétez chaque phrase en utilisant le verbe, l'adverbe et le comparatif entre parenthèses.
>
> **Quand Camille est stressée / Quand elle se sent angoissée (*anxious*), ...**
>
> 1. elle ___*mange moins bien*___ (manger / − bien) que d'habitude;
> 2. elle ___*dort pire*___ (dormir / + mal) que d'habitude;
> 3. elle ___*travaille plus vite*___ (travailler / + vite) que d'habitude;
> 4. elle ___*se fâche plus facilement*___ (se fâcher / + facilement) que d'habitude;
> 5. mais ___*s'habille aussi mal*___ (s'habiller / = mal) que d'habitude!

◯ Answers to this activity are in Appendice 2 at the back of the book.

3 To form the superlative, the definite article **le** is used before **plus** or **moins**. (Because adverbs do not agree in gender or number with anything, **le** is the only form used.)

Elle danse **le mieux** / **le pire**. — *this never changes*   *She dances the best / the worst.*

Elle travaille **le plus vite** / **le moins vite**.   *She works the most quickly / the least quickly.*

A. Écoutez bien! Votre professeur va vous parler d'Adeline et de sa colocataire Claire qui suivent un cours de littérature. Choisissez le terme de comparaison le plus approprié à chaque phrase.

1. Adeline sort	plus	aussi	moins	souvent que Claire.
2. Adeline fait	plus	aussi	moins	rapidement ses devoirs que Claire.
3. Adeline comprend	plus	aussi	moins	facilement les leçons que Claire.
4. C'est Adeline qui parle	le plus	le moins		couramment l'anglais.
5. C'est Adeline qui se débrouille (*manages*)	le mieux	le moins bien		dans leur cours de danse.

B. Sondage. Travaillez avec trois autres camarades. Nommez un chef de groupe qui mènera le sondage. Il déterminera à quel membre du groupe s'applique le mieux chaque caractéristique.

Le membre du groupe...

1. qui sort le plus souvent en semaine, c'est...
2. qui fait le plus vite ses devoirs pour ce cours, c'est...
3. qui comprend le mieux le prof quand il/elle parle français, c'est... *Jean-*
4. qui se lève le plus tôt / se couche le plus tard, c'est...
5. qui pense le moins à son avenir (sa vie après les études), c'est...

C. Votre vie en ville.

Première étape. Donnez quelques détails sur votre vie, vos goûts et vos habitudes.

1. le café que vous fréquentez le plus   _____

2. le restaurant que vous aimez le plus   _____

3. la chose qui vous plaît le plus / le moins dans cette ville   _____

4. le quartier que vous fréquentez le moins dans cette ville   _____

5. le bâtiment que vous aimez le moins sur le campus   _____

6. le moyen de transport que vous employez le plus   _____

Deuxième étape. Transformez les phrases de la **Première étape** en questions que vous allez poser à votre professeur (par exemple: Quel café fréquentez-vous le plus?). Est-ce que sa réponse est la même que la vôtre (*yours*)? Si elle est différente, expliquez votre choix.

D. Le mieux.

Première étape. Cochez **bien**, **assez bien** ou **mal** pour compléter chaque description. Pendant la **Deuxième étape**, vous allez déterminer la personne à qui s'applique le mieux chaque caractéristique.

	bien	assez bien	mal	
1. Je connais	☒	☐	☐	le campus.
2. Je chante	☐	☐	☒	l'hymne national.
3. Je danse	☐	☐	☒	la salsa.
4. Je joue	☐	☐	☒	au tennis.
5. Je me débrouille	☐	☒	☐	dans le cours de sciences.

Deuxième étape. Travaillez avec trois autres camarades. Chacun(e) dit comment il/elle a complété la première phrase. Si deux étudiants (ou plus) ont choisi **bien** pour une des phrases, ils doivent en discuter pour essayer de prouver leur supériorité. Le groupe prendra ensuite sa decision.

EXEMPLE: É1: Je connais bien le campus.
               É2: Moi aussi, je connais bien le campus.
               É1: Je le connais le mieux, peut-être, parce que...
               É2: Tu as raison; tu le connais le mieux.

Avec Vélib', on se déplace facilement à Paris à vélo.

Object pronouns

Un projet de voyage. Colleen, une étudiante américaine en France, décrit un voyage qu'elle fait avec son copain Ben. Indiquez à quel nom de la liste correspond chacun des pronoms d'objet. Ensuite, devinez où ils vont!

à nos parents	des photos	le flamand
à Ben et moi	dans un hôtel	les billets de train

1. On **y** passe cinq nuits. (**y** = _____)

2. On **les** réserve avant de partir. (**les** = _____)

3. Claudine **nous** prête (*lend*) son plan de ville. (**nous** = _____)

4. Certains habitants **le** parlent; c'est une ville bilingue. (**le** = _____)

5. On va **en** prendre beaucoup! (**en** = _____)

6. On veut **leur** envoyer une carte postale de la Grand-Place.
   (**leur** = _____)

Où vont Colleen et Ben? _____

12.3 On y va?   Synthesis of object pronouns

1 You have been gradually introduced in previous chapters to object pronouns (**pronoms d'objet**). They are called "object" pronouns *not* because they necessarily represent objects (things), but to differentiate all of them from "subject" pronouns—those representing the grammatical subject of a sentence, which you've been using since **Chapitre 1**. Complete the following chart with the missing object pronouns (i.e., those not already used in the **Rappel** section).

PRONOM SUJET	PRONOM D'OBJET DIRECT	PRONOM D'OBJET INDIRECT
je	*me*	
tu	*te*	
il	le (l')	*lui*
elle	*la (l')*	
nous	nous	
vous	*vous*	
ils	les	leur
elles		
	+ y, en	

> ○ Object pronouns have been presented in *En français* features in many of the preceding chapters. To review **y** and **en**, see Grammaire interactive 4.3 and 5.2. To review **le**, **la**, and **les**, see Grammaire interactive 6.1. To review **lui** and **leur**, see Vocabulaire interactif of Chapitre 10. To review **me**, **te**, **nous**, and **vous**, see Grammaire interactive 11.1. To review object pronoun placement with respect to verbs in the infinitive, see Grammaire interactive 7.1 and 11.2.

> ○ Answers to this activity are in Appendice 2 at the back of the book.

> ○ Answers to this activity are in Appendice 2 at the back of the book.

2 Only in the third person ([*to*] *him, her, it, them*) are there two sets of object pronouns—one for direct objects (**le/la/l'/les**), and one for indirect objects (**lui/ leur**).

—Tu connais **sa sœur / la ville?** (direct object)	*Do you know his/her sister / the city?*
—Oui, je **la** connais bien; je **l'**aime beaucoup!	*Yes, I know her/it well; I like her/it a lot!*
—Tu parles **à sa sœur?** (indirect object)	*Do you speak to his/her sister?*
—Oui, je **lui** parle souvent.	*Yes, I speak to her often.*

All other persons are represented by a single object pronoun form: **me** (**m'**), **te** (**t'**), **nous**, and **vous**.

Martin $_{\text{nous}}^{\text{me}}$ voit souvent en ville. (direct)	*Martin often sees $_{us}^{me}$ in town.*
Pauline $_{\text{nous}}^{\text{m'}}$ écrit souvent. (indirect)	*Pauline often writes $_{to\ us.}^{to\ me.}$*
Est-ce que ce film $_{\text{vous}}^{\text{t'}}$ intéresse? (direct)	*Does that film interest you?*
Est-ce que le cadeau $_{\text{vous}}^{\text{te}}$ plaît? (indirect)	*Is the gift pleasing to you?*

3 The pronoun **y** replaces a noun referring to a place that is in a larger prepositional phrase, such as **au cinéma, dans le parc,** and **en France.** It also replaces nouns referring to things or concepts that are introduced by the preposition **à**, with verbs such as **croire** (**à**), **jouer** (**à**), and **réfléchir** (**à**).

—Tu vas **en France?**	*Are you going to France?*
—Oui, j'**y** vais cet été.	*Yes, I'm going (there) this summer.*
—Tu crois toujours **à l'amour véritable?**	*Did you still believe in true love?*
—Oui, j'**y** crois toujours.	*Yes, I still believe (in that).*

Similarly, the pronoun **en** replaces a noun referring to a place, thing, or concept when it is part of a larger prepositional phrase beginning with **de.** It also replaces nouns that appear with a form of the partitive article **du / de la / de l'** and **des**, the plural indefinite article.

—Tu es revenu **du Canada?**	*Did you come back from Canada?*
—Oui, j'**en** suis revenu hier.	*Yes, I came back (from there) yesterday.*
—Tu prendras **du vin?**	*Will you be having some wine?*
—Oui, j'**en** prendrai un verre.	*Yes, I'll have a glass (of it).*

Mise en pratique. Écrivez le pronom qu'il faut utiliser pour remplacer les mots en italique. **Attention!** Les options a et b exigent (require) des pronoms différents.

1. a. _Je l'aime_ aimer *le théâtre*
   b. _J'y vais souvent_ aller souvent *au théâtre*
2. a. _Je les aime_ aimer *les films*
   b. _J'en louen souvent_ louer souvent *des films*
3. a. _Je leur téléphone_ téléphoner souvent *à vos amis*
   b. _____ voir souvent *vos amis*
4. a. _J'y joue_ jouer *au football*
   b. _J'en regarde_ regarder *des matchs de football* à la télé

○ Answers are in Appendice 2 at the back of the book.

4 As you already know, when there is a single verb form in a sentence, object pronouns appear immediately before it, after the subject pronoun. If negation is used, it surrounds both the object pronoun and the verb. Remember that the verb agrees with the *subject* of the sentence, not the object pronoun.

Elle nous invite à la fête.	*She is inviting us to the party.*
Elle ne t'invite pas?	*She isn't inviting you?*
Tu n'y vas pas?	*You aren't going (there)?*

5 When a conjugated verb is followed by an infinitive, such as in the **futur proche** (**aller** + infinitive) or with verbs such as **devoir, pouvoir,** and **vouloir** + infinitive, the object pronoun precedes the verb of which it is the object, here, the infinitive.

○ To learn about the use and order of more than one object pronoun, see Par la suite at the back of the book.

—Tu vas **voir Marie?**	*Are you going to see Marie?*
—Oui, je vais **la voir** ce soir.	*Yes, I'm going to see her tonight.*
—Tu dois **téléphoner à Marie?**	*Do you have to call Marie?*
—Non, je ne dois pas **lui téléphoner.**	*No, I don't have to call her.*

A. Écoutez bien! Votre professeur va parler des quatre villes francophones présentées au début du chapitre. Écrivez le pronom d'objet que vous entendez dans la phrase, puis indiquez à qui ou à quoi le pronom fait référence. Cochez la réponse logique.

1. _____ ☐ à Paris ☐ à Montréal ☐ à Papeete
2. _____ ☐ des ruelles ☐ des gratte-ciel ☐ des canaux
3. _____ ☐ la mairie ☐ la vieille ville ☐ la plage
4. _____ ☐ les habitants ☐ les rues ☐ les bâtiments
5. _____ ☐ au président ☐ à un policier ☐ au guide

B. Signez ici, s'il vous plaît! Écrivez six questions à poser à vos camarades sur leur façon de voyager en utilisant les mots indiqués. Ensuite, pour chaque question, trouvez une personne dans la classe qui répond à l'affirmatif et une autre qui répond au négatif et demandez-leur une signature. **Attention!** Il faut utiliser un pronom d'objet dans sa réponse—sinon, on ne peut pas signer!

1. aimer / les grandes villes
2. acheter / des guides touristiques
3. aller / aux musées
4. préférer / prendre / le métro (*ou* le bus)
5. aimer / parler / aux habitants
6. vouloir / vivre / à Paris un jour

C. Ça te gêne (*Does that bother you*)**?** À tour de rôle posez-vous des questions basées sur les circonstances suivantes et répondez-y en expliquant chacun(e) votre réaction.

> EXEMPLE: Votre route préférée pour aller à la fac / au travail est en construction.
>
> > É1: Ça te gêne si ta route préférée est en construction?
> > É2: Non, ça ne me gêne pas trop (*ou* pas du tout); je connais d'autres routes. Et toi?
> > É1: Ça me gêne un peu (*ou* beaucoup); j'aime la routine!

1. Vous êtes coincé(e) (*stuck*) dans un embouteillage.
2. Le distributeur de billets de votre banque est en panne (*doesn't work*).
3. Quelqu'un commande quelque chose au restaurant en parlant (*while talking*) sur son portable.
4. Il n'y a plus de place sur le parking le plus proche du bâtiment où vous avez vos cours.
5. C'est samedi et il est minuit. Des voisins dans le quartier font la fête—et ils font beaucoup de bruit.
6. Vous êtes dans une grande ville que vous ne connaissez pas bien et vous n'avez pas de plan.

D. Un peu de sagesse: Des proverbes francophones.

Première étape. Associez le début de chaque proverbe à sa fin. Qui peut expliquer le sens d'un de ces proverbes à la classe?

1. (français) La terre rend...
2. (ouest-africain) Tout a une fin,...
3. (tahitien) L'ignorance ne vous tuera (*kill*) pas...
4. (belge) La sagesse est le peigne (*comb*)...
5. (haïtien) Si c'est le Bon Dieu qui vous envoie...
6. (tunisien) Souris (*Smile*) à la vie

a. mais elle vous fera transpirer (*sweat*).
b. pour qu'elle te sourie.
c. sauf la banane, qui en a deux.
d. il vous paie les frais.
e. que la nature nous donne quand nous sommes chauves (*bald*).
f. ce qu'on lui donne.

Chez les francophones

Haïti

La République d'Haïti, qui partage l'île d'Hispaniola avec la République dominicaine, est un état indépendant depuis 1804, suite à (*following*) une révolte des esclaves africains contre l'armée française de Napoléon. La langue administrative en Haïti reste le français mais la plupart des gens parlent plutôt le créole haïtien, une langue née du contact entre les colonisateurs (de langue française) et les esclaves (de langues africaines). Voici le proverbe haïtien de l'activité D en créole, un exemple qui illustre bien les similarités et les différences entre le créole haïtien et le français.

Créole haïtien:	**Si se Bondye ki voye, li peya fre ou.**
Traduction littérale:	*Si c'est Bon Dieu qui envoyer, il payer frais vous.*
Français:	Si c'est le Bon Dieu qui vous envoie, il vous paie les frais.

Deuxième étape. En travaillant avec deux autres camarades, créez vos propres proverbes en complétant les phrases suivantes. Quand c'est possible, employez un pronom d'objet pour remplacer les mots en caractères gras. Utilisez les proverbes de la **Première étape** comme modèles.

EXEMPLE: Dès qu'on ferme **une fenêtre...**
—quelqu'un vient **l'**ouvrir!

1. Qui (*He who*) ne dort pas **dans son lit...**
2. Quand on cache (*hides*) **de l'argent...**
3. Si **un chien** aboie (*barks*), il faut...
4. Tout le monde aime **les fleurs,** mais...
5. Qui trahit (*betrays*) **un ami...**

Rappel Pronominal verbs in the **passé composé**

Un week-end à Genève. Élodie et ses amis sont à Genève ce week-end. Élodie raconte ce qui s'est passé pendant le voyage en train. Complétez ses phrases en mettant les verbes entre parenthèses au passé composé avec **être. Attention!** N'oubliez pas de faire l'accord du participé passé, si nécessaire.

To review the forms of pronominal verbs in the **passé composé**, see Chapitre 8, **Grammaire interactive** 8.3.

Évelyne:

1. (se renseigner) Elle _____ sur le choix d'auberges.

Guillaume et Lillian:

2. (se disputer) Ils _____ à propos de leur itinéraire.

3. (se parler) Ils ne _____ pas _____ pendant le reste du voyage.

Anne-Marie et moi:

4. (se retrouver) Nous _____ au minibar.

5. (s'acheter) Nous _____ un café.

12.4 Vous l'avez déjà vu(e)? Use of object pronouns in the **passé composé**

1 As you saw in the **Rappel** section, the pronouns used with pronominal verbs (e.g., **s'endormir**) come before the auxiliary verb in the **passé composé**. When negation is used, it surrounds the pronoun + auxiliary verb. The same is true when the object pronouns you reviewed in **Grammaire interactive 12.3** are used with the **passé composé**.

Il **y est arrivé** à l'heure. *He arrived (there) on time.*

Nous **l'avons vu** à l'hôtel. *We saw him at the hotel.*

Nous **ne lui avons pas parlé**. *We didn't speak to him.*

Mise en pratique. Remplacez les mots en italique par le pronom approprié. Mettez cette nouvelle phrase à la forme négative (en utilisant la négation **ne... pas encore**).

	À l'affirmatif	Au négatif (*ne... pas encore*)
1. Elle a lu *le journal*.	_____	_____
2. Elle est tombée *dans la rue*.	_____	_____
3. Elle a parlé *à ses clients*.	_____	_____
4. Elle est revenue *de la banque*.	_____	_____

○ Answers to this activity are in Appendice 2 at the back of the book.

2 Although agreement does not normally occur in the **passé composé** when **avoir** is the auxiliary, it does occur when the *direct* object pronoun precedes the verb. In this case, the past participle must agree with the direct object pronoun in gender and number.

Il l'a **vu** à l'hôtel. (l' = Paul)	*He saw him at the hotel.*
Il l'a **vue** au café. (l' = Adèle)	*He saw her at the cafe.*
Il **les** a **vus** au musée. (**les** = les Blanchard)	*He saw them at the museum.*
Il **les** a **vues** à l'aéroport. (**les** = Emma et Sophie)	*He saw them at the airport.*
Il **m**'a **invité(e)** chez ses parents.	*He invited me to his parents' house.*
Ils **vous** ont **aidé(e)(s)**?	*They helped you?*

3 The past participle never agrees, however, with **lui, leur, y,** or **en,** or when **me (m'), te (t'), nous,** and **vous** are used as *indirect* object pronouns.

Il **leur** a **envoyé** une lettre.	*He sent them a letter.*
Ils **nous ont montré** les photos de leur voyage.	*They showed us the photos of their trip.*

Mise en pratique. Nicole parle de ses parents. Si le pronom **me (m')** représente l'objet *direct* du verbe, faites l'accord en ajoutant un *e*. Sinon, n'écrivez rien.

1. Ils **m**'ont parlé_____.   4. Ils **m**'ont aidé_____.   7. Ils **m**'ont cherché_____.

2. Ils **m**'ont attendu_____.   5. Ils **m**'ont écrit_____.   8. Ils **m**'ont téléphoné_____.

3. Ils **m**'ont vu_____.   6. Ils **m**'ont écouté_____.

○ Answers to this activity are in Appendice 2 at the back of the book.

A. Écoutez bien! La famille Cartier fait le tour du monde. Écoutez leurs réponses aux questions posées sur leurs voyages, puis cochez la forme correcte du participe passé. **Attention!** Vous n'allez pas entendre de différence entre les formes elles-mêmes; il faut comprendre le sens de la phrase pour choisir la forme correcte.

1. ☐ vu ☐ vue ☐ vus ☐ vues
2. ☐ remarqué ☐ remarquée ☐ remarqués ☐ remarquées
3. ☐ acheté ☐ achetée ☐ achetés ☐ achetées
4. ☐ trouvé ☐ trouvée ☐ trouvés ☐ trouvées
5. ☐ parlé ☐ parlée ☐ parlés ☐ parlées

B. Qu'est-ce que vous avez visité?

Première étape. Travaillez avec un(e) camarade. Connaissez-vous les sites touristiques suivants? Savez-vous dans quelle ville en Amérique du Nord ils se trouvent?

1. la statue de la Liberté
2. le château Frontenac
3. les chutes (*f.*) du Niagara
4. les musées du Smithsonian
5. le pont Golden Gate
6. le Vieux Carré

Deuxième étape. Est-ce que votre camarade a visité (ou *veut* visiter) les sites touristiques de la **Première étape?** À tour de rôle, posez-vous des questions et répondez-y.

> EXEMPLE: É1: Tu as visité la statue de la Liberté?
> É2: Oui, je l'ai visitée l'été dernier avec ma famille. Et toi?
> É1: Non, je ne l'ai jamais visitée.

C. Un vrai cauchemar (*nightmare*).
Lionel a visité Boston la semaine dernière. Le voyage s'est mal passé. Racontez ce qui est arrivé en utilisant les verbes de la liste (ou d'autres verbes) et des pronoms d'object. Suivez l'exemple.

> ne pas réserver
> ne pas trouver
> oublier
> perdre
> rater (*to miss*)

> EXEMPLE: son appareil photo → Il l'a perdu quand il était à l'aéroport. Il l'a laissé quelque part, mais il ne sait pas où!

1. son appareil photo
2. sa carte de crédit
3. son plan de la ville
4. son avion
5. une chambre
6. les clés (*keys*) de sa chambre d'hôtel

Est-ce que vous avez laissé les clés de votre voiture, vos lunettes de soleil ou votre carte routière quelque part?

Faisons un tour de Paris

A. Avant d'écouter. Comment est-ce qu'on se déplace en ville généralement en Amérique du Nord? Faites une liste d'avantages et d'inconvénients des différents moyens de transports et comparez-la avec celle d'un(e) camarade. Quelle est l'importance des transports en commun (*public transportation*) dans votre ville?

B. Écoutez. Votre professeur va maintenant parler des moyens de transport en commun de Paris. Écoutez bien, et n'oubliez pas d'indiquer s'il y a des choses que vous ne comprenez pas.

C. Avez-vous compris? Trouvez dans la liste suivante la réponse à chaque énigme. **Attention!** Certaines des réponses suggérées ne seront pas utilisées.

> 100   300   1800   1900   1920   cinq
>
> quatorze   seize   trois   Vélib'   Voguéo

1. C'est le nombre de stations de métro à Paris: _____.

2. C'est le nombre de lignes dans le métro: _____.

3. C'est l'année de l'ouverture du métro: _____.

4. C'est le nombre de lignes du RER: _____.

5. C'est le nom du service de navette sur la Seine et la Marne: _____.

6. C'est le nombre de stations Vélib' à Paris: _____.

D. À vous! Répondez aux questions suivantes et comparez vos réponses à celles d'un(e) camarade.

1. De tous les moyens de transport en commun à Paris, est-ce qu'il y en a un que vous trouvez plus intéressant que les autres? Si oui, pourquoi?

2. Pour quelles raisons, ou dans quelles circonstances, est-ce qu'on peut décider d'utiliser chacun de ces moyens de transport?

Porte Dauphine (Paris 16e): Cette bouche de métro, de style Art nouveau, par l'architecte Hector Guimard, date de 1900.

Deux villes–étapes° du Tour de France

°*stage cities*

A. Avant de lire. Avec un(e) camarade, répondez aux questions suivantes.

1. Quelles courses (*races*) automobiles ou cyclistes célèbres connaissez-vous?
2. Dans quelle(s) ville(s) se déroulent-elles (*do they take place*)?
3. Est-ce que le circuit change d'une année à l'autre ou est-ce qu'il est toujours le même?

B. Lisez. La lecture qui suit porte sur Montpellier et Annecy, deux villes françaises qui sont des destinations touristiques appréciées. En 2009, elles ont toutes les deux servi de villes-étapes pendant le Tour de France.

Montpelier et Annecy

Le Tour de France a été rendu célèbre aux États-Unis par les nombreuses victoires de Lance Amstrong et Greg LeMond avant lui. C'est une compétition cycliste par étape qui a débuté en 1903 et qui se déroule tous les ans au mois de juillet. Avec un parcours[1] de plus de 3 000 kilomètres, cette course a une renommée[2] mondiale. La course comprend toujours des étapes de plaine, de montagne et de «contre la montre»[3] individuel ou par équipe. Depuis 1975, le Tour se termine sur les Champs-Élysées, mais la ville de départ et la vingtaine de villes-étapes changent chaque année. Depuis quelques années, le Tour inclut même des villes étrangères, mais la majorité des villes-étapes sont toujours en France.

La ville de Montpellier et ses 250 000 habitants ont accueilli[4] le 96ème Tour de France en 2009. C'est le contre la montre par équipe qui s'est déroulé dans le chef-lieu[5] du Languedoc-Roussillon. Cette région, située sur la côte méditerranéenne, a une économie très dynamique depuis le début des années 1990: les secteurs des technologies de pointe[6] comme la chimie, la médecine, la pharmacie, l'informatique, l'environnement, et l'agronomie[7] tropicale et méditerranéenne ont créé 35 000 emplois à Montpellier. L'industrie du tourisme génère aussi 6 500 emplois. Avec ses 32 000 entreprises, l'agglomération de Montpellier est un centre économique incontournable[8] du sud de l'Europe.

De nombreuses villes-étapes du Tour de France sont plus petites que Montpellier. À titre d'exemple, Annecy, une ville de 52 000 habitants, a été le site d'un contre la montre individuel en 2009. Ce chef-lieu du département de la Haute-Savoie se trouve au pied des massifs alpins[9] des Aravis et des Bauges. Le dynamisme de la Haute-Savoie est dû en partie aux technologies de pointe dans la vallée de l'Arve et le film d'animation à Annecy. La ville d'Annecy se situe au bord d'un des lacs les plus purs d'Europe. Elle est réputée pour sa beauté et sa qualité de vie. C'est une ville touristique, mais aussi un carrefour[10] européen situé à proximité de la Suisse et de l'Italie. La vieille ville d'Annecy demeure[11] un centre d'histoire et de détente[12] aussi apprécié par les touristes que par les Annéciens (les habitants d'Annecy).

[1]*route* [2]*fame* [3]*contre... time trial* [4]*ont... welcomed* [5]*capital of a region* [6]*cutting edge* [7]*agronomy, science of farm management* [8]*to be reckoned with* [9]*massifs... alpine mountain ranges* [10]*crossroads* [11]*remains* [12]*relaxation*

Le palais de l'Île à Annecy, en Haute-Savoie

C. Avez-vous compris? Chacune des phrases suivantes décrit une ville. Indiquez de quelle ville il s'agit.

	Annecy	Montpellier
1. Cette ville est proche de la mer Méditerranée.	☐	☐
2. Cette ville est connue pour sa qualité de vie.	☐	☐
3. Cette ville est au bord d'un lac et près de la montagne.	☐	☐
4. Cette ville connaît une forte augmentation de population.	☐	☐
5. Cette ville a créé beaucoup d'emplois liés à la technologie médicale de pointe.	☐	☐

D. À vous! Quelle ville préférez-vous: Annecy ou Montpellier? Pourquoi?

Écrivons!

Forum: La ville idéale pour un court séjour linguistique et culturel?

Postez un message sur le **Forum des étudiants,** dans lequel vous décrivez la ville francophone qui vous semble idéale pour un court séjour linguistique. Suivez l'exemple.

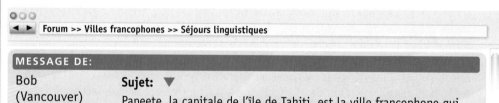

● ○ ○

◄ ► Forum >> Villes francophones >> Séjours linguistiques

MESSAGE DE:

Bob
(Vancouver)

🍁

posté le 15-04

Sujet: ▼

Papeete, la capitale de l'île de Tahiti, est la ville francophone qui me tente le plus pour un court séjour. Si on y va entre les mois de mai et octobre, il y a beaucoup de soleil et on peut profiter des jolies plages comme la plage de la pointe de Vénus où il y a du sable volcanique noir. À Papeete, on peut se promener, se bronzer, faire de la plongée sous-marine (*scuba diving*), etc. Au centre-ville, on peut aussi admirer la belle architecture coloniale, et puis le soir, on peut profiter des cafés et des boîtes de nuit le long du quai (*wharf*). En plus, on peut faire toutes ces activités et pratiquer le français! C'est idéal!

Parlons!

Débat: La campagne ou la ville?

Est-ce que vous préférez la campagne ou la ville? Les deux ont des avantages et des inconvénients, alors comment choisir? Votre professeur va diviser votre classe en deux groupes, l'un en faveur de la campagne et l'autre en faveur de la ville. Avec les membres de votre groupe, faites une liste de raisons qui justifient votre position, puis échangez votre liste avec celle de l'autre équipe. Examinez maintenant les arguments de l'autre équipe et préparez-vous à les réfuter. Quand les deux équipes sont prêtes, le débat commence. Le groupe qui justifie le mieux sa position et qui réfute les arguments de l'autre équipe de la façon la plus convaincante gagne le débat. C'est le professeur qui décide qui gagne!

Bruxelles, capitale de la Belgique et de l'Union Européenne

Vannes, capitale du Morbihan, cité médiévale, ville d'art et d'histoire en Bretagne

Regardons!

Film: *Kirikou et la sorcière*

(Film d'animation; 1998; France, Belgique, Luxembourg; Réalisateur: Michel Ocelot; 70 min.)

SYNOPSIS: Based on a West African folk tale, this animated feature film tells the story of a tiny but very determined (and precocious) newborn boy, Kirikou, who saves his village from the evil sorceress, Karaba, who dried up their spring and devoured all the males of the village.

This film earned the Grand Prix for Best Animation Film at the 1999 Annecy International Animated Film Festival.

SCÈNE: (DVD, Chapter 18, "Conversation," 00:29:05–00:33:25) In this scene, Kirikou asks his mother why the sorceress is so evil, and ponders how he would travel to see his grandfather who knows more about the sorceress.

Avant-première. Répondez aux questions suivantes avec un(e) camarade. Les personnages principaux de *Cendrillon* (Cinderella), *Pinocchio* et *Shrek* sont-ils gentils ou méchants? Les contes ont souvent une morale (*moral*). Par exemple, on peut dire que la morale de *Cendrillon* est «L'habit ne fait pas le moine». Quelle est la morale de *Pinocchio?* de *Shrek?*

On tourne! Identifiez qui a dit chaque phrase dans la scène du film.

	le fétiche	Kirikou	Karaba	la mère de Kirikou
1. «Repose-toi un peu.»	☐	☐	☐	☑
2. «Pourquoi Karaba est si méchante?»	☐	☑	☐	☐
3. «Elle a beaucoup plus de pouvoir.»	☐	☐	☐	☑
4. «La mère de Kirikou sort de sa case (*hut*).»	☑	☐	☐	☐
5. «Elle ramasse (*gathers*) des herbes pour sa soupe.»	☐	☐	☑	☐

On boucle!

Dans la tradition africaine, le conte oral sert de miroir de la société et de leçon importante: il souligne les croyances (*beliefs*) et valorise une bonne moralité.

1. Que représente le grand-père? Que représente Kirikou?
2. À votre avis, quelle est la morale de ce conte?
3. Pourquoi croyez-vous que les contes oraux sont plus communs dans les villages traditionnels et ruraux que dans les villes modernes et urbaines?

Chantons!

Chanson: «La femme est l'avenir de l'amour» (Youssou N'Dour, 2002)

Youssou N'Dour (né en 1959 à Dakar, au Sénégal) est auteur-compositeur, interprète et musicien. Il a travaillé avec des artistes internationaux comme Peter Gabriel, et il est aussi le compositeur de la musique du film *Kirikou et la sorcière* (1998).

Écoutez la chanson et faites une liste de tous les pronoms d'objet direct et indirect que vous entendez. Indiquez à qui ils se réfèrent.

iMix Link: This song is available for purchase at the iTunes store in a special iMix created for *En avant!* For more information about accessing the playlist, go to the *En avant!* Online Learning Center, Coursewide Content (**www.mhhe.com/enavant1**).

Youssou N'Dour

Vocabulaire

Questions et expressions

Connaissez-vous le quartier?	*Do you know the neighborhood?*
Oui,/Non, je ne suis pas d'ici.	*Yes,/No, I'm not from here.*
Pourriez-vous me dire où se trouve (le bureau de poste / la station de métro) le/la plus proche?	*Could you tell me where the closest (post office / metro station) is located?*
Il/Elle est à 50 mètres.	*It's 50 meters away.*
Il/Elle est à 20 minutes à pied.	*It's a 20-minute walk.*
Il/Elle est au coin / à l'angle (de la rue Saint-Gilles et la rue de Turenne).	*It's at the corner (of Saint Gilles Street and Turenne Street).*
Il/Elle est sur votre droite/ gauche.	*It's on your right/left.*
Il/Elle est tout au bout / fond / là-bas.	*It's at the very end / over there.*
Il faut traverser la rue.	*You have to cross the street.*
Vous allez tout droit.	*You go straight (ahead).*
Vous continuez tout droit jusqu'à (la rue d'Ulm).	*Keep going until you come to (Ulm Street).*
Vous montez/descendez la rue Voltaire.	*You go up / go down Voltaire Street.*
Vous prenez la rue Truffaut.	*You go down Truffaut Street.*
Vous tournez à droite / à gauche.	*You turn right/left.*

Verbes et expressions verbales

(se) connaître	*to know (one another), be familiar with*
reconnaître	*to recognize*

La vie urbaine

City life

un arrondissement	*a city quarter / district (Paris only)*
une auberge	*an inn*
une avenue	*an avenue*
un bâtiment	*a building*
un boulevard	*a boulevard*
le bruit	*noise*
un canal	*a canal*
une cathédrale	*a cathedral*
un centre commercial (souterrain)	*a(n) (underground) shopping mall*
la circulation	*traffic*
le coût de la vie	*cost of living*
le crime	*crime*
un embouteillage	*a traffic jam*

des espaces (*m.*) verts	*recreation areas (lit. green places)*
une esplanade	*an esplanade, waterfront walkway*
une fontaine	*a fountain*
un gang	*a gang*
une gare (de train)	*a train station*
un gratte-ciel (*inv.*)	*a skyscraper*
les heures (*f.*) de pointe	*rush hour*
l'hôtel de ville/la mairie	*city hall*
un métro	*a subway*
une mosquée	*mosque*
un moyen de transport	*a means of transportation*
un palais	*a palace*
une piste cyclable	*a bike path*
une place	*a city square*
une plage	*a beach*
un plan	*(city) map*
la pollution	*pollution*
un pont	*a bridge*
un port	*a port, a harbor*
un quartier (résidentiel, commercial)	*a (residential, business) district*
un rond-point	*a traffic circle, round about*
une rue (pavée, à sens unique)	*a (cobblestone, one-way) street*
une ruelle	*a alley*
le surpeuplement	*overcrowding*
une tour	*a tower*
le trafic de drogue	*drug trafficking*
un tramway	*a tramway*

Termes géographiques

la côte	*coast*
un fleuve	*a river (flowing directly into the sea)*
un golfe	*a gulf, a bay*
une île	*an island*
un océan	*an ocean*
une rive	*a riverbank*
une rivière	*a river (tributary)*

Adverbes et expressions adverbiales

(aller) à cheval/moto/pied/vélo	*(to go) on horseback/ by motorcycle / on foot / by bike*
(aller) en bateau/bus/métro/ taxi/voiture	*(to go) by boat/bus/subway/ taxi/car*
mieux/pire	*better/worse*
le plus / le moins	*the most / the least*

Bonnes vacances!

La terrasse à Sainte-Adresse (1867), Claude Monet

Bilan

In this chapter, you will learn:

- how to talk about hypothetical situations
- vacation and travel terms
- to indicate movement using verbs such as **conduire**
- about the uses of the conditional mood
- to give commands using the imperative with object pronouns
- about cultural notions of travel and tourism

www.mhhe.com/enavant1 www.mhcentro.com

DVD Chantons! Film Web Audio

Si vous pouviez faire le voyage de vos rêves, où iriez-vous?

Talking about a hypothetical situation

- In this chapter, you will learn to talk about vacations. Have you ever thought about where you would go if you were able to take the trip of your dreams? To ask someone about hypothetical situations, such as this one, you ask:

  —**Si tu pouvais faire le voyage de tes rêves, tu irais où?*** /
  Si vous pouviez faire le voyage de vos rêves, où iriez-vous?
  If you were able to / could take your dream trip, where would you go?

  —**Si je pouvais faire le voyage de mes rêves, j'irais en Nouvelle-Calédonie.**
  If I could take my dream trip, I would go to New Caledonia.

- In this construction, note that the verb following *si* (*if*) is in the **imparfait**, which you already learned in **Chapitre 9. Si + imparfait** shows that the situation is hypothetical, not real. The other verb in each of the model sentences (**tu irais / vous iriez / j'irais** [*you would go / I would go*]) is used to express what you *would do* if the situation were real. These verbs (**tu irais**, etc.) are in the conditional mood, which you will learn in **Grammaire interactive 13.2.**

*A more formal way to ask this question is: **Si tu pouvais faire le voyage de tes rêves, où irais-tu?**

A. Le voyage de vos rêves. Travaillez avec quatre ou cinq camarades. Regardez les cartes du monde au début et à la fin de votre manuel et à tour de rôle, posez-vous la question: **Si tu pouvais faire le voyage de tes rêves, tu irais où?** Le/La secrétaire du groupe va noter toutes les réponses. Quelle est la destination la plus populaire?

EXEMPLE: —Si tu pouvais faire le voyage de tes rêves, tu irais où?
—J'irais...

B. À l'écran.

Première étape. Maintenant regardez la vidéo et écoutez les gens répondre à la même question. Choisissez dans la liste la destination de rêve de chacun des interviewés (page 368). **Attention!** Deux personnes donnent la même réponse et une des destinations de la liste n'est pas mentionnée.

DVD

en Asie	au Japon
au Brésil	en Nouvelle-Zélande
au Canada	sur la planète Mars
sur une étoile (*star*)	

Si je pouvais faire le voyage de mes rêves, j'irais...

1. Jean-Jacques
en Asie

2. Nicolas _planete_
sur la Mars
Nouvelle - Zealand

3. Blood
au Japon

4. Olivier
au Canada

5. Antoine
sur une étoile

6. Benjamin
au Japon

Deuxième étape. Regardez la vidéo encore une fois et répondez aux questions suivantes.

1. Quelles sont les deux interviewés qui ont la même réponse? À votre avis, pourquoi est-ce qu'ils aimeraient tous les deux aller dans ce pays?
2. Si Olivier pouvait faire le voyage de ses rêves, pourquoi irait-il au Canada?
3. Deux interviewés feraient un voyage très exotique, si c'était possible. Qui sont-ils et où iraient-ils?
4. Est-ce que vous choisiriez la même destination qu'un de ces interviewés?

Troisième étape. Lisez la section **Chez les Français.** Comparez les réponses des interviewés pour la vidéo aux destinations préférées des Français. Quelles sont les différences et les similitudes?

Chez les Français

Destinations préférées des Français

La France est toujours la destination préférée des touristes étrangers. Mais où vont les Français quand ils vont à l'étranger? En 2007, les pays européens étaient favorisés (67,8 %), suivis de l'Afrique du Nord (15,1 %) et des Amériques (8,3 %).

n°1 l'Espagne	14,6 %
n°2 l'Italie	12,2 %
n°3 la Belgique et le Luxembourg	5,7 %
n°4 l'Allemagne	4,3 %
n°5 la Grande-Bretagne	4,5 %
n°6 la Tunisie	4,4 %
n°7 le Maroc	4,3 %

Seulement 2,7 % des voyageurs français sont allés aux États-Unis.

Source: http://www.tourisme.gouv.fr/

Si je n'étais pas obligé(e) de...   More hypothetical situations

- Everyone has obligations, but sometimes it's fun to think about what you *would do if you weren't obliged to* do something else! To ask someone this question, you use **si** + the expression **ne pas être obligé(e) de** + **infinitif.**

    tu

    —**Si tu n'étais pas obligé(e)** d'étudier, qu'est-ce que **tu ferais?**
    —**Si je n'étais pas obligé(e)** d'étudier, **je sortirais** plus souvent avec mes amis.
    If you didn't have to study, what would you do?
    If I didn't have to study, I would go out more often with my friends.

    vous

    —**Si vous n'étiez pas obligé(e) de** travailler, que **feriez-vous?**
    —**Si je n'étais pas obligé(e) de** travailler, **je voyagerais** beaucoup.
    If you didn't have to work, what would you do?
    If I didn't have to work, I would travel a lot.

- Once again, you use **si** followed by the **imparfait** to express the hypothetical situation; the second verb in these sentences is in the conditional mood and expresses what you *would do*, if the situation were real.

    À noter: It is also possible to reverse the order of the clauses in the question and answers.

    —Qu'est-ce que **vous feriez, si vous n'étiez pas obligé(e) de** travailler?
    —**Je voyagerais** beaucoup, **si je n'étais pas obligé(e) de** travailler.

A. À l'écran.

Première étape. D'abord, lisez les questions sur la séquence que vous allez voir. Ensuite, regardez la vidéo et écoutez les gens répondre à la question: **Si vous n'étiez pas obligé(e) de travailler, que feriez-vous?** Indiquez les réponses en écrivant l'initiale de la personne à côté de la question. **Attention!** Il y a deux questions au sujet de la même personne.

DVD

Simon

Jean-Jacques

Marc

Éveline

Fanny

<u>M</u> 1. Qui irait en Italie pour apprendre la langue?

<u>F</u> 2. Qui voyagerait et prendrait beaucoup de photos?

<u>S</u> 3. Qui ferait du bénévolat (*volunteer / charity work*)?

<u>S</u> 4. Qui ferait de la musique?

<u>E</u> 5. Qui danserait?

<u>JJ</u> 6. Qui voyagerait tout le temps?

Deuxième étape. Maintenant, regardez la vidéo encore une fois et répondez aux questions suivantes.

1. De quel instrument jouerait Simon?

2. Pourquoi est-ce que Marc aimerait apprendre l'italien?

3. Quelle est la réponse la plus fréquente?

4. À votre avis, qui a la réponse la plus intéressante?

B. Et vous?

Première étape. Si vous n'étiez pas obligé(e) de travailler, qu'est-ce que vous feriez? Cochez toutes les possibilités qui vous plaisent.

Si je n'étais pas obligé(e) de travailler / d'étudier...

☐ j'irais en France / dans un autre pays.

☐ je voyagerais beaucoup.

☐ je ferais du sport / du vélo / de la gymnastique tous les jours.

☐ je lirais beaucoup.

☐ je passerais plus de temps avec...

☐ je verrais mes amis plus souvent.

☐ je sortirais tous les soirs.

☐ j'étudierais davantage (*more*).

☐ je ferais du bénévolat.

☐ _____?

Deuxième étape. Circulez dans la classe pour trouver la personne qui a la réponse la plus intéressante, à votre avis.

EXEMPLE: É1: Qu'est-ce que tu ferais si tu n'étais pas obligé(e) de travailler / d'étudier?
           É2: Si je n'étais pas obligé(e) de travailler, je...

Vocabulaire interactif

En vacances! Talking about vacations and travel

C'est votre tour d'organiser vos prochaines vacances en France: après une semaine à Paris, vous voulez découvrir une autre région du pays. Avant de faire vos **valises** (*suitcases*), faites vos choix sur le site Web **en-vacances.fr**.

Première étape. Quel **forfait** (*vacation package*) préférez-vous? Cochez *un* des quatre forfaits de la liste. **Attention!** Il faut peut-être prendre en compte les **prévisions météo** avant de choisir.

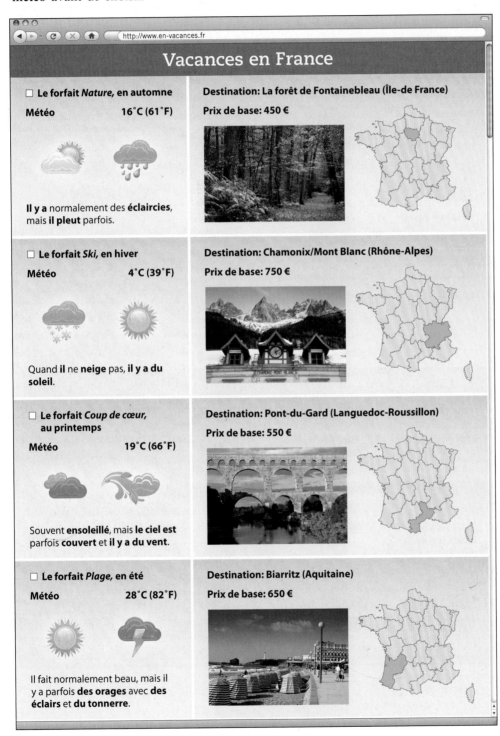

Deuxième étape. Qu'est-ce que vous voulez faire? Le prix de base de chaque forfait comprend (*includes*) **une excursion** organisée. Vous voulez faire d'autres excursions? Cochez-les! Chaque excursion supplémentaire coûte 50 euros, ajoutés au prix de base de votre forfait.

Troisième étape. Où peut-on loger? Cochez *un* des quatre **hébergements** (*lodgings*) de la liste, selon vos préférences.

Quatrième étape. Comment peut-on arriver à sa destination? Cochez *un* des quatre moyens de transport de la liste, selon vos préférences.

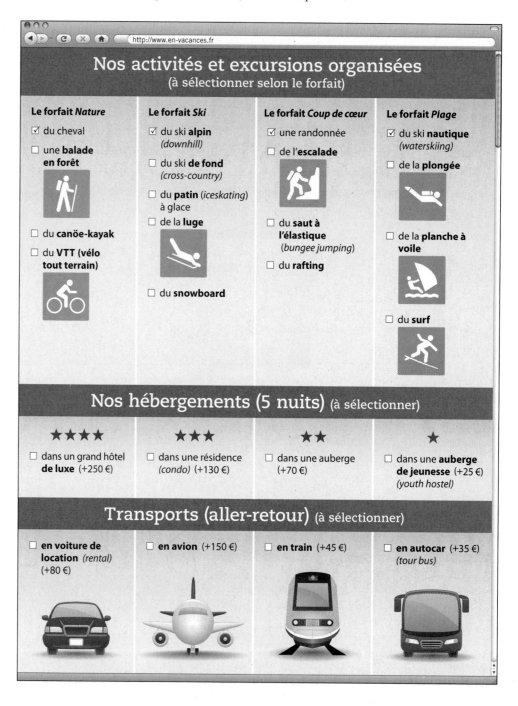

Nos activités et excursions organisées
(à sélectionner selon le forfait)

Le forfait *Nature*
☑ du cheval
☐ une **balade en forêt**
☐ du **canöe-kayak**
☐ du **VTT (vélo tout terrain)**

Le forfait *Ski*
☑ du ski **alpin** (*downhill*)
☐ du ski **de fond** (*cross-country*)
☐ du **patin** (*iceskating*) à glace
☐ de la **luge**
☐ du **snowboard**

Le forfait *Coup de cœur*
☑ une **randonnée**
☐ de l'**escalade**
☐ du **saut à l'élastique** (*bungee jumping*)
☐ du **rafting**

Le forfait *Plage*
☑ du ski **nautique** (*waterskiing*)
☐ de la **plongée**
☐ de la **planche à voile**
☐ du **surf**

Nos hébergements (5 nuits) (à sélectionner)

★ ★ ★ ★
☐ dans un grand hôtel **de luxe** (+250 €)

★ ★ ★
☐ dans une résidence (*condo*) (+130 €)

★ ★
☐ dans une auberge (+70 €)

★
☐ dans une **auberge de jeunesse** (+25 €) (*youth hostel*)

Transports (aller-retour) (à sélectionner)

☐ **en voiture de location** (*rental*) (+80 €)

☐ **en avion** (+150 €)

☐ **en train** (+45 €)

☐ **en autocar** (+35 €) (*tour bus*)

Dernière étape. Quel est le prix total de votre voyage? Comment préférez-vous payer? Complétez maintenant le bilan de vos **dépenses** (*expenses*).

		Prix
Nom du forfait:	_le forfait Nature_	_450_ €
Excursions supp.:	_du cheval_	(+) _50_ €
	une balade en forêt	(+) _50_ €
		(+) ____ €
Hébergement:	_dans une résidence_ (5 nuits)	+ _650_ €
Transport:	_en avion_ (aller–retour)	+ _150_ €
		À payer: _1350_ €

Je préfère payer…

☐ en espèces (en liquide) (*cash*)   ☐ par carte bancaire

☐ par chèque   ☒ par carte de crédit

Chez les Français

Les saisons en France

La France est un pays à la géographie si diverse qu'il est difficile de choisir parmi toutes les destinations possibles... Essayons quand même!

En automne, la destination qui vient tout de suite à l'esprit pour les amoureux de la nature: **la Forêt royale de Fontainebleau**—la forêt la plus célèbre et, pour beaucoup, la plus belle de France. On ne compte plus les espèces (*species*) végétales et animales que ce trésor de 28.000 hectares offre aux visiteurs.

Envie de neige et de paysages de montagnes? **Chamonix** est LA ville où aller en hiver, au cœur du massif du Mont Blanc, dans les Alpes. De nombreuses stations de sport d'hiver (*ski resorts*) dans la région proche proposent des formules hébergement et accès aux pistes (*slopes*); mais si vous n'aimez pas le ski, vous pouvez prendre le téléphérique (*aerial tramway*) pour admirer le panorama.

Le Gard, un département de la région Languedoc-Roussillon, est magnifique au printemps. **Le pont du Gard** en particulier est à découvrir. C'est un aqueduc impressionnant qui date de l'époque romaine et qui est encore en très bon état. Aujourd'hui, la France, avec l'aide de la Communauté Européenne, a développé une zone entièrement piétonne autour du pont et on peut aussi le traverser et admirer le site naturel qui l'entoure.

En été, allez vers l'ouest jusqu'aux plages de **Biarritz**, principale ville du pays basque français, à environ 18 kilomètres de la frontière (*border*) avec l'Espagne. La région est bordée de belles plages de sable fin et certaines sont ouvertes aux surfeurs.

A. Où sont-ils allés? Travaillez avec un(e) camarade. À tour de rôle, lisez les phrases et devinez où chaque personne est allée: (a) à Fontainebleau, (b) à Chamonix, (c) au Pont du Gard ou (d) à Biarritz.

1. Marc: «Je n'ai pas eu le temps de faire de la luge.»
2. Lucille: «Nous avons fait des balades en forêt, même quand il pleuvait.»
3. José: «Je voulais faire de la planche à voile, mais il n'y avait pas de vent.»
4. Irène: «Faire du saut à l'élastique? Moi? Jamais!»
5. Matthieu: «J'adore faire du patin à glace; il y avait une patinoire (*rink*) devant l'hôtel!»
6. David: «Il n'a pas fait de VTT avec nous; il avait peur de tomber.»

B. Le temps qu'il fait.

Première étape. Examinez les prévisions météo pour les destinations touristiques suivantes. Quel temps et quelle température fait-il dans chaque endroit? Quel climat préférez-vous et pourquoi?

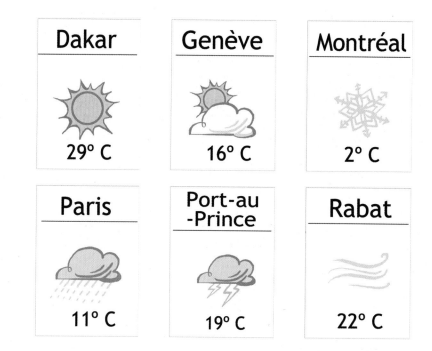

Dakar 29° C
Genève 16° C
Montréal 2° C
Paris 11° C
Port-au-Prince 19° C
Rabat 22° C

Deuxième étape. Quelles sont les prévisions météo pour votre région? Avec un(e) camarade, discutez de ce que vous avez chacun(e) l'intention de faire dans les jours à venir en tenant compte du temps qu'il va faire.

C. Activités proposées. Travaillez avec un(e) camarade avec qui vous allez partir en vacances. Discutez de vos activités en utilisant les expressions de la liste. Qui de vous deux est le/la plus aventureux/aventureuse? Est-ce que vous seriez des compagnons de voyage compatibles?

> J'ai déjà fait...
> J'aimerais beaucoup faire...
> J'ai peur de faire...
> Je ne ferais jamais...

EXEMPLE: de la plongée

—Moi, je ne ferais jamais de plongée; j'ai peur de l'eau profonde!

1. une balade en forêt
2. du saut à l'élastique
3. de la luge
4. du ski nautique
5. du snowboard
6. du VTT

En français

In addition to verbs such as **acheter, coûter, payer (en espèces, par chèque,** etc.), which you're already familiar with, the following verbs are useful for talking about one's finances:

économiser (de l'argent)	to save (money)
régler/payer (une facture)	to settle/pay (a bill)
retirer... de son compte (chèques)	to withdraw . . . from one's (checking) account
verser de l'argent sur son compte d'épargne	to deposit money in one's savings account

---

D. Les dépenses.

Première étape. Avec un(e) camarade, comparez vos méthodes de paiement dans chaque cas—est-ce que vous retirez de l'argent pour ensuite payer en espèces, par exemple?

1. C'est un samedi soir et vous sortez au cinéma avec des amis.
2. Vous payez votre facture mobile (de téléphone portable) / de gaz / d'électricité.
3. Vous laissez un pourboire (*tip*) au serveur dans un restaurant.
4. Vous réservez un billet d'avion sur Internet.
5. Vous payez un sandwich au resto-U.
6. Vous donnez de l'argent à une fondation caritative (*charity*).
7. Vous achetez un nouvel ordinateur portable.

Deuxième étape. Est-ce que votre façon de régler vos factures change lorsque vous êtes en vacances? Expliquez à votre camarade comment vous payez et pourquoi. Est-ce que vos parents paieraient de la même façon que vous?

E. Voyages en promo. Comment peut-on économiser de l'argent pendant ses vacances? Travaillez avec trois autres camarades. Préparez ensemble une liste de quatre conseils destinés à des étudiants français pour voyager pas cher dans votre région. Utilisez les expressions **il faut... , il vaut mieux... , il est important de... ,** etc., et mentionnez (1) des destinations, (2) des activités, (3) des hébergements et (4) des moyens de transport.

F. Les agents de voyages. Choisissez un(e) étudiant(e) dans la classe pour jouer le rôle d'un(e) touriste. Formez des équipes de quatre agents de voyages. Votre «client(e)» va vous décrire ce qu'il/elle recherche (le genre d'endroit, le temps, le prix, le type d'activités, etc.). Posez-lui des questions pendant ou après sa description pour pouvoir ensuite lui proposer un forfait idéal.

EXEMPLE: LE/LA CLIENT(E): J'aimerais aller dans un endroit où il fait... (il y a... , on peut... , on ne doit pas... , etc.).

LES AGENTS DE VOYAGE: Est-ce que vous préférez y aller en train?

Rétrospective *Le guide Michelin* (rouge, vert) et *Le guide du routard*

«Je ne me demande pas où mènent les routes, c'est pour le trajet que je pars.»*

—ANNE HÉBERT

Le guide Michelin has been published annually since 1900 by the Michelin tire company, founded by cousins André and Édouard Michelin in Clermont-Ferrand. Though intended as a resource guide for motorists—as well as to promote tourism by car and the purchase of tires for this purpose—it has since come to be known throughout the world as the foremost authority on the quality of hotels and restaurants (in its red-covered guide) and on tourist attractions (in its green-covered guide). Michelin first used one to three asterisks to classify hotels according to their price; these asterisks have since become the all-important **étoiles** of France's best restaurants. Even a single **étoile** can put a restaurant and its head chef "on the map" in the culinary world.

For those on a smaller budget, **Le guide du routard** (*backpacker*) has been an essential resource since the early 1970s. Initially a guide for "hippies," it has been a favorite of adventurous, independent students looking to travel "on the cheap" ever since. Each guide is devoted to a different country and provides practical details on climate, lodgings, and things to see, along with a bit of the culture and history of the country.

Sources: **www.michelin.fr, www.routard.com**

Sur Internet Pour voir le forum des voyageurs sur le site Web du guide du routard, y compris les nombreuses photos publiées par les voyageurs, consultez le site Web d'*En avant!* (**www.mhhe.com/enavant1**).

---

*Anne Hébert (1916–2000) was a famous Québécois writer. This quote is taken from her short story *L'ange de Dominique* (*Dominique's Angel*) and translates as *I don't wonder where the road goes, it's all about the trip.*

13.1 Savez-vous conduire?

Indicating movement with verbs such as **conduire**

Regardez **la carte routière** (*road map*) du sud-ouest de la France, puis lisez la description d'un voyage en voiture. Essayez de déterminer le sens des quatre verbes de déplacement (*movement*) que vous ne connaissez pas encore.

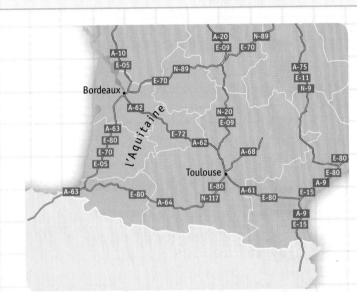

Aujourd'hui, **nous allons** de Bordeaux à Toulouse en voiture. **Nous suivons** l'A62, une autoroute à péage (*toll road*) qui **traverse** l'Aquitaine. Le voyage dure moins de trois heures si **nous conduisons** à 130km/h (la limite de vitesse sur la plupart des autoroutes françaises) et que **nous ne nous arrêtons** pas aux aires de repos (*rest stops*). Quand **nous nous approchons** de la région toulousaine, **nous quittons** l'autoroute après la sortie 11 et la gare de péage (*toll booth*). **Nous arrivons** au centre-ville, prêts à commencer notre visite de la ville rose.

Analysons! Voici les infinitifs des quatre nouveaux verbes de déplacement: **s'approcher, s'arrêter, conduire, traverser.** 1. Quel verbe veut dire «piloter un véhicule»? _____? «aller d'un côté à l'autre»? _____ «venir près»? _____ 2. Quel verbe est le contraire du verbe «continuer»? _____.

◗ Answers to this activity are in Appendice 2 at the back of the book.

1 The verb **conduire** is the equivalent of English *to drive*.

Elle ne **conduit** pas la nuit.   *She doesn't drive at night.*

Other verbs indicating movement, some of which you've seen in earlier chapters, include:

s'approcher de	*to approach*	marcher	*to walk*
s'arrêter (à)	*to stop (at)*	quitter	*to leave (a location)*
entrer	*to enter*	traverser	*to cross*

2 The verb **conduire** has an irregular conjugation pattern, with two stems: one for the singular forms and another for the plural forms.

conduire (*to drive*)	
RACINES: **condui-**, **conduis-**	
je **conduis**	nous **conduisons**
tu **conduis**	vous **conduisez**
il/elle/on **conduit**	ils/elles **conduisent**

◗ To learn about other verbs ending in **–uire**, see Par la suite at the back of the book.

Mise en pratique. Complétez chaque phrase avec la forme équivalente du verbe **conduire**.

1. Je ne **roule** (=_____) pas trop vite!

2. Tu **roules** (=_____) sur les autoroutes?

3. En Angleterre, on **circule** (=_____) à gauche.

4. Ici, en France, nous **roulons** (=_____) à droite.

5. Vous ne **roulez** (=_____) pas quand il fait noir (*it's dark*)?

6. Mes parents **roulent** (=_____) trop lentement.

7. Il est parfois difficile de **circuler** (=_____) en ville.

◗ Answers to this activity are in Appendice 2 at the back of the book.

3 Although the verbs **conduire** and **marcher** express movement, they are not used in French to say *how* someone gets from one place to another. Rather, the verb **aller** or **rentrer** is used along with expressions such as **en voiture** or **à pied**, which you learned in **Chapitre 12.** Compare:

Il ne **conduit** (roule, circule) pas la nuit.   *He doesn't drive at night.*

but: Il **va** à la fac **en voiture**.   *He drives (= goes by car) to campus.*

Pànneau d'annonce de feux tricolores

Chez les Français

En route!

En France, l'âge légal pour conduire est 18 ans. Cependant, on peut conduire dès 16 ans avec un adulte qui a déjà le permis de conduire (*driver's license*): c'est le système de la «conduite accompagnée». Pour passer le permis, il faut d'abord prendre 20 heures minimum de cours de conduite dans une auto-école agréée (*certified*) par le gouvernement. Quand on ajoute les cours de code de la route, le permis coûte· généralement entre 1.000 et 1.200 euros!

Les Nord-Américains qui ont déjà leur permis peuvent conduire en France sans trop de difficultés. Tout de même (*Even so*), il faut savoir qu'on ne peut pas tourner à droite au feu rouge, et qu'il existe beaucoup plus de ronds-points en France qu'en Amérique du Nord. Il faut céder le passage (*yield*) aux automobilistes qui sont déjà sur le rond-point.

A. Écoutez bien! Vous voudriez voyager en France en voiture? Passez ce petit test avant de commencer votre voyage. Cochez **vrai** ou **faux.**

	vrai	faux		vrai	faux
1.	☐	☐	4.	☐	☐
2.	☐	☐	5.	☐	☐
3.	☐	☐	6.	☐	☐

B. Le code de la route. Voici quelques panneaux (*signs*) de signalisation très communs en France. Qu'est-ce que chaque panneau signale? Avec un(e) camarade, complétez les phrases suivantes. Écrivez d'abord la lettre qui accompagne le panneau, puis la forme appropriée d'un verbe de la liste.

a.

b.

c.

d.

e.

f.

s'approcher	conduire	quitter
s'arrêter	entrer	traverser

1. Le panneau _____ signale que vous _____ sur une autoroute.

2. Le panneau _____ signale qu'il faut _____ au carrefour (*intersection*).

3. Le panneau _____ signale que vous _____ d'un rond-point.

4. Le panneau _____ signale que vous _____ l'autoroute.

5. Le panneau _____ signale qu'il y a peut-être des piétons (*pedestrians*) qui _____ la rue.

6. Le panneau _____ signale qu'il est interdit de _____ dans ce sens.

C. Conduire ou ne pas conduire, telle est la question.

Première étape. Travaillez avec trois autres camarades. Qui dans le groupe conduit dans les circonstances suivantes? Si vous ne conduisez pas, qu'est-ce que vous faites quand vous devez aller quelque part? Notez quelques détails intéressants de votre discussion et présentez-les à la classe.

1. quand il fait nuit (il fait noir)
2. quand il pleut / il neige beaucoup
3. pendant les heures de pointe
4. dans une ville qu'on ne connaît pas
5. quand on a sommeil
6. sur autoroute

D. Sondage: Comment on se déplace (*get around*).
Interviewez six camarades. Posez à chacun(e) quelques questions sur un des moyens de transport mentionnés ci-dessous, puis présentez à la classe entière le détail le plus intéressant ou le plus original. Qui parmi vous a la plus grande empreinte carbone (*carbon footprint*)?

EXEMPLE: conduire

> É1: (Est-ce que) tu conduis beaucoup?
> É2: Pas beaucoup, non.
> É1: Où est-ce que tu vas en voiture?
> É2: Je vais généralement au supermarché en voiture. Sinon, je préfère prendre mon vélo.

1. conduire
2. marcher en ville
3. prendre le bus
4. prendre son vélo
5. prendre le train
6. prendre l'avion

13.2 Où iriez-vous en vacances? The conditional mood

Voici ce que les Duclos feront pendant leurs vacances. Cochez ce que votre famille ferait (*would do*) si elle pouvait partir en vacances demain.

La famille Duclos...	Ma famille...
1. **passera** deux semaines à la mer.	☐ **passerait** aussi deux semaines à la mer.
2. **ira** en voiture.	☐ **irait** aussi en voiture.
3. **emmènera** le chien.	☐ **emmènerait** aussi le chien.
4. **laissera** l'ordinateur à la maison.	☐ **laisserait** aussi l'ordinateur à la maison.
5. **logera** dans un bel hôtel.	☐ **logerait** aussi dans un bel hôtel.

Analysons! 1. Est-ce qu'on utilise la même racine pour les formes du futur simple (à gauche) et les formes du conditionnel (à droite)? _____ 2. Est-ce qu'on utilise aussi les mêmes terminaisons (*verb endings*) au futur et au conditionnel? _____

○ Answers to this activity are in Appendice 2 at the back of the book.

1 As you saw in the **Communication en direct** section of this chapter, the conditional mood (**le conditionnel**) is used to say what *would* happen in some hypothetical situation.

À ta place, je **prendrais** un taxi.   *If I were you, I'd take a taxi.*

S'il ne pleuvait pas, je **me promènerais**.   *If it weren't raining, I'd go for a walk.*

Une semaine à Paris? J'**irais** volontiers!   *A week in Paris? I would certainly go!*

The conditional forms of the verbs **aimer** and **vouloir** + infinitive are also used to invite or politely make requests of others.

Vous **aimeriez** dîner avec nous?   *Would you like to have dinner with us?*

Vous **voudriez** m'aider un peu?   *Would you like to help me a bit?*

2 Conditional verb forms consist of a stem and a series of endings, both of which you're already familiar with: The stem is the same as that used in the **futur simple** (whether regular or irregular), which you learned about in **Chapitre 11**; the endings are the same as those used in the **imparfait**, which you learned about in **Chapitre 9**. Compare:

Futur: Tu **prendras** le bus?   *Will you take the bus?*

Conditionnel: S'il pleuvait, est-ce que tu **prendrais** le bus?   *If it were raining, would you take the bus?*

prendre AU CONDITIONNEL	
RACINE: **prendr-**	
je **prendrais**	nous **prendrions**
tu **prendrais**	vous **prendriez**
il/elle/on **prendrait**	ils / elles **prendraient**

Study Tip The helping verb *would* in English has two functions: (1) to describe habitual actions in the past (*We would go on vacation once a year*) and (2) for hypothetical situations (*We would go on vacation if we had the time*). Remember that in French, the **imparfait** form of a verb expresses habitual actions in the past (**nous allions en vacances…**), and the **conditionnel** form of a verb expresses a hypothetical reality (**nous irions en vacances…**).

If I were you, I would eat some cheese.

Si j'étais à ta place, je mangerais du fromage

Si, … imparfait, conditionnel

Mise en pratique. Complétez chaque phrase avec la forme appropriée du verbe **passer** au conditionnel. Ces phrases reflètent-elles la réalité? Parlez-en en classe.

1. Si je voyageais seul(e), je _passerais_ mes vacances sur la côte (en Floride, par exemple).

2. Si je voyageais avec des amis, nous _passerions_ nos vacances dans une grande ville (à Chicago, par exemple).

3. Mes parents _passeraient_ leurs vacances dans un parc national (à Yellowstone, par exemple).

4. Notre prof _passerait_ ses vacances en France.

5. L'étudiant(e) à côté de moi _passerait_ ses vacances sur une île tropicale (à Tahiti, par exemple).

○ Answers to this activity are in Appendice 2 at the back of the book.

3 Verbs in their conditional form can be found in complex sentences that include a clause beginning with **si** (*if*). The verb in the **si** clause is in the **imparfait** and introduces a hypothetical situation; the verb in the other clause is in the **conditionnel** and tells what *would happen* in that hypothetical situation.

Si nous **allions** à Paris,
If we went to Paris,

> nous **visiterions** le Louvre.
> *We would visit the Louvre.*
> nous **prendrions** le métro.
> *We would take the subway.*

O To learn about forms and uses of the past conditional (**le passé du conditionnel**), see Par la suite at the back of the book.

4 The conditional form of **devoir** + an infinitive is used to express what *should* happen, and the conditional form of **pouvoir** + infinitive is used to express what *could* happen.

Vous
{ **partiriez** — la semaine prochaine? *You would leave next week?*
{ **devriez partir** — tout de suite. *You should leave right away.*
{ **pourriez partir** — demain. *You could leave tomorrow.*

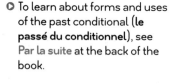

A. Écoutez bien! Êtes-vous aventureux (-euse)? Votre professeur va suggérer plusieurs situations hypothétiques. Imaginez comment vous réagiriez dans chaque cas.

1. ☑ Je serais très content(e)!   ☐ Je serais assez déçu(e) (*disappointed*).
2. ☑ J'accepterais avec plaisir!   ☐ Je n'irais pas.
3. ☐ Je serais le premier (la première) à sauter!   ☑ Je refuserais d'y participer.
4. ☐ Je goûterais à tout!   ☑ Je ne mangerais rien; je boirais de l'eau.
5. ☐ Je m'amuserais beaucoup!   ☑ J'aurais probablement mal à la tête.

B. De bons conseils?

Première étape. Travaillez avec deux autres camarades. À tour de rôle, jouez le rôle d'une des personnes de la liste. Les autres membres de votre groupe vont vous dire comment vous devriez (ou pourriez) résoudre «votre» problème. Quel conseil trouvez-vous le plus sage?

1. Robert: —Je ne m'entends pas bien avec mon colocataire.
2. Anita: —Mon copain conduit trop vite. J'ai peur d'être dans la voiture avec lui.
3. Chloé: —Je m'ennuie le week-end.
4. Vincent: —J'ai envie de voyager en France, mais je n'ai pas assez d'argent pour y aller.
5. Léo: —Mes parents n'aiment pas ma copine.
6. Emma: —J'ai de mauvaises notes en histoire.

Deuxième étape. Demandez maintenant des conseils à votre professeur. (La sagesse vient peut-être avec l'âge...)

EXEMPLE: —Qu'est-ce que vous feriez si vous ne vous entendiez pas bien avec votre colocataire?

C. Qu'est-ce que tu ferais avec... ?

Première étape. Interviewez trois ou quatre camarades pour savoir ce qu'ils/elles feraient avec ces choses ou ces gens. Prenez des notes.

Qu'est-ce que tu ferais si tu...

1. avais 100.000 dollars?
2. trouvais un billet de 50 dollars par terre?
3. gagnais une villa sur la Côte d'Azur?
4. avais un(e) ami(e) célèbre?
5. devais passer la journée avec un enfant de 5 ans?
6. tu pouvais passer une année à faire exactement ce que tu veux?

[handwritten notes in right margin:]
je vouloirais que il est Justin Bieber
je passerais la journée très tôt à matin.
je voyagerais au Japon et je mangerais beaucoup de choses.

[handwritten note near item 3:] j'aurais beaucoup de fêtes à ma maison.

Deuxième étape. En vous basant sur les résultats de vos interviews, décrivez brièvement à la classe le caractère de vos camarades.

> **EXEMPLE:** —Cindy est généreuse parce qu'elle achèterait un cadeau pour sa mère avec le billet de 50 dollars.

D. En route.

Première étape. Vous êtes à Paris et vous aimeriez visiter Toulouse. Si vous décidiez d'y aller, quel moyen de transport choisiriez-vous? Pourquoi? Évaluez le pour et le contre de chaque moyen de transport à l'aide du tableau.

Si on allait en avion...

Paris–Toulouse		
Moyen	**Durée**	**Prix (aller–retour)**
en avion	1 h 10 min	129 €
en TGV (train à grande vitesse) (via Bordeaux)	5 h 36 min	93 €
en voiture	5 h 53 min	180 € [carburant (*fuel*) + péages (*tolls*)]

Deuxième étape. Travaillez avec deux autres camarades. Si vous alliez en voiture de Paris à Toulouse, quelles activités de la liste feriez-vous et lesquelles ne feriez-vous pas? Mettez-vous tous/toutes d'accord sur les choses à faire avant de partir et en route.

Avant de partir:

partir de bonne heure?

faire le plein d'essence (*fill up on gas*)?

chercher son GPS / sa carte routière?

créer un nouveau mix sur son iPod?

acheter des boissons, des chips?

En route:

s'arrêter toutes les deux heures?

éviter les péages?

respecter la limite de vitesse?

changer de place dans la voiture?

lire / jouer (à quelque chose)?

Troisième étape. Présentez quelques détails de votre voyage à la classe. Par exemple, que feriez-vous avant de partir? Quelle personne serait responsable de chaque préparatif?

En France, on roule généralement à 130 km à l'heure sur l'autoroute, sauf quand il pleut!

E. Le tourisme historique.

Première étape. Vous êtes à Toulouse et vous voudriez passer le week-end à visiter quelques villes ou sites historiques du sud-ouest de la France. Lisez la section **Chez les Français** et regardez les photos (pages 384–385). Choisissez les deux destinations qui vous intéressent le plus.

Sur Internet

Pour en savoir plus sur les endroits visibles sur les photos et pour faire une visite virtuelle de la grotte de Lascaux, consultez le site Web d'*En avant!* **(www. mhhe.com/envant1).**

Carcassonne, cité fortifiée

Une des peintures préhistoriques de la grotte de Lascaux

Chez les Français

Quelques sites historiques du sud-ouest de la France

- **Carcassonne** est une cité médiévale fortifiée. Elle est entourée de 3 km de remparts avec cinquante-deux tours. La cité a aussi un château et une basilique.

- **La grotte (*cave*) de Lascaux (à Montignac)** est une grotte ornée de peintures et gravures préhistoriques, découverte en 1940 par quatre jeunes garçons (et le chien d'un entre eux, Robot, qui est tombé dans un trou), pendant une promenade.

- **Lourdes** est un centre de pèlerinage (*pilgrimage*) catholique depuis 1858—l'année où Bernadette Soubirous aurait vu (*claimed to have seen*) une apparition de la Vierge (*Virgin*) Marie.

- **Pau** est la porte des Pyrénées. **À voir:** Le château, lieu de naissance du «bon roi» Henri IV en 1553; le boulevard des Pyrénées pour une vue spectaculaire sur les montagnes, surtout le Pic du Midi d'Ossau.

La grotte de Massabielle à Lourdes

La statue d'Henri IV, roi de France, au
château de Pau

Deuxième étape. Travaillez avec un(e) camarade. Dites-lui quelles destinations vous
avez choisies et expliquez pourquoi elles vous intéressent (**Moi, j'irais… parce que…**).
Si votre camarade n'a pas choisi les mêmes endroits que vous, faites un compromis
pour pouvoir voyager ensemble (**Nous pourrions aller…**). Discutez des activités que
vous feriez ensemble et puis parlez-en à la classe.

13.3 Allons-y! Object pronouns with the imperative

Indiquez à quel mot de la colonne B correspond le pronom d'objet dans chacune
des phrases de la colonne A.

A	B
_____ 1. **Allons-y!** C'est l'endroit idéal pour une balade.	a. le vase en porcelaine
_____ 2. **N'en faisons pas.** C'est trop dangereux.	b. dans la forêt
_____ 3. **Ne m'en parlez pas.** Cette histoire me fait peur!	c. le foulard Hermès
_____ 4. **Achetons-le!** Il va bien avec ma robe bleue.	d. de l'escalade
_____ 5. **Ne l'envoyons pas** par la poste. Il risque de casser (_break_).	e. de l'accident d'avion

Analysons! Quelle différence notez-vous par rapport à la position des
pronoms d'objet dans les ordres à l'affirmatif et au négatif? 1. À l'affirmatif,
le pronom d'objet précède le verbe ou suit le verbe? _____
2. Et au négatif? _____

○ Answers to this activity are in
Appendice 2 at the back of the
book.

1 In commands (**l'impératif**), object pronouns *follow* the verb and are joined to it by a hyphen. **Liaison** occurs between the imperative form and the object pronouns **y** and **en**.

Voici tes clés. **Prends-les.**	*Here are your keys. Take them.*
Elle attend votre réponse. **Téléphone-lui.**	*She's waiting for your answer. Call her.*
C'est un très bon restaurant. **Dînez-y.**	*It's a very good restaurant. Dine there.*
Voilà du pain. **Achetons-en.**	*There's some bread. Let's buy some.*

Mise en pratique. Donnez des conseils pour des vacances réussies. Faites correspondre les impératifs de la colonne A avec les termes logiques de la colonne B. Ensuite, remplacez les termes de la colonne B par des pronoms d'objet et écrivez vos conseils dans la colonne C.

A	B	C
1. Réfléchissez	votre passeport	_____!
2. Consultez	à une destination	*Réfléchissez-y* !
3. Achetez	vos billets d'avion	_____!
4. Réservez	des sites Web	_____!
5. Cherchez	votre chambre d'hôtel	_____!

○ Answers to this activity are in Appendice 2 at the back of the book.

---

2 In **Chapitre 10,** you learned that the final **-s** of the **tu** form of verbs ending in **-er** is normally dropped in the imperative; this is also true of verbs conjugated like **-er** verbs (such as **offrir** and **ouvrir**) and the irregular verb **aller.** When the object pronouns **y** and **en** follow these imperative forms, however, the final **-s** is retained for ease of pronunciation, and **liaison** occurs.

—**Achète** des chocolats.	*Buy some chocolates.*
but: **Achètes-en.**	*Buy some (of them).*
—**Va** à l'hôpital.	*Go to the hospital.*
but: **Vas-y.**	*Go there!*

Mise en pratique. En vous basant sur la forme de l'impératif que vous voyez, déterminez quel pronom d'objet—**les** ou **en**—il faut utiliser. Lisez chaque phrase à haute voix.

Achète-_____.	Couvre-_____.
Offres-_____.	Donnes-_____.
Ouvres-_____.	Cherche-_____.

○ Answers to this activity are in Appendice 2 at the back of the book.

3 The object pronouns **me** and **te** become **moi** and **toi** when used in the affirmative imperative, whereas **nous** and **vous** remain unchanged.

—Appelez-**moi** si vous avez des problèmes.   *Call me if you have any problems.*

The forms **toi**, **nous**, and **vous** always occur when a pronominal verb is used in affirmative commands.

—Couche-**toi** de bonne heure.   *Go to bed early.*

—Réveillez-**vous**, les enfants!   *Wake up, kids!*

Mise en pratique. Donnez des ordres en utilisant les verbes indiqués à la deuxième personne du singulier (**tu**). **Attention!** Le pronom **toi** est seulement utilisé avec les verbes pronominaux.

1. se coucher _____   4. ranger ta chambre _____

2. se dépêcher _____   5. se lever _____

3. être sage _____   6. finir ton dîner _____

○ Answers to this activity are in Appendice 2 at the back of the book.

---

4 When negative expressions such as **ne... pas** are used in commands, all object pronouns return to their regular position immediately before the conjugated verb (and to their regular form, in the case of **me** and **te**).

Ce sont mes clés. **Ne les** prends **pas!**   *Those are my keys. Don't take them!*

Ces chocolats ne sont pas bons. **N'en**   *Those chocolates aren't good. Don't*
  achète **pas!**   *buy any (of them)!*

Je suis trop occupé(e). **Ne m'**appelez **pas!** *I'm too busy. Don't call me.*

○ To learn about the use of more than one object pronoun with the imperative, see Par la suite at the back of the book.

A. Écoutez bien! Qu'est-ce qu'il faut faire chez vous avant de partir en vacances? Votre professeur va vous donner ses conseils. Complétez chacun de ses conseils en utilisant un des verbes de la liste à l'impératif. Quels conseils suivez-vous déjà avant de partir en voyage?

couper	donner
débrancher (*unplug*)	laisser
demander	oublier

1. Vos appareils électroniques?   _____-les.

2. L'eau?   _____-la.

3. Des produits frais?   N'en _____ pas sur le comptoir.

4. Un ami?   _____-lui de venir chercher votre courrier (*mail*) et d'arroser (*water*) vos plantes.

5. Des voisins?   _____-leur un double de vos clés.

6. Votre passeport ou une carte d'identité?   Ne l'/la_____ pas!

B. D'une façon plus directe. Travaillez avec un(e) camarade. Imaginez que vous êtes en vacances ensemble. Ajoutez le pronom d'objet approprié aux questions (**au conditionnel**). Ensuite, à tour de rôle, donnez des ordres d'une façon plus directe en utilisant l'**impératif**. Attention à la forme et la place du pronom d'objet!

> EXEMPLE: (le plan de ville) Pourrais-tu _____le_____ mettre dans ton sac?
> —Mets-le dans ton sac (s'il te plaît).

1. (moi) Pourrais-tu _____ aider avec mes valises?

2. (la chambre) Pourrais-tu _____ réserver en ligne ce soir?

3. (à la poste) Pourrions-nous _____ aller avant de partir?

4. (de l'aspirine) Pourrais-tu _____ acheter à la pharmacie?

5. (au guide) Pourrais-tu _____ dire que nous sommes prêts?

6. (aux amis) Pourrions-nous _____ envoyer une carte postale?

C. En vacances. Travaillez avec deux autres camarades. Faites une liste de quatre conseils que vous donneriez tous/toutes à des amis qui vont bientôt partir en vacances. Utilisez l'impératif de quatre des verbes de la liste, puis écrivez un de vos conseils au tableau. La classe votera pour le meilleur conseil et pour le pire.

s'amuser (à)	s'habiller
se coucher	se lever
se détendre	s'occuper (de)
se fâcher (contre)	se promener

> EXEMPLE: s'acheter
> Si vous allez passer beaucoup de temps à la plage, achetez-vous des nouveaux maillots de bain!

D. Qu'est-ce que vous diriez? Trouvez dans la section **En français** une expression appropriée à chaque situation dans la liste.

1. Si le chien du voisin était en train de manger les fleurs de votre jardin…
2. Si vos amis vous proposaient d'aller au bord de la mer ce week-end…
3. Si un ami vous appelait pour vous prévenir (*to warn*) qu'il allait arriver en retard à votre fête…
4. Si vos colocataires vous posaient constamment des questions…
5. Si votre petit frère vous tirait (*was pulling*) les cheveux…

Quel guide préférez-vous?

E. Préparatifs de voyage.

Première étape. Vous allez partir en France avec deux autres camarades et vous voulez être prêt(e)s à tout. Regardez la liste et indiquez quels objets vous avez en cochant les cases appropriées.

Appareils/guides	Équipement de sport	Bagagerie
☐ un appareil photo	☐ des combinaisons (de ski) (*ski suits*)	☐ des sacs à dos
☐ un caméscope	☐ des VTT	☐ des valises
☐ un lecteur DVD portable	☐ des bâtons de marche (*walking sticks*)	☐ des trousses de toilette (*toiletry bags/kits*)
☐ un guide touristique	☐ des lunettes de plongée	☐ un parapluie
☐ une carte routière	☐ des planches de surf	

Deuxième étape. Avec deux autres camarades, faites l'inventaire de toutes vos affaires (les objets que vous avez cochés dans les listes de la **Première étape**). Pour les objets qui manquent encore au groupe, proposez une solution.

EXEMPLES: —Nous avons besoin de planches de surf. Louons-en sur place.

—Il nous manque une carte routière. Achetons-en une avant de partir.

Le meilleur moyen d'enrayer l'hémorragie* des accidents du travail est sans doute d'arrêter de travailler. Ce qui aurait malheureusement pour conséquence d'augmenter les accidents de vacances.

—MICHEL COLUCCI (COLUCHE)

*enrayer... *stem the flood*

Les vacances, le tourisme et son impact sur la France

A. Avant d'écouter. Avec un(e) camarade, répondez aux questions suivantes: Quelle place occupent les vacances dans votre vie et celle de votre famille? Pendant les vacances, que faites-vous généralement? Aimez-vous voyager? De tous les pays ou régions francophones décrits dans ce manuel, lequel ou laquelle vous tente le plus et pourquoi?

B. Écoutez. Votre professeur va maintenant parler des vacances en France et du rôle du tourisme dans l'économie française. N'oubliez pas de signaler s'il y a des choses que vous ne comprenez pas.

C. Avez-vous compris? Complétez les phrases en utilisant certains des termes suivants. **Attention!** Trois termes ne sont pas utilisés!

5	54 millions	le bord de mer	pratique
23	74 millions	écologique	
40 millions	l'Amérique du Nord	économique	

1. En 2009, la France a accueilli environ _____ de touristes.

2. En 2009, par contre, les États-Unis ont accueilli _____ de touristes.

3. Les salariés français ont droit à un minimum de _____ semaines de congés payés.

4. En 2008, _____ de Français sont partis en vacances en été.

5. La destination préférée des touristes français en été est _____.

6. Le tourisme a des répercussions négatives dans les domaines _____ et _____.

D. À vous! D'après vous, pourquoi est-ce que tant de (*so many*) Français préfèrent passer leurs vacances en France? Si vous partiez en vacances, préféreriez-vous rester près de chez vous ou voyager à l'étranger? Pourquoi?

Une famille française en vacances à la plage

Interview avec Yann Arthus–Bertrand sur le tourisme responsable: «On va vers un tourisme de plus en plus utile.»

L'article suivant est une interview par *ECOtourisme Magazine* avec Yann Arthus-Bertrand, qui est photographe, président de l'association Good Planet et du programme Action Carbone et président du jury des Trophées du Tourisme Responsable. Son livre, *La Terre vue du ciel* (1994), est un best-seller mondial. Son film *Home* (2009), produit par Luc Besson, a été diffusé au cinéma à tarif réduit et gratuitement sur *YouTube*.

A. Avant de lire. Qu'est-ce que les expressions «écotourisme» et «tourisme responsable» veulent dire dans le contexte des vacances? Est-ce que vous associez ces expressions à des activités touristiques spécifiques? Est-ce qu'elles représentent plutôt une perspective sur les vacances et le tourisme? Comparez vos réponses à celles d'un(e) camarade.

B. Lisez. Lisez l'article, puis répondez aux questions qui suivent.

L'affiche publicitaire du film *Home* par Yann Arthus-Bertrand

---

ECOtourisme Magazine (ECO): Vous avez largement contribué à une prise de conscience[1] des Français de notre impact sur la planète. Quel est votre sentiment aujourd'hui sur l'évolution des mentalités?

Yann Arthus-Bertrand (YA-B): Ça avance très doucement, c'est assez étonnant: c'est comme si tout le monde était au courant[2] de ce qui allait se passer mais personne ne veut vraiment y croire. C'est très curieux. Par exemple je suis dans ma voiture, il y a une personne par voiture, il n'y a pas beaucoup de covoiturage[3] encore. On sait que les voitures sont responsables d'énormément de rejet de CO_2.[4] On connaît les conséquences de nos modes de vie[5] sur l'environnement, et pourtant[6] on n'est pas encore prêts à changer nos habitudes.

[1]prise... *growing awareness* [2]au... *aware* [3]*carpooling* [4]rejet... *CO_2 emissions* [5]modes... *lifestyles* [6]*nevertheless*

(continued)

ECO: Quel est selon vous le rôle des entreprises du secteur du tourisme?

YA-B: C'est un peu difficile parce qu'on sait très bien que ce qui est bon pour la planète, c'est de voyager un peu moins et un peu plus intelligent. En même temps, ce sont des gens qui vendent des voyages, donc ils sont un peu entre les deux. Je pense que l'intelligence, c'est justement d'accompagner ce mouvement plutôt que[7] de le prendre un jour en pleine face.[8] Et puis le tourisme responsable, c'est voyager d'une façon intelligente, c'est-à-dire à la découverte, en essayant d'apprendre quelque chose, de devenir un petit peu meilleur à la fin de son voyage. Le voyage «tourisme plage» est un peu fini; ça existe encore, mais on en a fait le tour.[9] Les gens commencent à prendre conscience de ce qui est en train de se passer... Voyager permet de mieux comprendre.

ECO: Avez-vous un message à adresser aux voyageurs?

YA-B: Aujourd'hui, il y a beaucoup de gens qui prêchent la décroissance[10] en disant «il faut arrêter de voyager, de prendre l'avion»... Mais le voyage, c'est formidable: ça permet de réunir les gens, de voir et de comprendre les choses, donc on ne peut pas dire qu'il faut arrêter de voyager, même si quelque part, ce serait l'une des solutions... Mais c'est impossible! Donc il faut essayer de comprendre que dès qu'on voyage, on émet du CO_2, donc on se doit[11] de faire en sorte que ce voyage soit[12] quelque chose d'utile pour soi, qu'il permette[13] de mieux comprendre certaines choses. On peut compenser[14] ses émissions de CO_2, mais ce n'est pas une obligation, on peut compenser en voyageant plus malin,[15] plus intelligent, en essayant de comprendre ce qui se passe dans le monde.

[7]plutôt... *rather than* [8]de... *to be taken completely by surprise* [9]on... *people have "been there, done that"* [10]prêchent... *advocate the scaling back of tourism* [11]se... *owes it to oneself* [12]faire... *to make sure that the trip is* [13]qu'il... *that it allows one* [14]make up for, to compensate for* [15]cleverly*

Excerpts from «On va vers un tourisme de plus en plus utile» used by permission of Voyages-sncf.com, www.voyages-sncf.com

---

C. Avez-vous compris? Indiquez si les phrases suivantes sont vraies ou fausses. Si une phrase est fausse, corrigez-la.

Selon Yann Arthus-Bertrand,	vrai	faux
1. la prise de conscience de notre impact sur la planète avance rapidement.	_____	_____
2. c'est difficile pour nous de changer nos modes de vie.	_____	_____
3. le tourisme responsable, c'est de ne plus voyager du tout.	_____	_____
4. le «tourisme plage» est une idée dépassée.	_____	_____
5. il est impossible de compenser ses émissions CO_2.	_____	_____

D. À vous! Selon vous, quels sont les avantages et les inconvénients de l'écotourisme? Seriez-vous disposé(e) à faire de l'écotourisme même si ça coûtait plus cher que les vacances traditionnelles? Comparez vos réponses à ces questions à celles d'un(e) camarade.

Écrivons!

Forum: Si je pouvais refaire mes vacances...

On dit parfois que c'est en faisant des erreurs qu'on apprend. Postez un message sur le **Forum des étudiants** pour décrire des vacances récentes, puis dites ce que vous feriez différemment aujourd'hui si vous aviez l'occasion de refaire ces vacances. Suivez le modèle.

◄ ► | **Forum >> Sujets divers >> Vacances >> Refaire des vacances?**

MESSAGE DE:

Pierre30
(Montpellier)

**posté le
05-05**

Sujet: Vacances à ne pas refaire ▼

L'année dernière, pour les vacances de printemps, je suis parti avec deux amis. Puisque nous sommes du sud-ouest de la France et que nous avons déjà assisté au carnaval de Nice, nous voulions aller voir le carnaval de Québec. Le carnaval était chouette,[1] surtout la sculpture sur neige, la course en canots et La Grande Virée, c'est-à-dire la course de traîneaux à chiens.[2] Nous nous sommes bien amusés, mes amis et moi! Cependant, si je pouvais refaire ces vacances, je changerais une chose, et ce serait d'amener (et puis de porter, bien sûr!) des vêtements plus chauds, y compris des gants, une écharpe et un bonnet de laine.[3] Je savais que le carnaval se passait en plein air et qu'au mois de février, il faisait vraiment très froid à Québec, mais je ne savais pas à quel point... !

[1]*great* [2]*course... dog sled race* [3]*bonnet... wool hat*

Parlons!

Où aller en vacances, et quand... ?

Avec un(e) ou deux camarade(s), mettez-vous d'accord sur un pays ou une région francophone où vous aimeriez aller en vacances, et décidez quelle(s) activité(s) vous feriez si vous y alliez en été, en hiver, au printemps ou en automne. Ensuite, comparez vos réponses à celles de vos voisins. Qu'est-ce que vos camarades pensent de vos réponses? Que pensez-vous de leurs réponses? Est-ce que vous aimeriez changer de destination, d'activité(s), ou de saison(s) maintenant que vous avez écouté les réponses de vos voisins? Si oui, qu'est-ce que vous changeriez et pourquoi?

Regardons!

Film: *Les Vacances de Monsieur Hulot*

(Comédie; 1953; France; Réalisateur: Jacques Tati; 87 min.)

SYNOPSIS: This internationally acclaimed classic French film follows the adventures of Monsieur Hulot, a lovable but clumsy vacationer, as he spends his holidays at a beach resort in northwestern France. With very limited dialogue but lots of sight gags and slapstick, the film gently pokes fun at how people cling to their societal roles and image even when on vacation.

SCÈNE: (DVD, Chapter 5, "Enter M. Hulot," 00:09:10–00:13:45).
In this scene, Monsieur Hulot makes his entrance at the hotel resort and disrupts the routines of the vacationers.

Avant-première. Quels films et/ou personnages de film vous viennent à l'esprit quand vous pensez à la comédie physique (on dit aussi *le slapstick*)?

On tourne! Que font-ils? Regardez le film, puis indiquez quelle activité de la colonne B fait chacun des personnages de la colonne A.

A	B
1. Monsieur Hulot _____	a. écoute les informations (*news*) à la radio.
2. L'homme d'affaires avec des lunettes _____	b. se présente à l'hôtel avec des valises et son matériel de pêche (*fishing equipment*).
3. Le serveur d'hôtel _____	c. sert le thé.
4. L'homme avec une moustache _____	d. travaille sur des dossiers (*files*).
5. Le capitaine _____	e. fait ce qu'il fait d'habitude.
6. Le vieil homme qui porte un béret _____	f. lit un livre.
7. Une dame _____	g. exécute un salut militaire.

On boucle!

1. Dites ce que ces vacanciers pourraient ou devraient faire s'ils étaient à la plage et pas à l'intérieur de l'hôtel. Utilisez l'imparfait, le conditionnel et le vocabulaire du chapitre dans vos réponses.

2. Aimeriez-vous aller en vacances à la plage ou préféreriez-vous un autre endroit? Pourquoi?

Chantons!

Chanson: «Destination ailleurs» (Yannick Noah, 2006)

Yannick Noah est né en 1960 à Sedan, dans les Ardennes, en France. Ancien joueur de tennis, il est actuellement chanteur. En 2010 et pour la cinquième fois consécutive, Noah était la personnalité préférée des Français selon le Top 50 du *Journal du Dimanche*. Dans sa chanson «Destination ailleurs» il parle d'évasion (*escape*).

Pendant que vous écoutez la chanson, notez ce que Noah a l'intention d'emporter (*to take along*) et ce qu'il suggère de faire avant de partir en vacances. Êtes-vous d'accord avec lui? Feriez-vous autre chose? Expliquez.

iMix Link: This song is available for purchase at the iTunes store in a special iMix created for *En avant!* For more information about accessing the playlist, go to the *En avant!* Online Learning Center, Coursewide Content (**www.mhhe.com/enavant1**).

Yannick Noah

Vocabulaire

Questions et expressions
Situations hypothétiques

Hypothetical situations

Si tu pouvais / vous pouviez (+ *inf.*)...	*If you could . . .*
Qu'est-ce que tu ferais / vous feriez si...	*What would you do if . . .*
Si je n'étais pas obligé(e) de (d') (+ *inf.*)...	*If I didn't have to . . .*

Le temps

The weather

neiger	*to snow*
pleuvoir	*to rain*
les prévisions méteo	*the weather forecast*
Quelle est la température?	*What is the temperature?*
Il fait... degrés	*It is . . . degrees.*
Quel temps fait-il?	*What is the weather like?*
Il est ensoleillé.	*It's sunny.*
Il fait beau.	*It's beautiful out.*
Il neige.	*It's snowing.*
Il pleut.	*It's raining.*
Il y a des éclaircies.	*It's partly sunny.*
Il y a des éclairs.	*There's lightning.*
Il y a des orages (*m.*).	*There are storms.*
Il y a du soleil.	*It's sunny.*
Il y a du tonnerre.	*There's thunder.*
Il y a du vent.	*It's windy.*
Le ciel est couvert.	*It's cloudy, overcast.*

Les ordres

Commands

Arrête!	*Cut it out! / Stop it!*
Laisse-moi / Laissez-moi tranquille!	*Leave me alone!*
(Ne) t'en fais pas / Ne vous en faites pas!	*Don't worry about it!*
Tiens!	*Well, well! / My, my!*
Va-t'en / Allez-vous-en!	*Get out of here! Get lost!*
Vas-y / Allez-y! / Allons-y!	*Go right ahead! (Let's) do that!*

Verbes et expressions verbales

aller en autocar	*to go by tour bus*
en avion	*by plane*
en voiture (de location)	*by (rental) car*
s'approcher de	*to approach*
s'arrêter	*to stop*
conduire	*to drive*
économiser	*to save (money)*
faire une balade en forêt	*to go for a walk in the woods*
du canoë-kayak	*canoeing*
de l'escalade	*mountain climbing*
de la luge	*sledding*
du patin à glace	*iceskating*
de la planche à voile	*windsurfing*
de la plongée	*snorkeling*
du rafting	*rafting*
du saut à l'élastique	*bungee-jumping*
du ski (alpin, de fond, nautique)	*(downhill, cross-country, water) skiing*
du snowboard	*snowboarding*
du surf	*surfing*
du VTT (vélo tout terrain)	*mountain biking*
ses valises	*to pack*
loger	*to stay*
marcher	*to walk*
payer en espèces / en liquide	*to pay in cash*
par carte bancaire,	*by debit card*
par carte de crédit	*by credit card*
par chèque	*by check*
régler (une facture)	*to settle (a bill)*
retirer (de l'argent) de son compte (chèques)	*withdraw (money) from one's (checking) account*
verser de l'argent sur (son compte d'épargne)	*to deposit money in (one's savings account)*

Les vacances

une auberge de jeunesse	*a youth hostel*
un billet aller-retour	*a round-trip ticket*
une carte routière	*a road map*
les dépenses (*f.*)	*expenses*
une excursion	*an excursion*
un forfait	*a vacation package*
un hébergement	*a lodging*
un hôtel (de luxe)	*a (luxury) hotel*
un paiement	*a payment*
un passeport	*a passport*
une valise	*a suitcase*

CHAPITRE 14

Ici on parle français!

Carte de l'Amérique du Nord (1698)

Bilan

In this chapter, you will learn:

- to ask someone's opinion about what's essential or important
- to expand upon an opinion by explaining why
- terms for talking about a country's history and language(s)
- to link verbs to an infinitive using the prepositions **à** and **de**
- to specify groups of people and things using **tout/tous/toute(s)** and other quantifiers
- to say what one should do using the present subjunctive
- about the influence of French language and culture in West Africa

www.mhhe.com/enavant1   www.mhcentro.com

DVD   Chantons!   Film   Web Audio

À ton/votre avis, est-ce qu'il est essentiel de parler d'autres langues?

Asking someone's opinion about what's essential or important

- To find out someone's opinion about something, you simply put the expression **à ton/votre avis** before the question:

  —À ton/votre avis, est-ce qu'il est essentiel de parler d'autres langues?

  In your opinion, is it essential to speak / that people speak other languages?

  —Oui, (à mon avis,) c'est absolument essentiel.

  Yes, it's absolutely essential.

- **À noter:** It is not necessary to use **à mon avis** in your answer.

- As with the impersonal expression **il faut**, which you learned in **Chapitre 8, Communication en direct**, impersonal expressions such as **il est essentiel/ important de + infinitif** are used to make general statements or to talk about general truths.

  —À ton/votre avis, est-ce qu'il est important de connaître d'autres cultures?

  In your opinion, is it important to know / be familiar with other cultures?

  —Oui, c'est important.

  Yes, it's important.

- **À noter:** You use **c'est** instead of **il est** in your answer when the topic has already been mentioned. In this example, you know that **c'est important** refers back to the fact that it is important to be familiar with / to know other cultures.

A. À l'écran.

Première étape. Regardez la vidéo et écoutez les gens exprimer leur opinion sur l'importance de parler d'autres langues. Indiquez si la raison donnée par chaque personne est pratique/utilitaire, ou si elle reflète un intérêt plus humain ou culturel.

DVD

	raisons utilitaires	raisons culturelles / relations humaines

1. Camille ☒ ☐

2. Éric-Alexandre ☒ ☒

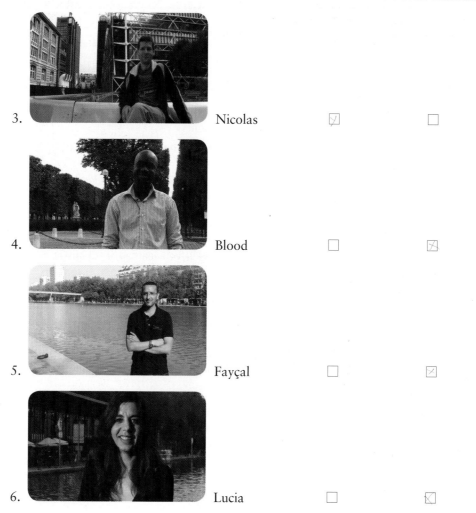

3. Nicolas   ☑   ☐

4. Blood   ☐   ☑

5. Fayçal   ☐   ☑

6. Lucia   ☐   ☑

Deuxième étape. Regardez de nouveau la vidéo et trouvez dans la colonne B la meilleure façon de compléter chacune des phrases de la colonne A.

A

1. Camille pense qu'il est essentiel de parler une autre langue _____.

2. Éric-Alexandre croit qu'il est essentiel de parler une autre langue _____.

3. Nicolas dit qu'il est essentiel de parler une autre langue _____.

4. Blood dit qu'il est essentiel de parler une autre langue _____.

5. Fayçal est le seul à dire qu'il est essentiel de parler une autre langue _____.

6. Lucia trouve qu'il est essentiel de parler une autre langue _____.

B

a. pour aider les touristes.

b. pour le travail.

c. pour étendre (*expand*) ses horizons.

d. pour s'ouvrir sur le monde.

e. pour pouvoir parler des / utiliser les nouvelles technologies.

f. pour avoir une autre manière de voir les choses.

Troisième étape. Et vous? Répondez aux questions suivantes.

1. À votre avis, est-ce qu'il essentiel de parler d'autres langues? Pourquoi?

2. À votre avis, est-ce qu'il essentiel de parler français en particulier? Pourquoi?

B. À l'écran.

Première étape. Écoutez les gens répondre à la question: **Est-ce que tu parles / vous parlez d'autres langues?** Notez leurs réponses et s'ils le précisent, indiquez aussi comment ils ont appris à parler anglais. Qui parle le mieux anglais à votre avis?

DVD

Nom	Langue(s) parlée(s)	Comment il/elle a appris l'anglais
1. Antoine	anglais	
2. Samsha	anglais	counting
3. Sylvie	anglais espagnole	
4. Lahcen	l'arab berbère . . .	
5. Camille	anglais	à l'école
6. Raphäel	anglais	

(continued)

Nom	Langue(s) parlée(s)	Comment il/elle a appris l'anglais
7. Blood	anglais	collège
8. Éric-Alexandre	anglais	

Deuxième étape. Regardez la vidéo de nouveau pour vérifier vos réponses de la **Première étape** et puis répondez aux questions suivantes.

1. Qui parle plusieurs langues? Lesquelles?
2. Pendant combien de temps est-ce que Lahcen a étudié l'anglais? Il dit: «C'est pas le top.» Qu'est-ce que cela veut dire?
3. Comment s'appelle le livre qui a aidé Camille à progresser en anglais? Avez-vous compris le titre? Pourquoi ou pourquoi pas?
4. Quelles sont les trois facteurs qui ont aidé Blood à améliorer son anglais? À votre avis, est-ce que ce sont des moyens efficaces pour apprendre une langue étrangère? Décrivez votre expérience.
5. À votre avis, pourquoi est-ce qu'Éric-Alexandre parle anglais presque sans accent?

Il est essentiel de connaître d'autres cultures parce que / pour...

Expanding on an opinion by explaining why

In this **Communication en direct** section, you will hear people use **pour** (*in order to*) and **parce que / car** (*because*) to explain why they think it is essential, necessary, or important to speak another language and to get to know other cultures.

—**C'est nécessaire surtout pour aider les touristes.**

—**Je pense qu'il est absolument nécessaire de connaître d'autres cultures parce que c'est ce qui permet de comprendre le monde dans lequel on vit.**

—**Je pense qu'il est très important d'être confronté à d'autres cultures car cela permet aux gens de se connaître.**

À noter: The word **pour** is followed by an infinitive, and **parce que** and its synonym **car** (more often used in formal speech and in written French) are followed by a clause (a subject and a verb).

A. À l'écran.

Première étape. À votre avis, est-ce qu'il est important de connaître d'autres cultures? Examinez les raisons suivantes et classez-les par ordre d'importance en les numérotant de 1 (très importante) à 5 (moins importante).

_____ a. Oui, parce que comme ça, on connait mieux sa propre culture.

_____ b. Ah oui, absolument, oui... pour connaître d'autres personnes et pour être plus tolérant et ouvert.

_____ c. Oui, car cela permet aux gens de se connaître et si tous les gens faisaient cet effort, on aurait peut-être la paix sur la terre (*peace on earth*).

_____ d. Oui, connaître d'autres cultures en voyageant, c'est essentiel. C'est un cadeau que nous avons pour voir et connaître d'autres gens.

_____ e. Oui, parce que c'est ce qui permet de comprendre le monde dans lequel (*in which*) on vit.

Deuxième étape. Maintenant, regardez la vidéo et associez chaque réponse de la **Première étape** avec le nom de la personne qui l'a donnée. Écrivez à côté de chacun des noms suivants la lettre précédant la réponse de cette personne.

DVD

1. Jean-Jacques _e_

2. Victoria _a_

3. Daniel _c_

4. Sylvie _b_

5. Marc _d_

B. Et vous?

Qu'est-ce que vous en pensez? Exprimez votre opinion en utilisant **parce que** ou **pour** dans vos réponses.

1. À votre avis, est-ce qu'il important de connaître d'autres cultures? Pourquoi?
2. À votre avis, est-ce qu'il essentiel de commencer l'apprentissage d'une langue étrangère quand on est jeune? Pourquoi?
3. À votre avis, est-ce qu'il important de faire un séjour linguistique ou de passer une année à l'étranger quand on étudie une langue étrangère? Pourquoi?

La langue française—du passé à l'avenir

Talking about a country's history and language(s)

10 points de repère° dans l'histoire de France et de la langue française

°points... *reference points*

Voici une liste de dix points de repères historiques pour mieux comprendre pourquoi on parle français dans beaucoup d'endroits du monde. Regardez les illustrations et lisez les titres, puis complétez les textes avec les mots des listes suivantes.

langue   région   siècles

52 av. J-C.

Jules César conquiert la Gaule.

1. **L'époque romaine (*Roman*)**
   Jules César et ses légions introduisent le LATIN VULGAIRE (= parlé par le peuple), dans le sud de la Gaule, c'est-à-dire dans la _région_ méditerranéenne de la France d'aujourd'hui. Les Gaulois apprennent à parler la _langue_ de leurs **conquérants**. Pendant quatre _siècles_, l'emploi du latin se répandra (*spread*) vers le nord et les Francs, un peuple germanique, apprendront à le parler aussi.

alliance   naissance   religion   roi

772 ap. J.-C.

Charlemagne défend le pape (*Pope*) Adrien Ier.

2. **La dynastie carolingienne**
   Sous Charlemagne, le « _roi_ des Francs», l'art et la culture fleurissent (*flourish*) et la _religion_ chrétienne continue à se répandre. Le latin vulgaire a déjà évolué en une sorte de proto-français—le GALLO-ROMAN—attesté dans les *Serments de Strasbourg* (842), une _alliance_ militaire signée par deux des petits-fils de Charlemagne. Ces serments sont réputés pour être l'acte de _naissance_ du français car tous les documents écrits avant étaient en latin.

1066

Guillaume le Conquérant est victorieux dans **la bataille** d'Hastings.

1429

Jeanne d'Arc défend **la monarchie** française à Orléans.

1515

François Ier, surnommé le Père et Restaurateur des Lettres, devient roi de France

armées   commerce   dialecte

3. La conquête (*conquest*) **normande**
Le duc Guillaume et ses _armées_ quittent la Normandie et traversent la Manche (*English Channel*). La conquête aura un effet profond: le FRANÇAIS NORMAND, un _dialecte_ de l'ANCIEN FRANÇAIS, deviendra la langue de la classe dirigeante (*ruling*) anglaise et du _commerce_ pendant trois siècles. Aujourd'hui, les **linguistes** estiment qu'environ 30 % du vocabulaire de la langue anglaise est d'origine française.

conflits   guerre   victoire

4. La fin du Moyen-Âge
Des _conflits_ politiques et religieux marquent cette **période** du MOYEN FRANÇAIS, surtout la _guerre_ de Cent Ans et la défense de la ville d'Orléans par Jeanne d'Arc. Sa _victoire_ contre les Anglais assure le couronnement (*coronation*) d'un roi français en France, Charles VII. Le dialecte de l'Île-de-France (le FRANCIEN), parlé par le roi et sa cour (*court*), devient petit à petit le dialecte le plus prestigieux du royaume.

découverte   orthographe (*spelling*)   règles (*rules*)

5. L'âge de l'exploration
Le «premier roi de la Renaissance française», François Ier (1515–1547), favorise l'exploration. Il envoie Jacques Cartier à la _découverte_ des richesses au Nouveau Monde. En 1539, le roi ordonnera (*order*) que la langue française remplace le latin classique dans les fonctions officielles de l'État. On commencera alors à «codifier» les _règles_ de grammaire et l'_orthographe_ des mots dans des dictionnaires.

● 1608

Samuel de Champlain fonde la ville de Québec.

● 1792

Suite à la Prise de la Bastille (1789) et la Révolution française, on fonde la Première République en 1792.

colons   commencement   esclaves (*slaves*)

6. La colonisation

Des ___colons___ français introduisent la langue française en Amérique du Nord. Aux Antilles, le contact entre le français utilisé par les colons et les différentes langues africaines utilisées par les ___esclaves___ donne naissance aux **créoles**. En France, par contre, le cardinal Richelieu, conseiller du roi Louis XIII, fondera l'Académie française en 1635 pour «normaliser et perfectionner» la langue française—le ___commencement___ de la période du FRANÇAIS «CLASSIQUE».

population   république   Révolution

7. L'ère (*era*) révolutionnaire

Suite à la ___Révolution___ française en 1789, la France devient une ___république___ «une et indivisible», d'où l'idée d'une seule langue indivisible: un FRANÇAIS MODERNE standardisé. Après une enquête (*survey*) menée sur les variétés langagières en France, l'abbé Henri Grégoire, un des chefs révolutionnaires, trouvera que seule une petite partie de la ___population___ se conforme au standard; en 1794, il recommandera la suppression **des patois** (dialectes ruraux).

1803

Napoléon vend la Louisiane
aux États-Unis.

diplomatie   mort   territoires

8. L'impérialisme français

Napoléon décide de vendre certains _territoires_ français comme la Louisiane. Un an plus tard en 1804, il se fait couronner **empereur**. Au moment de sa _mort_ en 1821, le français—langue de l'**empire** (_m._)—jouit (_enjoys_) déjà d'un statut privilégié dans le monde de la _diplomatie_ et des affaires internationales. La France continuera à étendre (_expand_) son influence en Afrique occidentale (le Sénégal), en Afrique du Nord (l'Algérie) en Océanie (Madagascar) et en Indochine (aujourd'hui le Vietnam, le Laos et le Cambodge).

1958

Le général Charles de Gaulle est élu président de la 5ᵉ République française.

décennies (_decades_)   mondial(e)   pays

9. La perte (_loss_) des colonies

Après la Deuxième Guerre _mondial_, le refus de la France de renoncer à certaines de ses colonies provoque des guerres pendant deux _décennies_: en Indochine de 1946 à 1954 et en Algérie de 1954 à 1962. La France finit par perdre la plupart de ses colonies, mais le français reste toujours la langue de l'éducation et de l'administration dans beaucoup de ces _pays_ indépendants.

1994

Constitution   diffusion (_broadcasting_)   protection

10. L'intervention législative

Selon la _Constitution_ française, la langue de la République est le français. En 1994, le Ministre de la Culture Jacques Toubon propose une loi dont le but (_object_) est la _protection_ de la langue française. Pour cela, il impose le français comme «la langue de l'enseignement, du travail, des échanges et des services publics»—dans tous les domaines où elle serait «menacée» par l'anglais. La loi impose même un quota sur la _diffusion_ des chansons de langue française à la radio.

Le gouvernement français approuve la loi (_law_) Toubon.

A. La terminologie. Dans chaque catégorie, il y a un intrus. Trouvez ces cinq intrus et avec un(e) camarade, préparez la définition de ces termes (ou illustrez-les à l'aide d'exemples historiques). Présentez vos explications à la classe.

1. termes militaires: une bataille   un conflit   un patois   une armée

2. termes politiques: une loi   une monarchie   une république   une décennie

3. termes géographiques: un empereur   un pays   une région   une nation

4. termes temporels: un siècle   un territoire   une période   une époque

5. termes linguistiques: un dialecte   un créole   une guerre   un accent

---

En français

Ordinal numbers are used to put things (such as centuries) in sequential order. **Premier/Première** and **second(e)** are the only ordinal numbers that vary in terms of gender agreement; from **deuxième** on, they are formed by adding the suffix **-ième** to a cardinal number, with some spelling changes.

1$^{er/ère}$	premier, première	8^e	huitième	15^e	quinzième
2^e	second(e), deuxième	9^e	neuvième	16^e	seizième
3^e	troisième	10^e	dixième	17^e	dix-septième
4^e	quatrième	11^e	onzième	18^e	dix-huitième
5^e	cinquième	13^e	douzième	19^e	dix-neuvième
6^e	sixième	13^e	treizième	20^e	vingtième
7^e	septième	14^e	quatorzième	21^e	vingt et unième

B. À travers les siècles. Travaillez avec un(e) camarade. Choisissez dans la liste ci-dessous la date de chacun des événements historiques suivants. Ensuite, vérifiez vos réponses auprès de votre professeur en faisant référence au siècle.

52 av. J.-C.   842   1066   1429   1635   1789   1994

EXEMPLE: Les petits-fils de Charlemagne signent *les Serments de Strasbourg*.
—C'était en 842 (huit cent quarante-deux), c'est-à-dire au neuvième siècle.

1. La prise de la Bastille déclenche (*sets off*) la Révolution française.
2. Le duc de Normandie traverse la Manche pour conquérir l'Angleterre.
3. Le cardinal Richelieu fonde l'Académie française.
4. Le gouvernement approuve la loi Toubon.
5. Jules César conquiert la Gaule.
6. Jeanne d'Arc défend la monarchie française à Orléans.

C. Le patrimoine (*heritage*) français.

Première étape. Travaillez avec deux autres camarades. Reconnaissez-vous ces édifices qui font partie du patrimoine français? Associez les photos aux descriptions. Vous pourrez vérifier vos réponses dans la **Deuxième étape.**

1.

2.

3.

4.

5.

6.

7.

8.

_____ a. les arènes de Nîmes (entre 80 et 100 ap. J.-C.)

_____ b. l'abbaye du mont Saint-Michel (966)

_____ c. la forteresse (puis le palais royal, puis le musée) du Louvre (1190)

_____ d. le palais des Papes à Avignon (1334)

_____ e. le château de Versailles (1624)

_____ f. le Panthéon (à Paris) (1755)

_____ g. l'arc de Triomphe (1806)

_____ h. le viaduc de Millau (2001)

Deuxième étape. Identifiez les édifices de la **Première étape** et indiquez quand la construction de chaque édifice a commencé en utilisant **dater + du début du / du milieu du / de la fin du... +** le siècle en question.

> **EXEMPLE:** Les arènes de Nîmes (entre 80 et 100 ap. J.-C.)
> —Les arènes de Nîmes, sur la photo «5», datent de la fin du premier siècle.

D. Parler une langue. Travaillez avec trois autres camarades. Chaque membre du groupe va mener la discussion pour une des questions suivantes. Présentez ensuite quelques détails intéressants de votre discussion à la classe.

1ᵉʳ sujet: Quelle(s) langue(s) est-ce que vous parlez couramment?

2ᵉ sujet: Est-ce que vous croyez parler anglais avec un accent (étranger ou régional)?

3ᵉ sujet: Qu'est-ce que vous pensez des autres dialectes de l'anglais (britannique, irlandais, australien, etc.)? À votre avis, sont-elles moins, aussi ou plus «belles» que la forme que vous utilisez? Sont-elles difficiles à comprendre?

4ᵉ sujet: À votre avis, est-ce qu'on devrait avoir une langue officielle—ou plusieurs langues officielles—aux États-Unis? (À présent, il n'y en a pas au niveau national.)

E. Sondage: Les langues au 21ᵉ siècle

Première étape. Voici une liste de dix groupes ou institutions qui ont souvent une influence sur le développement d'une langue. Choisissez-en deux qui, à votre avis, jouent un rôle particulièrement important au 21ᵉ siècle. Soyez prêt(e) à justifier vos choix avec des exemples précis.

☐ les acteurs (le cinéma / la télévision)

☐ les auteurs (la littérature)

☐ les chanteurs

☐ les grammairiens

☐ les immigrés

☐ les jeunes

☐ les journalistes (la presse)

☐ les professeurs (l'éducation)

☐ les hommes/femmes d'affaires (le marketing)

☐ les hommes/femmes politiques (la législation)

Deuxième étape. Travaillez avec trois autres camarades. Comparez et expliquez les choix que vous avez faits dans la **Première étape.** Déterminez le facteur choisi par la majorité des membres de votre groupe et présentez vos arguments à la classe. Quel groupe est le plus convaincant?

> **𝒫rononcez bien!**
>
> To review the difference between oral and nasal vowels, such as [a] as in **pape** and [ã] as in **langue**, as well as to practice the pronunciation of words from this **Vocabulaire interactif** section, see the **Prononcez bien!** section of the *Workbook / Laboratory Manual*.

> ### Chez les Français
>
> **Le *verlan* (la langue française à l'envers)**
>
> **Le verlan** est une forme d'argot (*slang*) qui ressemble un peu au *Pig Latin* en anglais. Son principe est assez simple: il consiste à inverser les syllabes d'un mot et à faire quelques petites transformations, si nécessaire, pour respecter les règles phonétiques du français. Par exemple, le mot **l'envers** (*reverse*) a donné son nom au système **verlan** (ver$-l'en).
>
> Les jeux de langues sont fréquents dans l'histoire de la langue française depuis le Moyen Âge, mais c'est dans les années 80 et 90 que la forme actuelle du verlan se développe rapidement et prend une importance culturelle. Au début, c'était le langage cryptique des rappeurs, des chanteurs de hip-hop et des banlieues. Aujourd'hui, certains mots issus du verlan sont entrés dans le langage courant, comme **zarbi** («bizarre»), **beur** («arabe», après transformations) et **trom** («métro», après transformations).

Grammaire interactive

14.1 Apprendre à parler français

Linking verbs to an infinitive with **à** or **de**

Indiquez à quelle personne (ou à quel groupe de personnes) de la liste se réfère chacune des phrases suivantes.

a. le cardinal Richelieu   c. La France   e. le peuple gaulois
b. Charlemagne   d. François Ier f. Napoléon

_e_ 1. Pendant l'époque romaine, il **apprend à parler** la langue de ses conquérants.

_b_ 2. Sous son règne (*reign*), la religion chrétienne **continue à se répandre**.

_d_ 3. Il **choisit de remplacer** le latin par le français dans les fonctions officielles de l'État.

_a_ 4. Il **cherche à veiller** à (*watch over*) la pureté de la langue française en fondant l'Académie française.

_f_ 5. Il **décide de vendre** certains territoires de l'empire, comme la Louisiane.

_c_ 6. Après la Deuxième Guerre mondiale, elle **refuse de renoncer** aux colonies en Algérie et en Indochine.

Analysons! Qu'est-ce qu'on utilise, dans chaque cas, pour «lier» (*connect*) le verbe conjugué à l'infinitif qui suit? ___à___ ou ___de___

> **Answers to this activity are in Appendice 2 at the back of the book.**

1 Throughout the book, you've seen many verbs—usually related to preferences, obligations, abilities, and desires—that can be linked to (and directly followed by) an infinitive.

Les étudiants **adorent (aiment, désirent, doivent, espèrent, peuvent, préfèrent, savent, vont, veulent) préparer** leurs examens.

The students love to (like to, wish to, have to, hope to, can, prefer to, know how to, are going to, want to) study for their exams.

2 Aside from the verbs in the preceding example, the preposition **à** or **de** (**d'**) is normally required for linking a conjugated verb to an infinitive.

Ils **commencent à / finissent de** préparer leurs examens.

3 There are many verbs that are linked to a following infinitive by the preposition **à**; six of the more frequently used ones, such as **commencer** (and its synonym **se mettre**), all relate to the *planning stages*, *beginning*, or *continuation* of an activity.

aider (qqn.) **à**	*to help (someone) do*	**continuer à**	*to continue to do*
apprendre à	*to learn to do*	**inviter** (qqn.) **à**	*to invite (someone) to do*
chercher à	*to seek to do*	**tenir à**	*to be eager/anxious to do*

4 There are just as many verbs that are linked to an infinitive by the preposition **de (d')**; eight of the more frequently used ones relate either to *mental process* (such as *decision making*) or, like **finir**, to the *end stages* of an activity.

s'arrêter de	to stop/quit doing	essayer de	to try to do
choisir de	to choose to do	éviter de	to avoid doing
décider de	to decide to do	oublier de	to forget to do
demander (à qqn.) de	to ask (someone) to do	refuser de	to refuse to do

Mise en pratique. Complétez les descriptions suivantes avec (1) un verbe approprié de la liste et (2) la préposition appropriée (à ou de [d']). **Attention!** Dans certains cas, il y a plusieurs réponses possibles, mais il faut utiliser chaque verbe une fois.

apprendre	commencer	essayer	éviter	oublier

1. quelqu'un de ponctuel   Elle __commence__ tout de suite __à__ préparer ses examens.
2. quelqu'un de distrait   Il __oublie__ souvent __de__ faire ses devoirs.
3. quelqu'un d'obligeant   Il __essaye__ toujours __d'__ aider les gens.
4. quelqu'un de créatif   Il __apprend__ maintenant __à__ peindre (*paint*).
5. quelqu'un de timide   Elle __évite__ souvent __de__ parler aux gens.

○ Answers are in Appendice 2 at the back of the book.

A. Écoutez bien! Vous allez entendre des phrases qui révèlent la personnalité de certaines personnes. Cochez la préposition (à ou **de/d'**) que vous entendez avant l'infinitif, puis réagissez en indiquant si vous trouvez que la personne est gentille.

	à	de (d')	C'est gentil?
1. invite	☐	☐	☐
2. a décidé	☐	☐	☐
3. s'arrête	☐	☐	☐
4. continue	☐	☐	☐
5. apprend	☐	☐	☐

Une affiche anti-tabac

B. Les formules de politesse.

Première étape. Complétez chaque phrase avec la préposition **à** ou **de/d'** (si une préposition est nécessaire).

1. Vous *invitez* des amis ___à___ dîner chez vous.

2. Vous ne *tenez* pas ___à___ sortir avec des amis ce soir.

3. Vous *demandez* à un monsieur ___de___ vous indiquer la banque la plus proche.

4. Vous *cherchez* ___à___ savoir ce qu'un ami pense de votre cadeau.

5. Vous *essayez* ___de___ déterminer le nom de votre prof.

6. Vous *avez oublié* ___de___ mettre votre montre aujourd'hui et vous voulez savoir l'heure.

7. Vous *voulez* ___X___ attirer l'attention d'une vieille dame dans la rue.

Deuxième étape. Imaginez que vous vous trouvez dans les situations de la **Première étape**. Que diriez-vous? Travaillez avec un(e) camarade et lisez vos phrases à tour de rôle.

C. Ça m'énerve (*That annoys me*)!

Première étape. Travaillez avec trois camarades. Complétez chaque phrase en donnant deux exemples de choses qui vous énervent chez un(e) colocataire et n'oubliez pas d'utiliser la préposition qui convient.

1. Ça m'énerve quand on oublie ___de___ ... *faire les vaisselles*

2. Ça m'énerve quand on continue ___à___ ... *écouter de la musique*

3. Ça m'énerve quand on évite (*ou* refuse) ___de___ ... *faire le ménage*

4. Ça m'énerve quand on cherche ___à___ ... *acheter beaucoup des aliments donc notre frigo est*

En français

In **Chapitre 12**, you reviewed the use of the direct object pronoun **le**, which replaces a noun that is masculine singular. **Le** can also be used as a "neutral" pronoun, especially with the verb **faire**, to replace an entire verb phrase, equivalent to English (*do*) *that*.

Elle tient à **étudier le basque.**	*She's eager to study Basque.*
Elle tient à **le faire.**	*She's eager to do that.*
Elle a oublié de **préparer sa leçon.**	*She forgot to prepare her lesson.*
Elle a oublié de **le faire.**	*She forgot to do that.*

Deuxième étape. Chaque membre du groupe va choisir une des situations de la **Première étape**; les autres membres du groupe vont indiquer s'ils sont coupables (*guilty*) de ces «offenses». Qui est le/la colocataire «idéal(e)» du groupe?

EXEMPLE: É1: Ça m'énerve quand on oublie d'éteindre les lumières.
É2: Je n'oublie (presque) jamais de le faire. / Je n'oublie jamais de les éteindre.

D. Apprendre à parler une langue étrangère. Travaillez avec un(e) camarade. Ensemble, expliquez ce qu'il faut faire quand on apprend une langue étrangère. Utilisez quatre des verbes de la liste dans votre paragraphe et faites suivre chaque verbe d'un infinitif. Attention aux prépositions!

apprendre	chercher	décider	éviter	oublier
s'arrêter	continuer	essayer	finir	refuser

EXEMPLE: On commence par utiliser quelques mots simples comme «bonjour» et «merci» et puis...

Rétrospective L'Académie française

L' Académie française à Paris

« Académie française: la dénigrer mais tâcher d'en faire partie, si l'on peut. »

—GUSTAVE FLAUBERT*

Over the course of two thousand years, French has evolved from a form of spoken Latin in Gaul to a standardized world language in its own right, with some 75 million native speakers and many million more second language speakers, such as you! The French are so passionate about their linguistic heritage that they established an organization called the **Académie française** to "preserve" it—despite the inevitability of change. Cardinal Richelieu, the chief minister to King Louis XIII, founded the **Académie** in 1635, and it remains an essential part of French culture today. **Les 40 immortels** are the official members of the **Académie** and—as their nickname suggests—they are elected for life. Notable figures such as Corneille, Hugo, Montesquieu, and Voltaire were all **immortels**; interestingly, some prominent French writers were never candidates: Balzac, Descartes, Diderot, Rousseau, Flaubert, and Proust. Of the 719 **immortels** throughout history, only six have been women, and only beginning in 1980 with the Belgian-born author Marguerite Yourcenar. To this day, the **Académie** strives to define **le bon usage,** or the good and "proper" use of French, and regulates French grammar, spelling, and literature. It has considerable influence over the language used in government documents. In recent years, the **Académie** has gone to great lengths to prevent the anglicization of French and consistently recommends the use of a French word over an English one whenever new products from abroad (such as innovations in technology) begin to be marketed in France.

Sur Internet Pour en savoir plus sur les mots que l'Académie française a approuvés pour éviter l'usage des anglicismes, consultez le site Web d'*En avant!* **(www.mhhe.com/enavant1).**

*Gustave Flaubert (1821–1880) wrote the famous French novel *Madame Bovary*. The quote translates as: *The* Académie française: *denigrate it, but try at the same time to become part of it.* This highly ironic quote is from Flaubert's work *Le Dictionnaire des idées reçues*, a compilation of generally accepted ideas on various topics (i.e., not an expression of his own personal views).

14.2 Toute la francophonie

Specifying groups of people and things using **tout/tous/toute(s)** and other quantifiers

Connaissez-vous bien la francophonie? Dans chaque phrase, choisissez le terme en caractères gras qui convient pour indiquer si la phrase s'applique à tous les pays francophones ou seulement à une partie de ces pays.

1. Il existe une relation au niveau de la langue entre **tous les / plusieurs** pays de la francophonie et la France.
2. À part les régions/collectivités françaises d'outre-mer, comme la Martinique, **tous les / certains** pays sont indépendants de la France.
3. Le français est la langue officielle de **tous les / plusieurs** pays.
4. **Tous les / Quelques** (*A few*) pays francophones se trouvent en Europe.
5. Dans **tous les / certains** pays, on parle créole aussi bien que français.

Analysons! 1. Pourquoi dit-on **tous les pays**, mais **toutes les régions**? **certains pays**, mais **certaines régions**? _____
2. Qu'est-ce qu'on utilise avec **tous/toutes** et pas avec les autres expressions en caractères gras dans les phrases 1 à 5? _____

○ Answers to this activity are in Appendice 2 at the back of the book.

---

1 To refer to *all* members of a group—whether people, places, or things—the quantifier **tout/tous/toute(s)** is used with the definite article **le/la/l'/les**. Like the definite article, it agrees in gender and number with the noun.

Tout le monde est là.	*Everyone* (= lit. *All the world*) *is there.*
Toute la classe passe un examen.	*The whole class is taking an exam.*
Tous les pays en font partie.	*All (of the) countries are part of it.*
Toutes les régions sont représentées.	*All (of the) regions are represented.*

Numbers can also be used after the plural forms **tous** and **toutes** + a definite article.

Ils se réunissent **toutes les deux semaines**.	*They meet every two weeks / every other week.*
Tous les trois pays ont approuvé la loi.	*All three countries voted for the law.*

Mise en pratique. Utilisez la forme appropriée de **tout/tous/toute(s)** devant chaque article défini + nom.

1. _Tous_ les deux ans
2. _Toutes_ les trois colonies
3. _Tout_ l'empire
4. _Tous_ les explorateurs
5. _Toute_ la France
6. _Toute_ la cour
7. _Tous_ les siècles
8. _Tout_ le temps

○ Answers to this activity are in Appendice 2 at the back of the book.

2 Other quantifiers take the place of the definite article and are invariable: **chaque** is used only in the singular, whereas **plusieurs** is used only in the plural. **Quelque** is used in the singular in a few expressions, some of which you're already familiar with (**quelque part, quelque chose**), but is otherwise used primarily in the plural: **quelques.**

SINGULIER	
chaque département français	*each French **département***
PLURIEL	
plusieurs siècles / **plusieurs** églises	*several centuries / churches*
quelques batailles / **quelques** hommes	*a few battles / men*

3 Several adjectives also function as quantifiers when they appear before the noun. Here, too, **liaison** occurs in the plural with nouns beginning with a vowel or **h.**

un **certain** siècle / **certaines** époques   *a certain century / certain eras*

divers âges / **diverses** lois   *various ages / various laws*

de **nombreux** dialectes / de **nombreuses** étapes   *numerous dialects / stages*

○ To learn about the pronoun forms of quantifiers such as **chaque** and **quelques** and the negation of **chaque** and **quelques**, see Par la suite at the back of the book.

4 Like the adjectives **certain(e)(s)**, **divers(es)**, and **nombreux/nombreuses**, the adjective **seul(e)(s)** also functions as a quantifier when it appears before a noun; it expresses two meanings in English depending on its use in the singular or the plural.

un seul état / **une seule** région   *a single state / region*

les seuls états / **les seules** régions   *the only states / regions*

A. Écoutez bien! Voici quelques détails sur l'histoire de France et de la langue française. Cochez la forme du mot (au **masculin** ou au **féminin**) que vous entendez dans chaque phrase. Indiquez aussi si vous saviez déjà ce fait historique avant de lire les pages précédentes.

	masculin	féminin	Je le savais déjà.
1.	☐ tous les	☐ toutes les	☐
2.	☐ tout le	☐ toute la	☐
3.	☐ de nombreux	☐ de nombreuses	☐
4.	☐ divers	☐ diverses	☐
5.	☐ certains	☐ certaines	☐
6.	☐ le seul	☐ la seule	☐

B. Qu'est-ce qu'ils ont en commun? Dans chacun des cas suivants, indiquez ce que les trois mots ont en commun, en utilisant la forme appropriée de **tout + ces** et un des mots de la liste.

explorateurs	langues	provinces
fleuves	pays	régions d'outre-mer (ROM)

EXEMPLE: Paris, Montpellier, Strasbourg
—Toutes ces villes se trouvent en France.

1. le Nouveau-Brunswick, la Nouvelle-Écosse, le Québec
2. le Maroc, l'Algérie, la Tunisie
3. le breton, le basque, l'occitan
4. le Rhône, la Seine, la Loire
5. la Martinique, la Guadeloupe, (l'île de) La Réunion
6. Jacques Cartier, Samuel de Champlain, René-Robert Cavelier de la Salle

C. Quelques pays francophones.

Première étape. Lisez la section **Chez les francophones** ci-dessous. Après votre lecture, travaillez avec un(e) camarade. Sur une feuille de papier, indiquez à quel(s) pays on fait allusion dans chaque description.

1. les pays qui reconnaissent au moins une langue officielle
2. les pays où le français est une de plusieurs langues parlées par la population du pays
3. le pays où l'anglais est une des langues officielles
4. les pays où le français est la langue maternelle d'environ un quart de la population
5. les pays où il existe aussi des langues autochtones (*indigenous*), comme le berbère et l'inuktitut
6. les pays où le français est une langue coloniale

La mosquée Karaouiyine à Fès, au Maroc

Chez les francophones

Ici on parle français

Pays	Langue(s) officielle(s)	D'autres langues	Histoire/Géographie
l'Algérie	l'arabe classique	le berbère (25 %) le **darija**, un dialecte arabe (75 %) le français = seconde langue de nombreux Algériens	l'époque coloniale française: 1830–1962
la Belgique	le néerlandais (59 %) le français (40 %) l'allemand (1 %)		La capitale Bruxelles est la seule région officiellement bilingue.
le Canada	l'anglais (60 %) le français (23 %)	l'inuktitut et d'autres langues autochtones	colonisé par la France au 17e siècle
la Suisse	l'allemand (63 %) le français (20 %) l'italien (6,5 %) le romanche (0,5 %)		C'est une confédération de 26 états (**cantons**) depuis le 12e siècle.

Deuxième étape. Faites des phrases complètes à partir de vos réponses de la **Première étape** en utilisant **le seul pays, les seuls pays** ou **tous ces pays** dans votre phrase, selon le cas.

> EXEMPLE: les pays qui reconnaissent au moins une langue officielle
> —On reconnaît au moins une langue officielle dans tous ces pays: en Algérie, en Belgique, au Canada et en Suisse.

D. L'explorateur, l'exploratrice. Travaillez avec trois camarades. Ensemble, discutez des voyages que vous avez faits (ou que vous aimeriez bien faire) en choisissant un terme de chaque colonne. Qui est le «vrai» explorateur (la «vraie» exploratrice) du groupe?

A	B	C
quelques	villes	américain(e)s
certain(e)s	états	canadien(ne)s
plusieurs	provinces	européen(ne)s
	pays	nord-africain(e)s

> EXEMPLE: —J'ai déjà visité (ou J'aimerais bien visiter) quelques états américains, comme le Colorado et la Californie, mais c'est tout!

Chez les Français

Les langues régionales de France

En 1951, *la loi Deixonne* autorise l'enseignement de quatre langues régionales en France: le catalan et l'occitan (tous les deux des langues romanes), le breton (une langue celte) et le basque (dont les origines ne sont toujours pas très bien comprises). Le corse (une langue romane) est ajouté en 1974 et l'alsacien (un dialecte allemand) en 2006. Sur la frontière belge, on trouve aussi des locuteurs (*speakers*) du flamand (un dialecte du néerlandais).

le flamand
l'alsacien
le breton
l'occitan
le basque
le catalan
le corse

14.3 Au 21ᵉ siècle   Saying what one should do using the present subjunctive

Qu'est-ce que vous conseilleriez à un(e) camarade en ce qui concerne «la nétiquette» (les règles de politesse à suivre sur Internet)? Indiquez l'importance de ces conseils en cochant les cases appropriées. Si vous trouvez un conseil inutile, laissez les deux cases vides.

	Il est essentiel	Il est préférable	
1.	☐	☑	...que tu **répondes** à un mél en moins de 24 heures.
2.	☐	☑	...que tu **commences** toujours ton message par une salutation.
3.	☑	☐	...que tu n'**écrives** pas trop en MAJUSCULES.
4.	☐	☑	...que tu n'**utilises** pas trop d'émoticônes. ☺
5.	☑	☐	...que tu **prennes** ton temps pour éviter des fautes de frappe (*typos*).
6.	☑	☐	...que tu **relises** ton message avant de l'envoyer.

Analysons! Toutes ces phrases contiennent un verbe au **présent du subjonctif.** Quelles formes diffèrent du **présent de l'indicatif** (le temps que vous connaissez déjà très bien)? _____, _____, _____ et _____.

○ Answers to this activity are in Appendice 2 at the back of the book.

1 Thus far, whenever you've used a present-tense verb, you've done so to *indicate* a fact, usually in a simple sentence (a sentence with a single grammatical subject and conjugated verb). For this reason, the present-tense verb forms you've been using are considered forms of the **présent de l'indicatif** (*present indicative*).

Je **relis** toujours mes messages.   *I always reread my messages.*

2 In French, the **présent du subjonctif** (*present subjunctive*) is used in place of the **présent de l'indicatif** when you are not referring to objective facts—for example, to say what someone *should* do. (You'll learn about other situations requiring the use of the subjunctive in **Chapitre 15.**)

Il est essentiel **que je relise** mes messages.   *I must reread my messages.*

As you saw in **Chapitre 11,** when saying what people ("one") should do in general, the expressions **il faut** and **il est essentiel** are followed by an infinitive. But, when saying what a particular person or set of people should do, a subordinate clause with the verb in the subjunctive is required after these expressions.

Il faut relire ses messages.   *One should reread one's messages.*

Il faut que tu **relises** tes messages.   *You should* (or *must*) *reread your messages.*

(continued)

3 The subjunctive forms of any verb from the four major verb groups you've learned (-**er**, -**ir**, -**ir/-iss**, and -**re** verbs) consist of a single stem—derived from the "normal" (indicative) **ils/elles** form of that verb—plus a set of endings that are the same for the four major verb groups. The verb **parler** serves as an example.

parler (*to speak*) AU PRÉSENT DU SUBJONCTIF	
INDICATIF: **ils parlent**	
RACINE DU SUBJONCTIF: **parl-**	
… que je parle	… que nous parlions
… que tu parles	… que vous parliez
… qu'il/elle/on parle	… qu'ils/elles parlent

Mise en pratique. Complétez le tableau avec les formes correctes des verbes **sortir**, **finir** et **perdre** au subjonctif.

	sortir (*to go out*) ils sortent STEM: **sort-**	finir (*to finish*) ils finissent STEM: **finiss-**	perdre (*to lose*) ils perdent STEM: **perd-**
… que je	sorte	finisse	perde
… que tu	sortes	finisses	perdes
… qu'il/elle/on	sorte	finisse	perde
… que nous	sortions	finissions	perdions
… que vous	sortiez	finissiez	perdiez
… qu'ils/elles	sortent	finissent	perdent

4 Many irregular verbs that have one stem in the present indicative, also have one stem in the subjunctive that, like the regular verb groups, is derived from the **ils/elles** form of the present indicative (such as **écrire** [**écriv-**]).

Il faut que j'écrive… / qu'ils écrivent… *I must write… / they must write…*

However, if an irregular verb has a stem unique to **nous** and **vous** in the present indicative (such as **boire: buv**ons, **buv**ez), there will also be two stems in the subjunctive. The **nous/vous** stem is used for the **nous** and **vous** forms of the subjunctive, and the **ils/elles** stem (**boiv**ent) is used for all other forms.

Il faut que je boive… / que nous buvions… *I have to drink… / we have to drink…*

○ To learn about spelling changes that occur in the subjunctive forms of some –**er** verbs, see **Par la suite** at the back of the book.

○ Answers to this activity are in **Appendice 2** at the back of the book.

boire (*to drink*) AU PRÉSENT DU SUBJONCTIF	
INDICATIF: **ils boivent, nous buvons**	
RACINES DU SUBJONCTIF: **boiv-, buv-**	
… que je **boive**	… que nous **buvions**
… que tu **boives**	… que vous **buviez**
… qu'il/elle/on **boive**	… qu'ils/elles **boivent**

Mise en pratique. Voici quatre verbes qui, comme **boire**, ont deux racines au subjonctif. Complétez le tableau en suivant le modèle.

EXEMPLE: *voir*	Il est essentiel que je voie A	Il est essentiel que nous voyions B
croire	*croie*	*croyions*
recevoir	*reçoive*	*recevions*
prendre (*also* **apprendre, comprendre**)	*prenne*	*prenions*
venir (*also* **devenir, revenir, tenir**)	*vienne*	*venions*

○ Answers to this activity are in Appendice 2 at the back of the book.

prends   prenons
prends   prenez
prend

A. Écoutez bien!

Première étape. Les cours de français sont tous un peu différents les uns des autres. Écoutez, puis complétez les questions suivantes avec le verbe au **présent du subjonctif** que vous entendez. Répondez ensuite aux questions en faisant référence à votre cours de français actuel.

ver   venir
viens   veniez

Faut-il…		oui	non
1. que vous _____ régulièrement en cours?		☐	☐
2. que vous _____ certaines pages du manuel avant le cours?		☐	☐
3. que vous _____ hors de classe avec un(e) camarade?		☐	☐
4. que vous _____ toujours la main avant de répondre?		☐	☐
5. que vous _____ par cœur le vocabulaire?		☐	☐
6. que vous _____ bien tous vos camarades?		☐	☐

Deuxième étape. À quelles questions de la **Première étape** avez-vous répondu «oui»? Résumez ces responsabilités pour la classe (**Il faut que nous…**). Si vous avez répondu «non», employez **Il n'est pas nécessaire que nous…**

B. Une question d'étiquette. Travaillez avec un(e) camarade. Dites si c'est une bonne idée de faire chacune des choses suivantes en cours de français, en utilisant **il faut** dans votre phrase. Votre camarade vous dira s'il / si elle est d'accord avec vous. Changez ensuite de rôle pour la question suivante.

EXEMPLE: arriver à l'heure?
É1: Il faut que tu arrives à l'heure.
É2: Je suis d'accord. Il faut que j'arrive à l'heure.

1. dire salut/bonjour à tes camarades?
2. parler beaucoup anglais?
3. dormir en classe?
4. envoyer des textos?
5. participer activement?
6. aider un(e) camarade qui ne comprend pas?
7. finir tes devoirs en classe?
8. partir avant l'heure?

[handwritten notes in margin: Il faut que tu dise bonjour à tes camarades. Il faut que tu parles beaucoup d'anglais. Il faut que tu]

C. La sagesse. Considérez le sens de ces proverbes français. Choisissez-en un qui a une signification personnelle pour vous et transformez-le en utilisant **il faut** et le présent du subjonctif. Travaillez ensuite avec deux camarades. Chacun(e) à son tour, explique aux deux autres pourquoi le conseil que vous avez choisi peut vous être particulièrement utile.

EXEMPLE: —Il faut que je batte le fer quand il est chaud! C'est une bonne idée parce que je suis très indécis(e). D'habitude, j'ai des difficultés à prendre une décision.

1. Entre deux maux (*evils*) il faut choisir le moindre mal.
2. Il faut battre le fer (*iron*) quand il est chaud.
3. Il faut casser le noyau (*shell*) pour avoir l'amande.
4. Il ne faut pas réveiller le chat qui dort.
5. Il ne faut pas tuer (*kill*) la poule aux œufs d'or.
6. Il ne faut jamais remettre au lendemain ce qu'on peut faire le jour même.

«Il ne faut pas réveiller le chat qui dort.»

D. Les études au 21ᵉ siècle. Voici une série de conseils traditionnellement adressés aux étudiants. À votre avis, est-il encore très important de suivre ces conseils ou est-ce moins important aujourd'hui? Qu'est-ce que vous diriez à un(e) étudiant(e) de première année?

EXEMPLE: —Il est (très, peu) important que tu suives des cours divers. Comme ça... (*ou*) Ça te permet de...

1. suivre des cours divers
2. choisir une spécialisation selon tes intérêts
3. finir tes cours d'éducation générale le plus tôt possible
4. passer un semestre / un an à l'étranger, si possible
5. apprendre à bien présenter tes idées, à l'écrit comme à l'oral
6. recevoir de bonnes notes dans *tous* tes cours
7. vivre avec d'autres étudiants (ne pas habiter seul[e])

L'Afrique de l'Ouest

Savez-vous qu'on parle français dans un grand nombre de pays d'Afrique de l'Ouest? Dans la présentation que vous allez écouter, vous allez découvrir quelques détails sur l'histoire et la culture de ces pays francophones africains.

A. Avant d'écouter. Avec un(e) camarade, trouvez le Maroc, l'Algérie et la Tunisie sur la carte de l'Afrique à la fin de votre manuel. Quels pays se trouvent directement au sud / à l'est du Maroc, de l'Algérie et de la Tunisie? Savez-vous lesquels sont des pays francophones, et pourquoi on y parle français?

B. Écoutez. Votre professeur va vous parler de l'histoire et de la culture de l'Afrique de l'Ouest. Écoutez et regardez.

C. Avez-vous compris? Complétez les phrases suivantes avec les mots de la liste. **Attention!** Certains mots ne sont pas utilisés.

l'afrobeat	la Gambie	le poulet yassa	le Sénégal
l'awélé	le griot	quinze	six cents
la Côte-d'Ivoire	le mandingue	seize	trois cents

1. L'Afrique de l'Ouest comprend _____ pays et a environ _____ millions d'habitants.

2. Le football et _____ sont deux passe-temps très populaires de la région.

3. _____ et _____ sont deux styles de musique populaire en Afrique de l'Ouest.

4. _____ est un plat qui contient des oignons, du jus de citron, du vinaigre et de l'ail.

5. _____ transmet oralement les traditions de la région aux nouvelles générations.

6. Parmi les pays d'Afrique de l'Ouest qui sont d'anciennes colonies de la France, on compte _____, la Guinée, le Mali, le Burkina Faso, le Bénin, _____, la Mauritanie et le Niger.

D. À vous! Avec un(e) camarade, répondez aux questions suivantes.

1. À part ces pays d'Afrique de l'Ouest, connaissez-vous d'autres pays d'Afrique ou d'ailleurs qui sont d'anciennes colonies? Qui en étaient les colonisateurs? Quelle(s) langue(s) est-ce qu'on y parle aujourd'hui?

2. Y a-t-il des vestiges (*traces*) de la colonisation française dans votre région par exemple, dans les noms d'endroits? Donnez des exemples.

> Ce que tu donnes aux autres, tu le donnes à toi–même.
>
> —**PROVERBE AFRICAIN**

Des griots maliens

Lisons!

Un conte africain de Mali

La tradition orale (que l'on appelle aussi la littérature orale) est une façon de préserver et de transmettre la littérature et l'histoire de génération en génération. C'est une des formes principales d'éducation dans toutes les sociétés, qu'elles aient un système d'écriture ou non. Les contes oraux, qui font partie de la tradition orale dans la plupart des pays de l'Afrique de l'Ouest, sont des récits (*narratives*) courts et parfois drôles qui soulignent et critiquent les faiblesses (*weaknesses*) humaines. Dans ces courtes histoires métaphoriques, les personnages principaux sont souvent fictifs. Parfois ce sont même des animaux. Les griots qui racontent ces histoires mélangent parfois le français et les langues régionales. Le conte qui suit contient des lignes en dogon, une langue parlée au Mali et au Burkina Faso.

A. Avant de lire. Avec un(e) camarade, répondez aux questions suivantes.

1. Que savez-vous de la tradition orale?

2. Quel genre d'histoires est-ce que votre famille ou votre communauté transmet oralement? À votre avis, est-ce que cela constitue une tradition orale? Justifiez votre réponse.

B. Lisez. Lisez ce conte oral du Mali, «L'Histoire des trois amis».

«L'histoire des trois amis»

Il y a longtemps, très longtemps, oui c'était au commencement du monde, trois amis: le vautour,[1] le calao et la poule sont tombés malades. Le premier souffrait de calvitie,[2] le second d'une anomalie au bec, le troisième de crampes dans les pattes.[3]

Pour se faire entendre, ils se sont mis à chanter.

«Adaunia Nomba

Dauni Nomba yôyé

Dauni Nomba

Inden sanga nomba kôyé

La vie d'ici

Quelle vie ici!

La vie est aux enchères![4]»

Dieu n'a pas répondu, alors ils ont décidé d'aller directement voir Dieu pour qu'il les guérisse.[5] La poule a contesté[6]:

«Mes amis, ne dépassons pas les bornes,[7] Dieu ne va plus tarder. En agissant comme vous envisagez de le faire,[8] nous allons le mécontenter. Pourquoi nous presser?»

Le vautour et le calao n'ont pas écouté la poule et sont partis au ciel de leur vol lourd.[9]

Tandis qu'ils montaient de plus en plus haut, Dieu est arrivé et a guéri la poule. Depuis ce jour, le vautour est resté chauve et le calao a un bec tordu.[10] À présent ils continuent à planer[11] dans les airs à la recherche de Dieu.

[1]*vulture* [2]*baldness* [3]*claws, feet (of an animal)* [4]*la... life is a gamble; because the birds all had physical deficiencies, as used here, the expression means that life contains a chance element, i.e., that life isn't fair* [5]*pour... so that he would cure them* [6]*protested* [7]*ne... let's not go too far* [8]*En... By acting the way you intend to* [9]*de... flapping their wings clumsily* [10]*crooked* [11]*soar*

Un calao perché sur une branche

Un conte issu de www.conte-moi.net © deci-dela 2008

C. Avez vous compris? Répondez aux questions suivantes en cochant les cases appropriés.

1. Les trois amis ont les problèmes suivants:

   ☐ la perte de plumes ☐ la mauvaise haleine ☐ un bec tordu
   ☐ des douleurs (*pain*) aux pattes

2. Deux des amis décident:

   ☐ d'aller voir le médecin ☐ d'aller chercher Dieu ☐ de rester chez eux

3. La poule reste chez elle parce qu'elle:

   ☐ est fatiguée ☐ a de la patience ☐ a des invités

4. Dieu guérit:

   ☐ le vautour ☐ la poule ☐ le calao

D. À vous! À votre avis, pourquoi Dieu ne guérit-il pas les deux oiseaux qui sont partis au ciel? Quelle est la morale du conte? Est-ce que ce conte ressemble à des contes que vous connaissez dans votre culture? Comparez vos réponses à celles d'un(e) camarade.

Écrivons!

Forum: Pourquoi j'étudie le français

Vous avez choisi d'étudier le français, mais pourquoi? Est-ce que vous avez décidé de l'étudier pour des raisons familiales/personnelles, parce que l'histoire de France vous intéresse, parce que c'est une langue parlée dans plusieurs pays... ? Postez votre message sur le **Forum des étudiants**, pour expliquer pourquoi vous avez choisi le français comme langue étrangère. Suivez l'exemple.

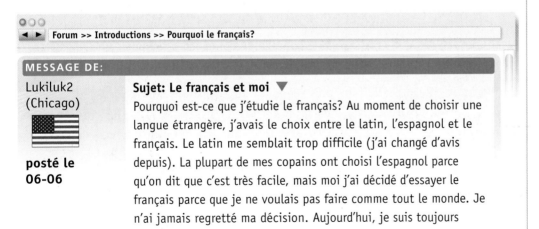

Forum >> Introductions >> Pourquoi le français?

MESSAGE DE:

Lukiluk2
(Chicago)

**posté le
06-06**

Sujet: Le français et moi ▼
Pourquoi est-ce que j'étudie le français? Au moment de choisir une langue étrangère, j'avais le choix entre le latin, l'espagnol et le français. Le latin me semblait trop difficile (j'ai changé d'avis depuis). La plupart de mes copains ont choisi l'espagnol parce qu'on dit que c'est très facile, mais moi j'ai décidé d'essayer le français parce que je ne voulais pas faire comme tout le monde. Je n'ai jamais regretté ma décision. Aujourd'hui, je suis toujours non-conformiste et j'adore étudier le français.

Culture interactive

Parlons!

Mes deux mots préférés de la langue française

De tous les mots français que vous avez appris, quels sont vos deux mots préférés, et pourquoi? Est-ce que leur sonorité (*sound*) vous plaît? Est-ce qu'ils reflètent des aspects de votre personnalité? Est-ce que vous aimez simplement leur sens (*meaning*)? Est-ce qu'il y a une autre raison? Prenez quelques minutes pour réfléchir à ces questions, puis notez vos deux mots et préparez-vous à justifier votre sélection.

Regardons!

Film: *Paris, je t'aime* – «14ᵉ arrondissement»
(2006; France; Réalisateurs divers; 120 min.)

SYNOPSIS: The film *Paris, je t'aime* is a unique film about love, which takes place in Paris, France. The film is composed of eighteen 5-minute "shorts," each separately shot in a different **arrondissement** of Paris by one (or two) of twenty-one internationally known film directors.

SCÈNE: (DVD, Scene 19, "14ᵉ arrondissement," 01:43:40–01:50:30) In this short film segment written and directed by Alexander Payne (director and writer of *Sideways*), Carol, a letter carrier from Denver, Colorado who is visiting Paris, describes in French what she likes about the city.

Avant-première.
Répondez aux questions suivantes avec un(e) camarade.

1. Depuis combien de temps étudiez-vous le français?

2. Quel âge aviez-vous quand vous avez commencé à étudier le français?

3. Dans deux ans, êtes-vous sûr(e) que vous parlerez bien le français?

4. Croyez-vous que vous auriez le courage de commencer à étudier une langue étrangère à l'âge de 50 ans? Pourquoi, ou pourquoi pas?

Carol, une factrice américaine de Denver, dans la séquence «14ᵉ arrondissement» du film *Paris, je t'aime*

On tourne! Regardez le film, puis répondez aux questions suivantes.

1. Carol a étudié le français _____.
   a. au lycée   b. à l'université   c. dans un centre pour adultes

2. Elle a étudié le français pendant _____.
   a. trois ans   b. deux ans   c. cinq ans

3. Carol est restée à Paris pendant _____.
   a. six jours   b. une semaine   c. deux semaines

4. Carol a aimé les musées, mais pas tellement _____.
   a. la nourriture   b. les restaurants   c. les parcs

5. Carol a visité le tombeau _____.
   a. de Jim Morrison   b. de Jean-Paul Sartre   c. d'Édith Piaf

On boucle! Répondez aux questions suivantes sur la scène du film que vous venez de voir.

1. Est-ce que vous trouvez Carol facile à comprendre? À votre avis, est-ce qu'elle a un bon accent en français? Pourquoi, ou pourquoi pas?

2. Est-ce qu'il y a un endroit que vous voudriez visiter en France ou dans un autre pays francophone? Si oui, dites où vous aimeriez aller et expliquez pourquoi. Est-ce que vous auriez le courage d'y aller tout(e) seul(e)?

Chantons!

Yves Duteil est un chanteur français, auteur-compositeur-interprète, né en 1949 à Neuilly-sur-Seine, une banlieue de Paris. Depuis 1989, Duteil est maire de Précy-sur-Marne, une commune dans le département de Seine-et-Marne en Île-de-France. En 1986, il reçoit l'Oscar de la meilleure chanson française et la médaille d'argent de l'Académie française pour la chanson «La Langue de chez nous».

Écoutez la chanson et indiquez pourquoi Duteil trouve que le français est une belle langue. Êtes-vous d'accord avec lui?

iMix Link: This song is available for purchase at the iTunes store in a special iMix created for *En avant!* For more information about accessing the playlist, go to the *En avant!* Online Learning Center, Coursewide Content (**www.mhhe.com/enavant1**).

Chanson: «La langue de chez nous»
(Yves Duteil, 1985)

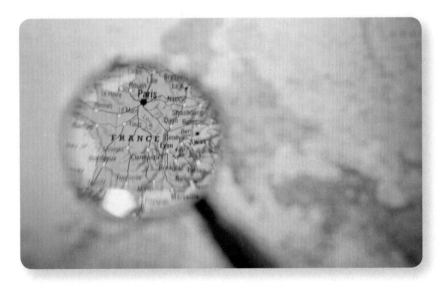

Vocabulaire

Questions et expressions

À ton/votre avis,...	*In your opinion, . . .*
Il est essentiel de (+ *inf.*)	*It is essential to*
Il ne faut pas que...	*(You) should not / must not . . .*
pour (+ *inf.*)	*in order to*
parce que / car	*because*

Verbes et expressions verbales

éviter de (faire)	*to avoid (doing)*
oublier de	*to forget to (do)*
tenir à (faire)	*to be eager/anxious to (do)*

Noms dérivés de verbes

la colonisation	*colonization*
le commencement	*beginning*
la conquête	*conquest*
le couronnement	*coronation*
la découverte	*discovery*
la défense	*defense*
la diffusion	*broadcasting*
l'emploi (*m.*)	*use*
l'exploration (*f.*)	*exploration*
l'intervention (*f.*)	*intervention*
la mort	*death*
la naissance	*birth*
la perte	*loss*
la protection	*protection*

Les langues

Languages

un accent	*an accent*
un créole	*a creole language*
un dialecte	*a dialect*
une langue (romane)	*a (Romance) language*
un(e) linguiste	*a linguist*
l'orthographe (*f.*)	*spelling*
un patois	*a patois*
une règle (de grammaire)	*a (grammar) rule*

Les espaces de temps

Time periods

un âge (le Moyen Âge)	*an age (the Middle Ages)*
une décennie	*a decade*
une époque / une ère	*an era*
une période	*a period*
un siècle	*a century*

La géopolitique

Geopolitics

une alliance	*an alliance*
une armée	*an army*
une bataille	*a battle*
un colon	*a colonist*
une colonie	*a colony*
le commerce	*trade*
un conflit	*a conflict*
un conquérant	*a conqueror*
une constitution	*a constitution*
la diplomatie	*diplomacy*
une dynastie	*a dynasty*
un empereur	*an emperor*
un empire	*an empire*
un(e) esclave (l'esclavage [*m.*])	*a slave (slavery)*
un(e) explorateur/exploratrice	*an explorer*
une guerre	*a war*
l'impérialisme (*m.*)	*imperialism*
une loi	*a law*
la monarchie	*monarchy*
une nation	*a nation*
un pays	*a country*
un point de repère	*a (geographical/historical) reference point*
une région	*a region*
la religion	*religion*
une république	*a republic*
une révolution	*a revolution*
un(e) révolutionnaire	*a revolutionary*
un roi / une reine	*a king / a queen*
un territoire	*a territory*
une victoire	*a victory*

Vocabulaire

Nombres ordinaux

Ordinal numbers

voir p. 406

Adjectifs

colonial(e)	*colonial*
commercial(e)	*commercial*
dialectal(e)	*dialectal*
diplomatique	*diplomatic*
impérial(e)	*imperial*
légal(e)	*legal*
législatif/législative	*legislative*
mondial(e)	*worldwide*
prestigieux/prestigieuse	*prestigious*
régional(e)	*regional*
religieux/religieuse	*religious (related to religion)*

républicain(e)	*Republican (supporter of French Republic)*
révolutionnaire	*revolutionary*
romain(e)	*Roman*
royal(e)	*royal*
victorieux/victorieuse	*victorious*

Quantificateurs

Quantifiers

certain(e)(s)	*certain (some)*
chaque	*each*
divers(es)	*various*
de nombreux/nombreuses	*many*
plusieurs	*several*
quelques	*a few*
le seul / la seule / les seul(e)s	*the single, the only*
tout/tous/toute(s) + *def. art.*	*every, all the, the whole*

Salut de Polynésie française!

Nom:
James Samuela

Profession:
tatoueur

Géo-localisation:
Moorea, Polynésie
française

Profil ▶

Amis ▶

Liens ▶

Boîte aux lettres ▶

Bonjour! Je m'appelle James Samuela. Je suis né à Tahiti, et avant d'installer mon atelier[1] de tatouage sur l'île de Moorea il y a 14 ans, j'ai fait des études de peinture et de sculpture à l'École nationale des Beaux-Arts à Paris.

Je suis actuellement un de sept tatoueurs en Polynésie française qui emploient les méthodes traditionnelles pour faire des tatouages à l'ancienne.[2] Mes ancêtres marquisiens (des îles Marquises, un des cinq archipels de la Polynésie française) pratiquaient l'art du tatouage. À l'époque, ces tatouages représentaient différentes choses: la généalogie de la famille, l'origine de la personne (on pouvait reconnaître un Tahitien ou un Marquisien au style caractéristique de son tatouage), son rang[3] social et sa profession. Ces tatouages et ceux[4] que je fais aujourd'hui sont réalisés[5] uniquement avec du pigment noir et peuvent représenter la généalogie de la personne, ses intérêts ou des symboles de sagesse,[6] de fécondité,[7] etc.

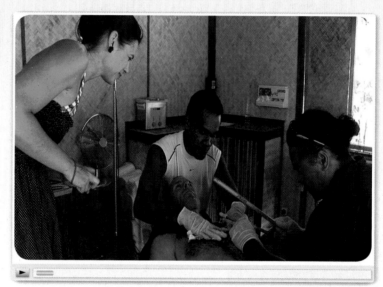

Si vous avez envie d'un tatouage tahitien traditionnel, prenez rendez-vous[8] avec moi pendant vos vacances en Polynésie française et réservez une journée entière pour le faire! Ensuite, profitez de votre séjour pour visiter Moorea avec ses pics volcaniques dramatiques et ses vallées profondes, pour nager dans ses beaux lagons d'eau bleu clair, pour aller à la pêche ou faire du surf. C'est l'endroit idéal pour des vacances de rêve![9]

Des pics volcaniques dramatiques à Moorea

[1]studio [2]à... done using ancient, traditional methods [3]rank [4]those [5]sont... are done [6]wisdom [7]fertility [8]prenez... make an appointment [9]dream

---

Sur Internet

Pour en savoir plus sur James Samuela et la Polynésie française, consultez le site Web d'*En avant!* (**www.mhhe.com/enavant1**).

Sur DVD

Pour découvrir les îles de Tahiti, Moorea et Bora Bora ainsi que l'atelier de James Samuela, regardez la séquence *Salut de Polynésie française!* sur le DVD d'*En avant!*

CHAPITRE 15

Engagez-vous!

La Liberté guidant le peuple (1830), Eugène Delacroix

Bilan

In this chapter, you will learn:

- to express your level of interest in a topic
- to express your emotional reaction to a topic
- terms for talking about social and environmental issues
- to indicate uncertainty using the present subjunctive
- to say what you wish using the present subjunctive
- about the use of infinitives versus the subjunctive
- about cultural notions of diversity and immigration

Est-ce que tu t'intéresses / vous vous intéressez à... ?

Expressing one's level of interest in a topic

DVD

A. À l'écran. Regardez et écoutez les réponses des gens à la question: **Est-ce-que tu t'intéresses / vous vous intéressez à l'environnement?** Écrivez à côté de chaque nom la lettre correspondant à la réponse de cette personne. **Attention!** Il y a une réponse de plus. À votre avis, qui est la personne la moins engagée (*commited*) dans la protection de la planète?

à le — au
à la → à la

à les → aux

1. Fanny ___b___

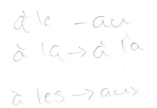

2. Anthony ___c___
3. Sullyvan ___g___

4. Anna ___a___

5. Mounira ___f___

6. Geneviève ___e___

a. Euh, ben... oui... je fais attention à l'environnement pour ne pas polluer et tout ça.
b. Oui, J'aime faire attention aux déchets (*trash*), à la nature.
c. Oui, beaucoup quand même.
d. Non, pas du tout!
e. Bien sûr!
f. Oui, énormément.
g. Moi, pas trop.

- To start a conversation, you can first ask if someone is interested in something by using the verb **s'intéresser à**:

  —**Tu t'intéresses à / Vous vous intéressez à l'environnement?**

  —**Oui, je m'y intéresse.**

  —**Ça t'intéresse, l'environnement / Ça vous intéresse, l'environnement?**

  —**Oui, ça m'intéresse.**

- Although you can answer with a complete sentence as shown here, all but one person in the video said yes and qualified what that meant for them by using another expression or adding a sentence. A person's body language and intonation are also indicators of his/her level of interest and sometimes contradict what they actually say! Here are some of the responses, from the most enthusiastic to the least.

  Oui, énormément.

  Oui, j'aime faire attention aux déchets, à la nature.

  Oui, bien sûr.

  Oui, beaucoup quand même.

  Euh... ben, oui.

- If you don't agree with what another person has just said, you use the stressed pronoun **moi** to emphasize that you are of a different opinion. Look at Anthony and Sullyvan's answers.

  —**Vous vous intéressez à l'environnement?**

  —**Oui, beaucoup quand même.**

  —**Moi, pas trop.**

- In English, one would instead use intonation to emphasize disagreement.

Chez les Français

L'écologie: une préoccupation sociale

L'écologie est apparue en France dans les années 70, et cette science s'est rapidement traduite en termes politiques. Aujourd'hui, le mouvement Europe Écologie est important sur la scène politique française, même si l'écologie liée en partie à une prise de conscience (*awareness*) des changements climatiques est une préoccupation sociale qui touche tous les partis. Les Français recyclent donc activement: 9 communes (*towns*) sur 10 offrent la collecte sélective du verre, 6 sur 10 celle du papier. Une grande majorité de la population exprime le désir de recycler plus. Si les communes n'ont pas les moyens financiers de collecter les déchets à domicile (*at one's home*), on met un container à un carrefour pour que les gens apportent leurs déchets à recycler; mais cela ne marche pas toujours: quand il faut se déplacer, on est un peu moins écolo!

Pour recycler, il faut trier (*to sort*). Ces containers sont pour le verre.

B. Êtes-vous écolo?

Première étape. Regardez la liste des activités à faire ou à ne pas faire pour protéger l'environnement. Cochez celles que vous essayez de faire et celles que vous évitez (*avoid*) de faire. Prenez-vous d'autres mesures? Ajoutez-les à la liste!

J'essaie de...

_____ me déplacer à vélo.

_____ faire attention pour laisser une planète propre (*clean*) aux générations futures.

_____ faire le tri sélectif / trier mes déchets (*to sort trash*).

_____ mettre les ordures (*trash*) dans la poubelle (*trash can*).

_____ ne pas utiliser trop d'énergie/d'eau.

_____ ne pas trop polluer.

_____ recycler le papier, le plastique et le verre.

J'évite de/d'...

_____ jeter les choses par terre.

_____ prendre des bains.

_____ utiliser des sacs en plastique.

En français

Note that when you make an infinitive negative, you put **ne pas** before it.

J'essaie de ne pas trop polluer.
I try not to pollute.

J'essaie de ne pas fumer.
I try not to smoke.

Deuxième étape. Maintenant regardez la vidéo et écoutez chaque personne dire ce qu'elle fait pour assurer l'avenir de la planète. Prenez des notes et ensuite, répondez aux questions suivantes.

Fanny

Anthony

Anna

Mounira

Geneviève

Olivier

1. Quelles sont les deux choses que Fanny essaie de faire ou de ne pas faire? Est-ce qu'elle fait ces efforts uniquement chez elle?
2. Qu'est-ce qu'Anthony évite de faire et essaie de faire?
3. Qu'est-ce qu'Anna fait au lieu de (*instead of*) prendre des bains?
4. Selon Mounira, pourquoi faut-il faire attention?
5. Qu'est-ce que Geneviève essaie de recycler?
6. Quelles mesures prend Olivier?

J'ai peur que... / Je souhaite que... / Je suis triste que...

Expressing one's emotional reaction to a topic

→ worry → wish

A. Le monde dans lequel on vit. Quels sont vos angoisses, vos souhaits et vos sentiments en ce qui concerne la situation mondiale? Complétez chaque phrase de la colonne A avec une des options de la colonne B.

ma propre planet
↳ my own planet

ma planet propre
↳ my dear planet

A	B
1. Moi, j'ai peur que (qu')...	a. il y ait la paix dans le monde.
2. Moi, je souhaite que (qu')...	b. les gens ne soient pas plus tolérants les uns vers les autres.
3. Je suis triste que (qu')...	c. il y ait des enfants qui meurent (*die*) de faim. 3
	d. on respecte la terre. 2
	e. la faim soit un problème mondial. 3
	f. mon pays soit attaqué par les terroristes. 3
	g. on ne trouve pas de solution pour arrêter le réchauffement (*warming*) de la planète. 3
	h. il y ait beaucoup de sans-abri (*homeless*) dans les villes. 3

B. À l'écran. Maintenant, regardez et écoutez les gens de la vidéo exprimer leurs sentiments. Après avoir regardé, décidez si les phrases suivantes résument correctement ce qu'ils ont dit. Si une phrase n'est pas exacte, corrigez-la. Qui a les mêmes sentiments que vous?

 DVD

	exact	pas exact

Manon

1. Manon a peur que Montréal devienne une ville anglophone et que le français ne soit plus la langue première. ☒ ☐

Xavier

2. Xavier a peur que la vie soit plus difficile pour ses parents. *nos* ☐ ☒
enfants

Alexandre

3. Alexandre souhaite qu'il y ait la paix dans son pays. ☐ ☒
le monde

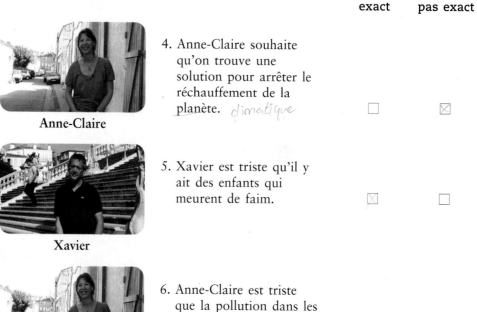

Anne-Claire

4. Anne-Claire souhaite qu'on trouve une solution pour arrêter le réchauffement de la planète. *climatique*   ☐   ☒

Xavier

5. Xavier est triste qu'il y ait des enfants qui meurent de faim.   ☒   ☐

Anne-Claire

6. Anne-Claire est triste que la pollution dans les villes rende les enfants malades. *gens*   ☐   ☒

Chez les francophones

Le Rwanda

Alexandre, qui a été interviewé dans la vidéo, vient du Rwanda, un petit pays d'Afrique entre la Tanzanie et la République démocratique du Congo. Malheureusement, le génocide ethnique entre les Hutu et les Tutsi qui a eu lieu (*took place*) dans ce pays pendant les années 90 est venu ternir (*tarnish*) l'image du peuple rwandais. Cet épisode tragique a été mis en scène dans un film américain célèbre, *Hôtel Rwanda* (2004). Aujourd'hui, le Rwanda panse ses plaies (*tends to its wounds*) et essaie de revenir à la normalité. Si vous faites quelques recherches sur Internet, vous verrez que ce petit pays à beaucoup à offrir. D'abord, c'est là qu'on peut observer les majestueux gorilles de montagnes rendus célèbres par un autre film, basé sur la vie de la zoologiste Dian Fossey, *Gorilles dans la brume* (1988). L'écotourisme en général est un atout (*asset*) majeur dans l'économie nationale, ainsi que la culture (*farming*) du café.

Vocabulaire interactif

Vive la différence!
Talking about France's social and environmental issues

Ces sujets à controverse dont on parle souvent en France tombent sous le ressort (*fall under the purview*) de plusieurs ministères français. Discute-t-on des mêmes sujets dans votre pays? Quels sujets vous intéressent personnellement?

Liberté • Égalité • Fraternité
RÉPUBLIQUE FRANÇAISE

1. Au ministère de la Culture et de la Communication

Depuis les années 80, la France cherche activement à protéger son identité culturelle face à la dominance de la culture **populaire** américaine. L'État **soutient** (*supports*) les Maisons de la Culture et organise des événements culturels nationaux, comme la Fête de la Musique en juin. Plusieurs **chaînes de télévision**, comme *France 2*, aussi bien que le CNC (Centre national du cinéma), sont encore **subventionnés** (*subsidized*) par l'État.

2. Au ministère de l'Immigration, de l'Intégration, de l'Identité nationale et du Développement solidaire

Les immigrés nés à l'étranger constituent 8% de la population française. La France est plus stricte que d'autres pays européens en ce qui concerne l'immigration. **L'immigration clandestine** (ou **illégale**), surtout de personnes venant d'Afrique occidentale (du Sénégal, de la Côte d'Ivoire), reste toujours un problème. Chaque année, des milliers d'immigrés «sans papiers» (sans **titre de séjour**) sont reconduits à la frontière de leur pays d'origine.

3. Au ministère de la Défense

Jusqu'en 1997, la **conscription** (ou service militaire obligatoire) faisait partie du service national des jeunes hommes français. Aujourd'hui, **les forces armées** françaises sont composées de militaires professionnels et sont chargés de défendre les intérêts du pays et ses **citoyens** (*citizens*). Les Français se demandent quel rôle l'armée française devrait jouer dans **la lutte** internationale contre le terrorisme.

Indiquez si vous partagez les opinions suivantes en ce qui concerne votre pays.

Il est essentiel que nous…	je suis d'accord	je ne suis pas d'accord
1. défendions activement notre identité culturelle.	☐	☐
2. limitions le nombre d'immigrés dans notre pays.	☐	☐
3. maintenions des forces armées dans notre pays.	☐	☐

4. Au ministère de l'Alimentation, de l'Agriculture et de la Pêche

Les Français s'intéressent depuis toujours à la qualité de leur nourriture. Aujourd'hui, ils sont inquiets car il y a de moins en moins de petites **fermes** familiales et de moins en moins de jeunes qui choisissent une carrière en **agriculture** en France.

De plus, la majorité des Français se méfient **des OGM (organismes génétiquement modifiés)**. La culture OGM avait été interdite pendant douze ans, mais la Commission européenne a récemment autorisé l'introduction de maïs et de pommes de terre OGM.

5. Au ministère de l'Écologie, de l'Énergie, du Développement durable et de la Mer

Qu'est-ce qu'il faut faire pour réduire **la pollution** et lutter contre **le réchauffement de la planète**? En France comme ailleurs, on cherche des sources d'**énergie renouvelable** comme l'énergie solaire, thermale et éolienne (= du vent). Malgré les risques supposés, la France continue à favoriser l'énergie nucléaire, leur principale source de production d'électricité.

6. Au ministère de la Santé et des Sports

L'Organisation mondiale de la Santé a récemment déterminé que la France fournit **les meilleurs soins de santé** (*healthcare*) généraux dans le monde. La réputation de ses laboratoires de recherche sur **les maladies infectieuses** comme le SIDA—l'Institut Pasteur, notamment, fondé en 1887—est mondiale.

Les soins de santé, **la retraite** (*retirement*) et l'aide aux familles, représentent les trois «branches» de la Sécurité sociale, un système financé en grande partie par **les impôts** (*taxes*) sur le revenu et les cotisations (*contributions*) des employés et des employeurs, mais qui devient de plus en plus coûteux dans une société qui vieillit: Les gens «du troisième âge» (âgés de 60 ans ou plus) constituent, en 2010, environ 23% de la population française.

Indiquez si vous partagez les opinions suivantes en ce qui concerne votre pays.

Il vaut mieux que l'État (notre gouvernement)…	je suis d'accord	je ne suis pas d'accord
4. interdise les produits alimentaires avec OGM.	☐	☐
5. favorise le développement de l'énergie nucléaire.	☐	☐
6. subventionne complètement les frais médicaux.	☐	☐

7. Au ministère de l'Économie, de l'Industrie et de l'Emploi

Le **taux de chômage**—c'est-à-dire le pourcentage de **la population active** qui manque de travail—est normalement plus élevé en France que dans d'autres pays développés. Il s'élève aujourd'hui à environ 10 %. La CGT (Confédération Générale du Travail) est **un syndicat** (*union*) **puissant** (*powerful*) qui organise très souvent **des grèves** (*strikes*) pour **manifester** contre les conditions et le temps de travail.

8. Au ministère du Travail, des Relations sociales, de la Famille, de la Solidarité et de la Ville

En Île-de-France, il existe de nombreux quartiers **défavorisés**, peuplés en grande partie par des immigrés nord-africains vivant dans d'énormes **HLM** (habitations à loyer modéré). Leurs enfants—des «beurs»—se trouvent «entre deux chaises» (entre deux langues et deux cultures), une situation qui mène parfois à **l'échec scolaire** (*failure at school*). Le trafic de drogue, le vandalisme, et parfois des **émeutes** (*riots*) violentes contre la police marquent la vie quotidienne de «la zone».

9. Au ministère de l'Éducation nationale

Depuis la fin du 19e siècle, l'enseignement public en France est gratuit, obligatoire et **laïc** (= hors du contrôle de l'Église). En 2004, après des débats et des manifestations pour et contre le port du (*wearing of*) **voile** (ou **foulard**) **islamique*** à l'école, le gouvernement français interdit tout signe religieux ostensible, ce qui inclut non seulement le voile islamique mais aussi la kippa (*yarmulke*) et la croix (*cross*) de dimension excessive.

Indiquez si vous partagez les opinions suivantes en ce qui concerne votre pays.

Il est important que l'État...	je suis d'accord	je ne suis pas d'accord
7. réglemente (*regulate*) mieux les conditions et le temps de travail.	☐	☐
8. comprenne mieux les problèmes des quartiers défavorisés.	☐	☐
9. limite plus l'expression des croyances religieuses à l'école.	☐	☐

A. Le «tour de France». Travaillez avec trois autres camarades. Un des membres de l'équipe va demander la définition des termes de la colonne A; les deux autres vont choisir la définition de la colonne B qui leur semble correcte. Quelle équipe va «franchir (*cross*) la ligne d'arrivée» en premier?

EXEMPLE: É1: Qu'est-ce que c'est que la conscription?
É2: C'est...
É3: Oui, c'est ça (*ou*) Non, c'est plutôt...

***Hijab** is the Arab word occasionally used in French to describe the most common type of head scarf worn by young women in France, which covers the hair but not the face.

A	B
_____ 1. la conscription	a. une augmentation progressive de la température
_____ 2. une émeute	b. le pourcentage de gens qui n'ont pas de travail
_____ 3. une grève	c. la cessation volontaire du travail décidée par les salariés
_____ 4. des impôts	d. des taxes imposées sur le salaire
_____ 5. le réchauffement de la planète	e. le service militaire obligatoire
_____ 6. un syndicat	f. un document délivré (_given to_) aux immigrés
_____ 7. le taux de chômage	g. un soulèvement (_uprising_) spontané, non organisé, souvent violent
_____ 8. un titre de séjour	h. l'étape de la vie où on ne travaille plus
_____ 9. la retraite	i. une organisation de travailleurs

B. Termes culturels.

Première étape. Travaillez avec un(e) camarade. Ajoutez à chacun des termes suivants l'adjectif approprié de la liste. Attention à l'accord. Vous utiliserez ces termes dans la **Deuxième étape.**

actif	clandestin	infectieux	populaire	scolaire
armé	défavorisé	islamique	renouvelable	social

1. la culture _____
2. l'échec _____
3. l'énergie _____
4. les forces _____
5. l'immigration _____
6. les maladies _____
7. la population _____
8. les quartiers _____
9. la Sécurité _____
10. le voile _____

Deuxième étape. Votre professeur va vous demander de commenter un des termes de la **Première étape.** Pourquoi est-ce qu'on s'intéresse à ce sujet en France? Est-ce que vous vous intéressez aussi à ce sujet? Pourquoi ou pourquoi pas?

C. La citoyenneté (citizenship).

Première étape. Qu'est-ce qu'un bon citoyen / une bonne citoyenne, à votre avis? Faites du brainstorming avec vos camarades pour formuler des critères. Votre professeur les mettra tous au tableau.

Un bon citoyen, c'est quelqu'un...

Deuxième étape. Travaillez avec trois camarades. Consultez la liste au tableau et mettez-vous d'accord sur le critère que vous trouvez **essentiel** et sur celui qui **n'est pas nécessaire.** Expliquez à la classe pourquoi vous êtes de cet avis.

EXEMPLE: —Il est essentiel de voter parce que...
—Il n'est pas nécessaire d'entrer dans l'armée parce que...

D. La bonne solution.

Première étape. Travaillez avec deux camarades. Ensemble, mettez-vous d'accord sur le problème le plus grave de votre pays.

1. le chômage
2. la pollution
3. le terrorisme
4. l'inégalité sociale
5. les produits alimentaires / les OGM
6. l'immigration clandestine
7. la dette nationale
8. ? (à vous)

Deuxième étape. Choisissez parmi les solutions suivantes celle qui résoudrait selon vous le problème que vous avez choisi dans la **Première étape.** Si vous ne voyez pas la meilleure solution dans la liste, trouvez-en une autre. Indiquez quelle solution vous avez choisie et justifiez votre réponse.

augmenter les impôts
baisser les impôts
essayer la diplomatie
envoyer des forces armées
faire grève

imposer des restrictions sur
interdire (*to forbid*)
organiser une manifestation
protéger
utiliser les médias

EXEMPLE: —Nous pensons qu'il faut (*ou* qu'il vaut mieux)...

Je pense qu'il faut faire grève pour les droits,

Rétrospective   Mai 68 et la tradition de grèves en France

« Il est interdit d'interdire.* »

Like the social protests of the early 1960s that led up to the passage of the Civil Rights Act of 1964 in the United States, the 1960s in France—and one month in particular, **mai 68**—were a pivotal decade for change, affecting nearly all aspects of French society: political, cultural, economic, and social. The incident that served as its catalyst occurred on May 3, when 400 students peacefully gathered at the Sorbonne to protest the closure of the University of Paris at Nanterre. Fearful of rioting, police forced them to leave by putting up barricades and by threatening to imprison them. Soon, dissatisfied French blue-collar workers decided to go on strike in solidarity with the students, the largest one on May 22, involving more than 10 million workers and lasting more than two weeks. Daily life came to a standstill: no garbage collection, no public transportation . . .

Le 11 mai 1968: la police derrière une barricade dans le Quartier latin

Chants and graffiti such as **Sous les pavés, la plage** ("Under the paving stones, the beach"), **Soyez réalistes, demandez l'impossible,** and **Usines, Universités, Union** were soon heard and seen not only in Paris but throughout France, reflecting the overall mood of the era and the country: a general disappointment with traditional values imposed by those in charge and anger against government attempts at suppressing the voicing of this disappointment through social activism. Even today, strikes affecting both land and air transportation systems, mail delivery, and instruction are frequent and have become an accepted, albeit frustrating, part of life in France.

Sur Internet   Pour en savoir plus sur les événements de Mai 68 et pour voir les vidéos, consultez le site Internet d'*En avant!* **(www.mhhe.com/enavant1).**

*This was one of many popular phrases found in the graffiti and chants of the May 1968 movement in France.

E. Les dessins de presse.

Première étape. Avec un(e) camarade, examinez les deux dessins ci-dessous. Choisissez chacun(e) un des dessins et faites-en une petite «analyse» en répondant aux questions suivantes. Est-ce que votre camarade est d'accord avec votre analyse? Êtes-vous d'accord avec la sienne (*his/hers*)?

1. À quel sujet à controverse en France est-ce que le dessin fait allusion?
2. Qui sont les «personnages» sur le dessin? (Où sont-ils? Qu'est-ce qu'ils représentent?)
3. Quels sont les éléments humoristiques?
4. Quel est le message?

© Chappatte dans «International Herald Tribune» – www.globecartoon.com

© Chappatte dans «NZZ am Sonntag» – www.globecartoon.com

Deuxième étape. Travaillez avec trois camarades. Votre professeur va vous distribuer un dessin de presse publié dans votre pays. Expliquez (à des Français) le sujet, et le message du dessin et dites pourquoi on le trouverait amusant dans votre pays.

Ρrononcez bien!
To review the contexts in which **liaison** does and does not occur, as in **aux États-Unis et // en France**, and to practice the pronunciation of words from this **Vocabulaire interactif** section, see the **Prononcez bien!** section of the *Workbook / Laboratory Manual*.

Une manifestation organisée par la CGT pour protester contre l'augmentation de l'âge de la retraite de 60 à 62 ans

15.1 Ce n'est pas évident!

Indicating uncertainty by using the present subjunctive

Dans chaque groupe de phrases (a.) et (b.), on donne deux opinions différentes sur l'avenir de la planète. Lesquelles sont plus proches de vos propres opinions?

1. a. **Il est certain** qu'ensemble nous **pouvons**
   b. **Il est possible** qu'ensemble que nous **puissions** } sauver la planète.

2. a. **Je crois** que nous **savons** déjà
   b. **Je doute** que nous **sachions** vraiment } quoi faire pour la sauver.

3. a. **Il est évident** que les pays du monde entier **font** } le nécessaire pour la sauver.
   b. **Il n'est pas clair** qu'on **fasse**

Analysons! 1. Dans chaque groupe de phrases (a.–b.), on trouve une expression de *certitude* dans les phrases _____ mais une expression d'*incertitude* (de *doute*) dans les phrases _____. 2. Quelle forme du verbe trouve-t-on dans les phrases qui commencent par une expression de doute: l'indicatif ou le subjonctif? _____. 3. Est-ce que les trois verbes «puissions», «sachions» et «fasse» sont réguliers ou irréguliers au subjonctif? _____

▶ Answers to this activity are in **Appendice 2** at the back of the book.

1 In **Chapitre 14,** you learned that expressions of necessity (**Il faut que... , Il est important que... ,** etc.) trigger use of the subjunctive in a subordinate clause, because one is giving not facts but rather an opinion as to what *should be done.* Expressions of possibility, uncertainty, and doubt—like those in the list that follows—also trigger use of the subjunctive, because they put facts into question.

Il est possible que...	*It's possible that . . .*	**Il est douteux** que...	*It's doubtful that . . .*
Il se peut que...	*It may be that . . .*		
Il n'est pas certain/ clair/évident/ vrai que...	*It's not certain/ clear/obvious/ true that . . .*	**Je doute / Tu doutes** que...	*I doubt / You doubt that . . .*

2 If a situation is considered *probable* or *likely,* however, the subjunctive is not triggered and the indicative form of a verb is used in the subordinate clause.

Il est probable
Il est évident } que tout le monde **fait** des efforts.

It's likely (probable)/ obvious that everyone is making an effort.

À noter: Some expressions are only followed by the subjunctive when they are in the negative form since they express doubt. Compare:

SUBJONCTIF		INDICATIF	
Il n'est pas certain que		Il est certain que	
Il n'est pas clair que	Marie **puisse** venir.	Il est clair que	Marc **peut** venir.
Il n'est pas évident que		Il est évident	
Je ne suis pas sûr(e) que		Je suis sûr(e) que	

Mise en pratique. Notez l'expression qui commence chacune des phrases suivantes avant d'ajouter le verbe **prendre** à l'indicatif ou au subjonctif.

1. Il est évident que tu _prends_
2. Je ne suis pas certain(e) que tu _prennes_
3. Il est possible que tu _prennes_
4. Il est probable que vous _prenez_
5. Il est vrai que vous _prenez_
6. Il se peut que vous _preniez_

[Handwritten margin notes:]
Je prends — Nous prenons
Tu prends — Vous prenez
Il prend — Ils prennent

○ Answers to this activity are in Appendice 2 at the back of the book.

○ To learn about the use of the indicative versus subjunctive with the verbs **croire**, **penser**, and **(se) douter**, see Par la suite at the back of the book.

[Handwritten margin notes:]
Je prenne — Nous prenions
Tu prennes — Vous preniez
Il prenne — Ils prennent

3 Here are three verbs that have an irregular stem in the subjunctive: **faire** (**fass-**), **pouvoir** (**puiss-**), and **savoir** (**sach-**).

	fasse des progrès.	*I doubt (that) she's making any progress*
Je doute qu'elle	**puisse** trouver une solution.	*I doubt (that) she can find a solution*
	sache résoudre ce problème.	*I doubt (that) she knows how to solve this problem.*

Each stem is used for all subjunctive forms of that verb, and the endings are the same as for any other verb in the subjunctive. Knowing this, complete the following chart with the missing subjunctive verb forms.

	faire RACINE: **fass-**	**pouvoir** RACINE: **puiss-**	**savoir** RACINE: **sach-**
… que je	fasse	*puisse*	*sache*
… que tu	*fasses*	puisses	saches
… qu'il/elle/on	*fasse*	puisse	*sache*
… que nous	fassions	*puissions*	sachions
… que vous	fassiez	*puissiez*	sachiez
… qu'ils/elles	*fassent*	puissent	*sachent*

○ Answers to this activity are in Appendice 2 at the back of the book.

A. Écoutez bien! Écoutez la description de Natalie et cochez les cases pour indiquer la probabilité des phrases 1 à 5. À votre avis, est-ce qu'elle pourrait être plus écologique? Utilisez les cinq premières réponses pour arriver à une conclusion et cochez l'option qui convient dans la phrase 6.

Il est évident…
1. ☐ qu'elle conduit souvent.
2. ☐ qu'elle prend son vélo.
3. ☐ qu'elle fait du jardinage.
4. ☐ qu'elle sait conserver l'eau.
5. ☐ qu'elle recycle beaucoup.
6. ☐ qu'elle peut être plus «écolo»!

Il est douteux…
☐ qu'elle conduise souvent.
☐ qu'elle prenne son vélo.
☐ qu'elle fasse du jardinage.
☐ qu'elle sache conserver l'eau.
☐ qu'elle recycle beaucoup.
☐ qu'elle puisse être plus «écolo»!

[Handwritten at bottom:]
Il est certain que je vienne avec vous
Il n'est pas évident que elle fasse
Je doute que nous ayons

En français

10 gestes simples pour sauver la planète

1. **baisser** le chauffage / la climatisation

2. **boire** de l'eau dans une gourde _waterbottle_

3. **composter** ses déchets

4. **débrancher** ses appareils quand on ne les utilise pas

5. **faire** du jardinage (biologique)

6. **installer** des ampoules fluocompactes (_energy-saving lightbulbs_)

7. **prendre** des transports en commun

8. **raccommoder** ses vêtements _mend_

9. **recycler** ses bouteilles et boîtes

10. **utiliser** des sacs en tissu (_cloth_) au supermarché

B. Qui est _écolo?_

Première étape. Travaillez avec un(e) camarade. Avant de lui parler, devinez ce que votre camarade fait / ne fait pas (sait faire / ne sait pas faire). Complétez les phrases suivantes en choisissant des gestes dans la section **En français**.

	J'avais raison!
1. Je suis sûr(e) qu'il/elle _boit de l'eau dans une gourde_	☐
2. Il est probable qu'il/elle _recycle ses bouteilles et boîtes_	☐
3. Il se peut qu'il/elle _débranche ses appareils quand il ne les utilise pas_	☐
4. Je doute qu'il/elle _composte ses déchets_.	☐

Deuxième étape. Interviewez maintenant votre camarade. Posez-lui des questions basées sur vos phrases de la **Première étape.** Si vous aviez raison, cochez la case à côté de la phrase. Est-il/elle écolo?

EXEMPLE: É1: Est-ce que tu bois de l'eau dans une gourde?
É2: Non, j'achète toujours des bouteilles d'eau en plastique.

C. Qu'est-ce que nous pouvons tous faire? Réexaminez les dix gestes dans la section **En français** à la page 444. Quels gestes pouvons-nous vraiment tous faire? Utilisez le verbe **pouvoir** à l'indicatif (pour exprimer votre certitude) ou au subjonctif (pour exprimer votre incertitude/doute). Parlez-en avec un(e) camarade.

EXEMPLES: —Il est évident que nous pouvons tous recycler. C'est facile!

—Il est douteux que nous puissions tous prendre des transports en commun. Dans ce pays, on aime trop conduire!

D. De génération en génération.

Première étape. Est-ce que vos amis (les gens de votre génération) font les mêmes gestes que vous pour protéger l'environnement? Vos parents? Vos grands-parents? Avec un(e) camarade, discutez de vos certitudes et de vos doutes à leur sujet.

EXEMPLE: —Mes amis et moi, nous faisons tous du recyclage. Je sais que mes parents en font aussi, mais je doute que mes grands-parents en fassent.

Deuxième étape. Maintenant que vous avez parlé des différences entre générations, préparez un petit paragraphe qui résume ce que vous avez dit.

Est-ce que vous utilisez un sac en tissu quand vous faites les courses?

Il est douteux que nous puissions tous faire du jardinage parce que moi, par exemple, j'habite dans un appartement

15.2 Qu'on soit plus tolérant!

Saying what one wishes using the present subjunctive

Dans la phrase 1, décrivez-vous en employant un adjectif de la liste. Dans les phrases 2–6, décrivez ce que les autres pensent de vous (et ce que vous pensez des autres) en employant d'autres adjectifs de la liste.

altruiste ≠ égoïste	honnête ≠ malhonnête
aimable ≠ agaçant(e) (*annoying*)	sportif/sportive ≠ sédentaire
bavard(e) (*talkative*) ≠ timide	travailleur/travailleuse ≠ paresseux/
drôle ≠ sérieux/sérieuse	paresseuse
généreux/généreuse ≠ avare (*stingy*)	

1. Je **suis** _____honnête_____.

2. Les gens sont souvent surpris que je **sois** _____travailleuse_____.

3. Mon meilleur ami / Ma meilleure amie est content(e) que je **sois** _____généreuse_____

4. Mes parents voudraient que je **sois** un peu (plus)/moins _____sportive_____

5. Pour ma part, je préférerais que mon meilleur ami / ma meilleure amie **soit** un peu plus/moins _____bavard_____!

6. Pour ma part, j'aimerais que mes parents **soient** un peu plus/(moins) _____travailleurs_____!

Analysons! 1. Quelles formes du verbe **être** au subjonctif trouve-t-on dans ces phrases? _____suis_____, _____sois_____, _____soit_____ 2. On utilise le subjonctif dans ces phrases après une expression d'émotion (**être surpris[e] que...** ; **être** _____[e] que...**) ou après un verbe qui exprime un souhait (**vouloir que...** ; _____ **que...**) ou une préférence (_____ **que...**).

○ Answers to this activity are in **Appendice 2** at the back of the book.

1 Verbs and verbal expressions that express one's wish for some event or situation to occur—or the emotion one feels toward that event or situation—trigger the use of the subjunctive in a subordinate clause. Some common expressions of this type include the following.

Verbes	Expressions verbales
aimer (mieux) que	avoir peur que
désirer que	être content(e) que
préférer que	**Il est dommage** (*too bad*) que
souhaiter que	être surpris(e) que
vouloir que	être triste que

2 Unlike some of the expressions of certainty/uncertainty that you learned about in **Grammaire interactive 15.1**, the verbs and verbal expressions listed here *always* trigger the use of the subjunctive, regardless of whether they are used in the affirmative or the negative.

Je (**ne**) veux (**pas**) qu'elle parte.   *I want / don't want her to leave.*

Ils (**ne**) sont (**pas**) tristes qu'elle parte.   *They're sad / not sad that she's leaving.*

> **Mise en pratique.** Décrivez une femme que vous connaissez bien: commencez chaque phrase par un verbe ou une expression verbale de la liste ci-dessus (*above*) et terminez-la par un adjectif différent.
>
> 1. _Il est dommage_ qu'elle soit si (*so*) _malhonnête_ .
> 2. _Je préfère_ qu'elle soit peut-être un peu plus _drôle_ .
> 3. _Je souhaite_ qu'elle soit peut-être un peu moins _timide_ .

> ○ Sample answers are in Appendice 2 at the back of the book.

3 Unlike the irregular verbs **faire, pouvoir,** and **savoir** (presented in **Grammaire interactive 15.1**), which have one stem in the subjunctive, the irregular verbs **aller, avoir,** and **être** each have two stems in the subjunctive: one for the **nous/vous** forms and another for all other forms.

	aller	avoir	être
	RACINES: **aill-, all-**	RACINES: **ai-, ay-**	RACINES: **soi-, soy-**
... que je (j')	aille	aie	sois
... que tu	ailles	aies	sois
... qu'il/elle/on	aille	ait	soit
... que nous	allions	ayons	soyons
... que vous	alliez	ayez	soyez
... qu'ils/elles	aillent	aient	soient

> ○ To learn about the irregular subjunctive forms of **vouloir**, as well as the subjunctive form of verbs used with impersonal **il** (**falloir, pleuvoir, valoir**), see **Par la suite** at the back of the book.

> **Mise en pratique.** Utilisez la forme appropriée des verbes **aller, avoir** et **être** pour compléter les deux phrases.
>
> 1. Elle n'est pas riche. C'est pourquoi je suis surpris(e) qu'elle _____ait_____ une grande maison; qu'elle _____aille_____ souvent en France; qu'elle _____soit_____ si généreuse envers les autres.
>
> 2. Ils ne sont pas très sociables. C'est pourquoi je suis surpris(e) qu'ils _____soient_____ membres du club; qu'ils _____aillent_____ à la fête ce soir; qu'ils _____ un bon rapport avec leurs voisins.

○ Answers to this activity are in **Appendice 2** at the back of the book.

A. Écoutez bien! Votre professeur va jouer le rôle de Michel(le), qui cherche un colocataire. Cochez ses préférences. (Il y en a quatre.)

Michel(le) préfère que son colocataire...

_____ 1. soit aussi jeune que lui / qu'elle.

___✓___ 2. fasse souvent le ménage.

___✓___ 3. ait quelques meubles à partager.

___✓___ 4. sorte avec lui/elle de temps en temps.

_____ 5. aille en vacances avec lui/elle.

_____ 6. sache parler couramment le français.

___✓___ 7. puisse réparer sa voiture.

_____ 8. fasse des efforts pour recycler ses déchets.

J'éspère que
espère que [lad.]

B. Et pour vous, qu'est-ce qui est important? Travaillez avec un(e) camarade. Ensemble, revoyez les options de l'activité A. Parlez de ce que vous recherchez chez un(e) colocataire. Ajoutez d'autres détails, si possible.

J'aimerais que mon colocataire me maquille

> J'aimerais que...
> Je désire que...
> Je préfère que...
>
> J'aimerais mieux que...
> Je voudrais que...

Chez les Français

Le Pen et le parti de l'extrême droite

Le Front national est un parti d'extrême droite dont le fondateur et président, Jean-Marie Le Pen, est une figure très connue en France. Il a accédé au deuxième tour de l'élection présidentielle en 2002 avec 16 % des suffrages! Le message du Front national est souvent controversé, voire (*even*) choquant. Le Pen et les membres de son parti tiennent souvent des propos racistes et antisémites qui sont repris dans la presse nationale.

Un petit détail qui a son importance: les Français n'ont pas pour habitude de mettre le drapeau français devant leur maison comme les Américains qui célèbrent simplement leur nation et leur patriotisme. En France, un drapeau français flottant devant une maison individuelle—à part, bien sûr, le jour du 14 juillet ou pour d'autres fêtes nationales—est souvent le signe que la personne adhère aux idées de l'extrême droite ou, tout au moins, à des idées ultra-conservatrices.

Jean-Marie Le Pen

aill-, all
J'aille
Tu ailles
Il aille
Nous allions
Vous alliez
Ils aillent

soi- soy-
Je sois
Tu sois
Il soit
Nous soyons
Vous soyez
Ils soient

ai- ay
J'aie
Tu aies
Il ait
Nous ayons
Vous ayez
Ils aient

Logo de l'association SOS Racisme qui lutte contre toutes les formes de discrimination raciale

C. Convictions ou intolérance?

Selon un vieux dicton, «Qui se ressemble s'assemble» (*Birds of a feather flock together*). Il est vrai que tout le monde a ses goûts et ses convictions mais arrive-t-il un moment où les convictions d'une personne deviennent une forme d'intolérance?

Première étape. Travaillez avec deux autres camarades. Choisissez un des termes dans la section **En français** et donnez-en une définition qu'un enfant de 10 ans pourrait comprendre. Utilisez les verbes **accepter, aimer, apprecier, s'entendre, respecter, tolérer** (ou la négation de ces verbes) dans votre définition.

EXEMPLE: Être tolérant, c'est respecter différentes idées.

Deuxième étape. Dans le même groupe, réagissez au terme que vous venez de définir dans la **Première étape:** (1) Êtes-vous surpris(es) que certaines personnes soient comme cela? (2) Quelles sont les causes de cette façon d'être, à votre avis? (3) Quelle personne ou quel groupe pourriez-vous décrire en utilisant ce terme?

EXEMPLES: Nous ne sommes pas surpris(es) que certaines personnes aient l'esprit étroit parce que... Par exemple, aux États-Unis, il y a...

D. L'Union pour le mouvement estudiantin.

Travaillez avec trois camarades—c'est-à-dire, les membres de votre propre parti politique, l'UME. Mettez-vous d'accord sur la «plateforme» que vous allez présenter à la classe: (1) identifiez un problème ou un sujet à controverse dans votre fac; (2) parlez de votre réaction à ce problème et (3) proposez une solution. Employez des expressions de la liste et n'oubliez pas de faire la distinction entre l'indicatif et le subjonctif.

Il est évident que...	Il faut que nous...
Il est important que...	Nous avons peur que...
Il est tout à fait clair que...	Nous croyons que...
Il est vrai que...	Nous voulons que...

15.3 Vouloir, c'est pouvoir — Use of an infinitive versus the subjunctive

Voici quelques conseils pratiques pour réussir à l'université. Lesquels vous semblent les plus utiles? Cochez les cases appropriées.

1. Pour vraiment profiter de son éducation, il faut **aller** en cours régulièrement.

   ☐ Il faut que j'**aille** en cours plus régulièrement.

2. Pour continuer ses études, il est essentiel de **recevoir** de bonnes notes.

   ☐ Il est essentiel que je **reçoive** de meilleures notes.

3. Pour gérer le stress, il est important de **faire** de l'exercice de temps en temps.

   ☐ Il est important que je **fasse** un peu plus d'exercice.

4. Quand on se sent fatigué, il vaut mieux **dormir** un peu.

   ☐ Il vaut mieux que je **dorme** un peu plus.

Analysons! 1. Dans chaque cas, quelle différence notez-vous entre les deux verbes en caractères gras? _____
2. Quand le verbe est au présent du subjonctif, est-ce que le sujet grammatical de la proposition subordonnée est le même ou différent du sujet grammatical de la proposition principale? _____

⊙ Answers to this activity are in Appendice 2 at the back of the book.

1 Many of the impersonal expressions you've learned—that is, those using the impersonal pronoun **il** as grammatical subject—can be followed by either an infinitive or a subordinate clause (with the verb in the subjunctive).

Il est important { **de faire** de l'exercice de temps en temps.
{ **que tu fasses** un peu plus d'exercice.

In this example, the version with an infinitive is more general (used to address a general audience) whereas the version with a subordinate clause is more specific (used to address a specific person).

2 Verbs and verbal expressions related to desire/emotion, such as **vouloir** and **être triste**, can also be followed by either an infinitive or a subordinate clause (again with the verb in the subjunctive).

Je suis content(e) { **de suivre** ce cours.
{ **que tu suives** ce cours avec moi.

In this example, an infinitive follows the first verb when there is only one grammatical subject (**je**) governing both verbs. But when a different grammatical subject governs each verb (for example, **je** in one clause and **tu** in the other), the verb in the subordinate clause must be in the subjunctive.

Mise en pratique. Jouez le rôle d'un(e) patron(ne) qui parle des qualités qu'il/elle recherche chez ses employés. Transformez les phrases en remplaçant l'infinitif par la forme appropriée du verbe au subjonctif. Faites les autres changements nécessaires.

1. Il faut **être** travailleur. = Il faut que mes employés _____.

2. Il est important **de faire** toujours de son mieux. = Il faut que mes employés _____.

3. Il est essentiel **de savoir** parler aux autres. = Il faut que mes employés _____ _____.

4. Il est essentiel **de maintenir** un bon rapport avec la clientèle. = Il faut que mes employés _____.

5. Il vaut mieux **avoir** déjà un peu d'expérience. = Il faut que mes employés _____ _____.

▷ Answers to this activity are in Appendice 2 at the back of the book.

3 The adverb **avant** (*before*) shows the same sort of alternation between the infinitive and subjunctive: When there is one grammatical subject governing both verbs, **avant de** (**d'**) + an infinitive is used; but when there is a different grammatical subject for each verb, the verb in the **avant que** clause must be in the subjunctive.

Tu vas faire tes devoirs { **avant d'aller** en cours?
{ **avant que nous allions** en cours?

A. Écoutez bien! Écoutez la description de Philippe et indiquez si chacun des verbes suivants décrit une action faite par Philippe (verbe à l'infinitif) ou par une autre personne (verbe au subjonctif). Que pensez-vous de Philippe? C'est une personne responsable?

	à l'infinitif	au subjonctif
1. aller en cours	☐	☐
2. arriver	☐	☐
3. jouer aux jeux vidéo	☐	☐
4. préparer des repas	☐	☐
5. prêter de l'argent	☐	☐
6. faire des efforts	☐	☐

▷ To learn about the use of **après (que)** and forms of the past infinitive, see Par la suite at the back of the book.

B. La critique. Les autres, en particulier les membres de notre famille et nos amis, ont souvent des opinions sur notre façon de vivre.

Première étape. D'abord, sur une feuille de papier, décrivez-vous en complétant chaque phrase.

1. J'aime passer beaucoup de temps au / à la / chez _____ (par exemple, bibliothèque, cinéma).

2. J'ai de la chance d'avoir mon/ma propre _____ (par ex., appartement, voiture).

3. À la maison, je n'aime pas _____ (par ex., faire la vaisselle, passer l'aspirateur).

4. Quant à (*As for*) mes talents, je sais _____ (par ex., danser, surfer).

5. En ce qui concerne l'environnement, j'aime _____ (par ex., acheter des produits bio).

6. À l'avenir, j'aimerais être _____ (par ex., médecin, artiste).

Deuxième étape. Travaillez avec un(e) camarade et determinez, d'après les réponses de la **Première étape**, si vous vous ressemblez ou si vous êtes très différent(e)s. Pendant votre discussion, indiquez comment vos amis ou les membres de votre famille réagissent à ces détails de votre vie.

> EXEMPLE: —J'aime passer beaucoup de temps au cinéma. Mes parents n'aiment pas trop que j'y aille tout le temps. Ils préféreraient que j'étudie plus.

C. Pour échapper au quotidien (*To escape the daily grind*)!

Première étape. Cherchez un(e) camarade que vous connaissez assez bien. Imaginez que votre camarade est un peu stressé(e); il/elle a envie d'échapper au quotidien. Organisez (en secret) des vacances qui vous plaisent à tous/toutes les deux, selon les critères et les suggestions suivants. Vous verrez pendant la **Deuxième étape** si vous avez bien choisi.

1. Nous irons... (au bord de la mer?).
2. Il fera... (chaud?).
3. On parlera... (français?).
4. Il y aura des activités... (sportives?).
5. Nous visiterons des... (sites historiques?).
6. La nourriture sera... (très différente?).
7. Nous logerons dans (une auberge?).
8. Nous (ne) dépenserons (pas trop d'argent?).

Deuxième étape. Votre camarade va maintenant vous parler de ses projets de vacances. Qu'est-ce que vous pensez de ses choix: êtes-vous surpris(e), content(e) ou un peu déçu(e)? Pourquoi? Changez ensuite de rôle.

> EXEMPLE: —Je suis très content(e) que nous allions à la montagne parce que j'adore faire du ski!

D. Les dix choses qu'il faut faire avant de mourir.
Avec deux ou trois autres camarades, mettez-vous d'accord sur une activité que tout le monde devrait faire avant de mourir. Partagez cette idée avec la classe en utilisant **il faut**. Faites preuve d'imagination et d'humour ou soyez poétiques!

> EXEMPLE: É1: Avant de mourir, il faut absolument se baigner dans les eaux bleu-vert de Bora Bora.
>
> É2: Il n'est pas essentiel que moi, je fasse un voyage à Bora Bora. J'aimerais mieux aller sur la lune!

Un endroit à visiter avant de mourir: l'île de Bora Bora, en Polynésie française

La France et l'immigration: Son histoire et la situation sociale actuelle

A. Avant d'écouter. Avec un(e) camarade, répondez aux questions suivantes: Avez-vous de la famille qui a récemment immigré? Si oui, quel était leur pays d'origine? Ont-ils eu des problèmes ou des difficultés après leur arrivée dans leur nouveau pays? Sinon à quelle époque est ce que vos ancêtres sont arrivés dans ce pays? De quel(s) pays venaient-ils?

B. Écoutez. Regardez et écoutez pendant que votre professeur vous parle de l'immigration en France. N'oubliez pas de signaler s'il y a des choses que vous ne comprenez pas!

C. Avez-vous compris? Complétez les phrases suivantes en utilisant les expressions de la liste. **Attention!** Certaines expressions ne sont pas utilisées.

de l'Afrique de l'Ouest	la faim
d'Algérie	la grève
le chômage	HLM
la Deuxième Guerre mondiale	du Portugal
l'émeute urbaine	la Première Guerre mondiale
du Maroc	le regroupement familial
	«sans papiers»

1. La France a perdu à peu près 10 % de sa population active mâle pendant _____.

2. L'immigration en provenance _____, du Maghreb, et _____ s'est intensifiée après la Deuxième Guerre mondiale.

3. La crise du logement après la Deuxième Guerre mondiale a mené à la construction des premières _____, des habitations à loyer modéré.

4. La plupart des immigrés maghrébins en France viennent _____, parce que ce pays est une ancienne colonie française qui a obtenu son indépendance en 1962.

5. On a cessé d'encourager l'immigration après la crise économique des années 70, mais on a permis _____. Dans les années 80, on a essayé de contrôler l'immigration, en expulsant les _____.

6. Les habitants des banlieues, surtout les enfants d'immigrés, font face à des problèmes sociaux comme l'échec scolaire, la délinquance et _____.

7. _____ est une manifestation spontanée et parfois violente; la France en a vu plusieurs depuis les années 80.

D. À vous! Quelles similarités et quelles différences voyez-vous entre l'immigration en France et dans votre pays? Selon vous, est-ce qu'il devrait y avoir une politique de contrôle d'immigration plus stricte dans votre pays?

*In 2007, Ségolène Royal ran for president in France. She lost by a relatively small margin to Nicolas Sarkozy.

Un sans-papiers

Extraits du livre *Le Racisme expliqué à ma fille*, de Tahar Ben Jelloun

Tahar Ben Jelloun est un écrivain et poète franco-marocain de langue française, né en 1944 à Fès, au Maroc. Son livre *Le Racisme expliqué à ma fille* (1997), un best-seller vendu à plus de 400.000 exemplaires, est traduit en 33 langues. Dans les extraits suivants de son livre, Ben Jelloun discute les origines du racisme et sa manifestation chez l'enfant.

A. Avant de lire. Répondez à ces questions: Selon vous, qu'est-ce que le racisme? D'où viennent les idées et les attitudes liées à ce phénomène?

B. Lisez. Lisez les extraits suivants.

C'est quoi le racisme?

Quand la fille de Ben Jelloun lui demande:
—Dis, Papa, c'est quoi le racisme?

Ben Jelloun lui répond:
—Le racisme est un comportement assez répandu,[1] commun à toutes les sociétés, devenu hélas[2] banal dans certains pays parce qu'il arrive qu'on ne s'en rende pas compte.[3] Il consiste à se méfier,[4] et même à mépriser,[5] des personnes ayant des caractéristiques physiques et culturelles différentes des nôtres.[6] [...] En général, l'homme a tendance à se méfier de quelqu'un de différent de lui, un étranger par exemple; c'est un comportement aussi ancien que l'être humain; il est universel. Cela touche tout le monde.

Plus tard dans son livre, Ben Jelloun explique les origines culturelles du racisme:
Un enfant ne naît pas raciste. Si ses parents ou ses proches[7] n'ont pas mis dans sa tête des idées racistes, il n'y a pas de raison pour qu'il le devienne. Si, par exemple, on te fait croire que ceux qui ont la peau blanche sont supérieurs à ceux dont la peau est noire, si tu prends au sérieux cette affirmation, tu pourras avoir un comportement raciste à l'égard des Noirs. [...]
—Tu crois que je pourrais devenir raciste?
—Le devenir, c'est possible; tout dépend de l'éducation que tu auras reçue. Il vaut mieux le savoir et s'empêcher[8] de l'être, autrement dit accepter l'idée que tout enfant ou tout adulte est capable, un jour, d'avoir un sentiment et un comportement de rejet à l'égard[9] de quelqu'un qui ne lui a rien fait mais qui est différent de lui. [...]

Vers la fin de son livre Ben Jelloun note que:
La différence, c'est le contraire de la ressemblance, de ce qui est identique. La première différence manifeste est le sexe. Un homme se sent différent d'une femme. Et réciproquement. Quand il s'agit de cette différence-là, il y a, en général, attirance[10] [...] Le raciste est celui qui pense que tout ce qui est trop différent de lui le menace dans sa tranquillité.

[1]*widespread* [2]*unfortunately* [3]*ne... we don't realize it* [4]*mistrust* [5]*scorn* [6]*our own* [7]*close friends or close relatives*
[8]*stop oneself, prevent oneself* [9]*in regard to* [10]*attraction*

(continued)

—C'est le raciste qui se sent menacé?

—Oui, car il a peur de ce qui ne lui ressemble pas. Le raciste est quelqu'un qui souffre d'un complexe d'infériorité ou de supériorité.

Dans sa conclusion, Ben Jelloun nous rappelle que:

La lutte contre le racisme doit être un réflexe quotidien. Notre vigilance ne doit jamais baisser.[11] Il faut commencer par donner l'exemple et faire attention aux mots qu'on utilise. Les mots sont dangereux. Certains sont employés pour blesser[12] et humilier, pour nourrir[13] la méfiance et même la haine.[14] D'autres sont détournés de leur sens profond et alimentent[15] des intentions de hiérarchie et de discrimination. D'autres sont beaux et heureux. Il faut renoncer aux idées toutes faites,[16] à certains dictons et proverbes qui vont dans le sens de la généralisation et par conséquent du racisme. Il faudra arriver à éliminer de ton vocabulaire des expressions porteuses[17] d'idées fausses et pernicieuses. La lutte contre le racisme commence avec le travail sur le langage.

[11]*decrease, lower* [12]*wound* [13]*feed into* [14]*hatred* [15]*fuel* [16]*preconceived* [17]*porteuses... which carry*

C. Avez-vous compris? Décidez si les phrases suivantes sont vraies ou fausses selon le texte. Si une phrase est fausse, corrigez-la.

	vrai	faux
1. C'est la peur ou la méfiance envers ceux qui sont différents de nous qui est à l'origine du racisme.	☐	☐
2. Le racisme se manifeste naturellement chez l'enfant.	☐	☐
3. Le racisme est un comportement universel.	☐	☐
4. La lutte contre le racisme ne devrait jamais cesser.	☐	☐
5. La relation entre le racisme et le langage n'est pas bien établie.	☐	☐

D. À vous! Au sujet de son livre, Ben Jelloun dit, «Je suis parti du principe que la lutte contre le racisme commence avec l'éducation.» Pensez-vous aussi que l'éducation peut résoudre les problèmes liés au racisme? Pourquoi, et comment?

Tahar Ben Jelloun, écrivain et poète franco-marocain

Écrivons!

Les problèmes sociaux

Postez un message sur le **Forum des étudiants** pour décrire un problème social qui vous touche particulièrement. Suivez l'exemple.

◄ ► Forum >> Vie quotidienne >> Problèmes sociaux dans votre ville?

MESSAGE DE:

TahiraG
(Montréal)

**posté le
14-07**

Sujet: L'intinérance à Montréal ▼

Un des problèmes sociaux dont je suis particulièrement consciente, et qui s'aggrave en ce moment à Montréal, est l'itinérance, le problème des «sans domicile fixe» ou «SDF». Comme le racisme, le chômage et la faim, c'est un problème social grave. Le gouvernement du Québec a récemment lancé un plan d'action contre l'itinérance, dont les priorités sont une augmentation de la recherche sur le problème, la création de logements et l'aide aux Montréalais(es) qui vivent en situation d'itinérance. À mon avis, ce problème mérite plus d'attention, mais je suis contente que le gouvernement fasse ces efforts.

Parlons!

Débat: La diversité culturelle ou l'assimilation à la culture dominante

L'expression «Vive la différence!» veut dire «célébrer et apprécier les différences entre les personnes». On a certes le droit d'être individualiste, mais il faut rester ouvert aux nouvelles idées et perspectives. D'après vous, y a-t-il des avantages et des inconvénients à conserver les traditions culturelles de son pays d'origine au lieu d'essayer de s'adapter à la culture de son nouveau pays?

Votre professeur va diviser votre classe en deux groupes: un groupe sera en faveur de la diversité culturelle, l'autre en faveur de l'assimilation. Avec les membres de votre groupe, trouvez des arguments pour soutenir votre point de vue. Prenez des notes. Échangez ensuite vos listes avec l'autre équipe. Maintenant, travaillez avec votre équipe pour réfuter chacun des arguments de l'autre équipe. Quand les deux équipes sont prêtes, le débat commence! Le groupe qui, selon le professeur, justifie le mieux sa position et démontre le mieux les erreurs de l'autre équipe, gagne le débat.

Culture interactive

Regardons!

Film: *Inch'allah dimanche*
(Drame; 2001; France
Réalisatrice: Yamina
Benguigui; 98 min.)

SYNOPSIS: As part of the French government's family reunification policy **(le regroupement familial)** in the early 1970s, Zouina is allowed to move to France from Algeria to join her husband. Leaving her mother behind, she lives with her husband, his mother, and their three children. Abused physically by her husband and verbally by her mother-in-law, Zouina soon finds herself alienated in a foreign country with a foreign culture.

SCÈNE: (DVD, Scene 3, "Neighbors," 00:19:08–00:21:20) In this scene, Zouina steps out of the house to prepare a traditional coffee, much to the displeasure of her neighbors.

Avant-première.
Répondez aux questions suivantes avec un(e) camarade: Dans quelles circonstances est-ce qu'une personne a une raison légitime de se plaindre de la routine matinale d'une autre personne? À votre avis, est-ce que s'intégrer à une nouvelle société est plus difficile pour les hommes ou les femmes? Existe-t-il des obstacles que seules les femmes immigrées doivent surmonter?

Zouina, ses enfants et sa belle-mère, dans le film *Inch'allah dimanche*

On tourne!

1. La vieille dame dans la scène est en train de s'occuper de _____.
   a. son balcon   b. sa terrasse   c. son jardin
2. Zouina est en train de préparer son café matinal _____.
   a. sur la terrasse   b. dans le jardin   c. sur le balcon
3. La vieille dame est furieuse parce que Zouina prépare _____.
   a. le café à l'extérieur   b. du café instantané   c. le café sans cafetière électrique
4. Nicole, la voisine, finit par prendre la défense _____.
   a. de la vieille dame b. de Zouina   c. des deux
5. La belle-mère de Zouina finit par prendre la défense de _____.
   a. la vieille dame   b. Nicole   c. Zouina

On boucle!
Le modèle d'intégration français, qui est basé sur la laïcité (*secularism*), pose parfois des problèmes aux femmes maghrébines qui veulent protéger leur culture, leurs traditions et leur religion. Pour régler un tel problème, il faut faire des compromis, mais quels compromis faut-il faire et qui doit les faire? Discutez vos réponses avec un(e) camarade.

Chantons!

Chanson: «Mon pays»
(Faudel, 2006)

Faudel Belloua, dit Faudel, un chanteur et acteur français d'origine algérienne surnommé *le petit prince du raï* (un style de musique maghrébin populaire), est né en 1978. Faudel chante en arabe et en français. En 2000, il a également joué dans le film *Le Battement d'ailes du papillon* (*Happenstance*, en anglais) avec Audrey Tautou.

Écoutez la chanson et répondez aux questions suivantes: Quels sont les souvenirs d'enfance du chanteur? Quel est son pays («Mon pays»), l'endroit où il est né, qu'il n'oubliera jamais? Quel pays est-ce qu'il ne connaît pas bien?

iMix Link: This song is available for purchase at the iTunes store in a special iMix created for *En avant!* For more information about accessing the playlist, go to the *En avant!* Online Learning Center, Coursewide Content (**www.mhhe.com/enavant1**).

Vocabulaire

Questions et expressions

Ça t'intéresse / Ça vous intéresse, (la politique)?	*Does (politics) interest you?*
Oui, ça m'intéresse.	*Yes, that interests me.*
Tu t'intéresses à / Vous vous intéressez à… ?	*Are you interested in . . . ?*
Euh… ben, oui.	*Uh, yeah.*
Moi, pas trop.	*Not really.*
Oui, je m'y intéresse.	*Yes, I'm interested in that.*
Oui, énormément.	*Yes, extremely.*
Oui, beaucoup quand même.	*Yes, quite a bit, actually.*
Oui, bien sûr.	*Yes, of course.*
Il est clair/évident/probable/vrai que… (+*indic.*)	*It's clear/obvious/likely/true that . . .*
Il est dommage que (+*subj.*)…	*It's a shame that . . .*
Il est douteux que (+*subj.*)…	*It's doubtful that . . .*
Il se peut que (+*subj.*)…	*It may be that . . .*
J'ai peur que (+*subj.*)…	*I'm afraid that . . .*
Je doute que (+*subj.*)…	*I doubt that . . .*
Je souhaite que (+*subj.*)…	*I hope/wish that . . .*
Je suis triste que (+*subj.*)…	*I am sad that . . .*

Verbes et expressions verbales

augmenter	*to increase, augment*
avoir l'esprit ouvert / l'esprit étroit / de l'expérience / des préjugés contre…	*to be open-minded / narrow-minded / worldly / prejudiced against*
baisser	*to lower*
composter (ses déchets)	*to compost (one's garbage)*
débrancher	*to unplug*
faire grève	*to go on strike*
imposer	*to impose*
s'inquiéter (de)	*to worry (about)*
installer	*to install*
interdire	*to prohibit*
lutter (pour/contre)	*to battle, fight (for/against)*
manifester (pour/contre)	*to demonstrate (for/against)*
raccommoder	*to mend an article of clothing*
recycler (faire du recyclage)	*to recycle*
soutenir	*to support*
subventionner	*to subsidize*
se vanter (de)	*to brag (about), to take pride (in)*

La société moderne

l'agriculture (*f.*)	*agriculture*
une ampoule (fluocompacte)	*a(n) (energy-saving) light bulb*
une boîte	*a can*
une chaîne de télévision	*a television channel*
le chômage	*unemployment*

un(e) citoyen(ne)	*a citizen*
la climatisation	*airconditioning*
la conscription	*conscription (obligatory military service)*
l'échec (*m.*) (scolaire)	*failure (at school)*
l'énergie (*f.*) (éolienne, nucléaire, renouvelable, solaire, thermale)	*(wind, nuclear, renewable, solar, thermal) energy*
l'enseignement (*m.*) (laïc)	*(lay/secular) instruction*
une émeute	*a riot*
une ferme (familiale)	*a (family) farm*
les forces (*f.*) armées	*the armed forces*
une gourde	*a water bottle*
une grève	*a strike*
un(e) HLM (habitation à loyer modéré)	*low income housing*
l'immigration (*f.*) (clandestine, illégale)	*(illegal) immigration*
un(e) immigré(e)	*an immigrant*
les impôts (*m.*)	*income taxes*
l'intolérance (*f.*)	*intolerance*
la lutte	*fight*
une maladie (infectieuse)	*an infectious disease*
une manifestation	*a march, demonstration*
un OGM [organisme génétiquement modifié]	*a genetically modified organism (GMO)*
la pollution	*pollution*
la population active	*workforce*
un produit (agricole, bio [logique])	*an (agricultural, organic) product*
un quartier défavorisé	*underprivileged neighborhood*
le réchauffement de la planète	*global warming*
la retraite	*retirement*
le SIDA (syndrome de l'immunodéficience acquise)	*AIDS*
un syndicat	*a workers' union*
le taux (de chômage)	*(unemployment) rate*
le terrorisme	*terrorism*
un titre de séjour	*a residency card, visa*
un voile / un foulard (islamique)	*an (Islamic) head scarf*

Adjectifs

antisocial(e)	*antisocial*
borné(e)	*short-sighted, narrow-minded*
compréhensif/compréhensive	*understanding*
ethnocentrique	*ethnocentric*
homophobe	*homophobic*
puissant(e)	*powerful*
raciste	*racist*
sexiste	*sexist*
snob	*snobby*
tolérant(e)/intolérant(e)	*tolerant/intolerant*

CHAPITRE 16

Une célébration des arts

Rappel

In this chapter, you will review:

- how to take leave of people and wish them well
- how to talk about events using regular and irregular present-tense verbs
- how to ask information questions
- how to refer to people, places, and things using object pronouns
- how to talk about past events using the **imparfait** and the **passé composé**

Bilan

In this chapter, you will learn:

- how to seek someone's input
- about French contributions to world culture
- about cultural notions of art and artistic performance

La tour Eiffel (1926), Robert Delaunay

DVD Chantons! www.mhhe.com/enavant1 www.mhcentro.com Film Web Audio

Communication en direct

Est-ce que tu as / vous avez quelque chose à dire... ?

Seeking someone's input

- To ask someone for additional input at the end of an interview, a meeting, class, or presentation, you can say:

  Est-ce que tu as / vous avez quelque chose à dire / à ajouter?
  Do you have anything to say/add?

  —**Est-ce que tu as / vous avez quelque chose à dire aux étudiants américains au sujet de la France?**

  —**Vous devriez venir en France parce qu'il y a beaucoup de choses à voir et beaucoup de choses à faire.**

- Another way to express the same idea is to say:

  Est-ce que tu voudrais / vous voudriez dire quelque chose...
  Would you like to say something . . .

  —**Est-ce que tu voudrais / vous voudriez dire quelque chose aux étudiants américains au sujet de la culture française?**

  —**Venez découvrir Paris, c'est magnifique. Il y a un centre-ville historique magnifique.**

À l'écran.

DVD

Première étape. Regardez et écoutez les Français répondre à la question: **Est-ce que tu as / vous avez quelque chose à dire aux étudiants américains au sujet de la France ou de la culture française?** Indiquez ce que dit chaque personne en cochant les cases appropriées. **Attention!** Certaines personnes disent plus d'une chose et certaines phrases expriment les pensées de plus d'une personne.

Que disent-ils aux étudiants américains?					
Il/Elle leur dit...	de venir en France parce que c'est un très beau pays; Paris est une belle ville.	de chercher à connaître cette culture.	de venir en France à cause de sa culture très riche.	de venir en France pour essayer sa bonne cuisine.	de venir en France parce que les gens sont assez sympathiques.
1. Victoria	☒	☐	☒	☐	☐

(continued)

Il/Elle leur dit...	de venir en France parce que c'est un très beau pays; Paris est une belle ville.	de chercher à connaître cette culture.	de venir en France à cause de sa culture très riche.	de venir en France pour essayer sa bonne cuisine.	de venir en France parce que les gens sont assez sympathiques.
2. Antoine	☒	☐	☐	☐	☐
3. Sullyvan	☒	☐	☒	☐	☐
4. Anthony	☒	☐	☐	☐	☐
5. Daniel	☐	☒	☐	☐	☐
6. Justine	☒	☐	☐	☒	☒
7. Sélim	☒	☐	☐	☐	☐

Deuxième étape. Regardez de nouveau la vidéo et répondez aux questions suivantes.

1. Quelles sont les deux réponses les plus fréquentes? Pourquoi étudiez-vous le français?

2. À votre avis, quelle est la personne la plus accueillante (*welcoming*)? Pourquoi?

3. Daniel dit que les étudiants américains qui étudient le français doivent chercher à connaître cette culture et non pas la combattre. Qu'est-ce que cela veut dire exactement?

4. Écoutez les réponses de Justine, puis répondez à la question: est-ce que tu as / vous avez quelque chose à dire aux étudiants français (ou aux gens de la vidéo) au sujet des États-Unis / de votre pays ou de votre culture? Est-ce que vous diriez les mêmes choses que Justine pour décrire votre culture?

Avant de nous quitter, disons-nous au revoir.

Taking leave of people and wishing them well

At the end of each interview, we asked everyone: **Avant de nous quitter, disons-nous au revoir.**

Here is a list of expressions that people used.

- To say good-bye to a group of people, you say:

  Au revoir, les étudiants! Au revoir, les enfants! Salut, les filles!

  À noter: French, unlike English, uses an article, in this case **les,** when addressing a group.

- An informal and affectionate way to say good-bye is:

  Bisous! *Kisses!*

- To welcome someone to your country (or home), you say:

  Vous êtes / Soyez le bienvenu / la bienvenue / les bienvenu(e)s! or just **Bienvenue!**

  Note that the noun **bienvenu** changes depending on whom you are addressing.

- To wish someone good luck, you say: **Bonne chance!**
- If the task at hand is difficult, you say: **Bon courage!**
- To wish someone success with anything, simply put the correct form of **bon** in front of the noun:

Bon travail!	*Good luck with your work!*
Bon voyage!	*Have a good trip!*
Bonnes leçons!	*Good luck with your lessons!*

DVD

À l'écran.

Première étape. Regardez et écoutez d'autres gens de la vidéo qui vous disent au revoir et qui vous encouragent dans vos études de français. Associez chaque personne ou groupe de personnes avec l'expression qu'elle/il utilise. **Attention!** Plusieurs personnes disent la même chose!

1. Lahcen ___f___

2. Guillaume et Élise ___d___

a. Au revoir!
b. Bisous!
c. Bon courage!
d. Bonne chance!
e. Bonnes leçons!
f. Vous êtes les bienvenus en France!

3. Les familles Béranger et Béranger-Plateau ___a, c___

4. Imée et Aïda ___a, c___

5. Annie et Martin ___a, d, e___

6. Simon ___a, d___

7. Marie-Ange ___a, b___

Deuxième étape. Travaillez avec un(e) camarade. Choisissez une des situations de la liste. Lisez-la à votre camarade qui va réagir avec une expression appropriée. Changez ensuite de rôle. Continuez ainsi avec toutes les autres situations.

1. Votre ami a un examen très difficile demain et il va étudier toute la nuit.
2. Vos amis viennent d'arriver de Montréal. Vous ouvrez la porte.
3. Avant de quitter votre amie, vous dites «au revoir» à ses deux enfants.
4. Votre père a une interview dans une heure pour un nouveau poste.
5. Votre colocataire a beaucoup de choses à faire et se sent très stressé(e).

Les «sept arts»   Talking about the arts

Au 19ᵉ siècle, on reconnaissait six arts: **l'architecture**, **la sculpture**, **la peinture**, **la musique**, **la poésie** et **la danse**. Au 20ᵉ siècle, on a ajouté un septième art à cette liste: **le cinéma**. Indiquez à quelles œuvres mentionnées dans la colonne A correspondent les descriptions de la colonne B, puis lisez les paragraphes qui suivent l'activité pour vérifier vos réponses.

A	B
_____ 1. *Notre-Dame de Paris*	a. un ballet **romantique** de Théophile Gautier
_____ 2. *les Invalides*	b. une cathédrale **gothique**
_____ 3. *Le Penseur* et *Le Baiser*	c. un musée militaire **baroque**
_____ 4. *Impression, soleil levant*	d. un film de la «Nouvelle Vague (*Wave*)»
_____ 5. *La Mort de Marat*	e. un film du «Cinéma du look»
_____ 6. *Carmen*	f. un opéra de Bizet
_____ 7. *Les Fleurs du mal*	g. un tableau **impressionniste** de Monet
_____ 8. *Giselle*	h. un tableau **néoclassique** de Jacques-Louis David
_____ 9. *À bout de souffle* (*Breathless*)	i. **un recueil** de poèmes de Baudelaire
_____ 10. *Nikita*	j. des sculptures de Rodin

Le premier art: L'architecture

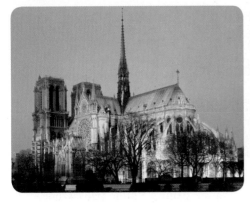

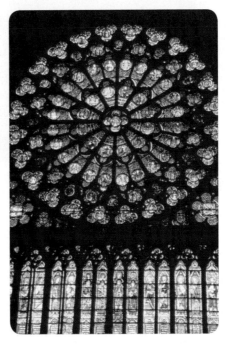

Notre-Dame de Paris, la célèbre cathédrale du Moyen Âge, est un exemple de l'architecture gothique—un style architectural qui comprend des éléments structuraux et décoratifs tels des plafonds **en voûte** (*vaulted ceilings*), **des arcs-boutants** (*flying buttresses*), **des vitraux** (*stained-glass windows*) en forme de rose (appelés des **rosaces**) et, bien sûr, **des gargouilles**. Sa construction a duré presque deux siècles, de 1163 à 1345.

L'Hôtel national des Invalides, **conçu** (*designed*) par **l'architecte** Libéral Bruant (1635–1697) en 1671 et terminé en 1676, est aujourd'hui un musée militaire. C'est un exemple de l'architecture baroque du 17ᵉ siècle, caractérisée par l'opulence **des matières** (*building materials*), des escaliers **en spirale**, des coupoles **dorées** (*golden*) et **des fresques** qui couvrent l'intégralité du plafond (*ceiling*).

Le deuxième art: La sculpture

Le troisième art: La peinture

Le Baiser (1889) est une sculpture **en marbre** du **sculpteur** Auguste Rodin (1840–1917). Rodin abandonne **les thèmes** mythologiques et religieux qui ont du succès à l'époque. Il cherche à représenter la condition humaine et se concentre sur le corps humain. *Le Penseur,* **en bronze** et *Le Baiser* sont deux œuvres célèbres qui illustrent bien son art.

La Mort de Marat (ou *Marat assassiné*) (1793), **un tableau** du **peintre** Jacques-Louis David (1748–1825) de l'École néoclassique, est une des plus célèbres **images** de la Révolution française. Le néoclassicisme est un grand mouvement artistique, qui s'inspire de la pureté des arts grec et romain et se caractérise par la perfection de **la ligne** et **la technique** de clair-obscur (*light and dark*).

Impression, soleil levant (1872) a été **peint à l'huile** par Claude Monet (1840–1926), un des plus célèbres peintres du mouvement impressionniste du 19ᵉ siècle. L'impressionnisme est caractérisé par des lignes floues (*blurred*), des touches de couleurs qui reflètent le mouvement et l'effet de **la lumière** sur le sujet et **des coups de pinceau** (*brush strokes*) très visibles sur **la toile** (*canvas*).

Le quatrième art: La musique

Carmen (1875), du **compositeur** Georges Bizet (1838–1875), est un opéra en quatre **actes** qui **met en scène** (*presents*) une bohémienne, Carmen (**mezzo-soprano**), et son amant, le brigadier Don José (**ténor**) et décrit leur relation orageuse. D'abord dénoncé par les critiques, *Carmen* est aujourd'hui un des opéras les plus joués du monde.

Le cinquième art: La poésie

Les Fleurs du mal (1857) est **un recueil** de poèmes de Charles Baudelaire (1821–1867), le père de la poésie moderne. Le **poète** joue sur les idées abstraites et les images—parfois érotiques, grotesques ou décadentes—qui les expriment. Publiée en 1857, pendant le règne de Napoléon III, l'**œuvre** est jugée un «outrage à la morale publique».

Le sixième art: La danse

Giselle, interprété (*performed*) pour la première fois en 1841, est considéré comme l'archétype du ballet romantique. Le romantisme était un mouvement artistique qui donnait priorité— en danse, en musique et en littérature—aux émotions et à la sensibilité (*sensitivity*). *Giselle* établit aussi la suprématie de **la danseuse** (la ballerine) qui, gracieuse et délicate, danse **sur pointes** alors que le danseur n'est là que pour mettre en valeur sa partenaire.

Le septième art: Le cinéma

À bout de souffle (1960) est **un long métrage** (*feature-length film*) du **réalisateur** Jean-Luc Godard, une figure importante de la Nouvelle Vague, un mouvement cinématographique des années 50 et 60. Ce mouvement est caractérisé par une nouvelle façon de tourner les films unique à son époque. On privilégie **le tournage** (*filming*) en extérieur, **en noir et blanc**, avec des changements de scène rapides et un dialogue souvent improvisé.

Nikita (1990), un film du **cinéaste** (*filmmaker*) Luc Besson, est un des meilleurs exemples du cinéma du look des années 80 et 90, un mouvement caractérisé par un style visuel très «tape-à-l'œil» (*slick, flashy*) qui met en scène des personnages aliénés et des marginaux. **La sortie** (*release*) du film aux États-Unis, **en version originale** (**sous-titré** en anglais), a eu beaucoup de succès et a même inspiré **une série télévisée** américaine.

A. Qui fait quoi? Travaillez avec un(e) camarade. Ensemble, complétez le tableau suivant avec les termes qui manquent. Quelle personne vous vient immédiatement à l'esprit pour chacun de ces sept domaines artistiques? Est-ce que votre camarade et vous avez pensé à la même personne dans certains cas?

l'art	l'artiste	l'œuvre artistique
1. l' _architecture_	un(e) architecte	un édifice
2. la sculpture	un _sculpteur_ / une femme sculpteur	une sculpture
3. la peinture	un _peintre_ / une femme peintre	un _tableau_
4. la _musique_	un musicien / une _musicienne_	un morceau de musique, une symphonie, un opéra
5. la poésie	un _poète_ / une femme poète	un _recueil_
6. la danse	un danseur / une _danseuse_	_un ballet_
7. le cinéma	un _réalisateur_ / une réalisatrice *ou* un(e) cinéaste	_le tournage_

B. Le matériel et le style.

Première étape. Indiquez quels termes de la liste B peuvent décrire les mots de la liste A. Le professeur va écrire vos idées an tableau. **Attention!** Il y a souvent plusieurs associations possibles.

A		B		
une ballerine	un rôle	à l'aquarelle *(watercolor)*	en couleur	en version originale
un escalier	une sculpture	à l'huile	en marbre	en voûte
un film	un tableau	de/pour ténor	en noir et blanc	sur pointes
une photo(graphie)		en bronze	en spirale	
un plafond				

Deuxième étape. Parmi les termes descriptifs écrits au tableau lesquels s'appliquent aux images suivantes? Ensuite, trouvez dans la présentation (pages 463–466) un exemple des termes que vous n'avez pas encore utilisés.

a. Le château de Blois

b. *Hyères* (1932), d'Henri Cartier-Bresson

c. *Autoportrait* (1895), de Raoul Dufy

d. l'intérieur de la Sainte-Chapelle

C. Les grands mouvements.

Première étape. Imaginez que vous assistez à une vente aux enchères (*auction*). Quelle œuvre d'art vous tente le plus? Qu'est-ce qui vous plaît / vous intéresse le plus dans cette œuvre—le sujet? les couleurs? le sentiment qu'elle inspire?

a.   b.

c.   d.

Deuxième étape. Identifiez les tableaux de la **Première étape** en mettant la lettre correspondant à chaque tableau devant son nom. **Attention!** Considérez le titre de chaque peinture avant de décider.

_____ 1. *Les Valeurs personnelles* (1952), du peintre belge René Magritte

_____ 2. *Le Jour* (1929), du peintre français Georges Braque

_____ 3. *Jeune mère cousant* (env. 1900), de l'artiste peintre américaine Mary Cassatt

_____ 4. *La Chambre* (1888), du peintre hollandais Vincent Van Gogh

Troisième étape. Les tableaux que vous avez identifiés dans la **Deuxième étape** exemplifient quatre grands mouvements artistiques en France entre 1850 et 1950. Lisez les caractéristiques des mouvement, puis indiquez quel tableau appartient à chaque mouvement.

L'impressionnisme: des sujets tirés de la vie quotidienne; des contours qui ne sont pas précis; la lumière comme élément essentiel

Le post-impressionnisme / Le «fauvisme»: des formes simplifiées; le rejet de la profondeur de la perspective; des couleurs pures et vives qui viennent directement du tube (réaction contre les limites de l'impressionnisme)

Le cubisme: le désir de montrer le même sujet sous plusieurs angles simultanément; des formes géométriques; un manque de profondeur

Le surréalisme: l'élément de la surprise; des juxtapositions inattendues; le désir de scandaliser; l'exploration du monde des rêves et de l'inconscient

D. Les thèmes. Quelle forme d'art, à votre avis, exprime ou traduit très bien—ou le mieux, peut-être—les sentiments suivants? Justifiez votre opinion et donnez un exemple précis.

> EXEMPLE: —Pour moi, la poésie exprime très bien l'amour. Par exemple, on écrit des poèmes pour la personne qu'on aime et on en récite pendant des cérémonies de mariage. Les poèmes d'Elizabeth Barrett Browning expriment bien l'amour.

1. l'amour
2. le bonheur / la joie
3. le comique
4. le divin
5. le macabre
6. le malheur / la tristesse
7. le patriotisme
8. la souffrance

Prononcez bien!

To learn some famous French **virelangues** (*tongue twisters*), as well as practice the pronunciation of words from this **Vocabulaire interactif** section, see the **Prononcez bien!** section of the *Workbook / Laboratory Manual*.

Sur Internet

Pour en savoir plus sur les écrivains, les artistes et les mouvements artistiques et littéraires présentés dans la section **Vocabulaire interactif**, consultez le site Web d'*En avant!* (**www.mhhe.com/enavant1**).

Rétrospective Les expatriés américains à Paris

How can you not yearn for Paris upon hearing Louis Armstrong and Ella Fitzgerald sing *April in Paris*? For generations, many American artists have called **la Ville Lumière** their home. Mary Cassatt, the American impressionist painter, lived there for most of her adult life, but she was not alone. From the "Lost Generation" of the 1920s and the Jazz age of the 1930s—a new musical sound that really took off when American GIs brought it with them at the end of WWII—to the Beat Generation of the 1950s and 1960s, thousands of Americans went to Paris. Here African American musicians, women artists, and many others escaped what they considered to be the artistically, politically, or intellectually limiting environment in the United States, and they thrived.

What was it that drew artists, writers, and musicians such as Mary Cassatt, Gertrude Stein, Alice B. Toklas, Ernest Hemingway, F. Scott Fitzgerald, Edward Hopper, Richard Wright, James Baldwin, Josephine Baker, Cole Porter, and Jim Morrison to Paris? One thought is that for much of the 20th century, Paris was touted as the multicultural haven of the Western world. These expatriates flocked to the liberal **Rive gauche,** and many of them frequented the now iconic cafés **Les Deux Magots, Café de Flore,** and **Café Mabillon.**

English-language bookstores such as Sylvia Beach's Shakespeare and Company, which still exists today, gave writers a place to congregate, borrow books, and freely express their creativity. This sense of community generated an atmosphere of exuberance and artistic intensity that has never been reproduced in quite the same way.

«*Paris is a moveable feast.*»

—ERNEST HEMINGWAY

Les Deux Magots

*This is from Ernest Hemingway's memoir describing his time in Paris, *A Moveable Feast*, published posthumously in 1964. Here is the full sentence: *If you are lucky enough to have lived in Paris as a young man, then wherever you go for the rest of your life it stays with you, for Paris is a moveable feast.*

Rappel Regular and irregular verbs in the present tense

La forme appropriée.

Première étape. Complétez chaque phrase en choisissant le verbe le plus logique et en écrivant sa forme appropriée au **présent de l'indicatif**.

s'amuser   finir   jouer   sortir   vendre

1. a. Le musicien _joue_ de la trompette.

   b. Les musiciens _jouent_ très bien ensemble.

2. a. L'enfant _s'amuse_ à peindre.

   b. Les enfants _s'amusent_ au cirque.

3. a. Le jeune artiste _vend_ son premier tableau.

   b. Les jeunes artistes _vendent_ leurs œuvres.

4. a. Émilie _sort_ au théâtre ce soir.

   b. Les Duclos _sortent_ au cinéma cet après-midi.

5. a. L'auteur _finit_ d'écrire son roman.

   b. Les auteurs _finissent_ leur manuscrit à temps.

Deuxième étape. Complétez le tableau avec les formes indiquées des verbes irréguliers.

EXEMPLE: être (il) → il est

A	B	C	D
VERBES FRÉQUEMMENT EMPLOYÉS	**VERBES FRÉQUEMMENT SUIVIS D'UN INFINITIF**	**VERBES DE COMMUNICATION**	**D'AUTRES VERBES IRRÉGULIERS**
1. être (il, ils) _est_ _sont_	5. pouvoir (tu) _peux_	9. lire (vous) _lisez_	12. prendre (je, nous) _prends_ _prenons_
2. avoir (elle, elles) _a_ _ont_	6. vouloir (tu) _veux_	10. écrire (vous) _écrivez_	13. boire (je, nous) _bois_ _buvons_
3. faire (il, ils) _fait_ _font_	7. devoir (tu) _dois_	11. dire (vous) _dites_	14. croire/voir (je, nous) _crois_ _voir_ _croyons_ _voyons_
4. aller (elle, elles) _va_ _vont_	8. savoir (tu) _saise_		15. venir/tenir (je, nous) _viens_ _venons_
			16. connaître (je, nous) _connais_ _connaissons_
			17. conduire (je, nous) _conduise_ _conduisons_

A. Testez votre mémoire.

Première étape. Vous souvenez-vous de ce que fait le sujet ou le personnage principal dans ces œuvres d'art? Répondez aux questions suivantes en employant le **présent de l'indicatif** des verbes de la liste.

> chanter
> danser
> descendre la rue à vélo
> s'embrasser
>
> faire de la couture (*to sew*)
> se lever
> se promener

To review the conjugation of present-tense **-er** verbs, see Chapitre 3, Grammaire interactive 3.1; for **-re** verbs, see Chapitre 5, Grammaire interactive 5.3; for **-ir** verbs, see Chapitre 6, Grammaire interactive 6.2 and 6.4; for pronominal verbs, see Chapitre 8, Grammaire interactive 8.1.

Answers are in Appendice 2 at the back of the book.

Que fait...

1. la ballerine dans *Giselle*?
2. le soleil dans le tableau de Monet?
3. l'homme sur la photo d'Henri Cartier-Bresson?
4. la femme dans le tableau de Cassatt?

Que font...

5. la mezzo-soprano et le ténor dans *Carmen*?
6. les deux amants dans la sculpture de Rodin?
7. les deux amants dans le film *À bout de souffle* de Godard?

Deuxième étape. Un(e) de vos camarades va «peindre» au tableau une scène avec plusieurs personnages en train de faire quelque chose. Décrivez ce qui se passe.

B. Un poème de Baudelaire.

Première étape. Complétez les trois premières strophes (*stanzas*) du poème «Hymne à la beauté» avec le **présent de l'indicatif** des verbes en caractères gras.

«Hymne à la beauté»	
_____-tu du ciel profond ou _____-tu de l'abîme,[1]	**venir / sortir**
Ô Beauté! ton regard, infernal et divin,	
_____ confusément le bienfait[2] et le crime,	**verser** (*to pour out*)
Et l'on _____ pour cela te comparer au vin.	**pouvoir**
Tu _____ dans ton œil le couchant et l'aurore;	**contenir**
Tu _____ des parfums comme un soir orageux;	**répandre** (*to spread*)
Tes baisers _____ un philtre[3] et ta bouche une amphore[4]	**être**
Qui font le héros lâche[5] et l'enfant courageux.	
_____-tu du gouffre noir[6] ou _____-tu des astres?	**sortir / descendre**
Le Destin charmé _____ tes jupons[7] comme un chien;	**suivre**
Tu _____ au hasard la joie et les désastres,	**semer** (*to sow*)
Et tu _____ tout et ne _____ de rien.	**gouverner / répondre**
[...]	
	—Charles Baudelaire (*Les Fleurs du mal*, 1857)

[1]*abyss* [2]*kind deed* [3]*philtre (a love potion)* [4]*amphora (a receptacle used in Antiquity)* [5]*weak, cowardly* [6]*dark pit* [7]*skirts*

Deuxième étape. Discutez des questions suivantes avec deux camarades. Êtes-vous tou(te)s d'accord sur les réponses?

1. Quels vers (*verses*) riment dans chaque strophe?
2. On parle de **la beauté** dans ce poème si elle était une personne (on appelle cela la personnification d'un concept). Comment savez-vous que cette personne est une femme?
3. Baudelaire utilise le pronom **tu** (et non pas **vous**) pour s'adresser à **la beauté**. Qu'est-ce que cela signifie, à votre avis?
4. Le poète semble très ambivalent face à la beauté: D'un côté, il la désire et dit qu'elle «vient du ciel». D'un autre côté, il en a peur; il dit qu'elle «sort de l'abîme». Trouvez d'autres oppositions de ce type dans le poème.

C. Un(e) véritable cinéphile.

Êtes-vous cinéphile?

Première étape. Avec vos camarades, décrivez ce que fait un(e) «cinéphile». Complétez la phrase **Un(e) cinéphile, c'est quelqu'un qui...** en employant six verbes. Un(e) de vos camarades va écrire vos phrases au tableau.

> EXEMPLE: —Un(e) cinéphile, c'est quelqu'un qui connaît le nom de beaucoup de réalisateurs.

Deuxième étape. Posez des questions à deux étudiants (nommés par la classe) pour déterminer qui est un(e) véritable cinéphile. Vos questions doivent être basées sur votre description au tableau.

> EXEMPLE: —(Est-ce que) vous connaissez le nom de beaucoup de réalisateurs? Lesquels?

En français

The impersonal expression **il s'agit de (d')** can be used to introduce the plot of a film (novel, etc.). Notice that this introductory sentence is structured quite differently in French and English.

—**Est-ce que tu as vu le film *À bout de souffle*?**
—**Oui, c'est un film super. Il s'agit d'un jeune**   *It's about a young couple who . . .*
couple qui...

To ask for a summary of the plot of a film or novel, say: **De quoi s'agit-il?**

D. Mon film préféré. Choisissez un film que vous aimez beaucoup et parlez-en avec un(e) camarade. De quoi s'agit-il dans ce film? Où se passe l'histoire? Qui interprète les rôles principaux? Que pensez-vous de ce film? Si votre camarade l'a déjà vu, avez-vous tous / toutes les deux la même opinion du film? S'il/Si elle ne l'a pas vu, essayez de le/la persuader d'aller voir (ou de ne pas aller voir) le film!

Rappel Question formation

Le premier acte de Giselle.

Première étape. Lisez le résumé du premier acte du ballet *Giselle*.

To review information questions, see Chapitre 3, Grammaire interactive 3.3 and Chapitre 8, Grammaire interactive 8.2.

Giselle, une jeune paysanne de Silésie, tombe amoureuse d'un jeune homme, Loys, qui lui promet d'être fidéle. Elle danse en son honneur, oubliant les remontrances (*reprimands*) de sa mère qui lui rappelle l'histoire des Wilis—des jeunes filles transformées en fantômes pour avoir trop dansé. Le garde-chasse (*squire*) Hilarion, amoureux lui aussi de Giselle, découvre que Loys, en réalité, n'est autre [*none other*] qu'Albrecht, le duc de Silésie et qu'il a déjà une fiancée, Bathilde, la fille du duc de Courlande. Hilarion révèle la vraie identité de son rival à Giselle. La jeune fille en perd la raison et s'effondre (*collapses*) sans vie, le cœur brisé...

Deuxième étape. Complétez les questions suivantes sur l'histoire de *Giselle* en employant un de ces mots/expressions interrogatifs: **combien, comment, de quoi, où, pourquoi, pour qui.** Soyez prêt(e) à répondre à ces questions en classe.

1. _____ est-ce que l'histoire se passe?

2. _____ d'hommes sont amoureux de Giselle?

3. _____ est-ce que Giselle danse? Pour Hilarion?

4. _____ est-ce que la mère de Gisèle ne veut pas qu'elle danse?

5. _____ est-ce que Giselle apprend que Loys est le duc Albrecht?

6. _____ est-ce que Giselle meurt à la fin du Premier acte?

Troisième étape. Complétez les questions suivantes avec la forme appropriée de qui (**Qui... ?** ou **Qui est-ce que... ?**) et que (**Qu'est-ce qui... ?** ou **Qu'est-ce que... ?**). Soyez prêt(e) à répondre à ces questions en classe.

1. _____ jure sa fidélité à Giselle?

2. À _____ Giselle désobéit (*disobeys*) en dansant pour Loys?

3. _____ Giselle fait quand elle apprend que Loys a une fiancée?

4. _____ se passera au Deuxième acte, à votre avis?

Answers are in Appendice 2 at the back of the book.

A. Les sept arts. À vous de finir ce petit sondage! Formulez sept questions en utilisant chaque fois **Qui... ?** avec le verbe et la forme d'art suggérés. Votre professeur va ensuite poser ces questions à la classe et vous allez noter les réponses en cochant les cases appropriées. Est-ce que le nombre de réponses vous surprend? Expliquez votre réaction à la classe.

EXEMPLE: vouloir (l'architecture)

PROF: Qui veut (voudrait) visiter les châteaux de la Loire et mieux connaître l'architecture de la Renaissance?
(quatre personnes lèvent la main)

É1: Quelques étudiants seulement veulent (voudraient) les visiter. Ça (ne) me surprend (pas) parce que...

Cette nuit on peut visiter certains musées jusqu'à minuit

	toute la classe	la majorité des étudiants	quelques étudiants seulement	personne
1. vouloir (l'architecture)	☐	☐	☐	☐
2. acheter (la sculpture)	☐	☐	☐	☐
3. connaître (la peinture)	☐	☐	☐	☐
4. tenir à (la musique)	☐	☐	☐	☐
5. lire (la poésie)	☐	☐	☐	☐
6. assister à (la danse)	☐	☐	☐	☐
7. venir de (+ *inf.*) (le cinéma)	☐	☐	☐	☐

B. Deux amateurs (*fans*) **d'art.** Travaillez avec un(e) camarade. Choisissez une forme d'art que vous aimez tous/toutes les deux. À tour de rôle, posez-vous des questions en utilisant les mots interrogatifs de la liste pour déterminer en quoi vos goûts et vos habitudes diffèrent et en quoi vous vous ressemblez.

Avec qui... ?	Où... ?
Combien de (fois)... ?	Pourquoi... ?
Comment... ?	Quel(le)(s)... ?
Depuis quand... ?	Qui est-ce que... ?

EXEMPLES: —Quels musiciens est-ce que tu admires? (*ou* Qui est-ce que tu admires comme musicien?)

—Combien de fois par an est-ce que tu vas à un concert?

C. Le tableau en question. Votre professeur va vous montrer quatre tableaux assez similaires du même artiste et en choisir un en secret. Posez-lui des questions auxquelles il/elle peut répondre par «oui» ou «non» pour déterminer son tableau préféré. Utilisez **est-ce que** dans vos questions.

D. Paris insolite (*out of the ordinary*).

Première étape. Travaillez avec trois camarades. Chaque membre du groupe se renseigne sur une de ces quatre attractions «insolites». Avant de décider où vous allez passer votre journée à Paris, vous voulez en savoir plus sur chaque attraction. Posez des questions au «spécialiste» de votre groupe pour obtenir les renseignements indiqués.

 a. Les catacombes de Paris: Vous voulez savoir ce qu'il y a à faire, les heures d'ouverture, le prix d'entrée et si ça plaît à tout le monde.

 b. Le musée Grévin: Vous voulez savoir ce qu'il y a à voir, l'emplacement du musée, l'heure de fermeture le week-end et si tout le monde apprécie ce genre de chose.

c. **Le cimetière du Père-Lachaise:** Vous voulez savoir quel(le)s artistes célèbres y sont enterré(e)s, le prix d'entrée, la station de métro la plus proche et si quelqu'un dans le groupe ne veut pas y aller.

d. **Les tours de Notre Dame:** Vous voulez savoir ce qu'on fait pendant la visite de la cathédrale, l'emplacement, l'heure de fermeture le week-end et si quelqu'un dans le groupe ne peut pas le faire.

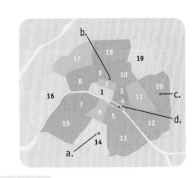

Découvrez Paris insolite

Les catacombes de Paris

1, avenue du Colonel Henri Roi-Tanguy – Paris 14ᵉ

☎ 01.43.22.47.63

Tarif: 8 €

Horaire: du mardi au dimanche, de 10 h 00 à 17 h 00.

Ⓜ Denfert-Rochereau

L'ancien ossuaire[1] municipal du 18ᵉ siècle. La visite des catacombes commence par la descente d'un escalier menant 20 m sous terre. Des milliers de crânes[2] et d'os sont entassés[3] le long des tunnels froids et humides. «C'est ici l'empire de la mort».

Le musée Grévin

10, boulevard Montmartre – Paris 9ᵉ

☎ 01.47.70.85.05

Tarif: 20 €

Horaire: du lundi au vendredi, de 10 h 00 à 18 h 30.

Ⓜ Grands Boulevards

Ce musée de style baroque qui contient 300 personnages célèbres en cire[4] permet aux visiteurs de revivre des événements historiques, du Moyen-Âge à nos jours et de découvrir des stars dans des lieux «branchés».

Le cimetière du Père Lachaise

16, rue du Repos – Paris 20ᵉ

☎ 01.55.25.82.10

Tarif: (entrée gratuite)

Horaire: du lundi au vendredi, de 8 h 00 à 18 h 00; le samedi et le dimanche, de 8 h 30 à 18 h 00.

Ⓜ Philippe Auguste

L'un des plus beaux cimetières du monde et l'un des plus remarquables. De nombreuses personnes célèbres—de Molière à Jim Morrison—y sont enterrées[5] dans des tombes décorées de façon artistique et situées le long de chemins ombragés.[6]

Les tours de Notre–Dame de Paris

la rue du Cloître Notre-Dame (l'extérieur de la cathédrale) – Paris 4ᵉ

☎ 01.53.40.60.80

Tarif: 8 €

Horaire: tous les jours de 10 h 00 à 18 h 30 (à 19 h 15 le samedi et le dimanche); visite nocturne en été le samedi et le dimanche jusqu'à 23 h 00.

Ⓜ Cité

Le circuit des tours de Notre-Dame avec ses 387 marches[7] sans ascenseur, permet de visiter l'ensemble des parties hautes de la façade occidentale, de voir ses gargouilles, ses sculptures chimériques[8] et le *Bourdon Emmanuel*, sa plus grosse cloche qui pèse 13 tonnes.

[1]*ossuary (crypt for skeletal remains)* [2]*skulls* [3]*piled up* [4]*wax* [5]*buried* [6]*shaded* [7]*steps* [8]*fanciful, dreamlike*

Deuxième étape. Mettez-vous d'accord sur l'endroit que vous allez visiter, et justifiez votre choix devant la classe. Quelle attraction est la plus populaire dans la classe?

Sur Internet

Pour en savoir plus sur ces quatre endroits, consultez le site Web d'*En avant!* **(www.mhhe.com/enavant1).**

Rappel · Subject and object Pronouns

La biographie d'une actrice.

Première étape. Voici la biographie de Marion Cotillard, l'actrice que vous avez vue dans le film *La Môme* (**Chapitre 7**). À qui ou à quoi est-ce que chaque pronom en caractère gras fait référence?

Marion Cotillard naît le 30 septembre 1975 à Paris. **Elle y** passe son enfance avec ses parents, une mère comédienne et un père comédien, mime et metteur en scène. **Ils l'**encouragent à poursuivre un métier artistique. C'est le film *Taxi* produit par Luc Besson qui **la** révèle au grand public en 1998. En 2007, elle interprète le rôle d'Édith Piaf dans le film *La Môme*. Le film est un succès mondial: **il lui** vaut de nombreux prix d'interprétation, surtout l'Oscar 2008 de la meilleure actrice. L'Oscar n'est pas son seul prix d'interprétation. Elle **en** reçoit trois autres pour son rôle: le César, le Golden Globe, et le BAFTA.

Marion Cotillard

1. elle = ___Marion___
2. y = ___Paris___
3. ils = ___ses parents___
4. l' = ___Marion___
5. la = ___Marion___
6. il = ___le film___
7. lui = ___Marion___
8. en = ___prix d'interprétation___

Deuxième étape. Les phrases suivantes sont adaptées du passage de la **Première étape** sur la vie de Marion Cotillard. Mettez chaque phrase au passé composé en faisant tous les changements nécessaires. **Attention!** Dans deux des phrases, il faut faire l'accord du participe passé.

1. Elle y passe son enfance. ___Elle y a passé son enfance___
2. Ils l'encouragent à poursuivre ce métier. ___Ils l'ont encouragée___
3. Le film *Taxi* la révèle au grand public. ___Le film Taxi l'a révélée___
4. Elle en reçoit quatre au total. ___Elle en a reçu quatre au total___

To review object pronouns in declarative sentences (present tense), see Chapitre 12, Grammaire interactive 12.3; for object pronouns with the **passé composé**, see Chapitre 12, Grammaire interactive 12.4; for object pronouns in commands (the imperative), see Chapitre 13, Grammaire interactive 13.3.

Answers are in Appendice 2 at the back of the book.

A. Le propriétaire d'une galerie d'art.

Première étape. M. Roux est propriétaire d'une galerie d'art. Complétez la liste des ses activités en ajoutant la préposition **à** ou **de** avant le nom en caractères gras, quand c'est nécessaire. **Attention!** Quand le nom représente l'objet direct du verbe, la préposition n'est pas nécessaire.

1. Il ouvre _____ **sa galerie** à 10 h chaque jour.

2. Il accueille (*greets*) _____ **ses clients.**

3. Il montre des œuvres _de_ **ses clients.**

4. Il téléphone souvent _a_ **son comptable.**

5. Il va souvent _a_ **des ventes aux enchères.**

6. Il s'occupe _de_ **la publicité.**

7. Il lit _____ **le dernier numéro** (*issue*) **du magazine** *ArtPress.*

8. Il ferme _____ **la porte d'entrée** vers 19 h.

Deuxième étape. Travaillez avec un(e) camarade. À tour de rôle, remplacez le nom en caractères gras dans chaque phrase de la **Première étape** par un pronom d'objet— d'abord pour résumer ce que M. Roux fait et ensuite pour créer une commande qu'il pourrait dire à son assistant.

> EXEMPLE: Il ouvre **sa galerie** à 10 h chaque jour.
> É1: Il l'ouvre à 10 h chaque jour.
> É2: «Ouvre-la à 10 h chaque jour!»

B. L'équipement qu'il faut.
Votre prof va vous demander quelques renseignements sur les objets de la liste. Dites-lui quel(le) artiste les utilise (porte, tient, emploie) et ce qu'il/elle fait avec ces objets.

> EXEMPLE: PROF: un appareil photo?
> É1: Un photographe l'utilise (*ou* le tient dans ses mains) pour prendre des photos.

1. un appareil photo
2. une caméra
3. des chaussons de danse (*ballet shoes*)
4. un métronome
5. un micro(phone)
6. des modèles en plâtre
7. un pinceau
8. des plans (*blueprints*)
9. des stylos
10. une toile
11. un tutu

C. Appréciez-vous l'art?

Première étape. Travaillez avec trois camarades. Nommez un chef de groupe et répondez à ses questions en utilisant le pronom approprié (**y** ou **en**). Ajoutez quelques détails pour expliquer votre réponse.

> EXEMPLE: CHEF: Est-ce que vous achetez tous / toutes des œuvres d'art?
> É1: Moi, je n'en achète pas. Je n'ai jamais assez d'argent.

1. acheter des œuvres d'art
2. aller au théâtre
3. assister à des concerts
4. jouer d'un instrument
5. lire des recueils de poèmes
6. s'intéresser à la sculpture

Deuxième étape. Le chef de groupe va décider qui dans le groupe est un véritable amateur d'art.

D. Cadeaux pour les amateurs d'art.

Première étape. Nicolas va offrir des cadeaux aux membres de sa famille. Il va aussi s'offrir un cadeau! Avec un(e) camarade, trouvez deux idées de cadeau pour chaque personne.

EXEMPLE: à son fils Gabriel, qui aime peindre
—Il va lui offrir un assortiment de (*set of*) pinceaux et...

1. à son fils Gabriel, qui aime peindre
2. à sa fille Geneviève, qui fait du ballet
3. à ses enfants Geneviève et Gabriel, qui aiment la musique
4. à sa femme Huguette, qui fait de la photographie
5. à lui-même, qui aime lire et écrire

Deuxième étape. Avec votre camarade, discutez du dernier cadeau qu'un membre de votre famille vous a offert. Est-ce que ce cadeau vous a plu? Pourquoi ou pourquoi pas?

EXEMPLE: —Mes parents m'ont offert des DVD pour mon anniversaire. Ça m'a plu... mais j'en avais déjà beaucoup.

Rappel

Past-tense forms

Un poème de Jacques Prévert.

Première étape. Lisez le poème «Déjeuner du matin» en faisant attention aux participes passés.

«Déjeuner du matin»

Il a **mis** le café
Dans la tasse
Il a mis le lait
Dans la tasse de café
5 Il a mis le sucre
Dans le café au lait
Avec la petite cuiller
Il a **tourné**
Il a **bu** le café au lait
10 Et il a reposé la tasse
Sans me parler
Il a **allumé**
Une cigarette
Il a **fait** des ronds
15 Avec la fumée

Il a mis les cendres
Dans le cendrier
Sans me parler
Sans me regarder
20 Il s'est **levé**
Il a mis
Son chapeau sur sa tête
Il a mis son manteau de pluie
Parce qu'il pleuvait
25 Et il est **parti**
Sous la pluie
Sans une parole
Sans me regarder
Et moi j'ai **pris**
30 Ma tête dans ma main
Et j'ai **pleuré.**

Jacques Prévert (1900–1977)

—"Déjeuner du matin" in *PAROLES*
by Jacques Prévert © Éditions Gallimard.

Deuxième étape. Mettez les participes passés en caractères gras dans les catégories appropriées et répondez aux questions.

INFINITIFS.	PARTICIPES PASSÉS
Verbes en -er → é	_____ _____ _____ _____ _____
Verbes en -ir → i (ou -ir/-iss)	_____
Verbes irréguliers	_____ _____ _____ _____

1. Quel groupe de verbes réguliers manque dans le poème? _____ 2. Comment est-ce qu'on forme son participe passé? -_____ → _____

Troisième étape. Quelle serait la forme des verbes dans le tableau si l'auteur les conjuguait à l'imparfait?

une action achevée (le passé composé)	une action en cours / habituelle (l'imparfait)
Il **a mis** le café	1. Il _mettait_ le café
Il **a bu** le café	2. Il _buvait_ le café
Il **a fait** des ronds	3. Il _faissait_ des ronds
Il **s'est levé**	4. Il _se levait_
Et il **est parti**	5. Et il _partait_
Et j'**ai pleuré**	6. Et je _pleuvais_

Quelle forme verbale dans le poème est déjà à l'imparfait? _____

○ To review the use of the **passé composé**, see Chapitre 7, Grammaire interactive 7.3 and 7.4; for the **passé composé** forms of pronominal verbs, see Chapitre 8, Grammaire interactive 8.3. To review the use of the **imparfait**, see Chapitre 9, Grammaire interactive 9.2 and 9.3; for distinctions between the **passé composé** and the **imparfait**, see Chapitre 9, Grammaire interactive 9.4.

○ Answers are in Appendice 2 at the back of the book.

A. Imaginez...

Première étape. Avec un(e) camarade, regardez le tableau de Claude Monet, *La terrasse Sainte-Adresse* et imaginez que vous étiez là pendant que l'artiste peignait ce tableau. À tour de rôle, décrivez la scène, les couleurs, le temps, la tenue des gens, les activités, les sentiments et les pensées des gens à l'aide des verbes de la liste (ou d'autres verbes) à l'imparfait.

avoir envie / besoin de (d')	flotter	regarder
chercher	parler	se reposer
être assis(e)	porter	se sentir
faire beau/doux	se promener	tenir

Deuxième étape. Maintenant racontez le reste de la journée des gens. Qu'est-ce qu'ils ont fait après? Où? Pourquoi? Ensemble ou séparément? Faites une petite histoire et décrivez les actions successives en employant **le passé composé**. Quelle histoire est la plus intéressante ou la plus originale?

B. L'affaire se corse (*The plot thickens*)!

Première étape. Avec vos camarades, commencez à développer divers scénarios pour un épisode de série télévisée. Créez d'abord des phrases au **passé composé** pour indiquer qui a fait quoi le week-end dernier. Associez les gens de la colonne A aux activités de la colonne B comme bon vous semble (*as you wish*). Votre professeur va écrire vos phrases au tableau.

A	B
Vincent	aller à l'opéra
Clarisse	arriver au théâtre en retard
Corinne et Annabelle	entrer dans une galerie d'art
Jean-Pierre et Hammad	sortir en boîte
Dalila et Marc	partir avant la fin d'un film

Deuxième étape. Travaillez avec trois autres camarades. Décidez d'abord si votre scenario va être utilisé pour: une série **comique**, **dramatique**, **romantique**, **policière** ou **de science-fiction**. Choisissez un des cinq débuts de scénario écrits au tableau (modifiez-le si vous voulez). Imaginez ce qui a motivé ou causé cette première action en employant **l'imparfait** d'un des verbes de la liste, puis continuez l'histoire.

aimer	connaître	être	savoir
avoir	devoir	pouvoir	vouloir

EXEMPLE: Vincent est sorti en boîte. (série romantique)
—Vincent est sorti en boîte parce qu'il voulait rencontrer une fille. Quand il est arrivé...

C. Qui voulait être artiste?

Première étape. Cherchez un(e) camarade que vous ne connaissez pas bien. Posez-lui des questions sur ses activités, ses héros et ses rêves d'enfance en employant **l'imparfait.**

EXEMPLES: —Qu'est-ce que tu aimais beaucoup faire quand tu étais petit(e)?

—Quels chanteurs (athlètes, danseurs) est-ce que tu admirais?

—Est-ce que tu voulais devenir... ?

Deuxième étape. Continuez votre interview. Posez des questions à votre camarade pour savoir comment il/elle a réalisé ses rêves d'enfance (ou pourquoi il/elle ne les a pas réalisés) en employant **le passé composé.**

EXEMPLES: —Dans quelles pièces est-ce que tu as joué?

—Pendant combien d'années est-ce que tu as joué au baseball?

Troisième étape. Si votre camarade voulait être artiste, parlez de lui / d'elle à la classe. Est-ce qu'il/elle a réalisé ses rêves d'enfance? Comment?

D. L'histoire de *Carmen*.

Première étape. Travaillez avec deux camarades. À tour de rôle, lisez à haute voix ces trois paragraphes qui résument ce qui se passe au début du premier acte de l'opéra *Carmen*. Essayez de déterminer le sens des verbes que vous ne reconnaissez pas en utilisant le contexte de la phrase.

> Une place à Séville, entre une caserne (*barracks*) et une manufacture de tabac. Le corporal Moralès et des soldats **passent**[1] la journée à regarder des passants quand ils **remarquent**[2] l'arrivée d'une jeune fille, Micaëla. Elle **cherche**[3] son fiancé, le brigadier Don José, et **demande**[4] à Moralès s'il **connaît**[5] son fiancé. Il lui **annonce**[6] que José **va**[7] bientôt arriver. Micaëla **décide**[8] de partir parce que les soldats la **harcèlent**[9] trop.
>
> José **arrive**[10] sur scène et Moralès lui **dit**[11] qu'une fille **veut**[12] le voir. Le capitaine Zuniga, nouveau dans la province, **demande**[13] à Don José ce qu'on **fait**[14] dans le bâtiment qu'on **voit**[15] de l'autre côté de la place. Le brigadier lui **répond**[16] que c'**est**[17] une manufacture de tabac, où ne **travaillent**[18] que des femmes (only women work). Une cloche **sonne**[19] et les ouvrières **sortent**[20] de la manufacture, y compris la plus impétueuse de toutes, Carmen.

Deuxième étape. Votre professeur va vous distribuer une copie du texte. Avec un(e) camarade, cherchez les verbes qui expriment une action qui fait progresser l'intrigue (il y en a dix). Ensuite, cherchez les verbes qui désignent une action inachevée ou répétée, ou qui décrivent un état physique ou mental (il y en a dix). Mettez ce texte au passé composé et à l'imparfait, en tenant compte de ces distinctions.

L'art, c'est le plus court chemin de l'homme à l'homme.

—ANDRÉ MALRAUX*

L'art visuel en France au cours des siècles

A. Avant d'écouter. Avec un(e) camarade, répondez aux questions suivantes: Qu'est-ce que vous savez de l'histoire de l'art en Europe, et en France en particulier? Y a-t-il un tableau, un style d'architecture ou une autre forme d'art que vous associez avec une certaine période? Élaborez.

B. Écoutez. Votre professeur va vous parler de l'art en France au cours des siècles. Écoutez et regardez, et n'oubliez pas de signaler s'il y a des choses que vous ne comprenez pas.

La robe violette, aux renoncules (1937), Henri Matisse
Gift of Audrey Jones Beck. © 2010 Succession H. Matisse/Artists Rights Society (ARS), New York

C. Avez-vous compris? Associez les mouvements et les périodes de la colonne A avec les caractéristiques de la colonne B.

A	B
1. l'art préhistorique	a. le mouvement a commencé en Italie
2. l'art médiéval	b. effets dramatiques, très détaillé, plein d'ornementation
3. la Renaissance	c. déconstruction, fragmentation
4. le baroque	d. veut explorer l'irrationnel, l'inconscient
5. le rococo	e. plein d'idéalisme et de passion
6. le néoclassicisme	f. très ancien, se trouve dans des grottes
7. le romantisme	g. thème de la religion très important
8. l'impressionnisme	h. couleurs vives et le mouvement libre des lignes
9. le post-impressionnisme et le fauvisme	i. origines dans l'art baroque
10. le cubisme	j. fascination avec la lumière
11. surréalisme	k. retour à la symétrie, un rejet de l'ornementation

D. À vous! De toutes les périodes de l'histoire de l'art, laquelle est-ce que vous préférez? Pourquoi? Quels aspects de l'art de cette période est-ce que vous aimez? Ses couleurs? Ses techniques? Sa perspective? Autre chose? Comparez votre réponse à celle d'un(e) camarade.

*André Malraux (1901–1976) was a French author, adventurer, and statesman. After Charles de Gaulle created the position of Minister of Culture in 1959, Malraux was the first to hold that position.

L'art tahitien et le réveil culturel des Marquises

A. Avant de lire. Est-ce que l'originalité joue un rôle important dans la création artistique occidentale aujourd'hui? A-t-elle toujours joué le même rôle dans l'art?

B. Lisez. Cet article, paru sur un blog du journal français *Le Monde*, le 31 décembre 2008, décrit les activités de plusieurs artistes tahitiens et explique comment leur vision de l'art a changé au contact des artistes de France.

Symbole du renouveau de la sculpture marquisienne, le tiki est le demi-dieu le plus connu du panthéon local.

Des tiki, Séverin Taupotini en vend beaucoup. Installé à Nuku Hiva,[1] il sculpte avec ses deux derniers fils de 16 et 17 ans dans l'atelier qu'il a construit dans son jardin. Séverin fait partie de la vieille génération, celle qui a réussi à maintenir la sculpture en vie. Ce n'était au début qu'un complément de revenus[2] dans une économie de subsistance. «En 1958, j'avais 13 ans, j'ai commencé à sculpter mais je faisais aussi le coprah,[3] les cochons, les bananes et la pêche.»

Son neveu Damas Taupotini, installé quelques centaines de mètres plus loin, a aussi un coup de patte sans égal[4] pour copier des pièces traditionnelles. À partir d'un catalogue d'exposition, il sculpte un magnifique casse-tête[5] dans du bois de fer,[6] commandé par un client de Papeete pour 250 000 francs CPF (2000 euros). Aujourd'hui, à 40 ans, il cherche sa propre inspiration.

De copiste à artiste

Il dit, «Parmi nous, il y a des artisans. Aujourd'hui, quelques-uns sont de vrais artistes, pas seulement des "reproducteurs". Je voulais les faire voyager pour enrichir leur imaginaire et qu'ils posent un regard neuf[7] sur le travail de leurs ancêtres.» Une idée que partage Mate Bruneau qui a hérité son nom d'un lointain ancêtre breton. Après avoir travaillé sur l'atoll de Mururoa,[8] comme maçon[9] puis agent de police, Mate commence à sculpter à son retour à Ua Pou.[10] Pendant cinq ans, il ne réalise que des répliques.[11] «Il y a une dizaine d'années, j'ai rencontré un sculpteur venu de France qui m'a dit de sculpter selon mes envies. À l'époque, je réalisais des objets culturels, du marquisien type. La première fois que j'ai vraiment créé quelque chose, il m'a fallu du temps. Le problème était dans ma tête, j'avais peur que l'on m'accuse de renier[12] ma culture. Maintenant, j'en suis convaincu, quand tu crées, c'est universel, tu es toi, tu fais partie de l'univers et des Marquises aussi.»

Désormais, ils sont quelques-uns à signer leur œuvre, non à la demande du touriste qui veut s'assurer que son tiki n'est pas d'importation chinoise mais pour revendiquer[13] une création à part entière. Art traditionnel et art contemporain sont étroitement associés[14] à l'affirmation de l'identité culturelle des Marquises.

[1]*Nuku Hiva, the largest of the Marquesas Islands* [2]*Ce... Initially, it was only supplementary income* [3]*coconut meat* [4]*un coup... an unparalleled touch for* [5]*war club* [6]*Casuarina tree, also called ironwood* [7]*brand-new* [8]*an atoll that forms part of the Tuamotu Archipelago in French Polynesia* [9]*mason* [10]*Ua Pou, the third largest of the Marquesas Islands* [11]*il ne... he produced only replicas* [12]*renounce, disown* [13]*lay claim to* [14]*étroitement... closely related to*

Le tiki polynésien représente un dieu protecteur

C. Avez-vous compris? Décidez si les phrases suivantes sont vraies ou fausses. Si la phrase est fausse, corrigez-la.

	vrai	faux
1. Séverin Taupotini et son neveu Damas sont des sculpteurs qui travaillent la pierre (*stone*).	☐	☐
2. M. Taupotini et son neveu reproduisent des pièces traditionnelles.	☐	☐
3. Mate Bruneau était agent de voyages avant d'être sculpteur.	☐	☐
4. Au départ, les sculptures de M. Bruneau étaient traditionnelles.	☐	☐
5. Maintenant, M. Bruneau préfère sculpter des œuvres originales.	☐	☐

D. À vous! Êtes-vous d'accord avec M. Bruneau quand il dit qu'il a peur de renier sa propre culture s'il crée des œuvres originales au lieu de faire des reproductions? Pourquoi? N'est-il pas aussi un artiste quand il fait des reproductions? Faut-il être toujours original pour être artiste? Discutez-en avec un(e) camarade.

Écrivons!

Forum: Les différents genres musicaux

Parmi tous les genres musicaux francophones que vous avez écoutés, est-ce qu'il y en a un que vous préférez? Postez votre message sur le **Forum des étudiants** pour expliquer pourquoi vous aimez un genre de musique ou un musicien (francophone[s] ou non). Suivez l'exemple.

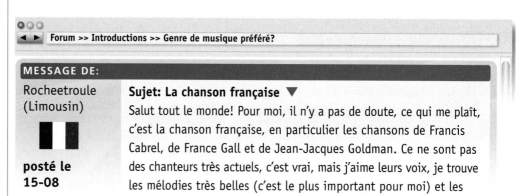

Forum >> Introductions >> Genre de musique préféré?

MESSAGE DE:

Rocheetroule (Limousin)

posté le 15-08

Sujet: La chanson française ▼

Salut tout le monde! Pour moi, il n'y a pas de doute, ce qui me plaît, c'est la chanson française, en particulier les chansons de Francis Cabrel, de France Gall et de Jean-Jacques Goldman. Ce ne sont pas des chanteurs très actuels, c'est vrai, mais j'aime leurs voix, je trouve les mélodies très belles (c'est le plus important pour moi) et les paroles qui me font souvent réfléchir. Je peux être heureuse, fatiguée, triste, en train d'étudier ou de faire du sport, ça n'a pas d'importance, il y a toujours une de leurs chansons qui est parfaite pour l'occasion!

Parlons!

Ce qui me passionne

De tous les sujets que nous avons traités dans ce manuel—les arts et la culture, la lecture, le sport, le tourisme, l'histoire, la cuisine, la technologie, les questions sociales ou humanitaires, les langues et la linguistique—lequel ou lesquels vous intéresse(nt) le plus? Par exemple, pouvez-vous passer des heures à lire un bon roman, à écouter de la musique, à discuter de questions sociales, à organiser un voyage, à écrire une histoire, à danser... ? Demandez à un(e) camarade ce qui le/la passionne le plus et pourquoi.

Regardons!

Amélie et M. Dufayel dans le film *Le Fabuleux Destin d'Amélie Poulain*

Avant-première. Avec un(e) camarade, regardez le tableau de Renoir *Le Déjeuner des Canotiers* (1881), à la page 486. Renoir est l'un des peintres impressionnistes les plus connus.

Comment sont les personnages dans son tableau? Imaginez une histoire qui pourrait expliquer la relation entre ces personnages: pourquoi est-ce qu'ils sont assis ensemble à table? Regardez la jeune fille qui boit un verre d'eau au centre du tableau. Qui est-elle, et à quoi pense-t-elle? Pouvez-vous imaginez sa vie?

On tourne! Complétez les phrases suivantes.

1. M. Raymond Dufayel peint le tableau de Renoir _____.
   a. trois fois par an   b. une fois par an   c. une fois tous les deux ans

2. Il reproduit le tableau de Renoir depuis _____.
   a. dix ans   b. trente-cinq ans   c. vingt ans

3. Selon M. Dufayel, ce qui est difficile à peindre, ce sont _____.
   a. les regards   b. les sourires   c. les couleurs

4. Il trouve que la fille au verre d'eau est _____.
   a. belle   b. mystérieuse   c. méchante

5. Il pense que cette fille est _____.
   a. sociable   b. extravertie   c. solitaire

Film: *Le Fabuleux Destin d'Amélie Poulain*

(Comédie; 2001; France; Réalisateur: Jean-Pierre Jeunet; 120 min.)

SYNOPSIS: This film is about Amélie, a young woman whose isolated upbringing leads her to develop an imaginary life filled with simple, whimsical pleasures. Her life changes one day when she finds a box in her apartment that is full of childhood memorabilia. After tracking down the owner and returning the box to him, thereby bringing him much joy, Amélie vows to continue bringing happiness into people's lives.

SCÈNE: (DVD, scene 4, "Looking for Bredoteau," 00:27:40–00:30:38) In this scene, Amélie's neighbor, who helps her find the address of the owner of the box, also happens to be fascinated by one particular character in a famous Renoir painting.

Culture interactive

On boucle! Répondez aux questions suivantes.

1. La reproduction de tableau est un art, et plusieurs peintres ont été des copistes avant de devenir des peintres célèbres. Est-ce que vous préféreriez avoir une bonne reproduction d'un tableau célèbre, ou un tableau original d'un artiste inconnu? Expliquez.

2. La vie quotidienne a souvent inspiré les peintres français. Si vous étiez peintre, quelle scène quotidienne aimeriez-vous peindre? Décrivez votre scène imaginaire avec autant de détails que possible. Quel titre donneriez-vous à votre œuvre? De quel style serait votre peinture impressionniste? fauve? cubiste? néoclassique? romantique? Quelles couleurs domineraient?

Le déjeuner de canotiers de Renoir: M. Dufayel est fasciné par la fille au verre d'eau.

Chantons!

Chanson: «Cézanne peint»
(France Gall, 1984)

France Gall (née en 1947 à Paris) est une chanteuse française populaire qui a connu beaucoup de succès pendant les années 60–90. Pendant les années 80, elle a travaillé pour *Chanteurs Sans Frontières* et *S.O.S. Éthiopie*. Sa chanson «Cézanne peint» est un hommage au peintre post-impressionniste.

Écoutez la chanson et notez toutes les expressions figurées utilisées pour faire allusion à Cézanne quand il peint.

EXEMPLE: —Gall dit que Cézanne «éclaire le monde». C'est une expression figurée parce que dans ce contexte, «éclairer le monde» n'a rien à voir avec la lumière.

iMix Link: This song is available for purchase at the iTunes store in a special iMix created for *En avant!* For more information about accessing the playlist, go to the *En avant!* Online Learning Center, Coursewide Content (**www.mhhe.com/enavant1**).

Vocabulaire

Questions et expressions

Bienvenue! (Soyez / Vous êtes le bienvenu / la bienvenue / les bienvenu(e)s!)	*Welcome!*
Bisous!	*Kisses! (Good-bye!)*
Bon courage!	*Best of luck!*
Bonne chance!	*Good luck!*
Bonnes leçons!	*Good luck with your lessons!*
Bon travail!	*Best of luck on your project / with your work!*
Est-ce que tu as / vous avez quelque chose à dire / à ajouter?	*Do you have anything to say/add?*
Est-ce que tu voudrais / vous voudriez dire quelque chose…	*Would you like to say something . . .*
Il s'agit de (d')…	*It's about . . .*

Verbes

interpréter (un rôle)	*to act, perform (a role)*
mettre en scène	*to put on, direct (a theater production)*
peindre (à l'huile)	*to paint (in oil)*
réaliser (un film)	*to direct (a film)*

Les arts et les artistes

l'architecture (*f.*)	*architecture*
un(e) architecte	*an architect*
le cinéma	*cinema*
un(e) cinéaste	*a filmmaker*
un(e) réalisateur/réalisatrice	*a film director*
la danse	*dance*
un(e) danseur/danseuse	*a dancer*
une ballerine	*a ballerina*
la musique	*music*
un compositeur	*a composer*
un mezzo-soprano	*a mezzo-soprano*
un(e) musicien(ne)	*a musician*
un ténor	*a tenor*
la peinture	*painting*
un peintre/une femme peintre	*a painter*
la poésie	*poetry*
un poète/une femme poète	*a poet*
la sculpture	*sculpture*
un sculpteur/une femme sculpteur	*a sculptor/sculptress*

D'autres substantifs

un acte (d'une pièce, d'un opéra)	*an act (of a play, opera)*
un arc-boutant	*a flying buttress*
un coup de pinceau	*brushstroke*
une fresque	*a fresco*
une gargouille	*a gargoyle*
une image	*an image, picture*
une ligne	*a line*
un long métrage	*a feature-length film*
la lumière	*light*
les matières (*f.*)	*building materials*
une œuvre (d'art)	*a work (of art)*
un plafond	*a ceiling*
un poème	*a poem*
un recueil	*a collection*
un rosace	*a rose window*
une série télévisée	*a TV show*
la sortie (d'un film)	*the release (of a film)*
un tableau	*a painting*
une technique	*a technique*
un thème	*a theme*
une toile	*a canvas*
le tournage (d'un film)	*filming (of a movie)*
un coup de pinceau	*a brushstroke*
un vitrail, des vitraux	*stained-glass window(s)*

Adjectifs

baroque	*baroque*
conçu (par)	*designed (by)*
doré(e)	*golden, gilded*
gothique	*gothic*
impressionniste	*impressionist*
néoclassique	*neoclassical*
romantique	*romantic (related to romanticism)*
sous-titré (en anglais)	*subtitled (in English)*

Expressions prépositionnelles

à l'huile	*(painted in) oil*
en bronze	*(cast in) bronze*
en couleur	*in color (film, photography)*
en marbre	*(made of) marble*
en noir et blanc	*in black and white (film, photography)*
en spirale	*spiral*
en version originale	*in its original language (film)*
en voûte	*vaulted (ceiling)*
sur pointes	*en pointe*

Par la suite

Activities to practice the grammar points presented in *Par la suite* are on the *En avant!* Online Learning Center (www.mhhe.com/envant1).

CHAPITRE 1

1.1 Gender   More about gender

1 Some nouns are abbreviations of a longer word; they retain the gender of the long form.

un **appart** (*slang*)	appartement (*m.*)
une **auto**	automobile (*f.*)
une **biblio** (*slang*)	bibliothèque (*f.*)
un **ciné** (*slang*)	cinéma (*m.*)
une **moto**	motocyclette (*f.*)
une **photo**	photographie (*f.*)
la **télé**	télévision (*f.*)

2 Some nouns have different meanings depending on their gender. Here are five common gender alternations.

un livre; une livre	*a book; a pound (unit of weight)*
un manche; une manche	*a handle; a sleeve*
un poste; la poste	*a position (job); the Post Office*
un tour; une tour	*a tour; a tower*
un voile; une voile	*a veil; a sail*

3 French nouns (unlike those in languages such as Italian and Spanish) do not end in a vowel that reliably predicts their gender; there are certain suffixes, however, that do so.

MASCULIN	FÉMININ
-age mari**age**	**-ence** influ**ence**
-aire annivers**aire**	**-ie** biolog**ie**
-isme impérial**isme**	**-té** liber**té**
-ment gouverne**ment**	**-tion, -sion** élec**tion**, télévi**sion**
	-ture agricul**ture**

1.2 Number   More about number

1 There are seven nouns in French ending in **-ou** in the singular that form their plural by adding **-x.** Among the most common are **bijou → bijoux, chou → choux,** and **genou → genoux.** The rest follow the regular plural pattern of adding an **s** instead.

SINGULIER		PLURIEL
un clou (*nail*)	→	des clous
un trou (*hole*)	→	des trous

2 Although most masculine singular nouns ending in **-al** have a plural form ending in **-aux** (e.g., **journal → journaux**), some follow the regular plural pattern of adding an **s** instead.

SINGULIER		PLURIEL
un carnaval	→	des carnavals
un festival	→	des festivals

3 Masculine singular nouns ending in **-ail,** like those ending in **-al,** usually have a plural form ending in **-aux.**

SINGULIER		PLURIEL
un bail (*lease*)	→	des baux
un travail (*job*)	→	des travaux
un vitrail (*stained-glass window*)	→	des vitraux

4 Some nouns in French are normally used in their plural form, whereas their equivalent in English is singular.

MASCULIN PLURIEL		FÉMININ PLURIEL	
des applaudissements	*applause*	des fiançailles	*an engagement (to be married)*
des divertissements	*entertainment*		
des progrès	*progress*	des funérailles	*a funeral*

Conversely, some words that are plural in English are singular in French.

un feu d'artifice	*fireworks*
un jean	*jeans*
un pantalon	*pants*
un short	*shorts*

CHAPITRE 2

▷ Activities to practice the grammar points presented in Par la suite are on the *En avant!* Online Learning Center.

2.1 The verb *avoir*   Additional expressions with **avoir**

1 Here are other expressions with **avoir** whose English equivalents instead use the verb *to be.*

avoir chaud (*to be hot*)	En été, Ibrahim a chaud.
avoir froid (*to be cold*)	En hiver, il a froid.
avoir raison (*to be right*)	Oui, vous avez raison!
avoir tort (*to be wrong*)	Non, vous avez tort!

avoir de la chance (*to be lucky*)	J'ai de la chance au casino!
avoir sommeil (*to be sleepy*)	J'ai sommeil ce soir.
avoir peur (*to be afraid*)	Il y a un serpent dans le jardin! J'ai peur.

2 The expression **avoir l'air** + an adjective can be used to say how someone looks or seems. Most speakers make the adjective agree with the subject of the sentence.

Elle a l'air **surprise.**

Ils ont l'air **importants.**

It is also possible, however, to make the adjective agree with the noun **l'air,** which is masculine singular.

Elle a l'air **surpris.**

Ils ont l'air **important.**

2.3 Adjective agreement   Additional irregular adjective forms

1 Here are some additional adjectives whose feminine singular form differs from the masculine by more than just the addition of an **e.**

MASCULIN	FÉMININ
discret	discr**ète**
doux (*sweet*)	dou**ce**
fier (*proud*)	fi**ère**
fou (*crazy*)	fo**lle**
frais (*fresh*)	fra**îche**
gentil (*kind*)	genti**lle**
public	publi**que**
long	long**ue**

À noter: Each pair of adjectives in the chart is pronounced differently, with the exception of **fier/fière, gentil/gentille,** and **public/publique.**

2 Although most adjectives ending in **-al** in the masculine singular have a masculine plural form ending in **-aux** (e.g., **normal → normaux**), some follow the regular plural pattern of adding an **s** instead; still others allow both possibilities. The feminine forms follow the regular pattern of adding an **e** in the singular and **es** in the plural.

MASCULIN SINGULIER	MASCULIN PLURIEL	FÉMININ SINGULIER	FÉMININ PLURIEL
banal	banals	banale	banales
fatal	fatals	fatale	fatales
final	finals/finaux	finale	finales
idéal	idéals/idéaux	idéale	idéales

◐ Activities to practice the grammar points presented in Par la suite are on the *En avant!* Online Learning Center.

CHAPITRE 3

3.1 Regular -er verbs Additional spelling changes

1 Verbs that end in **-yer**, such as **envoyer**, **employer**, **essayer** and **payer**, retain the letter **y** in the **nous** and **vous** forms, whereas the letter **i** is used in all other forms.

envoyer (*to send*)	
j'**envoie**	nous **envoyons**
tu **envoies**	vous **envoyez**
il/elle/on **envoie**	ils/elles **envoient**

2 Verbs such as **préférer**, **répéter**, and **espérer** that end in é + consonant + **er** retain the é in the **nous** and **vous** forms. In all other forms, é is changed to è.

préférer (*to prefer*)	
je **préfère**	nous **préférons**
tu **préfères**	vous **préférez**
il/elle **préfère**	ils/elles **préfèrent**

À noter: As you learned in the **Prononcez bien!** section of the *Workbook / Laboratory Manual*, the é in the **nous** and **vous** forms represents the sound [e] in an open syllable, whereas the è in all other forms represents the sound [ɛ] in a closed syllable.

3 Verbs like **acheter** and **appeler** that end in e + consonant + **er** retain the e in the **nous** and **vous** forms. In all other forms of the verb **acheter**, e is changed to è; in all other forms of the verb **appeler**, the consonant following e is doubled.

acheter (*to buy*)		appeler (*to call*)	
j'**achète**	nous **achetons**	j'**appelle**	nous **appelons**
tu **achètes**	vous **achetez**	tu **appelles**	vous **appelez**
il/elle/on **achète**	ils/elles **achètent**	il/elle/on **appelle**	ils/elles **appellent**

À noter: The e in the stem of both **acheter** and **appeler** is normally not pronounced in the infinitive or in the **nous** and **vous** forms. In all other forms of the present tense, it is pronounced [ɛ], because the e is in a closed syllable.

3.3 Information questions Inversion with nouns

1 When the grammatical subject of a question is a noun—whether a common noun such as **les enfants** or proper nouns such as **Paul et Virginie**—it is not possible to have inversion of that noun with the verb. Instead, you must insert an extra subject pronoun and invert this pronoun with the verb.

| Les enfants aiment-**ils** jouer aux cartes? | *Do children like playing cards?* |
| Paul et Virginie regardent-**ils** la télé? | *Do Paul and Virginia watch television?* |

2 In information questions (as opposed to *yes/no* questions such as those in point 1), the same rule generally applies.

Où **les enfants** font-**ils** du ski?	*Where do the children go skiing?*
Quand **Paul et Virginie** font-**ils** les courses?	*When do Paul and Virginia do their shopping?*

It is not necessary, however, to insert the extra pronoun in order to invert the subject and verb when the information question is in the affirmative, *and* the verb has no direct or indirect object. This rule applies to all information questions except those involving **quand** and **pourquoi**, which always require the insertion of a subject pronoun for inversion.

Où est **Michel**?	*Where is Michael?*
À quelle heure **arrive le train**?	*At what time does the train arrive?*
Comment **vont les enfants**?	*How are the children doing?*

but:

Quand vos enfants quittent-**ils** l'école?	*When do your children leave school?*
Pourquoi vos enfants arrivent-**ils** en retard?	*Why are your children arriving late?*

Negation in questions with inversion

When using negation in questions with inversion, **ne...** precedes the verb and **pas** or **jamais** follows the subject pronoun.

Pourquoi **ne** faites-vous **pas** de jardinage?	*Why don't you do any gardening?*
Pourquoi les enfants **ne** font-ils **jamais** de ski?	*Why don't the children ever go skiing?*

3.4 Adjective position   Adjectives appearing before and after the noun

1 Certain adjectives can appear either before or after the noun; the difference in position signals a difference in meaning. The four adjectives that most often vary in their position are **ancien(ne)**, **cher (chère)**, **pauvre**, and **propre**.

un **vase** ancien	*an ancient vase*
l'ancien **président**	*the former president*
un **appartement** cher	*an expensive apartment*
un cher **ami**	*a dear friend*
des **pays** pauvres	*poor countries (lacking money)*
de pauvres **enfants**	*poor (pitiful) children*
une **maison** propre	*a clean house*
ma propre **maison**	*my own house*

2 The adjective **grand(e)** normally precedes the noun, but has two meanings—either *big/tall* in size or *great* in status—depending on the noun it modifies.

C'est un **grand arbre**.   *That's a big/tall tree.*

C'est un **grand honneur**.   *That's a great honor.*

To avoid possible confusion between the two meanings, **grand(e)** can be placed after the noun, where it means only *big/tall*.

C'est un **homme** très **grand**.   *He's a very big/tall man.*

You'll learn about other adjectives that have different meanings based on their position in **Chapitre 14, Grammaire interactive 14.2**.

CHAPITRE 4

4.3 Prepositions — Prepositions used with additional geographical locations

Activities to practice the grammar points presented in Par la suite are on the *En avant!* Online Learning Center.

1 The prepositions **à**, to express *in/to*, and **de (d')** to express *from*, are normally used with islands (as they are with cities).

Mes parents vont **à** Tahiti.   *My parents are going to Tahiti.*

Sa famille vient **d'**Hawaï.   *His/Her family comes from Hawaii.*

But, islands whose name contains a definite article vary as to which prepositions are used.

la Corse   →   en / de Corse

la Martinique   →   à la (en) / de la (de) Martinique

les Seychelles   →   aux / des Seychelles

2 States, provinces, and regions that are feminine are treated like feminine countries, using the prepositions **en** and **de (d')**.

Tu as envie d'aller **en** Californie?   *Do you want to go to California?*

Elle est **de** Normandie.   *She is from Normandy.*

Masculine states, provinces, and regions typically use **dans le** and **du**; a few, however, are treated like masculine countries, using the prepositions **au** and **du**.

le Vermont   →   dans le / du Vermont

le Manitoba   →   dans le / du Manitoba

le Jura (*French region*)   →   dans le / du Jura

but: **le Texas**   →   au / du Texas

le Nouveau-Mexique   →   au / du Nouveau-Mexique

le Québec   →   au / du Québec

À noter: If you aren't sure how to refer to a state, you can always say **dans l'état de / de l'état de...** (especially with New York and Washington states, to differentiate them from the cities of the same name). For a complete list of states and their prepositions, see the *En avant!* Online Learning Center.

3 Masculine geographical locations that begin with a vowel or **h** vary as to which prepositions are used. Countries systematically use **en / d'** whereas states, provinces, and regions may use **en / d'** or **dans le / de l'** (depending on the speaker).

PAYS			ÉTATS, PROVINCES, RÉGIONS		
Haïti	→	en / d'Haïti	**Alaska**	→	en / d'Alaska dans l'Alaska / de l'Alaska
Israël	→	en / d'Israël			
Irak	→	en / d'Irak	**Ontario**	→	en / d'Ontario dans l'Ontario / de l'Ontario

4.4 Situating events in time   Additional temporal expressions

1 In **Grammaire interactive 4.4,** you learned that the present-tense form of a verb in French can be used to tell what someone does in general, as well as what someone is doing at the moment of speaking. Whenever there is potential confusion between these two meanings, the expression **être en train de (d')** + infinitive can be used to emphasize that an action is ongoing (in progress).

Elle **est en train de regarder** un film.	*She's (right now) watching a movie.*
Nous **sommes en train de faire** un gâteau.	*We're (right in the middle of) making a cake.*

2 The expression **être sur le point de** + infinitive can be used to say that someone is about to do something.

Elle **est sur le point d'**acheter un nouvel ordinateur.	*She is about to buy a new computer.*

3 The expression **juste avant (de)** can be used to say that someone does something just before a certain time or before some other action.

Il commence son examen **juste avant** midi.	*He's taking his exam just (right) before noon.*
Je téléphone à mes parents **juste avant d'**arriver.	*I call my parents just (right) before arriving.*

○ Activities to practice the grammar points presented in Par la suite are on the *En avant!* Online Learning Center.

CHAPITRE **5**

5.4 Negation   Use of **ne... personne** and **ne... rien** with prepositions

Although the negative expressions **ne... personne** and **ne... rien** are like all others in surrounding the conjugated verb, **personne** and **rien** must follow a preposition if one is used after a particular verb.

Elle **n'**aime **personne.**	*She doesn't like anyone.*
but:	
Elle **ne** parle **à personne.**	*She doesn't speak to anyone.*
Elle **ne** dîne **avec personne.**	*She doesn't eat dinner with anyone.*
Elle **ne** pense **à rien.**	*She's not thinking about anything.*
Nous **n'**avons besoin **de rien.**	*We don't need anything.*

Ne... ni... ni...

1 **Ne... ni... ni...** (*neither . . . nor*) is the negative equivalent of **ou... ou...** (*either . . . or*). As with other negative expressions, **ne** precedes the conjugated verb but **ni** must be placed immediately before both of the terms being negated.

Nous y dînons **ou** ce soir **ou** demain soir.	*We're dining there either tonight or tomorrow night.*
Nous n'y dînons **ni** ce soir **ni** demain soir.	*We're dining there neither tonight nor tomorrow night.*
Tu fais **ou** la vaisselle **ou** la lessive!	*You do either the dishes or the laundry!*
Je **ne** fais **ni** la vaisselle **ni** la lessive!	*I'm doing neither the dishes nor the laundry!*

2 Partitive articles (**du, de la, de l'**) and indefinite articles (**un[e], des**) are typically omitted when using **ne... ni... ni...** .

Il **ne** boit **ni** vin **ni** bière.	*He drinks neither wine nor beer.*

Ne... que

1 **Ne... que** is known as a "restrictor," having the same meaning as the adverb **seulement** (*only*).

Elle mange **seulement** du pain.	*She's eating only bread.*
Elle **ne** mange **que** du pain.	

À noter: Because **ne... que** is not a true negation, partitive and indefinite articles following it do not change to **de**, as they do with true negative expressions such as **ne... pas**.

Elle **ne** mange **pas** de légumes.	*She doesn't eat (any) vegetables.*
Elle **ne** boit **que** du thé.	*She only drinks tea.*

2 As with **ne... ni... ni...** , **ne** precedes the conjugated verb but **que (qu')** must be placed immediately before the term being restricted.

Elle **ne** boit du thé **que** le matin.	*She drinks tea only in the morning.*
Elle **n'**aime dîner **qu'**avec son mari.	*She likes to dine only with her husband.*

CHAPITRE **6**

> ◐ Activities to practice the grammar points presented in Par la suite are on the *En avant!* Online Learning Center.

6.1 Demonstrative articles

Demonstrative pronouns
celui, celle, ceux, celles

1 Whereas demonstrative articles (**ce/cet/cette/ces**) are used with nouns, demonstrative pronouns replace these article + noun combinations.

—Tu aimes **ce** magasin?	*Do you like this (that) store?*
—Non, je préfère **celui** d'en face.	*No, I prefer the (this, that) one across the street.*
—Qu'est-ce que tu penses de **cette** robe?	*What do you think of this (that) dress?*
—Elle est belle, mais j'aime **celle** que j'ai vue hier.	*It's pretty, but I like the one I saw yesterday.*

The form of the demonstrative pronoun depends on the gender and number of the noun it replaces.

	MASCULIN SINGULIER	FÉMININ SINGULIER	MASCULIN PLURIEL	FÉMININ PLURIEL
ARTICLE DÉMONSTRATIF + NOM	ce magasin cet imperméable	cette robe	ces hommes	ces femmes
PRONOM DÉMONSTRATIF	celui	celle	ceux	celles

2 The particles **-ci** and **-la** can be added to demonstrative pronouns, just as with demonstrative article + noun combinations.

—Tu vas porter **cette robe-ci?**   *Are you going to wear this dress (right here)?*

—Non, **celle-là.**   *No, that one (over there).*

6.3 The interrogative quel(le)(s)

The interrogative pronouns **lequel, laquelle, lesquels, lesquelles**

Whereas the interrogative **quel(le)(s)** is used with nouns, interrogative pronouns replace **quel(le)(s)** + noun combinations.

Quel costume est-ce qu'il porte?   →   **Lequel** est-ce qu'il porte?
Which suit is he wearing?   *Which one is he wearing?*

Quelles bottes est-ce que tu vas mettre?   →   **Lesquelles** est-ce que tu vas mettre?
Which boots are you going to put on?   *Which ones are you going to put on?*

The form of the interrogative pronoun depends on the gender and number of the noun it replaces.

	MASCULIN SINGULIER	FÉMININ SINGULIER	MASCULIN PLURIEL	FÉMININ PLURIEL
QUEL(LE)S + NOM	quel magasin	quelle femme	quels enfants	quelles bottes
PRONOM INTERROGATIF	lequel	laquelle	lesquels	lesquelles

À noter: The interrogative pronouns in the chart are simply the definite articles **le, la, les** combined with a form of **quel(le)(s)** into a single word.

○ Activities to practice the grammar points presented in Par la suite are on the *En avant!* Online Learning Center.

CHAPITRE 7

7.1 Modal verbs   Additional meanings and uses of **devoir**

1 The verb **devoir** can also mean to *owe* someone money, a favor, etc.

Je **dois** 100 € à mon frère.   *I owe my brother 100 €.*

Nous **devons** notre vie à cet homme.   *We owe our lives to that man.*

Combien est-ce que vous **devez?**   *How much do you owe?*

2 Although **devoir** + an infinitive is often used to express an obligation, it can also be used to express probability or a supposition (that is, what one supposes must be the case). The context will usually make one or the other meaning clear.

Tu **dois** bientôt partir, non? ⎰ *You have to leave soon, right?*
⎱ *You must be leaving soon, right?*

Ils **doivent** être en retard. *They must be running late.*

7.4 Auxiliary verbs   Use of both **avoir** and **être** as auxiliary

The verbs **descendre, monter, passer,** and **sortir** can all be used with either **être** or **avoir** as their auxiliary depending on the meaning one is expressing. **Être** is used with these verbs when they express movement from one location to another, but **avoir** is used with these same verbs when they are followed by a direct object.

ÊTRE	AVOIR
Elle **est descendue** du bus. *She got off the bus.*	Elle **a descendu** ses valises. *She brought her suitcases down.*
Elle **est montée** dans le train. *She got on the train.*	Elle **a monté** ses meubles. *She brought her furniture up.*
Elle **est passée** au marché ce matin. *She stopped off at the market this morning.*	Elle **a passé** la journée au musée. *She spent the day at the museum.*
Elle **est sortie** ce week-end. *She went out this weekend.*	Elle **a sorti** les billets de son sac. *She took the tickets out of her purse.*

À noter: Remember that agreement is made between the past participle and the subject only when **être** is the auxiliary.

CHAPITRE 8

> Activities to practice the grammar points presented in Par la suite are on the *En avant!* Online Learning Center.

8.1 Pronominal verbs   Use of pronominal verbs as passive constructions

When the subject performing the action of the verb is not considered important or is not known, English often uses the passive voice (*Computers are selling well*). For statements of a very general nature, pronominal verbs in French (without their "usual" reflexive meaning) can be used as the equivalent of this particular use of the passive voice in English.

Les ordinateurs **se vendent** bien!   *Computers are selling well!*

Le français **se parle** au Canada.   *French is spoken in Canada.*

Ces plats **se mangent** froid.   *These dishes are eaten cold.*

Ça ne **se fait** pas!   *That is (simply) not done!*

À noter: It is possible to reword these examples using the subject pronoun **on** and the nonpronominal form of the verb—for example, **On parle français au Canada.**

Activities to practice the grammar points presented in **Par la suite** are on the *En avant!* Online Learning Center.

9.1 The comparative and superlative of adjectives

Other uses of stressed pronouns

1 In addition to their use in the comparative and superlative, stressed pronouns (**pronoms accentués**) appear in the following contexts:

a. in isolation, such as when asking and answering a question

—**Lui?**	*Him?*
—Non... **elle!**	*No . . . her!*

b. following prepositions

On se sent plus à l'aise **chez soi.**	*One feels more at ease in one's (own) home.*
Je l'ai fait **pour eux / pour elles.**	*I did it for them.*
Il sort **avec nous** ce soir.	*He's going out with us tonight.*

c. in compounds with **et**

Marc et moi allons partir.	*Mark and I are going to leave.*

d. to emphasize the person one is referring to

Lui, il n'aime pas l'opéra.	*He (in particular) doesn't like opera.*
Je n'aime pas l'opéra, **moi.**	*I (in particular) don't like opera.*

Use of stressed pronouns with -*même(s)*

Stressed pronouns can combine with -**même(s)** to express an action that one does *by oneself* (that is, without help from others).

J'ai fait ce gâteau **moi-même.**	*I made this cake myself.*
Vont-ils acheter les billets **eux-mêmes?**	*Are they going to buy the tickets themselves?*

Attention! Stressed pronouns + **même(s)** are *not* interchangeable with pronominal verbs, even though both may translate as "myself," "themselves," etc., in English. Pronominal verbs express an action that one does *to* or *for* oneself (a reflexive meaning) or *to* or *for* each other (a reciprocal meaning).

Aïe! Je **me** suis coupé(e).	*Ouch! I cut myself.*
Elle **s'**est acheté une voiture.	*She bought a car for herself.*
Elles **se** sont regardées dans le miroir.	*They looked at themselves in the mirror.*
	or
	They looked at each other in the mirror.

9.4 Past tense distinctions The pluperfect

1 The pluperfect (**plus-que-parfait**) is used to say that a past action occurred *before* some other past action or situation.

Elle **avait rangé** sa chambre avant de partir ce matin.	*She had cleaned up her room before leaving this morning.*
Son patron voulait la voir, mais elle **était** déjà **rentrée** chez elle.	*Her boss wanted to see her, but she had already gone home.*
Je n'ai rien signé; elle s'**était** déjà **occupée** du bail.	*I didn't sign anything; she had already taken care of the lease.*

2 Forms of the **plus-que-parfait** are similar to forms of the **passé composé**; the difference is that the auxiliary verbs **avoir** and **être** are in the **imparfait** rather than the present tense.

PLUS-QUE-PARFAIT	
ranger (*to straighten up*)	
j'**avais rangé**	nous **avions rangé**
tu **avais rangé**	vous **aviez rangé**
il/elle/on **avait rangé**	ils/elles **avaient rangé**

PLUS-QUE-PARFAIT	
rentrer (*to go home, to return*)	
j'**étais rentré(e)**	nous **étions rentré(e)s**
tu **étais rentré(e)**	vous **étiez rentré(e)(s)**
il/elle/on **était rentré(e)**	ils/elles **étaient rentré(e)s**

À noter: The past participles of verbs that use être as their auxiliary agree in gender and number with the grammatical subject of the sentence in the **plus-que-parfait**, just as they do in the **passé composé**.

CHAPITRE 10

> Activities to practice the grammar points presented in Par la suite are on the *En avant!* Online Learning Center.

10.2 Relative clauses Relative clauses with **dont**

1 In **Grammaire interactive 10.2**, you learned that the relative pronoun **que** is used when the antecedent of a relative clause (the noun being modified by the relative clause) represents the direct object of that clause.

Les enfants ont adoré **les cadeaux**. Le père Noël a apporté **les cadeaux**.

Les enfants ont adoré **les cadeaux que** le père Noël a apportés.

The children loved the gifts that Santa brought.

Dont is another relative pronoun used to link two sentences together; it replaces **de** + a noun referring to both people and things.

J'ai vu **la femme**. Je vous ai parlé **de cette femme**.

J'ai vu **la femme dont** je vous ai parlé.

I saw the woman that I spoke to you about.

2 Some of the verbs and verbal expressions you've studied that require the use of the preposition **de** include the following:

avoir besoin de	s'occuper de
avoir envie de	parler de (quelque chose/quelqu'un)
avoir peur de	se souvenir de (quelque chose/quelqu'un)
jouer de (+ un instrument)	se tromper de

3 Because **de** + a noun is also used to indicate possession (for example, **la femme de Paul, la date de Pâques**), **dont** is used in relative clauses that express possession, corresponding to the use of *whose* in English.

l'homme **dont** la femme s'appelle Chantal — *the man whose wife is named Chantal*

une fête **dont** la date varie — *a holiday whose date varies*

The use of *ce qui, ce que, ce dont*

Ce qui, ce que, and ce dont are indefinite relative pronouns; they are used in place of **qui, que,** and **dont** whenever the thing or activity being referred to (the antecedent) is not specific or is unknown, which is often the case in questions and in commands.

QUESTIONS	ORDRES
Tu sais **ce qui** se passe? *Do you know what's going on?*	Dis-moi **ce qui** se passe. *Tell me what's going on.*
Tu sais **ce que** j'aime faire à Noël? *Do you know what I like to do at Christmas?*	Fais **ce que** tu veux à Noël! *Do what(ever) you want at Christmas!*
Tu sais **ce dont** il a besoin? *Do you know what he needs?*	Achète-lui **ce dont** il a besoin. *Buy him what(ever) he needs.*

○ Activities to practice the grammar points presented in Par la suite are on the *En avant!* Online Learning Center.

CHAPITRE 11

11.3 The future tense (1)   Spelling changes in future-tense stems

1 You learned in **Par la suite 3.1** that some -er verbs undergo spelling changes in the present tense. In the **futur simple,** several of these spelling changes are preserved in the stem and are used for *all* forms.

PRÉSENT	FUTUR SIMPLE
employer (y → i)	employer (i)
j'emploie	j'emploierai
nous employons	nous emploierons
acheter (e → è)	acheter (è)
j'achète	j'achèterai
nous achetons	nous achèterons
s'appeler (l → ll)	appeler (ll)
je m'appelle	je m'appellerai
nous nous appelons	nous nous appellerons

À noter: The spelling of the future forms of these verbs reflects the fact that the pronunciation of all the future forms resembles that of the singular present-tense forms.

2 **Espérer** and verbs like it (**célébrer, préférer, répéter**) differ from the verbs in the preceding chart by having a spelling change *only* in the present tense, *not* in the **futur simple.**

PRÉSENT	FUTUR SIMPLE
espérer (é → è)	espérer (é)
nous espérons	nous espérerons
j'espère	j'espérerai

11.4 The future tense (2)   The future perfect

1 The future perfect (**futur antérieur**) is used to indicate that a future action will occur *before* some other future action or situation.

Elle **aura trouvé** un emploi avant de recevoir son diplôme.

She will have found a job before receiving her diploma.

Il essaiera de téléphoner, mais elle **sera** déjà **partie.**

He will try to call, but she will have already left.

Ils **se seront** déjà **mariés** quand leurs parents viendront en France.

They will have already gotten married when (by the time) their parents come to France.

2 The **futur antérieur** consists of the auxiliary verb (**être** or **avoir**) in its **futur simple** form + a past participle.

FUTUR ANTÉRIEUR	
trouver (*to find*)	
j'**aurai trouvé**	nous **aurons trouvé**
tu **auras trouvé**	vous **aurez trouvé**
il/elle/on **aura trouvé**	ils/elles **auront trouvé**

FUTUR ANTÉRIEUR	
partir (*to leave*)	
je **serai parti(e)**	nous **serons parti(e)s**
tu **seras parti(e)**	vous **serez parti(e)(s)**
il/elle/on **sera parti(e)**	ils/elles **seront parti(e)s**

À noter: The past participles of verbs that use **être** as their auxiliary agree in gender and number with the grammatical subject of the sentence in the **futur antérieur,** just as they do in the **passé composé** and the **plus-que-parfait.**

Activities to practice the grammar points presented in Par la suite are on the *En avant!* Online Learning Center.

CHAPITRE 12

12.3 Object pronouns   Use of multiple object pronouns

1 More than one object pronoun can be used in a sentence.

Il prête **sa voiture à sa sœur?**	→	Oui, il **la lui** prête.
On trouve beaucoup **d'hôtels à Paris.**	→	On **y en** trouve beaucoup.
Le guide donne **la carte à Paul et moi.**	→	Le guide **nous la** donne.

2 The order of two object pronouns used in the same sentence is fixed—that is, they must follow a particular order. Personal pronouns (those referring to people) will *always* precede **y** and **en,** but the order of two personal pronouns depends on which two are being used.

Ils	me te se nous vous	le la les	lui leur	y	en	donnent.

À noter: Pronouns that replace both direct *and* indirect objects (**me, te, se, nous, vous**) come first in order, followed by those that replace direct objects only (**le, la, les**), then indirect objects only (**lui, leur**).

3 When negation is used, **ne...** precedes all object pronouns and **pas, jamais,** etc. follow the verb.

Elle **ne** se les lave **pas.**	*She's not washing them (= her hands).*
Nous **ne** nous en occupons **pas.**	*We're not taking care of it.*
Je **ne** les y retrouverai **pas.**	*I won't meet them there.*

4 Remember that object pronouns (whether just one or more than one) come before the auxiliary verb in the **passé composé.**

Je **le lui** ai prêté hier.	*I lent it to him/her yesterday.*
Elle ne **leur en** a pas donné.	*She didn't give them any.*

◗ Activities to practice the grammar points presented in *Par la suite* are on the *En avant!* Online Learning Center.

13.1 The verb *conduire*   Other verbs ending in **–uire**

1 Verbs ending in **-uire,** such as **traduire** (*to translate*), are conjugated the same way as **conduire.**

Je **traduis** un poème de l'anglais en français.

I'm translating a poem from English into French.

Est-ce que vous **traduisez** des textes?

Do you translate texts?

traduire (*to translate*)	
RACINES: **tradui-, traduis-**	
je **traduis**	nous **traduisons**
tu **traduis**	vous **traduisez**
il/elle/on **traduit**	ils/elles **traduisent**
PARTICIPE PASSÉ: **traduit (j'ai traduit, etc.)**	

2 Additional verbs in **-uire** include the following:

construire	*to construct*	réduire	*to reduce*
détruire	*to destroy*	reproduire	*to reproduce*
produire	*to produce*	séduire	*to seduce*

13.2 The conditional   The past conditional

1 The past conditional (**conditionnel passé**) is used to express a hypothetical situation that would have occurred if certain conditions had been met. Such conditions are sometimes stated but at other times they are simply implied.

Elle **aurait réservé** une chambre (mais l'hôtel était complet).

She would have reserved a room (but the hotel was full).

Elle **serait sortie** hier soir (mais son enfant est tombé malade).

She would have gone out last night (but her child became sick).

2 When using the conjunction **si** to combine a hypothetical situation in the **conditionnel passé** with a condition, that condition is expressed in the **plus-que-parfait.**

CONDITIONNEL PASSÉ (CONSÉQUENCE)	PLUS-QUE-PARFAIT (CONDITION)
Elle **se serait levée** de bonne heure *She would have gotten up early*	si le réveil **avait sonné.** *if the alarm clock had rung.*

The condition (that is, the clause beginning with **si**) and the hypothetical situation (consequence) can be found at the beginning or end of the sentence. The preceding example could also be expressed as follows:

PLUS-QUE-PARFAIT (CONDITION)	CONDITIONNEL PASSÉ (CONSÉQUENCE)
Si le réveil **avait sonné**, *If the alarm clock had rung,*	elle **se serait levée** de bonne heure. *she would have gotten up early.*

3 The **conditionnel passé** consists of an auxiliary verb (**être** or **avoir**) in its **conditionnel** form + a past participle

CONDITIONNEL PASSÉ	
réserver (*to reserve*)	
j'**aurais réservé**	nous **aurions réservé**
tu **aurais réservé**	vous **auriez réservé**
il/elle/on **aurait réservé**	ils/elles **auraient réservé**

CONDITIONNEL PASSÉ	
sortir (*to go out*)	
je **serais sorti(e)**	nous **serions sorti(e)s**
tu **serais sorti(e)**	vous **seriez sorti(e)(s)**
il/elle/on **serait sorti(e)**	ils/elles **seraient sorti(e)s**

À noter: The past participles of verbs that use **être** as their auxiliary agree in gender and number with the grammatical subject of the sentence in the **conditionnel passé**, just as they do in the other compound tenses you've learned.

13.3 Object pronouns with the imperative

Use of multiple object pronouns

1 In **Par la suite 12.3,** you learned that more than one object pronoun can be used in a declarative sentence. This is also true in the imperative, in which object pronouns follow the conjugated verb and are combined (in writing) by the use of hyphens.

Donne **la clé de la chambre à ta sœur!**	→	Donne-**la-lui!**	*Give it to her!*
Réservez **des chambres pour mon frère et moi.**	→	Réservez-**nous-en!**	*Reserve some for us!*

À noter: Remember that the final -**s** of the **tu** form is dropped in the imperative of regular -**er** verbs (such as **donner**), with verbs conjugated like -**er** verbs (such as **offrir**), and with the verb **aller** *unless* the verb is followed by **y** or **en**; in those cases, the -**s** is retained for ease of pronunciation.

Donnes-en à ta sœur!	*Give some to your sister!*
Vas-y!	*Go there!*

2 As in regular declarative sentences, personal pronouns will *always* precede **y** and **en** in the imperative, whereas the order of two personal pronouns depends upon which two are being used. Note, in particular, that the direct object pronouns **le**, **la**, **les** precede all other personal pronouns.

Cherchez-	le la les	moi (m') toi (t') lui nous vous leur	y	en

3 The forms **moi** and **toi** are used when no other object pronoun follows; if **y** or **en** follows, however, then the contracted forms **m'** and **t'** must be used instead.

Passez-le-**moi**!   *Pass it to me!*

but: Donnez-**m'**en!   *Give me some!*

⊙ Activities to practice the grammar points presented in Par la suite are on the *En avant!* Online Learning Center.

CHAPITRE 14

14.2 Quantifiers   Quantifiers used as pronouns

1 The quantifier **quelques** (*several, some*) + a plural noun can be replaced by the pronoun **quelques-uns** (*m. pl.*) or **quelques-unes** (*f. pl.*), depending on the gender of the noun it replaces.

Quelques langues viennent du latin. → **Quelques-unes** viennent du latin.
Several languages come from Latin.   *Several (of them) come from Latin.*

Quelques étudiants parlent catalan. → **Quelques-uns** parlent catalan.
Several students speak Catalan.   *Several (of them) speak Catalan.*

2 The quantifier **chaque** (*each*) + a singular noun can be replaced by the pronoun **chacun** (*m.*) or **chacune** (*f.*), depending on the gender of that noun; they both mean *each one*.

Chaque étudiant doit passer l'examen. → **Chacun** doit passer l'examen.
Each student has to take the exam.   *Each one has to take the exam.*

Chaque langue est différente. → **Chacune** est différente.
Each language is different.   *Each one is different.*

3 The negative equivalent of both **chaque** and **chacun(e)** is **ne... aucun(e)**.

Il connaît **chaque région** de France. → Il **ne** connaît **aucune région** de France.
He knows each region of France.   *He doesn't know a single region of France.*

Elle parle couramment **chaque langue**. → Elle **n'**en parle **aucune** couramment.
She speaks each language fluently.   *She doesn't speak any (of them) fluently.*

4 The order of **ne** and **aucun(e)** is reversed when **aucun(e)** is the subject of the sentence.

Aucun pays **ne** désirait participer.   *Not a single country wished to participate.*

14.3 The present subjunctive — Spelling changes in subjunctive stems

In **Par la suite 3.1**, you learned that certain spelling changes occur in the present indicative of **-er** verbs; these same spelling changes occur in present-tense subjunctive forms as well.

L'INDICATIF	SUBJONCTIF
essayer (y → i)	
nous **essayons**	que nous **essayions**
j'**essaie**	que j'**essaie**
acheter (e → è)	
nous **achetons**	que nous **achetions**
j'**achète**	que j'**achète**
appeler (l → ll)	
nous **appelons**	que nous **appelions**
j'**appelle**	que j'**appelle**
espérer (é → è)	
nous **espérons**	que nous **espérions**
j'**espère**	que j'**espère**

○ Activities to practice the grammar points presented in Par la suite are on the *En avant!* Online Learning Center.

CHAPITRE 15

15.1 Use of the subjunctive with expressions of possibility and doubt — The verbs penser and croire

1 When using the verbs **penser** and **croire** to say what one thinks or believes to be true, the indicative is used in the subordinate clause. But when these same verbs are used to ask questions—particularly in more formal speech—the subjunctive is used instead.

Croyez-vous

Pensez-vous } que le gouvernement **prenne** assez de précautions?

Do you believe/think that the government is taking enough precautions?

2 The verbs **penser** and **croire** also trigger the use of the subjunctive in a subordinate clause when they are negated.

Je **ne pense pas**

Je **ne crois pas** } qu'elle s'**entende** bien avec les autres candidats.

I don't think/believe she gets along well with the other candidates.

À noter: The subjunctive is used with **penser** and **croire** when asking questions of others and with negation because in both cases, a degree of doubt or uncertainty is being expressed.

15.2 Use of the subjunctive to express a wish or a desire

Additional subjunctive forms (vouloir and pleuvoir)

1 The verb **vouloir**, which expresses a wish/desire, is usually found in main clauses and triggers the use of the subjunctive *of another verb* in a subordinate clause. **Vouloir**, however, can itself appear in a subordinate clause in its subjunctive form.

Tu **veux** qu'ils partent avant minuit?	*You want them to leave before midnight?*
Je doute qu'ils **veuillent** partir avant minuit.	*I doubt they'll want to leave before midnight.*

SUBJONCTIF	
vouloir *(to wish; to want)*	
... que je **veuille**	que... nous **voulions**
... que tu **veuilles**	que... vous **vouliez**
... qu'il/elle/on **veuille**	que... ils/elles **veuillent**

2 The subjunctive form of the weather expression **il pleut** is **... qu'il pleuve.**

Je ne suis pas content(e) qu'il **pleuve**! *I'm not happy that it's raining!*

15.3 Use of the subjunctive versus an infinitive

Avant de and avant que

In **Par la suite 4.4,** you learned that the expression **(juste) avant de** + infinitive is used to put two actions—performed by the same person—in chronological order. Whenever actions are performed by two different people, the expression **avant que** + subjunctive is used.

Le président fera un discours **avant de répondre** aux questions.	*The president will give a speech before answering questions.*

but:

Le président fera un discours **avant que** son porte-parole (**ne**) **réponde** aux questions.	*The president will give a speech before his spokesperson answers questions.*

À noter: The particle **ne** will often precede the subjunctive verb form when **avant que...** is used. This is a characteristic of formal speech; it does *not* negate the verb (only **ne...** accompanied by a word such as **pas** or **jamais** does so).

Après que **and the present indicative;** *après* **and the** *passé de l'infinitif*

1 The expression **après que** is also used to put two actions—performed by two different people—in chronological order. The subjunctive is *not* used with this expression.

Ils vont faire grève **après que** le président **aura fait** son discours.	*They're going to strike after the president gives / has given his speech.*

2 When two actions are performed one after the other by the same person, **après** is used with the past infinitive (**passé de l'infinitif**)—that is, the infinitive form of the auxiliary **avoir** or **être** + a past participle—to express *after having done something*.

Ils feront grève **après avoir écouté** le discours du président.

They will go on strike after listening to (having listened to) the president's speech.

Les candidats ont répondu aux questions **après être arrivés** à la manifestation.

The candidates answered questions after arriving (having arrived) at the protest.

À noter: The past participles of verbs that use **être** as their auxiliary in the **passé de l'infinitif** agree in gender and number with the grammatical subject of the sentence, just as they do in all other compound verb tenses you've studied.

◗ Activities to practice the grammar points presented in Par la suite are on the *En avant!* Online Learning Center.

CHAPITRE **16**

Rappel: Present-tense verbs Use of **en** + present participle

1 In French, both the present tense and the **imparfait** can be used in combination with **pendant que** to express an ongoing action occurring simultaneously with another action.

Hervé **chante** toujours **pendant qu'**il **danse.**

Hervé always sings while he dances.

Laure **parlait** toujours **pendant qu'**elle **mangeait.**

Laure always talked while she was eating.

Un jour, on ne **conduira** plus **pendant qu'**on **parle** au téléphone.

Some day, people will no longer drive while they are on the phone.

Simultaneous actions can also be expressed in French by the use of **en** + a present participle (**participe présent**).

Hervé chante toujours **en dansant.**

Hervé always sings while (he's) dancing.

Laure parlait toujours **en mangeant!**

Laure always talked while (she was) eating!

Un jour, on ne conduira plus **en parlant** au téléphone!

Someday, people will no longer drive while talking on the phone!

À noter: The present participle can be used in sentences that describe the past, present, and future.

2 The present participle is also used to describe the means by which some action or desired effect is achieved.

Hervé s'inspire **en jouant** de la musique.

Hervé gets inspired by playing music.

Inspirez-vous **en lisant** de la poésie!

Get inspired by reading poetry!

3 The present participle is formed by adding **-ant** to the stem of the present-tense **nous** form of any verb. (Recall that this stem is used in **imparfait** forms as well.)

PREMIÈRE PERSONNE PLURIEL (*NOUS*) AU PRÉSENT			PARTICIPE PRÉSENT
regard**ons**	→	regard-	(en) regard**ant**
sort**ons**	→	sort-	(en) sort**ant**
finiss**ons**	→	finiss-	(en) finiss**ant**
attend**ons**	→	attend-	(en) attend**ant**

À noter: Spelling changes that are unique to the present-tense **nous** form also occur in the present participle (for example, **en mangeant, en commençant**).

4 There are only three irregular forms of the present participle.

INFINITIF		PARTICIPE PRÉSENT
avoir	→	(en) **ay**ant
être	→	(en) **ét**ant
savoir	→	(en) **sach**ant

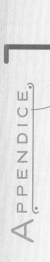

Verb Charts

Verbes réguliers

INFINITIF ET PARTICIPE PRÉSENT	PRÉSENT	PASSÉ COMPOSÉ	IMPARFAIT	FUTUR	CONDITIONNEL	SUBJONCTIF	IMPÉRATIF
1. chercher cherchant	je cherche tu cherches il/elle/on cherche nous cherchons vous cherchez ils/elles cherchent	j' ai cherché tu as cherché il/elle/on a cherché nous avons cherché vous avez cherché ils/elles ont cherché	je cherchais tu cherchais il/elle/on cherchait nous cherchions vous cherchiez ils/elles cherchaient	je chercherai tu chercheras il/elle/on cherchera nous chercherons vous chercherez ils/elles chercheront	je chercherais tu chercherais il/elle/on chercherait nous chercherions vous chercheriez ils/elles chercheraient	que je cherche que tu cherches qu'il/elle/on cherche que nous cherchions que vous cherchiez qu'ils/elles cherchent	cherche cherchons cherchez
2. répondre répondant	je réponds tu réponds il/elle/on répond nous répondons vous répondez ils/elles répondent	j' ai répondu tu as répondu il/elle/on a répondu nous avons répondu vous avez répondu ils/elles ont répondu	je répondais tu répondais il/elle/on répondait nous répondions vous répondiez ils/elles répondaient	je répondrai tu répondras il/elle/on répondra nous répondrons vous répondrez ils/elles répondront	je répondrais tu répondrais il/elle/on répondrait nous répondrions vous répondriez ils/elles répondraient	que je réponde que tu répondes qu'il/elle/on réponde que nous répondions que vous répondiez qu'ils/elles répondent	réponds répondons répondez
3. finir finissant	je finis tu finis il/elle/on finit nous finissons vous finissez ils/elles finissent	j' ai fini tu as fini il/elle/on a fini nous avons fini vous avez fini ils/elles ont fini	je finissais tu finissais il/elle/on finissait nous finissions vous finissiez ils/elles finissaient	je finirai tu finiras il/elle/on finira nous finirons vous finirez ils/elles finiront	je finirais tu finirais il/elle/on finirait nous finirions vous finiriez ils/elles finiraient	que je finisse que tu finisses qu'il/elle/on finisse que nous finissions que vous finissiez qu'ils/elles finissent	finis finissons finissez
4. dormir* dormant	je dors tu dors il/elle/on dort nous dormons vous dormez ils/elles dorment	j'ai dormi tu as dormi il/elle/on a dormi nous avons dormi vous avez dormi ils/elles ont dormi	je dormais tu dormais il/elle/on dormait nous dormions vous dormiez ils/elles dormaient	je dormirai tu dormiras il/elle/on dormira nous dormirons vous dormirez ils/elles dormiront	je dormirais tu dormirais il/elle/on dormirait nous dormirions vous dormiriez ils/elles dormiraient	que je dorme que tu dormes qu'il/elle/on dorme que nous dormions que vous dormiez qu'ils/elles dorment	dors dormons dormez

*Traditionally, only verbs ending in **-ir** like **finir** are considered one of the three regular verb groups. However, verbs like **dormir** also end in **-ir** and are conjugated following their own "regular" pattern, though they are many fewer in number than **-ir** verbs like **finir**. Verbs from this group include: **s'endormir**, **mentir**, **partir**, **sentir**, and **sortir**. Note that **s'endormir**, **partir**, and **sortir** are conjugated with **être** in the compound tenses.

Verbes réguliers

INFINITIF ET PARTICIPE PRÉSENT	PRÉSENT	PASSÉ COMPOSÉ	IMPARFAIT	FUTUR	CONDITIONNEL	SUBJONCTIF	IMPÉRATIF
5. **se laver*** (se) lavant	je me lave tu te laves il/elle/on se lave nous nous lavons vous vous lavez ils/elles se lavent	je me suis lavé(e) tu t'es lavé(e) il/elle/on s'est lavé(e) nous nous sommes lavé(e)s vous vous êtes lavé(e)(s) ils/elles se sont lavé(e)s	je me lavais tu te lavais il/elle/on se lavait nous nous lavions vous vous laviez ils/elles se lavaient	je me laverai tu te laveras il/elle/on se lavera nous nous laverons vous vous laverez ils/elles se laveront	je me laverais tu te laverais il/elle/on se laverait nous nous laverions vous vous laveriez ils/elles se laveraient	que je me lave que tu te laves qu' il/elle/on se lave que nous nous lavions que vous vous laviez qu' ils/elles se lavent	lave-toi lavons-nous lavez-vous

* All pronominal verbs are conjugated with **être** in the compound tenses.

Verbes réguliers avec changements orthographiques

INFINITIF ET PARTICIPE PRÉSENT	PRÉSENT	PASSÉ COMPOSÉ	IMPARFAIT	FUTUR	CONDITIONNEL	SUBJONCTIF	IMPÉRATIF	AUTRES VERBES
1. **commencer** commençant	je commence tu commences il/elle/on commence nous commen**ç**ons vous commencez ils/elles commencent	j'ai commencé	je commen**ç**ais nous commencions	je commencerai	je commencerais	que je commence que nous commencions	commence commen**ç**ons commencez	divorcer, lancer, remplacer
2. **manger** mangeant	je mange tu manges il/elle/on mange nous mang**e**ons vous mangez ils/elles mangent	j'ai mangé	je mang**e**ais nous mangions	je mangerai	je mangerais	que je mange que nous mangions	mange mang**e**ons mangez	changer, encourager, engager, exiger, mélanger, nager, partager, voyager
3. **préférer** préférant	je préf**è**re tu préf**è**res il/elle/on préf**è**re nous préférons vous préférez ils/elles préf**è**rent	j'ai préféré	je préférais	je préférerai	je préférerais	que je préf**è**re que nous préférions	préf**è**re préférons préférez	espérer, répéter, s'inquiéter, sécher
4. **payer** payant	je pa**i**e tu pa**i**es il/elle/on pa**i**e nous payons vous payez ils/elles pa**i**ent	j'ai payé	je payais	je pa**i**erai	je pa**i**erais	que je pa**i**e que nous payions	pa**i**e payons payez	employer, envoyer, essayer
5. **appeler** appelant	j' appe**ll**e tu appe**ll**es il/elle/on appe**ll**e nous appelons vous appelez ils/elles appe**ll**ent	j'ai appelé	j'appelais	j'appe**ll**erai	j'appe**ll**erais	que j'appe**ll**e que nous appelions	appe**ll**e appelons appelez	s'appeler, se rappeler
6. **acheter** achetant	j' ach**è**te tu ach**è**tes il/elle/on ach**è**te nous achetons vous achetez ils/elles ach**è**tent	j'ai acheté	j'achetais	j'ach**è**terai	j'ach**è**terais	que j'ach**è**te que nous achetions	ach**è**te achetons achetez	se lever, se promener

Verbes irréguliers

INFINITIF ET PARTICIPE PRÉSENT	PRÉSENT	PASSÉ COMPOSÉ	IMPARFAIT	FUTUR	CONDITIONNEL	SUBJONCTIF	IMPÉRATIF	AUTRES VERBES
1. **aller*** allant	je vais tu vas il/elle/on va nous allons vous allez ils/elles vont	je suis allé(e)	j'allais	j'irai	j'irais	que j'aille que nous allions	va allons allez	
2. **avoir** ayant	j'ai tu as il/elle/on a nous avons vous avez ils/elles ont	j'ai eu	j'avais	j'aurai	j'aurais	que j'aie que nous ayons	aie ayons ayez	
3. **boire** buvant	je bois tu bois il/elle/on boit nous buvons vous buvez ils/elles boivent	j'ai bu	je buvais	je boirai	je boirais	que je boive que nous buvions	bois buvons buvez	
4. **conduire** conduisant	je conduis tu conduis il/elle/on conduit nous conduisons vous conduisez ils/elles conduisent	j'ai conduit	je conduisais	je conduirai	je conduirais	que je conduise que nous conduisions	conduis conduisons conduisez	construire, détruire, produire, réduire, traduire
5. **connaître** connaissant	je connais tu connais il/elle/on connaît nous connaissons vous connaissez ils/elles connaissent	j'ai connu	je connaissais	je connaîtrai	je connaîtrais	que je connaisse que nous connaissions	connais connaissons connaissez	apparaître, disparaître, paraître, reconnaître
6. **croire** croyant	je crois tu crois il/elle/on croit nous croyons vous croyez ils/elles croient	j'ai cru	je croyais	je croirai	je croirais	que je croie que nous croyions	crois croyons croyez	
7. **devoir** devant	je dois tu dois il/elle/on doit nous devons vous devez ils/elles doivent	j'ai dû	je devais	je devrai	je devrais	que je doive que nous devions	dois devons devez	
8. **dire** disant	je dis tu dis il/elle/on dit nous disons vous dites ils/elles disent	j'ai dit	je disais	je dirai	je dirais	que je dise que nous disions	dis disons dites	
9. **écrire** écrivant	j'écris tu écris il/elle/on écrit nous écrivons vous écrivez ils/elles écrivent	j'ai écrit	j'écrivais	j'écrirai	j'écrirais	que j'écrive que nous écrivions	écris écrivons écrivez	décrire
10. **être** étant	je suis tu es il/elle/on est nous sommes vous êtes ils/elles sont	j'ai été	j'étais	je serai	je serais	que je sois que nous soyons	sois soyons soyez	

*Verbs followed by an asterisk * are conjugated with **être** in the compound tenses.

Verbes irréguliers (*suite*)

INFINITIF ET PARTICIPE PRÉSENT	PRÉSENT		PASSÉ COMPOSÉ	IMPARFAIT	FUTUR	CONDITIONNEL	SUBJONCTIF	IMPÉRATIF	AUTRES VERBES
11. **faire** faisant	je fais tu fais il/elle/on fait	nous faisons vous faites ils/elles font	j'ai fait	je faisais	je ferai	je ferais	que je fasse que nous fassions	fais faisons faites	
12. **falloir**	il faut		il a fallu	il fallait	il faudra	il faudrait	qu'il faille	—	
13. **lire** lisant	je lis tu lis il/elle/on lit	nous lisons vous lisez ils/elles lisent	j'ai lu	je lisais	je lirai	je lirais	que je lise que nous lisions	lis lisons lisez	
14. **mettre** mettant	je mets tu mets il/elle/on met	nous mettons vous mettez ils/elles mettent	j'ai mis	je mettais	je mettrai	je mettrais	que je mette que nous mettions	mets mettons mettez	permettre, promettre
15. **mourir*** mourant	je meurs tu meurs il/elle/on meurt	nous mourons vous mourez ils/elles meurent	je suis mort(e)	je mourais	je mourrai	je mourrais	que je meure que nous mourions	meurs mourons mourez	
16. **naître*** naissant	je nais tu nais il/elle/on naît	nous naissons vous naissez ils/elles naissent	je suis né(e)	je naissais	je naîtrai	je naîtrais	que je naisse que nous naissions	nais naissons naissez	
17. **ouvrir** ouvrant	j' ouvre tu ouvres il/elle/on ouvre	nous ouvrons vous ouvrez ils/elles ouvrent	j'ai ouvert	j'ouvrais	j'ouvrirai	j'ouvrirais	que j'ouvre que nous ouvrions	ouvre ouvrons ouvrez	couvrir, découvrir, offrir, souffrir
18. **plaire** plaisant	je plais tu plais il/elle/on plaît	nous plaisons vous plaisez ils/elle plaisent	j'ai plu	je plaisais	je plairai	je plairais	que je plaise que nous plaisions	plais plaisons plaisez	
19. **pleuvoir** pleuvant	il pleut		il a plu	il pleuvait	il pleuvra	il pleuvrait	qu'il pleuve	—	

*Verbs followed by an asterisk * are conjugated with **être** in the compound tenses.

Verbes irréguliers (suite)

INFINITIF ET PARTICIPE PRÉSENT	PRÉSENT	PASSÉ COMPOSÉ	IMPARFAIT	FUTUR	CONDITIONNEL	SUBJONCTIF	IMPÉRATIF	AUTRES VERBES
20. **pouvoir** pouvant	je peux** tu peux il/elle/on peut / nous pouvons vous pouvez ils/elles peuvent	j'ai pu	je pouvais	je pourrai	je pourrais	que je puisse que nous puissions	—	
21. **prendre** prenant	je prends tu prends il/elle/on prend / nous prenons vous prenez ils/elles prennent	j'ai pris	je prenais	je prendrai	je prendrais	que je prenne que nous prenions	prends prenons prenez	apprendre, comprendre
22. **recevoir** recevant	je reçois tu reçois il/elle/on reçoit / nous recevons vous recevez ils/elles reçoivent	j'ai reçu	je recevais	je recevrai	je recevrais	que je reçoive que nous recevions	reçois recevons recevez	
23. **savoir** sachant	je sais tu sais il/elle/on sait / nous savons vous savez ils/elles savent	j'ai su	je savais	je saurai	je saurais	que je sache que nous sachions	sache sachons sachez	
24. **suivre** suivant	je suis tu suis il/elle/on suit / nous suivons vous suivez ils/elles suivent	j'ai suivi	je suivais	je suivrai	je suivrais	que je suive que nous suivions	suis suivons suivez	poursuivre
25. **venir*** venant	je viens tu viens il/elle/on vient / nous venons vous venez ils/elles viennent	je suis venu(e)	je venais	je viendrai	je viendrais	que je vienne que nous venions	viens venons venez	appartenir, contenir, devenir,* obtenir, revenir,* tenir
26. **vivre** vivant	je vis tu vis il/elle/on vit / nous vivons vous vivez ils/elles vivent	j'ai vécu	je vivais	je vivrai	je vivrais	que je vive que nous vivions	vis vivons vivez	survivre
27. **voir** voyant	je vois tu vois il/elle/on voit / nous voyons vous voyez ils/elles voient	j'ai vu	je voyais	je verrai	je verrais	que je voie que nous voyions	vois voyons voyez	revoir
28. **vouloir** voulant	je veux tu veux il/elle/on veut / nous voulons vous voulez ils/elles veulent	j'ai voulu	je voulais	je voudrai	je voudrais	que je veuille que nous voulions	veuille veuillons veuillez	

**If je peux is inverted to form a question, it becomes puis-je... ?

*Verbs followed by an asterisk * are conjugated with être in the compound tenses.

Answer Key to the Inductive Activities

This appendix contains the answers to activities in the **Vocabulaire interactif** and **Grammaire interactive** presentations that require students to write on graph paper charts. Answers are also provided for the **Rappel** activities in **Chapitres 4, 8, 12,** and **16.**

CHAPITRE 1

Structure 1.1, *Analysons!* **(p. 14):** 1. un, une   2. *yes*
Structure 1.1, *Mise en pratique* **(p. 15):** 2. Qui est-ce? C'est une étudiante.   4. Qu'est-ce que c'est? C'est un livre.   5. Qu'est-ce que c'est? C'est une porte.   6. Qu'est-ce que c'est? C'est un crayon.
Structure 1.2, *Analysons!* **(p. 17):** 1. des   2. -s
Structure 1.2, *Mise en pratique* **(p. 18):** 1. tableaux   2. semaines; mois   3. chats; oiseaux   4. banques; hôpitaux
Structure 1.3, *Analysons!* **(p. 19):** 1. le professeur; Sylvie; Sylvie et moi; les étudiants   2. suis, sont, est, sommes
Structure 1.4, *Analysons!* **(p. 22):** 1. les   2. l'   3. *no*

CHAPITRE 2

Structure 2.1 (p. 44): 1. argent   2. amis   3. muscles   4. courage   5. manières   6. ans; *Analysons!* questions: 1. *six*   2. *one* (**J'ai**)   3. *three* (**Nous avons, vous avez, ils/elles ont**)   4. #6 (*the verb* to be *is used to express one's age in English*)
Structure 2.1, *Mise en pratique* **(p. 45):** 1. ai; français   2. as; maths   3. a; dessin   4. avons; musique   5. avez; archéologie   6. ont; journalisme
Structure 2.2 (p. 46): 1. est   2. habite   3. sont   4. il n'y a pas   5. ne parle pas   *Analysons!* questions: 1. ne, pas   2. ne   3. pas   4. n'
Structure 2.2, *Mise en pratique* **(p. 47):** 2. Un écran n'est pas un endroit; c'est un objet.   3. Un ami n'est pas un objet; c'est une personne.   4. Un cinéma n'est pas un animal; c'est un endroit.
Structure 2.3, *Analysons!* **(p. 49):** 1. *They end in an* -e.   2. sociable, sympathique
Structure 2.3, *Mise en pratique* **(p. 50): Il est:** fatigué, fort; **Elle est:** timide, jolie, forte, française; **Ils sont:** timides, jolis, français; **Elles sont:** timides, fatiguées, françaises
Structure 2.3, *Mise en pratique* **(p. 50):** 1. sérieuse   2. créative   3. dernière   4. fausse   5. formelle   6. franche   7. ivoirienne   8. mignonne   9. rousse   10. séductrice

Structure 2.3 (p. 51): Ils sont: royaux; **Elle est:** royale; **Elles sont:** royales
Structure 2.3 (p. 51): Ils sont: vieux; **Elles sont:** belles, nouvelles, vieilles
Structure 2.4, *Analysons!* **(p. 52):** 1. *no*   2. **oui, non**   3. *before a pronoun that begins with a vowel* (**il/elle** *and* **ils/elles**)
Structure 2.4, *Mise en pratique* **(p. 53):** 1. Est-ce qu'; oui   2. Est-ce qu'; non   3. Est-ce qu'; oui   4. Est-ce que; (*Answers will vary*)   5. Est-ce qu'; oui

CHAPITRE 3

Vocabulaire interactif (p. 71): 1. f   2. c   3. j   4. a   5. b   6. e   7. h   8. g   9. i   10. k   11. l   12. d
Vocabulaire interactif (p. 72): 1. Mireille   2. Mireille   3. Caroline   4. Mireille   5. Caroline   6. Caroline   7. Caroline   8. Mireille
Structure 3.1 (p. 75): 2. parles   4. parlons   5. parlez   6. parlent; *Analysons!* questions: 1. *four* ([je] **parle,** [tu] **parles,** [on] **parle,** [ils] **parlent**)   2. *yes*
Structure 3.1 (p. 75): j'habite, tu habites, il/elle/on habite, nous habitons, vous habitez, ils/elles habitent
Structure 3.1, *Mise en pratique* **(p. 76):** 1. arrangeons   2. avançons   3. cherchons   4. effaçons   5. nageons   6. téléchargeons   7. travaillons   8. voyageons
Structure 3.2, *Analysons!* questions **(p. 78):** 1. *no*   2. *irregular*
Structure 3.2, *Mise en pratique* **(p. 79):** 1. Vous ne faites pas la cuisine?   2. Nous ne faisons pas de natation.   3. Ils ne font pas de vélo.   4. Je ne fais pas les courses.
Structure 3.3 (p. 81): 3 (Société)–C'est la fête nationale;   5 (Politique)–vingt-deux;   2 (Géo)–dans le Quartier latin;   4 (Langue)–un(e) Français(e);   1 (Sport)–en 1998   *Analysons!* questions: 1. *at the beginning;*   2. *est-ce que*
Structure 3.3, *Mise en pratique* **(p. 82):** 1. Quand est-ce que vous arrivez à la fac?   2. Où est-ce que vous travaillez?   3. Pourquoi est-ce que vous faites le ménage?   4. Comment est-ce que vous préparez l'examen?   5. Combien de livres est-ce que vous avez?
Structure 3.4, *Analysons!* **(p. 84):** 1. *after the noun*   2. grand, petit, nouveau, vieux   3. *yes*
Structure 3.4, *Mise en pratique* **(p. 85):** beau, bon, grand, gros, jeune, joli, mauvais, petit, vieux
Structure 3.4 (p. 85): masculin singulier: un vieil acteur; **masculin pluriel:** de vieux acteurs; **féminin singulier:** une vieille actrice; **féminin pluriel:** de vieilles actrices

CHAPITRE 4

Vocabulaire interactif (p. 103): 1. oncle; Grégoire   2. grand-père; Richard   3. tante; Aurélie   4. cousine; Lucie
Rappel (p. 106): (*sample answers*) **F:** une fenêtre, un(e) Français(e), un facteur / une factrice, un fils / une fille; **C:** un crayon, un(e) Canadien(ne), un comptable, un(e) cousin(e)
Structure 4.1 (p. 107): masculin: ton; **féminin:** ma, sa; **pluriel:** mes, tes, vos
Structure 4.1, *Mise en pratique* (p. 107): 1. ta   2. tes   3. ton   4. ton   5. tes   6. tes (ton *with liaison is used in answer 4*)
Rappel (p. 109): 1. suis   2. ai   3. fais   4. a   5. est   6. fait   7. sont   8. ont   9. font
Structure 4.2, *Mise en pratique* (p. 111): 1. vas au; reviens du   2. allez à la; revenons de la   3. va à l'; revient de l'   4. vont aux; reviennent des
Rappel (p. 112): 1. le; les Québécois; le français   2. les; les Américains; l'anglais   3. le; les Japonais; le japonais   4. la; les Chinois; le chinois   5. l'; les Égyptiens; l'arabe   6. le; les Brésiliens; le portugais
Structure 4.3, *Mise en pratique* (p. 115): 1. à; en; en   2. à; au; en   3. à; aux; en   4. de; du; d'   5. de; d'   6. de; de; d'
Rappel (p. 117): *Answers will vary.*
Structure 4.4, *Mise en pratique* (p. 118): (*sample answers*) 1. Je vais faire mes devoirs.   2. Je vais préparer un examen.   3. Je ne vais pas déjeuner avec un ami.   4. Je ne vais pas visiter un musée.

CHAPITRE 5

Vocabulaire interactif (p. 135): Fruits et légumes: des brocolis, une carotte, un oignon, une orange, une pomme de terre, un poivron rouge, une tomate
Vocabulaire interactif (p. 136): 1. une nappe   2. une carafe   3. une assiette; une assiette à soupe   4. un verre; une tasse; un verre à vin   5. un couteau; une fourchette; une cuillère; une cuillère à soupe; une serviette
Structure 5.1 (p. 140): du beurre, du sucre, de la crème, de la farine, de la vanille; ***Analysons!* questions:** 1. une quantité indéterminée   2. de l'; du; de la
Structure 5.1, *Mise en pratique* (p. 141): 1. le   2. du (*or* un)   3. l'   4. d'
Structure 5.2, *Analysons!* (p. 143): prend
Structure 5.2, *Mise en pratique* (p. 144): 1. prends   2. prends   3. prend   4. prenons   5. prenez   6. prennent
Structure 5.3 (p. 146): a. 3   b. 1   c. 5   d. 4   e. 2; ***Analysons!* questions:** perdre, rendre, vendre, attendre
Structure 5.3, *Mise en pratique* (p. 147): attendre: attends, attend, attendez; **entendre:** entend, entendons, entendez; **perdre:** perds, perdent; **répondre:** réponds, répondons, répondent
Structure 5.4, *Analysons!* (p. 150): pas, rien
Structure 5.4, *Mise en pratique* (p. 150): 1. ne... rien   2. n'... nulle part   3. n' ... personne   4. ne... plus   5. n' ... pas encore

CHAPITRE 6

Structure 6.1, *Analysons!* (p. 171): 1. ces   2. masculin; une voyelle; oui
Structure 6.1, *Mise en pratique* (p. 172): 1. cet   2. ces   3. cette   4. cette   5. ces   6. ce   7. ces   8. ce
Structure 6.2 (p. 174): 1. pas   2. rien   3. jamais   4. personne   5. plus; ***Analysons!* questions:** 1. servir, mentir, sortir, dormir   2. deux
Structure 6.2, *Mise en pratique* (p. 175): mentir: mens, mentons, mentent; **partir:** pars, part, partez; **sortir:** sors, sort, sortons, sortez, sortent
Structure 6.3, *Analysons!* (p. 178): 1. quel, quelle, quels, quelles   2. le genre et le nombre du nom
Structure 6.3, *Mise en pratique* (p. 179): 1. quelle   2. quelles   3. quelles   4. quels   5. quels   6. quel
Structure 6.4, *Analysons!* (p. 181): 1. choisir, finir, réussir   2. -iss-
Structure 6.4, *Mise en pratique* (p. 182): choisir: choisis, choisit, choisissons; **réfléchir:** réfléchis, réfléchissez, réfléchissent; **réussir:** réussis, réussit, réussissons, réussissez, réussissent
Structure 6.4, *Mise en pratique* (p. 182): 1. grand(e); grandis   2. gros(se); grossis   3. maigre; maigrit   4. jeune; rajeunissons   5. vieux/vieille; vieillissent   6. rouge; rougissez

CHAPITRE 7

Vocabulaire interactif (p. 197): 1. un drame   2. oui, à 20 h 10   3. 10,50 € (plein tarif) ou 7,50 € pour les étudiants   4. oui, à 16 h 00 et 20 h 30   5. le vendredi   6. Féfé; vendredi le 12 mars; 22 €   7. un concert d'U2; oui, c'est un stade   8. «Désirs»; c'est un cabaret   9. 22 € (plein tarif) ou 15 € (tarif réduit); non, ce n'est pas gratuit   10. oui, 7 €   11. Solférino; le premier dimanche du mois   12. le spectacle au Crazy Horse; l'entrée à la mosquée
Structure 7.1 (p. 201): 1. sait   2. veut   3. peut   4. doit; ***Analysons!* question:** un verbe à l'infinitif
Structure 7.1 (p. 201): pouvoir: peux, peut, pouvons, pouvez
Structure 7.1, *Mise en pratique* (p. 202): (*sample answers*) 1. Moi, je ne sais pas parler russe.   2. Mon meilleur ami (Ma meilleure amie) veut étudier le français.   3. Nous ne devons pas préparer un examen ce soir.   4. Mes frères/sœurs/cousins peuvent faire leurs études ici.
Structure 7.2, *Analysons!* (p. 204): 1. quelque   2. quelqu'un
Structure 7.2, *Mise en pratique* (p. 204): 1. quelque chose; quelque part; quelqu'un
Structure 7.3, *Analysons!* (p. 206): 1. deux   2. avoir   3. regardé
Structure 7.3 (p. 206): bu: boire; **été:** être; **fait:** faire; **mis:** mettre; **pris:** prendre; **pu:** pouvoir; **voulu:** vouloir; **vu:** voir
Structure 7.4, *Analysons!* (p. 208): rester, aller, sortir
Structure 7.4 *Mise en pratique* (p. 209): descendre: descendu; **rentrer:** rentré; **monter:** monté; **revenir:** revenu; **sortir:** sorti; **venir:** venu; **aller:** allé; **entrer:** entré; **rester:** resté; **tomber:** tombé; **retourner:** retourné; **arriver:** arrivé; **partir:** parti; **passer:** passé
Structure 7.4, *Mise en pratique* (p. 210): sa sœur: est partie; **les deux filles:** sont parties; **les deux garçons:** sont partis

CHAPITRE 8

Vocabulaire interactif (p. 223): 1. a   2. a   3. b   4. c   5. a
6. d   7. d   8. a   9. d   10. b   11. d   12. c
Rappel (p. 227): 1. dort   2. prend   3. met   4. choisit
5. boit   6. sort   7. attend   8. arrive   9. répond 10. voit
11. finit   12. rentre
Structure 8.1 (p. 228): 1. les dents   2. la bouche   3. le visage /
la figure   4. les yeux   5. les cheveux   6. les jambes
Structure 8.1 (p. 228): s'habiller: m'habille, t'habilles, s'habille,
nous habillons, vous habillez, s'habillent
Mise en pratique (p. 229): 1a. amuse 1b. s'amusent   2a. vous
sentez 2b. sentez   3a. réunit 3b. se réunissent   4a. détends
4b. te détends
Rappel (p. 232): 1. quelle   2. Qu'est-ce que   3. Qu'est-ce
que   4. Quel   5. quels   6. Qu'est-ce que   7. Quelles
8. Qu'est-ce que
Structure 8.2, *Mise en pratique* (p. 233): 1. Qui   2. Qui est-ce
que   3. Qu'est-ce qui   4. Qu'est-ce que
Structure 8.2, *Mise en pratique* (p. 234): 2. avec; Avec qui
est-ce que vous vous entendez bien?   3. de; De quoi est-ce que
vous vous souvenez bien?   4. à; À quoi est-ce que vous vous
intéressez?   5. de; De qui est-ce que vous vous moquez
parfois?   6. en; En quoi est-ce que vous vous spécialisez?
Rappel (p. 236): 2. Tu as vu   3. Tu as fait   4. Tu as pris
6. Tu es sorti(e)   7. Tu es rentré(e)   8. Tu es resté(e)
Structure 8.3, *Mise en pratique* (p. 237): 1. s'est levée à 7 h
2. se sont maquillées   3. s'est rasé   4. se sont habillés
Structure 8.3, *Mise en pratique* (p. 238): 1. réveillée   2. levée
3. lavé   4. brossé   5. peigné   6. brûlée   7. coupé

CHAPITRE 9

Vocabulaire interactif (p. 251): 1. un appartement   2. au
troisième étage   3. mon balcon   4. le parking   5. l'immeuble
6. l'escalier
Vocabulaire interactif (p. 252): 1. le salon   2. la salle à manger
3. la cuisine   4. les toilettes   5. la terrasse   6. la pelouse
Vocabulaire interactif (p. 253): 1. un canapé   2. un lit   3. un
lave-vaisselle   4. une douche   5. un four à micro-ondes
Structure 9.1, *Analysons!* (p. 257): 1. plus; aussi; moins   2. que
Structure 9.1, *Mise en pratique* (p. 258): (*sample answers*)
1. …ma chambre est la plus agréable.   2. …la cuisine est la
plus petite.   3. …le canapé est le moins beau.   4. …le fauteuil
est le moins usé.   5. … le lave-linge est le meilleur.   6. …le
four à micro-ondes est le moins cher.
Structure 9.2, *Analysons!* (p. 260): 1. (d')événements habituels
2. -ions, -ons
Structure 9.2, *Mise en pratique* (p. 261): 1. ét- ; étais   2. dev- ;
devais   3. mange- ; mangeais   4. finiss- ; finissais;   5. av- ;
avais   6. couch- ; te couchais
Structure 9.3 (p. 263): 1. dans le salon   2. sa sœur   3. son
père   4. sa mère   5. leur chien; *Analysons!* questions: 1. oui
2. oui   3. l'imparfait
Structure 9.3, *Mise en pratique* (p. 264): 1. avait   2. était
3. portait   4. avait   5. regardait   6. voulait   7. faisait   8. aidait

Structure 9.4 (p. 266):
1a. H 1b. S   2a. S 2b. H   3a. S 3b. H
4a. H 4b. S; *Analysons!* question: le passé composé; l'imparfait
Structure 9.4, *Mise en pratique* (p. 267): 1. d   2. c   3. b   4. a

CHAPITRE 10

Vocabulaire interactif (p. 281): 1. g   2. e   3. a   4. b   5. j
6. d   7. h   8. i
Structure 10.1, *Analysons!* (p. 286): 1. un nom; une phrase
2. voir
Structure 10.1 (p. 286): *Analysons!* questions: crois; croit;
croyez
Structure 10.2 (p. 288): 1. c   2. f   3. a   4. d   5. b   6. e;
Analysons! questions: 1. le sujet grammatical; l'objet direct
2. non
Structure 10.2, *Mise en pratique* (p. 289): 1. que   2. qui
3. où   4. où   5. que
Structure 10.3, (p. 291): 1. à l'occasion d'un anniversaire   2. à
Noël   3. à Noël   4. à Pâques   5. à l'occasion d'un anniver-
saire; *Analysons!* question: les verbes en -er; il n'y a pas de **s**
Structure 10.3, *Mise en pratique* (p. 292): 2. Ne sors pas;
Reste   3. Ne prenez pas; Finissez   4. N'attendez pas; Partez
5. N'offrons pas; Envoyons   6. Ne mettons pas; Rangeons
Structure 10.4, *Analysons!* (p. 294): 1. un adjectif   2. (*sample
answers*) bien, mal, vite
Structure 10.4, *Mise en pratique* (p. 295): 2. actuellement
3. certainement   4. complètement   5. doucement   6. heureusement   7. premièrement   8. vraiment
Structure 10.4 (p. 296): -**ément**: aveuglément, profondément,
intensément; -**amment**: couramment, brillamment; -**emment**:
apparemment, prudemment

CHAPITRE 11

Vocabulaire interactif (p. 309): 1. Ibrahim   2. Élisabeth
3. Milène   4. Jean-Paul   5. Milène   6. Jean-Paul   7. Ibrahim
8. Élisabeth
Vocabulaire interactif (p. 310): 1. se rencontrent   2. tombent
amoureux   3. se fiancent   4. se marient   5. s'entend
6. se disputent   7. se voient   8. s'envoient   9. se séparent
10. divorcent
Structure 11.1 (p. 314): 1a. un chef d'entreprise 1b. des infor-
maticiens   2a. un commerçant 2b. des hommes politiques
3a. une femme médecin 3b. des étudiants; *Analysons!* question:
1. deux racines
Structure 11.1 (p. 315): **dire:** dis, dit, disent; **écrire:** écris, écrit,
écrivez
Structure 11.1, *Mise en pratique* (p. 315): 1a. ai lu 1b. lisais
2a. avons lu 2b. lisions   3a. a dit 3b. disait   4a. ont dit
4b. disaient   5a. as écrit 5b. écrivais   6a. avez écrit 6b. écriviez
Structure 11.2, *Analysons!* (p. 318): 1. non   2. un infinitif
Structure 11.2, *Mise en pratique* (p. 319): 1. Il faut…   2. Il vaut
mieux…   3. Il est essentiel de…   4. C'est une bonne idée d'…
Structure 11.3 (p. 320): a. 4 b. 3 c. 2 d. 1 e. 5; *Analysons!*
1. l'infinitif   2. (les verbes en) -**re**; attendra
Structure 11.3, *Mise en pratique* (p. 321): 1. se réuniront   2.
lira   3. prendra   4. décideront   5. partiront

Structure 11.4, *Analysons!* **(p. 323):** (j')irai; (j')aurai; je serai; je ferai

Structure 11.4, *Mise en pratique* **(p. 323):** 1. ira   2. aura   3. serons   4. fera   1. ira   2. aura   3. serons   4. fera

Structure 11.4 (p. 324): 2. enverra   3. viendra   4. tiendra   5. devra   6. recevra   7. pourra   8. saura   9. mourra   10. voudra

CHAPITRE 12

Vocabulaire interactif (p. 341) 1. Tunis, en Tunisie, sur le golfe de Tunis   2. Montréal, au Québec, au bord du fleuve Saint-Laurent   3. Paris, en France, sur les rives de la Seine   4. Papeepte, à Tahiti, dans l'océan Pacifique

Rappel (p. 346): 1. vingt   2. le Louvre   3. 1789   4. Gustave Eiffel   5. la Seine   6. le Baron Haussmann

Structure 12.1, *Mise en pratique* **(p. 347):** 1. connais   2. connaît   3. connaît   4. connaissent   5. connaissons

Rappel (p. 350): 1a. est plus vieille que 1b. la plus vieille des   2a. aussi peuplée que 2b. la moins peuplée des

Structure 12.2, *Mise en pratique* **(p. 351):** 1. Elle mange moins bien…   2. Elle dort pire…   3. Elle travaille plus vite…   4. Elle se fâche plus facilement…   5. elle s'habille aussi mal…

Rappel (p. 353): 1. dans un hôtel   2. les billets de train   3. à Ben et moi   4. le flamand   5. des photos   6. à nos parents; Ils vont à Bruxelles.

Structure 12.3 (p. 353): objet direct/indirect: me, te; **objet direct:** la; **objet indirect:** lui; **objet direct/indirect:** vous

Structure 12.3, *Mise en pratique* **(p. 355):** 1a. le 1b. y   2a. les 2b. en   3a. leur 3b. les   4a. y 4b. en

Rappel (p. 357): 1. s'est renseignée   2. se sont disputés   3. (ne) se sont (pas) parlé   4. nous sommes retrouvées   5. nous sommes acheté

Structure 12.4, *Mise en pratique* **(p. 358):** 1a. Elle l'a lu. 1b. Elle ne l'a pas lu.   2a. Elle y est tombée. 2b. Elle n'y est pas tombée.   3a. Elle leur a parlé. 3b. Elle ne leur a pas parlé.   4a. Elle en est revenue. 4b. Elle n'en est pas revenue.

Structure 12.4, *Mise en pratique* **(p. 358):** 1. –   2. -e   3. -e   4. -e   5. –   6. -e   7. -e   8. –

CHAPITRE 13

Structure 13.1 (p. 377): 1. b   2. a   3. d   4. e   5. c; *Analysons!* **question:** 1. conduire; traverser; s'approcher   2. s'arrêter

Structure 13.1, *Mise en pratique* **(p. 378):** 1. conduis   2. conduis   3. conduit   4. conduisons   5. conduisez   6. conduisent   7. conduire

Structure 13.2, *Analysons!* **(p. 380):** 1. oui   2. non

Structure 13.2, *Mise en pratique* **(p. 381):** 1. passerais   2. passerions   3. passeraient   4. passerait   5. passerait

Structure 13.3 (p. 385): 1. b   2. d   3. e   4. c   5. a; *Analysons!* **question:** Il suit le verbe.; Il précède le verbe.

Structure 13.3, *Mise en pratique* **(p. 386):** 2. Consultez des sites Web; Consultez-en   3. Achetez vos billets d'avion; Achetez-les   4. Réservez votre chambre d'hôtel; Réservez-la   5. Cherchez votre passeport; Cherchez-le

Structure 13.3, *Mise en pratique* **(p. 386):** 1. les   2. en   3. en   4. les   5. en   6. les

Structure 13.3, *Mise en pratique* **(p. 387):** 1. Couche-toi!   2. Dépêche-toi!   3. Sois sage!   4. Range ta chambre!   5. Lève-toi!   6. Finis ton dîner!

CHAPITRE 14

Vocabulaire interactif (p. 402–405): 1. région; langue; siècles   2. roi; alliance; religion, naissance   3. armées; dialecte; commerce   4. conflits; guerre; victoire   5. découverte; règles; orthographe   6. colons; esclaves; commencement   7. Révolution; république; population   8. territoires; mort; diplomatie   9. mondiale; décennies; pays   10. Constitution; protection; diffusion

Structure 14.1 (p. 409): 1. e   2. b   3. d   4. a   5. f   6. c; *Analysons!* **question:** à, de

Structure 14.1, *Mise en pratique* **(p. 410):** 1. commence; à   2. oublie; de   3. essaie; d'   4. apprend; à   5. évite; de

Structure 14.2 (p. 413): 1. Tous les   2. tous les   3. plusieurs   4. Quelques   5. certains; *Analysons!* **question:** 1. parce que le mot **région** est féminin   2. l'article défini (**le, la, l', les**)

Structure 14.2, *Mise en pratique* **(p. 413):** 1. tous   2. toutes   3. tout   4. tous   5. toute   6. toute   7. tous   8. tout

Structure 14.3, *Analysons!* **(p. 417):** répondes, écrives, prennes, relises

Structure 14.3, *Mise en pratique* **(p. 418): sortir:** sortes, sortions; **finir:** finisse, finisse, finissiez; **perdre:** perde, perdes, perde, perdions, perdiez

Structure 14.3, *Mise en pratique* **(p. 419): croire:** que je croie, que nous croyions; **recevoir:** que je reçoive, que nous recevions; **prendre:** que je prenne, que nous prenions; **venir:** que je vienne, que nous venions

CHAPITRE 15

Structure 15.1, *Analysons!* **(p. 442):** 1. (a.), (b.)   2. le subjonctif   3. irréguliers

Structure 15.1, *Mise en pratique* **(p. 443):** 1. prend   2. prennes   3. prennes   4. prenez   5. prenez   6. preniez

Structure 15.1 (p. 443): faire: fasses, fasse, fassent; **pouvoir:** puisse, puissions, puissiez; **savoir:** sache, saches, sache, sachions, sachiez, sachent

Structure 15.2, *Analysons!* **(p. 445):** 1. sois, soit, soient   2. content; aimer, préférer

Structure 15.2, *Mise en pratique* **(p. 446):** *(sample answers)* 1. Je suis content qu'elle soit si généreuse.   2. J'aimerais qu'elle soit un peu plus dynamique.   3. Je veux qu'elle soit un peu moins timide.

Structure 15.2, *Mise en pratique* **(p. 447):** 1. ait; aille; soit   2. soient; aillent; aient

Structure 15.3, *Analysons!* **(p. 449):** 1. ils sont à l'infinitif ou au subjonctif   2. différent

Structure 15.3, *Mise en pratique* **(p. 450):** 1. … soient travailleurs.   2. … fassent toujours de leur mieux.   3. … sachent parler aux autres.   4. … maintiennent un bon rapport avec la clientèle.   5. … aient déjà un peu d'expérience.

CHAPITRE 16

Vocabulaire interactif (p. 463): 1. b 2. c 3. j 4. g 5. h
6. f 7. i 8. a 9. d 10. e

Rappel, *Première étape* **(p. 470):** 1a. joue 1b. jouent
2a. s'amuse 2b. s'amusent 3a. vend 3b. vendent 4a. sort
4b. sortent 5a. finit 5b. finissent

Rappel, *Deuxième étape* **(p. 470):** 1. il est, ils sont 2. elle a,
elles ont 3. il fait, ils font 4. elle va, elles vont 5. tu peux
6. tu veux 7. tu dois 8. tu sais 9. vous lisez 10. vous
écrivez 11. vous dites 12. je prends, nous prenons 13. je
bois, nous buvons 14. je crois/vois, nous croyons/voyons
15. je viens/tiens, nous venons/tenons 16. je connais, nous
connaissons 17. je conduis, nous conduisons

Rappel, *Deuxième étape* **(p. 473):** 1. Où 2. Combien
3. Pour qui 4. Pourquoi 5. Comment 6. De quoi

Rappel, *Troisième étape* **(p. 473):** 1. Qui 2. (À) qui est-ce
que 3. Qu'est-ce que 4. Qu'est-ce qui

Rappel, *Première étape* **(p. 476):** 1. Marion 2. (à) Paris
3. Ses parents 4. Marion 5. Marion 6. le film 7. Marion
8. des prix

Rappel, *Deuxième étape* **(p. 476):** 1. Elle y a passé son enfance.
2. Ils l'ont encouragée à poursuivre ce métier. 3. Le film *Taxi*
l'a révélée au grand public. 4. Elle en a reçu quatre au total.

Rappel, *Deuxième étape* **(p. 479):** **verbes en** *-er*: tourné, reposé,
allumé, levé, pleuré; **verbes en** *-ir*: parti; **verbes irréguliers:** mis,
bu, fait, pris; **questions:** (les verbes en) *-re*; -re → **u**

Rappel, *Troisième étape* **(p. 479):** 1. mettait 2. buvait
3. faisait 4. se levait 5. partait 6. pleurais; **question:**
pleuvait; une action en cours

Lexique français-anglais

This end vocabulary provides contextual meanings of French words used in this text. It does not include proper nouns (unless presented as active vocabulary or unless the French equivalent is quite different in spelling from English), most abbreviations, adjectives that are exact cognates, past participles that are used as adjectives if the infinitive is listed, or regular adverbs formed from adjectives listed. Adjectives are listed in the masculine singular form; feminine endings or forms are included. An asterisk (*) indicates words beginning wiith an aspirated **h**. Active vocabulary is indicated by the number of the chapter in which it is activated. PLS refers to the **Par la suite** section.

Abbreviations

ab.	abbreviation	*indef.*	indefinite	*p.p.*	past participle
adj.	adjective	*inf.*	infinitive	*prep.*	preposition
adv.	adverb	*interj.*	interjection	*pron.*	pronoun
art.	article	*interr.*	interrogative	*rel.*	relative pronoun
colloq.	colloquial	*inv.*	invariable	*s.*	singular
conj.	conjunction	*irreg.*	irregular	*s.o.*	someone
fam.	familiar or colloquial	*m.*	masculine noun	*s.th.*	something
f.	feminine noun	*n.*	noun	*v.*	verb
Gramm.	grammatical term	*pl.*	plural		

A

à *prep.* to, at, in, by, on; **à... mètres** (*m. pl.*) it's ... meters away (12); **à bientôt** see you soon (1); **à ce soir** see you tonight (1); **à côté de** next (to), beside (5); **à demain** see you tomorrow (1); **à la tienne!** cheers! (10); **à plus tard, à plus** (*fam.*) see you later (1); **à sens unique** one-way (*street*) (12); **au restaurant** to, at, in a restaurant (5); **au revoir** good-bye (1)

abbaye *f.* abbey

abbé *m.* abbot

abîmer to ruin

abstenir: s'abstenir (de) (*like* **tenir**) to abstain (from)

abordable *adj.* affordable, reasonable

aborder to tackle (*problem*); to approach (*person*)

aboutir (à) to lead to

aboyer (il aboie) to bark (*dog*)

abréviation *f.* abbreviation

abriter to house; **sans-abri** *m., f.* homeless (*person, people*)

absolu(e) *adj.* absolute; **quasi-absolu** *adj.* nearly absolute

absolument *adv.* absolutely (10)

abstrait(e) *adj.* abstract

absurde *adj.* absurd

Académie française *f.* French Academy (*official body that rules on language questions*)

académique *adj.* academic

Acadie *f.* Acadia (*region in Canada*); **Nouvelle Acadie** *f.* New Acadia (*name used for Louisiana by Acadian immigrants in the 18th century*)

accéder (à) (**j'accède**) to reach; to achieve

accent *m.* accent (14); **accent aigu (grave, circonflexe)** acute (grave, circumflex) accent

accentué: pronom (*m.*) **accentué** *Gram.* stressed pronoun

accepter to accept; **accepté (par)** accepted by

accès (à) *m.* access (to)

accessoires *m. pl.* accessories (6)

accident *m.* accident

accompagner to accompany; **conduite** (*f.*) **accompagnée** accompanied driving (*with a permit*)

accomplir to accomplish, carry out

accomplissement *m.* accomplishment

accord *m.* agreement; **d'accord** all right, O.K., agreed; **être d'accord** to agree, be in agreement

accorder (à) to grant, bestow, confer; **s'accorder (pour)** to agree, go together

accrocher to hang (*on a wall*), to hook

accueillant(e) *adj.* welcoming

accueillir (*p.p.* **accueilli**) *irreg.* to welcome

accuser to accuse

achat *m.* purchase

acheter (j'achète) to buy (3)

achevé(e) *adj.* completed

acquis(e) *adj.* acquired

acte *m.* (**d'une pièce, d'un opéra**) act (of a play, of an opera) (16)

acteur/trice *m., f.* actor, actress

actif/ive *adj.* adjective

activement *adv.* actively

activité *f.* activity

actuel(le) *adj.* present, current (10)

actuellement *adv.* currently; **actuellement à l'affiche** (*f.*) (now) showing, playing (7)

adapter to adapt; **s'adapter à** to adapt oneself to

addition *f.* bill, check (*in a restaurant*) (5)

adhérer (à) (**j'adhère**) to adhere to, to believe in

adjectif *m., Gram.* adjective

administrateur *m.* administrator

administratif/ive *adj.* administrative

admirer to admire

adolescence *f.* adolescence

adolescent(e), ado *m., f., adj.* adolescent, teenager (9)

adopter to adopt

adorer to love, adore (3)

adresse *f.* address

adresser (à) to address, speak to; **s'adresser (à)** to be intended (for), aimed (at)

adulte *m., f.* adult; **d'adulte** *adj.* adult

adverbe *m., Gram.* adverb

adverbial *m., Gram.* adverbial (*phrase*)

aérobic *f.* aerobics; **cours** (*m.*) **d'aérobic** aerobics class

aéroport *m.* airport

affaire *f.* affair, business matter; **avoir affaire (à)** to have business (with); **centre** (*m.*) **d'affaires** commerical center; **homme (femme) d'affaires** *m., f.* businessman (-woman) (4)

affiche *f.* poster (1); **actuellement à l'affiche** (*f.*) (now) showing, playing (7)

affirmatif/ive *adj.* affirmative

affreux/euse *adj.* horrible (6)

africain(e) *adj.* African; **Africain(e)** *m., f.* African (*person*); **nord-africain** *adj.* North-African, **ouest-africain** *adj.* West-African

Afrique *f.* Africa

agaçant(e) *adj.* annoying

âge *m.* age (2); **Moyen Âge** *m. s.* Middle Ages (14); **quel âge avez-vous? tu as quel âge?** how old are you? (2)

âgé(e) *adj.* older

agence (*f.*) **de voyage** travel agency; **agent de voyage** travel agent

agenouiller: s'agenouiller to kneel

agent *m.* agent; **agent (de police, de voyage)** police officer, travel agent

agglomération *f.* town, village

agir to act; **il s'agit de** it's about, it's a question of (16)

agneau *m.* lamb; **gigot** (*m.*) **d'agneau** leg of lamb

agrandir to enlarge, to expand

agréable *adj.* agreeable

agréé(e) *adj.* registered

agressif/ive *adj.* aggressive

agricole *adj.* agricultural

agriculture *f.* agriculture (15)

agronomie *f.* agronomy, the science of farming

aide *f.* help, assistance; **à l'aide de** with the help of

aider (à) to help (to)

aie! *interj.* ouch!

aïeul(e) *m., f.* grandfather, grandmother; **aïeux** (*m. pl.*) ancestors

ail *m.* garlic (5)

aile *f.* wing

ailleurs elsewhere (10); **d'ailleurs** besides, moreover

aimable *adj.* likable, friendly

aimer to like; to love (3); **aimer bien/beaucoup** to like a lot (5); **aimer mieux** to prefer (3); **j'aimerais (beaucoup, bien)** + *inf.* I would like (*to do s.th.*) (5)

aîné(e) *adj.* older (*sibling*) (4)

ainsi *conj.* thus; **ainsi que** as well as

air *m.* air; **dans les airs** (*m. pl.*) on the air; **en plein air** outdoors, in the open air

aire (*f.*) **de repos** rest area

aisé(e) *adj.* well-off (2)

aise: se sentir/être à l'aise to feel, be at ease

ajouter to add; **quelque chose à ajouter** something to say, to add (16)

alarmant(e) *adj.* alarming

alarme *f.* alarm

album *m.* album (*photo, record*)

alcool *m.* alcohol

alcoolisé (e) *adj.* alcoholic

alentour *adv.* around

Algérie *f.* Algeria

algérien(ne) *adj.* Algerian; **Algérien(ne)** *m., f.* Algerian (*person*)

aliment *m.* food (*item*) (5)

alimentaire *adj.* alimentary, pertaining to food; **habitudes** (*f. pl.*) **alimentaires** eating, dietary habits

alimentation *f.* food, feeding, nourishment; **magasin** (*m.*) **d'alimentation** food store

Allemagne *f.* Germany

allemand(e) *adj.* German; **Allemand(e)** *m., f.* German (*person*) (2)

aller *irreg.* to go (4); **aller** + *inf.* to be going (to do *s. th.*); **aller à cheval (moto, pied, vélo)** to go on horseback (by motorcycle, on foot, by bike) (12); **aller en autocar (avion, bateau, bus, métro, taxi, voiture)** to go by tourbus (plane, boat, bus, subway, taxi, car) (12); **aller manger chinois (italien/mexicain)** to go out for Chinese (Italian/Mexican) food (5); **allons-y!** (let's) do that, go there! (13); **billet** (*m.*) **aller-retour** round-trip ticket; **va-t'en, allez-vous-en!** get out of here! get lost! (13); **vas-y, allez-y!** go right ahead! (13)

alliance *f.* alliance (14)

Alliés *f.* Allied forces (*WWII*)

allumer to light

alors *adv.* so; then, in that case

Alpes *f.* Alps

alpin(e) *adj.* Alpine; **ski** (*m.*) **alpin** downhill skiing

Alsace *f.* Alsace

alsacien(ne) *adj.* Alsatian; **Alsacien(ne)** *m., f.* Alsatian (*person*)

alternation (entre) *f.* alternation (between)

alterner to alternate

altruiste *adj.* altruistic

amande *f.* almond

amant(e) *m., f.* lover

amateur *m.* (**de**) lover (of)

améliorer to improve

amener (j'amène) to bring (along)

américain(ne) *adj.* (2); **Américain(ne)** *m., f.* American (*person*) (2)

amérindien(ne) *adj.* indigenous American; **Amérindien(ne)** *m., f.* indigenous American (*person*)

Amérique *f.* (**du Nord, du Sud**) America (North, South)

ami(e) *m., f.* friend (1); **chambre** (*f.*) **d'ami** guest bedroom; **entre amis** between, with friends; **petit(e) ami(e)** boyfriend (girlfriend) (11)

amical(e) *adj.* (*m. pl.* **amicaux**) friendly

amicalement *adv.* friendly, peacefully

amitié *f.* friendship

amour *m.* love; **film** (*m.*) **d'amour** romantic film (7); **histoire** (*f.*) **d'amour** love story

amoureux/euse *adj.* loving, in love; *m., f.* lover, sweetheart, person in love; **tomber amoureux/euse (de)** to fall in love (with)

ample *adj.* loose (*fitting*) (6)

ampoule *f.* lightbulb; **ampoule fluocompacte** energy-efficient lightbulb (15)

amputer to amputate

amusant(e) *adj.* amusing; fun (2)

amuser to amuse; **s'amuser** to have fun (8); **s'amuser bien** to have a good time

an *m.* year (1); **avoir (vingt) ans** to be (twenty) years old (2); **dans (trois) ans** in three years; **jour** (*m.*) **de l'An** New Year's Day; **nouvel an** new year (*the*); **par an** per year; each year; **tous les (trois) ans** every (three) years

analyse *f.* (**statistique**) analysis (statistical) (11)

ancêtre *m., f.* ancestor

ancien(ne) *adj.* old, antique; former; **ancien français** Old French (*French spoken between 10th-14th centuries*)

âne *m.* ass, donkey

anesthésiste (médecin) *m., f.* anaesthesiologist

anglais(e) *adj.* English; **Anglais(e)** *m., f.* Englishman (-woman) (2)

angle *m.* angle; **il/elle à l'angle de...** it's at the corner of... (12)

Angleterre *f.* England

anglicisme *m.* anglicism (*English word adapted to be used in another language*)

angoissé(e) *adj.* anxious, anxiety-prone

animal *m.* (*pl.* **animaux**) animal; **animal domestique** pet *m.* (4)

animation *f.* animation; **film** (*m.*) **d'animation** animated film (7)

animé(e) *adj.* animated

année *f.* year (10); **bonne année!** *interj.* happy new year! (10); **l'année prochaine** next year; **les années (cinquante)** the fifties (era)

anniversaire *m.* birthday (1); **bon/joyeux anniversaire!** *interj.* happy birthday! (10); **cadeau** (*m.*) **d'anniversaire** birthday gift

annonce *f.* announcement, ad; **petites annonces** (classified) ads

annoncer (nous annonçons) to announce

annuel(le) *adj.* annual

anormal(e) *adj.* (*m. pl.* **anormaux**) abnormal

anthropologie *f.* anthropology (1)

Antilles *f. pl.* West Indies

Antiquité *f.* Antiquity

antisémite *adj.* antisemitic

antisocial(e) *adj.* antisocial (15)

août August (1)

apaisant(e) *adj.* calming, soothing

apéritif *m.* cocktail

apparaître (*like* **connaître**) *irreg.* to appear

appareil *m.* (**ménager**) appliance; **appareil photo** *m.* (**numérique**) camera (digital) (6)

apparence *f.* (**physique**) appearance

apparent(e) *adj.* visible, noticeable

appartement (*fam.* **appart**) *m.* apartment (9)

appartenir (*like* **tenir**) **à** *irreg.* to belong (to)

appeler (j'appelle) to call, to name; **comment s'appelle...?** what is ... called?; **comment vous appelez-vous? tu t'appelles comment?** what is your name? (1); **je m'appelle...** my name is ... (1); **s'appeler** to be named

appétissant(e) *adj.* appetizing

appétit *m.* appetite; **bon appétit!** *interj.* enjoy (your meal)! (10)

applaudissement *m.* applause

appliquer to apply to (*cover*); **s'appliquer** (à) to be applicable (to)

apporter (à) to carry

apprécier to appreciate

apprenant(e) *m., f.* learner

apprendre (*like* **prendre**) *irreg.* to learn (5)

approcher to bring closer; **s'approcher** (de) to come closer (13)

approfondir to deepen, to master

approprié(e) *adj.* appropriate

approuver to approve

après *prep.* after; **après avoir (être)...** after having ...; **après que** *prep.* after; **d'après...** *prep.* according to ...

après-midi *m.* afternoon (3); **de l'après-midi** in the afternoon (3)

après-shampooing *m.* conditioner (*hair*)

aquarelle: à l'aquarelle *f.* water color

aquarium *m.* aquarium (7)

aqueduc *m.* aquaduct

arabe *m.* Arabic (*language*)

arbitraire *adj.* arbitrary

arbre *m.* tree

arc *m.* arc; **arc-boutant** *m.* buttress (flying) (16)

arche *f.* arch

architecte *m., f.* architect (4)

architectural(e) *adj.* architectural

architecture *f.* architecture (16)

ardoise *f.* slate

arène *f.* arena

argent *m.* money (13); **retirer de l'argent** to withdraw money; **verser de l'argent sur son compte** (*m.*) **d'épargne** to deposit money in one's savings account (13)

argot *m.* slang

argument *m.* argument

armé(e) *adj.* armed

armée *f.* army (14); **forces** (*f. pl.*) **armées** armed forces (15)

armistice *m.* peace treaty

armoire *f.* wardrobe (*furniture*) (9)

arranger to arrange, **tout va s'arranger** everything will resolve itself

arrêt *m.* stop

arrêter (de) to stop, cease; **arrête!** stop it! (13); **s'arrêter** to stop (*oneself*) (13)

arrivée *f.* arrival

arriver to arrive, to happen (3); **arriver à** to be able to

arrondi(e) *adj.* round

arrondissement *m.* quarter, district (*Paris*) (12)

arroser to water

art *m.* art; **arts** *m. pl.* arts (*the*) (16) **galerie** (*f.*) **d'art** art gallery; **histoire** (*f.*) **de l'art** art history (*academic subject*)

artichaut *m.* artichoke

article *m.* **(de journal/revue)** article (newspaper/magazine) (11); **article** (*m.*) **(défini, indéfini, partitif)** *Gram.* article (definite, indefinite, partitive)

artifice: feu (*m.*) **d'artifice** firework display

artificiel(le) *adj.* artificial

artisan(e) *m., f.* artisan

artiste *m., f.* artist (4)

artistique *adj.* artistic

ascenseur *m.* elevator (9)

Ascension *f.* Acension Day

asiatique *adj.* Asian

Asie *f.* Asia

aspect *m.* aspect

aspirateur *m.* vacuum cleaner (9); **passer l'aspirateur** to vacuum

aspirine *f.* **(cachet** (*m.*) **d')** aspirin

assainir to purify, to cleanse

assaisonnement *m.* seasoning

assassiner to assassinate

Assemblé (*f.*) **Nationale** National Assembly (*French parliament*)

assembler to assemble; **s'assembler** to assemble, come together (*a group*)

assez *adv.* somewhat; rather, quite; **assez bien** pretty well; **assez de** enough of (5); **pas assez (de)** not enough (of)

assiette *f.* **(à soupe)** plate (soup bowl) (5)

assimilation (à) *f.* assimilation (to)

assis(e) *adj.* seated

assistant(e) *m., f.* assistant (4)

assister (à) to attend (7)

associer (à) to associate (with), to pair (up)

Assomption *f.* Assumption Day (August 15)

assortiment *m.* assortment

assurément *adv.* assuredly

assurer to assure; **s'assurer (que)** to ascertain, to make sure

astre *m.* star

astrologie *f.* astrology

atelier *m.* studio

athlète *m., f.* athlete

atlantique *adj.* Atlantic; **océan** (*m.*) **Atlantique** Atlantic Ocean

atmosphère *f.* atmosphere

atoll *m.* atoll (coral island)

atout *m.* asset

attaquer to attack

atteindre (*like* **craindre**) *irreg.* to reach, attain

attendre to wait (for) (5)

attentif/ive *adj.* attentive

attention! *interj.* watch out!; **faire attention** to pay attention

attentivement *adv.* attentively

attirance *f.* attraction

attirer to attract

attisé(e) *adj.* stirred up, aroused

attitude *f.* attitude

attraction *f.* attraction; **parc** (*m.*) **d'attraction** amusement park

attribut *m.* characteristic, attribute

auberge *f.* inn (12); **auberge** (*f.*) **de jeunesse** youth hostel (13)

aucun(e) *adj., pron.* none, not one, not any; anyone; any; **aucune idée!** *interj.* (I have) no idea! **ne ... aucun** not one, not any

audiovisuel(le) *adj.* audiovisual

augmentation *f.* increase

augmenter to increase (15)

aujourd'hui *adv.* today; **d'aujourd'hui** *adv.* of today, today's; **nous sommes / on est quel jour (aujourd'hui)?** what day is it? (1); **quelle est la date (d'aujourd'hui)?** what is the date (today)?

auprès (de) *prep.* with, to

aussi *adv.* also; so; as; **aussi... que** as ... as (9); **moi aussi** me too

aussitôt que *conj.* as soon as (11)

australien(ne) *adj.* Australian; **Australien(ne)** *m., f.* Australian (*person*)

autant (de) *adv.* as much, so much, as many, so many; **autant (de)... que** as much (many)... as

auteur *m.* author; **auteur-compositeur** author-composer

autobiographie *f.* autobiography (11)

autocar *m.* tourbus (13); **aller en autocar** to go by tourbus (13)

autochtone *adj.* indigenous

auto-école *f.* driving school

automne *m.* fall (1); **en automne** in the fall (1)

automobile *f., adj.* automobile, car

automobiliste *m., f.* driver

autonome *adj.* autonomous

autoportrait *m.* self-portrait

autoriser to authorize

autoritaire *adj.* authoritarian

autoroute *f.* highway

autour (de) *prep.* around

autre *adj. pron.* other; another; *m., f.* the other; *pl.* the others, the rest; **autre chose (avec ça)?** something else (with that)? (5); **d'autres** other(s); **l'autre / les autres** the other(s); **l'un avec l'autre** together; **quoi d'autre?** what else?; **un(e) autre** another

autrefois *adv.* formerly, in the past

autrichien(ne) *adj.* austrian; **Autrichien(ne)** *m., f.* Austrian (*person*)

auxiliaire *m., Gram.* auxiliary (verb)

avance *f.* advance; **à l'avance** beforehand; **ça avance!** *interj.* it's progressing! **en avance** early (3);

avancer to advance

avant *adj.* before (*in time*); *prep.* before, in advance of; *m.* front; **avant de** (*prep.*) **+ inf.** before; **avant que** (*conj.*) **+ subj.** before

avantage *m.* advantage

avare *adj.* stingy

avec *prep.* with; **avec plaisir** (*m.*) with pleasure (5)

avenir *m.* future; **à l'avenir** in the future (11); **projets d'avenir** future plans

aventureux/euse *adj.* adventurous

avenue *f.* avenue (12)

aveugle *adj.* blind

avion *m.* airplane (13); **aller en avion** to go by plane (13); **billet d'avion** (*m.*) airplane ticket

avis *m.* opinion (8); **à ton/votre avis** in your opinion (8); **être du même avis** to be of the same opinion

avocat(e) *m., f.* lawyer (4); **cabinet** (*m.*) **d'avocats** law office

avoir *irreg.* (*p.p.* **eu**) to have (2); **avoir (vingt) ans** to be (twenty) years old (2); **avoir besoin de** to need (2); **avoir bonne/mauvaise mine** to look good/bad; **avoir confiance en/dans** to have confidence in; **avoir cours** to have class (*at school*) (2); **avoir de la chance** to be lucky; **avoir de l'expérience** to be worldly (15); **avoir des préjugés (contre)** to be prejudiced (against) (15); **avoir envie de** to feel like, to want (2); **avoir faim** to be hungry (5); **avoir froid** to be (feel) cold; **avoir l'air de** to look (like), to seem (PLS); **avoir l'esprit étroit** to be narrow-minded (15); **avoir l'esprit ouvert** open-minded (to be) (15); **avoir le temps de** to have time to; **avoir l'impression** to think; **avoir mal (à la gorge, au dos)** to have a sore (throat, back) (8); **avoir mal a la tête** to have a headache; **avoir peur (de)** to be afraid (of) (PLS); **avoir peur que** to be afraid that (+ *subj.*) (15); **avoir raison** to be right (PLS); **avoir soif** to be thirsty (5); **avoir sommeil** to be sleepy (PLS); **avoir tort** to be wrong (PLS); **avoir un bébé** to have a baby, give birth; **avoir un bon rapport (avec)** to be on good terms (with); **(en) ayant** having; **n'aie, n'ayez, n'ayons pas peur!** *interj.* don't be afraid!

avril April (1); **poisson** (*m.*) **d'avril** April Fool's Day practical joke (10)

Azur: Côte (*f.*) **d'Azur** French Riviera

B

base: à base de made of, with (food); **à la base de** at the root of

bac(calauréat) *m.* French national high school exam (11)

bagagerie *f.* baggage service, storage

baguette *f.* baguette (*French bread*) (5); **sandwich-baguette** *m.* baguette sandwich

baie *f.* bay

baignoire *f.* bathtub (9)

bail *m.* (*pl.* **baux**) lease
bain *m.* bath; swim; **maillot** (*m.*) **de bain** swimsuit (13); **salle** (*f.*) **de bains** bathroom (9); **se baigner** to bathe (oneself); swim
baiser *m.* kiss
baisser to lower (15)
bal (**masqué**) *m.* ball (masquerade)
balade *f.* walk, drive, outing; **faire une balade** to take a walk, drive, outing
baladeur (*m.*) **mp3** mp3 player (6)
balai *m.* broom (9)
Balance (*f.*) Libra (*zodiac*)
balcon *m.* balcony (9)
ballerine *f.* ballerina (16)
ballet *m.* ballet
banal(e) *adj.* ordinary, uninteresting
banane *f.* banana (5)
bancaire *adj.* banking, bank; **carte** (*f.*) **bancaire** bank (ATM) card
bande (*f.*) **dessinée** comic strip, cartoon; *pl.* comics
banlieue *f.* suburbs
banque *f.* bank
bar *m.* bar; snack bar; pub
barbecue *m.* barbecue
barman *m.* bartender
baroque *adj.* baroque (16)
bas(se) *adj.* low; **à bas** down with; **en bas** (**de**) at the bottom (of); **là-bas** *adv.* over there
base-ball *m.* baseball
baser (**sur**) to be based (on)
basilique *f.* basilica
basket-ball (*fam.* **basket**) *m.* basketball
basque *m.* Basque language; *adj.* Basque; **Basque** *m.*, *f.* Basque (*person*); **Pays** (*m.*) **basque** Basque country; **pelote** (*f.*) **basque** Basque sport played with a ball and bat
Bastille: 14 juillet *m.* Bastille Day; **prise** *f.* **de la Bastille** storming of the Bastille (10)
bataille *f.* battle (14)
batbot *m.* pita bread
bateau *m.* boat (12); **aller en bateau** to go by boat (12)
bâtiment *m.* building (12)
bâtir to build
bâton (**de marche**) *m.* stick (walking), pole
battement *m.* beating, fluttering (*wings*)
batterie *f.* drums (3); **jouer de la batterie** to play the drums (3)
battre (*p.p.* **battu**) *irreg.* to beat; to battle with; **se battre** to fight
bavard(e) *adj.* chatty, talkative
beau (**bel, belle** [**beaux, belles**]) handsome, beautiful (2); **beau-fils** *m.* stepson (4); **beau-père** *m.* stepfather (4); **belle-fille** *f.* stepdaughter (4); **belle-mère** *f.* stepmother (4); **il fait beau** it's beautiful (out) (13)
beaucoup (**de**) *adv.* a lot (of) (5); **j'aimerais beaucoup** + *inf.* I would like (*to do s.th.*) (5)
beauté *f.* beauty; **salon** (*m.*) **de beauté** beauty salon
bébé *m.* baby
bec *m.* beak
belge *adj.* Belgian (2); **Belge** *m.*, *f.* Belgian (*person*) (2)
Belgique *f.* Belgium
Bélier *m.* Aries (zodiac)

belvédère *m.* elevated terrace, observation deck
bénéficier (**de**) to profit, benefit (from)
bénévolat *m.* voluntary work
bengali *adj.* Bengali; *m.* Bengali (*language*)
berbère *adj.* Berber; *m.* Berber (*language*)
béret *m.* beret
besoin *m.* need; **avoir besoin de** to need (2)
beur *m.*, *fam.* second-generation North African
beurre *m.* butter (5); **sauce** (*f.*) **au beurre** butter sauce
bibliothèque (*fam.* **bibli, biblio**) *f.* library
bien *adv.* well (6); (*fam.*) good, quite, much (10), comfortable; **aimer bien** to like a lot (5); **assez bien** pretty well; **bien à l'avance** well in advance; **bien d'autres** many others; **bien meublé** well furnished; **bien sûr** of course (15); **ça va (très) bien, merci** fine (very well), thanks (1); **c'est bien** it's good; **écoutez bien!** *interj.* listen well!; **eh bien** *interj.* well; **incroyablement bien** incredibly well; **j'aimerais bien** + *inf.* I would like (*to do s.th.*) (5); **je vais (très) bien** I'm fine (very well) (1); **je veux bien** I'd like to (5); **ou bien** *interj.* or rather; **quelqu'un de bien** person of quality, integrity; **s'amuser bien** to have a good time; **s'entendre bien/mal (avec)** to get along well/poorly (with) (11); **super bien** very well; **tout ira bien** everything will be fine
bien-aimé *m.* well-loved (*person*)
bien-être *m.* well-being, welfare
bienfait *m.* good deed
bientôt *adv.* soon (4); **à bientôt!** *interj.* see you soon!
bienvenu(e) *adv.*, *interj.* welcome (16); **être le (la, les) bienvenu(e)(s)** to be welcome (16); **souhaiter la bienvenue** to welcome
bière *f.* beer (5)
bifteck *m.* steak (5)
bijou *m.* (*pl.* **bijoux**) jewel, piece of jewelry
bijouterie *f.* jewelry shop
bilan *m.* (**statistique**) analysis (statistical) (11)
bilingue *adj.* bilingual
billet *m.* (**d'entrée**) ticket (*film, play*) (7); **billet aller-retour** round-trip ticket (*air, train, bus*) (13)
biographie *f.* biography (11)
biologie *f.* biology (1)
biologique *adj.* (*fam.* **bio**) biological, organic
biologiste *m.*, *f.* biologist
biscuit *m.* cookie
bise *f.*, *fam.* kiss; **faire la bise** to kiss on both cheeks (*in greeting*)
bisou *m. fam.* kiss; **bisous** *m. pl.* kisses! (*during leave-taking*) (16)
bistro *m.* bar; pub; neighborhood restaurant
bizarre *adj.* strange
blanc(he) white (2); **vin** (*m.*) **blanc** white wine (5)
blanquette (*f.*) **de veau** veal stew
blesser *adj.* to hurt, wound
bleu(e) *adj.* blue (2)
blog *m.* blog
blond(e) *adj.* blond (2)
blouson *m.* jacket (6)
bohémien(ne) *adj.* bohemian (*gypsy*)
boire (*p.p.* **bu**) *irreg.* to drink (5)
boisson *f.* drink (5); **boisson gazeuse** soft drink

boîte *f.* box; can (15); nightclub; **boîte de nuit** nightclub; **danser en boîte** to go dancing at a nightclub (3); **sortir en boîte** to go out dancing
bol *m.* wide cup; bowl
bon(ne) *adj.* good (2); **bon anniversaire** *interj.* happy birthday (10); **bon appétit** *interj.* enjoy your meal (10); **bon courage** *interj.* best of luck, chin up; **Bon Dieu** Good Lord; **bon nombre** (**de**) a large number (of); **bon projet / travail** *interj.* best of luck on your project / work (16); **bon séjour** *interj.* have a good stay (9); **bon usage** proper French (17th century); **bon voyage** *interj.* have a good trip; **bonne année!** *interj.* Happy New Year!; **bonne chance** *interj.* good luck; **bonnes fêtes** *interj.* happy holidays; **(oui) bonne idée!** *interj.* (yes) good idea! (5); **bonnes leçons** *interj.* have good lessons; **bonne soirée** *interj.* have a good evening; **bonnes vacances** *interj.* have a good vacation; **c'est une bonne idée (de/d')** (+ *inf.*) it's a good idea (to) (11); **de bonne heure** early (*to arrive*) (3); **être de bonne humeur** to be in a good mood; **être en bon état** to be in good condition; **être en bonne santé / forme** to be healthy / in shape
bonbons *m. pl.* candy
bonheur *m.* happiness
bonhomme *m.* gentleman; **bonhomme de neige** snowman
bonjour hello (1)
bonnet *m.* bonnet, cap
bonsoir *interj.* good evening
bord *m.*; edge, bank, shore; **au bord (de)** on the banks (shore, edge) of
bordé (par) *adj.* edged, lined
borné(e) *adj.* to be narrow-minded, short-sighted (15)
botanique *adj.* botanical
bottes *f. pl.* boots (6)
bouche *f.* mouth (8)
boucher/ère *m.*, *f.* butcher
boucherie-charcuterie *f.* butcher shop and deli (5)
bouclé: cheveux (*m. pl.*) **bouclés** wavy hair
boucles (*f. pl.*) **d'oreilles** earrings (6); **on boucle!** *interj.* it's a wrap! (*film*)
boudoir *m.* dressing room
bougie *f.* candle (10); **souffler les bougies** to blow out the candles
bouillir (*p.p.* **bouilli**) *irreg.* to boil; **bouilli(e)** *adj.* boiled
boulanger/ère *m.*, *f.* baker
boulangerie (-pâtisserie) *f.* bakery (and pastry) shop (5)
boule *f.* ball; **boule de glace** scoop of ice cream
boulevard *m.* boulevard (12)
boulot *m.*, *fam.* job, work
bouquet *m.* (**de fleurs**) bouquet (of flowers) (10); **bouquet** (*m.*) **garni** bundle of herbs
bourgeois *adj.* bourgeois; middle-class
bourguignon(ne) *adj. from* the Burgundy region (*France*)
bourse *f.* stock exchange
bout *m.* end; **à l'autre bout (de)** at the other end (of); **à bout de souffle** breathless
bouteille *f.* (**de vin**) bottle (of wine) (5)

boutique *f.* shop, store
bowling *m.* bowling
bracelet *m.* bracelet (6)
brainstorming *m.* brainstorming; **faire du brainstorming** to brainstorm
bras *m.* arm (8)
brasserie *f.* bar, brasserie
bravo! *interj.* good job! (10)
Bretagne *f.* Brittany
breton(ne) *adj.* Breton; **Breton(ne)** *m., f.* Breton (*person*)
bricolage *m.* do-it-yourself work, puttering around
brigadier *m.* corporal
brillant(e) *adj.* brilliant, shining
brioche *f.* sweet bun
briser to break; **cœur** (*m.*) **brisé** broken heart
britannique *adj.* British
brochette *f.* skewer, kebab
brocolis *m. pl.* broccoli (5)
bronze *m.* bronze; **en bronze** *m.* bronze (*cast in*) (16);
se bronzer to tan oneself
brosse *f.* brush; **brosse à dents** toothbrush
brosser to brush; **se brosser les cheveux (les dents)** to brush one's hair (teeth) (8)
bruit *m.* noise (12)
brûler to burn; **crème** (*f.*) **brûlée** *custard topped with carmelized sugar;* **se brûler** to burn oneself (8)
brume *f.* mist
brun(e) brown (2); **avoir les cheveux (yeux) bruns** to have brown hair (eyes)
bûche *f.* log; **bûche de Noël** Yule log (*pastry*)
budget *m.* budget
bureau *m.* (*pl.* **bureaux**) desk (1); **bureau** (*m.*) **de poste** post office
bus *m.* bus (12); **aller en bus** to go by bus (12)
but *m.* goal, objective

C

ça *pron.* this; that; it (5); **autre chose (avec ça)?** something else (with that)?; **ça avance** things are moving forward; **ça m'énerve** that bugs me; **ça me plaît (m'a plu)** I like (liked) that; **ça risque de** it might; **ça s'écrit comment?** how is that written?; **ça se fête** it's celebrated; **ça te dit (de)… ?** (*fam.*) are you interested in … ? (5); **ça va?** how's it going?; **ça va mal** not so well (1); **ça va (très) bien, merci** fine (very well), thanks (1); **ça vaut le coup** it's worth it; **comme ça** like that; **oui, ça me dit** sure, that sounds good (5); **tout ça** all this
cabinet *m.* (**d'avocats**) firm, office (law) (11); **cabinet dentaire, médical** dental, medical office (11)
câble *m.* cable television (7)
câcher to hide
cachemire: en cachemire *m.* cashmere (*made of*)
cadeau (*pl.* **cadeaux**) *m.* present, gift (10); **chèque-cadeau** *m.* gift certificate (10)
cadre *m.* frame; setting, framework
café *m.* café; (cup of) coffee (5); **café au lait** coffee with milk; **café-tabac** *m.* bar-tobacconist (*government licensed*)

cafetière *f.* coffeemaker, coffeepot (9)
cahier *m.* notebook (1)
caissier/ière *m., f.* checker (*person*), clerk
calculatrice *f.* calculator (1)
calculer to calculate
Calédonie: Nouvelle-Calédonie *f.* New Caledonia
calendrier *m.* calendar
Californie *f.* California
camarade *m., f.* friend; companion; **camarade de classe** classmate
camembert *m.* camembert cheese
caméra *f.* video camera
caméscope *m.* camcorder (6)
campagne *f.* countryside; **à la campagne** in the countryside; **pain** *m.* (**de campagne**) (loaf of) bread (rustic) (5)
camping *m.* camping; **faire du camping** to go camping
campus *m.* campus (*university*)
canadien(ne) *adj.* Canadian; **Canadien(ne)** *m., f.* Canadian (*person*) (2)
canal (*pl.* **canaux**) *m.* channel; canal (12)
canapé *m.* couch (9)
Cancer *m.* Cancer (*zodiac*)
candidat(e) *m., f.* candidate
canneberge *f.* cranberry
cannelle *f.* cinnamon
canoë-kayak *m.* canoeing (13); **faire du canoë-kayak** to go canoeing (13)
canton *m.* canton; state (*Switzerland*)
cap *m.* cape (*strip of land*)
capacité *f.* capacity
capitaine *m.* captain
capitale *f.* capital (*city*)
Capricorne *m.* Capricorn (*zodiac*)
car *conj.* for, because (14)
caractère *m.* character (*personality*) (2); **en caractères gras** in boldface print
caractériser to characterize; **se caractériser par** to be characterized (distinguished) by
caractéristique *f.* (**physique**) (physical) characteristic, trait
carafe *f.* carafe; pitcher (5)
carbone: empreinte (*f.*) **carbone** carbon footprint
carburant *m.* fuel
carême *m.* Lent (10)
caraïbe *adj.* Caribbean
caritatif/ive *adj.* charitable
carnaval *m.* carnival (festival preceding Lent)
carolingien(ne) of the Carolingian dynasty, period
carotte *f.* carrot (5)
carré *adj.* square (*geometry*)
carreaux: à carreaux *m. pl.* plaid (6)
carrefour *m.* intersection; crossroads
carrière *f.* career
carte *f.* map (*of region, country*) (1); card (10); menu; *pl.* (playing) cards; **carte bancaire** debit card (13); **carte de crédit** credit card (13); **carte d'identité** identity card; **carte de vœux** card (greeting) (10); carte postale postcard; **carte routière** map (road) (13); **jouer aux cartes** to play cards (3); **par carte bancaire** by debit card (13); **par carte de crédit** by credit card (13)
carton *m.* cardboard

cas *m.* case; **dans chaque cas** in each case; **selon le cas** depending on the case
case *f.* box
caserne *f.* barracks (*military*)
casquette *f.* cap (*baseball*) (6)
se casser (le bras) to break one's arm (8)
cassoulet *m.* pork and bean stew
catacombe *f.* catacomb
catalan *m.* Catalan language
catalogue *m.* catalog
catégorie *f.* category, class
cathédrale *f.* cathedral (12)
catholique *adj.* Catholic
cause *f.* cause; **à cause de** because of
causé(e) par *adj.* caused by
caution *f.* deposit
ce (cet, cette, ces), *adj.* this, that, these, those; **ce (c')** *pron.* it, this, that, those, they; **ce sont** those/they are (1); **ce week-end** this weekend; **c'est-à-dire (que)** that is, I mean; **c'est** it is (1); **c'est moi** it's me; **c'est un (une)…** it's a/an …; **c'est une bonne idée (de)** (+ *inf.*) it's a good idea (to) (11); **c'est un vrai plaisir (de)** (+ *inf.*) it's a real pleasure (to) (11); **cet après-midi (ce matin, ce soir)** this afternoon (morning, evening); **qu'est-ce que c'est?** what is it? (1); **qui est-ce?** who is it? (1)
céder (je cède) à to yield to
cédille *f.* cedilla (ç)
ceinture *f.* belt (6)
cela (ça) *pron.* this; that
célébrer (je célèbre) to celebrate; **se célébrer** to be celebrated
célèbre *adj.* famous
céléri *m.* celery
célibataire *adj.* single (*person*) (4); *m., f.* single person
celui (ceux, celle, celles) *pron.* the one, the ones; this one, that one; these, those
celte *adj.* celtic
cendres *f. pl.* ashes
cendrier *m.* ashtray
Cendrillon Cinderella
cent *adj.* one hundred (4); **deux cents** two hundred (4)
centaine *f.* about one hundred
central(e) *adj.* central
centre *m.* center; **centre commercial** *m.* shopping mall (12); **centre-ville** downtown
cependant *conj.* however; nevertheless
céramique *adj.* ceramic
cercle *m.* circle
céréales *m. pl.* cereal, grains
certain(e)(s) *adj.* sure; particular; certain; *pl., pron.* certain ones, some people (14); **il est certain que** + *indic.* it is certain that; **il n'est pas certain que** + *subj.* it is not certain that
certes *adv.* certainly
certitude *f.* certainty
ces (see **ce**)
cessation (de) *f.* stopping (of)
cesser to stop (*doing s.th.*)
cet (see **ce**)
ceux (see **celui**)
chacun *m., f., pron.* each (one), every one; **à chacun ses goûts** to each his own

chaîne *f.* (15) de télévision television channel
chaise *f.* chair (1)
chambre *f.* bedroom (9); chambre (*f.*) d'amis guest bedroom
champagne *m.* champagne
champignon *m.* mushroom (5)
chance *f.* luck; avoir de la chance to be lucky; bonne chance *interj.* good luck (16); quelle chance *interj.* what luck
changement *m.* change
changer (nous changeons) to change; to exchange (*currency*)
chanson *f.* song
chanter to sing
chanteur/euse *m., f.* singer
chapeau *m.* hat (6)
chaque *adj.* each, every (14)
charbon *m.* coal
charcuterie *f.* deli; cold cuts; boucherie-charcuterie *f.* butcher shop and deli (5)
chargé(e) *adj.* (de) in charge (of); responsible (for); heavy; loaded with; busy
charmant(e) *adj.* charming
charmer to charm
char *m.* chariot
chasse *f.* hunt, hunting; garde-chasse *m.* gamekeeper
chat *m.* cat (4)
châtain(e) *adj.* brown, chestnut colored (*hair*) (2)
château (*pl.* châteaux) *m.* castle, château
châtiment *m.* punishment
chaud(e) *adj.* warm, hot (3); avoir chaud to be warm, hot; chocolat (*m.*) chaud hot chocolate; il fait chaud it's hot (out) (3)
chauffage *m.* heating
rez-de-chaussée *m.* ground floor (9)
chaussette *f.* sock (6)
chaussure *f.* shoe (6); à talons (*m. pl.*) hauts high-heeled shoe (6)
chauve *adj.* bald
chef *m.* leader; chef, head cook; chef d'entreprise company head, top manager, boss
chef-d'œuvre *m.* (*pl.* chefs- d'œuvre) masterpiece
chemin *m.* way (road); path
cheminée *f.* chimney
chemise *f.* shirt (6)
chemisier *m.* blouse (6)
chèque *m.* check (13); chèque-cadeau *m.* gift certificate (10); compte chèques checking account (13); par chèque by check (13)
cher/ère *adj.* expensive (9); dear
chercher to look for (3); chercher à to try to
cheval *m.* horse (12); aller à cheval to go on horseback (12); faire du cheval to go horseback riding (3)
cheveux *m. pl.* hair (2); se brosser les cheveux to brush one's hair
cheville *f.* ankle (8); se fouler la cheville to twist one's ankle (8)
chez at the home (establishment) of; among; chez moi at my place; chez soi at one's own place, home
chic *adj., inv.* chic
chien(ne) *m., f.* dog (4)
chiffre *m.* number, digit; en chiffres in numbers

chimie *f.* chemistry (1)
chin-chin *interj.* cheers (10)
chinois(e) *adj.* Chinese; Chinois(e) *m., f.* Chinese (*person*) (2); aller manger chinois to go out for Chinese food (5)
chocolat *m.* chocolate; chocolat chaud hot chocolate; gâteau (*m.*) au chocolat chocolate cake; lapin (*m.*) en chocolat chocolate bunny
choisir (de) to choose (to) (6)
choix *m.* choice; vous avez fait votre choix? have you decided? (5)
chômage *m.* unemployment (15); taux (*m.*) de chômage unemployment rate (15)
choquant(e) *adj.* shocking
chose *f.* thing; autre chose (avec ça)? something else (with that)? (5); quelque chose (à dire, à ajouter) something (to say, add) (16); quelque chose de + *adj.* something + *adj.*
chou *m.* cabbage; (*fam.* darling); chou-fleur *m.* (*m. pl.* choux-fleurs) cauliflower (*head of*) (5)
choucroute *f.* sauerkraut
chouette *adj., fam.* great
chrétien(ne) *adj.* Christian
Christ *m.* Christ
chronologique *adj.* chronological
chrysanthème *m.* chrysanthemum
chutes *f. pl.* falls (*water*)
ci: ci-dessous *adv.* below; ci-dessus *adv.* above; -ci *adv.* here
ciao so long (1)
ciel *m.* sky; gratte-ciel *m. inv.* skyscraper (12)
cigarette *f.* cigarette
cimetière *m.* cemetery (10)
cinéaste *m., f.* film-maker (16)
cinéma *m.* (*fam.* ciné) movie theater; cinema (16); aller au cinéma to go to the movies
cinématographique *adj.* cinematography (*pertaining to*)
cinéphile *m., f.* movie lover
cinq *adj.* five (1)
cinquante *adj.* fifty (1)
cinquième *adj.* fifth (14)
circonflexe *m.* circumflex (*accent*)
circonstance *f.* circumstance
circulation *f.* traffic (12)
circuler to circulate; to travel
cirque *m.* circus (7)
ciseaux *m. pl.* scissors
citation *f.* quotation
cité *f.* area in a city; cité universitaire (*fam.* cité-U) university dormitory
citoyen(ne) *m., f.* citizen (15)
citron *m.* lemon
citrouille *f.* pumpkin
civil(le) *adj.* civil (*municipal*); pacte (*m.*) civil civil union
civilisation *f.* civilization
clair(e) light (*color*) (6); clear (15); il est clair que + *indic.* it is clear that; il n'est pas clair (que) + *subj.* it is not clear that
clandestin(e) *adj.* clandestine
classe *f.* class; classroom; camarade (*m., f.*) de classe classmate; salle de classe classroom (1)
classement *m.* classification

classique *adj.* classical; classic; français (*m.*) classique Classical French (17th – 18th centuries)
clé *f.* key
client(e) *m., f.* client
clientèle *f.* clientele, customers
climat *m.* climate
climatique *adj.* climate
climatisation *f.* air-conditioning (15)
cloche *f.* bell
clou *m.* nail
club *m.* club (*social, athletic*)
coca *m., fam.* cola drink
code *m.* code; code de la route rules of the road
codifier to codify
coiffeur/euse *m., f.* hairdresser (4)
coin *m.* corner (12); au coin de on the corner of (12)
coincé(e) *adj.* stuck
colère *f.* anger
collecte *f.* collection
collecter to collect
collectivité *f.* community
collège *m.* French junior high school, middle school (11); collégien(ne) *m., f.* junior high school student (11)
collègue *m., f.* colleague (11)
collier *m.* necklace (6)
colocataire *m., f.* housemate, roommate
colocation *f.* house or apartment sharing
colon *m.* colonist (14)
colonial(e) *adj.* colonial (14)
colonie *f.* colony (14)
colonisateur/trice *m., f.* colonizer
colonisation *f.* colonization (14)
coloniser to colonize
colonne *f.* column
combattre (*like* battre) *irreg.* to fight
coloré(e) *adj.* colored
combien (de) *adv.* how much?; how many? (3); c'est combien? how much is it?; depuis combien de temps… ? (for) how long … ?, since when … ? (7); pendant combien de temps… ? for how long … ?;
combinaison *f.* (de ski) ski suit
comédie *f.* (musicale) comedy; musical (*theater*) (7); comédie physique slapstick comedy
comédien(ne) *m., f.* comedian; actor, actress
comique *m.* comedy
commander to order (*in a restaurant*)
commande *f.* order (5); je peux prendre votre commande? can I take your order? (5)
comme *adv.* as, like, how; comme… given …; comme ailleurs as elsewhere; comme ça like this, that; comme enfant as a child; comme tu veux as you like; préférer comme… to prefer as …
commencement *m.* beginning (14)
commencer (nous commençons) to begin (3); commencer par begin by (*doing s.th.*) (7)
comment *adv.* how; what, how? (1); ça s'écrit comment? how is that spelled (written)? (1); comment allez-vous? comment vas-tu? how are you? (1); comment ça va? how are you? how is it going?; comment dit-on… en français? how does one say … in French?; comment est-ce qu'on appelle… ? what does

one call … ?; **comment est-il/elle?** what is he/she like ?; **comment était/étaient … ?** how was … ?; **comment vous appelez-vous? tu t'appelles comment?** what is your name? (1)

commentaire (sur) *m.* commentary; remarks (on)

commenter to comment on

commerçant(e) *m., f.* merchant

commerce *m.* trade (14); **petit commerce** small business

commercial(e) *adj.* (*m. pl.* **commerciaux**) commercial (14); **centre commercial** *m.* shopping mall (12)

commode *f.* dresser (9)

commun(e) *adj.* ordinary; common; shared; **en commun** in common; **transports** (*m.*) **en commun** public transportation

communauté *f.* community; **Communauté Européenne** European Community (EC)

commune *f.* district

communicateur *m.* communicator

communication *f.* communication; phone call

compagnie *f.* company

compagnon/compagne *m., f.* companion

comparaison *f.* comparison

comparatif/ive *adj.* comparitive; *m. Gram.* comparative

comparé(e) *adj.* comparative; **littérature** (*f.*) **comparée** comparative literature (1)

comparer to compare

compenser to compensate

compétent(e) *adj.* competent

compétition *f.* competition

complément *m.* complement; **pronom** (*m.*) **complément d'objet direct (indirect)** *Gram.* direct (indirect) object pronoun

complet/ète *adj.* complete; whole; full

compléter (je complète) to complete

complètement *adv.* completely

complexe *m.* complex; **complexe physique** physical complex

compliqué(e) *adj.* complicated

comporter to behave

comportement *m.* behavior

composé(e) *adj.* composed; **passé composé** *Gram.* compound past tense; **salade** (*f.*) **composée** mixed salad

composer to compose

compositeur/trice *m., f.* composer (16); **auteur-compositeur** author-composer

composter to compost (15); to validate (*train ticket*)

compréhensif/ive *adj.* understanding (15)

compréhension *f.* comprehension, understanding

comprendre (*like* **prendre**) *irreg.* to understand (5); to comprise, include; **je ne comprends pas** I don't understand; **y compris** including

compromis *m.* compromise

comptable *m., f.* accountant (4)

compte *m.* account; **compte chèques** checking account; **compte d'épargne** savings account (13); **compte rendu** *m.* review (*film, book*) (11)

compter to count; to include; to have; to plan (to do something); to intend; **compter** + *inf.* to plan, to intend (to do something)

comptoir *m.* counter

concentrer to concentrate; **se concentrer** to concentrate one's attention

concerner to concern; **en ce qui concerne, concernant** concerning

concert *m.* (**de jazz**) concert (jazz) (7); **en concert** in concert (7); **salle** (*f.*) **de concert** concert hall (7)

concours (*m.*) **d'entrée** exam (entrance) (11)

concret/ète *adj.* concrete

conçu(e) (par) *adj.* designed (by) (16)

concurrentiel(le) *adj.* competitive

conditionnel *m., Gram.* conditional mood

conduire (*p.p.* **conduit**) *irreg.* to drive (13); **permis** (*m.*) **de conduire** driver's license

conduite (*f.*) **accompagnée** accompanied driving (*with a permit*)

confédération *f.* confederation

confiance *f.* confidence; **avoir confiance en/ dans** to have confidence in

confirmer to confirm

confiture *f.* jam (5)

conflit *m.* conflict (14)

conformer to conform

conformiste *m., f., adj.* conformist; **non-conformiste** non-conformist

confortable *adj.* comfortable (9)

confrère *m.* compatriot

confronter to confront

confusément *adv.* confusingly

congé *m.* vacation; leave (*from work*)

congrès *m.* congress

conjonction *f., Gram.* conjunction

conjugaison *f., Gram.* conjugation

conjuguer *Gram.* to conjugate

connaissance *f.* knowledge; aquaintance

connaître (*p.p.* **connu**) *irreg.* to know; to be familiar with (12); **se connaître** to know (one another) (12)

connexion *f.* link, connection

connu(e) *adj.* known; famous

conquérant *m.* conqueror (14)

conquête *f.* conquest (14)

consacrer to devote

conscience *f.* conscience; **prise** (*f.*) **de conscience** growing awareness

conscription *f.* conscription (*obligatory military service*) (15)

conseil *m.* piece of advice; coucil; **donner des conseils** to give advice

conséquence *f.* consequence; **pour conséquence** as a consequence, result

conséquent: par conséquent *adv.* consequently

conservateur/trice *m., f., adj.* conservative (2)

conserver to conserve

considérer (je considère) to consider

consister à to consist of

console (*f.*) **de jeux vidéo** video game console (7)

consommation *f.* consumption

comsommer to consume

consonne *f. Gram.* consonant

constamment *adv.* constantly (10)

consituent(e) *m., f.* constituent

constitution *f.* constitution (14)

construction *f.* construction; **en construction** under construction

construire (*like* **conduire**) *irreg.* to construct, build

consulter to consult

contacter to contact

conte *m.* (**de fée**) tale (fairy)

contemporain(e) *adj.* contemporary

contenir (*like* **tenir**) *irreg.* to contain

contenu *m.* contents

contester to contest

contexte *m.* context

continent *m.* continent

continuer (à) to continue (to)

contracter to contract, enter into an agreement

contraire *m.* opposite

contrairement à *adv.* contrary to, unlike

contrat *m.* contract

contre *prep.* against; **manifester contre** to demonstrate against; **par contre** however; **pour et contre** for and against

contribuer to contribute

contrôle *m.* control, overseeing; inspection

contrôler to control

controversé(e) *adj.* controversial

convaincant(e) *adj.* convincing

convaincre (*p.p.* **convaincu**) *irreg.* to convince

conventionel(le) *adj.* conventional

conversation *f.* conversation

convenir (*like* **venir**) *irreg.* to be suitable

copain/copine *m., f.* friend (pal, buddy); *m.* boyfriend; *f.* girlfriend (11)

copie *f.* copy

copier to copy

copieux/euse *adj.* copious, abundant

copiste *m., f.* person who copies works of art

coq *m.* rooster; **coq au vin** coq au vin (*chicken prepared with red wine*)

coquillettes *f. pl.* macaroni

corde *f.* rope

cordon *m.* cord

coronation *f.* coronation

corps *m. s.* body (8)

correct(e) *adj.* correct; accurate; proper

correctement *adv.* correctly

correspondre (à) to correspond (to)

correspondance *f.* correspondence

corriger to correct

Corse *m.* Corsica

costume *m.* suit (*for men*) (6)

côte *n. f.* coast (12)

côté *m.* side; **à côté de** by, near; beside, next to; **at one's side**

cou *m.* neck (8)

se coucher to go to bed (8); **couche-tard** *m.* person who sleeps late; **coucher du soleil** sunset

coude *m.* elbow (8)

couette *f.* duvet (down blanket) (9)

couleur *f.* color (2); **de quelle couleur est… ?** what color is … ?; **en couleur** in color (16)

couloir *m.* hallway (9)

coup: avoir le coup de patte to have the touch; to be very good at; **ça vaut le coup** it's worth it; **coup** (*m.*) **de foudre** flash of lightning; love at first sight; **coup de pinceau** brushstroke (16)

coupable *adj.* guilty

coupe *f.* trophy, cup; **coupe de glace** ice cream; **Coupe du monde** World Cup (*soccer*)

couper to cut; **se couper (le doigt)** to cut one's finger (8)

couple *m.* couple
coupole *f.* cupola
cour *f.* court (royal); **faire la cour (à)** to court (*s.o.*)
courage *m.* luck; **bon courage** *interj.* best of luck (16)
courageux/euse *adj.* courageous, brave
couramment fluently (10)
courant *adj.* general, everyday; **être au courant de** to be up (to date) with
courgette *f.* zucchini (5)
courir (*p.p.* couru) *irreg.* to run
couronnement *m.* coronation (14)
cours *m.* course, class (*school*) (11); **avoir cours** to have class; **cours préparatoire** preparatory course (11); **suivre un cours** to take a class
course *f.* race; errand; *f. pl.* shopping, errands; **faire des courses** to do errands; **faire les courses** to do the grocery shopping (3)
court(e) *adj.* short; *m.* tennis court
courtier/ière *m., f.* courtier (*person at court*)
cousant *adj.* sewing
couscous *m.* couscous (*North African cracked-wheat dish*)
cousin(e) *m., f.* cousin (4)
coût (*m.*) de la vie cost of living (12)
coûter to cost
couteau *m.* knife (5)
coutume *f.* customer, tradition
couture *f.* sewing; clothes design
couvert *m.* place setting (*table*) (5); **couvert(e)** *adj.* (de) covered (in); **le ciel est couvert** it's cloudy (out) (13)
couvrir (*like* ouvrir) *irreg.*
crabe *m.* crab (5)
craie *f.* chalk (*piece of*) (1)
cravate *f.* tie (*necktie*) (6)
crayon *m.* pencil (1)
créateur/trice *m., f.* creator
créatif/ive *adj.* creative
crédit *m.* credit; **carte de crédit** credit card (13)
créer to create
crème *f.* (**brulée**) cream; *m.* coffee with cream; custard topped with carmelized sugar
crèmerie-fromagerie *f.* dairy, cheese shop (5)
créole *m.* creole language (14)
creusé: menton (*m.*) creusé cleft chin
crevette *f.* shrimp (5)
cricket *m.* cricket
crime *m.* crime (12)
crise *f.* crisis
critère *f.* criterion
critique *f.* criticism
croire (*p.p.* cru) *irreg.* to believe (10)
croissance *f.* growth
croissant *m.* croissant (*crescent roll*) (5)
croyance *f.* belief
cryptique *adj.* cryptic
cubique *adj.* cubic; cube-shaped
cubisme *m.* cubism; cubist movement
cubiste *m., f.* cubist
cuillère *f.* spoon; **cuillère à soupe** soup spoon, tablespoon (5); **petite cuiller (cuillère)** teaspoon
cuisine *f.* kitchen, cooking (3); **faire la cuisine** to cook, do the cooking (3)

cuisinière *f.* stove (9)
cuisse *f.* thigh; **cuisses** (*f. pl.*) **de grenouille** frog's legs
culinaire *adj.* culinary
cultivé(e) *adj.* cultured
culture *f.* culture
culturel(le) *adj.* cultural
curieux/euse *adj.* curious
curiosité *f.* curiosity
curriculum (*m.*) vitae (CV) résumé
cyclable *adj.* cyclable; **piste cyclable** bike path (12)
cycle *m.* cycle; degree program (*France*)
cycliste *m., f.* cyclist
cymbales *m. pl.* cymbals

D

d'abord *adv.* first, first of all, at first
d'accord all right, O.K., agreed; **être d'accord (avec)** to be in agreement (with)
dame *f.* lady, woman
dangereux/euse *adj.* dangerous
dans *prep.* within, in; **dans deux ans** in two years (from now); **dans les années 80** in the eighties; **qu'est-ce que vous faites / tu fais dans la vie?** what do you do for a living? (4)
danse *f.* dance; dancing (16)
danser to dance (3); **danser en boîte** to go dancing at a nightclub (3)
danseur/euse *m., f.* dancer (16)
date *f.* date; **quelle est la date (d'aujourd'hui)?** what is the date (today)? (1)
dater de to date from
datte *f.* (**séchée**) date (dried)
davantage *adv.* more
de (d') *prep.* of, from, about (2); **de nouveau** again; **de rien** not at all; don't mention it; you're welcome; **de temps en temps** from time to time
diplôme (*m.*) degree; **être diplômé(e)** to have a degree (11); **Diplôme d'Études Approfondies (DEA)** postgraduate degree (*France*)
débat *m.* debate
debout *adj., inv., adv.* standing up
débrancher unplug (15)
se débrouiller to manage
début *m.* beginning; **au début (de)** in (at) the beginning (of)
décédé(e) *adj.* deceased (4)
décembre December (1)
décennie *f.* decade (14)
décès *m.* deceased (*person*)
déchets *m. pl.* waste (material); **composter ses déchets** to compost one's garbage (15)
décider (de) to decide (to); **se décider** to make a decision
décision *f.* decision (5); **prendre une décision** make a decision (5)
déclaration *f.* declaration
déclaratif/ive *adj., Gram.* declarative
déclarer to declare
décompter to count down
déconstruction *f.* deconstruction (*social movement*)
décoratif/ive *adj.* decorative

décorer (de) to decorate (with)
découper to cut (up)
se décourager to get discouraged
découverte *f.* discovery (14)
découvrir (*like* ouvrir) *irreg.* to discover
décrire (*like* écrire) *irreg.* to describe
décroissance *f.* decline
déçu(e) *adj.* disappointed
défaire (*like* faire) *irreg.* to undo, unwrap
défavorisé(e) *adj.* disadvantaged; **quartier défavorisé** underprivileged neighborhood (15)
défendre to defend; to prohibit, disallow
défense *f.* defense (14)
défilé *m.* parade (10)
défini: article (*m.*) défini *Gram.* definite article
définir to define
définition *f.* definition
définitivement *adv.* definitively
dégoutant(e) *adj.* disgusting
degré *m.* degree (*temp.*) (13); **il fait... degrés, la température est de... degrés** it is ... degrees (out) (13)
déguiser to disguise
déguisement *m.* costume, disguise (10)
dehors *adv.* outdoors; outside
déjà *adv.* already; ever
déjeuner to have lunch (3); **déjeuner** *m.* lunch; **pause-dejeuner** (*f.*) lunch break; **petit déjeuner** *m.* breakfast
délicieux/euse *adj.* delicious
délinquance *f.* criminality
délivrer to set free
déluge *m.* deluge, flood
demain *adv.* tomorrow; **à demain!** *interj.* see you tomorrow!
demande *f.* request; **film sur demande** pay-per-view movie (7)
demander (de) to ask (for; to), request; **se demander** to wonder
déménager (nous déménageons) to move out (*change residence*) (9)
demi *adj.* half; **demi-frère** *m.* half-brother (4); **demi-sœur** *f.* half-sister (4); **et demi(e)** half past (*the hour*) (3)
démocratie *f.* democracy
démocratique *adj.* democratic
démographique *adj.* demographic
démonstratif/ive *adj.* demonstrative
démonstration *f.* demonstration
démontrer to show
dénigrer to denigrate
dénoncer to denounce
dent *f.* tooth (8); **brosse** (*f.*) **à dents** toothbrush; **se brosser les dents** to brush one's teeth
dentifrice *m.* toothpaste
dentiste *m., f.* dentist (4); **cabinet** (*m.*) **dentaire** dental office
depart *m.* departure; **au départ** at the beginning, at first; **point** (*m.*) **de départ** starting point
département *m.* department; grouping of cities (*France*)
départemental(e) *adj.* departmental
dépassé(e) *adj.* outdated
se dépêcher to hurry (8)
dépendre (de) to depend (on)
dépense *f.* expense; spending (13)

dépenser to spend (*money*)

déplacement *m.* movement

se déplacer to move around

déprimé(e) *adj.* depressed

depuis *prep.* since, for; **depuis combien de temps... ?** (for) how long ... ? (7); **depuis longtemps** for a long time (7); **depuis quand... ?** since when ... ? (7); **depuis toujours** always

dérangement *m.* disturbance

dériver (de) to derive (from)

dernier/ière *adj.* last; most recent; past (2); **au dernier moment** at the last minute; **la dernière fois** the last time; **la semaine dernière** last week; **le week-end** (*m.*) **dernier** this past weekend

se dérouler to take place, happen

dès *prep.* from (then on); **dès que** *conj.* as soon as (11)

désaffecté(e) *adj.* closed down

désagréable *adj.* disagreable, unpleasant

désastre *m.* disaster

désavantage *m.* disadvantage

descendre to go down (street, river) (5); to get off (5); **descendre** (*s. th.*) to take down; **descendre à (sur)** to go down (*south*) to; **descendre de** to get down (from), get off

descriptif/ive *adj.* descriptive

description *f.* description; **selon la description** based on the description

désir *m.* desire

désirer to desire, want

désobéir (*like* **obéir**) to disobey

désolé(e) *adj.* sorry (5); **désolé(e), je ne peux pas** *interj.* sorry, I can't (5)

désordre *m.* disorder; confusion; **en désordre** disorderly, disheveled

désormais *adv.* henceforth

dessert *m.* dessert

dessin *m.* drawing

dessous: ci-dessous *adv.* below

dessus: au dessus de *prep.* above; **ci-dessus** *adv.* above, previously

destin *m.* destiny

destination *f.* destination

destiné(e) à *adj.* intended for

détail *m.* detail; **en détail** in detail

détaillé(e) *adj.* detailed

se détendre to relax (8)

détendu(e) *adj.* relaxed

détester to hate (3); **detester** + *inf.* to hate to (do *s. th.*)

détourner to turn away

détruire (*like* **conduire**) *irreg.* to destroy

dette *f.* debt

deux *adj.* two (1)

deuxième *adj.* second (14); **deuxième cycle** Master's program (*France*); **deuxième étage** third floor (*in the U.S.*)

devant *prep.* before, in front of

développer to develop; **pays développés** industrialized countries

développement *m.* development

devenir (*like* **venir**) *irreg.* to become (7)

devinette *f.* riddle, conundrum

deviner to guess

devise *f.* slogan

devoir (*p.p.* **dû**) *irreg.* to owe; to have to, to be obliged to (7); *m.* duty; *m. pl.* homework; **faire ses devoirs** to do one's homework (3); **je devrais** I should

dialectal(e) *adj.* dialectal (14)

dialecte *m.* dialect (14)

dialogue *m.* dialog

dictionnaire *m.* dictionary

dicton *m.* proverb

Dieu *m.* God; **Bon Dieu** *interj.* Good Lord

différer de (il diffère) to differ from

différemment *adv.* differently

différence *f.* difference; **pas de différence** (*f.*) no difference

différent(e) *adj.* different

difficile *adj.* difficult (2)

difficulté *f.* difficulty; *m. pl.* problems

diffuser to broadcast; to disseminate

diffusion *f.* broadcasting (14)

digestif *m.* after-dinner drink

diligent(e) *adj.* diligent

dimanche *m.* Sunday (1); **le dimanche** on Sundays

diminuer to lessen, diminish, lower

dinde *f.* turkey

dîner to dine, to have dinner (3); *m.* dinner (5)

diplomatie *f.* diplomacy (14)

diplomatique diplomatic (14)

diplôme *m.* diploma (11); **obtenir un diplôme** to graduate (11)

dire (*p.p.* **dit**) *irreg.* to say; to tell, relate (11); **ça te/vous dit (de)... ?** (*fam.*) do you feel like... ? (5); **c'est-à- dire que** that is to say that, namely, I mean; **dis, dis-moi** do tell, tell me; **(en) disant que...** (in) saying that ...; **il faut dire que...** one must admit, recognize that ...; **on dit que...** they say that ...; **oui, ça me dit** sure, that sounds good (5); **que veut dire...?** what does ... mean?; **quelque chose à dire** something to say; **qu'est-ce qu'on dit à quelqu'un... ?** what do you say to someone ... ? (10); **se dire** to say to one another; **vouloir dire** to mean

direct(e) *adj.* direct; **en direct** live (*broadcasting*); **pronom** (*m.*) **complément d'objet direct** *Gram.* direct object pronoun

directement *adv.* directly

directeur/trice *m., f.* manager (4); **président- directeur général (PDG)** company president

dirigeant(e) *m., f.* director

discours *m. s.* discourse; speech

discret/ète *adj.* discreet

discuter (de) to discuss

disputer to contest; to play; to fight (over); **se disputer (avec)** to argue (with) (11)

dissertation *f.* essay, paper (*term*) (11)

distance *f.* distance

distorsion *f.* distortion

distrait(e) *adj.* distracted

distraitement *adv.* absent-mindedly (10)

distribuer to distribute

distributeur (*m.*) **de billets** automatic teller machine (ATM)

divers(es) *adj.* varied, diverse (14)

diversité *f.* diversity

divertissements *m. pl.* entertainment (7)

divin *m.* the divine

diviser to divide

divorcé(e) divorced (4); **divorcer** to divorce, get divorced (11)

dix *adj.* ten (1); **dix-sept (-huit, -neuf)** *adj.* seventeen, eighteen, nineteen (1)

dixième *adj.* tenth

dizaine *f.* about ten

docteur *m.* doctor

doctorat *m.* doctorate (11)

document *m.* document

documentation *f.* documents (11)

dogon *m.* language spoken in Mali

doigt *m.* finger (8); **se couper (le doigt)** to cut one's finger (8)

dollar *m.* dollar

domaine *m.* domain

dôme *m.* dome

domestique *adj.* domestic; **animal domestique pet** *m.* (4)

domicile *m.* housing; **sans domicile** *m., adj.* homeless

dominant(e) *adj.* dominant

dominer to dominate

dommage! *interj.* too bad!; **il est dommage (que)** it's too bad (that) 1 *subj.* (15)

donc *conj.* then; therefore

donner to give; **donner des conseils** to give advice; **donner des ordres** to give orders; **donner votre avis** to give your opinion; **raisons** (*f. pl.*) **données** reasons given

dont whose, of whom, of which; **ce dont** that which

doré(e) *adj.* golden (16)

dormir *irreg.* to sleep (6)

dos *m.* back; **dans le dos (de)** in, on the back (of); **sac** (*m.*) **à dos** backpack (1)

dossier *m.* document; file

doté(e) de *adj.* possessing

doux (douce) *adj.* sweet; mild (*weather*) (3); **il fait doux** it's mild (out) (3)

doucement *adv.* slowly; carefully

douche *f.* shower (9); **prendre une douche** to take a shower

doué(e) *adj.* talented, gifted

doute *m.* **il n'y a pas de doute, sans doute** without a doubt

douter to doubt; **douter que** to doubt (that) + *subj.* (15); **se douter de** to believe, to consider probable

douteux/euse doubtful (15); **il est douteux que** + *subj.* it is doubtful that;

douzaine *f.* dozen; about twelve

douze *adj.* twelve (1)

douzième *adj.* twelfth

dramatique *adj.* emotional; theatrical

drame *m.* drama (7)

drapeau *m.* flag

drap *m.* sheet (*bed*)

drogue *f.* drug(s); **trafic** (*m.*) **de drogue** drug trafficking

droit *m.* law; right (*legal*); **avoir droit à...** to have a right to ...

droit(e) *adj.* right; right-hand, straight (12); **à droite (de)** *prep.* on (to) the right (of) (5); **de droite** on the right side (of *s.th.*); **parti** (*m.*) **de l'extrême droite** right-wing political party; **Rive** (*f.*) **droite** Right Bank (*in Paris*); **sur la droite** *prep.* on the right (12); **tournez à droite** turn right (12); **tout droit** *adv.* straight ahead (12)

drôle *adj.* funny, odd

du(e) à *adj.* due to

duc *m.* duke

dur(e) *adj.* hard

durable *adj.* lasting, enduring

durant *prep.* during

durer to last, continue; to endure; to last a long time

durée *f.* duration, length

DVD *m.* DVD (7); **lecteur** (*m.*) **de DVD** DVD player (7)

dynamique *adj.* dynamic

dynastie *f.* dynasty (14)

E

eau *f.* (**minérale**) water (mineral) (5); **eaux** *pl.* the waters (*take, bathe in*); **jet** (*m.*) **d'eau** fountain, stream of water

échange *m.* exchange; **étudiant(e)** *m., f.* **d'échange** exchange student

échapper to escape

écharpe *f.* (wool) scarf (6)

échec *m.* (**scolaire**) failure (at school) (15); *pl.* chess

éclair *m.* (**au chocolat, à la vanille**) (chocolate, vanilla) eclair (5)

éclaircie (*f.*) clearing (*in weather*); **il y a des éclaircies** (*f. pl.*) it is partly sunny (13)

éclairer to light, illuminate

éclairs (*m. pl.*) lightning (12); **il y a des éclairs** there is lightning (13)

école *f.* school (11); **auto-école** *f.* driving school; **école maternelle** preschool; **école primaire (secondaire)** primary (secondary) school; **grande école** *f.* French university (*elite*) (11); **intégrer une école** to matriculate (into) an elite French institution of higher education (11)

écologie *f.* ecology

écologique *adj.* (*fam.* **écolo**) ecological

économe *adj.* thrifty; economical

économie *f.* economics (1); economy; *pl.* savings; **faire des économies** to save (up) money

économique *adj.* economic (1); financial; economical; **sciences** (*f. pl.*) **économiques** economics (1)

économiser to save (*money*) (13)

écotourisme *m.* ecotourism

écouter (**de la musique**) to listen to (music) (3); **écoutez bien!** *interj.* listen up!

écran *m.* screen (1); **à l'écran** on screen (7)

écrire (*p.p.* **écrit**) (**à**) *irreg.* to write (to) (11); **à l'écrit** in written form; **ça s'écrit comment?** how is that written?

écriture *f.* writing; handwriting

écrivain *m.* writer; **femme écrivain** *f.* female writer (4)

édifice *m.* (public) building

édition *f.* publishing; edition

éducatif/ive *adj.* educational; **système** (*m.*) **éducatif** educational system

éducation *f.* upbringing; breeding; education (1); **éducation supérieure** higher (third level) education

éducateur/trice *m., f.* educator

effacer (**nous effaçons**) to erase, wipe out (3)

effaceur *m.* eraser (*chalkboard*) (1)

effet *m.* effect; **en effet** as a matter of fact, indeed

efficace *adj.* efficient

s'effondrer to collapse

effort *m.* effort; attempt; **faire des efforts pour** to try (make an effort) to

égayer (**j'égaie**) to bring joy (to), to cheer (up)

égal *adj.* (*m. pl.* **égaux**) equal; **cela (ça) m'est égal** I don't care, it's all the same to me

également *adv.* equally; likewise, also

égard (*m.*): **à cet égard** in this respect

église *f.* church

égoïste *adj.* selfish

eh bien *interj.* well, well then

élaborer to elaborate

élargi(e) *adj.* enlarged; extended; **famille** (*f.*) **élargie** extended family

élargir to enlarge

élastique *m., adj.* elastic; **en elastique** made of elastic; **faire du saut à l'élastique** to go bungee-jumping

élection *f.* election

électricien(ne) *m., f.* electrician

électricité *f.* electricity

électroménager *m. s.* appliances (9)

électronique *adj.* electronic; **gadget** (*m.*) **électronique** electronic device (6)

élégant(e) *adj.* elegant

élément *m.* element; part

éléphant *m.* elephant

élève *m., f.* pupil, student

éliminer to eliminate

élire (*like* **lire**) *irreg.* to elect

élision *f. Gram.* elision (*of sounds*)

elle *pron., f. s.* she; her; it; **elle-même** *pron., f. s.* herself

elles *pron., f. pl.* they; **elles-mêmes** *pron., f. pl.* themselves

emballer to wrap (*s.th.*) (up)

embellir to embellish, make beautiful

emblème *m.* emblem

embouteillage *m.* traffic jam (12)

embrasser to kiss; **s'embrasser** to kiss each other (11)

émettre (*like* **mettre**) *irreg.* to broadcast

émeute *f.* riot (15)

émission *f.* show (*television*) (7)

emménager (**dans**) move (into) (9)

émoticône *f.* emoticon (*email*)

émotion *f.* emotion

empêcher (**de**) to prevent (from); to preclude

empereur *m.* emperor (14)

emphase *f.* emphasis

empire *m.* empire (14)

emplacement *m.* location

emploi *m.* use (14); job, position (11)

employer (**j'emploie**) to use; **employant** using

emporter to take (*s.th. somewhere*); to take out (*food*); to carry away

empreinte (*f.*) **carbone** carbon footprint

emprunt *m.* loan

en première (**1ère**) *adj.* junior (in 11th grade) (11)

en seconde (**2de**) *adj.* sophomore (in 10th grade) (11)

en terminale (**en term**) *adj.* senior (in 12th grade) (11)

en troisième (**3e**) *adj.* freshman (in 9th grade) (11)

enceinte *f.* enclosure; **mur** (*m.*) **d'enceinte** fortified wall

enchanté(e) *adj.* enchanted; pleased (to meet you) (1)

enchère *f.* bid; **vente** (*f.*) **aux enchères** auction

encore *adv.* still; again; yet; even; more; **encore de** more; **encore une fois** one more time; (**ne...**) **pas encore** not yet

encourager (**nous encourageons**) (**à**) to encourage (to)

endommager to damage, destroy

endormir (*like* **dormir**) *irreg.* to put to sleep; **s'endormir** to fall asleep (8)

endroit *m.* place, spot

énergie *f.* energy

énergie (**éolienne, nucléaire, renouvelable, solaire, thermale**) *f.* energy (wind, nuclear, renewable, solar, thermal) (15)

énerver to irritate, aggravate; **ça m'énerve** that irritates, aggravates me; **s'énerver** to become irritated, aggravated

enfance *f.* childhood; **rêve (souvenir)** *m.* **d'enfance** childhood dream, memory

enfant *m., f.* child (4); **avoir un enfant** to have a baby; **enfant unique** only child (4); **petit-enfant** *m.* grandchild (4)

enfer *m.* hell; **d'enfer** hellish

enfermer to lock up

enfin *adv.* finally, at last

engager (**nous engageons**) to begin, start; **s'engager** (**dans**) to get involved (*in a public issue*)

engagement *m.* (*political*) commitment

engouffrer to engulf

enlever (**j'enlève**) to remove

ennemi *m.* enemy

ennui *m.* trouble; problem; worry; boredom

ennuyer (**j'ennuie**) to bother; to bore; **s'ennuyer** to be bored (8)

ennuyeux/euse *adj.* boring; annoying (2)

énorme *adj.* enormous

énormément enormously (10); extremely (15)

enquête *f.* investigation

enregistrement *m.* recording

enregistrer to record; to check in (7)

enrichir to enrich

enseignant(e) *m., f.* teacher; instructor

enseignement *m.* (**laïc**) instruction (secular) (15)

enseignement (*m.*) **primaire (secondaire, supérieur)** primary (secondary, third-level) instruction (11)

ensemble *adv.* together; *m.* ensemble; whole

ensoleillé(e) *adj.* sunny (13); **il est ensoleillé** it's sunny (13)

ensuite *adv.* then, next (7)

entendre to hear (5); **s'entendre** (**avec**) to get along (with) (8)

enterrer to bury

entier/ière *adj.* entire, whole, complete; **en entier** in its entirety

entièrement *adv.* entirely, completely

entraîner to bring about, lead to; to train; **s'entraîner** to train, work out

entre *prep.* between, among (12); **combien d'entre vous…** how many of you…; **entre parenthèses** in parentheses

entrée *f.* entrance; entryway, front hall (9); admission (*to a show*) (7); first course (*meal*); **concours** (*m.*) **d'entrée** entrance exam; **prix** (*m.*) **d'entrée** admission fee

entreprendre (*like* **prendre**) *irreg.* to undertake (*project*)

entreprise *f.* business, company (11); **chef** (*m.*) **d'entreprise** company head, top manager, boss

entrer (dans) to enter, go into (7)

entretien *m.* maintenance; conversation, interview

énumérer (**j'énumère**) to recite; to list, enumerate

envers *prep.* toward; **à l'envers** (*m.*) upside down; inside out; backwards

envie *f.* desire; **avoir envie de** to feel like, to want (2)

environ *adv.* about, approximately

environnement *m.* environment

envoyer (**j'envoie**) (**à**) to send (3); **envoyer des textos** to send text messages

éolien(ne) *adj.* wind-powered

épargner to save; **compte** (*m.*) **d'épargne** savings account (13)

épaule *f.* shoulder (8)

épicerie *f.* small grocery store, foodmart (5)

épicier/ière *m., f.* grocer; **produits** (*m. pl.*) **épiciers** produce (*grocery*) (5)

Épiphanie *f.* Epiphany (January 6) (10)

épisode *m.* episode; event

époque *f.* era (14); **à l'époque (de)** at the time (of)

épreuve *f.* test; event (*sports*)

équatorial(e) *adj.* equatorial (*pertaining to the equator*)

équilibre *m.* equilibrium, balance

équipe *f.* team

équipement *m.* equipment; gear

ère *f.* era (14)

érotique *adj.* erotic

erreur *f.* error; mistake

escalade *f.* climbing; **faire de l'escalade** to go mountain climbing

escalier *m.* stairs, stairway (9)

escargot *m.* snail; escargot

esclavage *m.* slavery (14)

esclave *m., f.* slave (14)

espace *m.* space; *f.* space (*printing*); **espace vert** recreation area (12)

Espagne *f.* Spain

espagnol(e) *adj.* Spanish (2); **Espagnol(e)** *m., f.* Spanish (*person*) (2)

espèce *f.* species; type; **espèces** *f. pl.* cash (13); **(payer) en espèces** (to pay) in cash (13)

espérer (**j'espère**) to hope

esplanade *f.* esplanade, waterfront walkway (12)

esprit *m.* mind; spirit; wit; **avoir l'esprit étroit** to be narrow-minded (15); **avoir l'esprit ouvert** to be open-minded (15); **venir à l'esprit** to come to mind

essai *m.* attempt, try; essay (11)

essayer (de) (**j'essaie**) to try (to)

essence *f.* gasoline, gas; **faire le plein (d'essence)** to fill the tank

essentiel(le) *adj.* essential; **il est essentiel (de)** (+ *inf.*) it's essential to (11); **il est essentiel que** + *subj.* it's essential that; **l'essentiel…** the most important thing is …

essuyer (**j'essuie**) to wipe; **s'essuyer les mains** to wipe one's hands (8)

esthéticien *m.* esthetician (*skin, hair care*)

estimer to consider; to believe; to estimate

établir to establish, set up

établissement *m.* establishment

étage *m.* floor (*of house or building*) (9); **premier étage** *m.* second floor (9)

étagère *f.* shelf, bookcase (9)

étaler to spread (out)

étang *m.* pond

étape *f.* stage; stopping place; **étapes de la vie** stages of life; **étape scolaire** level of education; **ville-étape** *f. town at the end of the day of racing in the Tour de France*

état *m.* state; condition; **état d'esprit** mental state; **États-Unis** *m. pl.* United States (of America)

été *m.* summer (1); **l'été prochain** next summer; **en été** in the summer (1); **projets** (*m. pl.*) **d'été** summer plans

éteindre (*like* **craindre**) *irreg.* to turn off (*light*); put out (*fire*)

étendre (*like* **rendre**) *irreg.* to stretch

ethnique *adj.* ethnic

ethnocentrique ethnocentric (15)

étiquette *f.* etiquette, manners; label

étoile *f.* star

étonnant(e) *adj.* surprising; shocking

étranger/ère *adj.* foreign; *m., f.* foreigner; **film** (*m.*) **étranger** foreign film; **langue** (*f.*) **étrangère** foreign language; **voyager (aller) à l'étranger** to travel (to go) overseas

être (*p.p.* **été**) *irreg.* to be (1); **c'est (ce n'est pas)** it/that/he/she is (isn't) (1); **c'est combien?** how much is it?; **c'était** it was; **comment est-il/elle?** what's he/she like?; **être en train de** to be in the process of, be in the middle of; **il est… heure(s)** the time is … o'clock (3); **nous sommes lundi (mardi…)** it's Monday (Tuesday …); **quand j'étais…** when I was …; **quel jour sommes-nous?** what day is it?; **quelle heure est-il?/ il est quelle heure?** what time is it? (3); **qui est-ce?** who is it? (1)

étroitement *adv.* closely; tightly

étude *f.* study; *f. pl.* studies (11); **faire des études** to study; **poursuivre ses études** to continue one's studies

étudiant(e) *m., f.* student (1)

étudier to study (2); **préparer** to study (for) (3)

euh… ben, oui *interj.* uh, yeah (15)

européen(ne) *adj.* European; **Européen(ne)** *m., f.* European (*person*); **Communauté** (*f.*) **Européenne** European Community; **Union** (*f.*) **Européenne (UE)** European Union (EU)

euro *m.* euro (*European currency*)

euskara *m.* Basque language

eux *pron., m. pl.* they; **eux-mêmes** *pron., m. pl.* themselves

événement *m.* event (7)

évident(e) obvious, clear (15); **ce n'est pas évident** *interj.* it's not easy (to do); **il est évident que** + *indic.* it is clear that

évier *m.* sink (*kitchen*) (9)

éviter (de) to avoid (14)

évolution *f.* evolution

exact(e) *adj.* precise, true; **(c'est) exact!** *interj.* (that's) right!

exactement *adv.* exactly

exagération *f.* exaggeration

exagérer (**j'exagère**) to exaggerate

examen (*fam.* **exam**) *m.* test, exam; examination; **passer un examen** to take a test; **préparer un examen** to study for an exam (3); **rater un examen** to fail a test; **réussir à un examen** to pass a test

examiner to examine

exceptionnel(le) *adj.* exceptional

exciter to excite; provoke

excursion *f.* excursion, outing (13); **faire une excursion** to go on an outing

s'excuser to apologize; **excuse-moi, excusez-moi** excuse me, pardon me (3)

excuse *f.* excuse

exemplaire *adj.* exemplary; *m.* copy

exemple *m.* example; **par exemple** for example

exemplifier to exemplify, demonstrate

exercice *m.* exercise; **faire de l'exercice** to exercise

exigeant(e) *adj.* demanding

exister to exist; **il existe…** there are …

exotique *adj.* exotic

expatrié(e) *m., f.* expatriate

expérience *f.* experience; experiment; **avoir de l'expérience** to have experience

expliquer to explain; **s'expliquer** to explain oneself

explorateur/trice *m., f.* explorer (14)

exploration *f.* exploration (14)

explorer to explore

exposer to expose, show; display

exposition *f.* (**d'art**) exhibit (*art*) (7); exhibition; show

exprimer to express; **exprimer une opinion** to express an opinion; **s'exprimer** to express oneself

expulser to chase (from); banish

extérieur *m.* exterior; **à l'extérieur (de)** outside (of)

extraterrestre *m.* extraterrestrial being

extrait *m.* excerpt; extract

extraverti(e) *adj.* extroverted (2)

extrême *adj.* extreme; farthest

extrêmement *adv.* extremely

F

fabuleux/euse *adj.* fabulous

faculté *f.* (*fam.* **fac**) university department or school (11)

façade *f.* façade, face (*of a building*)

face *f.* side; **face à** facing; **en face (de)** *prep.* opposite, facing, across from (5); **faire face à** to face; **prendre en pleine face** to take in the face (*to regret*)

fâcher to anger; **se fâcher (contre)** to get angry (with) (8)

facile *adj.* easy (2); **c'est facile** it's easy

facilement *adv.* easily

façon *f.* way, manner, fashion; **de la même façon** in the same way

facteur/trice *m., f.* postal worker (4)

faible *adj.* weak; small (2)

faiblesse *f.* weakness

faim *f.* hunger; **avoir faim** to be hungry (5)

faire (*p.p.* **fait**) *irreg.* to do; to make (3); **faire attention** to pay attention; **faire beau (il fait beau)** it's nice out (13); **faire de la luge** to go sledding (13); **faire de la natation** to go swimming (3); **faire de la planche à voile** to go windsurfing (13); **faire de la plongée** to go snorkeling (13); **faire de l'escalade** (*f.*) to go mountain climbing (13); **faire de son mieux** to do one's best; **faire des recherches** to do research; **faire du saut à l'élastique** to go bungee-jumping (13); **faire du vélo** to go cycling; **faire du bénévolat** to do volunteer work; **faire du camping** to go camping; **faire du jardinage** to garden; **faire du patin (à glace)** to go (ice) skating (13); **faire du progrès** to make progress; **faire du rafting** to go rafting (13); **faire du recyclage** to recycle (15); **faire du shopping** to go shopping; **faire du ski (alpin, de fond, nautique)** to ski (downhill, cross-country, water) (13); **faire du snowboard** to go snowboarding (13); **faire du sport** to play sports; **faire du surf** to go surfing (13); **faire du VTT (vélo tout terrain)** to go mountain biking (13); **faire du yoga** to practice yoga; **faire des courses** to do errands; **faire grève** to strike (15); **faire l'accord** *Gram.* to make agreement (*in number, gender*); **faire la cour (à)** to court (*s.o.*); **faire la cuisine** to cook; **faire la fête** to party; **faire la filière (de)** to follow a course of study (in); **faire la grasse matinée** to sleep in; **faire la lessive** to do the laundry (3); **faire la sieste** to take a nap; **faire la vaisselle** to do the dishes (3); **faire le ménage** to do housework (3); **faire le plein (d'essence)** to fill up the tank; **faire le pont** to take an extra day off before or after the weekend; **faire le tour** to walk around; **faire les courses** to go grocery shopping (3); **faire les études** to study; **faire mauvais (il fait mauvais)** the weather is bad (3); **faire partie de** to be a part of, belong to; **faire référence à** to make reference to; **faire ses valises** to pack (one's suitcases) (13); **faire ses devoirs** to do one's homework (3); **faire son lit** to make one's bed; **faire un résumé** to summarize; **faire un sondage** to take a survey; **faire un voyage** to take a trip; **faire une balade (en forêt)** to go for a walk (in the woods) (13); **faire une pause** to take a break; **faire une promenade** to take a walk (3); **faire une randonnée** to go hiking (3); **ne t'en fais pas / ne vous en faites pas!** *interj.* don't worry about it! (13); **qu'est-ce que tu fais / vous faites dans la vie?** what do you do for a living? (4); **se faire entendre** to make oneself heard

fait *m.* fact; *adj.* made; **tout à fait** *adv.* completely, entirely

falloir (*p.p.* **fallu**) *irreg.* to be necessary (11); **il faut** + *inf.* one must, it is necessary (11); **il faut que** + *subj.* it is necessary that; **qu'est-ce qu'il faut pour… ?** what does ones need to … ?

familial(e) *adj.* of the family

famille *f.* family (4); **en famille** with one's family; **famille élargie** extended family; **nom** (*m.*) **de famille** last name

faner to wither

fantastique *adj.* fantastic

fantôme *m.* phantom, ghost

farce *f.* (practical) joke (10)

farine *f.* flour (5)

fast-food *m.* fast-food restaurant

fatal(e) *adj.* fatal; unlucky; fateful

fatiguant(e) *adj.* tiring

fatigué(e) *adj.* tired (2)

faux (fausse) *adj.* false (2)

faut: il faut one must (10)

faute *f.* fault; mistake

fauteuil *m.* armchair (9)

fauve *adj.* wild; *m.* wild animal

fauvisme *m.* artistic movement favoring bright colors (*1900s*)

faveur *f.* favor; protection; **en faveur de** in favor of

favori(te) *adj.* favorite

favoriser to favor, to promote, encourage

féculant *m.* starch (*food*)

fée *f.* fairy; **conte** (*m.*) **de fée** fairy tale

félicitations congratulations (10)

féminin(e) *adj.* feminine

femme *f.* woman; wife (4); **femme d'affaires** businesswoman; **femme écrivain** writer; **femme ingénieur** engineer (4); **femme médecin** doctor; **femme peintre** painter; **femme politique** politician; **femme sculpteur** sculptress; **jeune femme** young woman

fenêtre *f.* window (1)

fer *m.* iron (9); **fer à cheval** horseshoe iron; **chemin** (*m.*) **de fer** railroad

férié(e) *adj.* holiday; **jour** (*m.*) **férié** holiday (10)

ferme *f.* (**familiale**) farm (family) (15)

fermer to close

fermeture *f.* closing; **heure de fermeture** closing time

festival *m.* festival

feta *f.* feta cheese

fête *f.* holiday; celebration; party; saint's day, name day (1); festival (10); *pl.* Christmas season; **bonnes fêtes!** *interj.* happy holidays! (10); **faire la fête** to party; **fête des Mères (Pères)** Mother's (Father's) Day; **fête nationale (religieuse)** national (religious) holiday; **fête des Rois** Epiphany (January 6) (10); **fête du Travail** Labor Day (May 1) (10)

fêter to celebrate; to observe a holiday

fétiche *f.* idol

feu (*m. pl.* **feux**) fire; traffic light; **feu d'artifice** firework display

feuille *f.* leaf; **feuille (de papier)** *f.* sheet (of paper) (1)

fève *f.* bean

février February (1)

fiançailles *f. pl.* engagement

fiancé(e) *m., f.* fiancé, fiancée; *adj.* engaged (4); **se fiancer (nous nous fiançons)** to get engaged (11)

fictif/ive *adj.* ficticious; imaginary

fidélité *f.* fidelity, loyalty

fier/ère *adj.* proud

figue *f.* fig

figuratif/ive *adj.* figurative

figure *f.* face (8); figure, important person

figurer to appear; **au sens figuré** in a metaphorical sense; **figure-toi! / figurez-vous!** imagine (that)! (13)

figurine *f.* figurine, small statue

filet *m.* fillet (*fish, meat*); **filet de saumon (de sole)** fillet of salmon (sole) (5)

filière *f.* program of study (11)

fille *f.* girl; daughter (4); **belle-fille** *f.* daughter-in-law (4); **jeune fille** girl, young lady; **petite-fille** *f.* granddaughter (4)

film *m.* movie (7); **film d'amour (romantique)** love story (7); **film d'animation** animated film (7); **film d'aventures** action/adventure film (7); **film de guerre** war film (7); **film d'horreur** horror film (7); **film de science-fiction** science-fiction film (7); **film sur demande** pay-per-view movie (7); **sortie** (*f.*) **d'un film** opening of a film

fils *m.* son (4); **beau-fils** *m.* son-in-law (4); **petit-fils** *m.* grandson (4)

fin *f.* end; **à la fin de** at the end of; **bonne fin** good ending; **fin(e)** *adj.* fine, delicate

final(e) *adj.* final, last

finalement *adv.* finally

finance *f.* finance; *pl.* finances

financier/ière *adj.* financial, monetary

finir (de) to finish (6); **finir par** to end (finish) by (*doing s.th.*)

fixe *adj.* fixed; **menu** (*m.*) **à prix fixe** fixed-price menu

flamand *m.* Flemish (language); **flamand(e)** *adj.* Flemish; **Flamand(e)** *m., f.* Flemish person

fleur *f.* flower; **chou-fleur** *m.* cauliflower; **bouquet** (*m.*) **de fleurs** bouquet of flowers

fleurir to flower

fleuve *m.* river (*large*) (12); **au bord du fleuve** on the river bank

flotter *adj.* to float; fly, flutter (*in the wind*)

fluocompacte: ampoule (*f.*) **fluocompacte** energy-efficient lightbulb (15)

foie *m.* liver; **foie gras** *m.* goose-liver paté

fois *f.* time, occasion; times (*arithmetic*); **à la fois** at the same time; **combien de fois… ?** how many times … ?; **chaque fois** every time; **la première (dernière) fois** the first (last) time; **plusieurs fois** many times

foncé(e) *adj.* dark (*color*) (6)

fonctionner to function, work

fonction *f.* function, use; **en fonction du temps** based on the time available

fond *m.* end (12); **tout au fond (de)** at the very end/bottom (of) (12)

fondateur/trice *m., f.* founder

fondation *f.* founding, inception

fonder to found, establish

fondue *f.* fondue (*Swiss melted cheese dish*)

fontaine *f.* fountain (12)

football (*fam.* foot) *m.* soccer; football américain football; match (*m.*) de foot soccer
game

force *f.* strength; forces (*f. pl.*) armées armed
forces

forêt *f.* forest

forfait *m.* vacation package (13)

formation *f.* education; training (11)

forme *f.* form; shape; figure; en forme de in the
form of; rester en (bonne) forme to stay in
(good) shape

formel(le) *adj.* formal (2)

former to form, shape; to train

formidable *adj.* excellent, terrific

formule *f.* formula; plan; formule de politesse
form of address

formuler to formulate, make up

fort(e) *adj.* strong (2)

forteresse *f.* fortress

forum *m.* forum; commercial center

fossette *f.* dimple

fou (fol, folle) *adj.* crazy, mad; fou (folle) *m., f.*
insane (crazy) person

foudre *f.* lightning; coup (*m.*) de foudre flash
of lightning; love at first sight

foulard *m.* scarf; foulard (*m.*) islamique Islamic
headscarf (15)

se fouler la cheville to twist one's ankle (8)

four *m.* oven; four à micro-ondes microwave
oven (9)

fourchette *f.* fork (5)

fournir to furnish, supply

foyer *m.* house; home; student residence; mère
(*f.*) au foyer stay-at-home mom (4); père
(*m.*) au foyer *m.* stay-at-home dad (4)

frais *m. pl.* expenses, costs; frais de scolarité
tuition fees; frais médicaux medical
bills

frais/fraîche cool (*weather*) (3); il fait frais it's
cool (out) (3)

fraise *f.* strawberry (5)

framboise *f.* raspberry (5)

franc(he) *adj.* frank; fruitful; honest (2)

français(e) *adj.* French; *m.* French (*language*);
Français(e) *m., f.* Frenchman (-woman) (2)

franchement *adv.* frankly

franchir to jump, pass over; to cross

francien *m.* dialect of French spoken in Paris
(*became Old French*)

franco-marocain(e) *adj.* Franco-Morrocan;
franco-prusien(e) *adj.* Franco-Prussian

francophone *adj.* French-speaking

Francophonie *f.* French-speaking world

franc *m.* franc (*money*); Francs *m. pl.* Frankish
people

frapper to strike; frappé(e) *adj.* whipped

fraternité *f.* brotherhood, fraternity

fréquemment *adv.* frequently

fréquence *f.* frequency

fréquenter to frequent, patronize (a place)

frère *m.* brother (4); beau-frère *m.* brother-
in-law (4) demi-frère *m.* half-brother;
stepbrother (4); petit frère younger brother

fresque *f.* fresco (16)

frigo *m. fam.* fridge, refrigerator (9)

frisbee *m.* frisbee; jouer au frisbee to play frisbee

frites *f. pl.* French fries; moules-frites *m.* mussels
with French fries (*Belgium*)

froid(e) *adj.* cold (3); *m.* cold; avoir froid to be
cold; il fait froid it's cold (out) (3)

fromage *m.* cheese (5); crémerie-fromagerie
f. cheese shop

front *m.* forehead (8)

Front National *m. extreme right-wing political
party in France*

frontière *f.* border

fruit *m.* fruit (5); jus (*m.*) de fruit fruit juice;
tarte (*f.*) aux fruits fruit tart (5); fruits de
mer *m. pl.* seafood (5)

fumée *f.* smoke

fumer to smoke

fumeur/euse *m., f.* smoker; zone (*f.*) fumeurs
(non-fumeurs) smoking (nonsmoking)
section

funérailles *f. pl.* funeral (*ceremony*)

furieux/euse *adj.* furious

futur *m., Gram.* future (tense); *adj.* future

G

gadget (*m.*) électronique electronic device (6)

gagnant(e) *m., f.* winner

gagner (de l'argent) to win; to earn (money) (11)

galerie (*f.*) d'art art gallery

galette *f.* (des Rois) flat, round cake (for
Epiphany)

gallois(e) *adj.* Welsh; *m., f.* Welsh (*person*)

gallo-roman *m.* Gallo-Romance (language
spoken in France in the 4th-9th centuries)

gang *m.* gang (12)

gant *m.* glove (6)

garage *m.* garage

garçon *m.* boy

garde-chasse *m.* gamekeeper

garder to keep; to watch (over)

gare *f.* (de péage, de train) station (toll, train)
(12)

garer to park; se garer to be parked

gargouille *f.* gargoyle (16)

gâteau *m.* (*pl.* gâteaux) cake (5)

gauche *f.* left (12); à gauche (de) to the left (of)
(5); sur la gauche on the left (12); tournez à
gauche turn left (12)

gaufre *f.* waffle

Gaule *f.* Gaul

gaz *m.* gas

gazeux/euse: boisson (*f.*) gazeuse soft drink

géant(e) *adj.* giant

Gémeaux (*m. pl.*) Gemini (zodiac)

gêner (je gêne) to bother; ça te gêne? does that
bother you?

général(e) *adj.* general; en général generally,
normally

généralement *adv.* generally, normally

généralisation *f.* generalization

génération *f.* generation; de génération en
génération from generation to generation

généreux/euse *adj.* generous

génétiquement *adv.* genetically; organismes
(*m. pl.*) génétiquement modifiés (OGM)
genetically modified organisms (GMO) (15)

génétique *adj.* genetic

génial(e) *adj. fam.* great, awesome (6)

genou *m.* knee (8); s'agenouiller to kneel

genre *m.* genre (*film, literature*), type (7);
Gram. gender

gens *m. pl.* people; chez les gens among/in
people (in general)

gentil(le) *adj.* nice, pleasant; kind (2)

géographie *f.* geography (1)

géographique *adj.* geographical

géologie *f.* geology (1)

géopolitique *f.* geopolitics (14)

gérer (je gère) to manage; gérer le stress to
manage stress

germanique *adj.* Germanic

geste *m.* gesture

gestion *f.* management

gigot d'agneau *m.* (leg of) lamb (5)

girafe *f.* giraffe

glace *f.* ice; ice cream; glass, mirror; coupe (*f.*)
de glace bowl of ice cream

glisser to slip

global(e) *adj.* global

glucide *m.* carbohydrate

golf *m.* golf; jouer au golf to play golf

golfe *f.* gulf (12)

gorge *f.* throat; avoir mal à la gorge to have a
sore throat (8)

gorille *m.* gorilla

gothique *adj.* gothic (16)

gouffre *m.* chasm, abyss

gourde *f.* gourd; water bottle (15)

gourmand(e) *adj.* gluttonous, greedy; *m., f.*
glutton, gourmand

goût *m.* taste (6)

goûter *m.* afternoon snack (5); *v.* to taste;
to eat

gouverné(e) *adj.* (par) governed (by)

gouvernement *m.* government

gouverner to govern

grâce *f.* grace; pardon; grâce à thanks to

gracieux/euse *adj.* gracious

grade *m.* grade, rank

graine *f.* seed

grammaire *f.* grammar

grammairien(ne) *m., f.* grammarian

grammatical(e) *adj.* grammatical

grand(e) *adj.* big, large; tall; great (2); arrière-
grand-mère *f.* great-grandmother
(4); arrière-grand-père *m.* great-grandfather
(4)grand-mère *f.* grandmother (4); grand-père
m. grandfather (4); grande école *f.* French
university (*elite*) (11); grands-parents *m. pl.*
grandparents (4)

grandir to grow up (6)

graphique *adj.* graphic

gras(se) *adj.* fat; oily; rich; en caractères gras in
boldface print; faire la grasse matinée (*f.*) to
sleep in; foie gras goose-liver paté

gratte-ciel *m., inv.* skyscraper (12)

gratuit(e) *adj.* free (*cost*) (7)

gratuitement *adv.* free, freely

grave *adj.* grave, serious; accent grave grave
accent (è)

gravement *adv.* gravely

graver to engrave; to burn

gravure *f.* engraving

grec(que) *adj.* Greek; *m., f.* Greek (*person*)

grenouille *f.* frog; **cuisses** (*f. pl.*) **de grenouille** frog's legs

grève *f.* strike (15); **faire grève** to strike (15)

grignoter to snack

griller to grill; **grillé(e)** *adj.* grilled; **grille-pain** *m.* toaster (9)

griot *m.* griot (West African poet, storyteller)

gris(e) *adj.* gray (2)

gros(se) *adj.* large; fat; thick (2); **gros(se) intellectuel(le)** *m., f.* eminent thinker

grossir to gain weight (6)

grotesque *adj.* grotesque

grotte *f.* cave

groupe *m.* group

Guadeloupe *f.* Guadeloupe

guérir to cure

guerre *f.* war (14)

guerrier/ère *m., f.* warrior

guide *m., f.* guide; guidebook

guitare *f.* guitar; **jouer de la guitare** to play (the) guitar

guyanais(e) *adj.* Guyanese

gymnastique (*ab.* gym) *f.* fitness training

gymnase *m.* gymnasium

H

habiller to dress; **s'habiller (en)** to dress oneself (in) (8)

habit *m.* clothing

habitable *adj.* livable

habitant(e) *m., f.* inhabitant

habitation *f.* lodging, housing; **habitation à loyer modéré (H.L.M.)** low-income housing (*France*) (15)

habiter (à, en) to live (in/at) (3)

habitude *f.* habit; **d'habitude** *adv.* usually, habitually

habituel(le) *adj.* usual

*hacher to chop (up); **bœuf haché** hamburger meat

*haine *f.* hatred

Haïti *m.* Haiti

haïtien(ne) *adj.* Haitian (2); *m., f.* Haitian (*person*) (2)

haleine *f.* breath; **mauvaise haleine** bad breath

*hamburger *m.* hamburger

*hanche *f.* hip (8)

*handball *m.* handball

*handicapé(e) *adj.* handicapped

*Hanoukka *f.* Hanukkah (10)

*harceler (j'harcèle) to harrass, torment

*haricot *m.* bean; **haricots** (*m. pl.*) **verts** green beans (5); **haricots** (*m. pl.*) **secs** dried beans

harmoniser to harmonize

*hasard *m.* chance; **au hasard** by chance

*haut *adj.* high; tall; upper; *m.* top; height; **à haute voix** *adv.* out loud; **de haut** high (*in measuring*)

hébergement *m.* lodging (13)

hectare *m.* hectare (100 acres)

*hélas *interj.* alas

hémorragie *f.* hemorrhage

herbe *f.* herb

hériter to inherit

*héros *m.* / *héroïne *f.* hero/heroine

hésiter (à) to hesitate (to)

hétérosexuel(le) *adj.* heterosexual

heure *f.* time (*on a clock*) (3); **à l'heure** on time (3); **à quelle heure…?** at what time … ? (3); **c'est l'heure (de)** it's time (to); **de bonne heure** bright and early; ahead of time (3); **deux heures par jour** two hours per day; **dix heures et demie** ten-thirty; **dix heures du matin (du soir)** ten o'clock in the morning (in the evening); **heure de fermeture (d'ouverture)** closing (opening) time; **heures** *f. pl.* **de pointe** rush hour (12); **il est… heure(s)** the time is … o'clock (3); **quelle heure est-il?/il est quelle heure?** what time is it? (3); **soyons à l'heure** let's be on time; **tu as/vous avez l'heure?** do you know what time it is? (3)

heureusement *adv.* fortunately, luckily (10)

heureux/euse *adj.* happy (2); **soyez heureux pour la vie** wishing you lifelong happiness (10)

Hexagone *m.* continental France

hier *adv.* yesterday

hiérarchie *f.* hierarchy

*hindi *m.* hindi (*language*)

*hip-hop *m.* hip-hop music

histoire *f.* history; story; **cours** (*m.*)**d'histoire** history course; **histoire d'amour** love story; **histoire de l'art** art history (1)

historique *adj.* historic, historical

historiquement *adv.* historically

hiver *m.* winter (1); **en hiver** in the winter (1); **sport** (*m.*) **d'hiver** winter sport

H.L.M.: habitation (*f.*) à loyer modéré low-income housing (*France*) (15)

*hockey *m.* hockey

hollandais(e) *adj.* Dutch; **Hollandais(e)** *m., f.* Dutch (*person*)

*homard *m.* lobster (5)

hommage (à) *m.* homage (to)

homme *m.* man (1); **jeune homme** young man; **homme d'affaires** *m.* businessman (4); **tout homme** every man

homophobe *adj.* homophobic (15)

homophobie *f.* homophobia

homosexuel(le) *adj.* homosexual

hongrois(e) *adj.* Hungarian; **Hongrois(e)** *m., f.* Hungarian (*person*)

honnête *adj.* honest (2)

honnêtement *adv.* honestly (10)

honneur *m.* honor

hôpital *m.* hospital

horaire *m.* schedule (*of show times, trains, etc.*) (7); schedule (*work*) (11)

hors (de) *adv.* outside (of)

*hot-dog *m.* hotdog

hôtel *m.* (de luxe) hotel (luxury) (13)

huile *f.* oil (5); **à l'huile** (painted in) oil (16); **huile d'olive** olive oil (5)

*huit *adj.* eight (1)

*huitième *m.* one-eighth; *adj.* eighth

huître *m.* oyster (5)

humain(e) *adj.* human; **chez l'humain** among/ in humans (in general); **corps** (*m.*) **humain** human body

humanitaire *adj.* humanitarian

humeur *f.* mood; **être de bonne (mauvaise) humeur** to be in a good (bad) mood

humilier to humiliate

humoristique *adj.* humorous

humour *m.* humor; **sens** (*m.*) **de l'humour** sense of humor

hymne *m.* hymn

hyper *adj. inv.* very

hypermarché *m.* large supermarket

hypocalorique *adj.* low in calories

hypocrite *adj.* hypocritical

hypothétique *adj.* hypothetical (13)

I

ici here (12); **être** (*irreg.*) **d'ici** to be from here (12)

idéal(e) *adj.* (*m. pl.* idéaux) ideal; *m.* (*pl.* idéaux) ideal

idéalisme *m.* idealism

idée *f.* idea; **aucune idée** *interj.* I have no idea; **c'est une bonne idée (de/d')** (+ *inf.*) it's a good idea (to) (11); **(oui) bonne idée!** *interj.* (yes) good idea! (5)

identifier to identify

identique *adj.* identical

identité *f.* identity; **carte d'identité** ID card

idiomatique *adj.* idiomatic

idiot(e) *adj.* idiotic; *m., f.* idiot

idyllique *adj.* idyllic

ignorance *f.* ignorance

ignorant(e) *adj.* ignorant, unknowing

il *pron., m. s.* he; it; there; **il est essentiel/ important/nécessaire/préférable (de/d')** (+ *inf.*) it's essential/important/necessary to (11); **il est… heure(s)** the time is … o'clock (3); **il est ensoleillé** it's sunny (13); **il faut +** *inf.* one must, it is necessary to (11); **il fait beau/doux/frais/ froid/mauvais** it's beautiful/ mild/cool/cold/bad out (13); **il n'y a pas de quoi** *interj.* you're welcome; **il vaut mieux** (+ *inf.*) it's preferable, it's better (to) (11); **il y a** there is/are (1); **il y a… que** it's been … since; **il y a des orages** (*m. pl*) there are storms (13); **il y a du soleil/du vent** it's sunny/windy out (13); **y a-t-il… ?** is/are there?

île *f.* island

illégal(e) *adj.* illegal

illégalement *adv.* illegally

illogique *adj.* illogical

illustrer to illustrate

image *f.* picture (16)

imaginaire *adj.* imaginary

imaginatif/ive *adj.* imaginative

imaginer to imagine

imiter to imitate

immatriculation: plaque (*f.*) d'immatriculation license plate

immédiatement *adv.* immediately

immeuble *m.* (résidentiel) apartment building/ complex (9)

immigration *f.* (clandestine, illégale) immigration (illegal) (15)

immigrer to immigrate

immigré(e) *m., f.* immigrant (15)

immobilier/ère *adj.* concerning real estate

immortel(le) *adj.* immortal

immunodéficience: Syndrome de l'immunodéficience acquise (SIDA) *m.* AIDS (15)

imparfait *m., Gram.* imperfect (*verb tense*)

impatience *f.* impatience; **avec impatience** impatiently

impératif *m., Gram.* imperative, command

impérial(e) *adj.* imperial (14)

impérialisme *m.* imperialism (14)

imperméable *m.* raincoat (6)

impersonnel(le) *adj.* impersonal

impétueux/euse *adj.* impetuous

impoli(e) *adj.* impolite, rude (2)

importance *f.* importance; **grande importance** great importance; **par ordre d'importance** in order of importance

important(e) *adj.* important; large, great; **il est important de** + *inf.* it is important to (11); **il est important que** + *subj.* it is important that; **le plus important c'est** the most important is

imposer to impose (15)

impôts *m. pl.* (*direct*) income taxes (15)

impression: avoir l'impression (*f.*) to think

impressionnisme *m.* impressionism (*art*)

impressionnant(e) *adj.* impressive

impressionniste *adj.* impressionist (16)

improviser to improvise

imprudemment *adv.* carelessly

inattendu(e) *adj.* unanticipated

inaugurer to inaugurate

incertitude *f.* uncertainty

incliner: s'incliner (**vers**) to lean (toward)

inclure (*p.p.* **inclus**) *irreg.* to include

inconnu(e) *adj.* unknown

inconscient(e) *adj.* unconscious

inconvénient *m.* disadvantage

incroyablement *adv.* incredibly

Inde *f.* India

indécis(e) *adj.* undecided

indéfini(e) *adj.* indefinite; **pronom** (*m.*) **indéfini** *Gram.* indefinite pronom

indépendance *f.* independence

indépendant(e) *adj.* independent

indication *f.* instruction(s)

Indien(ne) *m., f.* Indian (*person*) (2)

indifférent(e) *adj.* indifferent

indigène *adj.* indigenous

indiquer to show, point out

indirect(e) *adj.* indirect; **pronom** (*m.*) **d'objet indirect** *Gram.* indirect object pronoun

individu *m.* individual

individualiste *adj.* individualistic

individuel(le) *adj.* individual

Indochine *f.* Indochina (*Cambodia, Laos, Vietnam*)

indulgent(e) *adj.* indulgent

industrie *f.* industry

inégalité *f.* inequality

infectieux/euse *adj.* infectious; **maladie** (*f.*) **infectieuse** infectious disease

inférieur(e) *adj.* inferior; lower

infériorité *f.* inferiority; **complexe** (*m.*) **d'infériorité** inferiority complex

infernal(e) *adj.* hellish, diabolical

infinitif *m., Gram.* infinitive

infirmier/ière *m., f.* nurse (4)

influencer to influencer

informaticien(ne) *m., f.* programmer (*computer*) (4)

information (*fam.* **info**) *f.* information; *pl.* news

informatique *f.* computer science

ingénieur *m. / femme* (*f.*) **ingénieur** engineer (4)

ingénieux/euse *adj.* ingenious

ingrédient *m.* ingredient

inhabituel(le) *adj.* unusual

initial(e) *adj.* (*m. pl.* **initiaux**) initial

inquiéter to worry; **s'inquiéter** (**de**) to worry oneself (about) (8)

inscrit(e) *adj.* enrolled, signed up

insolite *adj.* unusual

insouciant(e) *adj.* carefree

inspiration *f.* inspiration

inspirer to inspire

installer to install (15)

institut *m.* institute (11)

institution *f.* institution

instrument *m.* instrument; **jouer d'un instrument** to play a musical instrument

insulte *m.* insult

intégralité *f.* completeness

intégration *f.* integration

intégrer (**j'intègre**) to integrate; **intégrer** (**une école**) to matriculate (into an elite French instituiton of higher education) (11); **s'intégrer à** to integrate oneself, assimilate

intellectuel(le) *adj.* intellectual (2); *m., f.* intellectual (*person*)

intelligence *f.* intelligence

intelligent(e) *adj.* intelligent (2)

interactif/ive *adj.* interactive

interdire (*irreg.*) to prohibit (15)

interdit(e) *adj.* forbidden; prohibited

intéressant(e) *adj.* interesting (2)

intéresser to interest; **ça vous interesse?** does that interest you?; **s'intéresser à** to be interested in (8)

intérêt *m.* interest

interface (*f.*) **graphique** graphic interface

intérieur *m.* internal; interior

international(e) *adj.* international

Internet Internet; **surfer sur Internet** to surf the Internet (3)

interprétation *f.* interpretation

interpréter (**j'interprète**) to interpret; **interpréter** (**un rôle**) to perform (a role), to act (16)

interrogatif/ive *adj. Gram.* interrogative

interrompu(e) *adj.* interrupted

intervention *f.* intervention (14)

interview *f.* interview

interviewer to interview

intimité *f.* intimacy

intitulé(e) *adj.* entitled

intolérable *adj.* intolerable

intolérance *f.* intolerance (15)

intolérant(e) *adj.* intolerant (15)

intrigue *f.* plot

introduire (*like* **conduire**) to introduce

inuktitut *indigenous* language (Inuitan) of Canada

inverser to invert, reverse the order of

inverse *m.* opposite; **à l'inverse** on the other hand

invisible *adj.* invisible

invitation *f.* invitation

inviter to invite

invité(e) *m., f.* guest

iPod® *m.* iPod, mp3 player (6)

irlandais(e) *adj.* Irish; **Irlandais(e)** *m., f.* Irish person (2)

ironique *adj.* ironic

irrationnel(le) *adj.* irrational

irrégulier/ière *adj.* irregular; **verbe** *m.* **irrégulier** *Gram.* irregular verb

islamique *adj.* Islamic

issu(e) (**de**) *adj.* stemming (from)

italien *adj.* Italian; **Italien(ne)** *m., f.* Italian (*person*) (2); **aller manger italien** to go out for Italian food (5)

itinéraire *m.* itinerary

itinérance *f.* mobility

ivoirien(ne) *adj.* of (from) the Ivory Coast (2); **Ivoirien(ne)** *m., f.* inhabitant of the Ivory Coast (2)

J

jalousie *f.* jealousy

jaloux/se *adj.* jealous

jamais *adv.* ever; **ne... jamais** *adv.* never

jambe *f.* leg (8)

jambon *m.* ham (5)

janvier January (1)

japonais(e) *adj.* Japanese; **Japonais(e)** *m., f.* Japanese person (2)

jardin *m.* garden; backyard (9); **jardin zoologique** zoo

jardinage *m.* gardening; **faire du jardinage** to garden (3)

jaune *adj.* yellow (2)

je (**j'**) *pron. s.* I; **j'aimerais** + *inf.* I would like (*to do s.th.*) (5); **je voudrais** I would like; **oui, je veux bien** yes, I'd like to (5)

jean *m.* (pair of) jeans (6)

jet *m.* **d'eau** fountain

jeter (**je jette**) to throw

jeu (*pl.* **jeux**) *m.* game (7); **jeu de mémoire** (**de mimes**) memory (pantomime) game; **jeu de société** board game, group game (7); **jeu télévisé** game show; **jeu vidéo** video game; **console** (*f.*) **de jeux vidéo** video game console (7)

jeudi *m.* Thursday (1); **le jeudi** on Thursdays

jeune *adj.* young (2); *m. pl.* young people

jeunesse *f.* youth, young people

joie *f.* joy

joli(e) *adj.* pretty (2)

joliment *adv.* nicely, prettily (10)

joue *f.* cheek (8)

jouer to play (3); **jouer à** to play (*a sport or game*) (3); **jouer aux cartes** to play cards; **jouer de** to play (*a musical instrument*) (3); **jouer un rôle** to play a role, to act

jour de l'An *m.* New Year's Day (10); **réveillon** (*m.*) **du jour de l'An** New Year's Eve dinner (10)

jour du Souvenir *m.* Veterans Day, Remembrance Day (November 11) (10)

jour *m.* day (1); **ce jour-là** that day; **chaque jour** every day; **dans quatre jours** in four days; **du jour** today's (*menu*); **jour de la**

Victoire May 8 (10); **jour** (*m.*) **férié** holiday (10); **jours** (*m. pl.*) **de la semaine** days of the week (1); **le jour même** the same day; **les jours à venir** the days to come; **(à) nos jours** today, these days; **par jour** per day, each day; **plat du jour** today's special (*restaurant*); **quel jour sommes-nous (est-ce)?/on est quel jour (aujourd'hui)?** what day is it? (1); **tous les jours** every day; **un jour** someday

journal (*pl.* **journaux**) *m.* newspaper

journalisme *m.* journalism (1)

journaliste *m., f.* journalist (4)

journée *f.* (*whole*) day; **de la journée** daily *f.* (5); **passer la journée (à)** to spend the day (at); **toute la journée** all day

joyeux/euse *adj.* joyful; **joyeux anniversaire** *interj.* happy birthday; **joyeux Noël** *interj.* Merry Christmas

juger to judge

Juif/Juive *m., f.* Jewish person

juillet July (1)

juin June (1)

jumeau/elle *adj.* twin; **jumeaux** *m. pl.* (*f. pl.* **jumelles**) twins

jupe *f.* skirt (6)

jupon *m.* slip

jus *m.* (**d'orange, de pomme**) juice (orange, apple) (5)

jusqu'à (jusqu'en) *prep.* up to, as far as (12); **jusqu'au bout (de)** until the end (of)

juste *adj.* just; right, exact; *adv.* just, precisely; accurately; **juste à côté (de)** right next (to); **juste après (avant)** right after (before); **juste prix** right price

justement *adv.* exactly; rightly so

justifier to justify

K

karma *m.* karma

kayak: faire du canoë-kayak to go canoeing (13)

kesra *m.* Moroccan bread

ketchup *m.* ketchup

khobz *m.* Algerian flatbread

khobzat *m.* Algerian bread

kilo(gramme) (kg) *m.* kilogram

kilomètre (km) *m.* kilometer

kippa *f.* skull-cap

L

la (l') *art., f. s.* the; *pron. f. s.* it, her

là *adv.* there; **là-bas** *adv.* over there (10)

laboratoire (*fam.* **labo**) *m.* laboratory (11)

lac *m.* lake

lâcher to let go (of)

laïque *adj.* secular (independent of religion)

laïcité *f.* secularism

laid(e) *adj.* ugly (2)

laideur *f.* ugliness

laine *f.* wool

laisse-moi/laissez-moi tranquille! leave me alone! (13)

laisser to let; to leave (behind); **laisser + inf.** to let, allow

lait *m.* milk (5); **café** (*m.*) **au lait** coffee with hot milk; **lait de coco** coconut milk; **lait frappé** whipped milk

laitier/ière *adj.* dairy; **produit** *m.* **laitier** dairy product (5)

lampe *f.* lamp (9)

lancer to launch; to start up

lancement *m.* launch, launching

langage *m.* speech; **langage courant** popular speech

langue *f.* tongue (8); language (14); **langue autochtone** indigenous language; **langue étrangère** foreign language; **langue parlée** spoken language; **langue romane** Romance language (14)

lapin *m.* (**en chocolat**) rabbit (chocolate) (10)

lardons *m. pl.* bacon bits

large *adj.* wide; extensive; **... de large ...** in width

largement *adv.* easily

latin (classique, vulgaire) *m.* Latin (classical, popular); **Quartier latin** Latin Quarter (*district in Paris*)

lavabo *m.* sink (*bathroom*) (9)

laver to wash; **se laver** to wash oneself; **se laver les mains** to wash one's hands (8)

lave-linge *m.* washing machine (9)

lave-vaisselle *m.* dishwasher (9)

le (l') *art., m. s.* the; *pron. m. s.* it, him

leçon *f.* lesson (16)

lecteur de DVD *m.* DVD player

lecture *f.* reading

légal(e) *adj.* legal (14)

légalement *adv.* legally

légion *f.* legion

législatif/ive *adj.* legislative (14)

législation *f.* legislation

légitime *adj.* legitimate

légume *m.* vegetable (5)

lendemain *m.* day after; **remettre au lendemain** to postpone until tomorrow

lent(e) *adj.* slow

lentement *adv.* slowly (10)

lequel (laquelle, lesquels, lesquelles) *pron.* which one(s), who, whom, which

les *art., pl., m., f.* the; *pron. pl., m., f.* them

lessive *f.* laundry; **faire la lessive** to do the laundry (3)

lettre *f.* letter; letter of the alphabet; **lettre de motivation** cover letter; letter in support of one's application; **lettre de recommandation** recommendation letter

leur *adj.* their; *pron. m., f.* to them; **le/la/les leur(s)** *pron.* theirs

levant *adj.* rising; **soleil** (*m.*) **levant** rising sun

lever (je lève) to raise; **levez la main** raise your hand; **se lever** to get up; to get out of bed (8)

lèvre *f.* lip (8); **rouge à lèvres** lipstick

lexical(e) *adj.* (*m. pl.* **lexicaux**) lexical

lexique *m.* lexicon; vocabulary

liaison *f.* liaison; love affair; association

liberal(e) *adj.* liberal

liberté *f.* liberty

librairie *f.* bookstore

libre *adj.* free; **temps** (*m.*) **libre** free time (4)

librement *adv.* freely

licence *f.* degree (bachelor's) (11)

lier to link; **lié(e) à** *adj.* related to (11)

lieu *m.* place; **lieu** (*m.*) **de travail** workplace (11); **au lieu de** *prep.* instead of; **chef-lieu** *m.* capital city of a French region

ligne *f.* line; bus line (16); **ligne d'arrivée** finish line; **en ligne** online

limite (de vitesse) *f.* (speed) limit

limonade *f.* lemon soft drink

linge *m.* laundry; **sèche-linge** *m.* clothes dryer

linguiste *m., f.* linguist (1)

linguistique *f.* linguistics (1)

lion *m.* lion; Leo (zodiac)

liqueur *f.* liqueur (sweet, alcoholic beverage)

liquide *adj.* liquid; **payer en liquide** to pay in cash (13)

lire (*p.p.* **lu**) *irreg.* to read (11)

liste *f.* list

lit *m.* bed (9)

litre *m.* liter

littéraire *adj.* literary; **œuvre** (*f.*) **littéraire** literary work

littérature (comparée) *f.* literature (comparative) (1)

livre *m.* book (1); *f.* pound (*measurement*)

local(e) *adj.* local

locataire *m., f.* renter

location *f.* rental; **voiture** (*f.*) **de location** rental car

locuteur *m.* speaker

locution *f.* expression

logement *m.* housing (9)

loger to stay (13); to reside, live

logique *adj.* logical

logiquement *adv.* logically

loi *f.* law (14)

loin *adv.* far; **loin de** *prep.* far from (2)

lointain(e) *adj.* distant

loisirs *m. pl.* leisure (*time, activity*) (4)

Londres London

long(ue) *adj.* long; **... de long ...** in length; **tout au long de** throughout

longtemps *adv.* (for) a long time; **il y a longtemps** a long time ago; **pendant longtemps** for a long time

lorsque *conj.* when (11)

louer to rent (3)

lourd(e) *adj.* heavy

loyer *m.* rent

luge *f.* sled; **faire de la luge** to go sledding (13)

lui *pron. m., f.* him; it; to him; to her; to it; **lui-même** *pron. m., s.* himself

lumière *f.* light (16)

lumineux/euse *adj.* luminous

lunaire *adj.* lunar

lundi *m.* Monday (1); **le lundi** on Mondays

lune *f.* moon

lunettes (*f. pl.*) glasses; **lunettes de plongée** diving mask; **lunettes de soleil** sunglasses (6)

lutte *f.* fight, battle (15)

lutter (pour/contre) to fight (for/against) (15)

luxe: hôtel (*m.*) **de luxe** luxury hotel (13)

lycée *m.* (**privé/professionnel**) high school (private/vocational) (11)

lycéen(ne) *m., f.* high school student (11)

M

ma *adj., f. s.* my; **pour ma part** in my opinion, as for me

macabre *adj.* macabre

maçon *m.* mason

madame (Mme) (*pl.* **mesdames**) *f.* Madam, Mrs. (1)

madeleine *f.* madeleine (*French pastry*)

mademoiselle (Mlle) (*pl.* **mesdemoiselles**) *f.* miss (1)

magasin *m.* (**d'alimentation**) store (*food*) (5)

magazine *m.* magazine (*illustrated*)

mages: les trois Rois mages the three Magi (*who visited Jesus*)

Maghreb *m.* Maghreb, North Africa (*Algeria, Tunisia, Morocco*)

maghrébin(e) *adj.* from the Maghreb; North African

magnétoscope *m.* video recorder (VCR) (7); **magnétoscope numérique** digital recorder (DVR) (7)

magnifique *adj.* magnificent

mai May (1)

maigrir to lose weight (6)

maillot *m.* jersey; under shirt; **maillot de bain** swimsuit (6)

main *f.* hand (8); **sac** (*m.*) **à main** handbag, purse; **lever la main** to raise one's hand; **se laver les mains** to wash one's hands (8)

maintenant *adv.* now (4); **à partir de maintenant** from now on

maintenir (*like* **tenir**) *irreg.* to maintain

maire *m.* mayor

mairie *f.* city hall (12)

mais *conj.* but; **mais aussi** but also; **mais non** (but) of course not; **mais si** of course (*affirmative answer to negative question*)

maïs *m.* corn

maison *f.* home, house (9); **à la maison** at home; **habiter une maison** to live in a house; **maison de retraite** retirement home; **maison individuelle** single-family home; **rentrer à la maison** to go home; **rester à la maison** to stay at home

maîtresse *f.* mistress

maîtrise *f.* master's degree

majestueux/euse *adj.* majestic, stately

majeur(e) *adj.* major

majorité *f.* majority

majuscule *adj., Gram.* upper case

mal *adv.* badly (6); poorly (10); *m.* (*pl.* **maux**) evil; pain; **avoir mal à (la gorge)** to have a sore (throat); **ça va mal** things are going badly; **pas mal** not bad(ly)

malade *adj.* sick

maladie *f.* (**infectieuse**) illness, disease (infectious) (15)

mâle *adj.* male

malheur *m.* unhappiness

malheureusement *adv.* unfortunately (10)

malhonnête *adj.* dishonest (2)

malhonnêtement *adv.* dishonestly (10)

malin(e) *adj.* clever; tricky

malsain(e) *adj.* unhealthy

maman *f., fam.* mom, mommy

manche *m.* handle; *f.* sleeve (6); **Manche** *f.* English Channel; **à manches courtes/longues** short-/long-sleeved (6)

manette *f.* video game control (7)

manger (**nous mangeons**) to eat (3); **aller manger chinois (italien/mexicain)** to go out for Chinese (Italian/Mexican) food (5); **rien à manger** nothing to eat; **salle** (*f.*) **à manger** dining room

manière *f.* manner; way

manifestation *f.* demonstration (*march*) (15)

manifester (**pour, contre**) to demonstrate (for, against) (15)

manquer to miss; to be missing (*s.th.*); **manquer à** to be missed by

manque *m.* lack, shortage

manteau *m.* coat (*full-length*) (6)

manuel *m.* (**scolaire**) textbook

manufacture *f.* manufacture

manuscrit *m.* manuscript

maquillage *m.* makeup

se maquiller (les yeux) to put on makeup (on one's eyes) (8)

marais *m.* marsh, swamp

marbre *m.* marble; **en marbre** *m.* made of marble (16)

marchand(e) *m., f.* shopkeeper

marcher to walk (13); to work (*machine, object*) (13)

marche *f.* walking; step (*stair*); **bâton** (*m.*) **de marche** walking stick

marché *m.* (**en plein air**) market (outdoor); deal, transaction; (5); **marché de travail** job market

mardi *m.* Tuesday (1); **le mardi** on Tuesdays; **Mardi gras** *m.* Mardi gras (*day before Lent*) (10)

mari *m.* husband (4)

mariage *m.* marriage; wedding; **(quatre) ans de mariage** (four) years of marriage

marié(e) *adj.* married (4)

se marier (avec) to get married (to) (11)

marionnette *f.* puppet

Maroc *m.* Morocco

marocain(e) *adj.* Moroccan; **Marocain(e)** Moroccan (*person*) *m., f.* (2)

marque *f.* trade name, brand, make

marquer to mark, indicate

Marquises (les îles) *f. pl.* Marquesas Islands

marquisien(ne) *adj.* Marquesan; **Marquisien(ne)** *m., f.* Marquesan (*person*)

marre: j'en ai marre de... I'm tired of ...

marron *adj., inv.* brown (*eyes, hair*) (2); *m.* chestnut; **dinde** (*f.*) **aux marrons** turkey with chestnuts

mars March (1)

Martinique *f.* Martinique

mascara *m.* mascara

mascotte *f.* mascot, symbol

masculin(e) *adj.* masculine

masque *m.* mask; **bal** (*m.*) **masqué** masked ball

massif *m.* mountain range

master *m.* master's degree (11)

match *m.* (**de sport**) sports match (7)

matériel *m.* material(s); **matériel(le)** *adj.* material

maternelle *adj.* maternal; **école** (*f.*) **maternelle** nursery school, preschool; **langue** (*f.*) **maternelle** native language

mathématiques (*fam.* **maths**) *f. pl.* mathematics (math) (1)

matière *f.* subject matter (*academic*) (1); material; *pl.* materials (*building*) (16); **matière grasse** fat (*in food*)

matin *m.* morning (3); **du matin** in the morning (3)

matinal(e) *adj.* morning

matinée *f.* morning (*duration*); **faire la grasse matinée** to sleep in

mauvais(e) *adj.* bad (2); **avoir mauvaise mine** to look bad; **il fait mauvais** it's bad (weather) out (3); **le/la plus mauvais/e** the worst; **mauvaise haleine** bad breath; **mauvaise note** bad grade; **plus mauvais** worse

mayonnaise *f.* mayonnaise

méchant(e) *adj.* mean (2)

mécontenter to displease, make unhappy

médaille *f.* medal

médecin/femme médecin *m., f.* doctor (4)

média (*m.*) **de loisirs** form of entertainment; *pl.* the media

médiatiser to publicize

médical(e) *adj.* medical; **cabinet** (*m.*) **médical** medical office; **frais** (*m. pl.*) **médicaux** medical bills

médiéval(e) *adj.* medieval

médina *f.* old quarter (*of a North African city*)

Méditerranée *f.* Mediterranean Sea

méditerranéen(ne) *adj.* Mediterranean

méfiance *f.* suspicion

se méfier (de) to be suspicious (of)

meilleur(e) (que) *adj.* better (than) (9); **le/la/les meilleur(e)(s)** the best; **meilleur(e) ami(e)** *m., f.* best friend

mél *m.* e-mail

mélomane *m., f.* music lover

membre *m.* member

même *adj.* same; the very same; *adv.* even; **à vous de même** same to you; **de même** *adv.* likewise; **en même temps** at the same time; **et vous-même?** and you?; **le/la/les mêmes** the same one(s); **moi-même** myself; **quand même** anyway, even so

mémoire *m.* memory; *pl.* memoirs; **jeu** (*m.*) **de mémoire** memory game

menacer to threaten; **menacé(e)** *adj.* threatened; disturbed

ménage *m.* housework; **faire le ménage** to do housework (3)

ménager/ère *adj.* household (9); **appareil** (*m.*) **ménager** household appliance

mener (je mène) (à) to lead (to)

mensonge *m.* lie

mental(e) *adj.* mental

mentalité *f.* mentality, mindset

mentionner to mention

mentir (*like* **dormir**) *irreg.* to lie (6)

menton *m.* chin (8)

menu (*m.*) **à prix fixe** fixed-price menu

mépriser to despise, disdain

mer *f.* sea, ocean; **au bord de la mer** at the seashore; **fruits** (*m. pl.*) **de mer** shellfish; **région d'outre-mer (ROM)** overseas territory (*of France*)

merci *interj.* thank you; **merci beaucoup** thank you very much

mercredi *m.* Wednesday (1); **le mercredi** on Wednesdays

mère *f.* mother (4); **belle-mère** *f.* mother-in-law (4); **fête** (*f.*) **des Mères** Mother's Day (10) **grand-mère** *f.* grandmother (4)

mériter to deserve

mes *adj., m., f. pl.* my

messe *f.* mass

messieurs dames ladies and gentlemen

mesurer to measure

mettre (*p.p.* **mis**) *irreg.* to place, put (6); to put on; to turn on; to take (*time*); **mettre en scène** to put on, to direct (*a theater production*) (16); **mettre la table / le couvert** to set the table

métaphorique *adj.* metaphorical

météo *f., fam.* weather; **prévision** (*f.*) **météo** weather forecast

métier *m.* trade, profession (4); career (11)

métrage: long métrage *m.* feature-length film (16)

mètre *m.* meter; (**deux**) **mètres de haut/de long** (two) meters high/long; **c'est à… mètres** it's … meters away

métro *m.* subway (12); **aller en métro** to go by subway (12); **station** (*f.*) **de métro** subway station (7)

métropole *f.* metropolis, major city

métropolitain(e) *adj.* metropolitan

meubles *m. pl.* furniture (9)

mexicain(e) *adj.* Mexican; **Mexicain(e)** *m., f.* Mexican (*person*) (2); **aller manger mexicain** to go out for Mexican food (5)

Mexique *m.* Mexico; **Nouveau-Mexique** *m.* New Mexico

mezzo-soprano *m.* mezzo-soprano (16)

mi- mid; **mi-long(ue)** semi-long

miam miam! *interj.* yum! yum!

micro-onde: four (*m.*) **à micro-ondes** microwave oven (9)

micro *fam.* (**microphone**) *m.* microphone

midi noon; **après-midi** *m.* afternoon (3); **il est midi** it is noon (3)

mieux *adv.* (12) better; **aimer mieux** to prefer; **faire de son mieux** to do one's best; **il vaut mieux** + *inf.* it's preferable/better to (10, 11); feature-length film **il vaut mieux que** + *subj.* it's better that; **tant mieux!** *interj.* so much the better! great!

mignon(ne) *adj.* cute (2)

milieu *m.* environment; milieu, setting; middle (5); **au milieu de** in the middle of (5)

militaire *adj.* military; **école** (*f.*) **militaire** military school; **service** (*m.*) **militaire** military service (*conscription*)

mille *m. inv.* thousand (4)

millier *m.* (**de**) about a thousand (of)

million *m.* million

mime *m.* mime; **jeu** (*m.*) **de mimes** pantomime game (*charades*)

minaret *m.* minaret

mince *adj.* thin; slender (2)

mine *f.* appearance, demeanor; **avoir bonne/ mauvaise mine** to look good/bad

minéral(e) *adj.* mineral

ministère *m.* ministry, department (*government of*)

ministériel(le) *adj.* ministerial

ministre *m.* minister; **premier ministre** prime minister

minuit *m.* midnight (3); **il est minuit** it is midnight (3)

minute *f.* minute; **dans dix minutes** in ten minutes

miroir *m.* mirror (9)

mise *f.* placement; **mise en ligne (en pratique)** putting on line (into practice)

misérable *adj.* miserable

missionnaire *m., f.* missionary

mobile *m.* cell phone

moche *adj. fam.* ugly (6)

mode *f.* fashion, style; *m.* form, mode; **mode de vie** way of life

modèle *m.* model, example

modéré(e) *adj.* moderate; **habitation à loyer modéré (H.L.M.)** *publicly subsidized apartment blocks (France)*

moderne *adj.* modern (15)

modeste *adj.* modest, humble

modifier to modify, change

moi *pron., s. I,* me; **c'est moi** it's me; **chez moi** at my house; **dis-moi** tell me; **excusez-moi** *interj.* excuse me, pardon me; **laisse-moi/ laissez-moi tranquille!** *interj.* leave me alone! (13); **moi aussi** me too; **moi-même** myself; **moi non plus** me neither; **selon moi** in my view, opinion

moindre *adj.* less, lesser; **le/la/les moindre(s)** the least

moine *m.* monk

moins *adv.* less; minus; **au moins** at least; **le moins** the least (12); **moins de…** fewer than (*with numbers*); **moins le quart** quarter to (*the hour*) (3); **moins… que** less … than (9); **plus ou moins** more or less

mois *m.* month (1)

moment *m.* moment; **au dernier moment** at the last minute; **en ce moment** now, currently

mon *adj., m., s.* my

monarchie *f.* monarchy (14)

monde *m.* world; people, society; **beaucoup de monde, du monde** a lot of people; **Coupe** (*f.*) **du monde** World Cup (*soccer*); **Nouveau Monde** the new world; **peu de monde** few people; **tour** (*m.*) **du monde** trip around the world; **tout le monde** everyone

mondial(e) *adj.* world, world-wide (14); **Première (Deuxième) Guerre** (*f.*) **mondiale** First (Second) World War

monsieur (M.) (*pl.* **messieurs**) *m.* Mister, sir (gentlemen) (1)

monstre *m.* monster

mont *m.* mount

montagne *f.* mountain; **à la montagne** in/to the mountains

monter (dans) to climb (into), to go up (7)

montre *f.* watch; wrist watch

montrer to show

montréalais(e) *adj.* from Montreal; **Montréalais(e)** *m., f.* person from Montreal

monument *m.* monument

se moquer de to make fun of (8)

morale *f.* moral philosophy

moralité *f.* morals, morality

morceau (de) *m.* piece (of)

mort *f.* death (14); *adj.* dead

mosquée *f.* mosque (12)

mot *m.* word

motivation *f.* motive; **lettre** (*f.*) **de motivation** cover letter; letter in support of one's application

motivé(e) *adj.* motivated

motocyclette (*fam.* **moto**) *f.* motorcycle (12); **aller à moto** to go by motorcycle (12)

moule *f.* mussel (5); **moules-frites** *m.* mussels with French fries (*Belgium*)

moulin *m.* windmill

mourir (*p.p.* **mort**) *irreg.* to die (7)

moustache *f.* mustache

mouvant(e) *adj.* moving; mobile

mouvement *m.* movement; **mouvement artistique** artistic movement

moyen français *m.* Middle French (1300-1600)

moyen *m.* means, way; **moyen de transport** means of transportation (12); **meilleur moyen** better way

moyen(ne) *adj.* average; **Moyen Âge** *m.* Middle Ages

mozzarella *f.* mozarella cheese

multicolore *adj.* multicolored (6)

municipal(e) *adj.* (*m. pl.* **municipaux**) municipal

mur *m.* wall (1)

muscle *m.* muscle

musée *m.* museum (7)

musical(e) *adj.* musical

musicien(ne) *m., f.* musician (4)

musique *f.* music (1); **écouter de la musique** to listen to music

musulman(e) *adj.* muslim

mystère *m.* mystery

mystérieux/euse *adj.* mysterious

mythologique *adj.* mythological

N

nager to swim (3)

naïf/ive *adj.* naive

naissance *f.* birth (14)

naître (*p.p.* **né**) *irreg.* to be born (7)

nappe *f.* tablecloth (5)

natation *f.* swimming; **faire de la natation** to go swimming

nation *f.* nation (14)

national(le) *adj.* national; **fête** (*f.*) **nationale** national holiday

nationalité *f.* nationality (2); **être de nationalité…** to be of … nationality (2); **quelle est ta/votre nationalité?** what is your nationality? (2)

naturaliste *adj.* naturalist(ic); *m., f.* naturalist

nature *f.* nature; **en pleine nature** in the great outdoors

naturel(le) *adj.* natural

naturellement *adv.* naturally

nautique *adj.* nautical; **ski** (*m.*) **nautique** water skiing

navette *f.* shuttle

nazisme *m.* Nazism

ne (n') *adv.* no; not; **ne... aucun** none, not one, not any; **ne... jamais** never; **ne... ni... ni** neither ... nor; **ne... nulle part** nowhere (5); **ne... pas** not (2); **ne... pas du tout** not at all; **ne... pas encore** not yet (5); **ne... personne** no one, nobody (5); **ne... plus** no more, no longer, not anymore (5); **ne... rien** nothing (5); **n'est-ce pas** isn't it (so)?, isn't that right?

néanmoins *adv.* nonetheless

nécessaire *adj.* necessary; **c'est nécessaire** *interj.* it's necessary; **il est nécessaire de + *inf.*** it's necessary to (11); **il est nécessaire que + *subj.*** it's necessary that

négatif/ive *adj.* negative

négation *f., Gram.* negation

négativement *adv.* negatively

neige *f.* snow; **bonhomme de neige** snowman; **il neige** it is snowing (13); **neiger** to snow (13)

néoclassicisme *m.* neoclassic mouvment

néoclassique *adj.* neoclassical (16)

nerveux/euse *adj.* nervous, anxious

neuf *adj.* nine (1)

neuvième *adj.* ninth

neveu *m.* nephew (4)

nez *m.* nose (8)

ni *conj.* neither; nor; **ne... ni... ni** neither ... nor; **ni l'un ni l'autre** neither one nor the other

nièce *f.* niece (4)

niveau *m.* level

noces: voyage (*m.*) **de noces** honeymoon

Noël *f.* Christmas (10); **bûche** (*f.*) **de Noël** Christmas log (*chocolate roll cake*) (10); **Joyeux Noël** *interj.* Merry Christmas (10); **la veille de Noël** Christmas Eve (10); **père Noël** Father Christmas, Santa Claus (10); **réveillon (de Noël)** *m.* Christmas Eve dinner (10); **sapin** (*m.*) **de Noël** Christmas tree (10)

noir(e) black (2); **en noir et blanc** black and white (*film, photography*) (16); **il fait noir** it's dark outside

noisette *adj.* hazel (*eyes*) (2)

nom *m.* name; **nom de famille** last name

nombre *m.* number (1); **bon nombre (de)** a large number (of); **nombres** (*m. pl.*) **ordinaux** ordinal numbers (14)

nombreux/euses *adj.* many, numerous (14)

nommer to nominate

nord *m.* north; **Afrique (Amérique)** (*f.*) **du Nord** North Africa (America); **nord-africain(e)** *adj.* North African; **Nord-africain(e)** *m., f.* North African (*person*); **nord-américain(e)** *adj.* North American; **Nord-américain(e)** *m., f.* North American (*person*)

normal(e) *adj.* normal (2)

normalement *adv.* usually

normand(e) *adj.* Norman; **Normand(e)** *m., f.* Norman (*person*)

nos *adj., m., f. pl.* our

notamment *adv.* notably

note *f.* note; grade (*academic*); **de bonnes (mauvaises) notes** good (bad) grades; **prendre des notes** to take notes

noter to notice; to note, write down; **à noter** to be noticed

notre *adj., m., f., s.* our

nôtre(s): le/la/les nôtres *pron. m., f.* ours; our own

nous *pron., pl.* we; us; **nous-mêmes** *pron., pl.* ourselves; **nous sommes lundi (mardi...)** it's Monday (Tuesday ...); **quel jour sommes-nous?** what day is it?

nourrir to nourish

nourriture *f.* food

nouveau (nouvel, nouvelle [nouveaux, nouvelles]) *adj.* new (2); **de nouveau** again; **Nouveau-Brunswick** *m.* New Brunswick; **Nouveau-Mexique** *m.* New Mexico; **Nouvel An** *m.* New Year's; **La Nouvelle-Orléans** New Orleans; **Nouvelle-Angleterre** *f.* (**-Calédonie, -Écosse, -Zélande**) New England, New Caledonia, Nova Scotia, New Zealand

nouveauté *f.* novelty

nouvelle *f.* story (short) (11); news (*piece of*)

novembre November (1)

noyau *m.* nut, pit

nucléaire *adj.* nuclear

nuit *f.* night; **boîte** (*f.*) **de nuit** nightclub, club; **de nuit** at night

nul(le) *adj.* null; worthless; *fam.* no good; **nulle part** nowhere (5); **ne... nulle part** nowhere (5)

numérique *adj.* digital; **magnétoscope numérique** digital recorder (DVR) (7)

numéro *m.* size (*shoes*) (6); **numéro de téléphone** telephone number; **tu fais /vous faites quel numéro?** what size do you take? (*clothing*) (6)

numéroter to number; **en numérotant** by numbering

O

obéir to obey

obèse *adj.* obese

obésité *f.* obesity

objet *m.* object; **pronom** (*m.*) **complément d'objet direct (indirect)** *Gram.* direct (indirect) object pronoun

obligatoire *adj.* obligatory

obliger to oblige, make (someone) do something

obligé(e) *adj.* obligated (13); **si je n'étais pas obligé(e) de...** If I didn't have to ... (13)

obligeant(e) *adj.* obliging, kind

obscur(e) *adj.* dark, gloomy

observateur/trice *m., f.* observer

observer to observe

obstacle *m.* obstacle

obtenir (*like* **tenir**) *irreg.* to obtain, get (11); **obtenir un diplôme** to graduate (11)

occasion *f.* occasion; opportunity, chance; **avoir l'occasion (de)** to have the opportunity, chance (to)

occidental(e) *adj.* (*m. pl.* **occidentaux**) western, occidental; **Afrique** (*f.*) **occidentale** Western Africa

occitan *m.* Occitan language (*spoken in southern France*)

occupé(e) *adj.* busy (2)

occuper to occupy; **s'occuper de** to take care of (8)

océan *m.* ocean (12)

octobre October (1)

œuf *m.* egg (5)

œuvre *f.* (**d'art**) work; artistic work (16)

officiel(le) *adj.* official

officiellement *adv.* officially

officier *m.* officer

offrir (*like* **ouvrir**) *irreg.* to offer (10)

oie *f.* goose

oignon *m.* onion (5)

oiseau (*pl.* **oiseaux**) *m.* bird

olive *f.* olive; **huile** (*f.*) **d'olive** olive oil

omelette *f.* omelette

oncle *m.* uncle (4)

onze *adj.* eleven (1)

onzième *adj.* eleventh

opéra *m.* opera

opportunité *f.* opportunity

opposé(e) *adj.* opposite; *m.* the opposite

optimiste *m., f.* optimist

optionnel(le) *adj.* optional

orage (*m.*) storm; **il y des orages** (*m.*) there are storms

orageux/euse *adj.* stormy

oral(e) *adj.* (*m. pl.* **oraux**) oral; **à l'oral** *adv.* orally; **tradition** (*f.*) **orale** oral tradition

oralement *adv.* orally

orange *adj. inv., m.* orange (*color*); *f.* orange (*fruit*) (5); **jus** (*m.*) **d'orange** orange juice (5)

ordinaire *adj.* ordinary

ordinal(e) *adj.* (*m. pl.* **ordinaux**) ordinal; **nombres** (*m. pl.*) **ordinaux** ordinal numbers

ordinateur *m.* computer (1); **ordinateur de bureau** desktop computer; **ordinateur portable** laptop computer; **sur ordinateur** on the computer

ordonnance *f.* ordinance, regulation

ordonné(e) *adj.* organized

ordre *m.* command (13); order (*military*); **dans l'ordre chronologique** in chronological order; **en ordre** in order, neat; **par ordre d'importance** in order of importance

ordures (*f. pl.*) trash, waste

oreille *f.* ear (8)

oreiller *m.* pillow (*for bed*) (9)

organisation *f.* organization

organiser to organize

organismes (*m. pl.*) **génétiquement modifiés (OGM)** genetically modified organism (GMO) (15)

original(e) *adj.* (*m. pl.* **originaux**) original, eccentric

originalité *f.* originality, imagination

origine *f.* **à l'origine** at/in the beginning (*time*); **être d'origine (italienne)** to be Italian (of Italian origin) (2); **pays d'origine** country of birth, origin

orné(e) *adj.* decorated

ornementation *f.* ornamentation

orteil *m.* toe (8)

orthographe *f.* spelling (14)

où *adv.* where (2); *pron.* where, in which, when; **tu es d'où? d'où êtes-vous?** where are you from? (2)

ouais (*fam.*) yes

oublier (de) to forget (to) (14)

ouest *m.* west; **à l'ouest** to the west; **Afrique** (*f.*) **de l'Ouest** West Africa; **nord-ouest** *m.* northwest; **sud-ouest** *m.* southwest oui yes (5)

outil *m.* (**technologique**) tool (technology) (6)

outrage *m.* serious offense

outre *prep.* outside (of); **d'outre-mer** *adj.* overseas

ouvert(e) *adj.* open; frank

ouverture *f.* opening; **heures** (*m. pl.*) **d'ouverture** operating hours

ouvrier/ière *m., f.* worker (4)

ouvrir (*p.p.* **ouvert**) *irreg.* to open (10)

ovale *adj., m.* oval

P

pacifique *adj.* pacific; **océan** (*m.*) **Pacifique** Pacific Ocean

pacsé(e) *adj.* civil union (in a) (4)

se pacser to enter into a civil union

pacte (*m.*) civil civil union

paella (*f.*) **espagnole** paella (*dish of rice, chicken, seafood*)

page *f.* page; **à la page…** on page …

paiement *m.* payment (13)

pain *m.* (**de campagne**) (loaf of) bread (rustic) (5); **grille-pain** *m.* toaster (9)

paire (**de**) *f.* pair (of)

paix *f.* peace

palais *m.* palace (12)

palmier *m.* palm tree

panne *f.* (*mechanical*) breakdown

panneau *m.* billboard, sign

panorama *m.* panorama

panser to dress (*wound*)

pantalon *m.* pants (*pair of*) (6); **à pattes** (*f. pl.*) **d'éléphant** bell-bottomed pants (6)

pantomime *f.* pantomime

pape *m.* pope

papeetien(ne) *adj.* from, of Papeete (*Tahiti*); **Papeetien(ne)** *m., f.* from, of Papeete (*person*)

papier *m.* paper; **feuille** (*f.*) **de papier** sheet of paper

Pâque *f.* Passover (10)

Pâques *m.* Easter (10); **cloches** (*f. pl.*) **de Pâques** Easter bells (10)

paquet *m.* (**de**) package (of)

par *prep.* by, through, with; **commencer (finir) par** to begin (end up) by; **par avion** air-mail; **par cœur** by heart; **par exemple** for example; **par *hasard** by chance; **par jour (semaine, etc…)** per day (week, etc …); **par ordre d'importance** in order of importance; **par rapport à** in comparison to, in relation to; **par terre** on the ground; **une fois par semaine** once a week

paradis *m.* paradise

paragraphe *m.* paragraph

parapluie *m.* umbrella (6)

parasol *m.* beach umbrella; parasol

parc *m.* park

parce que *conj.* because (14)

pardon *interj.* pardon (me), excuse me (3)

pareillement *adv.* similarly

pareil(le) *adj.* the same; similar

parenthèses: **entre parenthèses** (*f. pl.*) in parentheses

parents *m. pl.* parents; relatives (4); **grands-parents** *m. pl.* grandparents (4)

paresseux/euse *adj.* lazy

parfait(e) *adj.* perfect

parfaitement *adv.* perfectly

parfois *adv.* sometimes (3)

parfum *m.* perfume

parfumeur/euse *m., f.* perfume maker, vendor

parisien(ne) *adj.* Parisian; **Parisien(ne)** *m., f.* Parisian (*person*)

parking *m.* parking lot (9)

parlementaire *adj.* parliamentary

parler (à, de) to speak (to, of) (2); to talk; *m.* speech; **parler couramment** to speak fluently; **pour parler de…** to talk about …

parmi *prep.* among

parole *f.* word

part *f.* share, portion; **à part** besides; separately; **de ma part** for my part; on my behalf; **nulle part** nowhere (5); **pour ma part** in my opinion; **quelque part** somewhere

partager to share

partance: **en partance** (*f.*) **pour** departing for

partenaire *m., f.* partner

parti *m.* (*political*) party

participe *m., Gram.* participle; **participe** (*m., Gram.*) **passé** past participle

participer à to participate in

particulier/ière *adj.* particular; special; **en particulier** in particular

particulièrement *adv.* particularly

partie *f.* part (8); **faire partie de** to be a part of; **partie du corps** body part

partiel(le) *adj.* partial

partir (*like* **dormir**) (à, pour, de) *irreg.* to leave (for, from) (6); **à partir de (maintenant)** *prep.* starting from (now); **partir en vacances** to leave on vacation

partitif/ive *adj., Gram.* partitive

partout *adv.* everywhere (10)

pas (**ne… pas**) not (1); **ne… pas du tout** not at all; **ne… pas encore** not yet; **n'est-ce pas?** isn't it (so), isn't that right?; **pas du tout** not at all; **pas mal** not bad(ly) (1); **pas trop** not really (15)

passage *m.* passage; passing; reading passage

passé *m.; adj.* past, gone, last; **l'année** (*f.*) **passée** last year; **participe** (*m., Gram.*) **passé** past participle; **passé composé** *Gram.* compound past tense; **passé simple** *Gram.* past tense (*literary*)

passeport *m.* passport (13)

passer to pass, spend (*time*); to put through (*by phone*); to show, play (*a film, record*); **passer en premier** to go first; **passer les vacances** to spend one's vacation; **passer (par)** to pass (by, through) (7); **passer son temps à** to spend one's time doing; **passer un examen** to take a test; **passez-le-moi!** *interj.* give it to me!; **qu'est-ce qui se passe?** what's happening?; **se passer** to happen; **tout se passe bien** everything is going well

passe-temps *m.* pastime, hobby

passionner (**par**) to be passionate (about)

pâté (*m.*) **de foie gras** goose liver paté

paternellement *adv.* fatherly

pâtes *f. pl.* pasta (5)

patient(e) *adj.* patient

patin *m.* skate; **faire du patin à glace** to go ice skating (13)

patinoire *f.* skating rink

pâtisserie *f.* pastry (5); **boulangerie (-pâtisserie)** *f.* bakery (pastry shop) (5)

patois *m.* patois, dialect (14)

patrimoine *m.* legacy, heritage

patriotisme *m.* patriotism

patron(ne) *m., f.* boss, employer

patte *f.* paw

pause *f.* break; **pause-déjeuner** lunch break

pauvre *adj.* poor (2)

pavée: **rue** (*f.*) **pavée** cobblestone street (12)

pavillon *m.* house, lodge

payer (**je paie**) to pay, pay for (13); **bien payant** well-paying; **congés payés** paid holidays, vacation

pays *m.* country (14); **Pays basque** Basque country; **pays d'origine** country of birth, origin

paysage *m.* landscape; scenery

paysan(ne) *m., f.* farm worker; peasant

président-directeur général (PDG) company president

péage *m.* toll

peau *f.* skin

pêche *f.* peach (5); **aller à la pêche** to go fishing (13)

peigner to comb; **se peigner** to comb one's hair (8)

peignoir *m.* bathrobe

peindre (*like* **craindre**) *irreg.* (**à l'huile**) to paint (in oil) (16)

peintre *m.* painter (16); **femme** (*f.*) **peintre** female painter

peinture *f.* painting (16)

péjoratif/ive *adj.* perjorative, having a negative connotation

pèlerinage *m.* pilgrimage

pèlerin *m.* pilgrim

pelote (*f.*) **basque** Basque sport played with a ball and bat

pelouse *f.* lawn (9)

pendant *prep.* for, during; **pendant combien de temps…?** for how long … ? **pendant que** *conj.* while

péninsule *f.* peninsula

penser to think; to reflect; to expect; to intend; **je ne pense pas** I don't think so; **penser +** *inf.* to plan on (*doing s.th.*); **penser à** to think of, think about; **penser de** to think of, have an opinion of (6)

penseur/euse *m., f.* thinker

Pentecôte *f.* Pentecost

perdre to lose (5); to waste; **perdre du poids** to lose weight; **perdre la raison** to lose one's mind; **se perdre** to get lost

père *m.* father (4); **beau-père** *m.* father-in-law (4); **fête** (*f.*) **des Pères** Father's Day (10); **grand-père** *m.* grandfather (4); **père au foyer** *m.* stay-at-home dad (4); **père (papa) Noël** *m.* Santa Claus, Father Christmas (10)

perfectionner to perfect

période *f.* period (14); **période du temps** time period (14)

périphérie *f.* periphery, perimeter

permettre (*like* **mettre**) (**de**) *irreg.* to permit, allow, let

permis (*m.*) **de conduire** driver's license

pernicieux/euse *adj.* dangerous, fatal

persil *m.* parsley

personnage *m.* (*fictional*) character; personality; celebrity; **personnage principal** main character

personnalité *f.* personality

personne *f.* person; *pron.* no one (7); **ne... personne** no one (5)

personnel(le) *adj.* personal

personnellement *adv.* personally

personnification *f.* personification

perspective *f.* view; perspective

perte *f.* loss (14)

pertinent(e) *adj.* pertinent, relevant

peser (**je pèse**) to weigh

pétanque *f.* petanque (*French game of lawn bowling*)

petit(e) *adj.* little; short (2); very young (9); *m. pl.* young ones; little ones; **petit(e) ami(e)** *m., f.* boyfriend, girlfriend (11); **petit déjeuner** *m.* breakfast (5); **petit-fils** *m.* grandson (4); **petite-fille** *f.* granddaughter (4); **petites annonces** *f. pl.* (classified) ads; **petits-enfants** *m. pl.* grandchildren (4); **un petit peu** a little (bit)

peu (de) *adv.* little; few; not very; hardly (5); **à peu près** *adv.* nearly; **encore un peu** a little more; **peu à peu** little by little; **peu important** of little importance; **très peu (de)** very little (of); **un peu (court)** a little (short); **un peu plus** a little more

peuple *m.* nation; people (*of a country*)

peur *f.* fear; **avoir peur (de)** to be afraid (of) (PLS); **avoir peur que** + *subj.* to be afraid that

phare *m.* beacon

pharmacie *f.* pharmacy, drugstore

pharmacien(ne) *m., f.* pharmacist (4)

philosophie *f.* philosophy (1)

philtre *m.* potion (*magic*)

phonétique *f.* phonetics; *adj.* phonetic

photo(graphie) *f.* photograph, picture; **appareil (photo) numérique** digital camera

photographe *m., f.* photographer

photographie *f.* photography (1)

phrase *f.* sentence

physique *f.* physics (1); **complexe** (*m.*) **physique** physical complex; **trait** (*m.*) **physique** physical characteristic

piano *m.* piano; **jouer du piano** to play the piano

pièce *f.* piece; room (*of a house*) (9); coin; **2-pièces** (*m.*) one-bedroom apartment (9); **pièce de théâtre** (*theatrical*) play (7)

pied *m.* foot (8); **à pied** on foot (12)

piéton *m.* pedestrian; **piéton(ne)** *adj.* pedestrian

pieux/euse *adj.* pious

pilule *f.* pill

pinceau *m.* paintbrush; **coup de pinceau** brushstroke (16)

piquant(e) *adj.* spicy

pique-nique *m.* picnic; **faire un pique-nique** to go on a picnic

pire *adj., adv.* worse (9); **le/la/les pire(s)** the worst

piscine *f.* swimming pool

piste *f.* path, trail; course; slope; **piste cyclable** bike path (12)

pizza *f.* pizza

placard *m.* closet (9)

place *f.* place; position; square (*city*) (12); seat (7); **à la place de** in place of; **à ta place...** if I were you ...; **changer de place** to change places; **sur place** on the spot; right here

plafond *m.* ceiling (16)

plage *f.* beach (12)

plaie *f.* wound

se plaindre (de) (*like* **craindre**) *irreg.* to complain (about)

plaire (*p.p.* **plu**) (**à**) to please (11); **ça m'a plu** I liked that; **s'il vous (te) plaît** *interj.* please

plaisir *m.* pleasure; **avec plaisir** with pleasure (5); **c'est un vrai plaisir** (**de/d'** + *inf.*) it's a real pleasure (to) (11)

plan *m.* map (*city*) (12); **plan d'action** plan of action; **plan du quartier** neighborhood map

planche *f.* board; **faire de la planche à voile** to go windsurfing (13); **planche à repasser** ironing board (9); **planche à voile** sailboard; **planche de surf** surfboard

planer to glide

planète *f.* planet

planifier to plan

plante *f.* plant

plaque *f.* package (*of frozen food, chocolate*)

plastique *m.* plastic

plat *m.* dish (*type of food*); course (*meal*); **plat du jour** today's special (*restaurant*); **plat principal** main course; main dish

plâtre *m.* plaster

plein(e) (de) *adj.* full (of); complete; **en plein air** outdoor; **en pleine face** right in the face; **en pleine nature** in the great outdoors

pleurer to cry, weep

pleuvoir (*p.p.* **plu**) *irreg.* to rain (13); **il pleut** it is raining (13)

plier to bend

plongée *f.* (**sous-marine**) snorkeling (scuba diving)

pluie *f.* rain

plupart: la plupart de *f.* most (of); the majority (of)

pluriel(le) *adj.* plural

plus (de) *adv.* more (of) (9); plus; **à plus tard, à plus** *fam.* see you later, see ya' (1); **de plus en plus** more and more; **en plus** in addition; **le plus** + *adv.* most; **le/la/les plus** + *adj.* most (12); **moi non plus** me neither; **ne... plus** no longer, no more; **plus de place** no more room; **plus d'un/d'une...** more than one ...; **plus en détail** in more detail; **plus... que** more ... than (9); **plus-que-parfait** *Gram.* pluperfect (*tense*); **plus tard** later

plusieurs (de) *adj., pron.* several (of) (14)

plutôt *adv.* instead; rather

poème *m.* poem (16); **recueil** (*m.*) **de poèmes** collection of poetry (11)

poésie *f.* poetry (16)

poète/femme poète *m., f.* poet (16)

poétique *adj.* poetic

point *m.* point; spot; period (*punctuation*); **à quel point...** to what extent ...; **être sur le point de** to be on the verge of; **point de départ** starting point; **point de repère** reference point (*geographical/historical*) (14); **point de vue** point of view; **rond-point** *m.* traffic circle

pointe *f.* point, tip; **heures** (*f. pl.*) **de pointe** rush hour; **sur pointes/en pointe** on point (*ballet*) (16); **technologies** (*f. pl.*) **de pointe** state-of-the-art technology

pointillisme *m.* pointillism

poire *f.* pear (5)

pois *m. pl.* peas; dots; **à pois** polka dot (6)

poisson *m.* fish (4); **poisson d'avril** April Fool's Day trick (10); **poisson** (*m.*) **rouge** goldfish (4)

poissonier/ière *m., f.* fishmonger, person who sells fish

poissonnerie *f.* fish market (5)

poitrine *f.* chest (8)

poivre *m.* pepper (5)

poivron (*m.*) **rouge/vert** red/green bellpepper (5)

poli(e) *adj.* polite (2)

police *f.* police

policier/ière *m., f.* policeman/policewoman (4); *adj.* pertaining to the police

politesse *f.* politeness, manners; **formule** *f.* **de politesse** polite expresssion

politique *f.* politics (15); policy; *adj.* political; **homme (femme) politique** *m., f.* politician; **sciences** (*f. pl.*) **politiques** political science

pollution *f.* pollution (12)

Polynésie (*f.*) **française** French Polynesia

pomme *f.* apple (5); **pomme de terre** potato (5); **tarte aux pommes** apple tart, pie

ponctuel(le) *adj.* punctual

ponctuellement *adv.* punctually (10)

pont *m.* bridge (12); **faire le pont** to take an extra vacation day at the beginning or end of a holiday

populaire *adj.* popular; common; of the people

population *f.* population; **population active** workforce (15)

porc *m.* pork; **rôti** (*m.*) **de porc** pork roast

port *m.* port (12); **port** (*m.*) **du voile** wearing of the (Islamic) headscarf

portable *m.* cell phone (6); laptop computer (1)

porte *f.* door (1); stop; exit (*metro*); gate; **porte d'entrée** entrance

porte-parole *m.* public relations spokesperson

porter to carry; to wear (6)

portrait *m.* portrait, picture

poser to put (down); to postulate; to ask; **poser une question** to ask a question

positif/ive *adj.* positive

positivement *adv.* positively

posséder (**je possède**) to possess, own

possibilité *f.* possibility

possible *adj.* possible; **bien possible** very possible; **il est possible que** + *subj.* it's possible that; **le plus tôt possible** as early as possible; **si possible** if possible

poste *m.* job, position (11); *f.* post office; **bureau** (*m.*) **de poste** post office; **trouver un poste** to find a job (11)

postale: carte (*f.*) **postale** postcard

poster *m.* poster

poster to mail; to post (*message*)

post-impressionnisme *m.* post-impressionism

posture *f.* pose (*yoga*)

pot *m. fam.* drink; **prendre un pot** to go out for a drink (5)

potentiel(le) *adj.* potential, possible

poubelle *f.* garbage can, trash bin

pouce *m.* thumb (8); inch; **… pouces de haut** … inches high

poule *f.* hen

poulet *m.* chicken (5)

pour *prep.* for; in order to (14); **pour ma part** in my opinion; as for me; **pour que** + *subj.* in order to

pourboire *m.* tip

pour cent *m.* percent

pourcentage *m.* percentage

pourquoi *adv., conj.* why (3); **c'est pourquoi** that's why; **pourquoi pas?** why not? (5)

poursuite *f.* pursuit

poursuivre (*like* suivre) *irreg.* (ses études) to pursue, continue (one's studies) (11)

pouvoir (*p.p.* pu) *irreg.* to be able to, can (7); *m.* power, strength; **je ne peux pas** I can't (5); **il se peut que** it's possible that (15); **je pourrais (avoir)…** I could (have) … (5); **pourrais-tu/pourriez-vous…** could you …

pratiquant(e) *adj.* practicing

pratique *adj.* practical; *f.* practice

pratiquer to play, perform (*sport, activity*)

précaution *f.* precaution

précédant(e) *adj.* preceding

précéder (je précède) to precede

préchauffer to preheat

prêcher to preach

précis(e) *adj.* precise

préciser to clarify, specify

préconçu(e) *adj.* preconceived

prédéterminé(e) *adj.* predetermined

préférable *adj.* preferable, more advisable; **il est préférable de/d'** (+ *inf.*) it's preferable to (11); **il est preferable que** + *subj.* it is preferable that

préférer (je préfère) to prefer (3); **préferé(e)** favorite, preferred

préférence *f.* preference

préhistorique *adj.* prehistoric

préjugé *m.* prejudice

premier/ière *m., f., adj.* first (2); **en premier** first; **première étape** first step

prendre (*p.p.* pris) *irreg.* to take; to have (*to drink, eat*) (5); **je peux prendre votre commande?** can I take your order? (5); **prendre au sérieux** to take seriously; **prendre conscience de** to realize, become aware of; **prendre des notes** to take notes; **prendre des vacances** to take vacation; **prendre du poids** to gain weight (5); **prendre la défense de** to defend; **prendre soin de** to take care (of, to); **prendre son temps** to take one's time; **prendre un bain** to take a bath; **prendre un repas** to have a meal; **prendre un pot/un verre** to go out for a drink (5); **prendre une décision** make a decision (5); **prendre une douche** to take a shower

prénom *m.* first name, Christian name

préoccuper to worry; **se préoccuper de** to concern, preoccupy oneself with; to worry about

préoccupation *f.* worry

préparatifs *m. pl.* preparation(s)

préparatoire *adj.* prepatory

préparer to prepare (3); **préparer un examen** to study for an exam (3)

préposition *f. Gram.* preposition

prépositionnel(le) *adj. Gram.* prepositional

près de near, close to (2); **à peu près** nearly; **de plus près** more closely

présence *f.* presence

présent *m.* present (*time*); *adj.* present; **à présent** now, at the present time

présentateur/trice *m., f.* presenter

présentation *f.* presentation

présenter to present; to introduce; to put on a performance; **je vous (te) présente…** I want you to meet …; **se présenter** to run for office; to introduce oneself

préserver to preserve

présider to preside

président(e) *m., f.* president

président-directeur-général (PDG) *m., f.* chief executive officer (CEO) (11)

présidentiel(le) *adj.* presidential

presque *adv.* almost, nearly; **presque jamais** almost never

presse *f.* press (*media*)

se presser (de) to hurry, be in a rush (to)

prestigieux/euse *adj.* prestigious (14)

prêt(e) *adj.* ready

prétendre to claim (to be); **prétendre à** to claim, pretend to

prêter (à) to lend (to)

prévision (*f.*) météo weather forecast (13)

primaire *adj.* primary; **école** (*f.*) **primaire** primary school

princesse *f.* princess

principal(e) *adj.* principal, main, most important; **plat** (*m.*) **principal** main course; main dish; **personnage** (*m.*) **principal** main character

principe *m.* principle

printemps *m.* spring (1); **au printemps** in the spring (1)

prioritaire *adj.* of priority

priorité *f.* priority

prise (de) *f.* taking (of); **prise** (*f.*) **de conscience** growing awareness; **prise de la Bastille** storming of the Bastille Prison (July 14, 1789)

prison *f.* prison

privé(e) *adj.* private

privilégier to favor

prix *m.* cost, price (7); **à prix fixe** fixed price; **prix d'entrée** entrance price

probabilité *f.* probability

probable *adj.* probable, likely (15); **il est probable que** + *indic.* it is likely that

probablement *adv.* probably

problématique *adj.* problematic

problème *m.* problem; **gérer les problèmes** to manage, resolve problems

processus *m.* process

prochain(e) *adj.* next; coming; **à la prochaine** until next time; **l'année** (*f.*) **prochaine** next year; **la semaine prochaine**

proche (de) *adj., adv.* near, close (12); **futur** (*m.*) **proche** *Gram.* immediate (near) future

prodige *m.* prodigy

produire (*like* conduire) *irreg.* to produce

produit *m.* (agricole, biologique) product (agricultural, organic) (15)

professeur (*fam.* prof) *m., f.* professor (1); instructor

profession *f.* profession (11)

professionnel(le) *adj.* professional; **lycée** (*m.*) **professionnel** vocational high school (11)

profil *m.* profile

profiter de to take advantage of, profit from

profond(e) *adj.* deep

profondeur *f.* depth

programmation *f.* computer programing

programme *m.* program; agenda

progrès *m.* progress; **faire des progrès** to make progress

progresser to make progress

projet *m.* project; *pl.* plans; **bon projet** *interj.* good luck on your project; **projets d'avenir** future plans

promenade *f.* walk; ride; **faire une promenade** to take a walk (3)

promener (je promène) to take (*s.o.*) out for a walk; **se promener** to go for a walk (drive, ride), take a walk (8)

prompte *adj.* prompt

promu(e) *adj.* promoted

pronom *m., Gram.* pronoun; **pronom accentué (indéfini, interrogatif, personnel, relatif, sujet)** stressed (indefinite, interrogative, personal, relative, subject) pronoun; **pronom complément d'objet direct (indirect)** direct (indirect) object pronoun

pronominal(e) *adj., Gram.* prominal; **verbe** (*m.*) **pronominal** *Gram.* pronominal (reflexive) verb

prononcer to pronounce

prononciation *f.* pronunciation

prophète *m.* prophet

propos: **à propos de** about

proposer to propose

proposition *f.* proposal; offer

propre *adj.* own; clean

propriétaire *m., f.* owner; landlord

propriété *f.* property

prospectif/ive *adj.* prospective

protection *f.* protection (14)

protéger (je protège, nous protégeons) to protect

protéine *f.* protein

proto-français *m.* proto-French (*spoken 500–800 B.C.*)

provenir (*like* venir) de *irreg.* to come from; **en provenance de** coming from

proverbe *m.* proverb

province *f.* province

provision *f.* supply; *pl.* groceries

provoquer to provoke

prudent(e) *adj.* prudent, careful

prussien(ne) *adj.* Prussian

psychologie *f.* psychology (1)

psychologique *adj.* psychological

psychologue *m., f.* psychologist

public (publique) *adj.* public; *m.* public; audience; **grand public** wider audience

publicité (*fam.* **pub**) *f.* commercial; advertisement; advertising
publier to publish
puis *adv.* then, next (7); besides; **et puis** and then; and besides
puisque *conj.* because
puissant powerful (15)
pull-over (*fam.* **pull**) *m.* pullover sweater (6); **pull à col** (*m.*) **roulé** turtleneck sweater (6)
pur(e) *adj.* pure
purement *adv.* purely; exclusively
pureté *f.* purety
pyjama *m.* pajamas
pyramide *f.* pyramid

Q

qualité *f.* quality
quand *adv., conj.* when (1); **c'est quand, ton/votre anniversaire?** when is your birthday? (1); **depuis quand** since when (7); **quand même** even though; anyway; actually (15)
quantité *f.* quantity
quarante forty (1)
quart *m.* quarter; fourth; quarter of an hour; **et quart** quarter past (*the hour*) (3); **moins le quart** quarter to (*the hour*) (3); **un quart de vin** a quarter liter carafe of wine
quartier *m.* (**résidentiel, commercial**) district (residential, business); quarter; neighborhood (12); **quartier alentour** surrounding neighborhood; **quartier défavorisé** underprivileged neighborhood (15); **Quartier latin** Latin Quarter (*district in Paris*)
quasi *adj.* almost, nearly
quatorze fourteen (1)
quatorzième *adj.* fouteenth
quatre four (1); **quatre-vingts** eighty (4); **quatre-vingt un** eighty-one (4); **quatre-vingt-dix** ninety (4); **quatre-vingt-onze** ninety-one (4)
quatrième *adj.* fourth (14)
que (**qu'**) what; that, which; whom; **ne... que** *adv.* only; **parce que** because; **qu'en penses-tu?** what do you think of that?; **que pensez-vous de... ?** what do you think about ... ?; **qu'est-ce que... ?** what (*object*)... ? (8); **qu'est-ce que c'est?** what is it/that? (1); **qu'est-ce que c'est (que)** what is... (*asking for an explanation*)? (10) **qu'est-ce qu'il y a... ?** what is there... ? (1); **qu'est ce qui... ?** what (*subject*)... ? (8); **qu'est ce qui se passe?** what's happening?, what's going on? **qu'est-ce qu'on dit à quelqu'un... ?** what do you say to someone... ? (10) **que veut dire... ?** what does ... mean?
Québec *m.* Quebec (*province*); **Québec** (*city*)
québécois(e) *adj.* from (of) Quebec (2); **Québécois(e)** *m., f.* person from Quebec
quel(le)(s) *interr. adj.* what, which (1); *interj.* what a... (6); **à quelle heure... ?** (at) what time ... ? (3); **quel âge avez-vous?** how old are you? (2); **quel est ton/votre numéro (de téléphone)?** what is your (phone) number? (1); **quel jour sommes-nous (est-ce)?/on**

est quel jour (aujourd'hui)? what day is it (today)? (1); **quel temps fait-il?** how's the weather?; **quelle est la date (d'aujourd'hui)?** what is the date (today)? (1); **quelle heure est-il?/il est quelle heure?** what time is it? (3)
quelque(s) *adj.* some; a few (14); **quelque chose** *pron.* something; **quelque chose à dire, à ajouter** something to say, to add (16); **quelque chose de** + *adj.* something + *adj.*; **quelque part** somewhere (7); **servir à quelque chose** to be useful for something
quelquefois *adv.* sometimes
quelques-uns/unes *pron., pl.* some, a few
quelqu'un *pron.,* someone, somebody (2); **quelqu'un de (riche)** someone (rich) (2); **qu'est-ce qu'on dit à quelqu'un... ?** what do you say to someone ... ? (10)
question *f.* question (6); **en question** in question; **poser une question (à)** to ask a question (to s.o.); **question à poser** question to ask, to be asked; **question au sujet de (sur)** question about
questionnaire *m.* questionnaire
qui *pron.* who, whom (8); **qu'est ce qui... ?** what (*subject*)... ? (8); **qui est-ce?** who is it/that? (1); **qui est-ce que... ?** whom (*object*)... ? (8); **qui est-ce qui... ?** who (*subject*)... ?; **qui fait quoi?** who is doing what?
quinze *adj.* fifteen (1)
quinzième *adj.* fifteenth
quitter to leave (*s.o. or someplace*) (13); **quitter ce monde** to die; **se quitter** to separate, leave one another
quoi (**à quoi, de quoi**) *pron.* what, (to what, of what) (8); **à quoi sert-il?** what is it for?; **c'est quoi?** what is it?; **de quoi s'agit-il?** what is it about?; **il y a de quoi** + *inf.* there is enough to; **quoi d'autre?** what else?
quotidien(ne) *adj.* daily, everyday; *m.* daily life; **vie quotidienne** daily life

R

raccommoder to mend (*an article of clothing*) (15)
racine *f.* root; origin
racisme *m.* racism
raciste *adj.* racist (15)
raconter to tell, relate
radio *f.* radio
radis *m.* radish
rafting *m.* rafting; **faire du rafting** to go rafting (13)
raï *m.* raï (type of Moroccan music)
raide *adj.* stiff; straight (*hair*)
raison *f.* reason; **avoir raison** to be right (PLS)
raisonnable *adj.* reasonable, rational
rajeunir to become younger looking (6)
ramadan *m.* Ramadan (10)
ramasser to collect
randonnée *f.* hiking; hike; **faire de la randonnée** to go hiking (3)
rang *m.* rank, ranking; row

ranger to put away; organize; clean
rap *m.* rap music
râper to grate
rapide *adj.* rapid, fast
rapidement quickly (10)
rappel *m.* recall
rappeler (**je rappelle**) to remind; **se rappeler (de)** to recall, remember
rapport *m.* relation; **avoir un bon rapport (avec)** to be on good terms (with); **par rapport à** in comparison with
rarement *adv.* rarely (3)
raser to raze, demolish; **se raser** to shave (oneself) (8); **crème** (*f.*) **à raser** shaving cream
rassembler to put back together, reassemble; to gather together, assemble
rassemblement *m.* gathering
rater to fail (*a test*); to miss (*a bus*)
rayé(e) *adj.* striped (6)
réaction *f.* reaction
réagir to react
réalisateur/trice *m., f.* film director (16)
réaliser (un film) to direct (a film) (16); **réaliser ses reves** to realize one's dreams
réaliste *adj.* realistic
réalité *f.* reality; **en réalité** actually
récalcitrant(e) *adj.* recalcitrant, disobedient
récemment *adv.* recently, lately (4)
récent(e) *adj.* recent, new, late
recette *f.* recipe
recevoir (*p.p.* **reçu**) *irreg.* to receive (10)
réchauffement (*m.*) **de la planète** global warming (15)
recherche *f.* (*piece of*) research; search; **à la recherche de** in search of; **faire des recherches** to do research
rechercher to research; to seek out; to strive for; **recherché(e)** *adj.* sought after
réciproquement *adv.* similarly; mutually; l reciprocally
réciter *f.* to recite
recommandation *f.* recommendation
recommander to recommend
reconduire (*like* **conduire**) *irreg.* to bring back
reconnaître (*like* **connaître**) *irreg.* to recognize (12)
récrire (*like* **écrire**) *irreg.* to rewrite
recrutement *m.* recruitment
recueil (*m.*) **de poèmes** collection (of poems) (16)
recyclage *m.* recycling; **faire du recyclage** to recycle (15)
recycler to recycle (15)
redresser to put upright; to raise; to fix
réduire (*like* **conduire**) *irreg.* to reduce
réduit(e) *adj.* reduced
réel(le) *adj.* real
refaire (*p.p.* **refait**) *irreg.* to redo
référence *f.* reference; **faire référence à** to make reference to
réfléchi: pronom (*m.*) **réflechi** *Gram.* reflexive pronoun
réfléchir (à) to reflect (upon); to think (about) (6)
reflexe *m.* reflex
réforme *f.* reform
refuser (de) to refuse (to)

réfuter to refute; to argue against

regard *m.* look; viewpoint

regarder to look (at), watch (3); **se regarder** to look at oneself; to look at each other

régie *f.* government control; control room (TV *studio*); stage management (*theater*)

régime *m.* diet; régime

région *f.* region (14); **région d'outre-mer (ROM)** overseas territory (*of France*)

régional(e) *adj.* (*m. pl.* **régionaux**) regional (14)

règle *f.* (**de grammaire**) rule (grammar) (14)

régler (**je règle**) to regulate, adjust; **régler un compte** to settle a bill (13)

regretter to regret

regroupement *m.* grouping

régulier/ère *adj.* regular; normal

régulièrement regularly

reine *f.* queen

rejet (de) *m.* emission, discharge (of); rejection

rejeter (**je rejette**) to reject; to discharge, emit

relatif/ive *adj.* relative; **pronom** (*m.*) **relatif** *Gram.* reflexive pronoun

relation *f.* relation; relationship (11); **relation de couple** relationship as a couple; **relation orageuse** stormy relationship; **relations humaines** (*f. pl.*) human interaction; **relations** (*f. pl.*) **internationales** international relations (1)

relier to tie, link

religieux/euse *adj.* religious (14)

religion *f.* religion (14)

relire (*like* **lire**) to reread

remarquer to notice

remède *m.* remedy

remettre (*like* **mettre**) *irreg.* to hand in; to replace; to deliver

remonter à to date back to

remontrance *f.* reprimand

remplacer to replace

remplir to fill (in, out, up); **remplir un dossier d'application** to fill out an application

Renaissance *f.* Renaissance

rencontrer to meet, encounter; **se rencontrer** to meet; to get together (11)

rendre to give (back), return (*s.th.*) (5); to hand in (5); to render, make; **rendre visite à** to visit (*s.o.*) (5)

rendez-vous *m.* meeting; appointment; date

renier to disown

reine *f.* queen (14)

renommé(e) *adj.* famous, renowned; *f.* renown

renoncer to reject; to give up (*s.th.*)

renouveau *m.* renewal

renouvelable *adj.* renewable

rénover to renovate; to reform, overhaul

renseignement *m.* (*piece of*) information; *pl.* information

se renseigner sur to make inquiries about; get information about (8)

rentrée (*f.*) **des classes** start of the school year

rentrer to return (*to a place*); to go home (3)

répandre (*p.p.* **répandu**) *irreg.* to spread, spill; **se répandre** to spread

répandu(e) *adj.* widespread

réparer to repair

repas *m.* meal (5)

repasser to iron; **fer** (*m.*) **à repasser** iron; **planche** (*f.*) **à repasser** ironing board

repère: point (*m.*) **de repère** orientation point (*in time or space*)

répéter (**je répète**) to repeat

réplique *f.* reply, retort; replica, copy

répondre (**à**) to answer, respond (to) (5)

réponse *f.* answer, response; **bonne (mauvaise) réponse** right (wrong) answer

reportage *m.* reporting (11); commentary

repos *m.* rest; **aire** (*f.*) **de repos** rest stop; **maison** (*f.*) **de repos** rest home

reposer to put down, set down; **se reposer** to rest

reprendre (*like* **prendre**) *irreg.* to take (up) again; to have (eat) more, to have another helping (*food*)

représentatif/ive *adj.* representative

représenter to represent

reproducteur/trice *adj.* reproductive

reproduction *f.* reproduction, copy

reproduire (*like* **conduire**) *irreg.* to reproduce, copy

républicain(e) republican (14)

république *f.* republic (14)

réservation *f.* reservation; **faire une réservation** to make a reservation

réserver to reserve; to keep in store

résidence *f.* residence; apartment building (9); **résidence principale** primary residence; **résidence universitaire** dormitory building

résidentiel(le) *adj.* residential

résoudre (*p.p.* **résolu**) *irreg.* to solve, resolve

respecter to respect, have regard for

respectueux/euse *adj.* respectful

respirer to breathe

responsable *adj.* responsible

ressemblance *f.* ressemblance; similarity

ressembler à to resemble; **se ressembler** to look alike, be similar

ressource *f.* resource; **ressources naturelles** natural resources

restaurant *m.* restaurant; **au restaurant** to, at, in a restaurant (5); **restaurant universitaire** (*fam.* resto-U) university cafeteria

reste *m.* remainder

rester to stay, remain (3); **rester en forme** (*f.*) to stay in shape (8)

restriction *f.* restriction; **imposer des restrictions sur** to restrict, limit, control

résultat *m.* result

résumer to summarize

résumé *m.* summary

retard *m.* delay; **en retard** late (3)

retirer (**de l'argent de son compte-chèques**) to withdraw (money from one's checking account) (13)

retour *m.* return; **au retour** upon returning; **billet** (*m.*) **aller-retour** round-trip ticket

retourner to return (7)

retraite *f.* retirement; **prendre sa retraite** to retire; **maison** (*f.*) **de retraite** retirement home

retranscrire (*like* **écrire**) *irreg.* to retranscribe

rétrospectif/ive *adj.* retrospective

retroussez vos manches *interj.* roll up your sleeves (*to work*)

retrouver to find (again); to regain

réunion *f.* meeting; reunion

réunir to collect, gather together; **se réunir** to get together; to hold a meeting (8)

réussir (**à**) to succeed (at), be successful (in) (6); to pass (*a test*)

réussite *f.* success, accomplishment

réveil *m.* alarm clock

réveiller to wake, awaken (*s.o.*); **se réveiller** to awaken, wake up (8)

réveillon *m.* **de Noël / du Nouvel An** Christmas Eve / New Year's Eve party/dinner

révéler (**à**) (**je révèle**) to reveal (to)

revendiquer to claim; to demand

revenir (*like* **venir**) *irreg.* to return, come back (*to a place*) (4)

revenus *m. pl.* personal income

rêve *m.* dream

rêver (**de, à**) to dream (about, of)

réviser to review, revise

revoir (*like* **voir**) *irreg.* to see again; **au revoir** good-bye

révolte *f.* rebellion, revolt

révolution *f.* revolution (14)

révolutionnaire *m., f., adj.* revolutionary (14)

revue *f.* magazine; review; journal; **article** (*m.*) **de revue** magazine article (11);

rez-de-chaussée *m.* ground floor (9)

riche *adj.* rich (2)

richesse *f.* wealth; blessing

rideau (*pl.* **rideaux**) *m.* curtain (9)

rien (**ne... rien**) nothing (5); **de rien** not at all; don't mention it; you're welcome; **rien à (manger)** nothing to (eat); **rien de plus (énervant) que...** nothing more (annoying) than...

rigoler *fam.* to amuse, entertain; to be kidding

risque *m.* risk

risquer to risk; **ça risque de...** it is likely to...

rire (*p.p.* **ri**) *irreg.* to laugh; *m.* laughter

rituel *m.* ritual, custom

rival(e) *m., f., adj.* (*m. pl.* **rivaux**) rival

rivalité *f.* rivalry

rive *f.* riverbank (12); **Rive gauche (droite)** the Left (Right) Bank (*in Paris*)

rivière *f.* river (tributary) (12)

riz *m.* rice (5)

robe *f.* dress (6)

roi *m.* king (14)

rôle *m.* part, character, role; **à tour de rôle** in turn, by turns; **jouer (interpréter) le rôle (de)** to play the role (of)

romain(e) *adj.* Roman (14); **époque** (*f.*) **romaine** Roman era

roman *m.* novel (11)

roman(e) *adj.* Romance (*of the Romans*); **langue** (*f.*) **romane** Romance language

romanche *m.* Romansch (*language*)

romantique romantic (*romanticism*) (16)

romantisme *m.* romanticism

rond(e) *adj.* round; **rond-point** *m.* traffic circle (12)

rosace *f.* rose (stained-glass) window (16)

rose pink (2)

rosé: vin (*m.*) **rosé** rosé wine (5)

rôti de porc *m.* roast of pork (5)

rouge red (2); **vin** (*m.*) **rouge** red wine (5)

rougir to blush (6)

rouler to travel (*in a car, on a bike*); to roll (*along*)

route *f.* road; highway; en route on the way, en route

routier/ière *adj.* (pertaining to) road; carte (*f.*) routière road map

routine *f.* routine

roux (rousse) *m., f.* redhead; *adj.* redheaded; red (*hair*) (2)

rousseur: tache (*f.*) de rousseur freckle

royal(e) *adj.* royal (2)

royaume *m.* kingdom

rubrique *f.* headline; section

rue *f.* (pavée, à sens unique) street (cobblestone, one-way) (12)

ruelle *f.* (couverte) alley (covered) (12)

rugby *m.* rugby

rural(e) *adj.* (*m. pl.* ruraux) rural; country (*in the*)

russe *adj.* Russian; Russe *m., f.* Russian (*person*) (2)

Russie *f.* Russia

rythme *m.* rhythm

S

sa *adj., f. s.* his; her; its; one's

sable *m.* sand

sac *m.* sack; bag; sac à dos backpack; sac à main handbag, purse (6)

sachant *adj.* knowing; sache/sachez que... *interj.* know that ...

sage *adj.* wise; well-behaved

sagesse *f.* wisdom

Sagittaire *m.* Sagittarius

saigner to bleed

sain(e) *adj.* healthy

sainement *adv.* healthily

saint *m.* saint; Saint Jean-Baptiste (la fête du) *f.* Quebec national holiday (June 24) (10)

saison *f.* season (1)

salade *f.* (composée, verte) salad (mixed, green)

salaire *m.* salary (11)

salarié(e) *m., f.* salaried employee

salle *f.* room; auditorium; salle à manger *f.* dining room (9); salle de bains bathroom (*with bathtub or shower*) (9); salle de classe classroom (1); salle de concert concert hall (7); salle de séjour family/living room (9)

salon *m.* formal living room (9)

salut (*fam.*) hi; so long (1)

salutation *f.* greeting

samedi *m.* Saturday (1)

sandales *f. pl.* sandals (6)

sandwich *m.* sandwich; sandwich-baguette baguette sandwich (*on French bread*)

sans *prep.* without; sans-abri *m., f. inv.* homeless person

santé *f.* health; santé *interj.* cheers (10); être en bonne santé to be healthy (8)

sapin (*m.*) de Noël Christmas tree (10)

sarrasin: crêpe (*f.*) bretonne de sarrasin buckwheat crepe

satellite: télévision par satellite satellite television (7)

satisfaire (*like* faire) *irreg.* to satisfy

sauce *f.* sauce

saucisse *f.* sausage (5)

sauf *prep.* except

saumon *m.* salmon

saut (*m.*) élastique: faire du saut à l'élastique to go bungee-jumping (13)

sauter to jump

sauvage *adj.* wild

sauver to save

savoir (*p.p.* su) *irreg.* to know (a fact); to know how (7); pour en savoir plus to know (learn) more about; sachant *adj.* knowing; sache/sachez que... *interj.* know that ...

savon *m.* soap

savourer to savor

savoyard(e) *adj.* from the Haute-Savoie (*Alps*)

saxophone *m.* saxophone; jouer du saxophone to play the saxophone

scenario *m.* scenario; screenplay

scène *f.* stage; sur scène on stage (7); mettre en scène to stage (theater production); metteur en scène director (*theater*)

science *f.* science (1); science-fiction *f.* science fiction; sciences (*f. pl.*) économiques economics (1); sciences (*f. pl.*) politiques political science (1)

scolaire *adj.* (pertaining to) school

scolarité: frais (*m. pl.*) de scolarité tuition fees

Scorpion *m.* Scorpio (zodiac)

sculpter to sculpt

sculpteur *m.* sculptor (16); femme sculpteur (*f.*) sculptress

sculpture *f.* sculpture (16); sculpture sur neige ice sculpture

se souvenir (*like* venir) de *irreg.* to remember (8)

se spécialiser (en) to major (in) (8)

séance *f.* showing (*of a film*) (7)

sec (sèche) *adj.* dry

séché(e) *adj.* dried

sèche-linge *m.* clothes dryer (9)

second(e) *m., f., adj.* second (14); en seconde (2de) sophomore (in 10th grade) (11); Seconde Guerre (*f.*) mondiale Second World War

secondaire *adj.* secondary; école (*f.*) secondaire secondary school

secret *m.* secret; secret (secrète) *adj.* secret; en secret in secret

secteur *m.* sector

sécurité *f.* safety; security; carte (*f.*) de sécurité security card

sédentaire *adj.* sedentary (2)

sédentarité *f.* sedentariness

séducteur/euse *adj.* seductive

séduire (*like* conduire) *irreg.* to charm, win over; to seduce

Seine *f.* Seine (*river in Paris*)

seize sixteen (1)

seizième *adj.* sixteenth

séjour *m.* stay; sojourn; salle de séjour family/living room (9); titre (*m.*) de séjour residency card

sel *m.* salt (5)

sélectif/ive *adj.* selective

sélection *f.* selection

sélectionné(e) *adj.* selected

selon *prep.* according to; selon moi according to me, in my opinion

semaine *f.* week (1); en semaine *f.* during the week (3); semaine de congés week off (*of work*); semaine dernière (prochaine) last (next) week; semaine de travail work week

semblable (à) like, similar (to)

sembler to seem

semer (je sème) to plant seeds

semestre *m.* semester

semoule *f.* semolina flour

Sénégal *m.* Senegal

sénégalais(e) *adj.* Senegalese (2); Sénégalais(e) *m., f.* Senegalese person (2)

sens *m.* meaning; sense; way, direction; à sens unique one-way (*street*); sens de l'humour sense of humor; sens figuré figurative sense

sensibilité *f.* sensibility

sentiment *m.* feeling

sentimental(e) *adj.* sentimental; vie (*f.*) sentimentale emotional life

sentir (*like* dormir) *irreg.* to smell (6); to feel; to sense; se sentir (malade) to feel (sick) (8)

séparément *adv.* separately

séparer to separate (11)

sept *adj.* seven (1)

septembre September (1)

septième *adj.* seventeenth

série *f.* series (16); série comique (romantique) comedy (romantic) series (*TV*); série télévisée television show (16)

sérieux/euse *adj.* serious (2)

serment *m.* sermon

serpent *m.* snake

serré(e) tight (*fitting*) (6)

serveur/euse *m., f.* waiter, waitress (5)

service *m.* favor; service; serve (*tennis*); rendre service (à) to provide a service (to); to assist; service militaire military service (15)

serviette *f.* napkin (5)

servir (*like* dormir) *irreg.* to serve (6); à quoi sert... what does ... do ?; servir à to be used for, to be of use in

seul, seule, seuls, seules (the) only / single (14)

seulement *adv.* only; non seulement not only

sexe *m.* sex

sexiste *adj.* sexist (15)

shampooing *m.* shampoo; après-shampooing *m.* conditioner

shopping *m.* shopping; faire du shopping to go shopping

short *m.* shorts (pair of) (6)

siècle *m.* century (14)

siège *m.* seat

sieste *f.* nap; faire la sieste to take a nap

sigle *m.* acronym

signaler to signal

signature *f.* signature

signe *m.* sign

signer to sign

signification *f.* significance

signifier to signify

silence *m.* silence

similaire *adj.* similar

similarité *f.* similarity

similitude *f.* similarity

simple *adj.* simple; **futur** (*m.*) **simple** *Gram.* simple future tense

sincère *adj.* sincere

singulier/ière *adj.* singular

sinon *prep.* if not; otherwise

site (*m.*) (**historique, touristique**) (historic, tourist) site; **site Web** website

situation *f.* situation (13)

situer to situate, find; **se situer** to be situated, located; **situé(e)** *adj.* situated

six *adj.* six (1)

sixième *adj.* sixth

ski *m.* ski; skiing; **faire du ski** (**alpin, de fond, nautique**) to ski (downhill, cross-country, water) (13)

snob *adj., inv.* snobbish (15)

snowboard *m.* snowboarding; **faire du snowboard** to go snowboarding (13)

sociable *adj.* sociable; friendly (2)

social(e) (*m. pl.* sociaux) *adj.* social

socialiste *adj.* socialist

société *f.* society (15); **jeu de société** board game; **société commerciale** corporation (11)

sociologie *f.* sociology (1)

soda *m.* soda (*drink*)

sœur *f.* sister (4); **demi-sœur** *f.* half-sister (4)

soi (**soi-même**) *pron.*, oneself; **chez soi** at one's own place; (at) home

soif *f.* thirst; **avoir soif** to be thirsty (5)

soigneux/euse *adj.* careful

soigneusement carefully (10)

soin *m.* care; **avec soin** with care; **prendre soin** (**de**) to take care (of)

soir *m.* evening (3); **ce soir** tonight, this evening; **du soir** in the evening (3); **hier** (**demain**) **soir** last (tomorrow) night; **le lundi soir** on Monday evenings; **tous les soirs** every night

soirée *f.* party; evening (10); **bonne soirée** *interj.* (have a) good evening (10)

soixante *adj.* sixty (1); **soixante-dix** *adj.* seventy (4); **soixante et onze** *adj.* seventy-one (4)

sol *m.* ground; **sous-sol** *m.* basement, cellar (9)

solaire *adj.* solar; **énergie** (*f.*) **solaire** solar energy

soldat *m.* soldier

sole *f.* sole (*fish*)

soleil *m.* sun; **il y a du soleil** it is sunny (13); **le Roi-Soleil** the Sun King (*Louis XIV*); **lunettes** (*f. pl.*) **de soleil** sunglasses (6); **soleil levant** rising sun

solidaire *adj.* showing solidarity

solidarité *f.* solidarity

solitaire *adj.* solitary; single; alone (2)

solitude *f.* loneliness; solitude

solution *f.* solution

somme *f.* sum; amount

sommeil *m.* sleep; **avoir sommeil** to be sleepy (PLS)

sommet *m.* summit

son *adj., m., s.* his; her; its; one's; *n. m.* sound

sondage *m.* opinion poll; survey; **faire un sondage** to take a survey

sonner to ring

sonorité *f.* sonority; sound

soprano: **mezzo-soprano** mezzo-soprano (16)

sorcière *f.* witch

sorte *f.* type, kind; **faire en sorte que** + *subj.* to make sure that; **quelle sorte (de)...** what type (of) ...

sortie *f.* outing (*on the town*) (7); **sortie d'un film** film release (16)

sortir (*like* dormir) *irreg.* to leave; to take out; to go out (6); **sortir ensemble** to be going out together, dating

soucoupe *f.* saucer

souffler to blow; **souffler les bougies** to blow out the candles

souffrir (*like* ouvrir) *irreg.* to suffer

souffrance *f.* suffering

souhaiter to hope; to wish (15); **souhaiter la bienvenue** to welcome

souhait *m.* wish

souk *m.* covered market (*Arab countries*)

soulèvement *m.* uprising

souligner to underline

soupe *f.* soup; **assiette à soupe** soup bowl (5); **cuillère à soupe** soup spoon (5)

source *f.* source; **source d'énergie** energy source

souriant(e) *adj.* smiling

sourire (*like* rire) *irreg.* to smile; *m.* smile

sous *prep.* under, beneath; in (*rain, sun*)

sous-groupe *m.* sub-group

sous-sol *m.* basement, cellar

sous-titré (**en anglais**) subtitled (in English) (16)

soutenir (*irreg.*) to support (15)

souterrain(e) *m.* underground passage; *adj.* underground

souvenir *m.* memory; recollection; **jour du Souvenir** Veterans Day, Remembrance Day (November 11) (10); **se souvenir** (*like* venir) **de** *irreg.* to remember

souvent *adv.* often (3)

spacieux/euse *adj.* spacious

spécial(e) (*m. pl.* spéciaux) *adj.* special; quirky

spécialisation *f.* major (11)

spécialisé(e) *adj.* specialized

se spécialiser (**en**) to specialize (in); to major (in)

spécialiste *m., f.* specialist

spécialité *f.* specialty (*in cooking*)

spécifique *adj.* specific

spécifiquement *adv.* specifically

spectacle *m.* show (7)

spectaculaire *adj.* spectacular

spirale: **en spirale** *adj.* spiral (16)

spirituel(le) *adj.* spiritual

splendeur *f.* splendor; beauty

spontané(e) *adj.* spontaneous

sport *m.* sport; **équipe** (*f.*) **de sport** sports team; **faire du sport** to play sports; **jouer à un sport** to play a sport; **match (de sport)** game; **station de sport d'hiver** winter sports resort; **voiture de sport** sports car

sportif/ive *adj.* athletic, sporty (2)

stade *m.* stadium (7)

standard *m.* standard; *adj., inv.* standard

standardiser to standardize

station (*f.*) **de métro** subway station (7)

statue *f.* statue

statut *m.* statute

stéréotype *m.* stereotype

stimulant(e) *adj.* stimulating

stress *m.* stress (8); **gérer le stress** to manage stress (8)

stressant(e) *adj.* stressful

stresser to stress; **stressé(e)** *adj.* stressed (out)

strophe *f.* stanza (*poetry*)

structural(e) (*m. pl.* structuraux) *adj.* structural

studieux/euse *adj.* studious

stupide *adj.* stupid

style *m.* style; **style de peinture** painting style

stylo *m.* pen (1)

subjectif/ive *adj.* subjective

subjonctif *m. Gram.* subjunctive

subordonné(e) *adj.* subordinate; **proposition** (*f.*) **subordonnée** *Gram.* subordinate, dependent clause

subsistance *f.* subsistence; **économie** (*f.*) **de subsistance** subsistence economy

substantiel(le) *adj.* substantial

substantif *m., Gram.* noun

subventionner to subsidize (15)

succès *m.* success; **avoir du succès** to succeed

sucre *m.* sugar (5)

sucrerie *f.* sweets, candy

sud *m.* south; **Afrique** (*f.*) **du Sud** South Africa; **Amérique** (*f.*) **du Sud** South America; **au sud** to the south; **sud-est (-ouest)** southeast (-west)

suffisamment *adv.* sufficiently

suffrage *m.* right to vote

suggérer (**je suggère**) to suggest

suggéré(e) *adj.* suggested

suggestion *f.* suggestion

suisse *adj.* Swiss (2); **Suisse** *f.* Switzerland; **Suisse** *m., f.* Swiss person (2)

suite: **tout de suite** right away; **par la suite** next

suivant(e) *adj.* following

suivre (*p.p.* suivi) *irreg.* to follow (11); **suivre un cours** to take a course (11); **suivez le modèle** follow the model

sujet *m.* subject; topic; **à quel sujet** on what subject; **au sujet de** concerning; **pronom** (*m.*) **sujet** *Gram.* subject pronoun

super *adj., inv.* super, great

supérieur(e) *adj.* superior; upper; **enseignement** (*m.*) **supérieur** higher education; **études** (*f. pl.*) **supérieures** graduate studies

supériorité *f.* superiority

superlatif *m., Gram.* superlative

supermarché *m.* supermarket

superstitieux/euse *adj.* superstitious

superstition *f.* superstition

supplémentaire *adj.* supplementary

suprématie *f.* supremacy

sur *prep.* on, on top (of) (1); over; about; **basé sur** based upon; **se renseigner sur** to get information about; **sur pointes** on point (*ballet*) (16); **sur terre** on earth; **un repas sur sept** one meal out of seven

sûr(e) *adj.* sure, certain; **bien sûr** *interj.* of course; **c'est sûr!** it's for sure!

surf: **faire du surf** *m.* to go surfing (13)

surface *f.* surface; **grande surface** shopping mall; superstore

surfer (**sur Internet**) to surf (the web) (3)

surfeur/euse *m., f.* surfer

surgelé(e) *adj.* frozen

surmonter to overcome

surnommé(e) *adj.* nicknamed
surpeuplement *m.* overcrowding (12)
surpoids *m.* weight problem; **en surpoids** overweight
surprenant(e) *adj.* surprising
surprendre (*p.p.* **surpris**) *irreg.* to surprise
surpris(e) *adj.* surprised
surprise *f.* surprise
surréalisme *m.* surrealism
surtout *adv.* especially; above all
syllabe *f.* syllable
symbole *m.* symbol
symbolique *adj.* symbolic
sympathique (*fam.*, *inv.* **sympa**) friendly; nice (2)
symphonie *f.* symphony
syndicat *m.* union (*labor*) (15)
Syndrome de l'immunodéficience acquise (SIDA) *m.* AIDS (15)
synonyme *m.* synonym; *adj.* synonymous
système *m.* system; **système de santé** health system; **système éducatif** education system

T

ta *adj., f. s., fam.* your
tabac *m.* tobacco; cigarettes; **bureau** (*m.*) **de tabac** (*licensed*) tobacco store (*France*); **café-tabac** *m.* bar-tobacconist (*government licensed*)
tabagisme *m.* cigarette use
table *f.* table; **à table** at/to the table; **table** *f.* **basse** coffee table (9)
tableau *m.* (*pl.* **tableaux**) (**noir**) (black)board (1); painting; chart
tâcher de to attempt to
tâche *f.* task; **tâche ménagère** household task
taches (*f. pl.*) **de rousseur** freckles; **taches de peinture** brush strokes
Tahiti *f.* Tahiti
tahitien(ne) *adj.* Tahitian; **Tahitien(ne)** *m., f.* Tahitian (*person*)
taille *f.* size (*clothing*) (6); waist; height
tailleur *m.* (*women's*) suit (6)
talentueux/euse *adj.* talented
talons: **chaussures à talons hauts** (*m. pl.*) high-heeled shoes (6)
tandis que *conj.* while, whereas
tant *adv.* so much; so many; **en tant que** as
tante *f.* aunt (4)
tape-à-l'œil *adj.* eye catching
taper to type
tapis rug *m.* (9)
tard *adv.* late (3); **à plus tard** see you later; **c'est trop tard** it's too late; **couche-tard** *m., f.* night owl
tarder to delay, be slow to
tarif *m.* tariff; fare; price; **à plein tarif** full price ticket; **à tarif réduit** reduced price ticket (7)
tarte *f.* tart; pie (5); **tarte aux fruits (aux pommes)** fruit (apple) tart (5)
tartelette *f.* small tarte
tartiner to spread on bread (*butter, jam*)
tasse *f.* cup (5); **tasse de café** cup of coffee
Taureau *m.* Taurus (*zodiac*)
taux *m.* rate; **taux de chômage** unemployment rate (15)

taxe *f.* tax
taxi *m.* taxi (12); **aller en taxi** to go by taxi (12)
tchadien(ne) of/from Chad; **Tchadien(ne)** *m., f.* person from Chad
te (t') *pron., s., fam.* you; to you, for you; **ça te dit (de)… ?** (*fam.*) are you interested in … ?; **ça te plaît?** do you like it?; **s'il te plaît** *interj.* please
technique *f.* technique (16); *adj.* technical
technologie *f.* technology
technologique *adj.* technological
technophile *m., f.* technophile (*person*)
tee-shirt (*pl.* **tee-shirts**) *m.* t-shirt (6)
tel(le) *adj.* such
téléchargement *m.* downloading
télécharger to download (3)
téléphérique *f.* ski gondola
téléphone *m.* telephone (6); **numéro de téléphone** telephone number (**téléphone**) **portable** cell phone (6)
télévisé *adj.* televised; **jeu** (*m.*) **télévisé** game show; **journal** (*m.*) **télévisé** television news program; **série** (*f.*) **télévisée** television series (16)
télévision (*fam.* **télé**) *f.* television (7); **chaîne** *f.* (15) **de télévision** television channel; **télévision par satellite** satellite television (7)
tellement *adv.* so, so much (10)
témoin(e) *m.* witness; **être témoin de** to witness
température *f.* temperature (13); **quelle est la température?** what is the temperature? (13)
temple *m.* temple
temporel(le) *adj.* temporal, pertaining to time
temps *m.* time (14), weather (3); *Gram.* tense; **avoir le temps de** to have time to; **depuis combien de temps… ?** (for) how long … ?; **de temps en temps** from time to time; **en même temps** at the same time; (7); **passer du temps (à)** to spend time (doing); **passe-temps** *m.* pastime, hobby; **perdre du temps** to waste time; **période** (*f.*) **du temps** time period (14); **quel temps fait-il?** what is the weather like? (3); **temps libre** free time (4); **tout le temps** all the time
tendre *adj.* tender; sensitive; soft
tenir (*p.p.* **tenu**) *irreg.* to hold; to keep; **tenir à** + *inf.* to be eager (to) (14); **tiens!** *interj.* listen!; look!
tennis *m.* tennis; *pl.* tennis shoes, sneakers (6); **jouer au tennis** to play tennis
ténor tenor (16)
tenue *f.* outfit (6)
terme *m.* term; expression
terminale: **en terminale (en term.)** *f.* senior (in 12ᵗʰ grade) (11)
terminer to end; **terminer par** to end, finish by (7)
terminologie *f.* terminology
ternir to tarnish
terrasse *f.* terrace, patio (9)
terre *f.* land; earth; **Terre** Earth; **paradis sur terre** paradise on earth; **par terre** on the ground; **pomme** (*f.*) **de terre** potato
territoire *m.* territory (14)
terrorisme *m.* terrorism (15)
tes *adj., m., f. pl., fam.* your

tête *f.* head (8); **avoir mal à la tête** to have a headache; **de la tête aux pieds** from head to toe; **garder la tête entraînée** to keep one's head in the game
têtu(e) *adj.* stubborn
texte *m.* text; passage
textile *m.* textile industry; *adj.* textile
texto *m.* text message (3)
thaïlandais(e) *adj.* of/from Thailand; **Thaïlandais(e)** *m., f.* Thai (*person*)
thé *m.* tea (5)
théâtre *m.* theater (7); **pièce de théâtre** (*theatrical*) play (7)
thème *m.* theme (16)
thermal(e) *adj.* thermal
thèse *f.* thesis, dissertation (*Ph.D.*) (11)
tiens! *interj.* listen!, look!
tigre *m.* tiger
tiki *m.* tiki (*demi-god*)
timide *adj.* shy, timid (2)
tirade *f.* tirade, rant
tirer to pull, draw (*out*)
tiré(e) de *adj.* drawn from, adapted from
tissu *m.* cloth, fabric
titre *m.* title; degree; **titre de séjour** residency card (*visa*) (15); **sous-titré** *adj.* subtitled
toast: **porter un toast** to give a toast
togolais(e) *adj.* of/from Togo; **Togolais(e)** *m., f.* person from Togo
toi *pron., s., inform.* you; **et toi?** and you?, how about you? (1); **toi-même** *pron.* yourself
toile *f.* canvas (*art*) (16)
toilettes *f. pl.* bathroom, toilet (*room with toilet*) (9); **trousse** (*f.*) **de toilette** toiletries case
toit *m.* roof (9)
tolérance *f.* tolerance
tolérant(e) tolerant (15)
tolérer (je **tolère**) to tolerate
tomate *f.* tomato (5)
tombe *f.* tomb, grave (10)
tombeau *m.* tomb
tomber to fall (7); **tomber amoureux/euse (de)** to fall in love (with) (11)
ton *adj., m. s., inform.* your; **à ton avis** in your opinion
ton *m.* tone
tonnerre *m.* thunder; **il y a du tonnerre** there is thunder (13)
top *adj., inv.* the best
tordu(e) *adj.* curved; twisted
tort *m.* wrong; **avoir tort** to be wrong (PLS)
tôt *adv.* early (3); **le plus tôt possible** as early as possible; **lève-tôt** *m.* early riser
total *m., adj.* total; **au total** in total
totalement *adv.* totally, completely
totalité *f.* totality, entire amount
toucher (à) to touch; to concern
toujours *adv.* always; still (3)
tour *f.* tower (12); *m.* walk, ride; turn; tour; trip; trick; **à tour de rôle** by taking turns; **Tour de France** (*bike race*); **tour de vélo** bike ride; **tour du monde** trip around the world
tourisme *m.* tourism; **tourisme plage** beach vacations; **tourisme responsable** environmentally-friendly tourism

touriste *m., f.* tourist

touristique *adj.* tourist

tournage *m.* (d'un film) filming (of a movie) (16)

tourner to film; to turn (12); **tournez à droite/gauche** turn right/left (12)

Toussaint *m.* All Saints Day (November 1) (10)

tout(e) (*pl.* **tous, toutes**) *adj., pron.* all; every; each; any (14); **tout** *adv.* wholly, entirely, quite, very, all; **à tout à l'heure** see you soon; **à tout prix** at any price; **ne... pas du tout** not at all; **pas du tout** not at all; **tous les soirs** every evening; **tous (toutes) les deux** both (of them); **tous les jours** every day; **tout à fait** completely, entirely; **tout au fond (au bout)** at the very end; **tout au long de** throughout; **tout ça** all this; **(dans) tout contexte** (in) every context; **tout de suite** right away; **tout droit** straight ahead (12); **tout le monde** everyone; **dans tout le pays** throughout the country; **tout se passe (va) bien** everything is going well; **toute la journée** all day long; **en toute probabilité** in all likelihood; **toute saison** every season; **toutes les deux heures** every two hours

tradition *f.* tradition; **tradition orale** oral tradition

traditionnel(le) *adj.* traditional

traditionnellement *adv.* traditionally

traduire (*like* **conduire**) *irreg.* to translate

trafic (*m.*) **de drogue** drug trafficking (12)

tragédie *f.* tragedy

trahir to betray

train *m.* train; **aller en train** to go by train; **être en train de** to be in the middle of (doing *s. th.*)

traineau (*pl.* **traineaux**) sled; sleigh

trait (*m.*) **physique** trait (*physical*) (2)

trait *m.* **de pinceau** brush stroke (16)

traiter to address, discuss a subject (*as in a film or book*)

tramway *m.* tramway (12)

tranche *f.* slice; block; slab

tranquille *adj.* quiet, calm; **laisse-moi/laissez-moi tranquille!** leave me alone! (13)

tranquillement *adv.* quietly, calmly

transmettre (*like* **mettre**) *irreg.* to transmit, convey

transpirer to perspire

transport *m.* transportation; **moyen** (*m.*) **de transport** means of transportation; **transports en commun** public transportation

travail (*pl.* **travaux**) *m.* work (11); project; job; employment; **bon travail!** *interj.* good work!; **fête** (*f.*) **du Travail** Labor Day (May 1) (10); **marché** (*m.*) **de travail** job market; **monde du travail** professional world; **semaine** (*f.*) **de travail** work week

travailler to work (3)

travers: à travers *prep.* through

traverser to cross (12)

trèfle *m.* clover

treize *adj.* thirteen (1)

treizième *adj.* thirteenth

tréma *m.* diaeresis, umlaut (ë)

tremblement de terre *m.* earthquake

trente *adj.* thirty (1)

très *adv.* very; most; very much; **très bien** very well (good); **très bien, merci** *interj.* very well, thank you; **très équilibré** well balanced

trésor *m.* treasure

triangulaire *adj.* triangular

tricolore *m.* French flag (*blue, white, red*)

trier to sort (through)

trimestre *m.* trimester (*quarter*)

triomphe *m.* triumph

triplette *f.* threesome; *pl.* triplets

triste sad (2); **il est triste que** + *subj.* it's sad that

tristesse *f.* sadness

trois *adj.* three (1)

troisième *adj.* third (14)

tromper to be unfaithful; **se tromper (de)** to be mistaken (8); **tu te trompes!** *interj.* you're wrong!

trompette *f.* trumpet; **jouer de la trompette** to play the trumpet

trop (de) *adv.* too much, too many (5)

trophée *f.* trophy

tropical(e) *adj.* tropical

trou *m.* hole

troublé(e) *adj.* troubled

trousse (*f.*) **de toilette** toiletries case

trouver to find (3); **où se trouve... ?** where is ... located?; **trouver un poste** to find a job (11); **se trouver** to be located (8)

tuer to kill

Tunisie *f.* Tunisia

tunisien(ne) *adj.* Tunisian; **Tunisien(ne)** *m., f.* Tunisian (*person*)

type *m.* type, kind

typique *adj.* typical

typiquement *adv.* typically

U

ultraconservateur/trice *adj., m., f.* ultraconservative

un(e) (*pl.* **des**) *art.* a, an; *adj., pron.* one (1); **un(e) autre** another; **un jour** someday; **un peu (de)** a little (of); **uns: les uns vers les autres** some (*people*) toward others

unique *adj.* only, sole; single; **fille unique** only child (daughter) (4); **fils unique** only child (son) (4); **rue** (*f.*) **à sens unique** one-way street

uniquement *adv.* only

univers *m.* universe

universel(le) *adj.* universal

universitaire *adj.* (of or belonging to the) university; **résidence** (*f.*) **universitaire** dormitory; **restaurant** (*m.*) **universitaire** (*fam.* resto-U) university cafeteria; **vie** (*f.*) **universitaire** university life

université *f.* university

urbain(e) *adj.* urban

usage *m.* use; custom; **bon usage** proper usage

usine *f.* factory

utile *adj.* useful

utiliser to use; **en utilisant** using

utilitaire *adj.* practical

V

vacances *f. pl.* vacation (10); **bonnes vacances!** (have a) good vacation! (10); **partir (aller) en vacances** to leave on vacation; **passer les vacances** to spend one's vacation; **pendant les vacances** during vacation

vacancier/ière *m., f.* vacationer; *adj.* (pertaining to) vacation

vache *f.* cow

vague *f.* wave

vaisselle *f. s.* dishes; **faire la vaisselle** to do the dishes (3); **lave-vaisselle** *m.* dishwasher

valeur *f.* value; worth

valise *f.* suitcase (13); **faire ses valises** to pack one's suitcases (13)

valoir (*p.p.* **valu**) *irreg.* to be worth (11); **ça vaut le coup** it's worth it; **il vaut mieux** (+ *inf.*) it's preferable (to), it's better (to) (11); **il vaut mieux que** + *subj.* it is better that

valoriser to legitimize, validate

vandalisme *m.* vandalism

vanille *f.* vanilla: **à la vanille** vanilla flavored (5)

vaniteux/euse *adj.* vain

se vanter (de) to brag (about); to take pride (in) (15)

varier to vary; to change

variété *f.* variety, type

vas-y! *interj.* go!

vautour *m.* vulture

veau *m.* veal; **blanquette** (*f.*) **de veau** veal stew

vedette *f.* star, celebrity (*male or female*)

végétal(e) *adj.* (*m. pl.* **végétaux**) vegetable

végétarien(ne) *m., f., adj.* vegetarian

veille (de) *f.* the night before (*the eve of*)

vélo *m.* bike (12); **aller à vélo** to go by bike (12); **faire du vélo** to take a bike ride, to go cycling (3); **faire du VTT** to go mountain biking (13); **tour** (*m.*) **de vélo** bike ride; **vélo tout terrain (VTT)** mountain bike

vendeur/euse *m., f.* salesperson; **relation** (*f.*) **client-vendeur** client-vendor relationship

vendre to sell (5); **à vendre** for sale

vendredi *m.* Friday (1); **le vendredi** on Fridays

venir (*p.p.* **venu**) *irreg.* to come (4); **les années** (*f. pl.*) **à venir** the years to come; **d'où vient... ?** where is ... from?; **venir à l'esprit** to come to mind; **venir de** + *inf.* to have just (*done s.th.*)

vent *m.* wind; **il y a du vent** (*m.*) it is windy (13)

vente *f.* sale; sales; **vente** (*f.*) **aux enchères** auction

ventilateur *m.* fan (9)

ventre *m.* stomach (8)

verbal(e) *adj.* verbal

verbe *m.* verb

vérifier to verify, check

véritable *adj.* true; real

vérité *f.* truth

verlan *m.* French slang formed by reversing syllables

verre *m.* glass; **prendre un verre** to go out for a drink (5)

vers *prep.* around, about (*with time expressions*); toward, to; about

Verseau Aquarius (zodiac)

verser to pour; **verser de l'argent sur son compte** (*m.*) **d'épargne** to deposit money in one's savings account (13)

version *f.* version; **en version** *f.* **originale** in its original language (*film, not dubbed*) (16)

vert(e) *adj.* green (2); "green" (*politically*); **bleu-vert(e)** *adj.* blue-green; **espace vert** recreation area (12); ***haricots** (*m. pl.*) **verts** green beans (5); **poivron** (*m.*) **vert** green pepper; **salade** (*f.*) **verte** green salad

veste *f.* sports coat, blazer, jacket (6)

vestige (de) *m.* vestige, remains (of)

vestimentaire *adj.* pertaining to clothing

vêtements *m. pl.* garments; clothing (6)

vêtu(e) *adj.* dressed

viaduc *m.* viaduct

viande *f.* meat (5)

vicomte *m.* viscount

victoire *f.* victory (14); **jour de la Victoire** May 8 (10)

victorieux/euse *adj.* victorious (14)

vide *adj.* empty

vidéo *f.*, *fam.* video(cassette); **jeux** *m. pl.* **vidéo** video games

vie *f.* life (4); **coût** (*m.*) **de la vie** cost of living; **vie sentimentale** emotional life (11); **vie urbaine** city life (12)

vieillir to grow, become old (6)

vierge *f.* virgin; **Vierge** *f.* Virgo (*zodiac*)

Viêt-Nam *m.* Vietnam

vieux (vieil, vieille) *adj.* old; **vieux/vieille** *m., f.* old man/woman (2)

vignoble *m.* vineyard(s)

villa *f.* bungalow; single-family house; villa

village *m.* village, town

ville *f.* city; **centre-ville** *m.* downtown; **en ville** in town, downtown; **plan** (*m.*) **de ville** city map; **ville-étape** *f. town at the end of the day of racing in the Tour de France* **ville principale** major city

vin *m.* (**blanc, rouge, rosé**) (white, red, rosé) wine (5); **bouteille** (*f.*) **de vin** bottle of wine (5); **coq** (*m.*) **au vin** coq au vin (*chicken prepared with red wine*)

vinaigre *m.* vinegar

vingt *adj.* twenty (1); **vingt et un** *adj.* twenty-one (1)

vingtième *m., f., adj.* twentieth; **vingt et unième** *m., f., adj.* twenty-first (14)

violence *f.* violence

violent(e) *adj.* violent

violet(te) *adj.* purple (2)

violon *m.* violin

virelangue *m.* tongue-twister

virer to turn; to transfer (money); *fam.* to fire (from a job)

visa *m.* visa

visage *m.* face (8)

vis-à-vis (de) *prep.* in relation (to); *m.* person or thing facing/opposite one

visite *f.* visit; trip (7); **rendre visite à** to visit (*s.o.*) (5)

visiter to visit (*a place*) (3)

visiteur/euse *m., f.* visitor

visuel(le) *adj.* visual; **l'art** (*m.*) **visuel** visual arts

vitalité *f.* vitality

vitamine *f.* vitamin

vite *adv.* quickly, fast, rapidly (10); **pas trop vite!** *interj.* not too fast!

vitesse *f.* speed; **limite** (*f.*) **de vitesse** speed limit; **train** (*m.*) **à grande vitesse (TGV)** (*French high speed train*) bullet train

vitrail *m.* (*pl.* **vitraux**) stained-glass window (16)

vivant *adj.* living

vivre (*p.p.* **vécu**) *irreg.* to live (9); **vive...** *interj.* long live …

vocabulaire *m.* vocabulary

voilà *prep.* there is/are

voile *m.* (**islamique**) headscarf (Islamic) (15)

voir (*p.p.* **vu**) to see (7); **à voir** to be seen; **se voir** to see each other; to get together

voisin(e) *m., f.* neighbor

voiture *f.* car, automobile (12); **aller en voiture** to go by car (12); **voiture de location** rental car (13); **voiture de sport** sports car; **voiture économique** economy car

voix *f.* voice; **à haute voix** *adv.* out loud

vol *m.* flight

volaille *f.* poultry (5)

volcanique *adj.* volcanic

volley-ball (*fam.* **volley**) *m.* volleyball; **jouer au volley** to play volleyball

volontaire *adj.* voluntary; deliberate; *m., f.* volunteer

volontiers! *interj.* sure! (5)

vos *adj., m., f. pl.* your

voter to vote

votre *adj., m., f.* your; **à votre avis** in your opinion; **vous avez fait votre choix?** have you decided? (5)

vôtre(s): le/la/les vôtre(s) *pron. m., f.* yours; **les vôtres** your close friends, relatives

vouloir (*p.p.* **voulu**) *irreg.* to wish, want (7); **je voudrais** I would like; **oui, je veux bien** yes, I'd like to (5); **que veut dire...** ? what does … mean?; **tu veux...** ? do you want to … ? (5); **vouloir bien** to be willing; to agree; **vouloir dire** to mean; **vous voulez...** ? do you want to … ? (5)

vous *pron.* you; yourself; to you; **chez vous** where you live, your place; **et vous (-même)?** and you? (1), How about you?; **s'il vous plaît** please; **vous avez fait votre choix?** have you decided? (5); **vous-même** yourself; **vous voulez...** ? do you want to … ? (5)

voûte: en voûte *adj.* vaulted (*ceiling*) (16)

voyage *m.* trip (10); **agence** (*f.*) **de voyage** travel agency; **bon voyage** *interj.* have a good trip; **faire un voyage** to take a trip; **partir (s'en aller) en voyage** to leave on a trip; **préparatifs** (*m. pl.*) **de voyage** travel preparations; **projets** (*m. pl.*) **de voyage** travel plans; **voyage de noces** honeymoon (11)

voyager (nous voyageons) to travel (3)

voyageur/euse *m., f.* traveler

voyelle *f.* vowel

vrai(e) *adj.* true (15); **c'est un vrai plaisir (de)** (+ *inf.*) it's a real pleasure (to) (11); **c'est vrai** *interj.* it's/that's true; **il est vrai que +** *indic.* it's true that

vraiment *adv.* truly

vue *f.* view; panorama; sight; **point** (*m.*) **de vue** point of view

vulgaire *adj.* vulgar, crude; **latin** (*m.*) **vulgaire** popular Latin

W

Web *m.* web, Internet; **site** (*m.*) **Web** web site

week-end *m.* weekend (1); **le week-end** on the weekend (3)

Y

yaourt *m.* yogurt (5)

y *adv.* there; **allons-y!** let's go!, let's do that, let's get started! (13); **j'y vais** I go there; **vas-y, allez-y!** go right ahead! (13); **y compris** including

yeux *m. pl.* eyes (2)

yoga *m.* yoga; **faire du yoga** to practice, do yoga

Z

zèbre *m.* zebra

zéro *m.* zero

zodiaque *m.* zodiac

zone *f.* zone, area

zoo *m.* (**jardin** [*m.*] **zoologique**) zoo

zoologiste *m., f.* zoologist

Lexique anglais-français

The English-French end vocabulary contains the words in the active vocabulary lists of all chapters. See the introduction to the **Lexique français-anglais** for a list of abbreviations used.

A

a(n) un(e) (1); **a lot** beaucoup (de) (5)
able: to be able pouvoir (*irreg.*) (7)
about: it's about il s'agit (*irreg.*) de (16)
absent-mindedly distraitement (10)
absolutely absolument (10)
accent accent *m.* (14)
accessories accessoires *m. pl.* (6)
account: to deposit money in (one's savings account) verser de l'argent sur (son compte d'épargne) (13); **to withdraw money from one's (checking) account** retirer de l'argent de son compte (-chèques) (13)
accountant comptable *m., f.* (4)
across from en face de (5)
act (*of a play, opera*) acte *m.* (d'une pièce, d'un opéra) (16); **to act** interpréter (un rôle) (16)
actually quand même (15)
admission (*to a show*) entrée *f.* (7)
admitted: to be admitted (to an elite French institution of higher education) intégrer (une école) (11)
afraid: to be afraid (that …) avoir (*irreg.*) peur (que + *subj.*) (15)
afternoon après-midi *m.* (3); **in the afternoon** de l'après-midi (3)
age âge *m.* (2); **Middle Ages** Moyen Âge (14)
agriculture agriculture *f.* (15)
ahead: straight ahead tout droit (12)
AIDS SIDA *m.* (syndrome de l'immunodéficience acquise) (15)
air conditioning climatisation *f.* (15)
Algerian *adj.* algérien(ne) (2); (*person*) Algérien(ne) *m., f.* (2)
all tout, toute, tous, toutes (14); **all the** tout, toute, tous, toutes + *def. art.* (14); **All Saints' Day** Toussaint *f.* (10)
alley (covered) ruelle *f.* (couverte) (12)
alliance alliance *f.* (14)
already déjà (5)
always toujours (3)
American *adj.* américain(e) (2); (*person*) Américain(e) *m., f.* (2)
amusing amusant(e) (2)
analysis (statistical) analyse *f.*, bilan *m.* (statistique) (11)
and et; Et toi? / Et vous(-même)? (1)
angry: to get angry se fâcher (contre) (8)
ankle cheville *f.* (8)
answer *v.* répondre (5)
anthropology anthropologie *f.* (1)
antisocial antisocial(e) (15)
anything: Anything else with that? Autre chose avec ça? (5)

apartment appartement *m.* (9); **apartment building/complex** immeuble *m.* (résidentiel) (9); **one-bedroom apartment** deux-pièces *m. s.* (9)
apple pomme *f.* (5)
appliances électroménager *m. s.* (9)
approach *v.* s'approcher (de) (13)
April avril (1); **April Fool's Day practical joke** poisson (*m.*) d'avril (10)
aquarium aquarium *m.* (7)
architect architecte *m., f.* (4)
architecture architecture *f.* (16)
argue (with) se disputer (avec) (11)
arm bras *m.* (8)
armchair fauteuil *m.* (9)
armed forces forces (*f. pl.*) armées (15)
armoire armoire *f.* (9)
army armée *f.* (14)
arrive arriver (3)
article (newspaper, magazine) article *m.* (de journal, de revue) (11)
artist artiste *m., f.* (4)
arts (*the*) arts *m. pl.* (16)
as… as aussi… que (9); **as soon as** dès que, aussitôt que (11)
assistant assistant(e) *m., f.* (4)
athletic sportif/ive (2)
attend assister (à) (7)
August août (1)
aunt tante *f.* (4)
autobiography autobiographie *f.* (11)
avenue avenue *f.* (12)
avoid éviter (de) (14)
away:… meters away à… mètres (12)

B

backpack sac (*m.*) à dos (1)
backyard jardin *m.* (9)
bad mauvais(e) (2); **bad(ly)** mal *adv.* (6); **it's bad (out)** il fait mauvais (3)
baguette (*French bread*) baguette *f.* (5)
bakery boulangerie-pâtisserie *f.* (5)
balcony balcon *m.* (9)
ballerina ballerine *f.* (16)
banana banane *f.* (5)
baroque baroque (16)
basement sous-sol *m.* (9)
Bastille Day 14 juillet *m.*, prise (*f.*) de la Bastille (10)
bathroom (*with bathtub or shower*) salle (*f.*) de bains (9)
bathtub baignoire *f.* (9)
battle bataille *f.* (14)
bay golfe *m.* (12)

be être (*irreg.*) (1); **be located** se trouver (8); **I am (Canadian)** je suis de nationalité (canadienne), je suis d'origine (canadienne) (2); **I am from (Boston)** je suis de (Boston) (2); **I am not from here** je ne suis pas d'ici (12); **I am not that into (TV)** je ne suis pas trop (TV) (6); **I would like to be…** j'aimerais être… (11); **that/he/she is** c'est (1); **there is/are** il y a (1); **to be successful (at, in)** réussir (à) (6)
beach plage *f.* (12)
beans: green beans *haricots (*m. pl.*) verts (5)
beautiful beau, bel, belle (beaux, belles) (2); **it's beautiful out** il fait beau (13)
because parce que, car (14)
become devenir (*irreg.*) (7); **I want to become…** je veux devenir… (11)
bed lit *m.* (9)
bedroom chambre *f.* (9); **one-bedroom apartment** deux-pièces (*m. s.*) (9)
beer bière *f.* (5)
begin commencer (3); **to begin by** commencer par (7)
beginning commencement *m.* (14)
behind *prep.* derrière (1)
Belgian *adj.* belge (2); (*person*) Belge *m., f.* (2)
believe (in) croire (*irreg.*) (à, en) (10)
bell-bottomed à pattes d'éléphant (6)
belt ceinture *f.* (6)
best wishes meilleurs vœux (10)
bet: You bet! (*agreement to do s.th.*) Volontiers! (5)
better (than) meilleur(e) (que) (9); **better** mieux *adv.* (12); **better: it is better (to)** il vaut (*irreg.*) mieux (+ *inf.*) (11)
between entre (5)
big grand(e) (2); gros(se) (2)
bike vélo *m.* (12); **bike path** piste (*f.*) cyclable (12); **to go by bike** aller à/en vélo (12); **to bike** faire (*irreg.*) du vélo (3)
bill (*restaurant*) addition f. (5)
biography biographie *f.* (11)
biology biologie *f.* (1)
birth naissance *f.* (14)
birthday anniversaire *m.* (1, 10); **happy birthday** bon/joyeux anniversaire (10)
black noir(e) (2); **in black and white** (*film, photography*) en noir et blanc (16)
blackboard tableau *m.* (noir) (1)
blond blond(e) (2)
blouse chemisier *m.* (6)
blue bleu(e) (2)
blush rougir (6)
boat bateau *m.* (12); **to go by boat** aller en bateau (12)
body corps *m.* (8)

book livre *m.* (1)

bookcase étagère *f.* (9)

boots bottes *f. pl.* (6)

bored: to be/get bored s'ennuyer (8)

boring ennuyeux/euse (2)

born: to be born naître (*irreg.*) (7)

bottle (of wine) bouteille (de vin) *f.* (5)

boulevard boulevard *m.* (12)

bouquet (of flowers) bouquet *m.* (de fleurs) (10)

boyfriend petit ami, copain *m.* (11)

bracelet bracelet *m.* (6)

brag (about) se vanter (de) (15)

bread pain *m.* (5); **rustic bread** pain de campagne (5)

break (one's arm) se casser (le bras) (8)

breakfast petit déjeuner *m.* (5)

bridge pont *m.* (12)

broadcasting diffusion *f.* (14)

broccoli brocolis *m. pl.* (5)

bronze: cast in bronze en bronze (16)

broom balai *m.* (9)

brother frère *m.* (4); **half-brother** demi-frère *m.* (4)

brown brun(e) (2); (*eyes*) marron *inv.*, bruns *pl.* (2); (*hair*) châtains *pl.*, marron *inv.* (2)

brush (one's teeth) se brosser (les dents) (8)

brushstroke coup (*m.*) de pinceau (16)

buddy copain *m.*, copine *f.* (11)

building bâtiment *m.* (12)

bungee-jumping: to go bungee-jumping faire (*irreg.*) du saut à l'élastique (13)

burn (one's hand) se brûler (la main) (8)

bus bus *m.* (12); **to go by bus** aller en bus (12)

businessman, businesswoman homme (*m.*) d'affaires, femme (*f.*) d'affaires (4)

busy occupé(e) (2)

butcher shop and deli boucherie-charcuterie *f.* (5)

butter beurre *m.* (5)

buttress (flying) arc-boutant *m.* (16)

buy *v.* acheter (3)

C

cable (television) câble *f.* (7)

cake gâteau *m.* (5)

calculator calculatrice *f.* (1)

camcorder caméscope *m.* (6)

camera (digital) appareil (*m.*) photo (numérique) (6)

can *n.* boîte *m.* (5); (*to be able*) pouvoir (*irreg.*) (7); **Can I take your order?** Je peux prendre votre commande? (5); **Sorry, I can't.** Désolé(e)! Je ne peux pas. (5)

Canadian *adj.* canadien(ne); (*person*) Canadien(ne) *m., f.* (2)

canal canal *m.* (12)

candle bougie *f.* (10)

canoeing: to go canoeing faire (*irreg.*) du canoë-kayak (13)

canvas (*art*) toile *f.* (16)

cap (*baseball*) casquette *f.* (6)

car voiture *f.* (12); **by (rental) car** en voiture (de location) (13); **to go by car** aller en voiture (12)

carafe carafe *f.* (5)

card (*greeting*) carte *f.* (de vœux) (10)

carefully soigneusement (10)

carrot carotte *f.* (5)

carry porter (6)

cash espèces *f. pl.*, liquide *f.* (13); **in cash** en espèces, en liquide (13)

cat chat *m.* (4)

cathedral cathédrale *f.* (12)

cauliflower (*head of*) chou-fleur *m.* (5)

ceiling plafond *m.* (16)

cell phone (téléphone) portable *m.* (6)

cemetery cimetière *m.* (10)

century siècle *m.* (14)

certain certain(e)(s) (14)

chair chaise *f.* (1)

chalk (piece of) craie *f.* (1)

character (*personality traits*) caractère *m.* (2)

check chèque *m.* (13); **by check** par chèque (13); **checking account** compte chèques (13)

cheek joue *f.* (8)

Cheers! À la tienne!, Chin-chin!, Santé!, Tschüss! (10)

cheese fromage *m.* (5); **cheese shop** crèmerie-fromagerie *f.* (5)

chemistry chimie *f.* (1)

chest (*part of the body*) poitrine *f.* (8)

chestnut (*color*) châtain(e) (2)

chicken poulet *m.* (5)

chief executive officer (CEO) président-directeur général (PDG) *m.*, présidente-directrice générale *f.* (PDG) (11)

child enfant *m., f.* (4); **only child** enfant unique (4)

chin menton *m.* (8)

Chinese *adj.* chinois(e) (2); (*language*) chinois *m.* (2); (*person*) Chinois(e) *m., f.* (2)

choose choisir (6)

Christmas Noël *m.* (10); **Christmas Eve** la veille (*f.*) de Noël (10); **Christmas Eve dinner** réveillon (de Noël) *m.* (10); **Christmas log** (*chocolate roll cake*) bûche (*f.*) de Noël (10); **Christmas tree** sapin (*m.*) de Noël (10)

cinema cinéma *m.* (16)

circus cirque *m.* (7)

citizen citoyen(ne) *m., f.* (15)

city hall hôtel (*m.*) de ville (12), mairie *f.* (12)

civil: in a civil union pacsé(e) (4)

class (*school*) cours *m.* (11)

classroom salle (*f.*) de classe (1)

clear clair(e) (15); **it's clear that...** il est clair que (+ *indic.*) (15)

climb *v.* monter (7)

close proche *adj.* (12)

closet placard *m.* (9)

clothing vêtements *m. pl.* (6)

cloudy: it's cloudy le ciel est couvert (13)

coast côte *f.* (12)

coat (*full-length*) manteau *m.* (6)

coffee café *m.* (5)

coffeemaker, coffeepot cafetière *f.* (9)

coffee table table (*f.*) basse (9)

cold: it's cold (out) il fait froid (3)

colleague collègue *m., f.* (11)

collection recueil *m.* (11, 16)

colonial colonial(e) (14)

colonist colon *m.* (14)

colonization colonisation *f.* (14)

colony colonie *f.* (14)

color couleur *f.* (2); **in color** (*film, photography*) en couleur (16)

comb *v.* (*one's hair*) se peigner (les cheveux) (8)

come venir (*irreg.*) (4); **I come from (Boston)** je viens de (Boston) (2); **to come back** revenir (*irreg.*) (4)

comedy comédie *f.* (7)

comfortable confortable (9)

command ordre *m.* (13)

commercial *adj.* commercial(e) (11)

company entreprise *f.* (11)

composer compositeur *m.* (16)

compost *v.* composter (15); **to compost one's garbage** composter ses déchets (15)

comprehend comprendre (5)

computer ordinateur *m.* (1); **laptop (computer)** (ordinateur) portable *m.* (1)

concert (jazz) concert *m.* (de jazz) (7); **concert hall** salle (*f.*) de concert (7); **in concert** en concert (7)

conflict conflit *m.* (14)

congratulations félicitations *f. pl.* (10)

conqueror conquérant *m.* (14)

conquest conquête *f.* (14)

conscription (*obligatory military service*) conscription *f.* (15)

conservative *adj.* conservateur/trice (2)

constantly constamment (10)

constitution constitution *f.* (14)

continue continuer (12); **continue as far as (Ulm Street)** continue/continuez jusqu'à (la rue d'Ulm) (12); **to continue one's studies** poursuivre (*irreg.*) ses études (11)

cook *v.* faire (*irreg.*) la cuisine (3)

cool (*weather*) frais (3); **it's cool (out)** il fait frais (3)

corner coin *m.* (12); **on the corner of** au coin de (12); **à l'angle de** (12)

coronation couronnement *m.* (14)

corporation société (*f.*) commerciale (11)

cost prix *m.* (7); **at no cost** gratuit(e) (7); **cost of living** coût (*m.*) de la vie (12)

costume déguisement *m.* (10)

couch canapé *m.* (9)

could: could I have...? je pourrais avoir...?, (5); **could you tell me where (the closest metro station) is located?** pourriez-vous me dire où se trouve (la station de métro la plus proche)? (12); **if you could...** si tu pouvais / vous pouviez (+ *inf.*) ... (13)

country pays *m.* (14)

course: preparatory course cours (*m.*) préparatoire (11)

cousin cousin(e) *m., f.* (4)

crab crabe *m.* (5)

credit card carte (*f.*) de crédit (13); **by credit card** par carte de crédit (13)

creole language créole *m.* (14)

crime crime *m.* (12)

croissant (*crescent roll*) croissant *m.* (5)

cross *v.* traverser (12)

cup tasse *f.* (5)

currently actuellement (10)

curtains rideaux *m.* (9)
cut (one's finger) se couper (le doigt) (8)
cute mignonn(e) (2)

D

daily: daily meals repas (*m. pl.*) de la journée (5)
dairy crèmerie-fromagerie *f.* (5); **dairy product** produit (*m.*) laitier (5)
dance *v.* danser (3); **dance** *n.* danse *f.* (16)
dancer danseur/euse *m.*, *f.* (16)
dark (*color*) foncé(e) (6)
date: What is today's date? Quelle est la date d'aujourd'hui? (1)
daughter fille *f.* (4); **daughter-in-law** belle-fille *f.* (4)
day jour *m.* (1); **days of the week** jours de la semaine (1); **What day is it (today)?** Quel jour sommes-nous (aujourd'hui)? (1), On est quel jour (aujourd'hui)? (1)
death mort *f.* (14)
debit card carte (*f.*) bancaire (13); **by debit card** par carte bancaire (13)
decade décennie *f.* (14)
deceased décédé(e) (4)
December décembre (1)
decide: (*restaurant*) **Have you decided?** Vous avez fait votre choix? (5)
decision décision *f.* (5); **to make a decision** prendre une décision (5)
defense défense *f.* (14)
degree: **bachelor's degree** licence *f.* (11); **master's degree** master *m.* (11); **doctorate degree** doctorat *m.* (11); **to have a degree** (*academic*) être diplômé(e) (11)
degree (*temperature*) degré *m.* (13)); **it is… degrees** il fait… degrés (13)
deli boucherie-charcuterie *f.* (5)
demonstrate (for/against) manifester (pour/contre) (15)
demonstration (*march*) manifestation *f.* (15)
dentist dentiste *m.*, *f.* (4)
deposit money in (one's savings account) verser de l'argent sur (son compte d'épargne)
descend descendre (5)
designed (by) conçu(e) (par) (16)
desk bureau *m.* (1)
dialect dialecte *m.* (14)
dialectal dialectal(e) (14)
die mourir (*irreg.*) (7)
difficult difficile (2)
digital recorder (DVR) magnétoscope (*m.*) numérique (7)
dine dîner (3)
dining room salle (*f.*) à manger (9)
dinner dîner *m.* (5); **Christmas Eve / New Year's Eve dinner** réveillon (*m.*) de Noël / du jour de l'An (de la Saint-Sylvestre) (10); **to eat dinner** dîner (3)
diploma diplôme *m.* (11)
diplomacy diplomatie *f.* (14)
diplomatic diplomatique (14)
direct *v.* (*a theater production*) mettre (*irreg.*) en scène (16); (*a film*) réaliser (un film) (16)
discovery découverte *f.* (14)

disease (infectious) maladie *f.* (infectieuse) (15)
disguise déguisement *m.* (10)
dishonest malhonnête (2)
dishonestly malhonnêtement (10)
dishwasher lave-vaisselle *m.* (9)
dissertation (Ph.D.) thèse *f.* (11)
district (residential, business) quartier *m.* (12) (résidentiel, commercial); **city district** (*in Paris*) arrondissement *m.* (12)
divorce *v.* divorcer (11)
divorced divorcé(e) (4); **to get divorced** divorcer (11)
do faire (*irreg.*) (3); **let's do that** allons-y! (13); **to do housework** faire le ménage (3); **to do one's homework** faire ses devoirs (3); **to do the cooking** faire la cuisine (3); **to do the dishes** faire la vaisselle (3); **to do the laundry** faire la lessive (3); **what did you like to do when…?** qu'est-ce que tu aimais / vous aimiez faire quand…? (9); **what do you do for a living?** (what is your job?) Qu'est-ce que tu fais / vous faites dans la vie? (4)
doctor médecin *m.*, femme (*f.*) médecin (4)
doctorate (degree) doctorat *m.* (11)
documents documentation *f.* (11)
dog chien *m.* (4)
door porte *f.* (1)
doubt (that…) douter (que + *subj.*) (15)
doubtful douteux/euse (15); **it's doubtful that…** il est douteux que (+ *subj.*) (15)
download *v.* télécharger (3)
drama drame *m.* (7)
dress robe *f.* (6); **to get dressed** s'habiller (8)
dresser commode *f.* (9)
drink boisson *f.* (5); **to drink** boire (5); prendre (5); **to go out for a drink** prendre un verre, un pot (5)
drive *v.* conduire (*irreg.*) (13)
drug trafficking trafic (*m.*) de drogue *f.* (12)
drums: **to play the drums** jouer de la batterie (3)
dry (one's hands) s'essuyer (les mains) (8)
dryer (*for clothes*) sèche-linge *m.* (9)
duvet (*down blanket*) couette *f.* (9)
DVR magnétoscope (*m.*) numérique (7)
DVD DVD *m.* (7); **DVD player** lecteur (*m.*) de DVD (7)
dynasty dynastie *f.* (14)

E

each chaque (14)
eager: **to be eager to…** tenir (*irreg.*) à + *inf.* (14)
ear oreille *f.* (8)
early tôt (3); (*to be, arrive, show up*) **early** en avance (3)
earn (money) gagner (de l'argent) (11)
earrings boucles (*f. pl.*) d'oreilles (6)
Easter Pâques *f.* (10); **Easter bells** cloches (*f. pl.*) de Pâques (10)
easy facile (2)
eat manger (3); prendre (5)
eclair (chocolate, vanilla) éclair *m.* (au chocolat, à la vanille) (5)
economics sciences (*f. pl.*) économiques (1)
education éducation *f.* (1), formation *f.* (11)

egg œuf *m.* (5)
eight huit (1)
eighteen dix-huit (1)
eighty quatre-vingts (4); **eighty-one** quatre-vingt-un (4)
elbow coude *m.* (8)
elevator ascenseur *m.* (9)
eleven onze (1)
else: **Anything else with that?** Autre chose avec ça? (5)
elsewhere ailleurs (10)
emperor empereur *m.* (14)
empire empire *m.* (14)
end fond *m.* (12); **at the very end** tout au fond (12); **to end (by)** terminer (par + *n.*) (7)
energy (wind, nuclear, renewable, solar, thermal) énergie *f.* (éolienne, nucléaire, renouvelable, solaire, thermale) (15)
engaged fiancé(e) (4); **to get engaged (to)** se fiancer (à) (11)
engineer ingénieur *m.*, femme ingénieur *f.* (4)
English *adj.* anglais(e) (2); (*language*) anglais *m.* (2); (*person*) Anglais(e) *m.*, *f.* (2)
enjoy! (*food*) bon appétit! (10)
enormously énormément (10)
enough (of) assez (de) (5)
enter entrer (dans) (7)
entertainment divertissements *m. pl.* (7)
entryway entrée *f.* (9)
Epiphany fête (*f.*) des Rois (Épiphanie *f.*) (10)
era époque *f.*, ère *f.* (14)
erase effacer (3)
eraser (*chalkboard*) effaceur *m.* (1)
esplanade esplanade *f.* (12)
essay essai *m.* (11)
essential: **it's essential to** il est essentiel de + *inf.* (11, 14)
ethnocentric ethnocentrique (15)
evening soir *m.* (3); soirée *f.* (10); **(have a) good evening** bonne soirée (10); **in the evening** du soir (3)
event événement *m.* (7)
every tout, toute, tous, toutes + *def. art.* (14)
everywhere partout (10)
exam examen *m.* (3); **entrance exam** concours (*m.*) d'entrée (11)
excursion excursion *f.* (13)
excuse me excuse-moi, excusez-moi (3); pardon (3)
exhibit (*art*) exposition (*f.*) d'art (7)
expenses dépenses *f. pl.* (13)
expensive cher/ère (9)
exploration exploration *f.* (14)
explorer explorateur/trice *m.*, *f.* (14)
extremely énormément (15)
extroverted extraverti(e) (2)
eye œil *m.*; **eyes** yeux *m. pl.* (2, 8)

F

face figure *f.*, visage *m.* (8)
failure (at school) échec *m.* (scolaire) (15)
fall automne *m.* (1); **in the fall** en automne (1); **to fall** tomber (7); **to fall in love (with)** tomber amoureux/euse (de) (11)
false faux/fausse (2)

familiar: to be familiar with connaître (*irreg.*) (12)

family famille *f.* (4); **family room** salle (*f.*) de séjour (9)

fan ventilateur *m.* (9)

far (from) loin de (2); **continue as far as (Voltaire Street)** continue/continuez jusqu'à (la rue Voltaire) (12)

farm (family) ferme *f.* (familiale) (15)

fat gros(se) (2)

father père *m.* (4); **Father Christmas** père (papa) (*m.*) Noël (10); **father-in-law** beau-père *m.* (4); **Father's Day** fête (*f.*) des Pères (10)

February février *m.* (1)

feel (sick) se sentir (*irreg.*) (malade) (8); **do you feel like (doing sth.)?** ça te/vous dit de (+ *inf.*)? (5); **to feel like** (*want*) avoir envie de (2)

few (*hardly any*) peu de (5); **a few** quelques (14)

fifteen quinze (1)

fifth cinquième *m.*, *f.*, *adj.* (14)

fifty cinquante (1)

fight (for/against) *v.* lutter (pour/contre) (15); *n.* lutte *f.* (15)

filet (of salmon, sole) filet *m.* (de saumon) (de sole) (5)

film film *m.* (7); **action/adventure film** film (*m.*) d'aventures (7); **animated film** film d'animation (7); **feature-length film** long métrage *m.* (16); **film director** réalisateur/trice *m.*, *f.* (16); **filming** (*of a movie*) tournage *m.* (d'un film) (16); **film release** sortie *f.* (d'un film) (16); **horror film** film d'horreur (7); **science-fiction film** film de science-fiction (7); **war film** film de guerre (7)

filmmaker cinéaste *m.*, *f.* (16)

find *v.* trouver (3); **I find it/them horrible/great/ugly** Je trouve ça affreux/génial/laid/moche (*fam.*) (6); **to be found** (*located*) se trouver (12); **to find a job** trouver un poste (11); **to find out (about)** se renseigner (sur) (8)

fine bien (1); **fine, thanks** ça va bien, merci (1); **I'm fine (very well)** je vais (très) bien (1)

finger doigt *m.* (8)

finish finir (6); **to finish (by)** terminer (par + *noun*) (7)

fireworks display feu (*m.*) d'artifice (10)

firm (law) cabinet (*m.*) (d'avocats) (11)

first premier/ière (2, 14)

fish poisson *m.* (4, 5); **fish market** poissonnerie *f.* (5)

five cinq (1)

floor (*of house or building*) étage *m.* (9); **ground floor** rez-de-chaussée *m.* (9) **second floor** premier étage *m.* (9)

flour farine *f.* (5)

fluently couramment (10)

follow suivre (*irreg.*) (11)

food (*item*) aliment *m.* (5)

foodmart épicerie *f.* (5)

foot pied *m.* (8); **to go on foot** aller à pied (12)

forecast: weather forecast prévisions (*f. pl.*) météo (13)

forehead front *m.* (8)

forget oublier (14); **to forget to (do)** oublier de (14)

fork fourchette *f.* (5)

formal formel(le) (2)

fortunately heureusement (10)

forty quarante (1)

found: to be found (*located*) se trouver (12)

fountain fontaine *f.* (12)

four quatre (1)

fourteen quatorze (1)

fourth quatrième *m.*, *f.*, *adj.* (14)

frank franc(he) (2)

free (*cost*) gratuit(e) (7); (*liberty*) libre (4): **What do you do in your free time?** Qu'est-ce que tu fais / vous faites pendant ton/votre temps libre? (4)

French *adj.* français(e) (2); (*language*) français *m.* (2); (*person*) Français(e) *m.*, *f.* (2)

fresco fresque *f.* (16)

freshman (*in 9th grade*) en troisième (3ᵉ) (11)

Friday vendredi *m.* (1)

friend ami(e) *m.*, *f.* (1); *fam.* copain *m.*, copine *f.* (11)

friendly sympa(thique) (2)

from de (2); **I am/come from (Boston)** je suis/viens de (Boston) (2)

front hall entrée *f.* (9)

fruit fruit *m.* (5)

fun *adj.* amusant(e) (2); **make fun of** se moquer de (8)

furniture meubles *m. pl.* (9)

future avenir *m.* (11); **in the future** à l'avenir (11)

G

gain: to gain weight prendre du poids (5); grossir (6)

game jeu *m.* (7); **board game** jeu de société (7)

gang gang *m.* (12)

garbage déchets (*m. pl.*) (15)

garden jardin *m.* (9); **to garden** faire (*irreg.*) du jardinage (3)

gargoyle gargouille *f.* (16)

garlic ail *m.* (5)

genetically modified organism (GMO) organisme (*m.*) génétiquement modifié (OGM *m.*) (15)

genre genre *m.* (7)

gentlemen messieurs *m. pl.* (1)

geography géographie *f.* (1)

geology géologie *f.* (1)

geopolitics géopolitique *f.* (14)

German *adj.* allemand(e) (2); (*language*) allemand *m.* (2); (*person*) Allemand(e) *m.*, *f* (2)

get obtenir (*irreg.*) (11); **get out of here! get lost!** va-t'en, allez-vous-en! (13); **let's get on with it** allons-y! (13); **to get along (well, badly) (with)** s'entendre (bien, mal) (avec) (8); **to get off (of)** descendre (de) (5,13); **to get together** se réunir (8); **to get up** se lever (8); **to get younger-looking** rajeunir (6)

gift cadeau *m.* (10); **gift certificate** chèque-cadeau *m.* (10)

girl fille *f.* (4)

girlfriend petite amie *f.*, copine *f.* (11)

give (a gift) offrir (*irreg.*) (un cadeau) (10)

glass verre *m.* (5); **wine glass** verre à vin (5)

glasses lunettes *f. pl.* (6); **sunglasses** lunettes de soleil (6)

global warming réchauffement (*m.*) de la planète (15)

glove gant *m.* (6)

go aller (*irreg.*) (4); **go right ahead!** vas-y, allez-y! (13); **let's go there!** allons-y! (13); **to go by** passer par (7); **to go down** descendre (5); (13); **to go grocery shopping** faire (*irreg.*) les courses (3); **to go into** entrer (dans) (7); **to go out** sortir (*irreg.*) (6); **to go out for Chinese/Italian/Mexican** (*food*) aller manger chinois/italien/mexicain (5); **to go to bed** se coucher (8); **to go up** monter (7); **you keep going until you come to (Ulm Street)** vous continuez tout droit jusqu'à (la rue d'Ulm) (12)

golden doré(e) (16)

goldfish poisson (*m.*) rouge (4)

good bon(ne) *adj.* (2); **good-bye** au revoir (1); **good job!** bravo! (10); **it's a good idea (to)** c'est une bonne idée (de + *inf.*) (11); **Sure, that sounds good.** Oui, ça me dit. (5); **Yes, good idea!** Oui, bonne idée! (5)

gothic gothique (16)

graduate *v.* obtenir (*irreg.*) un diplôme (11)

grandchildren petits-enfants *m. pl.* (4)

granddaughter petite-fille *f.* (4)

grandfather grand-père *m.* (4); **great-grandfather** arrière-grand-père *m.* (4)

grandmother grand-mère *f.* (4); **great-grandmother** arrière-grand-mère *f.* (4)

grandparents grands-parents *m. pl.* (4)

grandson petit-fils *m.* (4)

grave *n.* tombe *f.* (10)

gray gris(e) (2)

great génial(e) (6)

green vert(e) (2)

grocery store (*small*) épicerie *f.* (5)

grow: to grow old vieillir (6); **to grow up** grandir (6)

gulf golfe *m.* (12)

H

hair cheveux *m. pl.* (2)

hairdresser coiffeur/euse *m.*, *f.* (4)

Haitian *adj.* haïtien(ne); (*person*) Haïtien(ne) *m.*, *f.* (2)

half past (*the hour*) ... et demi(e) (3)

hallway couloir *m.* (9)

ham jambon *m.* (5)

hand main *f.* (8)

handsome beau, bel, belle (beaux, belles) (2)

Hanukkah Hanoukka *m.* (10)

happiness: Wishing you lifelong happiness! Soyez heureux pour la vie! (10)

happy heureux/euse (2); **I'd be happy to!** Avec plaisir! (5)

harbor port *m.* (12)

hat chapeau *m.* (6)

hate *v.* détester (3)

have avoir (*irreg.*) (2); **Could I have... ?** Je pourrais avoir... ? (5); **Have a nice stay!** Bon séjour! (10); **if I didn't have to (+ *inf.*)...** si je n'étais pas obligé(e) de... (13); **I have just (had dinner)** je viens de (dîner) (4); **to have a sore throat (a backache)** avoir mal à la gorge (au dos) (8); **to have class** (*at school*) avoir cours (2); **to have dinner** dîner

(3); **to have fun** s'amuser (8); **to have...
hair/eyes** avoir les cheveux / les yeux... (2);
to have lunch déjeuner (3); **to have (s.th.) to
eat/drink** (*in a restaurant*) prendre (5); **to
have to** devoir (*irreg.*) (7)

hazel (*eyes*) noisette *inv.* (2)

head tête *f.* (8)

headscarf (*Islamic*) voile *m.*, foulard *m.*
(islamique) (15)

healthy: to be healthy être (*irreg.*) en bonne
santé (8)

hear entendre (5)

hello bonjour (1)

here ici (12); **to be from here** être (*irreg.*) d'ici
(12)

hi salut (*fam.*) (1)

high-heeled à talons hauts (6)

high school (**private/vocational**) lycée *m.*
(privé/professionnel) (11); **high school
diploma** bac(calauréat) *m.* (11); **high school
student** lycéen(ne) *m., f.* (11)

hiking: to go hiking faire (*irreg.*) une randonnée (3)

hip *hanche *f.* (8)

history (*art*) histoire *f.* (de l'art) (1)

holiday fête *f.* (1, 10); **Happy holidays!** Bonnes
fêtes! (10); **public holiday** jour (*m.*) férié (10)

home maison *f.* (9)

homophobic *adj., n.* homophobe (15)

honest honnête (2)

honestly honnêtement (10)

honeymoon voyage (*m.*) de noces (11)

hope (**that...**) souhaiter (que + *subj.*) (15)

horrible affreux/euse (6)

horse cheval *m.* (12); **to go horseback riding**
faire (*irreg.*) du cheval (3); **to go on horseback** aller (*irreg.*) à cheval (12)

hostel (**youth**) auberge (*f.*) de jeunesse (13)

hot chaud(e) (3); **it's hot** (**out**) il fait chaud (3)

hotel (**luxury**) hôtel *m.* (de luxe) (13)

house maison *f.* (9)

household *adj.* ménager/ère (9)

housing logement *m.* (9); **low income housing**
HLM *m.* ou *f.* (habitation [*f.*] à loyer
modéré) (15)

how comment (1); (*as an invitation*) **how about
(dancing)?** ça te/vous dit de (danser) (5); **how
are you?** comment vas-tu / allez-vous? (1); **how
is it going?** comment ça va? (1); **how is
that spelled** (**written**)? ça s'écrit comment?
(1); (**for**) **how long** depuis combien de temps
(7); **how many** combien de (3); **how old are
you?** tu as quel âge? / quel âge avez-vous? (2)

hundred cent (4); **two hundred** deux cents (4)

hungry: to be hungry avoir faim (5)

hurry se dépêcher (8)

husband mari *m.* (4)

hypothetical hypothétique (13)

I

ice skating: to go ice skating faire (*irreg.*) du
patin à glace (3, 13)

idea: it's a good idea (**to**) c'est une bonne idée
(de + *inf.*) (11); **Yes, good idea!** Oui, bonne
idée! (5)

if si (13); **if I didn't have to** (+ *inf.*)... si je
n'étais pas obligé(e) de... (13); **if you could**
(+ *inf.*)... si tu pouvais / vous pouviez
(+ *inf.*)... (13); **what would you do if...**
qu'est-ce que tu ferais / vous feriez si... (13)

image image *f.* (16)

immigrant immigré(e) *m., f.* (15)

immigration (**illegal**) immigration *f.* (clandestine,
illégale) (15)

imperial impérial(e) (14)

imperialism impérialisme *m.* (14)

impolite impoli(e) (2)

important: it's important to il est important
de + *inf.* (11)

impose imposer (15)

impressionist *adj.* impressionniste (16)

in dans (1); **in front of** devant (1)

income taxes impôts *m. pl.* (15)

increase *v.* augmenter (15)

Indian *adj.* indien(ne) (2); (*person*) Indien(ne)
m., f. (2)

inn auberge *f.* (12)

install installer (15)

institute institut *m.* (11)

instruction (**secular**) enseignement *m.* (laïc) (15)

intellectual *adj.* intellectuel(le) (2)

intelligent intelligent(e) (2)

interest *v.* intéresser (14); **does** (**politics**)
interest you? ça t'intéresse / vous intéresse
(la politique)? (14); **that interests me** ça
m'intéresse (14)

interested: to be interested in s'intéresser à (8);
are you interested in...? tu t'intéresses /
vous vous intéressez à...? (15); (*as an
invitation*) **are you interested in** (**dancing**)?
ça te/vous dit de (danser)? (5)

interesting intéressant(e) (2)

international relations relations (*f. pl.*) internationales (1)

intervention intervention *f.* (14)

intolerance intolérance *f.* (15)

intolerant intolérant(e) (15)

iPod iPod® *m.*, baladeur (*m.*) mp3 (6)

Irish *adj.* irlandais(e) (2); (*person*) Irlandais(e)
m., f. (2)

iron fer *m.* (9); **ironing board** planche (*f.*) à
repasser (9)

island île *f.* (12)

it is c'est (1), il est (1, 15); **it's...** (*time*) il est...
(3); **it's...** (*weather*) il fait... (3)

Italian *adj.* italien(ne) (2); (*language*) italien *m.*
(2); (*person*) Italien(ne) *m., f.* (2)

Ivory Coast: from the Ivory Coast *adj.*
ivorien(ne); (*person*) Ivorien(ne) *m., f.* (2)

J

jacket: bomber jacket blouson *m.* (6); (**outer/
suit**) **jacket** veste *f.* (6)

jam confiture *f.* (5)

January janvier (1)

Japanese *adj.* japonais(e) (2); (*language*) japonais *m.* (2); (*person*) Japonais(e) *m., f.* (2)

jeans (*pair of*) jean *m. s.* (6)

job emploi *m.*, poste *m.* (11); **to find a job**
trouver un poste (11)

joke (**practical**) farce *f.*, poisson (*m.*) d'avril
(*on April Fool's Day*) (10)

journalism journalisme *m.* (1)

journalist journaliste *m., f.* (4)

juice (**orange, apple**) jus *m.* (d'orange, de
pomme) (5)

July juillet (1)

June juin (1)

junior (*in 11th grade*) en première (1ère) (11);
junior high school collège *m.* (11); **junior
high school student** collégien(ne) *m., f.* (11)

K

kind *n.* genre *m.* (7)

king roi *m.* (14)

kiss: Kisses! (*during leave-taking*) Bisous! (16)

kitchen cuisine *f.* (9)

knee genou *m.* (8)

knife couteau *m.* (5)

know (*facts, how to do s.th.*) savoir (*irreg.*)
(7); (*be familiar with*) connaître (irreg.)
(12); **do you know the neighborhood?**
connaissez-vous le quartier? (12); **to know
one another** se connaître (12)

L

Labor Day (*May 1*) fête (*f.*) du Travail (10)

laboratory laboratoire *m.* (11)

laborer ouvrier/ière *m., f.* (4)

ladies mesdames *f. pl.* (1)

lamb: a leg of lamb gigot (*m.*) d'agneau (*m.*) (5)

lamp lampe *f.* (9)

language langue *f.* (14); **in its original language**
(*film*) en version originale (16)

last *adj.* dernier/ière (2)

late tard (3); (*to arrive, be, show up*) **late** (être,
arriver) en retard (3)

law loi *f.* (14)

lawn pelouse *f.* (9)

lawyer avocat(e) *m., f.* (4)

learn (**to do something**) apprendre (*irreg.*)
(à + *inf.*) (5)

least le moins (12)

leave (**from, for**) partir (*irreg.*) (de, pour) (6);
leave me alone! laisse-moi / laissez-moi tranquille! (13); **on your left** sur votre gauche
(12); **to the left** (**of**) à gauche (de) (5)

leg jambe *f.* (8); **leg of lamb** gigot (*m.*)
d'agneau (5)

legal légal(e) (14)

legislative législatif/ive (14)

leisure (**time, activity**) loisirs *m. pl.* (4); **What
do you do in your leisure time?** Qu'est-ce
que tu fais / vous faites pendant tes/vos
loisirs? (4)

Lent carême *m.* (10)

less... than moins... que (9)

lesson leçon *f.* (16)

lie *v.* mentir (*irreg.*) (6)

life vie *f.* (4); **city life** vie urbaine (12); **emotional life** vie sentimentale (11)

lifelong: Wishing you lifelong happiness! Soyez
heureux pour la vie! (10)

light (*color*) clair(e) (6); lumière *f.* (16); **(energy-saving) light bulb** ampoule *f.* (fluocompacte) (15)

lightning: there's lightning il y a des éclairs (13)

like *v.* aimer (3); **to like (a lot)** aimer (bien, beaucoup) (5); **what did you like to do when …** qu'est-ce que tu aimais / vous aimiez faire quand… ? (9); **what was (your home) like?** comment était (ta/votre maison)? (9); **what were (your parents) like?** comment étaient (tes/vos parents)? (9); **would you like to … ?** tu aimerais… ? / vous aimeriez… ? (5); **Yes, I'd like to / I'd like that a lot.** Oui, j'aimerais beaucoup / j'aimerais bien. (5), Oui, je veux bien. (5)

likely probable (15); **it's likely that…** il est probable que (+ *indic.*) (15)

line ligne *f.* (16)

linguist linguiste *m., f.* (1)

linguistics linguistique *f.* (1)

lip lèvre *f.* (8)

listen (to music) écouter (de la musique) (3)

literature (comparative) littérature *f.* (comparée) (1)

little: petit(e) (9); **when you were little** quand tu étais / vous étiez petit(e) (9)

live vivre (*irreg.*) (9); **to live (in, at)** habiter (à, en) (3)

living: living room salle (*f.*) de séjour, salon *m.* (9); **what do you do for a living?** qu'est-ce que tu fais / vous faites dans la vie? (11)

loaf of bread pain *m.* (5)

lobster *homard *m.* (5)

located: to be located se trouver (12); **could you tell me where (the closest metro station) is located?** pourriez-vous me dire où se trouve (la station de métro la plus proche)? (12)

lodging hébergement *m.* (13)

loner: he's a loner il est solitaire (2)

look (at) regarder (3); **to look for** chercher (3)

loose (*fitting*) ample (6)

lose perdre (5); **to lose weight** maigrir (6)

loss perte *f.* (14)

lot: a lot (of) beaucoup (de) (5)

love *v.* adorer (3); aimer (3); **love story** (*movie*) film (*m.*) d'amour (7)

low income housing HLM *m.* ou *f.* (habitation [*f.*] à loyer modéré) (15)

lower *v.* baisser (15)

luck: good luck bonne chance (16); **best of luck** bon courage (16); **best of luck on your project/work** bon projet, bon travail (16)

lunch déjeuner *m.* (5); **to have lunch** déjeuner (3)

luxury hotel hôtel (*m.*) de luxe (13)

M

ma'am (Mrs.) madame (Mme) *f.* (1)

major spécialisation *f.* (11); **to major (in)** se spécialiser (en) (8)

make faire (*irreg.*) (3); **make fun of** se moquer de (8)

man homme *m.* (1)

manager directeur/trice *m., f.* (4)

many beaucoup (de) (5); de nombreux/euses (14); **too many** trop de (5)

map carte *f.* (1); (*city*) plan *m.* (12); (*road*) carte routière (13)

marble (*made of*) (en) marbre *m.* (16)

March mars (1)

Mardi gras Mardi (*m.*) gras (10)

market (*outdoor*) marché *m.* (en plein air) (5)

married marié(e) (4); **to get married (to)** se marier (avec) (11)

marry se marier (avec) (11)

master's degree master *m.* (11)

materials (*building*) matériaux *m. pl.* (16)

mathematics (math) mathématiques (maths) *f. pl.* (1)

matriculate (into an elite French instituion of higher learning) intégrer (une école) (11)

May mai (1); **May 8 holiday** jour (*m.*) de la Victoire (10)

may: it may be that… il se peut (*irreg.*) que (+ *subj.*) (15)

meal repas *m.* (5)

mean méchant(e) (2)

means of transportation moyen (*m.*) de transport (12)

meat viande *f.* (5)

meet se rencontrer (11); **to meet up** se réunir (8)

mend (*an article of clothing*) raccommoder (15)

Mexican *adj.* mexicain(e) (2); (*person*) Mexicain(e) *m., f.* (2)

mezzo-soprano mezzo-soprano *m.* (16)

microwave oven four (*m.*) à micro-ondes (9)

middle: in the middle of au milieu de (5); **middle school** collège *m.* (11); **middle school student** collégien(ne) *m., f.* (11)

midnight: it is midnight il est minuit (3)

mild: it's mild (out) il fait doux (3)

milk lait *m.* (5)

mirror miroir *m.* (9)

miss (Miss) mademoiselle (Mlle) *f.* (1)

mistaken: to be mistaken (about) se tromper (de) (8)

mister (Mr.) monsieur (M.) (1)

modern moderne (15)

monarchy monarchie *f.* (14)

Monday lundi *m.* (1)

money argent *m.* (13)

month mois *m.* (1)

more… than plus… que (9)

morning matin *m.* (3); **in the morning** du matin (3)

Moroccan *adj.* marocain(e) (2); (*person*) Marocain(e) *m., f.* (2)

mosque mosquée *f.* (12)

most (the) le plus (12)

mother mère *f.* (4); **mother-in-law** belle-mère *f.* (4); **Mother's Day** fête (*f.*) des Mères (10)

motorcycle moto *f.* (12); **to go by motorcycle** aller à/en moto (12)

mountain: to go mountain biking faire (*irreg.*) du VTT (vélo tout-terrain) (13); **to go mountain climbing** faire (*irreg.*) de l'escalade (13)

mouth bouche *f.* (8)

move: to move into emménager dans (9); **to move out (of)** déménager (de) (9)

movie film *m.* (7); **movie theater** cinéma *m.* (7); **pay-per-view movie** film sur demande (7); **to go to the movies** aller (*irreg.*) au cinéma (5)

mp3 player iPod® *m.*, baladeur (*m.*) mp3 (6)

Mr. M. (monsieur) *m.* (1)

Mrs. Mme (madame) *f.* (1)

much beaucoup (de) (5); bien (10); **too much** trop (de) (5)

multicolored multicolore (6)

museum musée *m.* (7)

mushroom champignon *m.* (5)

music musique *f.* (1)

musical (*theater*) comédie (*f.*) musicale (7)

musician musicien(ne) *m., f.* (4)

mussel moule *f.* (5)

must *v.* devoir (*irreg.*) (7); **one must** il faut (*irreg.*) + *inf.* (8, 11); **(you) should not / must not…** il ne faut pas que… (14); **What must one/you do to…?** Qu'est-ce qu'il faut faire pour + *inf.* (8)

N

name: my name is je m'appelle (1)

napkin serviette *f.* (5)

narrow-minded borné(e) (15); **to be narrow-minded** avoir (*irreg.*) l'esprit étroit (15)

nation nation *f.* (14)

nationality nationalité *f.* (2); origine *f.* (2); **What is your nationality?** Quelle est ta/votre nationalité? (2)

near près de (2)

necessary: it is necessary to il est nécessaire de + *inf.* (11); il faut (*irreg.*) + *inf.* (11)

neck cou *m.* (8)

necklace collier *m.* (6)

need *v.* avoir (*irreg.*) besoin de (2)

neighborhood quartier *m.* (12); **underprivileged neighborhood** quartier défavorisé (15)

neoclassical néoclassique (16)

nephew neveu *m.* (4)

new nouveau, nouvel, nouvelle (nouveaux, nouvelles) (2); **New Year's Day** jour (*m.*) de l'An (10); **New Year's Eve** la Saint-Sylvestre (10); **New Year's Eve dinner** réveillon (*m.*) du jour de l'An (de la Saint-Sylvestre) (10)

next ensuite (7); **next (to)** à côté de (5)

nice gentil(le) (2); sympa(thique) (2); (*weather*) beau (3); **it's nice (out)** il fait beau (3)

nicely joliment (10)

niece nièce *f.* (4)

nightclub: at a nightclub en boîte (3)

nine neuf (1)

nineteen dix-neuf (1)

ninety quatre-vingt-dix (4)

no: no longer ne… plus (5); **no one** ne… personne (5), personne (7)

noise bruit *m.* (12)

noon: it is noon il est midi (3)

normal normal(e) (2)

nose nez *m.* (8)

not: not any longer, not anymore ne… plus (5); **not bad** pas mal (1); **not really** pas trop (15); **not so well** ça va mal (1); **not yet** ne… pas encore (5); **why not?** pourquoi pas? (5)

notebook cahier *m.* (1)

nothing ne… rien (5), rien (7)

novel roman *m.* (11)
November novembre (1)
now maintenant (4)
nowhere ne... nulle part (5)
number nombre *m.* (1)
nurse infirmier/ière *m., f.* (4)

O

obliged obligé(e) (13); **if I weren't obliged to ...** si je n'étais pas obligé(e) de... (13)
obvious évident(e) (15); **it's obvious that...** il est évident que (+ *indic.*) (15)
occupation métier *m.* (11)
ocean océan *m.* (12)
October octobre (1)
of course bien sûr (15)
offer offrir (*irreg.*) (10)
office (**dental, medical**) cabinet *m.* (dentaire, médical) (11)
often souvent (3)
oil huile *f.*; **olive oil** huile d'olive (5); (**painted in**) **oil** à l'huile (16)
old âgé(e) (2); vieux, vieil, vieille (vieux, vieilles) (2); **how old are you?** tu as quel âge? / quel âge avez-vous? (2) **older** (*sibling*) aîné(e) (4)
olive oil huile (*f.*) d'olive (5)
on sur (1); **on point** (*ballet*) sur pointes (16); **on time** à l'heure
one un(e) (1); **one-bedroom apartment** deux-pièces (*m. s.*) (9); **one-way** (**street**) rue [*f.*]) à sens unique (12)
onion oignon *m.* (5)
only *adj.* seul (14); **the only** le seul / la seule / les seule(e)s (14); **only child** enfant (*m., f.*) unique, fils (*m.*) unique, fille (*f.*) unique (4)
open ouvrir (*irreg.*) (10); **to be open-minded** avoir (*irreg.*) l'esprit ouvert (15)
opinion avis *m.* (8); **in your opinion** à ton/votre avis (8)
orange *n.* orange *f.* (5); **orange** *adj.* orange *inv.* (2)
order (*restaurant*) commande *f.* (5); **Can I take your order?** Je peux prendre votre commande? (5); **in order to** (**do smthg.**) pour + *inf.* (14)
ordinal numbers nombres (*m. pl.*) ordinaux (14)
original: **in its original language** (*film*) en version originale (16)
out: **it's beautiful out** il fait beau (13)
outfit tenue *f.* (6)
outing (*on the town*) sortie *f.* (7)
over there là-bas (10, 12)
overcast: **it's overcast** le ciel est couvert (13)
overcrowding surpeuplement *m.* (12)
oyster huître *f.* (5)

P

pack (*for a trip*) faire ses valises (13)
paint (**in oil**) peindre (*irreg.*) (à l'huile) (16)
painter peintre *m.* (16)
painting peinture *f.* (16); tableau *m.* (16)

pal copain *m.*, copine *f.* (11)
palace palais *m.* (12)
pants (*pair of*) pantalon *m. s.* (6)
paper (*term*) dissertation *f.* (11)
parade défilé *m.* (10)
pardon (**me**) pardon (3)
parent parent *m.* (4)
parking lot parking *m.* (9)
part partie *f.* (8)
partly: **it's partly sunny** il y a des éclaircies (13)
party fête *f.* (1)
pass (**by**) passer (par) (7)
Passover Pâque *f.* (10)
passport passeport *m.* (13)
pasta pâtes *f. pl.* (5)
pastry pâtisserie *f.* (5); **pastry shop** boulangerie-pâtisserie *f.* (5)
patois patois *m.* (14)
pay *v.* payer (13); **pay-per-view movie** film (*m.*) sur demande (7)
payment paiement *m.* (13)
peach pêche *f.* (5)
pear poire *f.* (5)
pen stylo *m.* (1)
pencil crayon *m.* (1)
pepper poivre *m.* (5); **red pepper** poivron (*m.*) rouge (5)
perform (**a role**) interpréter (un rôle) (16)
period période *f.* (14)
pet animal (*m.*) domestique (4)
pharmacist pharmacien(ne) *m., f.* (4)
philosophy philosophie *f.* (1)
photography photographie *f.* (1)
physics physique *f.* (1)
picture image *f.* (16)
pillow (*for bed*) oreiller *m.* (9)
pink rose (2)
place setting (*table*) couvert *m.* (5)
plaid à carreaux (6)
plane avion *m.* (13); **to go by plane** aller (*irreg.*) en avion (13)
plate assiette *f.* (5)
play *v.* jouer (3); (*a musical instrument*) jouer de (3); (*a sport or game*) jouer à (3) (7); **play** *n.* (*theater*) pièce *f.* (de théâtre) (7); **(now) playing** (*in a theater*) (actuellement) à l'affiche
pleased: **Pleased to meet you.** Enchanté(e). (1)
pleasing: **to be pleasing** (*to s.o.*) plaire (*irreg.*) (à) (11)
pleasure: **it's a real pleasure** c'est un vrai plaisir (de + *inf.*) (11); **with pleasure** avec plaisir (5)
poem poème *m.* (16)
poet poète *m.* (16)
poetry poésie *f.* (16); **collection of poetry** recueil (*m.*) de poèmes (11, 16)
policeman, policewoman policier *m.*, policière *f.* (4)
polite poli(e) (2)
political science sciences (*f. pl.*) politiques (1)
politics politique *f.* (15)
polka dot *adj.* à pois (6)
pollution pollution *f.* (12)
poor pauvre (2)
poorly mal *adv.* (10)
pork (**roast of**) rôti (*m.*) de porc (5)
port port *m.* (12)

position (*job, post*) poste *m.* (11)
postal worker facteur/trice *m., f.* (4)
poster affiche *f.* (1)
potato pomme (*f.*) de terre (5)
poultry volaille *f.* (5)
powerful puissant(e) (15)
practice (**law**) cabinet *m.* (d'avocats) (11)
prefer aimer mieux (3); préférer (3)
preferable: **it's preferable to** il est préférable de + *inf.* (11); il vaut (*irreg.*) mieux + *inf.* (11)
prejudiced: **to be prejudiced** (**against**) avoir (*irreg.*) des préjugés (contre) (15)
prepare préparer (3)
prestigious prestigieux/euse (14)
prettily joliment (10)
pretty joli(e) (2)
price prix *m.* (7)
pride: **to take pride** (**in**) se vanter (de) (15)
product (**agricultural, organic**) produit *m.* (agricole, bio[logique]) (15)
profession métier *m.* (4)
professor professeur *m., f.* (1)
programmer (*computer*) informaticien(ne) *m., f.* (4)
prohibit interdire (*irreg.*) (15)
protection protection *f.* (14)
psychology psychologie *f.* (1)
punctually ponctuellement (10)
purple violet(te) (2)
purse sac (*m.*) à main (6)
pursue (**one's studies**) poursuivre (*irreg.*) (ses études) (11)
put (**on**) mettre (*irreg.*) (6); **to put on make-up** (**on one's eyes**) se maquiller (les yeux) (8)

Q

quarter (*Paris district*) arrondissement *m.* (12); **quarter past** (*the hour*) ... et quart (3); **quarter to** (*the hour*) ... moins le quart (3)
Quebec National Holiday (**June 24**) (fête de la) Saint-Jean-Baptiste *f.* (10)
Quebecois (*from Quebec*) *adj.* québécois(e) (2); (*person*) Québécois(e) *m., f.* (2)
queen reine *f.* (14)
question question *f.* (6)
quickly rapidement, vite (10)

R

rabbit (**chocolate**) lapin *m.* (en chocolat) (10)
racist raciste *adj.* (15)
rafting: **to go rafting** faire (*irreg.*) du rafting (13)
rain pleuvoir (13); **it's raining** il pleut (*irreg.*) (13)
raincoat imperméable *m.* (6)
Ramadan ramadan *m.* (10)
rarely rarement (3)
raspberry framboise *f.* (5)
rate taux *m.* (15); **unemployment rate** taux de chômage (15)
read lire (*irreg.*) (11)
receive recevoir (*irreg.*) (10)
recently récemment (4)

recognize reconnaître (*irreg.*) (12)
record *v.* enregistrer (7)
recorder (digital) magnétoscope *m.* (numérique) (7)
recreation area (*lit.* green place) espace (*m.*) vert (12)
recycle recycler, faire (*irreg.*) du recyclage (15)
red rouge (2); red (*hair*) roux/rousse (2)
reference point (*geographical/historical*) point (*m.*) de repère (14)
reflect (on) réfléchir (à) (6)
refrigerator frigo *m.* (9)
region région *f.* (14)
regional régional(e) (14)
related to lié(e) à (11)
relationship relation *f.* (11)
relatives famille *f. s.* (4); parents *m. pl.* (4)
relax se détendre (8)
religion religion *f.* (14)
religious religieux/euse (14)
remain rester (3)
remember se souvenir (*irreg.*) (de) (8)
rent *v.* louer (3)
report reportage *m.* (11)
republic république *f.* (14)
Republican républicain(e) (14)
residence résidence *f.* (9)
residency card (*visa*) titre (*m.*) de séjour (15)
respond répondre (5)
return *v.* retourner (7); (*go home*) rentrer (3); (*return s.th.*) rendre (5); (*come back to a place*) revenir (5)
review (*film, book*) compte (*m.*) rendu (11)
revolution révolution *f.* (14)
revolutionary révolutionnaire *m., f., adj.* (14)
rice riz *m.* (5)
rich riche (2)
right droite *f.* (12); on your right sur votre droite (12) to the right (of) à droite (de) (5)
riot émeute *f.* (15)
river (*flowing directly into the sea*) fleuve *m.* (12); (*tributary*) rivière *f.* (12)
riverbank rive *f.* (12)
Roman romain(e) *adj.* (14)
Romance language langue (*f.*) romane (14)
romantic (*related to romanticism*) romantique (16)
roof toit *m.* (9)
room (*in a house*) pièce *f.* (9)
rose window rosace *m.* (16)
royal royal(e) (2, 14)
rude impoli(e) (2)
rug tapis *m.* (9)
rule (grammar) règle *f.* (de grammaire) (14)
rush hour heures (*f. pl.*) de pointe (12)
Russian *adj.* russe (2); (*language*) russe *m.* (2); (*person*) Russe *m., f.* (2)

S

sad triste (2); to be sad that... être triste que (+ *subj.*) (15)
salary salaire *m.* (11)
salmon: fillet of salmon filet (*m.*) de saumon (5)
salt sel *m.* (5)
sandals sandales *f. pl.* (6)

Santa Claus père (papa) (*m.*) Noël (10)
satellite TV télé(vision) (*f.*) par satellite (7)
Saturday samedi *m.* (1)
sausage saucisse *f.* (5)
save (*money*) économiser (13)
say dire (*irreg.*) (11); I would say... je dirais... (8); I wouldn't say... je ne dirais pas... (8); what do you say to someone... ? qu'est-ce qu'on dit à quelqu'un... ? (10)
scarf (*warm*) écharpe *f.* (6); (*silk*) foulard *m.* (6)
schedule (*show times*) horaire *m.* (7); (*work*) horaire *m.* (11)
school école *f.* (11); elite French institution of higher learning grande école *f.* (11)
screen écran *m.* (1); on screen à l'écran (7)
sculptor, sculptress sculpteur *m.*, femme sculpteur *f.* (16)
sculpture sculpture *f.* (16)
season saison *f.* (1)
seat place *f.* (7)
second second(e), deuxième *m., f., adj.* (14)
secondary instruction enseignement (*m.*) secondaire (11)
sedentary sédentaire (2)
see voir (*irreg.*) (7); see you later à plus tard, à plus (1); see you soon à bientôt (1); see you tomorrow à demain (1); see you tonight à ce soir (1)
sell vendre (5)
send envoyer (3)
Senegalese *adj.* sénégalais(e) (2); (*person*) Sénégalais(e) *m., f.* (2)
senior (*in 12th grade*) en terminale (en term.) (11)
separate *v.* se séparer (11)
September septembre (1)
serious sérieux/euse (2)
serve servir (*irreg.*) (6)
settle (a bill) régler (une facture) (13)
seven sept (1)
seventeen dix-sept (1)
seventy soixante-dix (4); seventy-one soixante et onze (4)
several plusieurs (14)
sexist sexiste *adj.* (15)
shame: it's a shame that... il est dommage que (+ *subj.*) (15)
shape: to stay in shape rester en forme (8)
shave (one's legs) se raser (les jambes) (8)
sheet (of paper) feuille *f.* (de papier) (1)
shelf étagère *f.* (9)
shellfish fruits (*m. pl.*) de mer (5)
shirt chemise *f.* (6)
shoe chaussure *f.* (6); high-heeled shoe chaussures à talons hauts (6)
shopping: shopping mall centre (*m.*) commercial (12); to go grocery shopping faire (*irreg.*) les courses (3)
short petit(e) (2); short-sighted borné(e) (15)
shorts (*pair of*) short *m. s.* (6)
shoulder épaule *f.* (8)
show spectacle *m.* (7); (*television*) émission *f.* (7)
shower douche *f.* (9)
showing (*of a film*) séance *f.* (7); (now) showing (actuellement) à l'affiche *f.* (7)
shrimp crevette *f.* (5)
since depuis (7); since when depuis quand (7)

single (*unmarried*) célibataire (4); the single le seul / la seule / les seule(e)s (14)
sink (*bathroom*) lavabo *m.* (9); (*kitchen*) évier *m.* (9)
sister sœur *f.* (4); half-sister demi-sœur *f.* (4)
situation situation *f.* (13)
six six (1)
sixteen seize (1)
sixty soixante (1)
size (*clothing*) taille *f.* (6); size (*shoes*) pointure *f.* (6); what size are you? tu fais /vous faites quelle taille / quelle pointure? (6)
skating: to go ice skating faire du patin à glace (3, 13)
ski: to go (cross-country, downhill, water) skiing faire (*irreg.*) du ski (de fond, alpin, nautique) (3, 13)
skirt jupe *f.* (6)
skyscraper gratte-ciel *m. inv.* (12)
slave esclave *m., f.* (14)
slavery esclavage *m.* (14)
sledding: to go sledding faire (*irreg.*) de la luge (13)
sleep dormir (*irreg.*) (6); to fall asleep s'endormir (8)
sleeve manche *f.* (6); short-, long-sleeved à manches courtes, longues (6)
slowly lentement (10)
small petit(e) (2)
smart intelligent(e) (2)
smell *v.* sentir (*irreg.*) (6)
snack (*after school*) goûter *m.* (5)
sneakers tennis *m.* or *f. pl.* (6)
snobby snob (15)
snorkeling: to go snorkeling faire (*irreg.*) de la plongée (13)
snow neiger (13); it's snowing il neige (13)
snowboarding: to go snowboarding faire (*irreg.*) du snowboard (13)
so: so long salut, ciao (1); so much tellement (10)
sociable sociable (2)
society société *f.* (15)
sociology sociologie *f.* (1)
sock chaussette *f.* (6)
sole (*fish*): fillet of sole filet (*m.*) de sole (5)
solitary solitaire (2)
some certain(e)(s) *adj.* (14)
someone quelqu'un (de) (2)
something quelque chose (de) (2); something to say, to add quelque chose à dire (*irreg.*), à ajouter (16)
sometimes parfois (3)
somewhere quelque part (7)
son fils *m.* (4); son-in-law beau-fils *m.* (4)
soon bientôt (4)
sophomore (*in 10th grade*) en seconde (2de) (11)
sorry désolé(e) (3); Sorry, I can't. Désolé(e)! Je ne peux pas. (5)
sound: Sure. That sounds good. (*agreement to do s.th.*) Oui, ça me dit. (5)
soup bowl assiette (*f.*) à soupe (5)
Spanish *adj.* espagnol(e) (2); (*language*) espagnol *m.* (2); Spaniard (*person*) Espagnol(e) *m., f.* (2)
speak parler (2)
spelling orthographe *f.* (14)

spiral en spirale (16)

spoon cuillère *f.* (5); **tablespoon** cuillère à soupe (5); **teaspoon** petite cuillère (5)

sports match match *m.* (7)

sporty sportif/ive (2)

spring printemps *m.* (1); **in the spring** au printemps (1)

square (*city*) place *f.* (12)

stadium stade *m.* (7)

stage: on stage sur scène (7)

stained-glass window vitrail *m.* (*pl.* vitraux) (16)

staircase, stairwell escalier *m.* (9)

stay *v.* rester (3); (*in a hotel*) *v.* loger (13); **Have a nice stay!** Bon séjour! (10); **stay-at-home dad** père (*m.*) au foyer (4); **stay-at-home mom** mère (*f.*) au foyer (4); **stay in shape** rester en forme (8)

steak bifteck *m.* (5)

stepdaughter belle-fille *f.* (4)

stepfather beau-père *m.* (4)

stepmother belle-mère *f.* (4)

stepson beau-fils *m.* (4)

stop (*oneself*) s'arrêter (13); **stop it!** arrête! (13)

store (*food*) magasin *m.* (d'alimentation) (5)

storm orage *m.* (13); **there are storms** il y a des orages (13)

story (*short*) nouvelle *f.* (11)

stove cuisinière *f.* (9)

straight ahead tout droit (12)

strawberry fraise *f.* (5)

street rue *f.* **cobblestone street** rue pavée (12); **one-way street** rue à sens unique (12)

stress stress *m.* (8); **to manage stress** gérer le stress (8)

strike grève *f.* (15); **to strike** faire (*irreg.*) grève (15)

striped rayé(e) (6)

strong fort(e) (2)

student étudiant(e) *m.*, *f.* (1)

studies études *f. pl.* (11)

study *v.* étudier (2); **program of study** filière *f.* (11); **to study (for)** préparer (3)

stupid stupide (2)

subject matter (*academic*) matière *f.* (1)

subsidize subventionner (15)

subtitled (in English) sous-titré (en anglais) (16)

subway métro *m.* (12); **subway station** station (*f.*). de métro (7); **to go by subway** aller en métro (12)

succeed (at, in) réussir (à) (6)

successful: to be successful (at, in) réussir (à) (6)

sugar sucre *m.* (5)

suit (*for men*) costume *m.* (6); (*for women*) tailleur *m.* (6)

suitcase valise *f.* (13); **to pack one's suitcases** faire (*irreg.*) ses valises (13)

summer été *m.* (1); **in the summer** en été (1)

Sunday dimanche *m.* (1)

sunglasses lunettes (*f. pl.*) de soleil (6)

sunny: it's sunny il est ensoleillé (13); il y a du soleil (13); **it's partly sunny** il y a des éclaircies (13)

support *v.* soutenir (*irreg.*) (15)

Sure! (*agreement to do s.th.*) Volontiers! (5)

surf: to surf the web surfer (sur Internet) (3)

surfing: to go surfing faire (*irreg.*) du surf (13)

sweater pull(-over) *m.* (6); **turtleneck sweater** pull(-over) à col roulé (6)

swim nager (3)

swimming: to go swimming faire (*irreg.*) de la natation (3)

swimsuit maillot (*m.*) de bain (6)

Swiss *adj.* suisse; (*person*) Suisse *m.*, *f.* (2)

T

tablecloth nappe *f.* (5)

tablespoon cuillère (*f.*) à soupe (5)

take prendre (5); **Can I take your order?** Je peux prendre votre commande? (5); **to take a course** suivre (*irreg.*) un cours (11); **to take care of** s'occuper de (8)

tall grand(e) (2)

tart tarte *f.* (5); **fruit tart** tarte aux fruits (5)

taxi taxi *m.* (12); **to go by taxi** aller en taxi (12)

tea thé *m.* (5)

teaspoon petite cuillère *f.* (5)

technique technique *f.* (16)

teenager adolescent(e) *m.*, *f.*, (9); **when you were a teenager** quand tu étais / vous étiez ado(lescent[e]) (9)

telephone téléphone *m.* (6); **cell phone** (téléphone) portable *m.* (6)

television télévision *f.* (15); **satellite television** télé(vision) par satellite (7); **television channel** chaîne (*f.*) de télévision (15); **television series** série (*f.*) télévisée (16) **television show** émission *f.* (16)

tell dire (*irreg.*) (11); **could you tell me where (the closest metro station) is located?** pourriez-vous me dire où se trouve (la station de métro la plus proche)? (12)

temperature température *f.* (13); **what is the temperature?** quelle est la température? (13)

ten dix (1)

tennis: to play tennis jouer au tennis (3); **tennis shoes** tennis *m.* or *f. pl.* (6)

tenor ténor *m.* (16)

terrace terrasse *f.* (9)

territory territoire *m.* (14)

terrorism terrorisme *m.* (15)

text message texto *m.* (3)

that is c'est (1)

theater théâtre *m.* (7)

theme thème *m.* (16)

then (et) puis (7)

there is/are il y a (1)

thesis thèse *f.* (11)

they are ce sont (1)

thin mince (2)

think (about) réfléchir (à) (6); **to think (of)** penser (de) (6)

third troisième *m.*, *f.*, *adj.* (14)

thirsty: to be thirsty avoir soif (5)

thirteen treize (1)

thirty trente (1)

those are ce sont (1)

thousand mille *inv.* (4)

three trois (1)

thumb pouce *m.* (8)

thunder: there's thunder il y a du tonnerre (13)

Thursday jeudi *m.* (1)

ticket (*film, play*) billet *m.* (d'entrée) (7); **round-trip ticket** (*air, train, bus*) billet aller-retour (13); **ticket price (full, reduced)** (plein) tarif *m.* (réduit) (7)

tie (*necktie*) cravate *f.* (6)

tight (*fitting*) serré(e) (6)

time (*on a clock*) heure *f.* (3); temps *m.* (14); **at what time… ?** à quelle heure… ? (3); **do you know what time it is?** tu as / vous avez l'heure? (3); **free time** temps libre (4); **on time** à l'heure (3); **the time is… o'clock** il est … heure(s) (3); **time period** période (*f.*) du temps (14); **to be on time** être à l'heure (3); **what time is it?** quelle heure est-il? il est quelle heure? (3)

tired fatigué(e) (2)

toaster grille-pain *m.* (9)

toe orteil *m.* (8)

toilet (*room with toilet*) toilettes *f. pl.* (9)

tolerant tolérant(e) (15)

tomato tomate *f.* (5)

tomb tombe *f.* (10)

tongue langue *f.* (8)

too many / too much trop (de) (5)

tool (*technology*) outil (*m.*) technologique (6)

tooth dent *f.* (8); **to brush one's teeth** se brosser les dents (8)

tour bus autocar *m.* (13); **to go by tour bus** aller (*irreg.*) en autocar (13)

tower tour *f.* (12)

trade commerce *m.* (14)

traffic circulation *f.* (12); **traffic circle** rond-point *m.* (12); **traffic jam** embouteillage *m.* (12)

train station gare *f.* (SNCF) (12)

training formation *f.* (11)

trait (*physical*) trait (*m.*) physique (2)

tramway tramway *m.* (12)

travel *v.* voyager (3)

trip voyage *m.* (10); **have a good trip!** bon voyage! (10)

true vrai(e) (15); **it's true that…** il est vrai que (+ *indic.*) (15)

t-shirt tee-shirt *m.* (6)

Tuesday mardi *m.* (1)

turn *v.* tourner (12); **to turn (in)** rendre (5); **turn right, left** tournez à droite, à gauche (12)

twelve douze (1)

twenty vingt (1); **twenty-first** vingt et unième *adj.* (14); **twenty-one** vingt et un (1); **twenty-two** vingt-deux (1)

twist (one's ankle) se fouler (la cheville) (8)

two deux (1)

type *n.* genre *m.* (7)

U

ugly laid(e) (2, 6), moche (*fam.*) (6)

uh, yeah euh… ben, oui (15)

umbrella parapluie *m.* (6)

uncle oncle *m.* (4)

under sous (1)

underground: underground shopping mall centre (*m.*) commercial souterrain (12)

understand comprendre (*irreg.*) (5)

understanding compréhensif/ive (15)

unemployment chômage *m.* (15); **unemploy-ment rate** taux (*m.*) de chômage (15)
unfortunately malheureusement (10)
union (*labor*) syndicat *m.* (15)
university fac(ulté) *f.* (11); **university-level instruction** enseignement (*m.*) supérieur (11)
unplug débrancher (15)
until jusqu'à (12)
use *n.* emploi *m.* (14)

V

vacation vacances *f. pl.* (10); **(have a) good vacation!** bonnes vacances! (10); **vacation package** forfait *m.* (13)
vacuum cleaner aspirateur *m.* (9)
various divers(es) (14)
vaulted (*ceiling*) en voûte (16)
VCR magnétoscope m. (7)
vegetable légume *m.* (5)
version (original) (*film*) version (*f.*) originale (16)
Veteran's Day (November 11) jour (*m.*) du Souvenir (10)
victory victoire *f.* (14)
victorious victorieux/euse (14)
video: video game console console (*f.*) de jeux vidéo (7); **video game control** manette *f.* (7)
visit *n.* visite *f.* (7); **to visit** (*a place*) visiter (3); **to visit** (*s.o.*) rendre visite à (5)

W

wait (for) attendre (5)
waiter/waitress serveur/euse *m., f.* (4, 5)
wake up se réveiller (8)
walk *v.* marcher (13); **a 20-minute walk (from here)** à 20 minutes à pied (12); **to go for a walk in the woods** faire (*irreg.*) une balade en forêt (13); **to take a walk** se promener (8), faire (*irreg.*) une promenade (3)
walkway (*waterfront*) esplanade *f.* (12)
wall mur *m.* (1)
want *v.* vouloir (*irreg.*) (7); avoir (*irreg.*) envie de (2); **do you want to...** ? tu veux / vous voulez... ? (5); **what do you want to do...** ? qu'est-ce que tu veux / vous voulez faire... ? (11)
war guerre *f.* (14)
wardrobe (*furniture*) armoire *f.* (9)
wash (one's face) se laver (la figure) (8)
washing machine lave-linge *m.* (9)
watch *v.* regarder (3)
water (mineral) eau *f.* (minérale) (5); **water bottle** gourde *f.* (15)

weak faible (2)
wear (*clothing*) porter (6)
weather temps *m.* (3); **weather forecast** prévisions (*f. pl.*) météo (13); **what is the weather like?** quel temps fait-il? (3); **it's nice/bad weather** il fait beau/mauvais (3)
Wednesday mercredi *m.* (1)
week semaine *f.* (1); **during the week** en semaine (3)
weekend week-end *m.* (1); **on the weekend** le week-end (3)
Welcome! Bienvenue! (16); Soyez / Vous êtes le, la, les bienvenu(e)(s)! (16)
well bien *adv.* (6); **well-off** aisé(e) (2); **well, well!** tiens! (13)
western (*film*) western *m.* (7)
what qu'est-ce que (1, 8); qu'est ce qui (1, 8); quel(le) (1); comment (1); quoi (8); **what (a)... !** quel(le)(s)... !(6) **what day is it (to-day)?** quel jour sommes-nous (aujourd'hui)? (1), on est quel jour aujourd'hui? (1); **what do you say to someone...** ? qu'est-ce qu'on dit à quelqu'un... ? (10); **what is...** ? (*when asking for a definition*) qu'est-ce que c'est (que)... ? (10); **what is it?** qu'est-ce que c'est? (1); **what is there...?** qu'est-ce qu'il y a...? (1); **what is the temperature?** quelle est la température? (13); **what is today's date?** quelle est la date d'aujourd'hui? (1); **what is your name?** tu t'appelles comment? comment vous appelez-vous? (1); **what is your nationality?** quelle est ta/votre nationalité? (2); **what is your phone number?** quel est ton/votre numéro (de téléphone)? (1); **what would you do if...** qu'est-ce que tu ferais / vous feriez si... ? (13)
when quand (1); lorsque (11); **when is your birthday?** c'est quand, ton/votre anniversaire? (1)
where où (2); **could you tell me where (the closest post office / the closest metro station) is located?** pourriez-vous me dire où se trouve (le bureau de poste le plus proche / la station de métro la plus proche)? (12); **where is... located?** où se trouve... ? (12); **where are you from?** tu es d'où? / d'où êtes-vous? (2)
white blanc(he) (2)
who... ? qui... ? (8); qui est-ce qui... ? (8); **who is that?** qui est-ce? (1)
whole: the whole... tout le + *n. s.*, toute la + *n. s.* (14)
whom... ? qui est-ce que...? (8)
why pourquoi (3); **Why not?** Pourquoi pas? (5)
wife femme *f.* (4)
window fenêtre *f.* (1); **rose window** rosace *m.* (16); **stained-glass window** vitrail *m.* (16)

windsurfing: to go windsurfing faire (*irreg.*) de la planche à voile (13)
windy: it's windy il y a du vent (13)
wine vin *m.* (5); **bottle of wine** bouteille (*f.*) de vin (5); **red (white, rosé) wine** vin rouge (blanc, rosé) (5); **wine glass** verre (*f.*) à vin (5)
winter hiver *m.* (1); **in the winter** en hiver (1)
wipe (one's hands) s'essuyer (les mains) (8)
wish *v.* souhaiter (que) (15); **Wishing you life-long happiness!** Soyez heureux pour la vie! (10)
withdraw (money) from one's (checking) account retirer (de l'argent) de son compte (-chèques) (13)
woman femme *f.* (1)
work travail *m.* (11); **to work** travailler (3); **work (of art, literature)** œuvre *f.* (d'art, de littérature) (16)
worker ouvrier/ière *m., f.* (4)
workforce population (*f.*) active (15)
workplace lieu (*m.*) de travail (11)
worldly: to be wordly avoir (*irreg.*) de l'expérience (15)
worldwide mondial(e) (14)
worry *v.* (about) s'inquiéter (de) (8, 15); **don't worry about it!** (ne) t'en fais pas! / (ne) vous en faites pas! (13)
worse (than) pire (que) (9)
would: what would you do if... ? qu'est-ce que tu ferais / vous feriez si... ? (13)
wrist poignet *m.* (8)
write écrire (*irreg.*) (11)
writer écrivain *m.*, femme (*f.*) écrivain (4)

Y

yeah: uh, yeah euh... ben, oui. (15)
year an *m.* (1); année *f.* (10); **Happy New Year!** Bonne année! (10); **to be... years old** avoir... ans (2)
yellow jaune (2)
yes oui (5); si (*in response to a negative question*) (5)
yogurt yaourt *m.* (5)
You bet! (*agreement to do s.th.*) Volontiers! (5)
young jeune (2), petit(e) (9); **to get younger-looking** rajeunir (6); **younger** (*sibling*) cadet(te) (4)
youth hostel auberge (*f.*) de jeunesse (13)

Z

zucchini courgette *f.* (5)

Credits

Photo Credits

Page 1 Réunion des Musées Nationaux/Art Resource, NY; *13* Photographer's Choice/Getty Images; *24* © Erica Simone Leeds; *25* © Author's Image/PunchStock; *26* © Radius Images/Alamy; *29* © First Look Pictures/courtesy Everett Collection; *30* AP Photo/Kathy Willens; *33* Bildarchiv Preussischer Kulturbesitz/Art Resource, NY; *39* © Goodshoot/PunchStock; *53* © Author's Image/PunchStock; *54* Win McNamee/Getty Images; *55* C Squared Studios/Getty Images; *56* © xyzphotos/Alamy; *59* Corbis; *60* © Eric Robert/VIP Production/Corbis; *63* (top to bottom) © Allison Bohl, Courtesy David Simpson, Courtesy of the city of St. Martinville; *64* © 2010 Artists Rights Society (ARS), New York/ADAGP, Paris. Photo: Erich Lessing/Art Resource, NY; *69* Xavier Roy; *70* (all, except bottom middle) © William Ryall, (bottom middle) © Sandrine Roy; *73* © Erica Simone Leeds; *74* © Digital Vision/Getty Images; *80* © Goodshoot/PunchStock; *81* Royalty-Free/CORBIS; *86* Andrew Ward/Life File/Getty Images; *88* © David R. Frazier Photolibrary, Inc./Alamy; *89* Nancy R. Cohen/Getty Images; *91* Fuse/Getty Images; *93* © Wellspring/courtesy Everett Collection; *95* Image copyright © The Metropolitan Museum of Art/Art Resource, NY; *99* © Copyright 1997 IMS Communications, Ltd./Capstone Design. All Rights Reserved.; *101* © Digital Vision/Getty Images; *103* © Trevor Neal/Alamy; *108* © Photononstop/Alamy; *111* Corbis; *113* Pascal Guyot/AFP/Getty Images; *117* © Glowimages/PunchStock; *120* Glowimages; *121* Sami Sarkis/Photographer's Choice RF/Getty Images; *122* Farewell to Louis XVI by his Family in the Temple, 20th January 1793, Hauer, Jean-Jacques (1751–1829)/Musée de la Ville de Paris, Musée Carnavalet, Paris, France/Giraudon/The Bridgeman Art Library International; *125* © IFC/Courtesy Everett Collection; *126* (top) © Guersan/DALLE, (bottom) Image by © CARDINALE STEPHANE/CORBIS SYGMA; *129 The Luncheon of the Boating Party,* 1881 (oil on canvas), Renoir, Pierre Auguste (1841–1919)/Phillips Collection, Washington DC, USA/The Bridgeman Art Library International; *130* © Erica Simone Leeds; *136* © William Ryall; *138* Isabelle Rozenbaum & Frederic Cirou/PhotoAlto/PunchStock; *139* Martin Brigdale/photolibrary.com; *140* Brian Hagiwara/Getty Images; *142* Cazals—StockFood Munich; *149* (top) © Danita Delimont/Alamy, (bottom) © Author's Image/PunchStock; *152* © Simon Reddy/Alamy; *156* © Film Movement/Courtesy Everett Collection; *157* (clockwise, from top) Keystone-France/Gamma-Keystone via Getty Images, Getty Images/Foodcollection, Ingram Publishing/SuperStock, © Comstock/PunchStock, C Squared Studios/Getty Images, © Burke/Triolo/Brand X Pictures; *161* © 2010 Succession H. Matisse/Artists Rights Society (ARS), New York. *Woman in a Purple Coat,* 1937 (oil on canvas), Matisse, Henri (1869–1954)/Museum of Fine Arts, Houston, Texas, USA/Gift of Audrey Jones Beck. © 2010 Succession H. Matisse/DACS, London/The Bridgeman Art Library International; *164* © David R. Frazier Photolibrary, Inc./Alamy; *169* David Noton/Getty Images; *170* Chris Moore/Catwalking/Getty Images; *172* (top, left to right) Michael Matisse/Getty Images, Tony Cordoza, © Dynamic Graphics Group/Creatas/Alamy, © Photodisc/PunchStock, (bottom, left to right) Royalty-Free/CORBIS, © Photodisc Collection/Getty Images, © Photodisc/Getty Images, Stockdisc; *176* © Iconotec.com/Pepiera Tom/Canabi Hugo; *177, 180* © Erica Simone Leeds; *184* © WWD/Condé Nast/Corbis; *185* BananaStock/JupiterImages; *188* Chantal Thomine-Desmazures/© Sony Classics/Courtesy Everett Collection; *189* © Ingram Publishing/Alamy; *191* © Richard Nowitz/National Geographic Society/Corbis; *195* Neil Beer/Getty Images; *196* (clockwise, from top left) © David R. Frazier Photolibrary, Inc./Alamy, © William Ryall, © Leonie Lambert/Alamy; *200* VALERY HACHE/AFP/Getty Images; *211* Stockdisc; *213* Yves Marcoux/Getty Images; *214* Kevin Winter/Getty Images; *216* © Photos 12/Alamy; *218* akg-images/Jürgen Raible; *222* © Goodshoot/PunchStock; *224* Réunion des Musées Nationaux/Art Resource, NY; *225* PhotoLink/Getty Images; *226* © david sanger photography/Alamy; *235* © Megapress/Alamy; *240* PARAMOUNT/THE KOBAL COLLECTION; *241* Mary Evans/CAMERA ONE/CNC/DD PRODUCTIONS/FILMS A2/HACHETTE PREM/Ronald Grant/Everett Collection; *244* AFP/AFP/Getty Images; *247 The Bedroom,* 1888 (oil on canvas), Gogh, Vincent van (1853–90)/Van Gogh Museum, Amsterdam, The Netherlands/The Bridgeman Art Library International; *255* © Tom Pepeira, photographer/Iconotec; *265* © Author's Image/PunchStock; *269* © RIEGER Bertrand/age fotostock; *271* © Peter Barritt/Alamy; *273* © Miramax/Courtesy Everett Collection; *275* © Danita Delimont/Alamy; *277* © Bon Appetit/Alamy; *278* © Megapress/Alamy; *279* (top) © Riou/photocuisine/Corbis; *281* (top, left to right) Steve Allen/Brand X Pictures, © PhotoAlto/Alamy, Chris Graythen/Getty Images, (bottom, left to right) © Dynamic Graphics Group/Creatas/Alamy, © Jill Braaten, © Clément Philippe/age fotostock, © Bon Appetit/Alamy; *284* © Stockdisc/PunchStock; *288* © Image Club; *293* © Caste/SoFood/Corbis; *298* VALERY HACHE/AFP/Getty Images; *299* Pete Ryan/Getty Images; *301* © Sony Pictures Classics/courtesy Everett Collection; *302* © Image Club; *304* © Russell Kord/Alamy; *308* Alain Le Bot/photolibrary.com; *309* © Tatiana Markow/Sygma/Corbis; *313* Royalty-Free/CORBIS; *315* © Comstock Images/Alamy; *317* © Danita Delimont/Alamy; *326* © Robert Fried/Alamy; *327* © Independent Picture Service/Alamy; *330* Fox Searchlight Pictures/Photofest; *335* akg-images; *338* (bottom) © Goodshoot/PunchStock; *340* © Creatas/JupiterImages; *341* (left to right) Author's Image/PunchStock, © Goodshoot/PunchStock; *342* (bottom right) © Iconotec/Alamer and Cali, photographers; *344* © PhotoLink/Photodisc/Getty Images; *345* © Iconotec; *346* © Robert Holmes/CORBIS; *349* (top, left to right) Perry Mastrovito/Creatas/PictureQuest, © eye35.com/Alamy, © Imagestate Media Partners Limited—Impact Photos/Alamy, (bottom, left to right) © Author's Image/PunchStock, AP Photo/Dina Kraft, © LOOK Die Bildagentur der Fotografen GmbH/Alamy; *352* BORIS HORVAT/AFP/Getty Images; *359* Christine Balderas/Photodisc/Getty Images; *360* Andrew Ward/Life File/Getty Images; *361* © nobleIMAGES/Alamy; *363* (left to right) © Dr. Parvinder Sethi, Author's Image/PunchStock; *364* © Lebrecht Music and Arts Photo Library/Alamy; *367* Image copyright © The Metropolitan Museum of Art/Art Resource, NY; *371* (top to bottom) © Bernard Annebicque/CORBIS SYGMA, © Gavin Hellier/Getty Images, Imagesource/PictureQuest, © Anger O./AgenceImages; *383* © Corbis RF/Alamy; *384* (top) © FORGET Patrick/sagaphoto.com/Alamy, (bottom) © Robert Harding Picture Library Ltd./Alamy; *385* (left to right) © Caro/Alamy, Nicolas Thibaut/photolibrary.com; *387* Nacivet/Getty Images; *388* © Author's Image/PunchStock; *389* © ColsTravel France/Alamy; *390* Matthew Brookes/Getty Images; *391* © Photos 12/Alamy; *394* Foc Kan/WireImage/Getty Images; *396* © Bettmann/CORBIS; *402* (top) Scala/White Images/Art Resource, NY, (bottom) Scala/Art Resource, NY; *403* (top to bottom) © The Gallery Collection/Corbis, The Palma Collection/Getty Images, Réunion des Musées Nationaux/Art Resource, NY; *404* (top) Guenter Fischer/photolibrary.com, (bottom) © Photos 12/Alamy; *405* (top to bottom) Bridgeman-Giraudon/Art Resource, NY, © Trinity Mirror/Mirrorpix/Alamy, Andrew Ward/Life File/Getty Images; *407* (top, left to right) Royalty-Free/CORBIS, Andrew Ward/Life File/Getty Images, © Erica Simone Leeds, (middle, left to right) Getty Images/Author's Image, Imagesource/PictureQuest, © Author's Image/Alamy, (bottom, left to right) © Radius Images/Alamy, © JTB Photo Communications, Inc./Alamy; *410* © William Ryall; *412* © Brian Jannsen/Alamy; *415* © Author's Image/PunchStock; *420* © Zbigniew Tomaszewski/Alamy; *421* Bruno Morandi/Robert Harding travel/photolibrary.com; *422* Art Wolfe/Getty Images; *424* © First Look Pictures/courtesy Everett Collection; *425* PhotoDisc/Getty Images; *429* Erich Lessing/Art Resource, NY; *431* (left to right) © Erica Simone Leeds, © William Ryall, *435* (left to right) © William Ryall, MEHDI FEDOUACH/AFP/Getty Images, BEHROUZ MEHRI/AFP/Getty Images; *436* (middle) © Danita Delimont/Alamy, (right) © William Ryall; *437* (left to right) JOEL SAGET/AFP/Getty Images, © Paris Street/Alamy, JACK GUEZ/AFP/Getty Images; *439* © William Ryall; *440* © Bettmann/CORBIS; *441* JOEL SAGET/AFP/Getty Images; *445* © William Ryall; *447* © JEAN-PAUL PELISSIER/Reuters/Corbis; *448* sos-racisme.org; *451* © GOODSHOOT/Alamy; *452* © LUCAS DOLEGA/epa/Corbis; *454* Ulf Andersen/Getty Images; *456* Mongrel Media/Photofest; *458 The Eiffel Tower,* 1926 (oil on canvas), Delaunay, Robert. © L&M Services, CNAC/MNAM/Dist. Réunion des Musées Nationaux/Art Resource, NY; *463* (left to right) Steve Allen/Brand X Pictures, Image Source; *464* (top, left to right) © Goodshoot/PunchStock, Royalty-Free/CORBIS, (bottom, left to right) © david sanger photography/Alamy, Scala/Art Resource, NY, *Impression: Sunrise,* 1872 (oil on canvas), Monet, Claude (1840–1926)/Musée Marmottan, Paris, France/Giraudon/The Bridgeman Art Library International; *465* (clockwise, from top left) BORIS HORVAT/AFP/Getty Images, Pixtal/age fotostock, © Lebrecht Music and Arts Photo Library/Alamy; *466* (left to right) © Pictorial Press Ltd./Alamy, © Samuel Goldwyn Films/courtesy Everett Collection; *467* (clockwise, from top left) © Iconotec/Alamy, Henri Cartier-Bresson/Magnum Photos, Royalty-Free/CORBIS, © 2010 Artists Rights Society (ARS), New York/ADAGP, Paris, Giraudon/Art Resource, NY; *468* (clockwise, from top left) *Still Life: Le Jour,* 1929 (oil on canvas), Braque, Georges (1882–1963)/National Gallery of Art, Washington DC, USA/© DACS/The Bridgeman Art Library International. © 2010 Artists Rights Society (ARS), New York/ADAGP, Paris, *Young Mother Sewing.* 1900. Oil on canvas, Cassatt, Mary, H.O. Havemeyer Collection, Bequest of Mrs. H.O. Havemeyer, 1929 (29.100.48). Image copyright © The Metropolitan Museum of Art/Art Resource, NY, *The Bedroom,* 1888 (oil on canvas), Gogh, Vincent van (1853–90)/Van Gogh Museum, Amsterdam, The Netherlands/The Bridgeman Art Library International, *Les Valeurs personnelles,* 1952 (Oil on canvas), Magritte, René (1898–1967) © 2010 C. Herscovici, London/Artists Rights Society (ARS), New York. Photo credit: Banque d'Images, ADAGP/Art Resource, NY; *469* © William Ryall; *472* © Erica Simone Leeds; *475* (clockwise, from top left) © Bertrand Rieger/Hemis/Corbis, © Sylvain Sonnet/Hemis/Corbis, Royalty-Free/CORBIS, Stephen Sharnoff/National Geographic/Getty Images; *476* AP Photo/Michel Euler; *478* MALI/GAMMA/Everett Collection; *480* Image copyright © The Metropolitan Museum of Art/Art Resource, NY; *482* © 2010 Succession H. Matisse/Artists Rights Society (ARS), New York. *Woman in a Purple Coat,* 1937 (oil on canvas), Matisse, Henri (1869–1954)/Museum of Fine Arts, Houston, Texas, USA/Gift of Audrey Jones Beck. © 2010 Succession H. Matisse/DACS, London/The Bridgeman Art Library International; *483* © LOOK Die Bildagentur der Fotografen GmbH/Alamy; *485* © Pictorial Press Ltd./Alamy; *486 The Luncheon of the Boating Party,* 1881 (oil on canvas), Renoir, Pierre Auguste (1841–1919)/Phillips Collection, Washington DC, USA/The Bridgeman Art Library International

Realia Credits

Page 9 SNCF logo used courtesy of SNCF; *27* QUICK advertisement used courtesy of Quick Restaurants NV/SA; *74* Map by Clio64, fr.wikipedia.org/wiki/Fichier:France_sports_co_2010.png; *132* Text from *Guide Touristique Officiel: Québec Ville et région 2006–2007*; Le Lapin Sauté business card used courtesy of Le Groupe Restos Plaisirs, Québec, Québec (Lapin Sauté); *210* Eurostar logo used courtesy of Eurostar Corporate Communications; *293* Recipe, www.goosto.fr, site du réseau CBS Interactive; *309* Université Lille 2 Droit et Santé logo used with permission; Université Charles-de-Gaulle—Lille 3 logo used with permission; Polytech'Lille logo used with permission; IÉSEG School of Management Lille–Paris logo used with permission; *436* © Greenpeace Used courtesy of Greenpeace; *441* © Chappatte dans «International Herald Tribune»—www.globecartoon.com; *441* © Chappatte dans «NZZ am Sonntag»—www.globecartoon.com; *474* The European Night of Museums 2010 © Ann Veronica Janssens with the support of Neuflize Vie for the French Ministry of Culture and Communication

Text Credits

Pages 185–186 From «Le cellulaire, même en classe», B. Guglielminetti, 26 Sept. 2005, *Science et technologie* and «Un son que seuls les ados peuvent entendre», F. Deglise, 17 juin 2006, *Science et technologie,* www.leDevoir.com; *328* «Lettre à mes parents—Voici pourquoi il faut que je fasse une école d'art» © Phosphore, Bayard Jeunesse. Used by permission; *391* Excerpts from «On va avers un tourisme de plus en plus utile» used by permission of Voyages-sncf.com, www.voyages-sncf.com; *422* «L'histoire des trois amis», Illustrator Yacouba DIARRA. Un conte issu de www.conte-moi.net © deci-dela 2008; *453 Le Racisme expliqué à ma fille,* Tahar Ben Jellou, © Editions du Seuil, 1998, n.e. 2009. Used by permission; *478* Print format rights «Déjeuner du matin» in *PAROLES* by Jacques Prévert © Editions Gallimard. E-book rights «Déjeuner du matin» in *PAROLES* by Jacques Prévert © Fatras/Succession Jacques Prévert; *483* From «Polynésie: Le réveil des Marquises» par Hortense Meltz, *Beaux Arts Magazine,* No. 289, 7/2008, Used courtesy of TTM Editions / Beaux Arts magazine

Index

Vocabulary topics are covered in the first part of the index. The Grammar index follows. The third index is Cultural Topics, which includes sections for art and music and a separate Maps section.

Note: No references are given to the appendices.

Cultural Topics

Maps

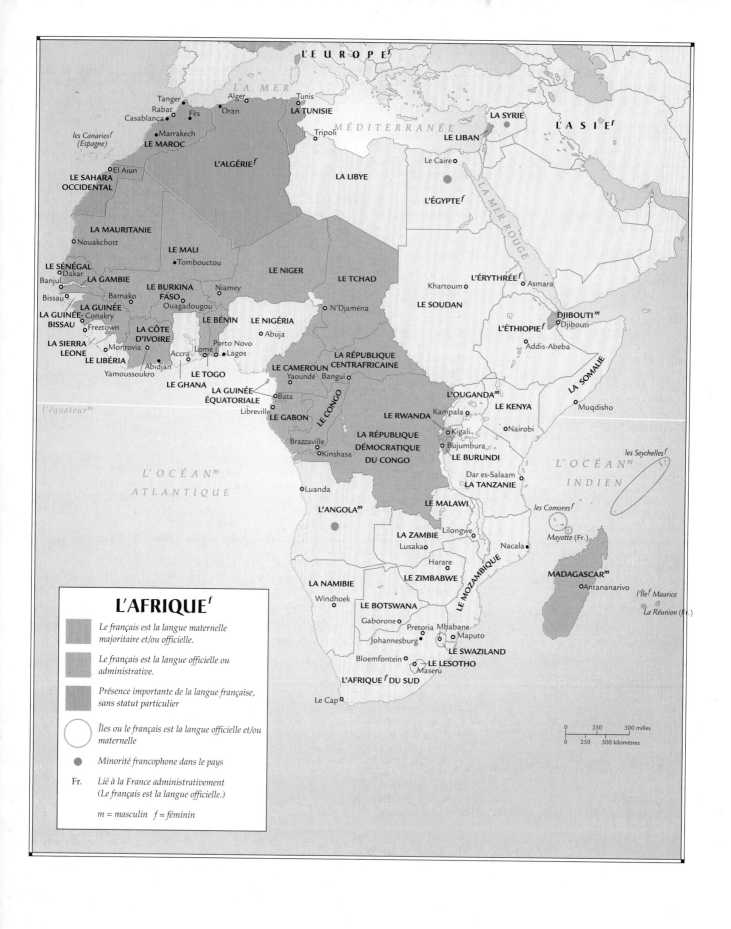

L'EUROPE^f

LA MER

MÉDITERRANÉE

L'ASIE^f

Tanger
Alger
Tunis
LA SYRIE
Rabat
Oran
LA TUNISIE
Casablanca
Fès
LE LIBAN
les Canaries^f
Tripoli
Le Caire
(Espagne)
Marrakech
LE MAROC
L'ÉGYPTE^f
El Aiun
L'ALGÉRIE^f
LE SAHARA
OCCIDENTAL
LA LIBYE
LA MER ROUGE
LA MAURITANIE
Nouakchott
LE MALI
Tombouctou
LE NIGER
L'ÉRYTHRÉE^f
LE SÉNÉGAL
Dakar
LE TCHAD
Khartoum
Asmara
Banjul
LA GAMBIE
LE BURKINA
Niamey
LE SOUDAN
DJIBOUTI^m
Bissau
Bamako
FASO
N'Djaména
L'ÉTHIOPIE^f
Djibouti
LA GUINÉE
Ouagadougou
LA GUINÉE-
Conakry
LE BÉNIN
LE NIGÉRIA
Addis-Abeba
BISSAU
Freetown
Abuja
LA RÉPUBLIQUE
LA SIERRA
LA CÔTE
Accra
Porto Novo
CENTRAFRICAINE
L'OUGANDA^m
LEONE
Monrovia
D'IVOIRE
Lomé
Lagos
LE KENYA
LA SOMALIE
LE LIBÉRIA
Abidjan
LE CAMEROUN
Bangui
Muqdisho
Yamoussoukro
LE TOGO
Yaoundé
LE GHANA
LA GUINÉE
Bata
LE CONGO
L'OUGANDA^m
Kampala
ÉQUATORIALE
Libreville
LE GABON
LE RWANDA
Nairobi
l'équateur^m
Kigali
LA RÉPUBLIQUE
Brazzaville
DÉMOCRATIQUE
Bujumbura
les Seychelles^f
Kinshasa
DU CONGO
LE BURUNDI
L'OCÉAN^m
Dar es-Salaam
L'OCÉAN^m
ATLANTIQUE
LA TANZANIE
INDIEN
Luanda
LE MALAWI
les Comores^f
L'ANGOLA^m
Lilongwe
LA ZAMBIE
Mayotte (Fr.)
Lusaka
Nacala
Harare
MADAGASCAR^m
LA NAMIBIE
LE ZIMBABWE
Antananarivo
l'Île^f Maurice
Windhoek
LE BOTSWANA
LE MOZAMBIQUE
La Réunion (Fr.)
Gaborone
Pretoria
Mbabane
Maputo
Johannesburg
LE SWAZILAND
Bloemfontein
LE LESOTHO
Maseru
L'AFRIQUE^f DU SUD
Le Cap

L'AFRIQUE^f

Le français est la langue maternelle
majoritaire et/ou officielle.

Le français est la langue officielle ou
administrative.

Présence importante de la langue française,
sans statut particulier

Îles ou le français est la langue officielle et/ou
maternelle

Minorité francophone dans le pays

Fr.   Lié à la France administrativement
(Le français est la langue officielle.)

m = masculin   f = féminin

0   250   500 milles
0   250   500 kilomètres

L'EUROPE^f

Le français est la langue maternelle majoritaire et/ou officielle.

Le français est la langue officielle ou administrative.

Présence importante de la langue française, sans statut particulier

m = masculin   f = féminin

0   250   500 milles
0   250   500 kilomètres

LA SUÈDE
LA FINLANDE
LA NORVÈGE
Oslo
Stockholm
Helsinki
St-Pétersbourg
Tallinn
L'ÉCOSSE^f
L'ESTONIE^f
Moscou
L'IRLANDE^f DU NORD
LA MER DU NORD
LA RUSSIE
LE ROYAUME-UNI
Riga
LA LETTONIE
LA MER BALTIQUE
L'IRLANDE^f
LE DANEMARK
LA LITUANIE
Dublin
Copenhague
Vilnius
LA RUSSIE
LES PAYS-BAS^m
Kaliningrad
Minsk
LE PAYS DE GALLES
Berlin
LA POLOGNE
LA BIÉLORUSSIE
L'ANGLETERRE^f
Amsterdam
Varsovie
Londres
LA BELGIQUE
L'ALLEMAGNE^f
Bruxelles
Kiev
L'OCÉAN^m
Paris
Luxembourg
Prague
L'UKRAINE^f
ATLANTIQUE
LE LUXEMBOURG
LA RÉPUBLIQUE TCHÈQUE
LE LIECHTENSTEIN
LA SLOVAQUIE
Vienne
Bratislava
LA MOLDAVIE
Berne
L'AUTRICHE^f
Budapest
Chisinau
LA FRANCE
Lausanne
LA SUISSE
LA HONGRIE
Genève
LA SLOVÉNIE
LA ROUMANIE
le Val d'Aoste
Ljubljana
Zagreb
Belgrade
Bucarest
LA CROATIE
LE PORTUGAL
LA BOSNIE-HERZÉGOVINE
LA SERBIE
LA MER NOIRE
Andorre-la-Vieille
Sarajevo
Madrid
L'ANDORRE^f
MONACO^m
L'ITALIE^f
LE MONTÉNÉGRO
Lisbonne
Podgorica
Sofia
LA BULGARIE
L'ESPAGNE^f
la Corse
Rome
Skopje
Istanbul
Ajaccio
Tirana
LA MACÉDOINE
LA MER ADRIATIQUE
L'ALBANIE^f
LA TURQUIE
LA GRÈCE
LA MER ÉGÉE
LA MER MÉDITERRANÉE
Athènes
L'AFRIQUE^f
la Crète
LE MAROC
L'ALGÉRIE^f
LA TUNISIE

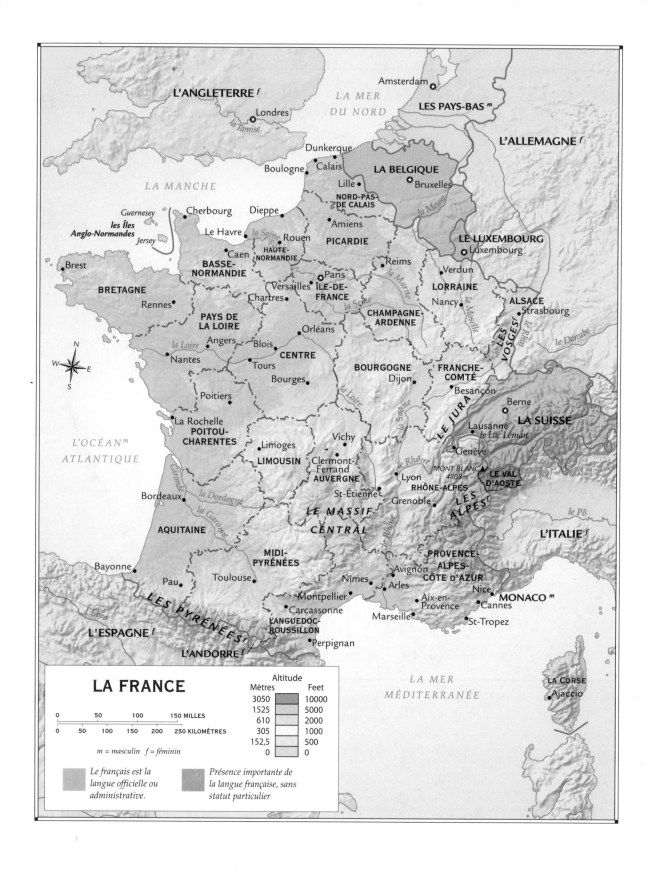

L'ANGLETERRE f

Londres

la Tamise

LA MANCHE

Guernesey
les Îles
Anglo-Normandes
Jersey

Brest

BRETAGNE

Rennes

Cherbourg
Le Havre

Caen

BASSE-
NORMANDIE

Dieppe

HAUTE-
NORMANDIE

la Seine

Rouen

PAYS DE
LA LOIRE

Angers

la Loire

Nantes

Blois

CENTRE

Tours

Bourges

Poitiers

L'OCÉAN m
ATLANTIQUE

La Rochelle

POITOU-
CHARENTES

Limoges

LIMOUSIN

Vichy

Clermont-
Ferrand

AUVERGNE

St-Étienne

Bordeaux

la Dordogne

la Garonne

AQUITAINE

Bayonne

Pau

MIDI-
PYRÉNÉES

Toulouse

LES PYRÉNÉES f

L'Ebro

L'ESPAGNE f

L'ANDORRE f

LA MER
DU NORD

Amsterdam

LES PAYS-BAS m

L'ALLEMAGNE f

Dunkerque

Boulogne

Calais

Lille

LA BELGIQUE

Bruxelles

NORD-PAS-
DE CALAIS

la Meuse

Amiens

PICARDIE

LE LUXEMBOURG

Luxembourg

Reims

Verdun

LORRAINE

Paris

Versailles

ÎLE-DE-
FRANCE

Chartres

la Marne

Nancy

la Moselle

ALSACE

Strasbourg

CHAMPAGNE-
ARDENNE

la Seine

LES VOSGES f

le Rhin

le Danube

Orléans

BOURGOGNE

Dijon

FRANCHE-
COMTÉ

Besançon

LE JURA

la Saône

Berne

LA SUISSE

Lausanne
le Lac Léman

Genève

LE MASSIF-
CENTRAL

le Rhône

MONT BLANC
4808m

LE VAL
D'AOSTE

Lyon

RHÔNE-ALPES

Grenoble

LES ALPES f

L'ITALIE f

le Pô

PROVENCE-
ALPES-
CÔTE D'AZUR

Avignon

Nîmes

Arles

Montpellier

Carcassonne

L'ANGUEDOC-
ROUSSILLON

Perpignan

Aix-en-
Provence

Marseille

le Rhône

Nice

Cannes

MONACO m

St-Tropez

LA MER
MÉDITERRANÉE

LA CORSE

Ajaccio

LA FRANCE

Altitude	
Mètres	Feet
3050	10000
1525	5000
610	2000
305	1000
152,5	500
0	0

0   50   100   150 MILLES

0 50 100 150 200 250 KILOMÈTRES

m = masculin   f = féminin

Le français est la
langue officielle ou
administrative.

Présence importante de
la langue française, sans
statut particulier